국제 비즈니스 개론

Introduction to International Business

박정동 · 함영진 지음

생능출판사
Life & Power Press
www.booksr.co.kr

국립중앙도서관 출판시도서목록(CIP)

국제 비즈니스 개론 / 박정동, 함영진 공저. -- 파주 : 생능출판사, 2013
p. ; cm

ISBN 978-89-7050-787-3 93320 : ₩32000

무역(거래)[貿易]
비즈니스[business]

326.2-KDC5
382-DDC21 CIP2013015445

머리말

우리나라 기업들은 현재 큰 변혁기에 서 있다. 날로 가속화되는 글로벌 경쟁을 위해 적극적으로 해외사업을 추진하여야 하며, 다른 한편으로는 외환위기 후 우리나라의 내수시장에 적극적으로 진출하고 있는 다국적기업에 대해 시장을 방어해야 한다. 앞으로 모든 산업에 있어서 더욱 빠른 속도의 글로벌화가 진행될 예정이며, 이러한 환경에서 다른 글로벌기업과의 경쟁은 더욱 치열해질 전망이다.

효과적인 글로벌경영은 다음의 세 단계로 나누어 생각해볼 필요가 있다. 첫 번째 단계로, 우리나라 기업이 처해 있는 글로벌 경영환경에 대한 철저한 이해가 선행되어야 한다. 즉, WTO로 대표되는 새로운 국제무역환경 및 글로벌 금융환경, 각국의 상이한 정치적 · 문화적 환경에 대한 이해가 필요하다. 두 번째 단계에서는 글로벌 경영환경에 대한 이해하에 구체적인 글로벌 경영전략을 수립해야 한다. 이 단계에서는 전반적인 글로벌 경영전략의 수립과 함께 수출, 계약, 해외직접투자, 국제합작투자와 전략적 제휴, 해외인수합병과 같은 다양한 해외시장진출 방법을 고려한다. 세 번째 단계에서는 이러한 글로벌 경영전략을 통해서 전 세계적으로 배치된 자회사와 본사 간의 효과적인 통합과 조정이 필요하다. 즉, 인적자원, 마케팅, 생산, 연구개발, 재무 및 회계 기능을 전 세계적으로 효과 있게 통합 및 조정하는 방법을 모색하여야 한다. 이 책은 무역경영에 필요한 의사결정을 이와 같은 세 단계로 파악하고 그것을 총 4부로 나누어서 이들의 의사결정과정을 살펴보고자 한다.

이 책은 총 4부 15장으로 구성되어 있다. 제1부는 무역의 이해와 무역사에 대한 이해를 위한 부분으로서 세계화 시대의 주요 이슈 및 국제통상의 실무를 다루는 학문분야인 무역학의 성격과 무역에 대한 정의, 특징, 국제무역환경 등에 대해 학습할 수 있도록 구성되어 있다. 제2부는 국제무역이론과 정책에 관한 이해를 위한 부분으로서 세계화 시대의 국제경영전략 수립을 위한 전제가 되는 환경과 제도에 관해 폭 넓은 학습이 가능하도록 구성하였다. 제3부는 무역경영의 실무적인 내용으로 무역계약과 대금결제, 국제물류와 운송 그리고 무역보험에 대하여 다루었다. 제4부는 국제경영전략에 대한 이해를 위한 부분으로서 경영전략 수립의 기초이론을 소개하고 이를 주요 국제경영전략으로서 자주 언급되고 있는 국제무역, 해외직접투자, 국제기술이전 등에 적용하여 상세히 학습하는 부분으로 구성되어 있다.

이 책을 마무리하면서 느끼는 아쉬움은 이 책의 구성에서 최신 사례가 미흡하다는 것이다. 부족한 부분은 앞으로 개정 작업을 통하여 끊임없이 수정 보완해 나갈 것을 약속드린다. 마지막으로 이 책의 저술을 위해 도와주셨던 많은 분께 감사의 말씀을 올린다.

2013년 6월

저자

차례

C O N T E N T S

CONTENTS

PART 03 국제상학과 무역

CHAPTER 06 무역계약체결과 거래조건

CHAPTER 07 무역대금결제

CONTENTS

CONTENTS

CONTENTS

CONTENTS

INTRODUCTION TO INTERNATIONAL BUSINESS

PART 01

무역의 이해와 무역환경

CHAPTER 01

무역의 이해

INTRODUCTION TO INTERNATIONAL BUSINESS

제1절 무역의 개요

제2절 무역과 국민경제

CHAPTER 01 무역의 이해

제1절 무역의 개요

1. 무역의 개념

(1) 무역의 개념

무역의 개념
- 가치생산을 목적으로 한 물품의 국제적인 매매나 교환(협의적 측면)
- 경제적 가치를 지닌 모든 재화를 국가 간 교환이나 매매를 통해 그 효용가치나 경제적 효과를 증대시키는 국제적 상행위(광의적 측면)

인류는 생활에 필요한 물자를 스스로 생산하여 소비하는 자급자족 경제활동을 해 왔다. 생활이 점차 발전함에 따라 다양하고 풍부한 생활필수품을 조달하기 위하여 공동체 상호 간에 필요한 물자를 서로 교환하게 되었다. 시장이라는 구체적인 특정장소의 발생과 물품교환의 매개수단인 화폐의 등장으로 경제활동은 더욱 활발히 이루어졌다. 각국에 분포되어 있는 부존요소가 지역적으로 서로 다르게 존재하기 때문에 이를 상호 교환하는 무역의 효용은 더욱 커졌으며 국가 간 상호 의존성은 더욱 확대되었다.

우리가 사용하고 있는 무역(貿易)이란 용어는 '바꾸다'는 의미로 교환이나 매매를 뜻한다. 또한 영어로 표시되는 trade라는 말은 '걷다', '밟다'는 의미의 tread와 '발자취' 또는 '항로'의 의미인 trace에서 유래되었다. 이러한 단어는 어떤 길이나 항로를 따라서 물품을 교환한다는 의미를 가지고 있다.

무역의 정의를 현대적으로 정리해보면 다음과 같이 말할 수 있다. 무역은 가치생산을 목적으로 한 물품의 국제적인 매매나 교환을 의미하는 수출과 수입을 통틀어 일컫는 말이다. 보다 넓은 의미로는 물품, 자본, 기술, 서비스 등과 같은 경제적 가치를 지닌 모든 재화를 국가 간에 교환하거나 매매하여 그 효용가치나 경제적 효과를 증대시키는 국제적 상행위를 말한다고 할 수 있다.

(2) 국제통상의 개념

오늘날 우리는 '국제통상'이라는 용어를 일상에서 자주 접하면서 '국제무역'과 혼동해서 잘못 사용하고 있다. 국제통상이란 어떤 의미인가? 여기서 '상(商)'은 상거래를 의미하는 것으로, 상거래는 물품 또는 서비스를 대상으로 매매하여 시간적으로나 공간적으로 사용가치가 이동됨을 말한다. 그리고 '통(通)'은 '통하는 것', '여는 것' 또는 '다다르는 것' 등으로 해석된다. 따라서 '국제통상'이라 함은 국가 간에 상거래가 가능하도록 관계를 원활하게 하는 것을 의미한다고 할 수 있다.

과거부터 세계 각 국가들은 정도의 차이가 있기는 하지만 국가안보, 국내산업의 보호와 육성, 사회공동가치의 보전, 국민건강의 보호 등 여러 가지 목적에 따라 국경을 통과하는 인적 · 물적 이동을 직 · 간접적으로 관리해 왔다. 이와 같은 국가의 관리기능은 기업 또는 소비자의 경제활동에 상당한 제약요인으로 작용해 온 것이 사실이다.

점차 시장의 규모가 확대됨에 따라 기업가들은 이러한 정부의 통제가 이윤추구를 위한 기업 활동에 부정적인 효과를 지닌다는 점에서 지속적으로 상품 및 서비스, 그리고 생산요소의 국가 간 이동에 대한 제약요인의 완화 내지 제거를 요구하게 되었다. 이러한 관점에서 볼 때 '국제통상'은 국가 간에 이루어지고 있는 각종 경제활동에 대한 규제를 완화 내지 철폐해 나가는 과정 및 활동을 의미한다.

이와 같이 국제통상을 정의할 때 국제통상은 다음과 같은 특징을 갖는다.

> **국제통상의 특징**
> 모든 경제활동을 대상으로 하고, 국가 간의 밀접한 이해관계가 있으며, 비경제적 환경을 포함하고 있다.

첫째, 오늘날 국제통상은 국제무역뿐만 아니라 거의 모든 경제활동을 대상으로 한다. 과거에는 국가 간 경제활동의 주요 내용이 상품과 서비스 교역 중심이었으나 최근에는 국경의 개념을 초월한 생산요소들의 이동이 활발히 이루어지고 있다. 더욱이 국가 간의 물리적, 제도적 장벽의 완화에 따라 국제적 경제활동의 폭이 확대되고 있으므로 국제통상이 취급하는 분야도 확대되고 있다.

둘째, 국제통상의 내용이 국가의 의무를 더욱 증대하는 방향으로 전환되고 있다. 과거에는 통상의 목표가 각국이 실시하고 있는 국경장벽의 완화 내지 철폐를 위한 것이었으나, 최근에는 전통적인 무역 분야에서도 국내정책의 변화를 요구하는, 즉 자유무역에서 공정무역(fair trade)[1]의 방향으로 국제통상의 초점이 바뀌고 있다.

셋째, 국제통상은 무역 및 투자활동에 영향을 미치는 여타의 비경제적 환경으로 그 범위를 확대하고 있다. 즉, 과거에는 국제경제활동과는 거의 무관한 것으로 간주되었던 환경보호, 노동기준, 기업 활동과 관련된 부패문제 등과 같이 무역 및 투자활동에 영향을 미치는 비경제적 환경에까지 그 범위를 확대하고 있다.

넷째, 국제통상활동에 있어서 협상의 중요성이 더욱 커졌다. 국제통상활동의 과정은 그것이 양자간이든 다자간이든 할 것 없이 모두 협상의 결과라 해도 과언이 아니므로 국제통상활동에서 협상의 중요성이 강조되고 있다.

2. 무역의 성격

무역의 성격
개별경제적 성격, 국민경제적 성격, 세계경제적 성격

국가 간에 무역을 통해 이루어지는 국제경제는 생산요소의 불완전 이동, 화폐 및 금융제도의 차이, 각국의 서로 다른 경제정책 등이 항상 존재하기 때문에 국내경제와는 다른 성격을 가지고 있다. 무역의 기능은 대부분이 개별기업의 주관으로 이루어지며, 한 국가의 국민경제는 다른 국가의 국민경제와 연관되고, 나아가 세계경제를 구성하게 된다. 따라서 무역은 경제의 순환구조상 개별 경제적 성격, 국민 경제적 성격, 세계 경제적 성격 등의 복합적인 경제적 성격을 가지고 있다.

1) 공정무역이란 국가 간 동등한 위치에서 이루어지는 무역을 말한다. 최근 다양한 상품을 생산하는 데 있어 공정한 가격을 지불토록 촉진하기 위한 국제적 사회운동으로 추진되고 있다. 이 운동은 윤리적 소비 운동의 일환이며, 그 대상은 개발도상국에서 선진국으로 수출되는 상품으로 농산물이 주종을 이룬다. 공정무역은 기존의 국제무역 체계로는 세계의 가난을 해결하는 데 한계가 있다는 인식 아래 1990년대부터 시작되었다. 생산자와 소비자 간의 직거래, 공정한 가격, 건강한 노동, 환경 보전, 생산자의 경제적 독립 등을 포함하는 개념이다. 가난한 제3세계 생산자가 만든 환경친화적 상품을 직거래를 통해 공정한 가격으로 구입하여 가난 극복에 도움을 주고자 하는 데 그 목적이 있다.

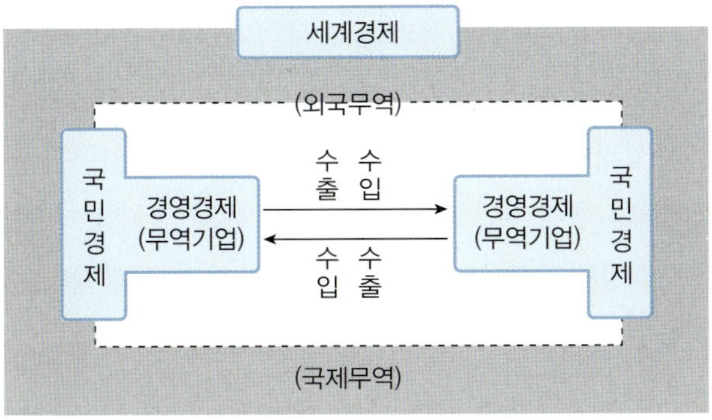

[그림 1-1] 무역과 경제의 상관관계

(1) 개별 경제적 성격

한 국가의 대외무역은 평상시에는 국내 상거래와 마찬가지로 자유롭게 개인과 개인 사이의 접촉이나 교섭에 의하여 이루어지는 사적 물품매매활동을 의미한다. 따라서 개별 무역기업이 행하는 수출행위나 수입행위는 개별 무역기업 그 자체의 사업활동이면서 동시에 한 국가의 무역활동을 형성한다. 이러한 의미에서 무역은 무역기업의 개별 경제적 성격을 지니고 있다고 할 수 있다.

물론 이러한 개별기업의 무역행위는 국가의 경제정책이나 무역정책에 의해 제한받을 수 있으나, 개별기업의 무역활동에 대한 장애요소가 적으면 적을수록 그 기능이 극대화될 수 있다. 따라서 무역에서는 무역기업 간의 개별 경제적 성격을 표면에 내세워 사적 매매활동을 최대한 보장하는 것이 국민경제와 세계경제의 발전에 도움이 되고 있다.

(2) 국민 경제적 성격

무역활동을 다양한 측면에서 분석해보면, 무역은 국민 경제적 성격을 가지고 있음을 알 수 있다.

첫째, 무역거래는 국가본위의 거래이다. 국제상거래는 서로 다른 국가에 소재하는 당사자 간에 국경을 넘어 이루어지는 상거래를 말하며, 물품과 서비스의 이동인 수출과 수입을 무역이라고 한다.

둘째, 무역은 국가 간의 물품의 이동 현상이며, 대외무역이란 말 자체도 개인본위가 아닌 국가본위의 거래임을 나타내고 있다고 할 수 있다.

셋째, 사적 거래활동인 무역의 결과는 당사국의 국제수지, 통상정책, 경제성장 등 한 국가의 국민경제에 여러 형태로 영향을 미치게 되는데, 이러한 점에서도 무역은 국민 경제적 성격이 강한 거래활동이라고 할 수 있다. 이러한 국민 경제적 성격으로 인해서 개별 무역기업의 사적 거래는 해당 국가의 국민 경제적 공익이라는 테두리 안에서 정책상의 제약을 받게 된다. 따라서 무역의 행위주체는 개별 기업이지만 무역의 기본주체는 오히려 국민경제라 할 수 있다.

(3) 세계 경제적 성격

오늘날 세계경제는 교통과 통신시설 및 과학의 발달로 인해서 국제적인 분업화를 촉진시켜 왔으며, 무역을 하지 않고 완전히 자급자족을 하는 나라는 거의 없다. 무역의 확대와 함께 한 국가는 다른 국가의 국민경제와 밀접한 상호의존관계를 형성하고 있다. 한 국가의 수출(輸出)은 다른 국가의 수입(輸入)이 되고, 한 국가의 지출(支出)은 다른 국가의 수입(收入)이 된다. 이러한 의미에서 국가 간의 통상협정과 이것을 실현하는 개별 경제주체들 간의 말단접촉의 경영활동도 모두 세계경제의 범위 안에서 이루어지고 있으므로, 각국의 무역은 세계무역의 일부를 구성하고 있다.

무역이 세계 경제적 성격을 가짐에 따라, 세계무역의 확대를 위해 국제상관습을 통일하거나 국제협력이 이루어지고, 국제기구를 통한 무역절차가 세계적으로 통일되어 가는 것도 이런 이유에서이다. 특히 최근의 무역정책 또는 통상정책들의 협조는 세계의 자원과 생산력을 인류 전체의 후생을 극대화하는 방향으로 이용해야 한다는 공존의 인식으로 발전되어 가고 있다.

2. 무역의 특수성

재화의 국경 간 이동으로 이루어지는 무역은 동일한 경제단위 내에서 이루어지는 국내거래와는 달리 다음과 같은 특수성을 가지고 있다.

(1) 대외무역관리제도의 운용

대부분의 국가들은, 일반적으로 극히 예외적인 경우를 제외하고, 제도적으로 어떤 상품의 국내거래를 금지하거나 제한하지 않고 있다. 하지만 국내외 수요와 공급의 조절, 국내산업의 보호, 국내고용증대 및 국제수지 개선 등을 목적으로 무역진흥 관리제도를 시행하고 있다.

무역의 특수성
대외무역관리제도의 운용, 다양한 운송수단 이용, 무역 관련 위험의 발생, 다양한 무역관습의 존재, 높은 산업 연관성

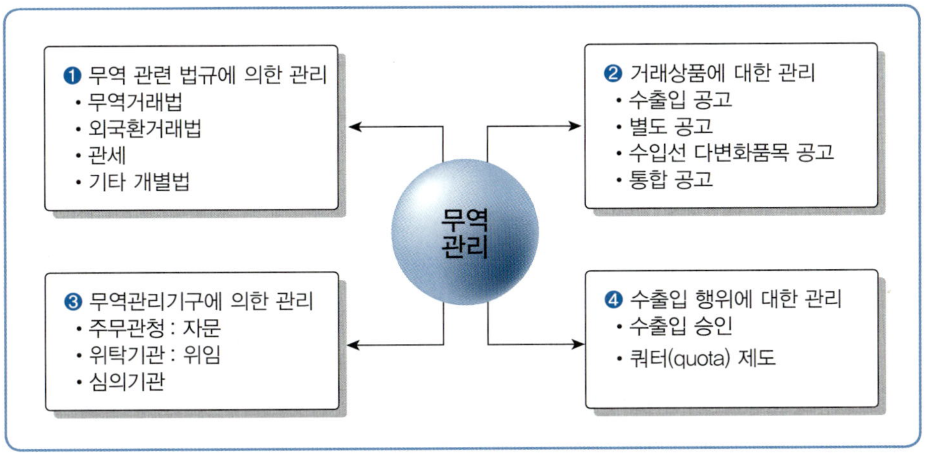

[그림 1-2] 국내의 무역관리제도

무역관리(trade management)는 국가나 정부가 무역에 직접 또는 간접적으로 개입하는 것을 의미한다. 정부가 무역에 개입하는 이유는 국민경제의 성장과 발전 및 대외관계의 신뢰유지를 위해서이다.

최근의 국제무역에 관한 세계적인 흐름은 WTO체제하의 무역자유화이다. 이에 따라 세계 각국은 자국의 수입 억제 목적의 무역관리제도를 무역자유화의 원칙과 수출입의 원활한 운용목적의 무역관리제도로 개편하였다.

(2) 다양한 운송수단 이용

무역은 서로 다른 국가에 거주하는 당사자 간에 행하여지는 물품의 매매로, 매도인은 어떤 물품을 외국에 있는 매수인에게 인도하고, 매수인은 그것에 대하여 대금을 지급하는 것을 내용으로 한다. 이것이 가능하기 위해서는 ① 약정된 매매물품을 매수인 수중까지 운반하는 운송, ② 매매물품이 운송 도중 멸실 또는 손상

으로 인하여 화주가 경제적 손실을 입었을 때 이를 보상하는 제도인 보험, ③ 안전한 대금결제수단 등의 3대 지주가 있어야 한다. 따라서 물건의 이동을 책임지는 운송이 매우 중요하며 경제가 발전할수록 운송에 대한 의존도는 더욱 높아질 것이다.

무역과 관련한 국제운송에는 해상 · 육상 · 항공 · 복합운송이 있으나, 일찍이 무역이 바다를 주된 루트로 하여 발달되어 왔으므로 해상운송의 비중이 크다. 해상운송은 대량의 물품을 저렴한 비용으로 운송할 수 있는 가장 적합한 방법이다. 해상운송 다음으로 발달한 것이 국제간 철도와 고속도로에 의한 육상운송이다. 하지만 최근에 이르러 물품이 가볍고 작아지는 경향이 있고, 고가의 유행성 물품이 많아 신속한 운송을 요하는 경우가 늘어남에 따라 항공운송의 이용이 점차 확대되어 가고 있다.

(3) 무역 관련 위험의 발생

무역은 제도, 조직, 관습 등이 다른 국가 간에 이루어지는 국제상거래이므로 국내거래와 달리 다음과 같은 위험성이 존재한다.

첫째, 물품수송상의 위험이 있다. 무역거래가 장거리 운송이나 보관이 불가피하기 때문에 물품 자체의 변질이나 부패는 물론 도난의 위험이 국내거래의 경우보다 많이 노출되게 된다. 이러한 위험을 해결하기 위해 무역보험제도가 운영되고 있다.

둘째, 물품대금결제상의 위험이 있다. 국제간 무역에서 무역 당사자는 서로 다른 나라에 소재하는 영업소를 가지고 있다. 무역을 함에 있어서 매수인은 매도인이 계약조건에 일치하는 물품을 약정된 기일 내에 정확하게 제공할 것인가 하는 상업적 위험을 부담한다. 반면에 매도인은 매수인의 신용 상태를 정확하게 알 수 없어서, 물품대금을 회수하지 못하는 신용위험의 부담을 갖는다. 이러한 위험은 화환신용장을 이용함으로써 어느 정도 막을 수 있다.

셋째, 계약시점과 이행시점의 시차에 따른 물품가격변동과 환위험이 있다. 무역의 경우 무역계약을 체결하는 시점과 물품인도 및 대금지급 시점 간에는 상당한 기간이 소요되는데, 이 기간 동안 여러 요인으로 인하여 물품가격의 변동이 무역계약 불이행 위험으로 연결될 수도 있다. 이러한 위험에 대비하여 상품선물거래를 많이 이용하고 있다. 또한 무역거래에서 결제되는 통화가 서로 다르기 때문에 환율변동으로 인한 환위험이 야기될 수 있다. 이러한 위험은 선물환, 환변동보험 부보, 통화옵션거래를 이용하여 회피할 수 있다.

넷째, 무역계약 내용을 이행하는 단계에서 당사국 내에 전쟁, 내란, 혁명, 폭동과 같은 비상위험이 있을 수 있다. 예측하지 못한 수입국에서의 비상사태로 정부가 외화유출 제한 및 지급금지 조치를 취할 때 매도인은 대금을 회수하지 못하는 위험이 야기될 수 있다. 이러한 위험에 대비하여 매도인은 수출보험에 부보함으로써 위험에서 벗어날 수 있다.

(4) 다양한 무역관습의 존재

무역은 국제간 물품매매계약을 통해 이루어진다. 국제물품매매계약의 내용은 명시조건(express terms)과 묵시조건(implied terms)으로 구성된다. 그런데 계약당사자가 아무리 치밀하게 계약서를 작성한다고 해도 계약이행에 예상되는 모든 문제를 명시한다는 것은 불가능하다. 따라서 계약이행과정, 즉 물품의 인도와 관련되는 문제는 거래관습에 따르게 된다. 대표적인 거래관습이 정형거래조건이다. 각 조건은 물품의 인도에 따른 당사자의 의무에 관한 내용이 내포되어 있기 때문에 이를 묵시조건이라고 한다. 사실 무역계약은 명시조건을 가능한 줄이고 계약의 많은 부분을 묵시조건에 의존하려는 경향이 강하기 때문에, 무역관습의 중요성은 너무나 크다고 할 수 있다.

따라서 국제무역을 원활히 하기 위해서는 이러한 무역관습에 대한 통일규칙의 제정이 필요하다. 이에 따라 국제상업회의소(ICC, International Chamber of Commerce)는 다수의 국제무역에 관한 규칙을 제정하는 데 주도적 역할을 해 왔으며, 국제법협회(International Law Association)도 중요한 역할을 하고 있다. 무역관습에 대한 국제적 통일규칙으로는 신용장통일규칙(UCP), 무역조건의 해석에 관한 국제규칙(INCOTERMS), 추심에 관한 통일규칙, 복합운송에 관한 규칙, 해상보험에 관한 협회적화약관, 전자문서교환(EDI)에 관한 통일규칙 등이 있다.

(5) 높은 산업 연관성

현대사회에서 무역과 산업은 밀접한 상호작용의 관계를 지닌다. 즉, 무역의 발전은 산업발전으로 이어지고, 산업발전은 무역발전에 기여한다.

먼저 수출의 경우, 분업의 원리에 의해 유리한 산업에 특화함으로써 자원의 낭비를 줄이고, 수출국이 보유한 생산요소를 그 국가에 적합한 생산에 집중시켜 특정산업과 전후방관련 산업의 발전을 촉진시킨다. 나아가서 수출활동은 공업화의 기반을 조성시킬 뿐만 아니라, 이를 통해 국민경제에 고용 및 소득증대효과를 유발시킨다.

수입의 경우에 있어서도 수입 자체가 국제수지를 악화시키는 요인으로 작용하기도 하지만, 선진자본재나 국내에서 생산이 불가능한 원자재의 수입은 오히려 국내투자를 증대시켜 경제발전을 촉진하며, 또한 국내재화와 대체할 수 있는 수입도 국내산업과의 경쟁을 유발하여 국내산업의 육성에 기여한다.

3. 무역의 분류

무역의 종류나 유형은 무역을 보는 관점에 따라 여러 가지 형태로 구분될 수 있다.

〈표 1-1〉 무역의 분류

거래주체에 따른 구분	담당주체	민간무역, 국영무역, 정부무역
	국가의 간섭 정도	자유무역, 보호무역, 관리무역, 협정무역
	당사국의 관계	남북무역, 동서무역
거래대상에 따른 구분	상품의 형태	유형무역, 무형무역
	상품 생산단계	수평무역, 수직무역
	특수형태	기술무역, 산업설비수출, OEM수출, 해외건설 녹다운 방식수출
거래방향과 방법에 따른 구분	상품의 방향	수출무역, 수입무역
	상품 매매형태	직접무역, 간접무역
	거래균형 및 연계	연계무역, 구상무역, 삼각무역
	가공 및 판매방식	일반가공무역, 수(위)탁가공 및 판매무역
	상품 수송경로	육상무역, 해상무역, 연안무역

<table>
<tr><td rowspan="3">거래수단에 따른 구분</td><td colspan="2">서류중심거래</td><td>서류무역(paper trade)</td></tr>
<tr><td rowspan="2">가상공간 거래</td><td>EDI</td><td>EDI에 의한 무역(paperless trade)</td></tr>
<tr><td>INTERNET</td><td>전자상거래, Cyber Trade</td></tr>
</table>

(1) 거래주체에 따른 분류

1) 담당주체

① 민간무역(private trade): 무역거래의 담당주체가 민간기업인 경우를 말한다. 자본주의체제하에서 경제의 기본주체가 기업인 것처럼 개별기업은 자유경쟁과 이윤추구에 바탕을 두고 무역거래활동을 수행한다.

② 국영무역(state trade): 국가가 무역의 주체가 되는 것으로 국가의 무역계획과 무역협정에 따라 대외무역활동이 정부 또는 정부대행기관에 의하여 영위되는 무역 형태를 말한다.

③ 정부무역(government trade): 정부가 비영리의 목적하에서 무역거래의 책임이 있는 당사자가 되는 무역형태를 말한다.

2) 국가의 간섭 정도

① 자유무역(free trade): 국가 간에 상품, 용역, 자본의 자유로운 유 · 출입을 보장하는 무역을 말한다. 자유무역원칙하에서는 인위적으로 무역을 통제하면 자원의 최적배분을 왜곡시키므로 비효율적이라는 개념을 기본으로 하고 있다. 자유무역은 19세기 영국을 중심으로 이루어졌으며, 현재 WTO를 중심으로 자유무역이 추진되고 있다.

② 보호무역(protective trade): 국가가 자국의 산업을 유지하거나 보호할 목적으로 무역거래를 간섭 또는 통제하는 경우를 말한다. 보호무역은 19세기 후반 미국과 독일에서 자국의 유치산업을 보호육성하기 위해 행해졌다. 오늘날 전반적인 자유무역의 대세 속에서도 보호무역주의는 병존하고 있다.

3) 당사국의 관계

① 남북무역(north-south trade): 주로 남쪽에 위치하고 있는 후진국과 북쪽

에 편중되어 있는 선진국 간에 이루어지는 국제무역을 말한다. 제2차 세계대전 이후 주로 남반구에 위치하고 있는 식민지 국가들이 독립을 하면서 천연자원이나 1차상품을 선진국에 싼 값으로 공급하고 있으면서, 이들 국가의 경제가 발전하지 않고 머물러 있는 상태에서 선진공업국과의 경제적 격차가 더 확대되고 있다.

② 동서무역(east-west trade): 주로 동유럽권의 사회주의 국가와 서유럽권의 자본주의 국가 간에 이루어지는 국제무역을 말한다. 현재에 이러한 동서라는 용어의 지칭은 무역에만 국한되지 않고 자본주의와 사회주의 간에 나타나는 정치 · 경제 등의 전반적인 문제까지 나아가 동서문제(east-west problems)라고 한다.

(2) 거래대상에 따른 분류

1) 상품의 형태

① 유형무역(visible trade): 육안으로 확인할 수 있는 상품의 무역을 말한다. 상품거래상 반드시 세관의 통관절차를 거치게 됨으로써 그 상품의 수지상황이 무역통계에 표시된다.

② 무형무역(invisible trade): 상품으로서의 형태가 없으며 노동 · 자본 등의 생산요소와 용역의 거래를 의미한다. 그 성격상 세관의 통관절차가 필요 없으며 그 거래의 수지상환이 무역통계에 표시되지도 않는다. 그러나 무형무역이라 하더라도 국제수지에는 영향을 주기 때문에 국지수지표상에는 계상(국제수지표상에는 무역외 수지로 표시)된다.

2) 상품생산단계

① 수평무역(horizontal trade): 경제발전단계상 산업구조가 비슷한 국가 간에 이루어지는 무역으로서 생산 단계가 같거나 유사한 상품 간의 무역을 말한다. 기술, 소득수준 등이 유사한 국가 간에 이루어지고 있으며 오늘날 선진국 간의 무역은 대부분 수평무역의 형태를 띠고 있다.

② 수직무역(vertical trade): 생산단계가 서로 다른 상품 간에 이루어지는 것으로서, 예를 들어 공산품과 1차상품 간의 교역, 경공업제품과 중공업제품 간

의 교역 등이 이에 해당된다. 수직무역은 생산요소의 부존량, 기술수준 등의 차이가 있을 때 이루어지는 무역형태로 선진국과 후진국 간의 교역형태에서 흔히 찾아볼 수 있다.

3) 특수형태

① 기술수출(export of techniques): 특정기업이 소유하고 있는 기술을 상대국에 제공하고 반대급부, 즉 대가를 지불받는 형태이다. 이는 기술의 국제적 이전을 수출이라는 관점에서 파악한 것으로서, 그 구체적인 형태는 특허권이나 상표권 등 공업소유권의 양도나 제품제조기술이나 경영기술의 제공 등이 있다. 최근에는 이들이 하나의 독립된 상품으로서 거래됨에 따라 중요성이 높아지고 있다.

② 플랜트(plant export) 수출: 각종 상품을 제조하기 위한 기계, 장치 등의 하드웨어(hardware)와 그 설치에 필요한 엔지니어링, 노하우(knowhow), 건설시공 등의 소프트웨어(software)가 결합된 생산 단위체의 종합적인 수출을 말한다. '산업설비수출'이라 사용하기도 한다.

③ 주문자상표부착(OEM)방식의 수출: 수입상으로부터 제품생산을 의뢰받아 주문상품에 자신의 브랜드 대신에 상대방 상표를 부착하여 인도하는 방식을 말한다. 이 방식에 의한 수출은 수출국의 입장에서는 수출확대와 기술축적의 계기가 되는 이점이 있으나, 수출국 상품에 대한 이미지의 제고나 독자적인 수출시장의 개척이 어렵게 되는 불리한 점이 있다.

④ 녹다운(knock-down)방식의 수출: 완제품을 수출하는 것이 아니라 조립할 수 있는 설비와 능력을 가지고 있는 거래처에 대하여 상품을 부품이나 반제품으로 수출하고 실수요지에서 제품으로 완성시키도록 하는 현지 조립방식의 수출을 말한다. '녹다운'이라는 의미는 사후 조립을 위해 완제품을 해체한다는 의미인데, 수입국에서 완제품의 수입을 규제할 경우 이를 회피하는 수출 방법의 하나로 활용될 수 있다.

(3) 거래방향과 방법에 따른 분류

1) 상품의 방향

① 수출무역(export trade): 단순히 수출(export)이라고 하는데, 이는 일반적으로 수출업자가 물품을 국내에서 국외로 적출하는 경우를 말한다.

② 수입무역(import trade): 단순히 수입(import)이라고 하는데, 이는 수출무역과 반대로 외국에서 국내로 물품을 반입하는 경우를 말한다.

2) 상품의 매매형태

무역의 형태는 먼저 수출업자와 수입업자 간에 제3자를 배제하고 직접적으로 하는 직접무역(direct trade)과 제3자를 개입시켜 간접적으로 하는 간접무역(indirect trade)으로 구분된다. 간접무역은 다시 다음과 같은 여러 유형으로 구분된다.

① 직접무역(intermediary trade): 외국에서 수입한 물품을 자국에서 소비하지 않고 원형 그대로 또는 약간 가공하여 제3국에 수출하는 형태를 말한다. 이러한 무역을 통해 중계무역상은 중계수수료를 수취할 수 있다. 중계무역은 일반적으로 중계무역항을 통해 이루어진다.

② 중개무역(merchandising trade): 양국 거래당사자 사이에 제3국의 상인이 개입하여 계약이 체결되는 거래 형태를 말한다. 즉, 양국의 거래당사자가 거래의사는 있으나 시장경험이나 정보의 부족으로 인해 거래상대를 찾지 못할 경우, 쌍방의 거래의사를 인지한 제3국의 중개인이 거래를 알선함으로써 거래가 성립한다. 이 경우 제3국의 입장에서 볼 때 중개무역이라 한다.

③ 스위치무역(switch trade): 수출업자와 수입업자 사이에서 직접 물품계약이 이루어지고 물품도 두 당사자 사이에 직접 인도되지만, 대금결제만 제3국의 업자를 개입시키는 형태를 말한다. 이 경우 간접결제를 담당하는 제3국의 업자를 스위처(switcher)라 하고 이들은 일정한 수수료를 받는다.

④ 우회무역(round-about trade): 수출국과 수입국 사이에 외교관계가 없거나 수입규제 내지 외환통제 등에 의해 직접거래가 어려울 경우, 이러한 규제나 통제를 받지 않는 제3국을 통해 이루어지는 무역을 말한다.

3) 상품의 균형 및 연계에 따른 구분

연계무역(counter trade)이란 수출과 수입이 서로 연계되어 무역거래가 이루어지는 방식으로, 수출입물품의 대금을 그에 상응하는 수입 또는 수출로 상계하는 무역거래 형태를 말한다. 이는 일종의 구상무역이나 물물교환의 변형적인 복합무역 형태로서 수출과 수입을 연결시켜 수출입의 균형을 유지하기 위한 정책적 제도이다.

연계무역은 제2차 세계대전 이후 무역통제의 수단으로 등장한 것으로서, 환관리(換管理)로 인해 무역대금을 결제하기 어려울 경우 이를 현물 상품으로 충당할 수 있어 수입 초과국이 상대국에 대해 일정한 상품의 수입을 요구하는 수단으로 채택되었다. 또 다른 국가가 자국 상품의 진출에 압박을 가할 경우 이를 완화하기 위한 방법으로도 연계무역의 한 형태인 바터 무역 방식이 이용된다.

연계무역의 발전배경
제2차 세계대전 이후 무역통제의 수단으로 등장하였으나 경제적 및 정치적으로 접근이 어려운 시장의 진출방법으로 발전

수출이 어려운 경우에 상대국의 상품을 수입하는 대신 상대국으로 하여금 자국의 상품을 의무적으로 수입케 하여 무역균형을 꾀할 수 있다. 연계무역은 수출금액 범위 내에서 상대국으로부터 수입을 하므로 양 국가는 대금결제를 할 경우에도 대금지불 없이 할 수 있는 무역 방식이다. 대금결제를 현물로 함으로써 외환보유고가 부족하여 자국의 화폐를 외국화폐로 태환하는 것을 법적으로 금지하는 국가에서 많이 사용하고 있다.

1960년대에 소련과 동구권 국가들은 외환을 충분히 보유하지 못했고 자신의 화폐를 달러를 비롯한 서방세계의 화폐와 자유롭게 교환할 수 없었기 때문에 외국기업이 이들 국가에 수출을 하여 수출대금을 받아내는 것은 상당히 어려웠다. 따라서 1960년대부터 동구권을 중심으로 이들 국가에 수출을 할 때 현물을 받아들이는 형태의 연계무역이 널리 이용되기 시작하였다.

연계무역의 가장 큰 장점으로는 접근이 어려운 시장으로의 진출이 가능할 수 있다는 점을 들 수 있다. 특히, 경화의 부족으로 인하여 외환통제가 심한 국가의 경우에는 연계무역이 거래를 성사시킬 수 있는 거의 유일한 수단이라는 점에서 그 의의를 찾을 수 있다. 또한 이러한 나라들은 대체로 국가신인도(국가신용도)가 상당히 낮은 국가들인 경우가 많기 때문에 판매나 구매를 위한 자금조달이나 보증이 어렵다.

연계무역은 일종의 현물의 거래와 같은 유형으로 취급되기 때문에 국가신인도 문제를 해결할 수 있는 방안으로 제시된다. 또한 판매자의 입장에서 여러 가지 어

려움과 위험이 부수되는 구상무역을 받아들임으로써 매출증대를 도모할 수 있다는 점 이외에 고객을 장기적으로 확보할 수 있다는 장점이 있다. 이는 곧 신용이나 외환의 문제가 해결된 이후에도 지속적으로 거래를 유지해 나갈 수 있는 고객의 확보가 가능하다는 것을 뜻한다.

연계무역의 단점은 판매의 대가로 받은 현물이 판매자에게 필요 없는 제품인 경우가 상당히 많다는 것이다. 예를 들어, 우크라이나에 펩시콜라와 피자헛을 진출시키는 대가로 선박을 받은 펩시의 입장에서는 이를 다시 판매해야만 하는 어려움에 놓인다. 특히, 구상무역의 수요자들이 대부분 저개발국가임을 감안하면 판매의 대가로 받는 제품들의 품질이 떨어지거나, 실제적인 시장에 있어 과잉공급 상태인 경우가 발생할 수가 있다.

이러한 이유들로 인하여 판매의 대가로 받는 제품의 재판매에서 어려움을 겪을 수도 있다. 특히, 재판매를 위하여 구매자를 확보하고 판매의 대가인 제품을 운송하는 등의 과정에서 많은 비용이 발생한다. 그리고 거래의 협상에 있어 많은 시간과 노력이 소요된다.

우선은 거래대상이 되는 제품들의 가치를 산정하기 쉽지 않으며, 거래조건 역시 현금과 현물의 조합이 가능한 만큼 협상의 진행이 어려워질 확률이 높다. 특히, 원료를 판매의 대가로 받는 경우에는 국제시장에서의 원료의 가격 변동이 심하기 때문에 거래시점의 가격과 인도시점의 가격에 많은 차이가 나게 되므로 거래의 가치 자체가 급변하는 문제가 발생하기도 한다.

연계무역의 유형
물물교환, 대응구매, 구상무역, 제품환매무역, 상계(상쇄)무역, 청산협약

연계무역에는 다음과 같은 여러 유형이 있다.

① 물물교환(barter trade): 연계무역의 가장 기본적이고 초보적인 형태로, 수출입업자 간에 대금지급 또는 화폐이전 없이 특정 제품이나 용역을 직접 교환하는 거래를 말한다. 따라서 이 방식은 화폐 및 금융제도가 발전하지 못한 경우나 외환이 부족한 국가에서 수출물품과 수입물품을 서로 교환하는 외국무역에서 많이 활용된다. 예를 들어, 1985년에는 한국과 대만 간에 한국산 배와 사과를 대만산 바나나와 맞바꾼 적이 있다. 또한 한국의 외환위기 이후 1998년에는 중국이 한국의 외환부족으로 한·중 간의 무역량이 감소할 것에 대비하여 중국 농산물과 한국 공산품을 서로 맞바꾸는 대규모의 단순 물물교환을 제의한 바 있다. 단순 물물교환은 제품의 교환이 거의 동시에 이

루어지므로 대금결제가 쉽다는 장점을 갖는다. 하지만 거래가 성립되기 위해서 양 당사자의 수입 필요성이 일치하여야 하며 그 금액이 거의 같아야 한다. 그러나 이 조건을 충족시키는 일은 쉽지 않으므로 수입이 여의치 않은 경우 수출도 중지되는 단점이 있고, 가격변동이 심한 1차상품인 경우 가격결정이 어렵다.

② 대응구매(counter purchase): 연계무역 형태 중 가장 흔히 이용되는 거래방식으로서 수출업자가 상품이나 플랜트를 수출하는 대신 수입업자로부터 수출금액의 일정비율에 해당하는 상품을 구매하는 거래형태를 말한다. 물물교환과는 달리 수출과 수입이 동시에 이루어질 필요가 없고, 수출계약서와 수입계약서가 별개로 시차를 두고 이루어질 수 있으며, 대금지불도 달리 결제되고, 대응구매 의무를 제3국에 전가시킬 수 있다는 특징이 있다. 대응구매는 수출업자가 수출계약가격의 일정비율만큼 수입업자의 상품을 구매하는 거래형태를 말한다. 대응구매는 간접보상(commercial compensation)이라고도 한다. 이는 어느 나라에 상품을 수출하고 상품인도 후 일정기간(통상 1년이며 5년을 넘지 않음) 내 수출액의 일정비율(통상 10~100%이지만 100% 이상인 경우도 있음)만큼 그 나라에서 생산된 다른 물품을 구매하는 방식이다. 그러나 제품환매와는 달리 거래되는 재화 간의 관련성은 요구되지 않는다. 물물교환(바터)과의 차이점은 물품 대신에 화폐로 수출입거래와 대응수출입거래가 각각 결제된다는 점이다. 일반적으로 거래를 요구하는 수입업자 측에서 제공 가능한 재화의 리스트(list)를 제공하기도 한다.

③ 구상무역(counter trade): 두 나라 사이의 수출입이 균형을 이루도록 하기 위하여 수출입물품의 대금을 그에 상응하는 수입 또는 수출로 상계하는 방식의 수출입을 말한다. 대금결제 시 환의 개재 여부에 따라 무환구상무역과 유환구상무역으로 구분된다. 무환구상무역이란 국가 간의 화폐의 흐름이 없는 순수한 의미의 물물교환방식의 무역으로서, 선수입에 대한 물품대금을 지급하지 않고 이에 상응하는 물품을 후수출하거나 또는 선수출에 상응하는 물품을 후수입하는 방식이다. 유환구상무역이란 수출입국 간의 수출입대금결제 시 선수출입 시에 상응하는 대금을 외화로 수취 또는 지급하고 후수출입에 따른 물품대금을 외화로 지급 또는 수취하는 거래방식이다. 이 경우 특정의 수출과 수입을 서로 이행조건으로 함으로써 결과적으로 동액의 무역균

형이 이루어지도록 하는 무역거래 방식이다.

④ 제품환매무역(buy-back trade): 어느 나라에 수출업자가 플랜트, 장비, 기술 등을 수출하고 동 설비에서 생산되는 결과재 또는 관련재를 재구매하는 형태의 무역을 말한다. 제품환매는 수출업자가 제공한 설비 · 기술로 만든 제품을 구매한다는 점에서 구매품목의 제한이 없는 대응구매와는 다르다. 주로 플랜트류를 대상으로 하므로 대응구매와는 달리 금액도 거액에 달하고 생산이 개시되어 수출대금을 회수하기까지 상당한 시일이 소요된다. 환매 형태의 구상무역이 선호되는 이유는 수입국은 국제수지상의 부담 없이 공업화에 필요한 자본 · 기술을 도입하고 생산제품의 해외 판로를 확보할 수 있으며, 선진공업국은 대규모 플랜트를 수출하면서 현지 달러를 이용한 공산품 또는 주요 원자재를 안정적으로 조달할 수 있기 때문이다. 그리고 수출상품과 대응수입상품의 관련성이 중요하기 때문에 일종의 산업협력 차원의 구상무역이라고 할 수 있다. 이 방식에서는 수출입업자 사이에 기계설비계약과 제품계약의 두 가지 계약이 성립되는데, 일단 기계설비계약이 우선해서 이루어지는 것이 일반적이다. 제품환매방식은 과거 동유럽과 같이 외환사정이 좋지 않은 국가들과의 교역에 많이 이용되어 왔으나, 최근에는 우리나라의 해외직접투자기업에서도 종종 이루어지고 있다.

⑤ 상계(상쇄)무역(offset trade): 연계무역 중 가장 최근에 실시된 거래방식으로서, 수출국이 수출대가로 수출상품의 부품 또는 일반제품을 수입국으로부터 구입하여 수출대금의 일부를 상쇄하는 방식을 말한다. 특히 첨단장비, 군수무기 등 고부가가치의 완제품이나 설비를 수출하고, 동 설비 및 제품의 생산에 필요한 부품이나 원자재를 수입하거나 수출품과는 상관없는 제품을 수입함으로써 수입자의 부담을 상계시키는 거래이다. 상계무역은 상호구매와 유사한 방식이나 상호구매는 판매대금 전액을 재구매해야 하는 데 비해 상계무역은 판매대금 중에서 일정액만을 재구매하면 된다는 점에서 다르다. 오프셋에서는 우리나라 기업이 수출한 국가로부터 어떤 종류의 상품도 구매할 수 있으며 수출대금 전액을 구매할 필요가 없기 때문에 상당히 선호되는 방식이다. 이 방식에서 수출업자가 해당부품을 수입하기 위해서는 수입국의 기술수준이 높아야 하며 수입국은 기술의 도입을 꾀하거나 연구개발을 추진하여 수출업자의 요구에 합치되어야 하므로 수출국의 생산기술 또는 경영노

하우 등을 수입국에 이전하는 문제가 수반되게 된다. 상계무역의 특징은 수입국이 기술수준이 높거나 그만한 능력을 보유하고 있어야 하며, 계약기간이 장기적이고 계속적이어서 투자를 수반하는 경우가 많다.

⑥ 청산협약: 정부 간의 거래라는 점에서 다른 구상무역 형태와는 구별된다. 예를 들어, 우리나라는 1998년에 인도네시아 소요사태가 발생하자 신용장 개설 등 정상적인 무역거래가 힘들 것이라고 판단, 양국이 수출액과 수입액을 서로 상계하고 그 차액만을 결제하는 구상무역을 추진한 바가 있다. 일반적으로 청산협약은 양국 정부 간에 있어 특정의 가치를 지니는 재화를 일정 기간 내에 서로가 교환하는 일련의 합의를 의미한다. 따라서 계약기간의 만료 시 상계되지 않은 부분에 대해서는 대체로 경화가 이용되지만 현금이나 또 다른 재화로 상계시키기도 한다.

4) 가공 및 판매방식

① 일반가공무역: 일반가공무역은 가공수출무역(processing trade for export)과 가공수입무역(processing trade for import)으로 구분되나 수입보다는 주로 수출에 비중을 두고 있기 때문에 흔히 일반가공무역이라 하면 가공수출무역을 의미하고 있다. 가공수출무역은 가공에 따른 부가가치(가공임)를 얻기 위한 목적하에 원료의 전부 또는 일부를 수입하여 가공한 후 수출하는 것을 말한다.

② 수탁가공무역(processing trade on indent): 외국의 거래상대자로부터 가공하여 수출할 것을 전제로 필요한 원자재의 전부 또는 일부를 수입하여 가공한 후 그 거래상대자 또는 지정하는 자에게 수출하는 거래를 말한다. 이러한 수출거래는 계약조건에 따라 가공작업비, 운임, 보험료, 창고료, 이자 등을 수취하며, 환의 개재 여부에 따라 무환수탁가공무역과 유환수탁가공무역으로 구분된다.

③ 위탁가공무역(processing trade on consignment): 가공임을 지급하는 조건으로 외국에서 가공할 원자재의 전부 또는 일부를 거래상대방에게 수출하거나 외국에서 조달하여 이를 가공한 후 가공물품을 수입하는 수출입을 말한다. 따라서 이 거래는 자국의 임금수준이 높아 자국 내에서 가공하는 것보다 가공임이 저렴한 국가에 가공을 위탁하는 것이 유리하거나 자국의 기술

수준이 낮아 기술이 발달된 국가에서 가공하고자 하는 경우에 이용되는 거래방식이다.

④ 위탁판매무역(consignment sale trade): 위탁자(consignor)가 물품을 무환으로 외국에 있는 거래상대방에게 수출하여 판매를 위탁하고 판매된 범위 내에서 수탁자(consignee)에게 일정의 판매수수료를 지급하고 물품대금을 결제받는 경우이다. 위탁판매무역은 수출업자나 생산자인 위탁자가 자기의 비용과 위험으로 해외에 있는 수탁자에게 물품판매를 위탁하는 것으로서 해외의 실수요자가 직접 실제의 물품을 확인하고 난 뒤 구매할 수 있는 장점을 가지고 있다. 이러한 형태의 무역은 새로운 시장을 개척할 경우 매우 효과적이지만 한편으로는 위탁판매에 따르는 위험과 부담이 매우 크다.

⑤ 수탁판매무역(indent sale trade): 위탁판매무역과는 반대의 방향에서 이루어지는 형태로서, 수탁자가 해외의 위탁자로부터 위탁을 받아 그 위탁자의 비용과 위험하에 물품을 무환으로 수입하여 자국 내에서 판매하고 그 대금을 결제하는 형태이다. 위탁자로부터 수수료를 수취하는 것이 목적이다.

제2절 무역과 국민경제

오늘날 우리는 선진국이든 개발도상국이든 그 나라의 국민경제가 다른 나라의 국민경제와 관계를 맺지 않고는 존속해 나갈 수 없는 글로벌 경제시대에 살고 있다. 특히 무역의존도가 높은 나라의 국민경제는 무역의 최대 활성화가 그 나라 국민경제의 위상을 좌우하는 중요한 요인이 되고 있다. 따라서 무역은 한 나라의 경제발전을 촉진시키는 기본적인 전략이 되는 동시에 국민경제 발전에 막대한 영향을 준다고 할 수 있다.

1. 수출과 국민경제

수출은 한 나라의 국민경제의 발전에 필요한 원자재와 자본재 등의 수입을 가능하게 해주는 분명한 외화획득 수단이다. 또한 수출품이 생산에서 선적에 이르기까지 관련 산업 전반에 걸쳐 광범위한 파급효과를 유발함으로써, 수출은 해당 국가의 경제성장, 고용창출, 소득증대, 생산유발, 기술축적이라는 국제수지 증대에 크게 기여한다.

수출과 국민경제와의 상관관계
외화공급의 원천기능, 고용증대의 효과기능, 생산유발의 효과기능, 경기조절의 기능, 산업구조의 고도화 기능, 소득유발 효과기능

(1) 외화공급의 원천기능

한 나라 국민경제에서 수출은 원자재 및 자본재 등의 수입을 위한 외화를 획득할 수 있어 경제성장을 측면에서 지원하고 있다.

일반적으로 경제성장은 생산요소의 공급증가와 기술발달 등에 의해 진행되지만, 장기적으로는 시설투자의 공급능력의 확대를 통해서 이루어진다. 즉, 시설투자는 자본축적의 증가로서 생산력의 증가를 의미하며, 공급측면에서는 경제성장을 활성화하는 동시에 또 다른 면에서는 유효수요의 일부분을 구성하여 수요측면에서 성장을 보전하는 것이라고 할 수 있다. 이 때문에 왕성한 투자는 유효수요의 창출을 통해 투자를 유발하고, 수요 · 공급효과가 결합하여 한 나라의 경제를 발전시켜 나간다.

이와 같이 투자를 중심으로 한 경제성장의 경우, 투자의 공급확대효과는 투자의 수요효과보다 지연되기 때문에 초기에는 초과수요현상을 야기하고 이로 인하여 수입이 유발된다. 이러한 수입은 외화를 필히 조달하지 않으면 안 된다. 따라서 수출은 경제발전의 원동력이 되는 시설투자에 필요한 외화를 공급해주는 외화공급의 원천으로서의 역할을 하고 있다.

(2) 고용증대의 효과기능

수출은 관련 산업의 생산활동을 직 · 간접으로 증대시켜서 고용을 창출하게 된다. 즉, 이러한 고용창출의 효과는 노동이나 자본집약도에 따라 해당국가의 산업의 성격을 크게 달라지게 할 수 있다.

(3) 생산유발의 효과기능

수출은 해당 수출산업의 수출품 생산을 유발하고 또한 수출품 생산과 관련되는 모든 산업의 생산을 연쇄적으로 유발함으로써 산업 전반에 걸쳐 생산을 증대시키게 된다.

(4) 경기조절의 기능

수출은 국내경기가 부진할 경우 위축된 국내시장을 보완하여 생산수준의 저하와 실업의 증가를 방지하는 안전장치의 기능을 한다. 이와 같이 수출의 경기조절 기능은 국내생산과 국내소비 간의 불균형을 조절해주는 역할을 한다. 특히 내수경기와 수출이 부분적으로는 경쟁관계에 놓일 수도 있는데, 내수경기가 급격히 증가할 경우에는 수출이 부분적으로 둔화되고, 내수경기가 상당히 부진할 경우는 수출이 상대적으로 활성화되어 전반적으로 상쇄된다고 볼 수 있다.

(5) 산업구조의 고도화 기능

수출은 외화공급원으로서의 역할뿐만 아니라 생산 및 소득을 증대시키고 대량생산에 의한 규모의 경제를 실현하게 하는 방대한 해외시장을 제공함으로써 산업구조의 고도화에 기여한다. 이와 같이 대량생산에 의한 경쟁력 효과는 중화학공업 부문에서 더 크다. 이는 유효수요 수출이 각 산업부문의 발전에 미치는 효과가 더 크기 때문이다.

(6) 소득유발 효과기능

수출은 그 상품의 생산활동과 관련된 여러 산업의 생산을 유발시켜 투입된 노동, 자본, 토지 등의 생산요소에 대해 소득을 실현시켜준다. 따라서 수출의 소득유발액은 수출산업은 물론이고 수출과 관련된 산업들의 생산과정에서 발생한 부가가치의 합계로 산출된다.

2. 수입과 국민경제

일반적으로 수출은 유효수요의 증대를 통하여 소득과 고용창출효과를 가져오게 된다. 반대로 수입은 수출요인으로서 유효수요 감소, 소득과 고용의 감소효과를 표출하기 때문에 표면적으로 본다면 국제수지를 악화시키는 요인이라 생각할 수 있다. 그러나 수입품이 국내의 생산품과 경쟁재가 아니고 국내에서 생산할 수 없는 선진 자본재와 원자재의 수입은 국내투자를 증대시켜 경제발전을 촉진하고 국민소득증대의 효과를 거둘 수 있다는 것을 잊어서는 안 된다.

수입과 국민경제와의 상관관계
국내생산 불능의 원자재 공급원 기능, 시설확대와 합리화의 추진기능, 경제능률과 소비자 후생증대 기능

(1) 국내생산 불능의 원자재 공급원 기능

한 나라가 경제발전을 이룩하려면 공업화 과정을 거치게 되는데 공업화를 추진하는 대부분의 국가는 수입을 선별적으로 통제하는 경향이 있다. 특히 완제품수입을 제한함으로써 수출과 내수를 국내산업에 우선적으로 할당하여 공업화를 추진하고 있다. 이러한 과정에서 볼 때 수입은 공업화에 필수불가결하고 국내에서 생산이 불가능한 원자재의 공급원으로서 중요한 역할을 한다.

(2) 시설확대와 합리화의 추진기능

경제의 공급능력 확대를 위해서는 시설확충, 기술혁신, 생산의 근대화를 위한 합리적 투자가 활발하게 진행되어야 한다. 그에 따라 자본재에 대한 수요가 왕성해지는데, 수요는 선진자본재의 수입으로 충당된다. 선진자본재의 수입으로 시설의 확대와 합리화를 꾀하고, 급변하는 세계무역환경변화에 적응해 나갈 수 있도록 지속적이고 안정적이며 경쟁력 있는 경제성장을 유도해 나가야 한다.

(3) 경제능률과 소비자 후생증대 기능

수입을 억제하는 보호무역정책은 소비자의 희생으로 생산자를 보호하는 결과를 가져온다. 특히 독과점품목의 경우는 더욱 심하다. 수입을 통해 국내기업들은 외국제품과의 경쟁에서 경쟁력을 유지하기 위해서 국내시장의 가격경쟁력의 국제화, 국내산업의 체질강화, 기술수준의 고도화 등을 제고하게 되고, 품질향상의 제품을 생산하여 이득을 얻게 된다.

또한 소비자 측면에서는 수입이 개방됨으로써 국내 생산품보다 저렴한 외국제품의 사용에 의해 국내 상품의 품질 및 가격조건이 개선됨으로써 소비자의 후생이 증대되는 효과를 가져오게 된다.

3. 무역의 경제지표

(1) 무역의존도

무역의존도
국민경제생활에서 무역이 차지하는 비중

세계 대부분의 국가들은 규모나 비중에 있어서 다소의 차이는 있지만, 무역에 의존하는 국민경제생활을 영위해 가고 있다. 국민경제생활에서 무역이 차지하는 비중을 무역의존도(dependence on foreign trade)라고 한다. 다시 말하면, 한 나라의 국민경제가 어느 정도 무역에 의존하고 있는가를 나타내는 지표를 말한다.

$$\bullet\ \text{무역의존도} = \frac{\text{1년간의 무역총액(수출액+수입액)}}{\text{1년간의 국민총생산액(또는 국민총소득액)}} \times 100$$

$$\bullet\ \text{수출의존도} = \frac{\text{1년간의 수출총액}}{\text{1년간의 국민총생산액(또는 국민총소득액)}} \times 100$$

$$\bullet\ \text{수입의존도} = \frac{\text{1년간의 수입총액}}{\text{1년간의 국민총생산액(또는 국민총소득액)}} \times 100$$

한 국가의 무역의존도에는 해외직접투자 부분이 포함되지 않으므로 무역의존도만 가지고 그 나라의 경제상황을 판단하는 것은 무리가 있다.

이 지표는 한 국가의 무역규모를 국민소득 또는 국민총생산(GNP, Gross National Product)에 대한 비율로 나타낸 것으로, 일정기간의 무역액을 국민소득이나 국민총생산으로 나누어 구할 수 있다. 또한 수출입총액을 수출액과 수입액으로 분류하여 각각을 국민총생산과 대비하여 수출의존도와 수입의존도를 계산할 수 있다.

무역의존도는 한 국가에서 무역의 중요도가 어떻게 변화하고 국가 간의 무역의 중요도가 어떤 차이가 있는가를 상대적으로 비교할 경우에 중요한 자료가 된다. 즉, 무역의존도가 높을수록 한 나라의 경제가 외국경제와 상호의존성이 높다는 것을 의미하며, 이는 국제경제의 변화가 국민경제에 직접적으로 미치게 된다.

반면에 무역의존도가 낮을수록 외국경제와의 상호의존성이 낮아 국제경제 변화가 국민경제에 미치는 효과가 적다. 예를 들면, 미국의 경우 무역액은 다른 국가에 비해 상대적으로 크지만, 대외무역 비중은 낮다. 이는 국토가 넓고, 천연자원이 풍부하며, 높은 수준의 기술력으로 인해 모든 분야에서 자급자족도가 높기 때문이다.

그러나 우리나라와 같이 국토가 협소하고 부존자원이 거의 없는 국가의 경우 무역액은 선진국들보다 상대적으로 적지만 대외무역비중(무역의존도)은 높다. 따라서 한 국가의 무역의존도가 높다는 것은 그 나라 경제가 외국경제와 밀접한 관계를 맺고 있으며, 세계경제에 의존하는 비율이 상대적으로 크다는 것을 의미한다. 즉, 무역은 세계무역환경의 경기변동과 세계 각국의 경제상황에 따라 크게 달라질 수 있기 때문에 한 국가의 무역의존도가 높다는 것은 그 국가의 경제상황이 그만큼 불안하다는 것을 의미한다고도 볼 수 있다.

(2) 수입자유화율

수입자유화율이란 한 국가의 총수입물품 중에 해당 정부의 승인을 취득하지 않고 수입할 수 있는 물품의 비율이 얼마인지를 나타내는 지표를 의미한다.

$$\text{수입자유화율} = \frac{\text{총수입상품수} - \text{수입승인상품수}}{\text{총수입상품수}} \times 100$$

(3) 외화가득률

외화가득률이란 한 국가가 수출을 통하여 얼마만큼 외화를 취득할 수 있는가를 측정하는 지표를 의미한다. 즉, 수출을 통해서 얼마만큼 외화를 취득할 수 있는가를 파악하기 위해서는 수출상품의 수출액에서 이 수출상품을 생산하면서 이용한 수입원자재금액을 공제해야 한다. 이때 수출액에서 수입원자재금액을 공제한 부분을 외화가득률이라 한다.

> **외화가득률**
> 한 나라가 원자재와 기술 그리고 인적자원의 자급자족 비율을 판단하는 기준이 되기도 한다.

$$\text{외화가득률} = \frac{\text{수출액(FOB 가격)} - \text{수입원자재총액(CIT 가격)}}{\text{수출액(FOB 가격)}} \times 100$$

(4) 교역조건

교역조건
한 국가의 수입물품에 대한 수출물품의 교환비율로, 교역조건에는 상품교역조건, 총교역조건, 소득교역조건, 요소교역조건이 있다.

교역조건(terms of trade)이란 한 국가의 수입물품에 대한 수출물품의 교환비율로서, 한 국가의 수입물품 한 단위가 외국의 수입물품 몇 단위와 교환될 수 있는가를 나타내는 교환비율을 의미한다. 즉, 한 국가의 수출물품의 한 단위와 교환될 수 있는 수입물품의 양이 이전보다 증가했을 경우에는 해당 국가의 교역조건이 개선되었다고 볼 수 있고, 그와 반대의 경우에는 교역조건이 악화되었다고 볼 수 있다. 이와 유사한 것으로 무역조건이 있는데, 무역거래를 할 때 무역상대국의 상품의 품질(quality), 수량(quantity), 가격(price), 결제방법(payment), 선적조건(shipping condition), 보험(insurance) 등에 관하여 사전에 조건을 협정한다.

1) 상품교역조건

상품교역조건(commodity barter terms of trade)은 순교역조건이라고 하며 수입상품가격에 대한 수출상품가격의 비율을 나타낸다.

$$\text{상품교역조건} = \frac{\text{수출상품가격지수}}{\text{수입상품가격지수}}$$

$$= \frac{\text{비교시의 수출상품가격/기준시의 수출상품가격}}{\text{비교시의 수입상품가격/기준시의 수입상품가격}} \times 100$$

이 교역조건은 기준연도에 대한 비교연도의 수출입가격의 변동률을 점검하는 것이다. 이 지수가 100이면 순교역조건은 변함이 없는 것이며, 100 이상이면 개선된 것이고, 100 이하이면 악화되었다고 본다.

2) 총교역조건

총교역조건(gross barter terms of trade)이란 수출수량에 대한 수입수량의 교환비율을 말하며, 수출입의 수량적 교환비율을 다음과 같이 산출할 수 있다.

$$총교역조건 = \frac{수입수량지수}{수출수량지수}$$

$$= \frac{비교연도의\ 수입상품수량/기준연도의\ 수입상품수량}{비교연도의\ 수출상품수량/기준연도의\ 수출상품수량} \times 100$$

이 교역조건은 지수가 100 이상 되었다고 하면 일정량의 수출로 기준연도보다 비교연도에 많은 양을 수입했다는 뜻으로서 교역조건이 유리하다는 것을 의미하며, 그 반대인 경우가 되면 교역조건이 불리해진다는 것을 의미한다. 총교역조건이 개선될 때 수출품 1단위로 많은 수입량을 취득하게 된다는 것을 의미하므로 해당국의 대외거래조건이 개선되었다고 본다.

3) 소득교역조건

소득교역조건(income barter terms of trade)이란 수출총액에서 얼마만큼 외국상품을 수입할 수 있는가를 측정해주는 지수로서 수입능력지수 또는 수출구매력이라고도 한다.

$$소득교역조건 = 상품교역조건 \times 수출수량지수$$

$$= \frac{수출상품가격지수}{수입상품가격지수} \times \frac{비교연도의\ 수출상품수량}{기준연도의\ 수출상품수량}$$

여기에서 소득교역조건이 개선되었다는 것은 기준연도에 비해 비교연도에 해당국가의 수출수량의 증가에 따라 수입수량을 보다 많이 얻었다는 것을 의미하므로 그 나라의 수입능력이 향상되었다고 본다.

그러나 소득교역조건과 상품교역조건의 상호관계에 있어서 오히려 반대방향으로 변화할 수도 있다는 데 주의하여야 한다. 예를 들면, 수입가격이 일정하다고 가정할 때 수출가격이 하락하여 상품교역조건은 악화되더라도 수출가격이 하락한 비율보다도 수출량이 더 증가하게 된다면 소득교역조건은 더 좋아질 수 있다는 것이다.

4) 요소교역조건

요소교역조건은 교역되는 재화에 투입된 생산요소의 생산성변화까지 고려하는 교역조건지수로서 단일요소교역조건과 이중요소교역조건이 있다.

단일요소교역조건(single factorial barter terms of trade)은 한 나라의 수출산업 또는 수출품에 투입된 생산요소만을 고려한 것으로 상품교역조건에 수출부문의 생산성지수를 곱하여 다음과 같이 산출할 수 있다.

$$\text{단일요소교역조건} = \text{상품교역조건} \times \text{수출상품의 생산성지수}$$

여기에서 생산성지수가 높아진다는 것은 수출산업부문에 투입되는 생산요소의 수량이 상대적 또는 절대적으로 적어졌다는 것을 의미한다. 따라서 상품교역조건이 악화되더라도 동기간에 생산성 향상의 정도가 상품교역조건의 악화 정도보다 크다면 단일요소교역조건은 개선되게 될 것이다.

다음으로 자국수출품의 생산성변화율은 물론이고 상대국 수출품의 생산성의 변화율도 고려한 것이 바로 이중요소교역조건(double factorial barter terms of trade)이다. 이는 다음과 같이 산출된다.

$$\text{이중요소교역조건} = \text{상품교역조건} \times \frac{\text{수출상품의 생산성지수}}{\text{수입상품의 생산성지수}}$$

이 이중요소교역조건이 상승한다는 것은 수출상품에 투입된 국내의 생산요소 1단위로 수입품에 투입된 외국의 생산요소를 더 많이 교환할 수 있다는 것을 의미한다.

참고문헌

권오, 『신무역학원론』, 청목출판사, 2004.

김창봉 · 박상안 · 여경철 · 정재우, 『무역학원론』, 박영사, 2007.

서갑성, 『무역학원론』, 형설출판사, 2009.

배근성 · 이무원 · 함영진 · 강동윤, 『글로벌 무역경영』, 비즈프레스, 2010.

연습문제

1. 무역의 정의와 국제통상의 특징에 대하여 설명하시오.
2. 공정무역의 개념과 중요성에 대하여 설명하시오.
3. 무역의 성격에 대하여 설명하시오.
4. 무역의 특수성에 대하여 설명하시오.
5. 무형무역에 대하여 설명하시오.
6. 중개무역과 중계무역을 비교 설명하시오.
7. 연계무역의 개념과 중요성 그리고 장단점에 대하여 설명하시오.
8. OEM방식의 수출과 knock-down방식의 수출에 대하여 설명하시오.
9. 무역과 국민경제의 상관관계에 대하여 설명하시오.
10. 무역의존도에 대하여 설명하시오.

CHAPTER

02 국제무역환경

INTRODUCTION TO INTERNATIONAL BUSINESS

CHAPTER 02

국제무역환경

제1절 IMF와 국제통화질서

국제통화제도란 국가 간의 무역 및 자본의 거래를 원활히 함으로써 국제경제의 안정과 발전을 이룰 수 있도록 정비된 국제적인 결제제도이다. 역사적으로 최초의 국제통화제도는 금본위제도(gold standard system)였다. 이 제도는 19세기 초 당시 세계경제 및 금융의 중심이었던 영국이 채택함에 따라 국제통화제도로서의 역할을 하였다.

그러나 제1차 세계대전을 계기로 국제간의 신용조직이 파괴되고 전쟁으로 인한 타격이 각국의 경제구조를 심각하게 왜곡시키는 한편, 독점자본주의에 의한 시장쟁탈이 격화됨에 따라 과도기적으로 금환본위제를 거쳐 제2차 세계대전 이후 IMF 체제로 전환되었다. 그러나 최근에 이르러 IMF 체제가 흔들림에 따라 국제통화 불안이 격화되고 있는 실정이다. 시간에 따른 국제통화질서에 대해 알아보자.

> IMF
> 국제통화기금의 약자로 1945년에 세계무역 안정을 목적으로 설립한 국제금융기구

1. IMF의 창설

금본위제도가 무너진 뒤 세계경제는 극도의 혼란에 빠졌다. 우선 자국 산업을 보호하고 국제수지를 방어하기 위하여 각국은 관세장벽은 물론 각종의 비관세장벽에 의한 무역규제를 강화하였다. 1930년대에 들어서는 전 세계적으로 밀어닥친 대공황으로 세계경제질서는 완전히 붕괴되었고, 급기야는 제2차 세계대전을 유발

시키는 요인이 되었다.

(1) IMF의 탄생

❶ 제2차 세계대전 후 세계무역 질서 수립 노력
❷ 1944. 7. 국제회의
❸ 1945. 12. 브레턴우즈협정 → IMF 탄생

→

(2) IMF의 목적

❶ 국제통화 협력 증진
❷ 세계무역 및 투자확대
❸ 환율 안정
❹ 국제결제 • 정부간섭 축소
❺ 중단기 국제통화기금 확보
❻ 국제수지 불균형 조정

제2차 세계대전 이후 선진국들은 1930년대의 쓰라린 경험을 되풀이하지 않으려 노력하였다. 세계의 무역질서를 수립하기 위해서 1944년 7월 미국의 뉴햄프셔(New Hampshire) 주 브레턴우즈(Bretton Woods)에서 44개국 대표가 국제회의를 열어 1945년 12월 브레턴우즈협정(Bretton Woods Agreement)을 체결함으로써 국제통화기금(IMF, International Monetary Fund)이라는 국제경제기구가 탄생하였다.

IMF의 목적은 국제통화 협력의 증진, 세계무역 및 투자확대, 환율의 안정, 국제결제에 관한 정부의 간섭 축소 내지는 제거, 중 · 단기 국제통화기금 확보, 국제수지 불균형의 조정 등으로 요약할 수 있다. IMF의 창설과 함께 국제통화제도에 관한 모든 논의는 IMF의 주도로 이루어지게 되어 제2차 세계대전 이후 현재까지의 국제통화제도를 통틀어 IMF 체제라고 부를 수 있다. 그러나 IMF 체제도 최초의 브레턴우즈 체제에서 몇 번의 변화를 겪게 된다.

2. 국제통화질서

〈표 2-1〉 IMF하의 국제통화체제

체제	원칙, 성립, 탄생	기본 성격	붕괴 및 비판
브레턴우즈 체제	① 화이트 안(케인스 안 부분적 가미)	① 국제유동성 → 금환본위제도 ② 국제수지조정 → 조정가능 고정환율제	① 달러화 신인 문제 대두 ② 닉슨독트린 → 금태환 정지 → 붕괴
스미소니언 체제	① 금태환 정지 혼란 수습 ② 선진 10개국 회의 → 달러화 평가절하, 중심환율	① 와이드 마진제 → 환율변동폭 중심환율 상하 2.25% ② 스미소니언협정 성립	① 6개월 후 파운드 파동 → 영국의 변동환율제 → EEC의 변동환율제
킹스턴 체제	① 1976. IMF 잠정위원회 ② 국제통화제도 개혁 관련 현안 일괄 타결(금, 환율, IMF신용제도 등) ③ IMF 협정 개정안 채택	① 변동환율제 이행 ② SDR 체제 이행 준비 ③ IMF 신용확대, 이용조건 완화	

(1) 브레턴우즈 체제

브레턴우즈 체제
국제통화제도의 본질적 기능인 유동성의 공급과 국제수지조정 메커니즘을 금환본위제도와 조정가능한 고정환율제도를 통해서 해결하고자 함.

브레턴우즈 체제는 영국의 케인스(J.M. Keynes)가 제출한 케인스 안(Keynes Plan)과 미국의 화이트(H.C White)가 제출한 화이트 안(White Plan)이 절충되어 확정되었다. 이들은 국제수지균형의 유지가 목적이었으며, 금융 · 재정정책에 있어서 개별국가의 자주성을 보장하면서 환율의 안정을 꾀하였다.

케인스 안은 개별국가의 자주성을 지나치게 강조한 반면에 화이트 안은 외환시세의 안정을 지나치게 강조하였다. 이 두 안은 신중히 검토되어, 원칙적으로 화이트 안을 채택하고 부분적으로 케인스 안을 가미하는 것으로 타협이 이루어졌다.

브레턴우즈 체제의 기본 성격은 국제유동성의 측면에서는 금환본위제(gold exchange standard)라고 할 수 있으며, 국제수지조정의 측면에서는 조정가능 고정환율제도(adjustable peg system)라고 할 수 있다. 즉, 미국의 달러화는 직접 금과 연결되어 있고, 가맹국 통화는 달러화에 연결되어 있어서 간접적으로 금과 연결되어 있다. 그러므로 브레턴우즈 체제는 금환본위제이고 미국의 달러화를 기축통화(key currency)로 하고 있다.

또한 IMF 협정에 의하면 각국은 특별한 경우를 제외하고는 금이나 미 달러화를 기준으로 자국통화의 공정가격 또는 공정환율(official rate)[1]을 정하여야 했다. 따라서 브레턴우즈 체제하에서는 환율의 안정을 최대목표로 삼아 환율의 변동을 고정환율에서 상하 1%의 범위 안에서만 허용하고, 공정환율의 변경은 '근본적인 불균형(fundamental disequilibrium)'을 바로잡는 경우에만 한정하였다. 그러므로 브레턴우즈 체제하의 국제통화제도는 조정가능 고정환율제도라고 말할 수 있다.

브레턴우즈 체제가 이러한 기본적인 성격을 가지고 운용된 것은 각국이 1930년대의 대공황 이후 경쟁적인 평가절하의 폐해를 실감하였으며 만성적인 국제수지 불균형까지 방관하고 있을 수 없었기 때문이다. 또한 환율의 안정을 중요시하다보면 국제수지가 불균형에 빠지기 마련인데, 이를 위해서 각 가맹국이 협력하여 조성한 기금에서 국제수지가 적자인 가맹국에게 일정액을 대여하는 일반인출권(GDR, general drawing right)이 마련되었다. 그러나 세계무역의 성장률보다 국제유동성의 증가율이 낮아지자 주요국의 통화당국은 이에 대하여 우려를 나타내기 시작하였다. 따라서 이러한 국제유동성에 대한 수요의 부족을 충족시키기 위하여 특별인출권(SDR, special drawing right)이라는 새로운 형태의 국제준비자산이 창출됨으로써 국제유동성의 문제는 크게 완화되었다.

> **일반인출권**
> IMF로부터 기금할당액에 비례하여 일반적으로 사용될 수 있는 인출권

> **특별인출권**
> IMF 가맹국이 규약에 정해진 일정조건에 따라 IMF로부터 국제유동성을 인출할 수 있는 권리

이상과 같은 브레턴우즈 체제는 1958년 이후 유럽제국의 통화교환성이 회복되고 미국의 국제수지 적자폭이 확대됨에 따라 달러화의 신뢰성이 심각히 대두되면서 문제점이 서서히 나타나기 시작하였다. 이에 대처하여 1971년 8월 미국의 닉슨 대통령은 신경제정책(new economic policy)의 일환으로 국제수지개선과 달러방위를 위해 금태환을 정지시켰다. 이로써 금 · 달러화 본위제도를 근간으로 하고 있던 브레턴우즈 체제는 사실상 붕괴되었고 국제통화제도는 새로운 전기를 맞이하게 되었다.

(2) 스미소니언 체제

미국 달러화의 금태환정지가 발표(1971년 8월)된 이후 주요 통화는 다시 변동환율제도로 이행하였다. 그러나 각국이 택한 변동환율제는 중앙은행이 환율 결정에 개입하는 이른바 '관리변동'(managed or dirty float) 환율제도였다. 또한 이

1) 정부가 인위적으로 정하여 외환의 수급에 따라 변하지 않는 환율을 지칭하였으나, 현재는 IMF의 평가와 관련된 외환율을 가리킨다.

시기에는 여러 나라가 정도의 차이는 있으나 외환관리를 포함한 각종 무역관리제도를 실시함으로써 세계무역이 위축될지도 모른다는 우려가 크게 대두되었다.

달러화의 금태환정지에 따른 국제통화제도의 혼란을 수습하기 위하여 1971년 11월 워싱턴의 스미소니언 박물관에서 선진 10개국(group of ten) 회의가 개최되어 달러화의 평가절하(금 1온스당 35달러에서 38달러로)와 각국 통화 간의 새로운 '중심환율(central rate)'이 정해졌으며, 환율변동폭을 중심환율의 상하 2.25%로 하는 와이더마진제(wider margin system)를 주내용으로 하는 스미소니언(Smithonian) 협정이 성립되었다. 그러나 이러한 스미소니언 체제는 오래 가지 못하였다. 왜냐하면 스미소니언 체제는 브레턴우즈 체제의 모순점을 근본적으로 해결한 것이 아니고 국제통화 불안을 진정시키기 위한 잠정적 협정에 불과했기 때문이다. 따라서 주요국의 국제수지 불균형 상태는 개선되기는커녕 더욱 확대되었다.

> **스미소니언 체제**
> 달러화의 금태환정지(1971.8.15)에 따른 국제통화제도의 혼란을 수습하기 위하여 1971년 12월 워싱턴의 스미소니언 박물관에서 열린 다국간 통화조정회의 이후 실시되기 시작한 국제통화체제

이와 같은 스미소니언 체제는 출범 후 6개월 만에 파운드 파동을 겪으면서 영국이 일차적으로 변동환율제도를 택하였고, 뒤를 이어 EEC 6개국이 EEC국 이외의 통화에 대하여 변동환율제를 택하였다. 더욱이 1973년 미국의 국제수지가 더욱 악화되어 달러화가 10% 평가절하됨에 따라 같은 해 3월 사실상 스미소니언 체제는 붕괴하였고, 주요 선진국은 변동환율제로 이행하게 되어 국제통화제도는 또다시 혼란에 빠지게 되었다.

(3) 킹스턴 체제

브레턴우즈 체제와 스미소니언 체제의 붕괴 이후 IMF를 중심으로 국제통화제도의 개혁에 관한 논의가 거듭되었다. 그러던 중, 1976년 자메이카의 수도 킹스턴(Kingston)에서 열린 IMF 잠정위원회에서는 그때까지의 논의결과와 선진 10개국의 합의내용을 바탕으로 금 문제, 환율문제, IMF 신용제도의 개선문제 등 국제통화제도의 개혁에 관련된 현안문제를 일괄 타결하였다. 이에 따라 IMF 협정 개정안이 채택되고 이른바 킹스턴 체제라고 불리는 새로운 국제통화제도가 탄생하였다.

> **킹스턴 체제**
> 변동환율제로 이행한 이후의 국제통화제도로, IMF는 각국에 환율제도의 선택재량권을 부여했으며 가맹국들은 자국이 채택할 환율제도를 IMF에 보고하도록 규정하고 세계경제가 안정적일 때 회원국 85% 이상의 찬성이 있을 시 조정가능한 고정환율제로 복귀할 수 있도록 함.

킹스턴 체제는 스미소니언 체제가 붕괴된 이후 가맹국들이 대부분 변동환율제로 이행하고, 금의 공정가격 및 금 평가제가 전면적으로 붕괴된 현실을 인정하고 SDR의 기능 및 이용도를 제고하여 점진적으로 SDR 체제로 이행할 수 있는 기틀

을 마련하였다. 또한 킹스턴 체제는 가맹국의 국제수지 불균형문제가 국제통화제도의 안정을 저해하는 가장 큰 요인 중의 하나임을 인식하고 IMF의 국제수지조정 지원 기능을 제고하기 위하여 IMF 신용을 크게 확대하고 그 이용조건 또한 크게 완화하였다.

제2절 GATT와 무역자유화

1. GATT의 설립

1930년대의 세계적인 대공황을 계기로 세계 각국이 경쟁적으로 평가절하를 했으며, 수입상품에 고율의 관세를 부과하고 수량제한을 강화하는 등 보호무역주의가 심화되었다. 이에 따라 전 세계는 이른바 무역전쟁에 휘말리게 되었다. 더욱이 미국이 1933년 금본위제도에서 이탈하자 각국의 통화불안과 국제결제상의 문제점이 노출되면서 국제경제질서는 혼란을 면치 못하였고, 각국은 축소균형상태에서 국내산업을 보호하거나 특혜관세지역을 결성 · 강화 또는 그 지역 국가 간의 청산동맹을 체결하여 자국의 경제권을 확보하려는 블록경제화의 움직임을 보였다.

이와 같은 무역마찰을 종식시키기 위한 국제적인 노력은 제2차 세계대전 전에도 없었던 것은 아니지만, 당시는 무역자유화의 필요성에 대한 원칙만 되풀이 논의되었을 뿐 문제해결을 위한 구체적인 방안은 제시되지 못하였다. 그러나 제2차 세계대전에서 연합국 측의 승리가 굳어져 감에 따라 이들은 국제경제질서의 회복을 위한 협의를 거듭하였다. 그 결과 자유무역의 확대와 세계의 고용 · 생산 및 소비를 증대시킨다는 기본원칙에 합의하고 전쟁이 끝남과 때를 같이하여 새로운 국제무역질서와 국제통화제도를 이끌어 갈 국제경제기구의 설립을 위한 작업에 착수하였다.

그리하여 1945년 미국은 위축된 국제무역을 확대시키기 위해 국제무역기구(ITO, International Trade Organization)의 설립을 제안하였다. 이러한 미국의

> **ITO**
> 1945년 미국을 주축으로 하여 국제무역의 장벽을 제거하고 자유무역의 발전을 위한 국제무역기구(ITO)의 설립이 추진되었다. 그러나 국제무역과 관련된 주권의 제약을 우려한 미국의 회의 반대로 대신 협정체인 GATT 형태로 1995년 WTO가 출범할 때까지 국제무역질서를 관장

제안은 일부 국가의 찬성을 얻어 국제무역기구를 창설하기 위한 각국 간의 활발한 교섭이 전개되었다. 1947년 쿠바의 하바나(Havana)에서 이 기구의 창설을 위한 초안이 작성되었고, 드디어 1948년 53개국의 조인을 얻어 국제무역기구헌장(Charter for the International Trade Organization)이 채택되었다. 이 헌장을 통상 ITO 헌장 또는 하바나 헌장(Havana Charter)이라고도 한다.

그러나 ITO 헌장은 지나친 자유무역의 이상에 치우친 나머지 그 내용이 너무 엄격하여 비현실적이라는 이유 때문에 많은 국가들이 조인했음에도 불구하고 2개 국가밖에 비준을 얻지 못하여 ITO는 유산되고 말았다. ITO는 유산되었지만 ITO 헌장의 초안을 검토하고 있던 각국 정부는 헌장과는 별도로 세계교역의 확대를 위한 관세 및 비관세장벽의 경감을 위한 협상을 진행하기로 합의하여, 1947년 4월부터 제네바(Geneva)에서 23개국이 참가한 가운데 관세인하협상이 이루어졌다.

그 결과에 따라 ITO 헌장의 통상정책부분을 반영하여 1948년 빛을 보게 된 것이 바로 GATT(General Agreement on Tariff and Trade), 즉 '관세 및 무역에 관한 일반협정'이다.

GATT
제네바 관세협정이라고도 하는데 1947년 제네바에서 23개국이 관세철폐와 무역증대를 위하여 조인한 '관세 및 무역에 관한 일반협정'

2. GATT의 목적 및 역할

GATT의 규정은 전문과 본문 4부 38조(당초 3부 35조)로 구성되어 있다. 제1부(제1조~제2조)는 최혜국대우 및 관세에 관한 규정이고, 제2부(제3조~제23조)는 주로 수입제한의 철폐에 관한 규정이며, 제3부(제24조~제35조)는 가입 · 탈퇴 등의 행정절차이다. 그리고 제4부(제36조~제38조)는 1965년에 추가된 개도국의 무역확대에 관한 규정으로 'GATT 신장'이라고도 불린다.

❶ 1945년 미국, ITO 설립 제안 → ❷ 1947년 하바나 초안 작성
❸ 1948년 53개국 조인 → 국제무역기구헌장(ITO) 채택
❹ 1948년 ITO 헌장 유산 → ❺ GATT(관세 및 무역에 관한 일반협정)

(1) 규정 구성(전문, 본문 4부 38조)

❶ 제1부(1~2조) : 최혜국대우, 관세
❷ 제2부(3~23조) : 수입제한 철폐
❸ 제3부(24~35조) : 행정절차(가입 · 탈퇴)
❹ 제4부(36~38조) : 개도국 무역확대 규정

(2) 설립 목적

세계무역 확대 목적
❶ 생활수준향상
❷ 고용증대
❸ 실질소득, 유효수요 증가
❹ 세계자원 효율적 이용, 상품생산
❺ 교역확대

[그림 2-1] GATT 체제

GATT의 설립 목적은 무역장벽의 완화와 차별대우의 폐지를 통하여 세계무역을 확대함으로써 생활수준의 향상, 고용증대, 실질소득과 유효수요의 증가, 세계자원의 효율적 이용 및 상품생산과 교역의 확대를 도모하는 데 있다. 이러한 목적의 달성을 위하여 GATT는 다음과 같은 원칙들을 제시하였다.

(1) 무차별대우의 원칙

GATT의 기본원칙은 한마디로 '무차별대우의 원칙(non-discrimination principle)'이다. 즉, GATT 가맹국은 '최혜국 조항'(제1조)에 의거하여 가맹국 중 특정국에 대하여 다른 국가보다 특혜를 베풀지 않는다는 것을 기본원칙으로 하고 있다.

GATT의 원칙
무차별대우의 원칙, 관세인하, 수량제한의 철폐

GATT가 무차별대우를 기본원칙으로 채택하고 있는 것은 종래 각 국가 간에 적용되었던 관세상의 차별대우가 관세전쟁을 유발시키고 나아가 세계무역질서를 왜곡시켰던 경향이 있었기 때문이다. 무차별대우란 통상협정을 체결한 체결국의 어느 일방이 제3국에 대하여 허용한 관세상의 특례를 그 체결상대방에 대해서도 차별 없이 동일하게 허용하도록 하는 것을 의미한다.

그러나 GATT의 무차별대우 적용에도 몇 가지 예외규정이 있다.

첫째, 기존의 특혜관세는 그대로 인정되고 있다(제1조 제2항).

둘째, 일정한 요건을 구비한다면 각국은 자유무역지역이나 공동시장과 같은 지역적 경제동맹을 맺을 수 있다(제24조).

셋째, 새로이 가맹하는 나라에 대하여 무차별대우의 적용을 거부할 수 있다(제34조).

(2) 관세인하

GATT의 기본목적은 우선 각국 간에 적용되고 있는 관세율을 인하하는 데 있다. GATT의 규정 제1조는 가맹국 간의 교섭에 의하여 상호 관세율을 인하하도록 하며, 또 가맹국 간에는 일체의 관세상 차별대우를 취하지 않도록 규정하고 있다.

GATT에서의 무역자유화를 추진하기 위한 관세의 인하방식은 양국 간 내지 다국 간의 협상에 의하여 이루어졌다. 두 개의 국가 간 교섭을 보면 가맹국 중 어느 나라가 개별적으로 관세인하교섭을 하고 그 결과 인하된 관세율은 'GATT 세율'로 GATT에 등록되며, GATT가 이를 관세양허표로서 채택하면 교섭 당사국뿐만 아니라 모든 가맹국에 무차별적으로 적용되었다.

(3) 수량제한의 철폐

관세는 주로 가격 메커니즘을 통하여 국제무역을 간접적으로 규제하지만, 수입 및 수출에 대한 수량제한(QR, quantitative restriction)은 가격에 관계없이 직접적으로 규제한다. 따라서 수량제한조치는 관세보다 한층 더 수입억제효과를 발생시킨다. 이에 GATT는 수량제한에 관해서는 기본적으로 완전 철폐할 것을 일반원칙으로 규정하였다.

그러나 수량제한에도 몇 가지 예외가 있다.

첫째, 국제수지가 극심한 역조에 처해 있는 나라의 경우에는 수량제한을 인정한다(제12조, 개발도상국인 경우에는 제18조 제13항).

둘째, 어떤 나라가 국내에서 국내농산물의 생산 또는 판매수량을 제한하는 경우 수입제한이 인정된다(제11조 제2항).

셋째, 저개발국이 자국민의 생활수준을 향상시키기 위하여 특정 산업을 보호하려는 경우 수입제한이 인정된다(제18조).

넷째, 국내의 생산업자에게 중대한 손실이 있거나 그 가능성이 있는 경우 수입에 대하여 긴급제한조치로서 수입제한을 실시할 수 있다(제19조).

3. GATT의 활동

〈표 2-2〉 GATT 체제의 다자간무역협상

회	명칭	협상 기간	참가국	주요 의제
1	Geneva Round	47. 4~47. 10	23	45,000 품목 관세인하 양허
2	Annecy Round	49. 4~49. 10	29	5,000 품목 관세인하 양허
3	Torquay Round	50. 9~51. 4	32	8,000 품목 관세인하 양허
4	Geneva Round	56. 1~56. 5	32	3,000 품목 관세인하 양허
5	Dillon Round	61. 5~62. 7	39	4,400 품목 관세인하 양허
6	Kennedy Round	64. 5~67. 6	74	30,000 품목 관세인하 양허 반덤핑협정 체결
7	Tokyo Round	73. 9~79. 7	99	27,000 품목 관세인하 양허 9개 비관세장벽협정 체결
8	Uruguay Round	86. 9~93. 12	117	모든 회원국 평균관세율 33% 일괄 인하 농업, 서비스무역 및 지적재산권보호협정 체결, WTO 설립

출처 : 배근성 외 3인, 『글로벌 무역경영』, 비즈프레스, 2010, p.98

(1) 케네디라운드

케네디라운드(Kennedy Round)는 관세의 일괄 인하교섭으로서 GATT의 관세교섭 중 가장 획기적인 것으로 미국 대통령 케네디의 제창에 의한 제6차 GATT 관세인하교섭을 말한다. 케네디라운드는 종래의 관세교섭과 비교하여 그 특징을 보면 다음과 같다.

> **케네디라운드**
> 1962년 10월에 성립한 미국의 통상확대법을 배경으로 미국 대통령 케네디(J.F. Kennedy)의 제창으로 각국이 GATT를 무대로 하여 행한 관세의 대폭적인 일괄 인하교섭

첫째 양국 간 품목별 교섭방식을 지양하고 다국 간의 일괄인하방식을 채택하였다.

둘째, 관세의 교섭대상 품목을 광공업 제품에만 치중하였던 것으로부터 1차산품까지 확대시켰다.

셋째, 선진국은 개발도상국에 호혜주의를 요구하지 않고 개발도상국의 주요 수출관심 품목에 대하여 무역장벽을 완화시키려고 노력하였다.

넷째, 관세장벽뿐만 아니라 비관세장벽도 교섭의 대상으로 취급하였다.

이러한 케네디라운드가 있게 된 배경은 우선 EEC의 눈부신 발전에서 찾을 수 있다. 즉, GATT 규정에 의하여 인정된 EEC의 차별적인 관세장벽에 직면한 미국은 1962년 통상확대법(trade expansion act)을 제정하고 대통령에게 획기적인 관세인하권한을 부여함으로써 EEC와의 관세인하협정에 적극적으로 임할 수 있게 되었다.

그 결과 케네디라운드는 37개국이 관세인하를 양허하고, 그 품목 수는 무려 3만 300종, 인하품목의 무역액은 400억 달러에 달하였으며, 관세인하율도 평균 35%에 달하였다. 그러나 케네디라운드에서는 농산물 교역의 확대와 같은 개도국의 현안문제나 비관세장벽의 제한에 대해서는 별다른 성과가 없었다는 것이 문제점으로 지적되었다. 따라서 케네디라운드는 선진공업국 사이의 자유무역을 증진시키는 데는 기여하였으나, 후진국 무역거래는 별다른 성과를 가져다주지 못하였다.

(2) 도쿄라운드

1947년 GATT의 창설 이래 1970년대 초까지 무역자유화의 노력은 관세수준을 상당히 낮게 만들었다. 그러나 신보호무역주의의 대두와 EEC가 확대된 EC의 지역주의가 강화되어 비관세장벽이 만연해짐에 따라 관세는 더 이상 무역장벽으로서의 큰 역할을 할 수 없게 되었다. 이에 따라 GATT는 비관세장벽을 포함한 새로운 무역장벽을 깨뜨리기 위해 다자간무역협상(MTN, multilateral trade negotiations)을 개최하였는데, 이 협상을 도쿄라운드(Tokyo Round)라고 한다.

1973년 도쿄선언으로 시작된 제7차 무역협상의 도쿄라운드는 1979년에 종결되어 가장 최근에 결실을 맺은 다자간무역협상으로서 그 성과를 보면 다음과 같다.

첫째, 조화인하방식(harmonization formula)을 채택하였다. 즉, 관세율이 높은 품목에 대해서는 많이 인하하고, 낮은 품목에 대해서는 적게 인하하는 방식을 채택하였다.

둘째, 비관세장벽의 제거를 중요한 과제로 다루었다. GATT는 각국으로부터 850여 건의 비관세장벽을 통보받아 분야별로 협정을 타결하였다.

셋째, 개도국에 대한 우대협정을 체결하였다. 즉, 일반특혜관세제도(GSP)에 합법성을 부여하고, 개도국은 상호 간에 우대조치를 취할 수 있다는 사항에 합의하였다. 그러나 개도국 범주에서 제외시킬 수 있는 '개도국 졸업조항'을 채택하고 신흥공업국에 대한 특혜공여가 축소될 가능성을 명문화하였다.

(3) 우루과이라운드

우루과이라운드(Uruguay Round)는 GATT의 제8차 국제무역협상의 명칭으로 뉴라운드(New Round)라고도 불린다. 1986년 9월 우루과이에서 개최되었던 GATT 각료회의에서 새로운 다자간무역협상의 개시를 위한 각료선언이 채택됨으로써 공식적으로 개시되었다. 우루과이라운드의 출범 이유는 다음과 같다.

> **우루과이라운드**
> GATT의 8번째 다자간 무역협상으로 1986년 9월 남미의 우루과이에서 시작되어 1994년 4월 15일에 타결됨. 우루과이라운드가 타결됨에 따라 1995년 세계무역기구(WTO) 설립

GATT는 1979년 도쿄라운드의 타결로 외양상 세계의 여건에 어느 정도 적용해 가는 것처럼 보였으나, 실제로는 그 기능상의 한계로 인하여 각국 간에 밀접하게 얽혀 있는 이해관계를 해결하는 데에 신축적으로 대응하지 못하였다. 그 결과 GATT의 기본원칙은 무시되고 수출자율규제(VER, voluntary export restraints) 등 GATT 규율 밖의 비합리적인 보호주의 수단이 남용되기에 이르렀다.

또한 GATT의 분쟁해결능력도 커다란 결함의 하나로 지적되었다. 즉, GATT 체약국들이 규정을 준수하지 않음으로써 발생하는 분쟁에 대해 GATT가 효율적으로 대응하지 못한다는 것이었다. 이와 같은 상황을 개선하기 위해 그동안 다양한 노력을 기울였으나, 여전히 GATT상의 분쟁처리는 GATT의 제반 규정에 의하기보다는 당사국의 정치 · 외교 능력에 의존하는 예가 더 많았다. 그리고 1980년대에 들어 특히 서비스, 지적재산권, 무역 관련 투자 등 새로운 분야의 교역이 급격히 증대되면서 GATT의 문제해결능력을 크게 저하시켰고, 기존의 GATT 질서는 새로운 변화를 요구받게 되었다.

이에 출범한 제8차 GATT 다자간무역협상인 우루과이라운드는 협상개시 후 4년 이내의 협상을 종결하도록 되어 있었으나, 주요 관심의제에 대해 선진국과 개도국 간은 물론 선진국 상호 간의 첨예한 이해대립으로 협상이 전반적으로 지연되어 협상시한인 1990년을 넘겨 1993년 말에야 비로소 타결되었다. 우루과이라운드 협상의제로는 상품교역에 관한 14개 의제와 서비스 교역 등 15개 의제가 채택되었다.

4. 남북문제와 UNCTAD

(1) 남북문제의 본질

남북문제(north-south problems)란 일반적으로 적도 이남에 위치한 아시아, 아프리카, 라틴아메리카 등의 개발도상국과 적도 이북에 주로 위치한 북아메리카, 유럽 등 선진국 간의 경제적 격차와 국제적 불평등에 관한 여러 문제를 의미한다. 이러한 남북문제의 본질적인 핵심은 선진국과 개발도상국 간의 경제적 격차 해소에 있다고 할 수 있다.

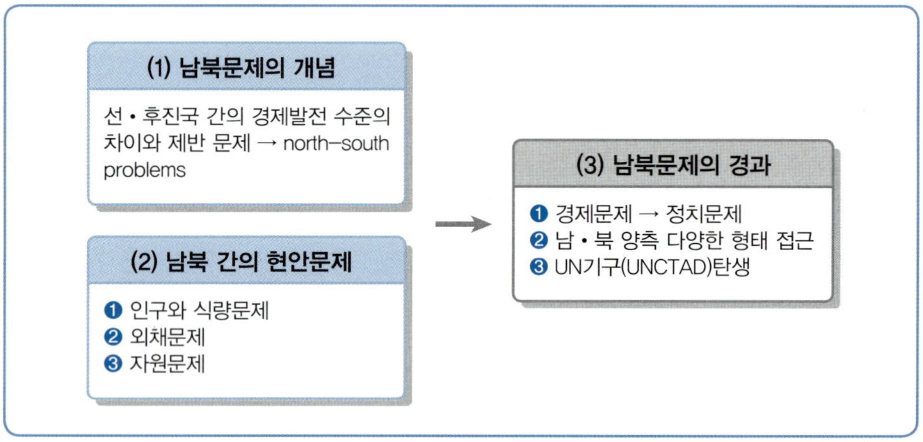

[그림 2-2] 남북문제

이러한 남북문제가 대두된 것은 북의 선진국 측에서 제2차 세계대전 후 체제적 위기와 결부된 동서문제와 관련하여 공산권에 대한 자유진영의 결속과 마찬가지로 남에 대한 북의 선진자본주의 제국의 결속을 강화하려고 한 데서 연유되었다고 할 수 있다. 개발도상국의 정치적 결속은 전후 냉전구조하에서 주로 비동맹주의를 슬로건으로 하여 전개되었으며, 경제적 결속은 1964년의 제1차 UNCTAD 총회에 즈음하여 결성된 77개국 그룹으로부터 시작되었다.

제2차 세계대전 이후 GATT-IMF 체제를 중심으로 한 세계질서는 무역 및 외환의 자유화를 통하여 세계무역을 크게 신장시켰다. 그러나 이러한 세계무역의 신장은 주로 선진국 위주의 것이라고 볼 수 있어, 선진국과 개발도상국 간의 경제적 격차는 더욱 확대되었다. 이러한 남북 간의 경제적 격차가 심화되는 이유는 개발도상국 경제의 내부적인 요인과 외부적 요인에 의한 것으로도 볼 수 있다.

먼저, 내부적 요인으로 볼 수 있는 것은 개발도상국의 경제구조의 심층에 밀착되어 있는 식민지적 유산이다. 즉, 개발도상국의 원시적 생산방식, 과잉인구, 자본부족, 높은 대외의존도, 낮은 경제수준, 정치적 불안정 등이다. 이러한 내부적 요인으로 인해 넉시(R. Nurkse)[2)]가 주장하는 '빈곤의 악순환'이 계속되어 개발도상국의 경제는 정체에서 벗어날 수 없다는 것이다.

외부적 요인은 다음과 같다.

첫째, 제2차 세계대전 후의 세계통상질서인 GATT-IMF 체제가 선진국 중심으로 이루어졌기 때문에 개발도상국에 매우 불리하다.

둘째, 개발도상국의 수출이 장기적으로 정체상태를 벗어나지 못하고 있다.

셋째, 선진국의 무역장벽강화(관세보다는 비관세장벽)에 의하여 개발도상국의 수출상품이 많은 제약을 받고 있다.

넷째, 개발도상국의 주요 수출품의 교역조건이 장기적으로 악화되어 왔기 때문에 무역이익이 개발도상국에서 선진국으로 이전됨으로써 남북 간의 경제적 격차가 더욱 심화되었다.

다섯째, 선진국은 기술혁신의 촉진으로 고도의 경제성장을 유지할 수 있으나, 개발도상국은 기술혁신이 부진하여 상대적으로 불리한 입장에 있다.

(2) 남북문제와 UNCTAD

1) UNCTAD의 설립배경

1950년대에 있어서 남북 간의 경제적 격차는 무역과 경제성장에 의해 더욱 심화되었다. 선진국의 무역은 계속 증가하는 추세였으나, 개발도상국의 수출은 1차산품이 주종을 이루고 있어 1차산품 수출의 경우 교역조건의 악화는 물론 국제수지의 적자로 계속 악화되는 추세였다. 이에 대한 대책으로서 1958년 하벌러(G. Haberler)보고서가 GATT 총회에 제출되었다. 주요 내용은 개발도상국의 무역확대를 저해하는 요인으로 선진국이 취하고 있는 수입제한과 고율관세를 완화 내지는 철폐를 권고하는 것이었는데, 별다른 성과를 거두지 못했다.

---

2) 미국의 경제학자 넉시는 『저개발국의 자본형성의 문제』에서 후진지역의 빈곤은 여러 가지 원인에 의하여 악순환된다고 주장하였다. 빈곤의 악순환 형태는 '저생산력 → 저소득 → 저축률 저하 → 자본형성 불량 → 저생산력'이라고 하였다.

(1) UNCTAD의 설립배경

❶ 개도국의 GATT 체제 비난
→ UN에 국제회의 개최 요구
❷ 개도국의 개발에 따른 의제 논의
❸ 1962. 12. 제17차 UN총회
→ UNCTAD 창설
(국제연합무역개발회의)

↔

(2) UNCTAD 총회의 성과

❶ 프레비쉬보고서의 내용
• 1차산품 가격안정 도모
• 교역조건 악화 → 실질소득 증대 방안
• 후진국 공산품 수출 → 일반특혜 관세제도 실시 요구
❷ 성과(UNCTAD 1, 2차 총회)
후진국을 위한 선진국의 배경 강화 및 재정원조와 일반특혜제도 실시

[그림 2-3] UNCTAD의 설립 및 성과

GATT는 개발도상국의 무역문제 해결에 미온적이어서 개발도상국들은 선진국 위주의 GATT 체제를 비난하고 남북문제를 UN에서 정식으로 논의하였다. 이에 따라 UN 총회에서는 1961년 개발도상국의 무역과 경제개발문제에 관한 국제회의를 개최하기로 결의하였고, 개발도상국 대표들은 1962년 카이로선언을 통해 국제무역회의의 개최를 호소하였다. 이에 UN경제이사회는 개발도상국의 취지를 받아들여 선진국의 동의를 얻어 준비위원회를 구성하였다. 그리하여 1963년 2월에 개발도상국의 공산품에 대한 선진국의 관세특혜조치를 촉구하는 프레비쉬(R. Prebisch)보고서가 발표되었다.

> **UNCTAD**
> 선진국과 후진국 사이의 무역 불균형을 시정하고 남북문제를 해결하기 위해 설치된 국제연합(UN) 직속 기구의 하나

이러한 준비과정을 거쳐 1964년 3월에 전 세계 120여 개국 대표가 모여 제네바에서 제1차 국제연합무역개발회의(UNCTAD, United Nations Conference for Trade and Development)를 열었다.

2) UNCTAD의 주요 내용

UNCTAD 총회를 통해 개발도상국이 요구하는 내용을 크게 3가지 항목으로 정리할 수 있는데, 이를 '남측의 3대 요구'라 한다.

① 1차산품 수출과 관련된 요구: 대부분의 개발도상국이 1차산품의 생산에 특화하여 이를 수출함으로써 경제성장이 가능하다고 생각하기 때문에 다음의 문제를 제기하고 있다. 즉, 1차산품의 수출이 확대될 수 있도록 선진공업국의 무역장벽 철폐, 1차산품의 가격안정화를 위한 국제상품협정의 체결, 1차산품의 가격안정화와 개발도상국의 수출소득증대를 위한 완충재고의 설치

등이다.

② 제품 및 반제품에 대한 일반적 특혜관세제도의 요구: 개발도상국은 제품 및 반제품의 수출증대가 공업화를 촉진시키는 결정적인 요인이라고 간주하고 있다. 그럼에도 불구하고 선진공업국에서는 국내산업보호와 국제수지 개선 등을 이유로 개발도상국의 제품 및 반제품의 수입을 규제하기 때문에, 이들 제품 및 반제품에 대한 선진공업국의 관세 및 비관세장벽의 철폐, 개발도상국의 제품 및 반제품에 대한 선진공업국의 일반특혜관세제도(GSP, Generalized System of Preferences)의 실시 등을 요구하였다.

③ 원조자금의 제공 요구: 제1차 UNCTAD 총회부터 개발도상국 측은 선진공업국 측에 대하여 선진공업국은 개발도상국의 경제발전을 위하여 적어도 연간 국민소득의 1%를 원조자금으로 제공할 것을 주장하였다. 이러한 개발도상국을 위한 원조문제는 주로 원조규모의 확대, 원조조건의 개선, 개발도상국의 대외채무 경감 및 국제통화제도에 관한 문제 등이다.

제3절 WTO와 무역자유화

1. WTO 체제 성립의 의의

1994년 4월 모로코의 마라케시(Marrakesh)에서 개최된 UR 각료회의를 끝으로, 지난 1986년 9월 우루과이의 푼타델에스테(Punta Del Este)에서 출범하여 7년 반 동안을 끌어 온 UR 협상이 공식적으로 마무리되었다. 전 세계 125개국(GATT 가입국 123개국 포함)의 대표들이 참가한 UR 각료회의에서는 현 GATT 체제의 한계를 극복하고, 향후의 세계무역질서를 더욱 효과적으로 규율하기 위한 WTO(World Trade Organization, 세계무역기구) 설립 협정에 104개국이 서명하였다. 미국 · 일본 등 주요 국가가 국회비준 후 협정수락을 통보하였고, 우리나라도 1994년 12월 16일 협정 가입 안에 대한 국회비준이 통과되어 협정수락을 통보하였다. 그리하여 WTO는 1995년 1월 1일 드디어 출범하였다. 이에 따라 1947년

> **WTO**
> 무역자유화를 통한 전 세계적인 경제발전을 목적으로 하는 국제기구로, 관세 및 무역에 관한 일반협정인 GATT 체제를 대신하여 국제무역질서를 바로 세우고 우루과이라운드(UR) 협정의 이행을 감시하는 국제기구

10월 제정되어 그간 47여 년 동안 세계교역을 관할해온 GATT 체제는 막을 내리고, 신 GATT 체제라고 할 수 있는 WTO 시대가 도래하였다.

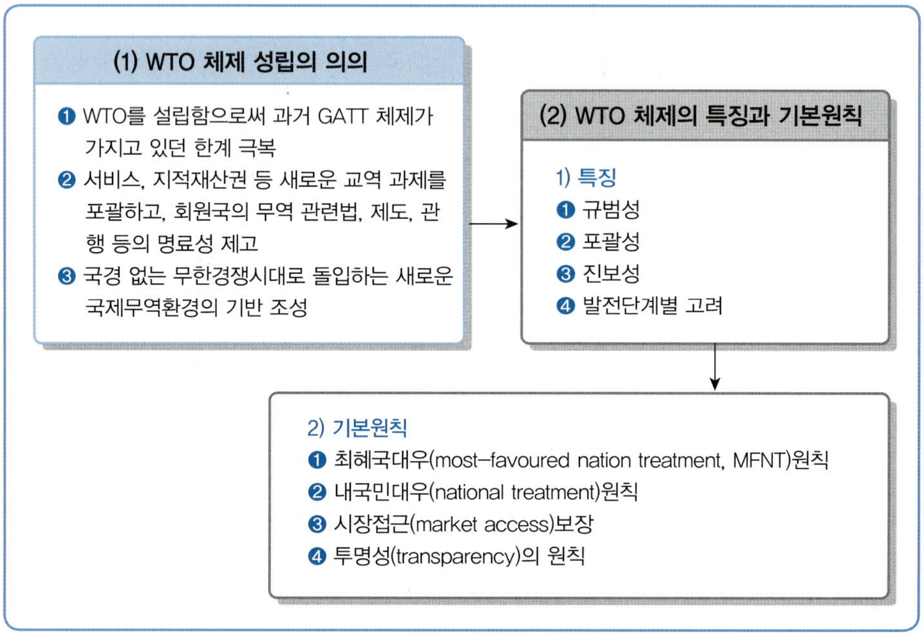

[그림 2-4] WTO의 출범

WTO 체제는 GATT 체제에서는 볼 수 없는 세계 각국의 시장개방 확대조치, 공정하고 명료한 무역규범 마련, 규범 이탈자에 대한 제재를 강화할 수 있는 효과적인 분쟁해결절차를 마련하는 등 많은 특징을 가지고 있다.

첫째, 세계는 UR 협정의 이행 기구 및 국제무역에 관한 UN으로서의 역할을 할 WTO를 설립함으로써 과거 GATT 체제가 가지고 있었던 한계를 극복하려고 하였다. 즉, 일반적으로 GATT가 국제기구로 오해받고 있으나 그 명칭에 나타난 바와 같이 '관세 및 무역에 관한 일반협정'으로서 동 협정의 효율적 운용을 위해 사무국을 설치하는 등 그 운영을 국제기구처럼 해온 변형된 임시체제에 불과하였다. 이에 따라 GATT는 최근에 와서 체약국 간의 무역주의의 확산이나 차별적인 지역주의의 대두를 효과적으로 규율하지 못함은 물론 새로운 국제무역의 구도변화를 충분히 포괄하지 못하는 등의 어려움에 봉착하였다. WTO는 이와 같은 GATT의 한계를 극복하여 새로운 국제무역질서를 구축하는 데 있다.

둘째, WTO 체제는 GATT 기능을 더욱 강화하여 서비스 · 지적재산권 등 새로운 교역과제를 포괄하고, 회원국의 무역 관련 법 · 제도 · 관행 등의 명료성을 제고시킴으로써 세계교역을 증진하려고 하는 것이다.

셋째, GATT 출범 시 시도되었던 브레턴우즈의 삼두체제, 즉 외환분야의 IMF, 경제개발분야의 IBRD, 국제무역분야의 ITO 체제가 ITO(국제무역기구)의 설립 실패로 무산되었으나, WTO의 신설로 인해 ITO가 뒤늦게 출범되었다.

넷째, WTO 체제의 출범은 결국 세계경제가 하나의 규범(즉, WTO 협정)과 하나의 기구(즉, WTO)로 통일되어 한 지붕 경제권이 됨을 뜻하고, 산업 · 무역의 세계화와 함께 국경 없는 무한경쟁시대로 돌입하는 새로운 국제무역환경의 기반이 조성되었음을 뜻한다.

2. WTO 체제의 특징과 기본원칙

(1) 특징

1) 규범성

WTO 체제의 가장 큰 특징은 소위 '규칙의 보전(rule integrity)'을 강화하고 있다는 점이다. WTO 체제는 GATT 체제와는 달리 회원국의 협약 불이행에 대하여 분쟁해결절차를 통해 강력한 제재를 가할 수 있게 함으로써 국제경제사회에서의 법의 지배를 실현하고 있다.

> **WTO의 특징**
> 규범성, 포괄성, 진보성, 발전단계별 고려

2) 포괄성

과거 GATT 체제하에서 배재되어 왔던 서비스 교역, 지적재산권 분야를 포함하고, 상품교역 분야에서도 사각지대였던 농업 · 섬유분야를 WTO 체제에 편입시키고, 도쿄라운드 협정 등을 다자간 체제로 복귀시켜 교역에 관한 모든 분야와 문제 등을 포괄함으로써 국제교역에 관한 총괄적 규범을 제정하고 있다.

3) 진보성

WTO 체제는 관세 및 비관세장벽을 축소 · 철폐하고 GATT 체제의 강화, 서비스 및 지적재산권 보호 등 새로운 과제에 대한 새로운 규범을 마련하고, 무역정책평가기구(TPRB, trade policy review body)에서 각국의 교역정책 · 관행을 주기적으로 감시하게 함으로써 국경 없는 교역을 위한 획기적인 진전을 이룩하고 있다.

4) 발전단계별 고려

WTO 체제는 발전단계가 낮은 국가들의 협약시행상의 어려움을 고려하여 개도국 · 저개발국에 대해 상응하는 협약시행 유예기간을 부여함으로써 모든 후진국의 참여를 유도하고 있다.

(2) 기본원칙

WTO의 기본원칙
최혜국대우원칙, 내국민대우원칙, 시장접근보장, 투명성의 원칙

1) 최혜국대우원칙

최혜국대우(MFNT, most-favoured nation treatment)원칙은 국가 간의 무차별원칙으로서, 한 회원국의 어떤 조치에 의한 혜택이 일정한 국가에게만 돌아가는 것이 아니라 전 회원국에 똑같이 베풀어져야 함을 의미한다.

2) 내국민대우원칙

내국민대우(national treatment)원칙은 외국인과 내국인을 똑같이 대우해야 한다는 원칙으로, 지적재산권협정(TRIPs)에서는 이 원칙의 무조건 적용이 요구되나 서비스협정(GATS)에서는 내국민대우원칙 적용에 대한 구체적인 약속을 국별 양허표에 기재하도록 하고 있다.

3) 시장접근보장

시장접근(market access)보장은 관세나 조세를 제외한 재화용역의 공급에 대한 일체의 제한을 철폐해야 한다는 원칙으로, 내국민대우원칙과 함께 시장개방의 양대 요소를 이루고 있다. 그러나 서비스협정에서는 각 회원국이 다른 회원국들의 국내시장접근에 있어서 양허계획서에 명시한 사항보다 불리한 대우를 받지 않는다고 규정하고 있어, 국별 양허표에 분야별로 구체적인 시장접근범위를 정하도록 하고 있다.

4) 투명성의 원칙

투명성(transparency)의 원칙은 각국의 행정 · 사법기관의 의사결정이나 법령 적용, 제도운용 등이 합리적이며 예측 가능하여야 하고, 결정에 관한 이유가 고지되어야 한다. 그러므로 그러한 결정의 기초가 되는 모든 법령 및 자료들이 공개되어야 한다는 원칙으로 개방의 실질적인 요소라고 할 수 있다.

3. WTO의 새로운 협상의제

선진국들은 우루과이라운드 협정으로 자유무역질서는 어느 정도 구축되었다고 보고 그 여세를 몰아 공정한 무역질서를 마련하기 위한 공세를 펴기 시작하였다. 우루과이라운드의 종결로 세계무역규범은 마련되었지만 생산 및 시장의 급속한 세계화를 위해서는 세계산업규범도 통합되어야 한다고 주장하는 선진국의 입장을 통칭하여 뉴라운드(New Round)라고 한다.

WTO 출범 이후의 주요 협상의제(New Round)
그린라운드(GR), 노동라운드(BR), 경쟁라운드(CR), 기술라운드(TR), 부패라운드(CR), 디자인 라운드(DR)

즉, 어느 기업이 세계 어느 곳에 가든지 국경을 불문하고 공정한 조건과 동등한 게임규칙 속에서 활동할 수 있도록 각종 여건이 개선되어야 함을 의미한다. 그러나 한편으로는 개발도상국은 새로운 협상분야로 인해 무역이익의 대부분이 선진국에게 집중되고 동시에 선진국들의 무역장벽수단으로 활용됨에 따라 선 · 후진국 간의 경제적 격차가 더욱 확대되고 지속될 것을 우려하여, 이들 분야에 대한 세계시장규범화에 원칙적으로 반대하는 입장에 있다.

WTO 체제의 출범에 따라 상품뿐만 아니라 자본, 기술, 서비스 및 인력이동 등으로 무역자유화의 범위가 확대됨으로써 경제의 세계화(globalization)가 급속히 진전되어 왔다. 이에 따라 통상현안도 과거에는 시장접근에 중점을 두었으나, 최근에는 각종 국내제도 및 관행에까지 국제기준을 적용시키기 위한 논의를 진전시킴으로써 그 범위가 한층 확대되고 있다.

이와 같이 WTO 체제 출범 이후 교통, 통신 및 과학기술의 발달로 국제무역환경이 크게 변화함에 따라 이전과는 전혀 다른 새로운 통상문제가 등장하고, 이에 대한 효과적인 대응책이 요구되면서 새로운 다자간협상, 즉 뉴라운드 논의가 이루어지고 있다.

(1) 그린라운드

그린라운드(GR, Green Round)는 '죽어가는 환경을 살리자'는 목표 아래 1992년 6월 브라질의 리우데자네이루에서 개최된 유엔환경개발에서 180여 개국의 대표단이 모여 발표한 '리우선언'을 계기로 개시되었다. 그린라운드의 목적은 지구환경의 능률적 보전, 지속가능한 경제개발의 유지, 천연자원의 합리적 이용, 환경보전비용의 공정한 부담, 세계의 공정한 수출경제의 촉진, 비관세장벽의 강화 억제, 오염자 부담원칙 준수 등이다.

환경과 무역을 연계시킨 이 그린라운드는 국제적 환경기준에 적합한 상품만을 교역대상 품목에 포함시키려는 국제적인 노력이며, 세계환경보호의 관점에서 새로운 국제무역규범을 정립하려는 시도이다. 그래서 그린라운드를 환경라운드라고도 한다. 이 라운드는 몬트리올의정서(오존층파괴물질규제), 바젤협약(폐기물규제), 지구기후변화협약(이산화탄소배출규제) 등 국제협약을 통해 활발하게 진행되고 있다.

(2) 노동라운드

노동라운드(BR, Blue Round)는 1994년 4월에 개최된 마라케시 각료회담에서 선진국과 개발도상국 간의 가장 첨예하게 대립한 문제로서 저임금이나, 아동근로자, 죄수노동자를 이용해 값싼 제품을 만들어 수출해서는 안 된다는 인식에서 비롯되었다. 이는 국제적으로 인정된 노동기준을 설정하여 동 기준보다 낮은 노동기준(고용차별, 강제노동, 아동노동착취 등의 금지)하에서 생산된 제품의 수출에 대해서 무역제재조치를 취할 수 있는 근거를 다자간 무역규범 내에 마련하려는 일련의 움직임으로서, 무역환경과 노동이나 근로조건을 국제무역과 연계시키는 것을 의미한다.

선진국들이 노동기준을 무역과 연계시키려는 것은 열악하고 착취적인 노동기준을 바탕으로 한 개도국의 수출증가와 선진국의 실업률증가 간의 인과관계를 마련하여, 불공정한 노동조건을 이용한 개도국의 사회적 덤핑으로부터 선진국경제가 보호되어야 하고, 인도적 차원과 근로자의 노동권익 보호의 필요성 측면 때문이다.

(3) 경쟁라운드

경쟁라운드(CR, Competition Round)는 국제무역 및 기업활동에서 공정경쟁을 조장하고 촉진시키기 위하여 외국인기업들에게 내국민대우를 해주고, 차별적인 유통구조, 사업관행, 부패 등을 없애서 모든 국가들의 시장조건을 선진화하면서 세계적으로 표준화해야 한다는 것이다. 즉, 국가 간 서로 다른 경쟁정책에 의한 경쟁조건의 차이를 제거하여 외국상품의 시장접근을 실질적으로 보장하고 국내외 기업이 공정하고 자유로운 조건하에서 경쟁할 수 있는 여건이 마련되어야 한다는 국제적 규범제정에 대한 논의이다.

국내시장보호 및 수출진흥 측면에서 정부지원에 크게 의존하고 있는 많은 개도국은 경쟁라운드의 타결로 국내시장뿐만 아니라 해외시장에서도 경쟁력 상실로 심각한 피해를 입을 것을 우려하여 반대하는 입장을 나타내고 있다.

(4) 기술라운드

기술라운드(TR, Technology Round)는 개발도상국이 선진국과의 기술격차를 따라잡기 위해 기술개발정책을 강화하는 것을 선진국이 차단하려는 다자간 협상이다. 즉, 기술에 관한 개도국의 무임승차를 막음과 동시에 개도국의 신기술개발 억제를 위해 기술개발정책에 대한 세계적인 신국제규범을 제정하기 위한 다자간 협상으로서, 기술개발정책과 무역에 관한 다자간 논의를 총칭하는 말이다.

기술개발에 대한 규제는 각국의 기업경쟁력에 많은 문제점을 유발할 가능성이 있기 때문에, 기술선발국과 기술후발국 간에 심한 마찰이 예상되며, 선진국 간에도 견해차가 커서 강력한 국제규범의 실행에는 어려움이 남아 있다.

(5) 부패라운드

부패라운드(CR, Corruption Round)는 국제거래에서 부패행위를 방지하고 공정한 경쟁 질서를 보장하기 위한 다자간 협상을 말한다. 부패방지를 위한 국제적 논의는 WTO 체제 형성과 함께 여러 국제기구에서 지속적으로 이루어져 왔다. 특히 1980년대 말부터 OECD는 국제적인 뇌물수수관행으로 인한 국제상거래 질서의 왜곡문제에 관심을 갖고, 이에 관한 국제규범을 만들기 위해 노력해 왔으며, 그 결과 'OECD뇌물방지협약'이 마련되어 1999년 2월 15일 발효되었다.

이 협약은 뇌물로 거둔 이익까지 몰수하며 뇌물제공자나 기업에 법률적 타격을 가할 수 있으며 제3국도 기소할 수 있게 하여 부패관행을 제거하는 데 목적을 두고 있다. 이 협약은 대외무역 및 대외투자 활동에 종사하는 기업들에게 새로운 사업환경변화와 기업의 이미지에 영향을 미치고 있어, 이러한 변화에 제대로 적응하지 않고서는 국제적 기업활동이 어렵다.

(6) 전자상거래라운드

오늘날 급속하게 발전하는 정보통신기술은 경제 · 사회 및 생활의 각 방면에 있어서 커다란 영향을 끼치고 있다. 최근 인터넷 사용의 증가와 함께 급속하게 확산되고 있는 전자상거래는 경제 전반에 커다란 변화를 가져오고 있어, 세계경제가 새로운 전기를 맞고 있다. 이러한 전자상거래는 기존의 상거래 패러다임을 근본적으로 변화시키고 있기 때문에 이에 맞는 새로운 경제규범을 요구하고 있다.

이에 따라 전자상거래의 위력을 감지한 선진국, 특히 미국의 주도로 전자상거래에 관한 국제적 논의가 급속히 진행되고 있다. 전자상거래가 국제적인 이슈로서 본격적으로 대두된 것은 미국 정부가 1997년 7월 '지구촌 전자상거래 기본계획(A Framework for Global Electronic Commerce)'을 발표한 이후이다. 이 기본계획에서 전자상거래에 대한 무관세화, 추가적인 내국세 도입 금지, 민간주도 및 정부규제 최소화 등의 기본적인 원칙과 함께 국제적인 협력 및 규범의 필요성을 주장하였다. 또한 거의 모든 전자상거래 관련 국제기구에서 전자상거래가 주요 이슈로 다루어지고 있다.

1998년 미국이 WTO에 전자상거래 무관세화에 대한 국제규범화를 공식적으로 제안함으로써 WTO에서는 무관세화, 지적재산권 등 전자상거래의 무역 관련 이슈에 대해 논의하고 있다. 그러나 현재 전자상거래를 통한 상거래행위에 대한 국제적 협정문은 존재하지 않는다.

(7) 디자인라운드

고도산업사회에서는 품질과 기능만으로는 시장경쟁에서 우위를 확보하기가 쉽지 않기 때문에 매력적인 산업디자인이 요구된다. 그러므로 선진국들은 기술특허 못지않게 자국의 디자인 보호에 앞장서고 있다.

디자인라운드(DR, Design Round)는 디자인을 보호하고자 하는 국제적 차원의 논의이다. 선진국들은 디자인의 중요성을 인식하여 자국 디자인에 대해 강력한 보호 장치를 만들고 있다. EU의 경우 통일의장법 및 세계상표조약 등과 같은 관련 법규를 강화하여 모든 산업에 있어서 디자인 보호를 위해 중심적인 역할을 하고 있다.

생각하기

GATT와 WTO의 차이점

체제 내용	GATT	WTO
기구의 성격	• 국제협정일 뿐 엄밀한 의미의 국제기구는 아님 • 불안전한 브레턴우즈 체제	• 국제법인으로서 국제기구의 역할 수행 • 브레턴우즈 체제의 완성
국제무역 규율범위	• 공산품과 일부 농산물 • 농산물과 서비스의 교역제한 허용됨	• 농산물, 공산품, 서비스 등 국제적으로 교역되는 모든 상품
국제 규범	• 포괄적인 무역규범의 제정에는 실패 • 보조금협정과 반덤핑협정의 제정 • NTB(non-tariff barriers)에 대한 규범 제정을 시도했으나 실패	
분쟁 해결 절차	• 상설 분쟁해결기구가 없음 • 무역분쟁에 대한 권고안만 제시 • 교차보복(cross-secter retaliation) 없음	• 상설 분쟁해결기구인 DSB 신설과 상소기구 신설 • 분쟁해결의 단계적 절차와 이행 기간 명료화 • 교차보복 가능
새로운 규범 설정	• 서비스, 지적재산권, 투자조치 등에 대한 규범이 없음	• 서비스, 지적재산권, 투자조치도 규율대상에 포함 • 서비스협정 체결(서비스 규율원칙, 양허계획표 작성) • 지적재산권 관련 국제규범 제정(특허권, 상표권 등의 보호기준 및 절차 마련)

제4절 경제통합

1. 경제통합의 의의

경제통합
경제적으로 비슷한 지위에 있는 국가들이 그들의 존속과 발전을 위하여 그들 간에 가로놓인 최적 경제활동에 대한 인위적인 장애 요인을 제거하고 조정과 통합에 필요한 모든 요소를 도입함으로써 가장 바람직한 경제권을 만드는 일

경제통합(economic integration)에 관한 정의를 명확히 내리기는 어렵다. 따라서 아직 이에 대한 통일된 견해는 확립되지 않은 상태이다. 경제통합을 발라사(B. Balassa)는 2개국 이상의 국가가 경제에 관한 협정을 체결하여 경제적 조직을 결성한 후에 상품 및 생산요소의 국제적 이동을 저해하는 여러 가지 요인들을 제거하고 가맹국 상호 간에 경제적인 측면에서 정책적으로 보조 내지 조정하는 경제적 조직체라고 정의하였다. 틴베르겐(J. Tinbergen)은 경제가 최적 상태로 움직이는 것을 저해하는 인위적인 장애를 제거하고 조정과 통일에 필요한 모든 요소를 의식적으로 도입함으로써 가장 바람직한 국가경제의 구조를 형성하는 것이라고 하여 통합 그 자체보다 일반적인 최적 경제정책의 일부로서 간주하였다.

일반적으로 경제통합이란 여러 나라가 기회균등이란 이상적인 생각에서 동질적인 국가 간에 이루어지는 수평적 결합이라고 말할 수 있다. 그러므로 1958년 유럽경제공동체(EEC)가 발족되어 서유럽 국가의 경제가 괄목할 만한 발전을 하게 됨에 따라 주목을 끌게 된 경제통합은, 1930년대의 수직적이고 폐쇄적인 블록경제(bloc economy)와 차이가 있을 뿐만 아니라 영연방제국 경제블록과 같은 배타적 주종관계의 경제통합과도 전혀 그 성격을 달리하고 있다.

2. 경제통합의 형태

경제통합은 경제적인 차별을 어느 정도 제거 또는 철폐하는지에 따라 여러 가지 형태로 분류된다. 비교적 널리 받아들여지고 있는 발라사의 분류에 따르면 다음과 같은 다섯 가지 유형으로 정리할 수 있다.

(1) 자유무역지역

자유무역지역(free trade area)은 가맹국 간에는 관세나 수량제한을 철폐하여 역내의 무역을 자유화하되, 비가맹국에 대해서는 각국이 독자적인 관세를 부과하는 초기적 경제통합 형태이다. EETA(European Free Trade Association)와 LAFTA(Latin American Free Trade Association) 등이 이에 속한다.

경제통합의 형태
자유무역지역, 관세동맹, 공동시장, 경제동맹, 완전경제통합

(2) 관세동맹

관세동맹(customs union)은 2개국 또는 다수국이 관세에 관한 동맹을 체결하여 동맹국 간에는 관세를 감면 · 철폐하고, 비동맹국에 대해서는 차별적인 공동관세를 부과하는 형태이다. 베네룩스(Benelux) 관세동맹, 아프리카 관세동맹, 적도아프리카 관세동맹 등이 이에 속한다.

(3) 공동시장

공동시장(common market)은 가맹국 간에는 상품의 자유로운 유통은 물론 자본 및 노동과 같은 생산요소의 이동까지 국내시장에서와 똑같이 자유화하는 경제통합 형태이다. EEC나 CACM(Central American Common Market) 등이 이에 속한다.

(4) 경제동맹

경제동맹(economic union)은 공동시장에서 한 단계 더 발전하여 경제정책 전반에 대한 조정이 이루어지는 형태이다. 즉, 산업 · 재정 · 금융 · 통화 · 무역 · 외환 등 모든 경제정책을 상호 조정하면서 공동보조를 취하는 형태이다. 현재로는 유럽공동체(EU)가 이러한 단계에까지 이르고 있다.

(5) 완전경제통합

완전경제통합(complete economic integration)은 경제정책을 조정하는 데에 그치지 않고 초국가적 기구를 설치하여 경제정책 등을 통합함으로써 사실상 새로운 국가를 형성하는 것과 다름없는 하나의 조직체를 구성하는 경제통합 형태이다. 현재 이러한 경제통합은 존재하지 않으나 EU가 궁극적으로 추구하는 목표가

완전경제통합이라고 할 수 있다.

3. 경제통합의 조건과 과제

경제통합의 조건
소득수준의 유사성, 경제구조의 보완성, 지리적 인접성, 문화적 환경의 유사성

경제통합은 정치 · 경제 · 사회 · 문화 · 역사적 배경이 각기 다른 국가들 간에 결성되는 것이기 때문에 여기에는 여러 가지 어려움이 뒤따르게 된다. 따라서 이러한 경제통합을 보다 합리적으로 이룩하기 위해서는 어떤 조건들이 충족되어야 하며, 또한 그런 조건들이 충족되어 통합된다고 하더라도 국가 간의 이해상충을 어떻게 조정해 나갈 것인지를 파악하지 않으면 안 된다.

경제통합을 위한 조건은 정치 · 경제 · 사회 · 문화 및 사회적인 조건과 지역적인 위치와 생활양식에 따라 다르고, 경제통합의 조건에 대한 견해 역시 학자마다 다르다. 경제통합의 조건에 대한 산월드(R.F. Sannwald), 드니요(J.F. Deniau) 등 여러 학자들의 견해를 종합해보면 다음과 같은 경제통합의 일반적 조건을 제시할 수 있다.

첫째, 가입국들의 경제발전단계와 소득수준이 비슷해야 한다.

둘째, 가입국들의 경제구조가 대체적이어야 하며 잠재적으로 보완적이어야 한다.

셋째, 가입국들은 지리적으로 인접해 있어야 하며, 역사 · 문화적으로 밀접한 관계를 가짐으로써 그들 서로가 공급국인 동시에 수요국으로서의 기능을 발휘할 수 있어야 한다. 다시 말하면, 언어 · 문화 · 전통 · 풍습 · 습관 · 종교 · 법률 · 혈통 등과 같은 경제 외적 여건의 유사성, 생활양식의 유사성 및 정치형태의 유사성 등이 경제통합의 조건으로 요구되고 있다.

경제통합의 문제점
국가주권의 이해관계, 역외국과의 이해관계, 경제정책의 이해관계

앞에서 설명한 조건들이 충족된다고 하더라도 경제통합에는 다음과 같은 문제점들이 제기된다.

첫째, 경제통합의 가맹국들이 그들 국가 간에 놓여 있는 국가주권의 이해관계를 어떻게 조정해 나가느냐 하는 것이다. 즉, 가맹국들이 상호 보완적이면서 이질적인 각국의 산업구조를 국익과 결부되도록 어떻게 조정할지가 문제이다.

둘째, 경제통합이 역외국에 대해서는 차별적이고 악영향을 미치므로 국제경제협력을 어렵게 하고 있는데, 이에 따른 조정을 어떻게 할 것인지가 문제이다. 또

한 경제통합이 역외국에 대해서는 근린궁핍화를 초래할 수도 있으며, 이는 장기적으로 역내국에도 악영향을 미칠 수 있다는 것을 인식해야 할 것이다.

셋째, 경제통합으로 인하여 시장 규모가 확대됨에 따라 대기업이 독과점가격을 형성한다면 가맹국들은 안정적인 경제성장을 이룰 수가 없다. 따라서 가맹국들이 이러한 상태로 악화되지 않도록 어떻게 경제정책을 조정할 것인지의 문제가 대두된다.

4. 경제통합의 효과

경제통합의 효과는 후생수준, 경제성장, 국제수지 등 여러 분야에 걸쳐 정태적 · 동태적 관점에서 파악할 수 있다. 실제로는 경쟁촉진, 기술혁신, 규모의 경제 등 동태적 효과가 보다 더 중요하다고 인정되지만, 그러한 효과의 현실적 측정이 매우 어렵기 때문에 전통적으로 정태적 관점에서 후생수준의 증대문제에 관심을 기울여 왔다.

경제통합의 효과를 최초로 해명한 이론이 관세동맹이론이다. 관세동맹에 의하여 역내국 간의 관세가 철폐되고 역외국에 대하여 차별 공동관세가 부과되면 여러 가지 경제효과가 발생한다. 바이너(J. Viner)는 경제통합의 효과를 정태적 효과와 동태적 효과로 구분하였다.

(1) 정태적 효과

경제통합의 정태적 효과
무역창출효과, 무역전환효과

관세동맹의 효과에 대한 이론은 비교적 최근에 와서야 체계화되고 있으며, 1950년 바이너가 『관세동맹론(The Customs Union Issues)』에서 정태적 효과를 분석한 것이 그 효시라고 볼 수 있다. 그 이전에는 국지적 관세동맹의 결성은 당연히 전 세계의 자유무역 확대에 정(正, +)의 효과를 가져올 것이라는 소박한 인식에 머물러 있었으나, 그와 더불어 관세동맹은 역외국에 대한 필연적인 차별성으로 부(負, −)의 효과도 유발할 수 있음을 무역창출(trade creation) 및 무역전환(trade diversion)의 개념을 도입하여 바이너가 비로소 규명한 것이다. 그러나 바이너의 이론도 생산 측면의 효과만을 고려하였다는 약점을 가지고 있었으며, 그가 간과한 소비 측면의 효과는 1960년대에 미드(J.E. Meade)와 립시(R.G.

Lipsey) 등에 의하여 고찰되었다.

1) 무역창출효과

무역창출효과(trade creating effect)는 어떤 지역 국가들이 관세동맹을 결성하여 가맹국 간에 관세를 철폐함으로써 가맹국 상호 간의 수입가격이 그만큼 하락된다면, 관세동맹결성 이전에 무역장벽으로 인하여 역내에서 전혀 무역이 일어나지 않거나, 소량으로 일어났던 것이 대량으로 거래되어 새로운 무역을 창출하는 효과를 말한다.

이렇게 새로이 창출된 무역은 이미 존재하였으나 관세장벽으로 인하여 사멸되고 있던 비교우위가 발효됨으로써 발생한 부분(생산효과)과 관세철폐로 수입가격이 하락하게 되어 소비수요가 증대됨으로써 발생한 부분(소비효과)으로 구분될 수 있을 것이다. 이러한 관세동맹의 무역창출효과는 상대적으로 비효율적인 국내 공급원으로부터 효율적인 역내 다른 국가의 공급원으로 생산을 이동시키기 때문에 전 세계적 자원배분의 측면에서는 정(+)의 효과를 가져오게 된다.

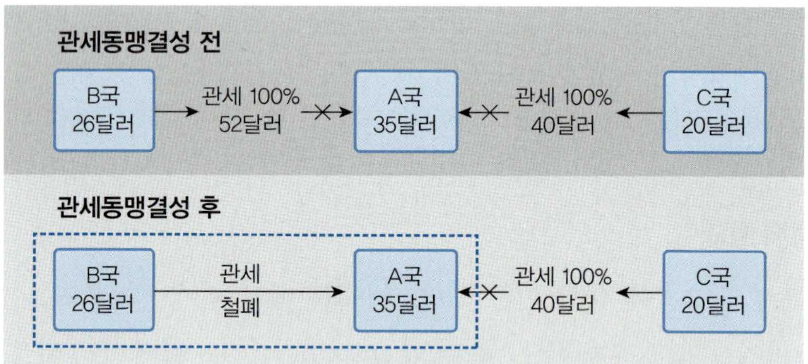

[그림 2-5] 무역창출효과 예시

2) 무역전환효과

관세동맹에 의하여 가맹국에 대해서는 관세를 철폐하고 역외의 가맹국에 대해서는 차별적인 관세를 부과하게 되면 생산비가 상대적으로 낮은 비가맹국으로부터 수입하던 상품을 생산비가 상대적으로 높은 역내의 가맹국으로부터 수입함으로써 무역이 전환되는 효과가 발생할 수도 있다. 이를 무역전환효과(trade diverting effect)라고 한다. 이러한 수입의 대체는 가맹국에게 주어지는 무역상의 특혜로 인하여 역내의 수입원 간의 생산비 격차를 관세 격차가 상쇄하고도 남을 경우에 발생하게 된다.

즉, 관세동맹으로 인해 효율적인 역외생산자로부터 비효율적인 역내생산자로 상품의 공급이 전환되기 때문에 무역전환효과는 전 세계적인 자원배분의 측면에서는 부(−)의 효과를 갖는 것이다. 따라서 소비자의 후생이 증대되기 위해서는 무역창출효과가 무역전환효과를 능가해야 하는데, 최초의 관세율이 높을수록, 동맹국과 역외국과의 생산비차가 작을수록, 수요 · 공급선이 탄력적일수록 후생이 보다 증진된다. 그러나 관세동맹의 가맹국에 무역전환효과가 일어난다고 하더라도 그들에게 순후생의 개선을 가져올 수 있다는 점에 주목해야 한다.

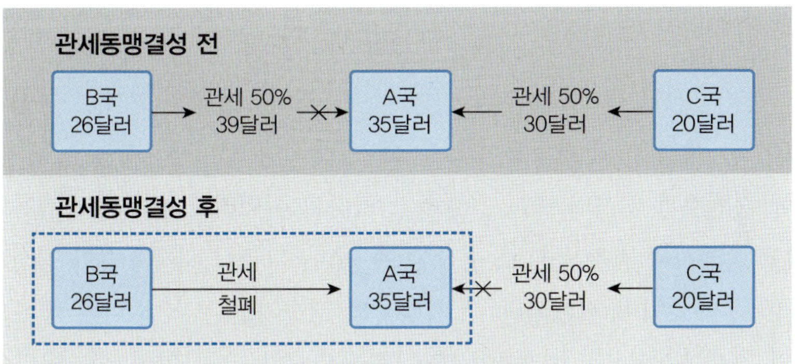

[그림 2-6] 무역전환효과 예시

이상에서 본 바와 같은 관세동맹의 정태적 효과는 다음과 같이 정리될 수 있다.

첫째, 여타 비가맹국으로부터 수입품에 대한 수출품의 공급을 감소시킴으로써 발생하는 관세동맹의 무역전환효과는 관세동맹가맹국 전체의 교역조건을 개선시킨다. 그러나 관세동맹의 무역창출효과는 그 반대의 효과를 발생시킬 것이다. 왜냐하면 관세동맹의 결성으로 인하여 가맹국의 실질소득의 증가는 비가맹국으로부터 더 큰 수입수요를 가져오기 때문이다. 이러한 상황은 가맹국의 교역조건이 개선되느냐, 악화되느냐 또는 불변이냐에 따라 달라진다.

둘째, 어떠한 관세동맹도 국제무역협상에서 하나의 단체로 행동할 수 있기 때문에 가맹국이 개별적으로 협상하는 것보다 더 큰 교섭력(bargaining power)을 가질 수 있다. EU(European Union)가 그 대표적인 예이다.

(2) 동태적 효과

경제통합의 동태적 효과
경쟁을 통한 기업의 내실화, 규모의 경제 확보, 투자촉진, 경제자원의 효율적 이용

지금까지는 시장의 확대에 따른 동태적 효과를 감안하지 않은 정태적 분석에 한정하였다. 그러나 장기적으로 관세동맹은 시장 확대를 수반하여 경쟁의 격화, 규모의 경제, 투자의 촉진 및 자원의 효율적인 이용 등을 가져오며, 실제로 이것이 정태적 자원배분의 효율화보다도 훨씬 더 큰 기대를 갖게 하는 통합의 효과이다. 하지만 통합 후 시간이 경과함에 따라 발생하는 경제적 여러 변화 가운데 통합의 효과를 분리한다는 것은 실제로 거의 불가능하기 때문에 관세동맹의 동태적 효과의 분석은 체계적 이론으로 정리되지 못하고 있다.

관세동맹이 유발할 수 있는 동태적 효과들에 관해서는 다음과 같이 정리할 수 있다.

첫째, 관세동맹의 형성으로부터 얻어지는 가장 큰 동태적 효과는 격렬한 경쟁의 발생이다. 예컨대, 관세동맹이 없을 때 가맹국의 국내생산자들은 무역장벽의 보호하에 경쟁자가 없거나 또는 경쟁자가 있다고 하더라도 소수의 경쟁자와 여유를 가지고 경쟁하며 자기 뜻대로 성장할 수 있다. 그러나 관세동맹이 형성되고 가맹국 간에 무역장벽이 철폐되면 각 가맹국의 생산자들은 역내 다른 국가의 생산자들과의 경쟁에서 이기기 위하여 또는 합병되거나 그 산업에서 도태되지 않기 위하여 더 효율적으로 기업을 경영하지 않으면 안 된다. 물론 관세동맹 이전에 국내경쟁을 제한하는 시장점유협정과 같은 독립적인 행위가 관세동맹 이후에도 같은 식의 동맹국 단위의 시장점유협정으로 대체되지는 않는다.

둘째, 관세동맹의 형성은 시장 규모의 확대로 인하여 규모의 경제이익을 달성시킬 수 있다는 것이다. 즉, 관세동맹으로 비교우위산업의 시장이 확대됨에 따라 기업이 평균비용곡선이 우하향할 경우 생산량의 증대는 생산비 및 재화가격의 하락을 가져오며(내부효과), 이는 또한 연관 산업의 생산비를 인하시키는 효과(외부효과)도 가져올 수 있다. 이러한 효과는 선진국에서는 이미 적정 규모의 생산을 하고 있으므로 크게 나타나지는 않으나, 개도국의 경우에는 그 효과가 크다고 할

수 있다.

셋째, 관세동맹은 투자를 촉진하게 된다. 즉, 관세동맹이 형성되면 가맹국의 기업들은 확대된 시장을 이용하고, 격화된 시장경쟁에 대처하기 위해서 R&D 등에 투자를 증가시키게 되므로 기술수준의 향상이 기대된다. 또한 관세동맹의 형성으로 비가맹국들은 그들의 수출품에 부과하는 차별적인 무역제한을 극복하기 위해서 관세동맹국 내에 생산시설을 설치할 가능성도 있다. EU가 형성된 이후에 미국의 기업들이 유럽에 투자를 증가시킨 것은 바로 이러한 예의 하나이다.

넷째, 관세동맹의 형성은 경제적 자원을 더 효율적으로 이용하도록 한다. 왜냐하면 관세동맹의 형성은 시장 규모의 확대와 더불어 노동과 자본의 자유로운 이동이 가능하게 되는 공동시장단계로 발전하게 될 것이기 때문이다. 관세동맹의 형성으로부터 발생하는 이러한 동태적 효과와 이익은 정태적 이익보다는 훨씬 크고 중요하다. 영국이 1973년 EC에 가입한 것도 이러한 효과를 인식하였기 때문이라고 볼 수 있다.

제5절 현재의 통합

1. 거시적인 변화

제2차 세계대전 이후 세계 최대 경제대국인 미국 주도하의 세계경제는 금융면에서는 IMF와 IBRD, 무역면에서는 GATT를 중심으로 한 새로운 경제협력이 추진되었다. 그러나 IMF와 GATT 체제는 이해관계를 달리하는 각국의 산물이기 때문에 완전한 무역자유화를 성취하기에는 어려움이 많았다. 이러한 어려움에 당면할 때마다 이해관계를 같이하는 몇몇 회원국은 공동의 경제발전을 추구하기 위하여 지역적인 경제협력을 필요로 하게 되었으며, 최초로 이러한 움직임이 나타난 곳이 유럽이었다.

한편 미국은 전쟁 시기와 마찬가지로 미국 상품에 대한 수요를 창출하기 위해 부흥원조계획에 의해서 1948년부터 5년간 130억 달러를 서구제국에 원조하였다.

그러나 이러한 미국의 마셜플랜(Marshall plan)에 의해 원조를 받은 국가는 이 기간 동안 IMF를 이용하지 못하였다. 따라서 서구제국은 이러한 원조자금을 보다 합리적으로 배분 · 이용하기 위하여 OEEC라고 하는 유럽경제협력기구를 창설하고, 이 기구를 통하여 국제무역과 금융의 자율화를 추진함으로써 전후 경제부흥을 급속도로 진척시켰다.

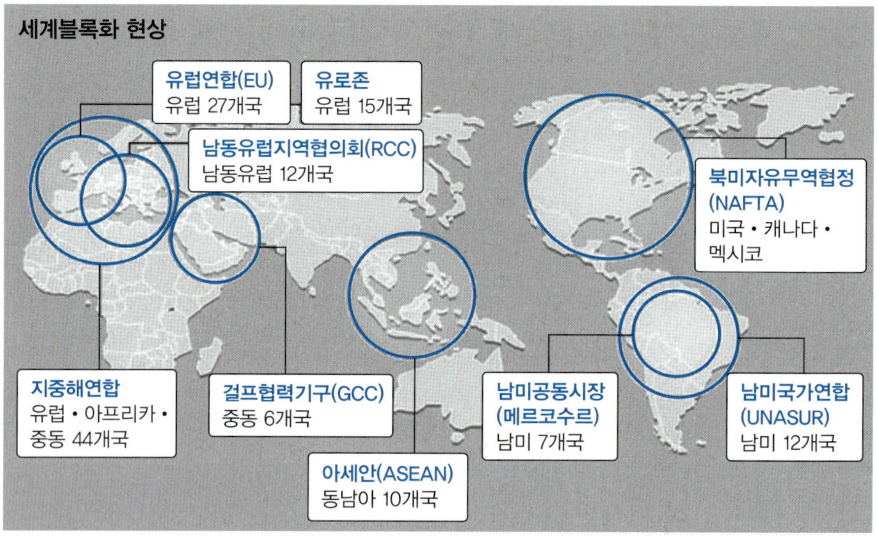

[그림 2-7] 세계블록화의 대표적 현황

출처 : 매일경제(2008. 7. 16)

> **블록경제**
> 경제블록이라고도 한다. 정치적 · 경제적으로 관계가 깊은 여러 국가가 결집하여 역내의 경제교류를 촉진하는 반면, 역외국가들에 대해서는 차별적 대우를 취함으로써 폐쇄적이고도 유리한 경제관계를 맺는 경제나 경제권

이러한 지역적인 경제협력이 성공적으로 이루어지자 서구제국 중 6개국(네덜란드 · 벨기에 · 룩셈부르크 · 독일 · 프랑스 · 이탈리아)은 OEEC에서 경험한 경제협력을 더욱 공고히 하고자 하여 지역적 통합을 하게 되었다. 이것이 유럽경제공동체(EEC, European Economic Community)이다. EEC가 탄생하자 영국은 자국이 제안한 자유무역지역계획을 EEC에 가입하지 않은 스웨덴 · 덴마크 · 스위스 · 포르투갈 등과 협의하여 EEC에 대항하는 유럽자유무역연합(EETA, European Free Trade Association)을 결성하였다.

이러한 선진지역에서의 경제통합에 자극되어 후진지역에서도 그들의 문제를 해결하기 위하여 통합운동이 일어났다. 1960년에 중미공동시장(CACM), 1961년에 중남미자유무역연합(LAFTA), 1964년에 아랍공동시장(ACM), 1966년에 중앙아프리카경제관세동맹(CAECU)과 카리브자유무역협정(CFTA) 등이 설립되었다. 그리고 부분적인 지역기구로서 1961년에 동남아연합(ASA), 1964년에 터키 · 파키스탄 · 이란 간의 지역협력개발기구(RCD, Regional Cooperation for Development) 등이 발족되었다. ASA는 1967년에 동남아국가연합(ASEAN, Association of South East Asia Nations)으로 발전되었다.

2. 유럽 국가들의 경제통합

유럽지역의 경제통합은 OEEC의 경험을 토대로 하여, 1944년 9월에 조인되었던 베네룩스 관세동맹(Benelux Customs Union)으로부터 시작되었다. 이 동맹으로 베네룩스 3국(네덜란드 · 벨기에 · 룩셈부르크) 간의 역내무역은 크게 증대되었고, 역외에 대한 교섭도 강화되었다. 이에 자극을 받은 독일 · 프랑스 · 이탈리아가 이 동맹에 참가하게 되어, 이들 6개국은 프랑스 외상인 쉬망(Schuman)이 제기한 쉬망플랜(Schuman Plan)에 따라 유럽석탄 · 철강공동체(ECSC, European Coal and Steal Community)를 1951년에 발족시켰다. ECSC는 비록 내륙 6개국만의 제한적인 기구였지만, 단일시장을 형성함으로써 중공업의 발전에 크게 기여하였다.

그러나 ECSC는 석탄과 철강이라는 두 가지 산업부분에만 한정된 것이었으므로 차츰 각국의 개별적 정책운영에 맡겨진 다른 경제부분과의 모순이 증대되었다. 따라서 ECSC의 성공을 바탕으로 보다 포괄적인 통합적 경제운용을 내용으로 하는 유럽경제공동체의 결성이 요구되었다. ECSC 6개국은 1957년 3월에 유럽원자력공동체(EAEC 혹은 EURATOM, European Atomic Energy Community)와 유럽경제공동체(European Economic Community)의 창설을 위한 로마 조약에 조인하였고, 이는 1958년 1월 1일부터 발효하였다.

이와 같은 그동안 별개의 기본조약을 근거로 탄생 · 발전해 온 ECSC, EEC, EURATOM은 1967년 7월 1일 통합조약(merger treaty)에 의해 유럽공동체(EC, European Community)로 통합되었다. EEC는 처음에는 서구제국 중 내륙 6개국에 의하여 창설되었으나 1973년에 영국 · 덴마크 · 아일랜드, 1981년에 그리스, 1986년에 포르투갈 · 스페인이 각각 가입함으로써 가맹국은 총 12개국으로 증가 · 확대되었다. 또 1967년 발족한 EC는 역내통화의 완전한 교환성의 확립과 환율변동의 제거, 평가의 고정, 자본이동의 완전자유화, 단일통화의 창출 등을 목표로 역내무역의 확대와 수평분업 관계의 진전이라는 측면에서는 통합의 성과가 있었으나, 대외경쟁력 구조의 개선이라는 측면에서는 큰 성과를 보이지 못하였다.

한편 1980년대 말부터 사회주의 국가가 붕괴하고 유럽지역의 정치상황이 급변함에 따라 EC 국가들은 1990년 12월 로마 회의에서 공동안보정책의 수립 등 유럽의 정치통합에 대한 기본원칙에 합의하는 등 유럽정치동맹(EPU, European Political Union) 문제를 공식적으로 논의하였다. 이렇게 새로운 정치 · 경제환경에 대응하여 다양한 논의를 진행한 결과, EC 각국은 1992년 2월 네덜란드의 마스트리히트에서 통화통합과 정치통합으로의 발전을 도모하는 'EU 조약(TEU, Treaty on European Union)', 즉 마스트리히트 조약에 조인하였다. EU 조약은 12개 회원국의 비준을 거쳐 1993년 11월 1일부터 발효하였다. 그리고 EU 조약에 따라 EC의 명칭이 현재의 EU로 바뀌게 되었다.

EU 조약은 기본적으로 EEC 조약의 목표, 즉 공동시장 내의 교역 및 경제발전을 촉진한다는 목표를 따르면서 추가적으로 단일통화의 도입 등 경제 · 통화동맹의 완성, 공동외교 · 안보정책의 수행, 공동시민권제의 도입, 사법 · 내무분야의 협력증진 등을 목표로 내세우고 있다.

(1) 유럽자유무역연합

유럽자유무역연합(EETA, European Free Trade Association)은 서유럽제국 중에서 EEC 가맹국이 아닌 7개국(outer seven), 즉 영국 · 덴마크 · 스웨덴 · 노르웨이 · 오스트리아 · 스위스 · 포르투갈 등이 영국의 자유무역지역 구상에 호응하여 1959년 11월에 스톡홀름의 각료회의에서 가조인한 유럽자유무역연합 설립조약(통칭 스톡홀름 조약)에 의해서 설립을 결정하였고, 1960년 7월 1일부터 정식 발효하였다. 그 후 핀란드가, 1970년대에 아이슬란드가 회원국이 됨으로써 9개국으로 확대되었으나 1971년 EFTA 설립의 주역이었던 영국 · 덴마크 · 스웨덴 등이 탈퇴하여 EEC에 가입함으로써 축소되었다.

EETA는 목적을 가맹국의 경제발전, 역내무역의 자유화, 원료공급의 불균형에 대한 시정, 세계무역과의 조화 등에 두고 있어 EEC의 목적과 매우 유사하다. 그러나 그 수단에 있어서 EEC는 역외공동관세를 가지는 본격적인 관세동맹인 데 반하여, EFTA는 역내공산품에 대해서만 관세를 철폐하고 농산물을 포함시키지 않고 있으며, 특히 역외공동관세를 실시하지 않고 비가맹국에 대한 관세를 가맹국이 자유로이 결정하도록 관세자치권을 행사하는 점이 다르다.

EFTA 제국은 최근 EC 시장통합과 관련하여 경제적 불안 및 서구사회의 흐름에서 제외될 것이라는 소외감 등으로 EC와의 관계강화를 위한 적극적인 외교절충에 나섰으며, 그 결과 EC와 EFTA 양측은 정치적 노력으로 이들 간의 장애를 제거하는 데 타협이 이루어져 1991년에 유럽경제지역(EEA) 창설에 합의하였다.

(2) 유럽경제지역

EC와 EFTA는 1991년 10월 룩셈부르크에서 열린 합동각료회의를 통해 북극에서 지중해에 이르는 세계 최대의 단일시장 EEA(European Economic Area)의 창설에 합의하였다. 따라서 통상협정이 발효되는 1993년 1월 1일 이후에는 12개 EC 회원국과 7개 EFTA 회원국이 단일경제권으로 뭉치게 되어 총 19개국, 3억 8,000만 인구를 포괄하면서 전 세계 교역량의 40%를 차지하고, 역내 총생산(GDP) 규모가 6조 달러를 넘어서는 세계 최대의 경제공동체가 탄생하였다.

EC와 EFTA의 통합에 의한 EEA의 창설은 1990년 7월부터 시작된 양 기구의 협상 이래 만 1년 4개월 만에 이루어진 것으로서, 그동안 현안이 되어 온 북해연안의 어로문제, EC 내 빈곤국들에 대한 EFTA 부유국 등의 차관 제공, 알프스 산맥 대형화물 통과 등을 둘러싸고 반대해 온 그리스 · 스페인 · 노르웨이 · 스위스 등의 이해 당사국들이 협정에 대한 거부권을 철회함에 따라 이루어졌다.

1991년 현재 EFTA 전체 교역량의 60%를 대 EC 교역이 차지하고 있으며, EC 전체 교역 규모의 25%를 대 EFTA 무역이 차지하고 있는 등 상호 의존도가 높다. 이와 같은 교역 규모는 EC의 대미 · 대일 교역량을 합한 것보다 크다. 따라서 단일시장의 창설에 의한 막대한 경제적 이익을 얻으려는 경제적 이유에서 EEA가 창설된 것이다.

EEA 단일시장의 창설협정에 따라 EC와 EFTA 사이에 무역장벽이 없어지고, EFTA 국가들도 1993년부터 상품 · 자본 · 서비스의 자유로운 이동을 목표로 한

EC의 단일시장계획안을 적용받게 된다. 따라서 양 기구의 상호 의존도가 심화되고, 특히 EFTA 경제의 대 EC 의존도가 높아질 것으로 전망된다. 즉, 두 기구의 상호 보완관계가 증진되고, 이에 따라 양 지역 간에 산업재편성이 이루어지면서 남유럽의 농산물과 북유럽의 공산품의 교역이 크게 증가되어 대 역외교역의 비중이 상대적으로 줄어들 것으로 전망된다. 그러나 이론과 현실은 다르기 때문에 단일통화와 법률제도의 통합 운동, 상품의 표준규격화 문제 등 완전한 통합이 이루어지기까지는 풀어야 할 문제가 많이 남아 있다.

3. 개발도상국 간의 경제통합

EEC 경제통합의 성공은 개발도상국의 경제통합의 시도에 자극을 주었다. 개도국 간의 경제통합은 지리적 · 역사적으로 동질성을 가진 국가들을 중심으로 시도되었으며, 그 목표는 역내무역의 자유화, 역외공동관세의 설정, 자본 및 노동의 자유이동, 통화동맹, 경제개발정책의 조정 등이며 나아가서는 경제공동체를 형성하는 데 있다. 그러나 이러한 개발도상국들의 시도는 부분적으로는 성공하였으나 대부분 실패하였다. 개발도상국들이 시도한 경제통합의 예는 다음과 같다.

- 1961년에 설립된 라틴아메리카 자유무역연합(LAFTA, Latin American Free Trade Association)
- 1962년에 설립되어 1969년에 해체된 중미공동시장(CACM, Central American Common Market)
- 1968년에 카리브 자유무역연합(CARIFTA, the Caribbean Free Trade Association)으로 설립되어 1973년에 개칭된 카리브 공동시장(CARICOM, the Caribbean Common Market)
- 1967년에 설립된 동아프리카 경제공동체(EAEC, the East African Economic Community)
- 1974년에 설립된 서아프리카 경제공동체(ECWA, the Economic Community of West Africa)
- 1971년 동남아연합(ASA, Association of South-East Asia)을 발전적으

로 해체하고 설립된 동남아국가연합(ASEAN, Association of South-East Asian Nation)

여기서는 이들 개도국 간의 경제통합 형태 중에서 가장 큰 규모의 경제통합 형태를 갖춘 LAFTA가 LAIA로 발전되어 온 과정과 중남미 경제통합의 동향에 대해서만 설명하기로 한다.

(1) 라틴아메리카 자유무역연합

1961년 발효된 몬테비데오 조약(Montevideo treaty)에 의해 설립된 라틴아메리카 자유무역연합은 회원국이 아르헨티나 · 브라질 · 칠레 · 멕시코 · 파라과이 · 페루 · 우루과이 · 콜롬비아 · 에콰도르 등 9개국이었으나, 그 후에 가맹한 베네수엘라 · 볼리비아를 합하여 모두 11개국으로 중남미 주요국이 모두 가맹하였다.

LAFTA가 설립된 배경은 크게 대내적인 요인과 대외적인 요인으로 구분될 수 있다. 대내적 요인으로는 LAFTA 가맹국 대부분이 1930년대 이후 수입대체 공업화를 추진하여 이를 중심으로 경제발전을 달성했는데, 국내시장이 협소하여 이를 확대하고자 한 점이다. 대외적 요인으로는 EEC의 설립과 EEC의 대 아프리카 특혜무역관계가 강화되면서 중남미제국 간의 상호 결속이 중요시되었다는 점이다.

LAFTA의 경제통합을 위한 주요한 두 가지 기능으로는 무역자유화계획과 부문별 산업보험협정을 들 수 있다. 전자는 가맹국으로부터의 수입에 대한 모든 과징금 및 제한을 점차 폐지한다는 것이고, 후자는 역내산업, 특히 공업의 협조적 발전과 통합을 추진하는 동시에 당해 산업에 소요되는 부품 및 그 제품에 대한 관세 및 기타 수입제한조치를 경감한다는 것이다.

하지만 LAFTA 가맹국의 지속적인 노력에도 불구하고 본래의 무역자유화 계획을 실현시키지 못하고 정체 상태에 있다가 1980년 몬테비데오 조약의 만료와 함께 붕괴되었다.

(2) 라틴아메리카 통합연합

LAFTA는 1960년 후반부터 관세양허가 정체되기 시작하였고, 더욱이 1970년 이후부터는 역내의 선진국과 후진국 간의 발전격차문제가 심화되어 왔다. 그리고 1980년 말까지 역내무역자유화를 완성한다는 계획마저도 실현이 불가능하게 되었다.

그리하여 LAFTA 제국들은 1979년의 연차총회부터 새로운 통합기구의 설립을 위한 협상계획을 수립하였으며, 그 새로운 구체안이 1980년 7월 가맹국 외상회의에서 최종적으로 결정되었다. 이 안이 11개 회원국의 조인을 받음으로써 라틴아메리카 통합연합(LAIA, Latin American Integration Association)이 결성되었다.

LAIA는 그 조직이나 기능면에서 종전의 LAFTA와 근본적인 차이가 없고, 20년간의 LAFTA 운영을 통해 축적한 경험과 관세양허제도의 실적을 토대로 통합체의 운영방식이 조금 수정되었을 뿐이다. 그러나 종전의 LAFTA는 역내무역의 자유화에 중점을 둔 자유무역지역이었으나, 현행 LAIA는 역내제국 간의 경제발전 및 무역의 균형화에 보다 큰 관심을 두고 역내 협력을 꾀하고 있다. 따라서 LAIA는 일종의 특혜경제권의 성격을 띠고 있는 것이라고 할 수 있다.

LAFTA는 지역의 특수성을 고려하지 않고 EEC를 모방함으로써 지나치게 이상에 치우쳤으나, LAIA는 쌍무방식에 의한 관세인하협정을 체결하고 무역자유화에 의한 부분적 통합에 주력하고 있어 그 성격을 근본적으로 달리 하고 있다. 그러나 LAFTA의 보완협정, 국별 리스트, 비확장 양허 리스트에 의하여 이루어진 관세양허에 대한 지위 등 주요 문제가 해결되지 않고 있다.

(3) 중남미 경제통합

지역경제통합이 세계적으로 확산되고 있는 가운데 중남미지역에서도 과거의 자유무역추진과는 성격을 달리하는 역내경제통합이 적극적으로 추진되고 있다. 앞에서 볼 수 있듯이, 중남미는 1960년~1970년대 초에 걸쳐 다수의 지역경제통합체를 결성하였으나 기대했던 성과를 거두지 못한 채 지금까지 정체 상태에 머물러 왔다.

중남미가 자유 · 개방경제체제로 전환하면서 경제통합을 다시 추진하게 된 것은 경제안정기반 확보가 중남미 경제의 경제적 목표달성을 앞당길 수 있는 최우선 선결과제이며, 이를 위해서는 지역주의 및 보호무역주의에 대처하고 경제안정효과가 큰 공동시장의 형성이 필요하다는 강한 공감대가 있었기 때문이다.

현재 중남미의 경제통합은 안데스공동시장(ANCOM), 중미공동시장(CACM), 카리브공동시장(CARICOM) 등 기존의 경제통합체와 새로이 결성된 남미공동시장(MERCOSUR), 중미3국(G3) 자유무역지역, 그리고 G3-CACM-파나마 9개 공동시장 등 여러 갈래로 추진되고 있다. ANCOM은 1993년 2월부터 페루를 제외한 콜롬비아 · 베네수엘라 등 4개국이 자유무역을 실시함으로써 이미 1단계 자유무역지역을 완성하였으며, 브라질 · 아르헨티나 등 남미 4개국이 결성한 MERCOSUR는 역내수입관세율을 1994년 말까지 완전 폐지하여 1995년 초에 남미공동시장을 정식 출범하기로 합의하였다.

ANCOM과 별개로 1993년 2월 멕시코 · 콜롬비아 · 베네수엘라 등 3국은 1994년 1월부터 자유무역을 추진하기로 합의하였는데, 멕시코의 대 중남미 경제협력 강화전략의 일환으로 추진 중인 G3는 궁극적으로 경제력이 강한 3국의 통합 주도로 중미 · 카리브 주요 국가들을 포함하는 경제통합의 확대를 추구하고 있다.

또한 1993년 2월에는 G3 3개국, CACM 5개국 및 파나마 등 9개국이 범중미 자유무역지역의 창설에 합의하였는데, 특히 이러한 새로운 형태의 경제통합 간 통합의 추진은 중남미 전체의 단일시장 형성을 실질적으로 진일보시키고 있다는 점에서 큰 의미가 있다. 그런데 통합을 주도하는 멕시코가 G3를 범중미 자유무역 형성의 첫 단계로 간주하고 있어서 9개국 통합은 G3과의 상호 연계하에 구체적 일정이 마련될 것으로 예상된다.

4. 기타의 경제통합

(1) ASEAN 자유무역지역

회원국 간의 경제 · 사회 · 문화 · 기술면에서의 상호 협력 도모를 목적으로 1967년 설립된 ASEAN은 그간 역내교역 확대를 위해 공동 공업프로젝트(ASEAN Industrial Project)협정 및 특혜무역협정(PTA, Preferential Trade Agreement)의 체결 등 다양한 조치를 취해 왔으나 각 회원국의 경제력 미약에 따른 상품구매력의 지위, 상호 경쟁적 산업구조, 기존 특혜관세제도의 실효성 미흡 등으로 인해 큰 효과를 거두지 못하였다. 이에 따라 1990년 현재 ASEAN 국가들의 총교역 중 역내교역 규모의 비중은 20%에 못 미치고 있으며, 대 싱가포르 수출입 규모를 제외할 경우 그 비중은 4% 정도의 매우 낮은 수준에 불과한 실정이다.

그러나 최근 들어 이 지역 국가들의 주수출시장인 유럽과 북미지역에서의 경제

블록화가 가속되고, 동구 및 중남미지역이 ASEAN을 대체하는 새로운 투자지역으로 급부상하게 되자, 이에 대한 공동대응을 위하여 역내경제통합에 대한 논의를 활발히 전개한 결과 1992년 1월 제4차 ASEAN 총회에서 ASEAN 자유무역지역(AFTA, ASEAN Free Trade Area)을 창설하기로 하고, 이를 위해 ASEAN 자유무역지대 창설을 위한 공동유효특혜관세제도에 관한 협정을 체결하였다.

이 협정에 따르면 ASEAN 제국은 역내교역상품에 대한 평균 30%를 웃도는 각국의 수입관세를 향후 15년 이내에 5% 이하로 단계적으로 낮추는 한편 비관세장벽의 철폐도 병행 추진하여 2008년부터는 공동유효특혜관세(CEPT, Common Effective Preferential Tariff) 제도를 사용하기로 하였다. 이 제도는 역내국간의 상품교역에 대해 역외국보다 낮은 관세율을 적용하는 특혜관세제도의 일종으로 ASEAN 국가 간 기존의 PTA와는 달리 구체적인 상품부문(group of products)으로 나누어 포괄적으로 세율을 설정함으로써 특혜관세제도의 실효성을 높이려는 데 그 목적이 있다.

CEPT 제도가 적용될 상품 부분은 HS 6단위를 기준으로 하여 15개 부문으로 결정되었으며, 1993년부터 관세인하조치가 시행됨에 따라 이들 품목들이 역내교역품목 수에서 차지하는 비중이 약 70% 수준에 이르고 있어 CEPT 제도 도입 후 ASEAN 제국의 역내교역은 급속히 증가하고 있다. 뿐만 아니라 베트남 · 라오스 등이 ASEAN에 가입함으로써 21세기에 들어서 AFTA가 인도차이나 전역을 포괄하는 아시아지역 최대의 경제블록으로 등장하게 되었다.

(2) 북미자유무역협정

미국은 1989년 캐나다와 자유무역협정을 체결하였고, 1994년에는 캐나다 · 멕시코와 북미자유무역협정(NAFTA)을 체결 · 발표하였다. 전통적으로 GATT, IMF 등 다자간 자유무역체제를 선호해 온 미국이 1980년대 후반 들어 북미자유무역협정을 추진하게 된 이유로는 다음 몇 가지 사항을 지적할 수 있다. 우선 EU 통합을 계기로 급진전되고 있는 범유럽경제권 구축 움직임과 아태지역에서의 일본의 역할 증대에 대한 견제를 위해 미국이 자국 중심의 광역경제권을 형성함으로써 국제경제적 교섭력을 제고할 필요성을 느꼈다는 점이다. 아울러 대외통상정책의 근간인 UR 협상을 보완 · 병행하는 전략으로서 NAFTA를 활용하고자 한다는 점이다. 또한 미국의 자본과 기술, 캐나다의 풍부한 자원, 멕시코의 저렴한 노동력을 결합하여 미국 상품의 국제경쟁력 향상을 도모한다는 점도 들 수 있다.

멕시코의 경우 NAFTA 가입으로 자국 총교역량의 70%를 차지하고 있는 미국 시장에 대한 자유로운 접근과 해외투자유입 등을 통한 자국경제 활성화를 기대하고 있다. 캐나다는 처음에는 소극적이었으나 멕시코의 참여가 분명해지자 미국시장에서의 기득권 확보 등을 위해 NAFTA 추진에 참여하게 되었다.

통상 자유무역협정은 협정국 간의 상품이동에 대한 일체의 무역제한조치를 철폐하고 역외국에 대해서는 독자적인 관세 · 무역제한조치를 하는 경제통합의 가장 초보적 형태를 의미하는 데 반해, NAFTA는 상품교역뿐만 아니라 투자 · 지적재산권 · 서비스 등을 모두 포괄하는 광범위한 협정이다. 즉, 시장접근(관세 및 비관세장벽, 원산지규정, 농산물 · 자동차 · 에너지 · 섬유 등 주요 산업분야), 무역규범(세이프가드 · 보조금 등의 무역규제조치, 수송 · 건강 · 안전 등에 관한 표준규칙), 분쟁해결절차, 서비스, 투자, 지적재산권 등을 포함하고 있다.

5. FTA

(1) FTA의 개념

자유무역협정(FTA, Free Trade Agreement)은 회원국 간 상품, 서비스, 투자, 지적재산권, 정부조달 등에 대한 관세 및 비관세 장벽을 완화함으로써 상호 간 교역 증진을 도모하는 특혜무역협정을 의미하며, 특히 관세철폐에 주요 초점이 맞춰져 있다. FTA는 그동안 유럽연합(EU)이나 북미자유무역협정(NAFTA) 등과 같이 인접 국가나 일정한 지역을 중심으로 이루어졌기 때문에 흔히 지역무역협정이라고도 부른다. 지역무역협정은 체결국 간 경제통합의 심화 정도에 따라 4단계(자유무역협정 → 관세동맹 → 공동시장 → 단일시장)로 구분할 수 있다.

> **FTA**
> 특정 국가 간의 상호 무역증진을 위해 물자나 서비스 이동을 자유화시키는 협정으로, 나라와 나라 사이의 제반 무역장벽을 완화하거나 철폐하여 무역자유화를 실현하기 위한 양국 간 또는 지역 사이에 체결하는 특혜무역협정

2013년 3월 말 기준 WTO를 통해 파악된 지역무역협정(RTA) 발효건수[3]는 360건이며, 이 중 자유무역협정(FTA)이 210건으로 가장 많은 비중을 차지하고 있다. 시기별로 보면 지역무역협정은 1995년 WTO 출범 이후 급증하기 시작하여 전체 360건의 협정 중 95년 이후에만 전체의 86.1%에 해당하는 310건이 발효된 것으로 파악되고 있다.

3) FTA 종합지원포털(http://www.ftahub.go.kr/kr)에서 인용

(2) FTA 활성화 배경

FTA의 활성화 배경
개방을 통한 생산성 향상, WTO 다자협상의 대안 및 보완 수단, 외국인 직접투자 유치 등을 통한 경제성장, 특정국가 간의 배타적 호혜조치의 장점, 지역주의 확산에 따른 대응

1) 개방을 통한 생산성 향상

FTA가 개방을 통해 경쟁을 심화시킴으로써 생산성 향상에 기여한다는 측면에서 무역부문의 중요한 개혁조치로 부상하고 있다.

2) WTO 다자협상의 대안 및 보완 수단

무역 및 외국인 직접투자의 유입이 경제성장의 원동력이라는 인식이 확산되고 있으며, 외국 FTA 체결 사례(NAFTA 이후 멕시코 등)를 볼 때 FTA 체결은 외국인 직접투자 유치에 도움이 된다.

3) 외국인 직접투자 유치 등을 통한 경제성장

WTO 다자협상의 경우 회원국 수가 많아 협상 타결에 장기간이 소요된다는 단점이 있는 반면, FTA는 원하는 파트너와 비교적 단기간에 협상타결이 가능하여 자유무역질서를 유지 확대하는 데 기여한다.

4) 특정국가 간의 배타적 호혜조치의 장점

특정국가 간의 배타적 호혜조치가 당사국 간 관심사항(실익 제고, 부담 완화 등)을 효율적으로 반영시킬 수 있어 FTA의 긍정적인 측면으로 평가된다.

5) 지역주의 확산에 따른 대응

지역주의 확산에 따라 역외 국가로서 받는 반사적 피해에 대한 대응이 필요하다. 지역무역협정에 대한 WTO의 규정이 불명확하고, 불충분하여 특정 지역무역협정이 WTO 규정에 합치되는지를 판단하는 것은 현재로서는 매우 어려운 실정이다. WTO 지역무역협정위원회(CRTA, Committee on Regional Trade Agreement)를 중심으로 지역무역협정에 관한 WTO 규정을 명확히 하고 보완하기 위한 협상이 진행되고 있으나 논의 속도는 매우 부진한 편이다. FTA를 포함한 지역무역협정의 이익은 가시적이고 직접적인 반면, 역기능을 억제하기 위한 다자적인 감시기능이 제대로 작동하기 어려운 상황에서 지역주의는 앞으로도 확산될 것으로 전망된다.

(3) FTA 대상 범위

전통적인 FTA는 상품 분야의 관세인하에 중점을 두고 있는 경우가 많다. 그러나 최근의 상품의 관세철폐 이외에도 서비스 및 투자 자유화까지 포괄하는 것이 일반적인 추세이다. FTA가 포함하고 있는 분야는 체약국들이 누구인가에 따라 상당히 다른 양상을 보이고 있다. 전통적인 FTA와 개도국 간의 FTA는 상품 분야의 무역자유화 또는 관세인하에 중점을 두고 있는 경우가 많다.

그러나 최근 WTO 체제의 출범(1995년)을 전후하여 FTA의 적용 범위도 크게 확대되어 대상 범위가 점차 넓어지고 있다. 상품의 관세철폐 이외에도 서비스 및 투자 자유화까지 포괄하는 것이 일반적인 추세이다. 그 밖에 지적재산권, 정부조달, 경쟁정책, 무역구제제도 등 정책의 조화부문까지 협정의 대상 범위가 점차 확대되고 있다. 다자간 무역협상 등을 통하여 전반적인 관세수준이 낮아지면서 다른 분야로 협력 영역을 늘려가게 된 것도 이 같은 포괄범위 확대의 한 원인이라고 할 수 있다.

(4) 우리나라의 FTA 현황

〈표 2-3〉 우리나라의 FTA 발효현황(2013년 5월 기준)[4)]

진행 단계	상대국	추진 현황	의의
	칠레	• 1999년 12월 협상 개시 • 2003년 2월 서명 • 2004년 4월 발효	• 최초의 FTA • 중남미시장의 교두보
	싱가포르	• 2004년 1월 협상 개시 • 2005년 8월 서명 • 2006년 3월 발효	• ASEAN시장의 교두보
	EFTA (4개국)	• 2005년 1월 협상 개시 • 2006년 8월 서명 • 2006년 9월 발효 (*EFTA 4개국 : 스위스, 노르웨이, 아이슬란드, 리히텐슈타인)	• 유럽시장 교두보

4) FTA 종합지원포털(http://www.ftahub.go.kr/kr)에서 수정 후 인용

발효 9건	ASEAN (10개국)	• 2005년 2월 협상 개시 • 2006년 8월 상품무역협정 서명 • 2007년 6월 발효 • 2007년 11월 서비스협정 서명 • 2009년 5월 발효 • 2009년 6월 투자협정 서명 • 2009년 9월 발효 (*ASEAN 10개국: 말레이시아, 싱가포르, 베트남, 미얀마, 인도네시아, 필리핀, 브루나이, 라오스, 캄보디아, 태국)	• 우리나라의 제2위 교역대상(2011년 기준)
	인도	• 2006년 3월 협상 개시 • 2009년 8월 서명 • 2010년 1월 발효	• BRICs국가, 거대시장
	EU (27개국)	• 2007년 5월 협상 출범 • 2009년 7월 협상 실질 타결 · 2009년 10월 15일 가서명 · 2010년 10월 6일 서명 · 2011년 7월 1일 잠정발효 (*EU 27개국: 오스트리아, 벨기에, 영국, 체코, 키프로스, 덴마크, 에스토니아, 핀란드, 프랑스, 독일, 그리스, 헝가리, 아일랜드, 이탈리아, 라트비아, 리투아니아, 룩셈부르크, 몰타, 네덜란드, 폴란드, 포르투갈, 루마니아, 슬로바키아, 슬로베니아, 스페인, 스웨덴, 불가리아)	• 세계 최대경제권(GDP 기준)
	페루	• 2009년 3월 협상 개시 • 2010년 8월 협상 타결 • 2010년 11월 15일 가서명 • 2011년 3월 21일 서명 • 2011년 8월 1일 발효	• 자원부국 • 중남미시장 진출 교두보
	미국	• 2006년 6월 협상 개시 • 2007년 6월 협정 서명 • 2010년 12월 추가 협상 타결 • 2012년 3월 15일 발효	• 거대 선진경제권
	터키	• 2008년 6월~2009년 5월 공동연구 • 총 4차례 공식협상개최(2010년 4월~2012년 3월) • 2012년 8월 1일 기본협정 및 상품무역협정 정식 서명 • 2012년 11월 22일 비준동의안 국회 통과 • 2012년 5월 1일 발효	• 유럽 · 중앙아시아 시장 진출 교두보

타결 (1건)	콜롬비아	• 2009년 3월~9월 민간공동연구 • 총 6차례 공식협상개최(2009년 12월~2012년 6월) • 2012년 8월 31일 가서명 • 2013년 2월 21일 서명식 개최	• 자원부국 • 중남미 신흥시장

생각하기 : 한-칠레와 한-미 FTA에 대한 환경변화[5)]

1. 한-칠레 FTA

(1) 한-칠레 FTA 의의

1999년부터 2002년까지 총 8차례의 협상 끝에 2002년 10월 25일 타결된 후 2003년 2월 15일 공식 서명되었고, 2004년 4월 1일에 발효되었다. 한-칠레 FTA는 우리나라의 첫 FTA이며, 태평양을 사이에 둔 국가끼리의 첫 FTA라는 데 의의가 있다. 또한 지구 반대편의 유망시장인 중남미로 우리 기업의 활동반경을 넓히고 수출시장을 다변화하는 데 필요한 인프라를 구축하였다.

- 우리나라 최초의 FTA : 다자주의 중심의 우리나라 통상 정책에서 지역주의에도 적극적으로 대응하는 시발점이 됨
- 태평양을 사이에 둔 국가 간의 첫 FTA : 남미권과의 FTA 체결을 추진하고 있는 아시아 각국 중 첫 성공사례
- 통상 정책 수단의 다원화 : WTO 체제의 무역 자유화와 별도로 우리 실정을 적절히 반영한 FTA 채택
- 상호호혜적 이익을 최대한 반영한 FTA : 칠레는 아시아 지역의 교역 확대를 위한 중요한 계기를 마련하였고, 우리나라는 중남미시장 진출의 교두보 확보
- 대외신뢰도 제고 : 우리나라의 대외개방 및 내부 개혁 의지를 대내외에 과시함으로써 대외신뢰도를 크게 제고함

(2) 한-칠레 FTA 국내영향

1) 한국산 타이어

① 수입관세인하

칠레의 한국산 타이어 수입관세는 양국 FTA 발효일로부터 5년이 지난 2010년부터 인하되기 시작하여 2012년에는 3.8%로 전년대비 0.7%포인트가 인하되었으며, 매년 관세인하 조치가 이루어져 2017년부터 무관세가 적용될 예정이다. 따라서 한국산 타이어의 지속적인 시장 점유율을 기대할 수 있다.

---

5) 외교통상부 자유무역협정사이트(http://www.fta.go.kr/new/index.asp)
한국무역협회(http://fta.kita.net/)

② 한국산 자동차 수출증가

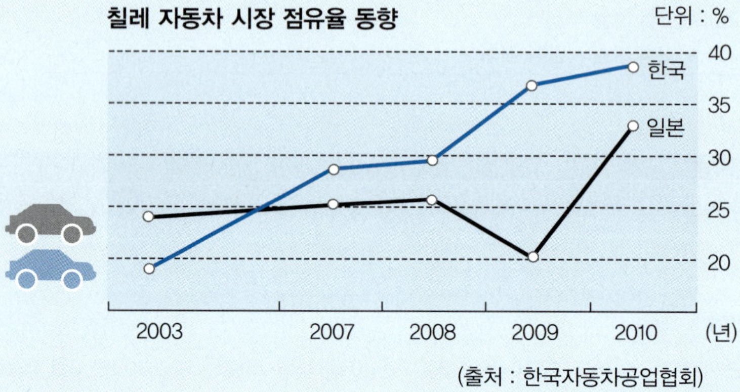

한국산 타이어의 매출이 늘어난 것은 관세철폐로 인한 가격경쟁력 효과뿐만 아니라 무관세가 적용되는 한국산 자동차의 수출이 늘어남으로써 타이어 소비가 급증함에 있다. 칠레에 수출되는 한국산 자동차에는 한국타이어와 금호타이어가 기본으로 장착되어 있는데, 이 때문에 한국산 자동차 수출이 늘면 한국산 타이어의 수요도 덩달아 늘어나게 된다. 한국타이어는 2008년 지점 설립 후 현재 약 10%의 점유율을 계속 유지하고 있다. 한국타이어는 칠레에서 토털 자동차 서비스 전문점인 레드 한국을 운영하면서 현지시장에서 성장세를 더욱 가속화하고 있다.

2) 복분자주

① 칠레산 저가 와인 유입

한-칠레 FTA로 과실주 관세가 철폐된 이후 칠레산 저가 레드와인이 대량 수입되었다. 과실주 수입관세는 한 · 칠레 FTA가 발효된 2004년 12.5%에서 2007년 5%로 낮아졌고 2009년부터는 전액 면제되었다. 이 기간 수입 물량은 690만 달러에서 2,220만 달러로 3배 급증했다. 시장 점유율은 15.2%에서 31.7%로 확대됐다.

사례 수입관세가 전면 철폐된 2009년 이후 2010년 상반기 선운산복분자주 흥진의 복분자주 생산량은 2009년 동기대비 약 25%, 매출액은 28%가량 감소했다. 칠레산 레드와인은 복분자주보다 42%나 싼 값에 판매됐다. 흥진은 최고의 품질을 인정받았지만 대형 유통매장을 중심으로 값싼 레드와인이 판매되면서 내수는 물론 수출까지 50%가량 줄어든 것으로 알려졌다. 흥진은 올 상반기에 15억 원대 매출액 손실을 입었다.

3) 돼지고기

① 칠레산 저가 돼지고기 유입

수입단가가 낮은 칠레산 돼지고기의 수입이 증가되어 국내산 돼지고기의 납품단가 하락에 영향을 미쳤다. 한-칠레 FTA 타결 이후, 칠레산 돼지고기에 대한 관세율은 2005년부터 점차 낮아지고 있고, 2014년에 관세가 철폐될 예정이다.

사례 돼지고기 가공업체 A사는 한-칠레 FTA 발효 이후 칠레산 돼지고기 수입이 증가함에 따라 생산량이 감소했다. 칠레산 돼지고기 수입가격이 A사의 납품단가 상승을 억제했고 A사의 주요 거래처가 칠레산 수입상품으로 대체됨에 따라 신청업체의 납품물량이 감소하고 납품단가 상승이 억제됐다. 또 가격이 저렴한 칠레산 돼지고기의 국내시장 점유율이 증가함에 따라 칠레산 수입상품이 A사의 내수판매에 부정적인 영향을 미쳤다.

(3) 한-칠레 FTA 시사점

한-칠레 FTA에서 가장 문제가 됐던 것은 농업부문의 피해이다. 당시 정부는 수입 과일에서 국내 경쟁력이 더 높고, 칠레산 포도의 경우 품종이 다르며, 국내 생산시기와 엇갈려 피해가 최소화할 것이라고 설득했지만 결과는 달랐다. FTA 발효 첫 해인 2004년부터 가파르게 증가한 칠레산 포도 수입량은 2010년 전체 수입 포도의 88%를 차지했고, 국내 포도 생산은 0.4% 감소했다. 포도 가격도 내려가지 않았다.

칠레시장의 선점효과도 시간이 갈수록 떨어졌다. 우리나라뿐만 아니라 경쟁국들이 칠레와 FTA를 체결하면서 칠레시장에서의 한국산 제품 점유율이 하락하기 시작했다. 2010년 한국무역협회가 내놓은 보고서에 따르면 칠레 수입시장에서의 한국산 점유율은 FTA 발효 이전 2.98%에서 FTA 발효 이후 꾸준히 상승, 2007년 최고치인 7.23%까지 올랐지만, 이후 2009년에는 5.62%까지 떨어졌다.

2. 한-미 FTA

(1) 한-미 FTA 주요 내용

한-미 FTA가 발효되면 양국 간 공산품과 농 · 축 · 수산물의 관세장벽이 사라지고, 각종 서비스 시장도 개방된다. 우선 상품 분야에서는 원칙적으로 양국이 모든 상품의 관세를 철폐하게 된다. 다만, 갑작스런 충격을 막기 위해 상품마다 철폐 기간을 따로 설정했다.[6)]

서비스 시장도 대폭 개방되어 도박 · 금융 · 항공운송 · 정부조달 등 일부를 제외한 모든 서비스 분야에서 내국민대우, 최혜국대우, 시장접근 제한 조치의 도입 금지, 현지 주재 의무 부과의 금지 등 네 가지 의무가 일반적으로 적용된다. 다만, 공교육 · 의료 · 수도 · 전기 · 가스 등 공공성이 강한 분야에서 정부의 모든 규제 권한에 대해서는 포괄적으로 이 네 가지 의무가 적용되는 것이 유보됐다.

한편, 법률 서비스는 3단계, 회계 · 세무 분야는 2단계로 개방이 추진되며, 설계 · 수의 분야 등 자격증을 상호 인정하는 방안은 향후 논의될 예정이다. 아울러 지적재산권과 관련, 저작권보호기간이 저작자 사후 또는 저작물 발행 이후 70년으로 연장됐다. 단, 보호기간 연장시점은 발효 후 2년간 유예됨에 따라 2013년 7월 1일부터 적용되었다.

한편, 개성공단에서 생산한 제품에 대해서는 한 · 미 FTA 발효 1년 후 '한반도 역외가공위원회'를 조직해 특혜관세 혜택 부여조건과 이에 관한 기준을 협의하게 된다. 따라서 발효 후 최소 1년간은 개성공단 제품은 한국산으로 인정받기 어렵다. 2012년 현재 우리나라와 FTA 협정을 맺은 아세안, 싱가포르, 페루 등은 개성공단 제품에 대해 한국산으로 인정하는 역외가공조항이 포함되어 있다.

---

6) 승용차의 경우 미국은 2012년 기준 2.5%인 관세를 4년 후 없애고, 한국은 우선 8%인 관세를 4%로 인하하고 4년 후 완전 철폐한다. 한국 측에 민감한 수산물과 임산물에 대해서는 장기 철폐, 비선형 관세철폐, 관세율 할당(TRQ) 등을 도입한다. 농업 분야에서 쌀 및 쌀 관련 제품은 FTA 협상에서 완전히 제외됐으며, 한국 측의 민감 품목인 쇠고기는 15년, 돼지고기는 10년에 걸쳐 관세가 철폐된다.

(2) 한-미 FTA 국내영향

1) 섬유산업

섬유산업은 대표적인 FTA의 수혜 업종이다. 원사(原絲)의 생산지에 따라 원산지를 정하는 미국의 까다로운 원산지 규정(얀 포워드, Yarn Forward)가 완화되면서 대미 수출 비중이 크게 늘어날 것으로 보이기 때문이다. 섬유산업연합회에 따르면 모직물은 미국 관세(25%)철폐로 현재 제곱미터당 5.5달러에서 4.1달러로 가격인하가 가능하여 중국산(제곱미터당 4.8달러)보다 가격경쟁력이 높을 것으로 보고 있다. 전문가들은 관세철폐로 한 해 2억 달러의 수출 증대 효과가 기대되고 대미 수출 비중이 2005년 17% 수준에서 20% 선으로 높아질 것으로 전망했다. 아울러 KOTRA 관계자는 "미국 내 바이어들이 제품 주문을 FTA 타결 이후로 연기하고 있다."고 전했다.

2) 자동차산업

자동차는 FTA의 최대 수혜 업종 중 하나이다. 원화가치 상승으로 미국시장에서 한국산 자동차의 수익성과 가격경쟁력이 급격히 떨어지고 있는 가운데 2.5%의 미국 관세가 없어지면 수익성 개선에 큰 도움이 될 것으로 전망된다. 자동차 부품산업도 혜택을 입을 것으로 보인다.

지난해 기준으로 한국 차의 대미 수출은 69만 3,124대, 금액으로는 87억 1,000만 달러에 이른다. 반면 미국 차의 수입은 5,024대, 1억 4,207만 달러에 그친다. 한국 자동차업체의 상대적인 이득이 훨씬 크다. 미국 자동차업체로서는 8%인 한국 관세가 없어지면 5% 이상의 가격인하 요인이 발생한다. 그러나 미국산 자동차에 대한 한국 소비자들의 선호도가 높지 않아 그 효과는 제한적일 것으로 보인다. 한국 소비자로선 2000cc 이상 승용차의 경우 특소세가 10%에서 5%로 떨어지면서 교육세(특소세의 30%)와 부가가치세(판매가격의 10%)에도 영향을 미쳐 실제 7.2%의 소비자가격 인하 효과가 발생한다. 세전 가격이 2,900만 원인 '그랜저 3.3 TOP' 모델의 경우 209만 원 정도 싸질 것으로 보인다.

3) 제약업계

한-미 FTA 의약품 협정에서 특허 보호가 강화됨에 따라 복제 의약품을 주로 생산하는 국내 중소 제약사의 피해가 예상된다. 또 오리지널 약품과 주요 성분은 같지만 부속 성분이나 제조방법을 다르게 하는 대형 제약사의 개량신약 개발도 차질을 빚을 것으로 전망된다. 한미 FTA의 주요 쟁점 중 제약업계가 민감하게 여기고 있는 것은 의약품 특허 등 지식재산권 보호 분야이다. 우리나라 정부는 자료 독점권, 의약품 허가와 특허 연계 등 미국 측이 요구한 핵심사항을 들어주었다. 제약업계는 "미국은 특허기간이 5년 정도 늘어나는 혜택을 보게 됐다."며 "국내 제약사들의 제너릭 의약품(복제약)과 개량신약을 개발할 수 있는 통로를 가로막아 신약 개발국으로 도약할 기회를 상실할 위기에 처했다."고 밝혔다. 이와 같은 지적재산권의 확대로 약값 상승은 피할 수 없으며, 이 피해는 국내 소비자에게 영향을 미칠 것이다.

4) 전통과일

① 관세철폐

기존에 있던 체리 관세는 24%였지만 현재 한-미 FTA 발효로 체리에 부과되던 관세가 철폐되어 미국산 체리 수입이 급증하고 있다. 소비자들이 보다 저렴한 가격에 미국산 체리를 접하게 되었고 체리 수입은 2012년 들어 2배 가까이 늘었다.

② 전통과일 피해(하우스감귤, 복숭아, 자두, 참외)

체리는 2011년 6월 한 달 동안 2,900t이 수입돼 2012년 같은 기간 1,315t에 비해 2배 이상 늘었다. 체리 풍년이 들면서 7~8월 체리 수입가격은 더욱 하락할 것으로 예상된다. 관세철폐로 국내 시장을 공략하고 있는 미국산 체리로 인해 복숭아, 자두 등 한국산 제철 과일들이 피해를 입고 있다. 과일 전체 매출액에서도 체리가 복숭아 · 자두의 대체 과일로 자리 잡고 있어 토종과일을 위협하고 있다. 체리 판매가 늘면 하우스감귤, 참외 등 여름 과일의 매출은 타격을 받는다. 미국산 체리는 수확 시기(5~8월)가 한국의 여름과일 출하 시기와 일치하고, 항공편으로 수입되므로 수확 즉시 국내에 유통이 가능하다.

(3) 한-미 FTA 주요 쟁점

① ISD(투자자 · 국가 간 소송제도) 조항

외국기업이나 투자자가 투자 유치국의 협정 의무 위반 등으로 피해를 입을 경우 투자 유치국 정부를 상대로 직접 배상을 요구할 수 있는 제도이다. 세계은행 산하 국제상사분쟁재판소(ICSID)가 중재를 맡아 분쟁을 해결한다. ICSID 중재부는 당사국에서 각각 1명씩 추천받고, 나머지 1명은 양국의 협의를 통해 선정하는데, 합의가 되지 않으면 ICSID 사무총장이 추천한다. 협정 위반으로 판정이 내려지는 경우 투자 대상국 정부는 투자자에게 배상금을 지급해야 한다.

② 역진방지(래칫, rachet) 조항

'톱니'라고 번역되는 래칫은 기계를 앞으로만 갈 수 있게 하고 뒤로는 가지 못하게 하는 것으로, 역진방지 조항은 한 번 개방된 수준에 대해서 다시 되돌릴 수 없도록 한 조항이다.

③ 미래최혜국대우(future MFN treatment)

미래최혜국대우는 통상 · 항해조약 등에서 한 나라가 다른 나라에 부여하고 있는 가장 유리한 대우를 상대국에도 부여를 약속하는 일이다. 한 · 미 FTA에는 미래최혜국대우 조항이 있어, 추후에 다른 나라와 더 많은 개방을 약속할 경우 자동적으로 소급 적용된다. 즉, 협정 발효 뒤 둘 중 한 나라가 제3국과 새로운 협정을 맺었는데 한 · 미 FTA보다 더 유리한 조항이 있으면 자동적으로 나머지 한 · 미 FTA 당사국도 혜택을 누릴 수 있게 되는 것이다.

④ 네거티브 리스트(negative list) 방식

네거티브 리스트 방식은 수입을 제한 또는 금지할 품목 · 분야를 부속서 I (현재유보), 부속서 II (미래유보)에 적어 두고, 여기에 포함되지 않은 분야는 모두 개방하는 방식이다. 개방해야 할 분야를 조목조목 제시하는 포지티브 리스트(positive list) 방식의 반대 개념이다.

⑤ 스냅백(snapback) 조항

자동차와 관련된 조항으로, 협정 위반 또는 이와 관련해 자국의 이익을 무효화 또는 침해하거나 심각하게 판매 및 유통에 영향을 미친다고 판단될 경우 6개월 내 철폐된 관세를 즉시 복귀할 수 있다는 일종의 무역보복조치 조항이다.

⑥ 의약품 분야 허가-특허 연계제도

제약회사가 복제약(제네릭)을 만들어 식품의약품안전청에 승인 절차를 밟을 때 오리지널 약의 특허권자에게 통보하도록 하는 제도로, 다국적 제약사가 특허침해 소송을 제기하면 허가절차를 중단해야 한다.

참고문헌

박희종, 『국제통상정책론』, 두남, 2008.

이균 · 김종성 · 이강빈 · 이수일 · 김웅진 · 박종삼, 『무역학원론』, 박영사, 2004.

조영정, 『무역정책론』, 무역경영사, 2009.

FTA 종합지원포털사이트(http://www.ftahub.go.kr/kr/)

외교통상부 자유무역협정사이트(http://www.fta.go.kr/new/index.asp)

한국무엽협회사이트(http://fta.kita.net/)

국가기록원사이트(http://contents.archives.go.kr/next/content/viewMain.do)

연습문제

1. IMF의 창설배경에 대하여 설명하시오.
2. IMF하의 국제통화체제를 역사적 흐름순으로 설명하시오.
3. GATT의 설립배경 및 목적에 대하여 설명하시오.
4. UNCTAD의 설립배경과 주요 내용에 대하여 설명하시오.
5. GATT와 WTO의 유사점과 차이점에 대하여 설명하시오.
6. WTO의 기본원칙에 대하여 설명하시오.
7. 뉴라운드 중 Green Round와 Competition Round에 대하여 설명하시고, 문제점에 대하여 설명하시오.
8. 경제통합의 5가지 유형에 대하여 설명하시오.
9. 경제통합의 효과에 대하여 설명하시오.
10. FTA에 대하여 설명하시고, 우리나라 입장에서의 장점과 문제점에 대하여 설명하시오.

PART 02

국제경제학과 무역

CHAPTER

03 국제무역이론

INTRODUCTION TO INTERNATIONAL BUSINESS

CHAPTER 03

국제무역이론

국제무역이론은 무역의 발생원인은 무엇이고 무역의 패턴 및 교역조건은 어떻게 결정되며 무역의 경제적 · 후생적 효과는 무엇인가에 대한 해답을 제시해 왔다. 이러한 국제무역이론은 애덤 스미스의 절대생산비설 이후 현대의 무역이론에 이르기까지 시대적인 변천에 따라 발전하여 왔다.

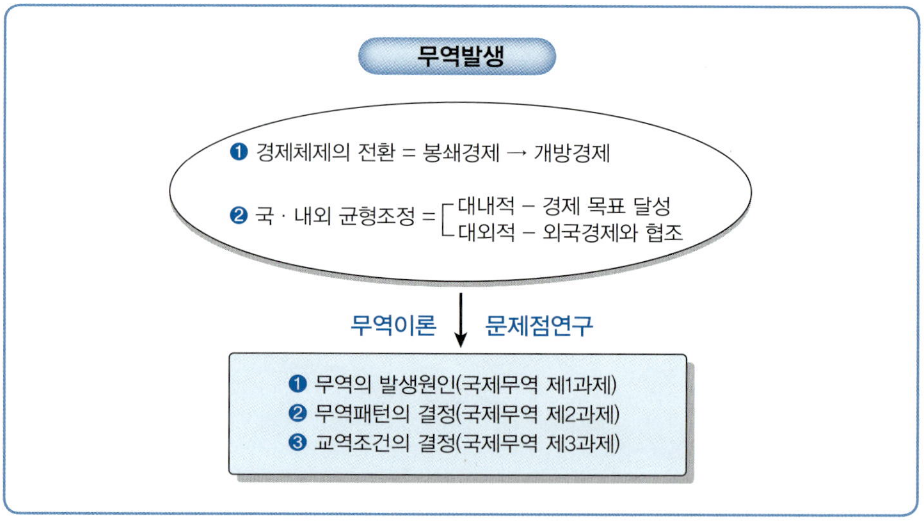

[그림 3–1] 무역이론의 생성배경

제1절 국제무역이론의 연구대상과 기본가정

1. 국제무역이론의 연구대상

무역은 사회 · 경제 · 문화 · 정치적 환경이 상이한 국가들 사이에서의 교역이기 때문에 국내거래와는 본질적으로 차이가 있다. 이에 따라 국제무역거래에서는 국내거래의 메커니즘으로는 설명할 수 없는 여러 문제들이 발생하게 된다. 따라서 국제무역이론은 여러 가지 여건들이 불변한다는 전제하에 국제무역과 관련된 여러 현상들을 설명함으로써 국내거래와는 다른 국제무역거래의 패턴을 쉽게 이해할 수 있게 하는 데 도움을 준다.

무역이론의 연구대상
무역의 발생원인, 무역패턴의 결정요인, 교역조건의 결정요인

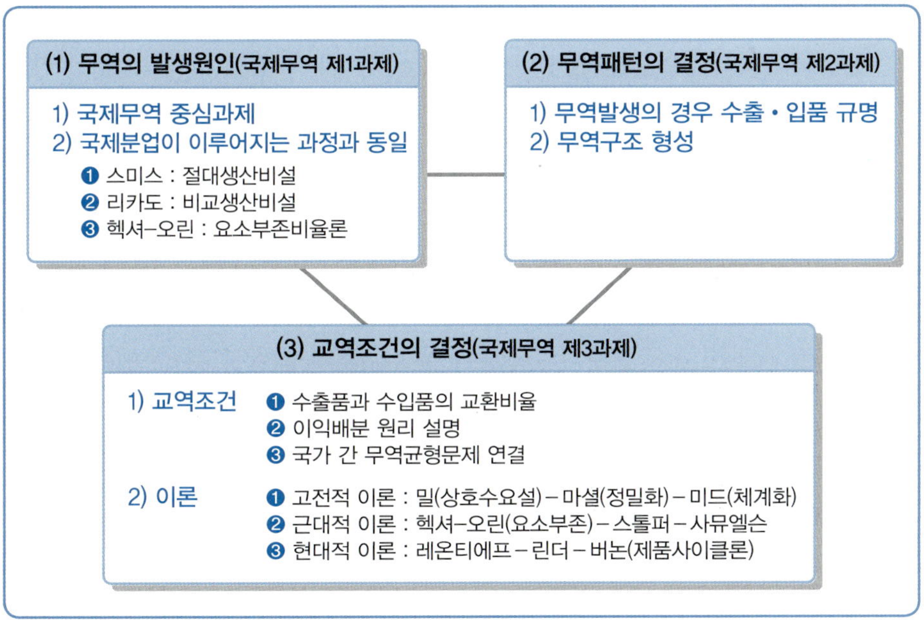

[그림 3-2] 무역이론의 연구대상

국제무역이론에서 다루고자 하는 주요 연구과제와 대상은 무역의 발생원인, 무역의 패턴 및 교역조건의 결정, 무역의 경제적 · 후생적 효과, 기본적인 가정의 변화에 따른 결과의 수정 등을 들 수 있다.

첫째, 무역의 발생원인은 국가 간의 자연적 환경의 차이와 사회적 환경의 차이에서 오는 것으로, 세계의 모든 국가들은 이들 차이를 극복하기 위해서 경제체제나 이념을 초월하여 국가 간에 무역을 한다. 이는 주로 국제분업의 원리를 통해 설명된다.

여기서 국제분업(international division of labor)이란 각국의 특수한 적성, 즉 생산조건과 수요조건에 따라 각국이 각각 유리한 상품생산에 전문화 또는 특화되는 것을 의미한다. 생산조건은 천연자원, 인구, 인간능력, 유산 등과 같은 자연적 환경에 의하여 결정된다. 예를 들면, 노동력이 풍부한 나라에서는 노동의 가격인 임금이 싸기 때문에 노동집약재(labor intentive goods) 생산에 특화할 수 있으며, 자본이 풍부한 나라에서는 자본의 가격인 금리가 싸므로 자본집약재(capital intentive goods) 생산에 특화할 수 있다. 이러한 국제분업에 의하여 무역이 성립되고 무역에 의하여 생산량의 증가, 생산요소의 절약, 소비자의 이익 등 무역 이익이 발생된다. 한편 각국의 생산조건이 같다고 하더라도 인구수, 생활수준, 취미, 기호 등 수요조건이 다르면 이 수요조건을 충족하기 위해 국제분업과 국제무역이 이루어진다.

둘째, 무역패턴 및 교역조건의 결정이다. 무역패턴은 특정 국가에 의한 특정 재화의 수출과 수입이 연관되는 것으로, 어떤 과정을 통하여 무역패턴이 결정되는가 하는 것이 국제무역이론의 주요 연구대상이 된다. 또한 교역조건이란 한 나라의 재화와 상대국 재화에 대한 교환비율을 나타내는 것으로서 이러한 교역조건의 결정은 국제무역을 통한 교역 당사국들의 무역이익의 배분과 깊은 관련이 있다. 이 또한 국제무역이론의 주요한 연구대상이 된다.

셋째, 국제무역의 성립은 노동에 대한 대가인 임금과 자본에 대한 대가인 이자의 변동뿐 아니라 특정 국가의 산업 및 소비구조 또한 변화시킨다. 그러므로 이러한 변화가 국제무역의 당사국들과 국민 전체의 효용수준에 미치는 경제적 및 후생적 효과는 국제무역이론의 주요한 연구대상의 하나이다.

넷째, 대부분의 국제무역이론들은 손쉬운 이론 전개를 위해 비현실적인 가정하에 이론전개가 이루어지고 그에 따른 분석결과를 주장한다. 따라서 기존의 국제무역이론들은 현실 세계에 적용시키기 위해 이들 비현실적인 가정들을 변화시킴으로써 발생하는 분석결과를 연구하는 것이며, 이 또한 국제무역이론의 연구대상이 된다.

2. 국제무역이론을 이해하기 위한 여러 가정

복잡한 무역현상을 취급하는 무역이론의 연구에 있어서 이를 보다 용이하고 간편하게 하기 위한 어떤 수단, 즉 가정의 설정이 필요하다. 따라서 국제무역의 기초 또는 순수이론의 과제는 일정한 몇 가지의 가정에 의해 설명된다.

무역이론의 주요 가정
정태적 분석, 2국 · 2재 · 2생산요소, 생산요소의 동질성, 상품의 상이한 요소집약도, 규모에 대한 수확불변, 생산요소의 지역 간 이동불능, 완전경쟁과 완전고용, 완전자유무역

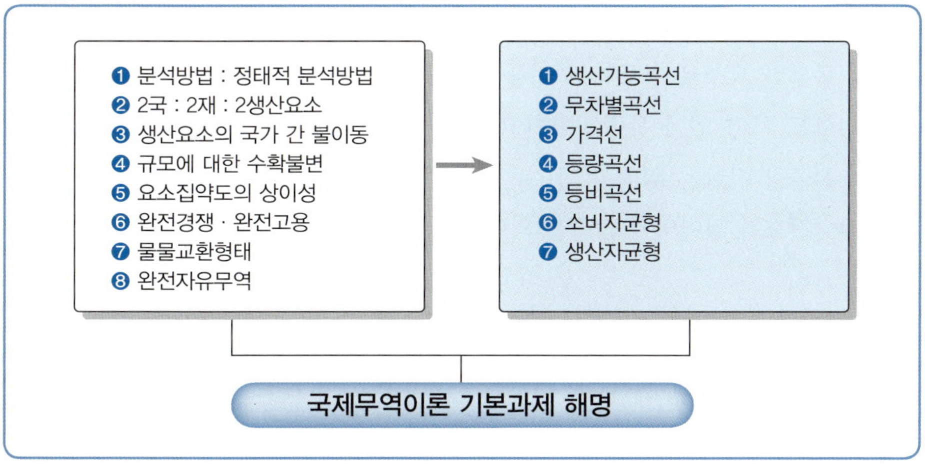

[그림 3-3] 무역이론의 주요 가정과 분석틀

(1) 정태적 분석

국제무역이론에서는 일반적으로 정태적 분석(static analysis)을 취한다. 정태적 분석이란 인구 · 자본 · 기술 등의 여건이 불변일 때, 시간의 흐름을 무시하고 경제적 변수들 간의 상호의존관계를 분석하는 것을 말한다. 이와 상대적으로 동태적 분석이란 이러한 여건이 변동할 때 시간의 흐름을 고려하여 경제 변수들 간의 상호의존관계를 분석하는 것을 말한다. 국제무역이론에서는 정태적 분석기법을 사용하여 시간의 흐름을 무시할 뿐만 아니라 시간이 변화한다 하더라도 인구 · 자본 · 기술 등의 여건은 일정불변하다고 가정한다.

(2) 2국 · 2재 · 2생산요소

일반적으로 국제무역이론에서는 이론의 분석을 용이하게 하기 위하여 세계에는 단 두 개의 국가만이 존재하며, 두 가지 생산요소(자본과 노동)만을 가지고 두

가지 상품(예를 들면, X재, Y재)만을 생산하는 것으로 가정한다. 각국은 각각 비교우위를 가진 재화에 특화하는 경향이 있지만 이는 반드시 완전특화를 의미하는 것은 아니다.

(3) 생산요소의 동질성

하나의 생산요소라 할지라도 그 질에 있어서 많은 차이가 있을 수 있지만(예를 들어, 노동의 경우 숙련노동과 비숙련노동의 차이), 국제무역이론에서는 이들을 하나의 동일한 요소로 간주하고 이들 요소의 질적 차이도 인정하지 않는다. 또한 국가 간에도 차이 없이 동질적이라고 가정한다. 따라서 생산요소의 투입량과 생산물의 산출량 간에는 일정한 함수관계를 계속 유지하여 변화하지 않는다. 이 가정은 기술진보가 일어나지 않음을 의미한다.

(4) 상품의 상이한 요소집약도

두 가지 요소를 사용하여 생산하는 두 상품은 각각 다른 요소집약도를 갖는다는 것이다. 예를 들면, 농산품은 다른 상품에 비해 노동을 많이 사용하는 노동집약적 재화이고, 공산품은 그와 반대인 자본집약적 재화임을 가정하는 것이다.

(5) 규모에 대한 수확불변

생산량이 변동하더라도 단위당 생산비는 변동되지 않는다고 가정한다. 이는 일차동차의 생산함수를 말하는 것으로 요소의 투입량을 n배로 증가시키면 이에 따라 생산량도 n배로 증대되는 것으로 수확불변을 의미한다.

(6) 생산요소의 지역 간 이동불능

생산요소가 국내에서는 자유롭게 이동되지만, 국가 간에는 이동되지 않는다고 가정한다. 생산요소는 더 나은 가격을 받기 위해 가격이 높은 곳으로 이동하려는 성질을 가지고 있다. 국제무역이론에서는 이들 생산요소들이 국내에서는 자유롭게 이동 가능하지만 더 높은 가격을 받기 위해 교역 상대국으로의 국제간 이동은 불가능하다고 가정한다.

(7) 완전경쟁과 완전고용

완전경쟁이란 다음의 4가지 조건을 충족하여야 한다. ① 어떤 재화(또는 생산요소)의 공급자와 수요자가 다수이며, 이들은 가격수용자(price taker)이다. ② 어떤 산업에 기업의 진입과 이탈이 자유롭다. ③ 재화와 생산요소는 동질적이다. ④ 재화와 생산요소에 대해 완전한 정보를 가지고 있다. 완전고용이란 일할 능력과 일할 의사를 가지고 있는 사람은 누구나 취업의 기회를 가질 수 있는 상태를 의미한다. 따라서 노동, 자본 등 각종의 자원은 완전히 이용되어 실업이나 설비의 유휴상태가 존재하지 않는 완전고용을 가정한다.

(8) 완전자유무역

국제무역이론에서는 완전자유무역을 가정한다. 완전자유무역이라 함은 무역이 이루어질 때 이전비용(transfer cost)이 부수적으로 들어가지 않는 상황을 의미한다. 상품이 한 국가에서 다른 국가로 이동하게 되면 필연적으로 이전비용이 나타나게 된다.

이러한 이전비용은 크게 상품 자체의 수송비와 무역에 대한 정부규제로 인해 파생되는 비용으로 구분할 수 있다. 그러나 무역이론에서는 이전비용 발생에 따른 무역 감소와 지역편중으로 무역이 위축되는 것을 배제하기 위하여 이러한 비용들을 무시하고 있다.[1] 즉, 운송비와 무역장벽이 없는 완전자유무역을 가정하고 있는 것이다. 그 결과로 무역거래는 관세나 수입할당제, 수입과징금 등 일체의 인위적인 수단에 의하여 규제를 받지 않고 자유롭게 이루어지는 자유무역을 전제로 한다.

제2절 고전무역이론

1. 애덤 스미스의 절대생산비설

애덤 스미스(Adam Smith)는 1776년에 출판된 『국부론(The Wealth of

애덤 스미스

영국의 정치 · 경제학자로 고전경제학의 창시자. 근대경제학과 마르크스 경제학의 출발점이 된 『국부론』을 저술하였고, 처음으로 경제학을 이론 · 역사 · 정책에 도입하였다. 경제행위는 '보이지 않는 손'에 의해 종국적으로는 공공복지에 기여하게 된다고 생각하였으며 예정조화설을 주장

1) 무역을 하게 되면 일반적으로 수송비, 보험료, 각종 수수료 등과 같은 거래비용이 수반된다. 하지만 국제무역이론에서는 손쉬운 이론전개를 위하여 이러한 거래비용은 없다고 가정을 한다.

Nations)』을 통해 어떤 특정 재화를 생산하는 데 있어서 그 생산과정을 분화 및 전문화함으로써 작업능률을 향상시킬 수 있다고 주장하고, 이와 같은 분업(division of labor)의 원리를 국가 간의 거래에도 적용시켜 국제무역의 발생원인과 이익발생을 규명하고자 하였다. 즉, 어떤 국가가 두 재화 중에서 하나를 그들의 교역상대국보다 더 낮은 실질생산비(real cost)로 생산할 수 있을 경우, 그 국가는 더 낮은 실질생산비로 생산할 수 있는 재화에 완전 특화 생산하여 이를 수출하고 그러하지 못한 재화를 수입함으로써 이득을 얻게 된다고 하였다. 각 국가 간에 절대생산비의 차이가 존재함을 인식하고 이러한 절대우위(absolute advantage)를 통하여 무역의 발생원인 및 무역의 이익을 설명한 애덤 스미스의 이론체계를 절대생산비설(theory of absolute cost) 또는 절대우위이론(theory of absolute advantage)이라고 한다.

절대생산비설
어떤 국가가 두 재화 중에서 하나를 그들의 교역상대국보다 더 낮은 실질생산비로 생산할 수 있을 경우, 그 국가는 더 낮은 실질생산비로 생산할 수 있는 재화에 완전특화 생산하여 이를 수출하고 그러하지 못한 재화를 수입함으로써 이득을 얻게 된다는 이론

애덤 스미스의 절대생산비설은 다음의 데이비드 리카도의 비교생산비설과 마찬가지로 노동만을 유일한 생산요소로 간주하는 노동가치설(勞動價値說)에 바탕을 두고 있다. 즉, 절대생산비설은 상품의 생산을 위해서는 노동만이 유일한 생산요소로 투입되는 것을 가정하기 때문에 상품의 가치는 오로지 투입노동량으로 표시할 수 있으며, 그 실제의 예를 설명하면 〈표 3-1〉과 같다.

〈표 3-1〉 절대생산비설의 예

〈상품 1단위 생산에 필요한 노동량〉

상품 \ 국가	A국(영국)	B국(포르투갈)
X재(양복지)	100명	110명
Y재(포도주)	120명	80명

⬇

〈절대생산비 차에 따른 무역 후 이익〉

상품 \ 국가		A국(영국)	B국(포르투갈)	합계
무역 전	X재(양복지)	1단위(100명)	1단위(110명)	2단위
	Y재(포도주)	1단위(120명)	1단위(80명)	2단위
무역 후	X재(양복지) Y재(포도주)	2.2단위(220명)	2.375단위(190명)	2.2단위 2.375단위

영국과 포르투갈이 각각 양복지와 포도주를 생산한다고 가정하는 경우 〈표 3-1〉에서 볼 때, 영국은 양복지에, 그리고 포르투갈은 포도주에 절대우위가 있다고 할 수 있다. 여기에서 1단위당 투입노동량이 적다는 것은 그만큼 생산비가 낮다는 것을 의미하므로 상대국에 비하여 경쟁력이 있다는 것을 말한다. 따라서 영국은 양복지의 생산에, 포르투갈은 포도주의 생산에 특화하는 경우 국제분업이 이루어지게 된다. 이것은 생산비면에서 단위당 투입노동량 비율이 낮으면 생산비가 절감된다는 것을 의미하는데, 즉 단위당 생산비가 노동자의 수로 표시되기 때문이다.

앞의 표에서 보는 바와 같이 양국의 전체 생산량은 특화 전보다 증가되어, 양국은 절대생산비 차에 따른 특화로부터 무역이익을 얻게 된다. 즉, 무역 후의 결과로서 양국이 절대적 우위에 있는 제품에 특화하여 영국은 2.2단위, 포르투갈은 2.375단위를 각각 더 생산할 수 있다.

이를 종합해보면, 애덤 스미스의 절대생산비설은 생산에 있어서 다른 나라보다 절대우위를 갖는 재화를 수출하고 절대열위(absolute disadvantage)를 갖는 재화를 수입할 경우 모든 교역국이 무역이익을 얻을 수 있으며, 따라서 생산에 있어서의 절대우위가 무역을 발생시키는 중요한 원인으로 규정하고 있다.

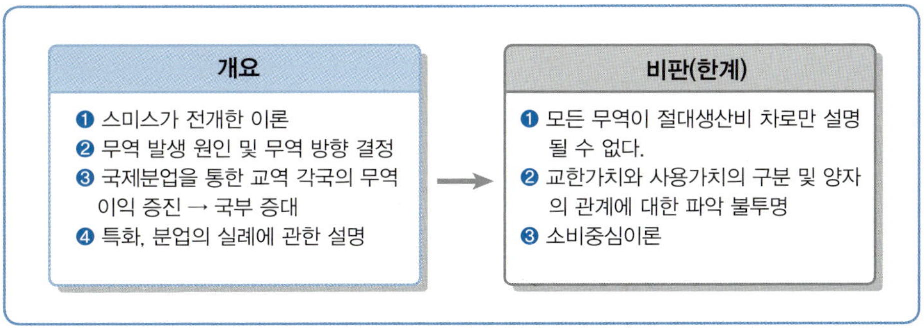

[그림 3-4] 절대생산비설의 개념과 한계

이러한 애덤 스미스의 절대생산비설은 국제분업의 원리를 통해 무역의 이익을 체계적으로 밝혀냄으로써 당시 유행하던 중상주의(mercantilism)를 배격하고 최초로 자유무역정책의 이론적 기초를 제공했다는 데 그 의의가 있다. 그러나 애덤 스미스의 이론은 현실과 동떨어진 제한적인 가정을 전제로 하고 있어 다음과 같은 한계를 지니고 있다.

첫째, 한 나라가 두 재화의 생산에 모두 절대우위를 갖고, 반대로 다른 나라는 두 상품의 생산에 있어 절대열위에 놓이게 되는 경우에는 국가 간 교역의 발생원인을 밝혀 낼 수가 없게 된다.

만약에 1단위의 양복지와 포도주를 생산하는 데 영국은 각각 100명과 120명이 투입되고, 포르투갈은 각각 139명과 140명의 노동량이 투입된다면, 영국은 포르투갈보다 양복지와 포도주 생산에 있어서 두 제품 모두 절대우위에 있게 되고 반대로 포르투갈은 두 제품 생산에 절대열위를 갖게 된다. 따라서 영국은 두 제품을 모두 포르투갈에 수출하고, 포르투갈은 두 상품을 영국으로부터 수입해야 하기 때문에, 양국의 무역은 정상적인 형태의 교역이라 할 수 없다.

둘째, 애덤 스미스의 절대생산비설은 노동만을 유일한 생산요소로 보았고 재화의 생산비용도 투하노동량에 의하여 결정되는 것으로 가정하였다. 재화는 다양한 생산요소의 결합에 의해 생산되며, 생산요소의 결합비율은 각 재화마다 다르게 되므로 생산비용이 단순히 투하노동량에 의해 결정된다고 보는 노동가치설의 도입은 이론에 한계를 주게 된다.

셋째, 한 나라 안에서 재화들 간의 교환비율이 실질노동비용에 따라 결정된다는 애덤 스미스의 결론은 국내에서는 노동의 이동이 가능하나 국제적인 노동의 이동은 불가능하다는 가정을 전제로 하고 있기에 비현실적이다.

2. 데이비드 리카도의 비교생산비설

> **데이비드 리카도**
> 영국의 경제학자로서 고전파 경제학의 완성자

> **비교생산비설**
> 한 나라가 다른 나라에 대해 모든 재화가 절대적 우위 또는 절대적 열위에 있다 할지라도 상대적으로 효율성이 높은 산업에 집중함으로써 두 국가 모두에게 무역의 이익이 발생한다는 이론이다. 이 이론은 이후 국제분업 및 근대무역이론의 기초가 됨.

후기 고전학파 학자인 데이비드 리카도(David Ricardo)는 1817년『정치 경제 및 과세의 원리(Principles of Political Economy and Taxation)』라는 저서를 통해 비교생산비설을 주장하였다.

비교생산비설(theory of comparative cost) 또는 비교우위이론(theory of comparative advantage)에서는 실질생산비에 있어서의 절대우위가 두 나라 간 교역을 발생시키고 이익을 발생시키는 필요조건이 아니다. 대신에 두 가지 재화의 생산에 필요한 실질 생산비의 비율, 즉 상대적 생산비(relative cost)의 차이에 달려 있으며, 한 나라는 모든 재화의 생산에 있어서 교역 상대국보다 더 높은 실질생산비가 드는 경우에도 다른 국가와의 교역을 통하여 이득을 볼 수 있다는 것이다.

즉, 비교생산비의 차이가 존재할 때 각국은 자국이 비교우위(comparative advantage)를 갖고 있는 상품의 생산에 특화하여 이를 수출하고 그 대가로 비교열위의 상품을 수입함으로써 이익을 누릴 수 있다는 것이다.

리카도의 비교생산비설도 애덤 스미스의 절대생산비설과 마찬가지로 재화의 생산에 필요한 요소는 노동이며, 이러한 노동은 국내에서는 자유롭게 이동할 수 있으나 국제적으로는 이동할 수 없다는 것을 전제로 하고 있다. 리카도의 비교생산비설을 〈표 3-2〉를 이용하여 설명하면 다음과 같다.

〈표 3-2〉 비교생산비설의 예

(단위 : 1단위 생산에 필요한 투입노동량)

	한국	미국
노트북 1단위	60명	80명
자동차 1단위	50명	90명

〈표 3-2〉에 의하면 한국의 경우 노트북 1단위 생산에 60명의 노동력과 자동차 1단위 생산에 50명의 노동력이 필요하다. 미국은 각각 80명과 90명을 필요로 한다. 애덤 스미스의 절대생산비설에 의하면 노트북과 자동차 모두 한국에서 생산하는 것이 유리하기 때문에 미국은 생산을 포기할 수밖에 없고 그 결과로 국제무역은 발생하지 않게 된다. 이러한 결점을 보완하기 위해서 나온 이론이 바로 데이비드 리카도의 비교생산비설이다.

〈표 3-3〉 비교생산비설에 의한 무역이익

		한국	미국	양국의 특화
무역 전	노트북	60명의 노동=1단위	80명의 노동=1단위	미국
	자동차	50명의 노동=1단위	90명의 노동=1단위	한국
무역 후	노트북		170명(80+90)/80명 =2.125단위	2.125단위
	자동차	110명(60+50)/50명 =2.2단위		2.2단위

위의 〈표 3-3〉에서 보는 바와 같이 두 재화 모두 한국이 미국보다 절대우위에

있지만 두 재화 중 한국과 미국을 비교할 때 한국의 경우 자동차 생산에서 우위가 더 높다. 그 이유는 생산비 측면에서 볼 때 단위당 투입노동비율이 한국의 경우 노트북은 60/80(명)으로 미국의 75%에 해당하고 자동차의 경우에는 50/90(명)으로 56%에 불과하기 때문이다. 미국의 경우에 있어서는 노트북과 자동차 모두 한국과 비교하여 절대열위에 있으나 노트북은 80/60(명)으로 133%이고, 자동차는 90/50(명)으로 180%이므로 노트북의 생산이 상대적으로 유리하다고 볼 수 있다.

따라서 한국은 자동차에 특화를 하고 미국은 노트북에 특화를 하여 생산량의 증대를 통한 무역이 이루어지는 경우, 두 나라는 모두 무역이익을 얻을 수 있게 된다. 무역이익의 경우 무역 이전에는 한국과 미국, 두 나라 모두를 합하여 노트북 2단위와 자동차 2단위를 생산하였으나, 무역 후에는 자동차는 한국이 특화를 하여 무역 이전보다 0.2단위, 노트북은 미국이 특화를 하여 무역 이전보다 0.125단위를 더 생산하였는데, 이것이 바로 두 나라의 무역이익이라고 할 수 있다.

이러한 리카도의 비교생산비설의 공헌이라고 할 수 있는 것은 각국이 어떤 종류의 재화에 특화해야 하며 또 어떤 재화를 수출 또는 수입해야 하는가를 통하여 생산과 무역의 패턴을 규명한 데 있다. 이렇듯 비교우위의 개념에 입각하여 국제분업의 구조를 설명한 비교생산비설은 경제학적 분석에 있어서 가장 위대한 성과 중의 하나로 손꼽힌다.

개요

❶ 리카도가 주장한 이론
❷ 무역 발생 원인 : 한 나라의 생산비가 교역상대국의 생산비보다 절대적으로 높지만 상대적으로 낮을 경우
❸ 국제분업을 통한 이익 향유
❹ 무역이익 실례

→

비판(한계)

❶ 비현실적인 가정하에서 정립되었기 때문에 많은 비판을 받음
❷ 교역상대국에 배분되는 무역이익 정확히 규명 못함
❸ 공급측면만을 중시한 나머지 수요측면을 무시함

[그림 3-5] 비교생산비설의 개념과 한계

그러나 리카도의 비교생산비설도 애덤 스미스의 절대생산비설이 안고 있던 여

러 가지 가정상의 문제점을 그대로 지니고 있다. 먼저 비교생산비설은 절대생산비설과 마찬가지로 노동가치설에 입각하여 노동이라는 단일의 생산요소만이 존재한다고 가정하여 상품의 가치는 그 상품의 생산에 투입된 노동량에 의해서 결정된다고 보고 있다. 또 각 재화에 있어서도 생산요소 간의 결합비율은 서로 다를 것이므로 투입노동 및 투입자본에 대한 비율이 고려되어야 할 것이다. 그리고 생산비설의 핵심을 이루고 있는 비교생산비가 각 국가 간에 왜 차이를 보이는가에 대한 명확한 해명이 없었다. 이러한 점은 나중에 헥셔(E.F. Heckscher)와 오린(B. Ohlin)의 요소부존이론에서 논의되고 있다.

마지막으로, 애덤 스미스의 절대생산비설과 마찬가지로 두 재화 간의 국제적 교환비율이 어떻게 결정되는가에 대해서도 정확한 해명이 없었다. 리카도가 알아낸 사실은 두 재화의 국제적 교환비율은 각국에서의 국내교환비율 사이에서 결정될 것이란 점과 이 두 교환비율 사이에서 교역을 하면 두 국가가 모두 무역을 통해 이익을 얻을 수 있다는 것에 지나지 않았다.

3. 밀(J.S. Mill)의 상호수요설

밀은 『경제학원리』라는 저서에서 교역상품의 교역조건과 교역당사국에 대한 무역이익의 배분비율을 밝혔다. 즉, 상호수요에 의해 결정된 교역조건에 의해 교역당사국의 이익분배가 이루어진다는 이론으로서 상호수요균등의 법칙(law of equation of reciprocal demand)이라고 한다.

상호수요설

상호수요균등의 법칙이라고도 하며, J.S.밀이 1848년에 주장하였다. 국제무역에서 상품의 교환비율이 그 상품에 대한 각 국가 수요의 크기에 따라 결정된다고 하는 이론

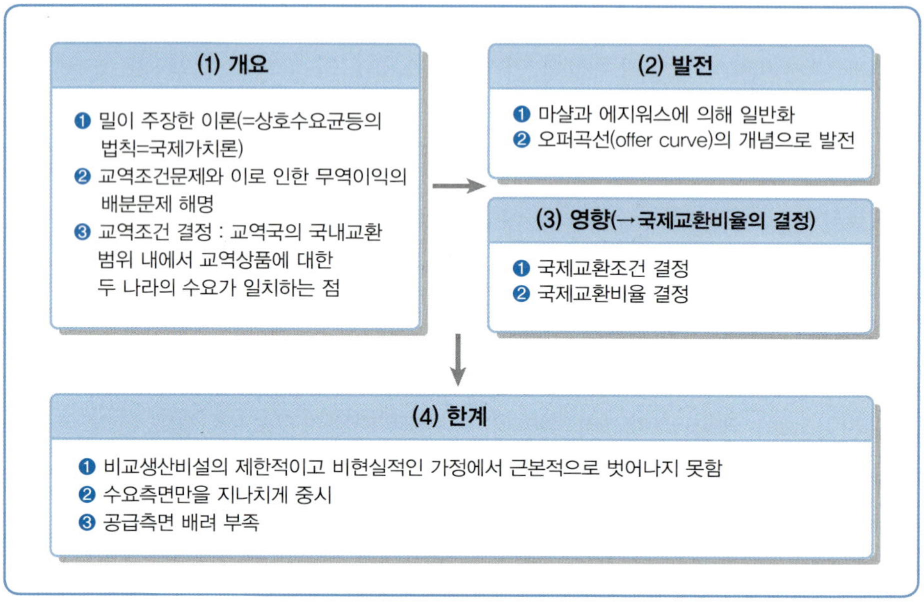

[그림 3-6] 상호수요설의 개념과 한계

아래 〈표 3-4〉에서 살펴보면 동일한 노동량을 투입하여 한국에서는 냉장고 3대와 피아노 4대를 생산할 수 있고, 중국에서는 냉장고 3대와 피아노 5대를 생산할 수 있다. 이러한 생산조건에서는 한국과 중국이 모두 냉장고보다는 피아노 생산이 더 유리하다. 그러나 동일한 노동량을 투입하여 생산되는 냉장고의 양은 동일하지만, 피아노 생산에 있어서는 한국보다 중국이 더 유리하다.

〈표 3-4〉 상호수요설의 예

	한국	중국
냉장고(X)	3대	3대
피아노(Y)	4대	5대
국내교환비	3X : 4Y	3X : 5Y

따라서 비교생산비의 원리에 의해 한국은 냉장고(X) 생산에 특화하고, 중국은 피아노(Y) 생산에 특화하여 교역한다면 양국이 이익을 얻을 수 있다.

그렇다면 교역당사국에 대한 무역이익의 분배는 교역조건이 어디에서 결정되는가 하는 문제인데, 밀에 의하면 교역조건은 양국의 국내교환비, 즉 〈표 3-4〉에서 보면 한국의 국내 교환비인 3X : 4Y와 중국의 국내교환비인 3X : 5Y 사이의 상호수요가 일치하는 점에서 결정된다는 것이다. 이러한 내용을 양국의 교역조건의 범위에서 살펴보면 다음과 같다.

아래 [그림 3-7]에서 보면 양국의 교역이 이루어지기 위한 교환비의 범위는 양국의 국내교환비의 범위인 3X : 4Y(한국) ~ 3X : 5Y(중국) 사이에서 결정된다는 것인데, 실제로 교역조건을 결정하는 요인은 양국의 상호수요의 크기와 수요의 탄력성에 달려 있다 할 것이다.

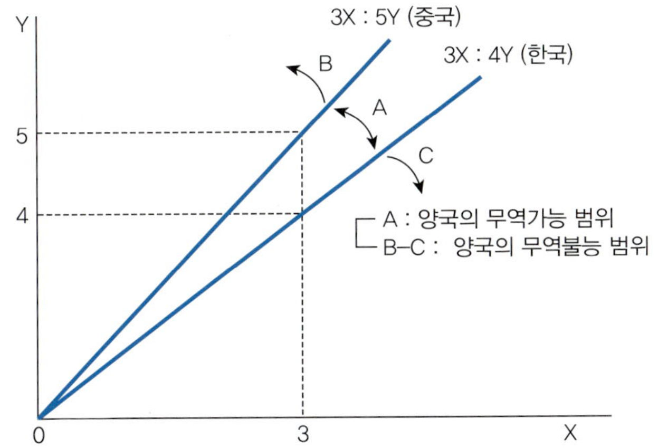

[그림 3-7] 교역조건범위

제3절 근대무역이론

1) 고전파 무역이론(비판) : 노동가치설에 입각한 국제무역원리 설명으로 노동 이외의 요소(자본, 토지)가 존재하고 생산비가 체증(또는 체감)되기도 하는 현실을 반영하지 못함
2) 고전파 무역이론의 결함 제거 → 근대적 무역이론 전개
3) 근대적 무역이론의 흐름
❶ 일반무역이론을 이용한 기회비용성 → 실질적인 비용에 대한 시각변화 → 하벌러 주장
❷ 요소부족이론 → 각국에 부존된 생산요소의 상대적 부존 비율 → 핵셔-오린

1. 하벌러(G. Haberler)의 기회비용설

고전학파의 단일생산요소와 불변생산비라는 단순가정으로 인하여 상품의 가격이 투입된 노동량에 의해 결정된다는 노동가치설은 기타 생산요소에 의한 가격의 결정이나 국제교환가치를 충분히 설명할 수 없는 문제점을 가지고 있었다. 이러한 노동가치설은 많은 비판을 받아 왔으며 비교생산비설 역시 노동가치설에 근거를 두고 있기에 비판의 대상이 되었다. 따라서 새로운 시각에서 그 타당성이 모색되었는데, 즉 기회비용과 생산가능곡선의 개념을 국제무역이론에 도입하여 비교우위이론을 체계화하였는데, 이것이 바로 하벌러의 기회비용설(theory of opportunity cost)이다.

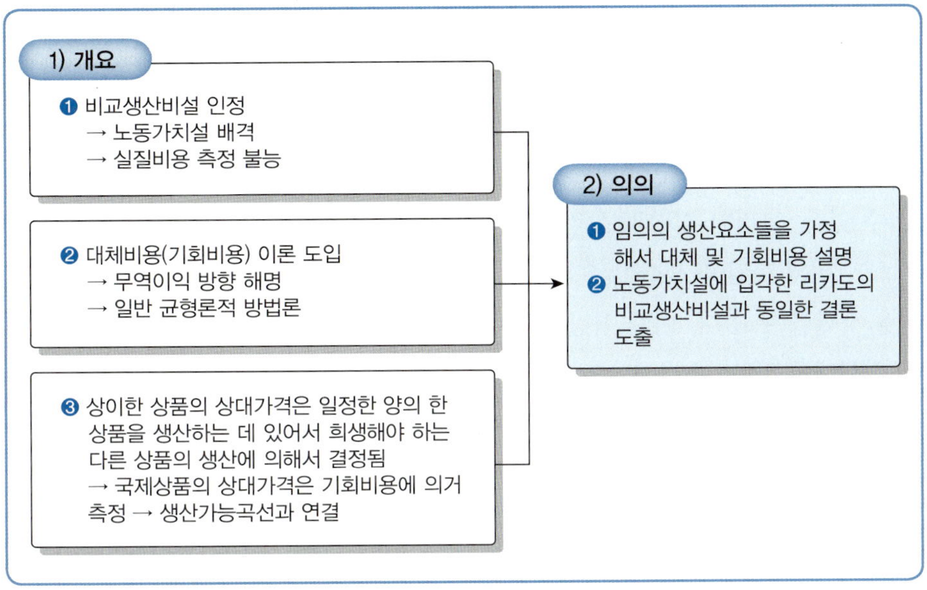

[그림 3-8] 기회비용설 개요

(1) 기회비용

기회비용(opportunity cost)이란 어떤 상품을 1단위 더 생산하는 데 희생(포기)해야 할 다른 상품의 양을 의미한다. 즉, 기회비용의 개념을 도입하면 상품의 상대가격이 비교생산비설이나 절대생산비설처럼 투입노동량에 따라 결정되는 것이 아니라, 그 상품을 생산함에 따라 포기해야 하는 다른 상품의 생산량으로 표시할 수 있다.

기회비용
가능한 여러 대안 중에서 하나를 선택할 때 그 선택으로 인해 포기해야 하는 것의 가치를 나타낸 비용으로, 대체비용 또는 이전비용이라고도 함.

(2) 생산가능곡선

생산가능곡선(production possibilities curve)이란 요소부존량과 기술수준이 동일한 상태에서 상품을 생산함에 있어 일정한 생산요소를 완전히 투입하여 최대한으로 생산할 수 있는 2상품(X재, Y재)의 생산량을 나타내는 곡선이다. 따라서 생산가능곡선은 생산비가 불변, 체증, 체감하느냐에 따라 그 형태가 각각 다르게 나타난다. 즉, 불변생산비(constant cost)하의 생산가능곡선은 직선으로 표시되며, 체증생산비(increasing cost)하의 생산가능곡선은 원점에 대해 오목한 형태로 표시되며, 체감생산비(decreasing cost)하의 생산가능곡선은 원점에 대해 볼록한 형태로 표시된다.

1) 불변생산비하의 생산가능곡선

[그림 3-9]는 어떤 나라의 생산 가능한 식량과 옷감을 X축과 Y축에 각각 표시한 것이다. 이때 불변생산비를 가정하고, 모든 생산요소를 투입하여 식량만을 생산할 경우 200단위를 생산할 수 있고, 옷감만을 생산할 경우는 100단위를 생산할 수 있다. 그러나 식량과 옷감을 동시에 생산할 경우 P_1점에서는 100단위 식량과 50단위의 옷감을 생산할 수 있고, P_2점에서는 120단위의 식량과 40단위의 옷감을 생산할 수 있다. 이때 식량 20단위를 추가로 생산하기 위해서는 옷감 10단위를 희생해야 하며, 옷감 10단위를 추가로 생산하려면 식량 20단위를 희생해야 하는데, 이렇게 희생되는 비용을 기회비용이라 한다.

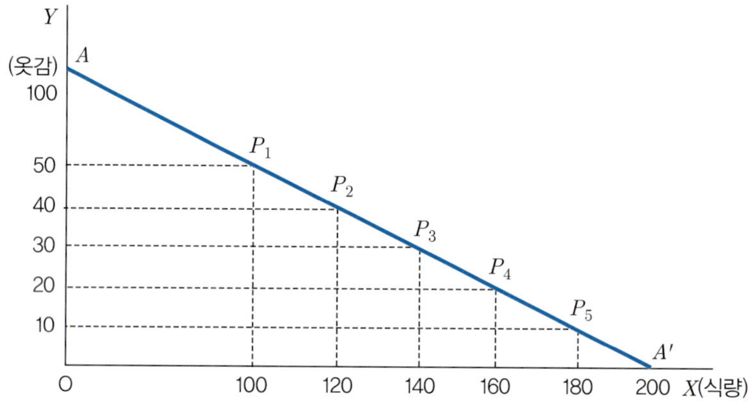

[그림 3-9] 불변생산비하의 생산가능곡선

식량이나 옷감의 기회비용은 전혀 변동되지 않으므로 이는 불변기회비용(불변생산비)이다. 즉, 불변기회비용 또는 불변생산비하에서는 식량의 생산량을 P_1, P_2, P_3, …로 점점 증가함에 따라 옷감의 생산량은 동일한 양으로 감소한다. 그러므로 불변생산비하의 생산가능곡선은 직선으로 표시되며, 두 상품의 가격선과 일치한다. 즉, AA'의 기울기는 두 상품의 상대가격을 나타낸다.

2) 체증생산비하의 생산가능곡선

체증생산비하의 생산가능곡선은 [그림 3-10]에서 나타난 바와 같이 원점에 대해 오목하다. 일정한 생산요소를 투입하여 식량만 생산한다고 하면 OA', 옷감만을 생산한다고 하면 OA를 생산할 수 있으며, P_1에서는 Oa'의 식량과 Oa의 옷감을 동시에 생산할 수 있고, P_2에서는 Ob'의 식량과 Ob의 옷감을 동시에 생산할 수 있다.

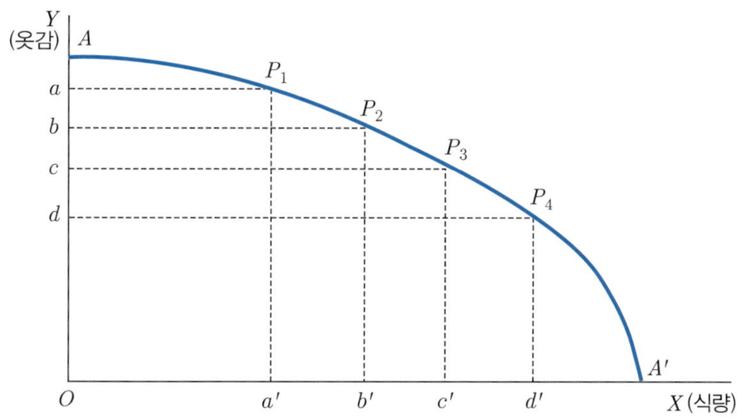

[그림 3-10] 체증생산비하의 생산가능곡선

생산가능곡선 AA'가 원점에 대해 오목한 것은 식량과 옷감 생산에 있어서 기회비용이 체증하기 때문이다. 즉, [그림 3-10]에서 보면 식량의 생산 단위를 $a'b'$, $b'c'$, $c'd'$, …만큼 일정하게 1단위씩 추가로 증가시킴에 따라 감소하는 옷감의 양은 ab, bc, cd, …만큼 점차 증가됨을 볼 수 있다.

다시 말해, 한 상품의 생산량을 1단위씩 추가로 증가시킴에 따라 희생되는 다른 상품의 양은 점차 증가된다는 것이다. 따라서 식량의 기회비용이 식량의 생산을 증가해 나갈 때 체증하는 현상을 나타내고 있는 것이다. 또 옷감의 생산량을 1단위씩 추가로 증가시킴에 따라 희생되는 식량의 양은 점점 증가되므로 옷감의 단위당 생산비는 역시 증가한다. 그러므로 체증생산비하의 생산가능곡선은 불변생산비하의 생산가능곡선처럼 직선으로 표시되지 않고 가격선과도 일치하지 않는다. 또 체증생산비하의 생산가능곡선은 가격선과 한 점에서만 일치하게 된다.

3) 체감생산비하의 생산가능곡선

체감생산비하의 생산가능곡선은 [그림 3-11]에서 보듯이 원점에 대해 볼록하다. 일정한 생산요소를 투입하여 식량만을 생산한다고 하면 OA', 옷감만을 생산한다고 하면 OA를 생산할 수 있으며, P_1에서는 Oa'의 식량과 Oa의 옷감을 동시에 생산할 수 있고 P_2에서는 Ob'의 식량과 Ob의 옷감을 동시에 생산할 수 있다.

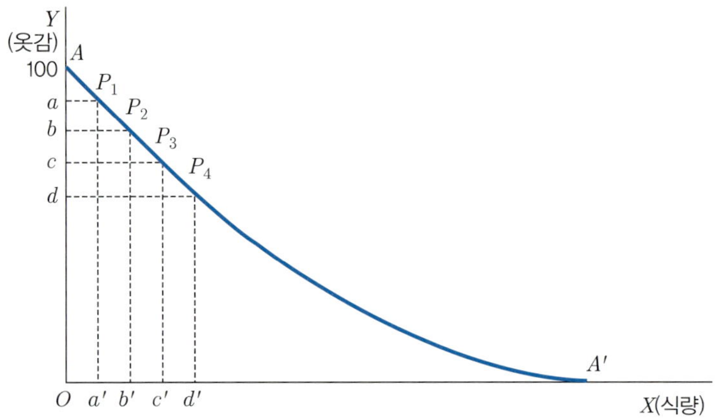

[그림 3-11] 체감생산비하의 생산가능곡선

생산가능곡선 AA'가 원점에 대해 볼록한 것은 식량과 옷감의 생산에 있어서 기회비용이 체감하기 때문이다. 식량의 생산단위를 $a'b'$, $b'c'$, $c'd'$, …만큼 일정하게 1단위씩 증가시킴에 따라 감소하는 옷감의 양은 ab, bc, cd, …만큼 점점 감소하므로 옷감에 대한 식량의 기회비용은 체감한다. 또한 옷감의 생산량을 한 단위씩 추가로 증가시킴에 따라 희생되는 식량의 양은 점점 감소되므로 식량에 대한 옷감의 기회비용도 체감한다.

4) 생산가능곡선과 한계전환율(한계변형률)

생산가능곡선상의 한 점에서의 접선은 한 상품과 다른 상품과의 대체 가능한 비율을 나타내는데, 이를 한계전환율(marginal rate of transformation)이라 한다. 다시 말해, 생산자가 일정량의 생산요소를 투입하여 생산할 때 X재의 생산량을 1단위 더 증가시키기 위해서 포기해야 하는 Y재의 수량과의 비율을 의미한다.

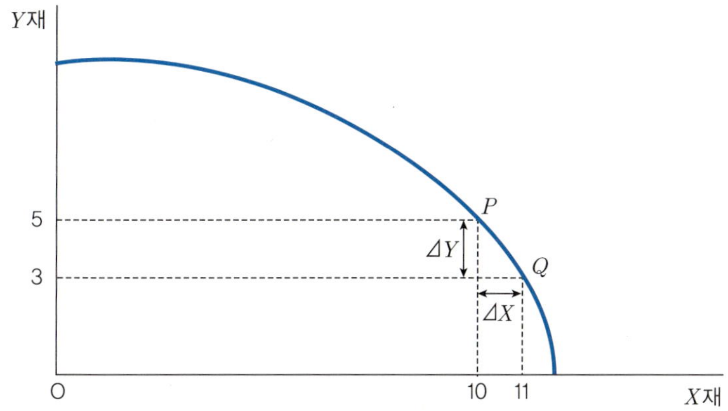

[그림 3-12] 생산가능곡선과 한계전환율

[그림 3-12]에서 보면 X재의 생산량의 증가분을 ΔX라 하고, Y재의 감소분을 ΔY라고 한다면, Y재로 표시한 X재의 한계전환율은 $\frac{\Delta Y}{\Delta X}$로 표시할 수 있다. 다시 말해서, *P*점에서는 10단위의 X재와 5단위의 Y재가 생산되는데, X재의 생산량이 1단위 더 생산되기 위해서는 Y재의 생산이 2단위 포기되지 않으면 안 되기 때문에, Y재의 생산이 X재의 생산으로 전환되는 율, 즉 한계전환율은 2가 된다. 결국 11단위의 X재의 기회비용은 2단위 Y재이며, 한계전환율은 생산가능곡선의 접선의 기울기에 의해 표시된다.

2. 헥셔-오린의 정리

헥셔-오린의 정리란 국가 간 무역발생의 원인 및 무역패턴의 결정요인을 각국의 요소부존량 비율의 차이와 생산량 간의 요소투입비율(요소집약도)의 차이로서 설명하고, 무역이 생산요소의 가격에 미치는 영향을 제시한 근대적인 무역이론을 말한다. 이 정리는 핵셔(E.F. Heckscher)가 주장하고 오린(B. Ohlin)이 비교생산비설을 수정 · 확충하는 데 결정적 역할을 하여 이 두 사람의 업적을 기념해서 헥셔-오린의 정리라고 한다.

헥셔-오린의 정리
국가 간 무역발생의 원인 및 무역패턴의 결정요인을 각국의 요소부존량 비율의 차이와 생산량 간의 요소투입비율(요소집약도)의 차이라고 주장하고, 무역이 생산요소의 가격에 미치는 영향을 규명한 근대적인 무역이론

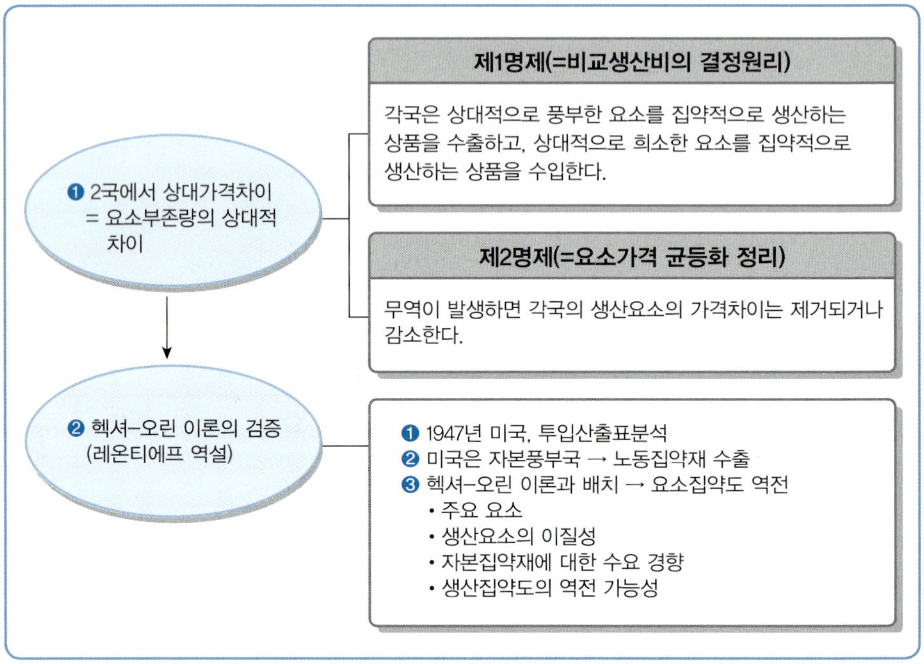

[그림 3-13] 헥셔-오린의 정리와 레온티에프 역설

(1) 요소부존이론(제1명제)

비교생산비의 결정요인(determination of comparative cost)이란 각국 간의 비교생산비 차는 각국의 요소부존량에 의하여 결정되는 것을 의미한다. 다시 말하면, 국가 간에 생산요소의 부존상태(요소부존도)가 각각 다르고 또 각 생산물에 투입되는 생산요소의 비율(요소집약도)이 다르기 때문에 국가 간의 비교생산비 차가 발생된다는 것이다.

첫째, 각국은 생산요소의 부존량에 차이가 있다는 것으로서, 즉 어떤 나라에서는 노동이 풍부하여 노동의 가격인 임금이 저렴하고 어떤 나라에서는 자본이 풍부하여 자본의 가격이 낮은 이자율을 유지하고 있다는 것이다.

둘째, 재화에 따라 1단위의 생산에 필요한 요소의 배합비율이 다르다는 것이다. 즉, 노동의 투입이 높은 노동집약적 재화와 자본의 투입이 높은 자본집약적 재화가 존재한다는 것이다.

셋째, 요소의 상이한 배합비율의 결과로서 노동풍부국의 경우 노동집약재를 낮은 생산비로 생산하여 수출하고 자본풍부국의 경우에는 자본집약재를 낮은 생산비로 생산하여 수출하게 된다는 것이다.

예를 들어, 한국과 미국을 비교해 보면, 한국은 미국에 비해 상대적으로 노동가격(임금)이 싸고 자본가격(이자)은 비싸다. 반대로 미국은 한국에 비해 상대적으로 노동가격(임금)이 비싸고 자본가격(이자)이 싸다. 즉, 미국은 자본을 많이 필요로 하는 자본집약재인 우주항공산업, 인체생명공학산업을 생산, 특화하여 한국에 수출하고, 한국은 노동을 많이 필요로 하는 노동집약재인 자동차, TV를 생산하여 미국에 수출하면 된다는 것이다. 이와 같이 국가 간의 요소부존량 차이와 상품의 요소집약도에 따라 무역의 형태가 결정되고, 무역 후에는 양국 간에 이익이 발생한다는 것이 요소부존이론의 핵심이다.

(2) 요소가격의 국제적 균등화(제2명제)

요소가격의 국제적 균등화(factor price equalization)란 각국의 요소부존량 비율의 차이에 따라 비교생산비 차가 발생되고, 이로써 양국 간에 무역이 이루어지면 비록 국가 간에 생산요소가 직접적으로 이동하지 않더라도 국가 간에 생산요소가격이 균등화되는 경향이 있다는 것을 말한다.

노동풍부국의 경우 자본집약적인 재화의 생산에 사용되던 노동과 자본의 일부 또는 전부가 노동집약적인 재화의 생산에 투입되게 된다. 또한 자본풍부국의 경우 노동집약적인 재화의 생산에 투입되던 자본과 노동의 일부 또는 전부가 자본집약적인 재화의 생산에 사용될 것이다. 따라서 노동풍부국의 경우 노동집약적인 산업에 특화를 하게 됨으로써 노동의 수요는 상대적으로 증가되고 자본의 수요는 감소하게 된다. 그 결과 상대적으로 저렴한 생산요소였던 노동의 가격은 상승하고 높았던 자본의 가격은 하락하게 되어 두 생산요소, 즉 노동과 자본의 가격이 점차 균등화되는 경향을 보이게 된다. 마찬가지로 자본풍부국의 경우에는 자본집약적인 산업에 특화를 하게 됨으로써 자본의 수요는 상대적으로 증가되고 노동의 수요는 감소하게 된다. 그 결과 상대적으로 저렴하였던 자본의 가격인 이자율은 상승하고 높았던 노동의 가격인 임금은 하락하게 되어 노동과 자본의 가격이 같아지게 되는 경향을 보이게 된다.

헥셔-오린의 정리는 생산요소의 부존량 비율에 따라 비교우위의 결정을 규명하고 국제무역이 요소가격에 미치는 영향을 규명하는 데 그치지 않고, 무역이 소득배분에 미치는 영향, 경제성장이 무역에 미치는 영향, 무역과 생산요소의 이동관계 등 여러 가지 문제에 대한 이론적 분석에 상당한 기여를 한 점에 대해서 높이 평가를 받고 있다. 그러나 이 정리 역시 현실과 일치되지 않은 여러 가정 위에 정립되어 있으므로 국제분업이나 무역패턴의 결정을 완벽히 설명할 수 없다는 비판을 받기도 했다.

3. 레온티에프 역설

레온티에프 역설
각국은 타국에 비하여 보다 풍부하게 부존되어 있는 생산요소를 많이 투입하는 재화를 수출하고 희소하게 부존되어 있는 생산요소를 사용해서 생산하는 재화를 수입한다는 비교생산비의 결정요인을 통계적으로 검증한 결과

레온티에프 역설이란 헥셔-오린 정리의 제1명제, 즉 각국은 다른 국가에 비하여 보다 풍부하게 부존되어 있는 생산요소를 많이 투입하는 재화를 수출하고 희소하게 부존되어 있는 생산요소를 사용해서 생산하는 재화를 수입한다는 비교생산비의 결정요인을 통계적으로 검증한 결과를 말한다.

생산요소 부존비율이론의 타당성을 검증하기 위하여 하버드대학의 경제학자 레온티에프(W. W Leontief)는 미국의 1947년도 산업연관표를 이용하여 통계학적으로 분석, 검증한 결과 헥셔-오린의 정리와는 정반대의 결론을 얻었다. 즉, 레온티에프는 헥셔-오린의 제1명제를 검증하였는데, 미국은 자본집약재를 수출하고 노동집약재를 수입할 것이라는 논리와는 달리 오히려 노동집약재 상품을 보다 많이 수출하고 자본집약재 상품을 수입한다는 결론에 도달하였다. 이러한 레온티에프의 통계학적 검증결과를 레온티에프 역설(Leontief's paradox)이라고 한다.

〈표 3-5〉 미국의 수출입상품의 자본집약도와 노동투입량(1947년도)

	수출상품	수입경쟁산업
자본(1947년 가격)	$2,550,780	$3,091,339
노동(연간 노동자 수)	182,213명	170,004명
자본, 노동 비율(자본집약도)	$13,999/1명	$18,184/1명

이론적으로 타당하다고 여겼던 헥셔-오린의 정리에 대한 반대 결과를 얻은 레온티에프는 자신이 얻은 역설적 결과에 대한 원인을 미국 노동자의 높은 생산성에서 찾았다. 즉, 미국의 노동자는 상대적으로 다른 나라의 노동자보다 우수하며

조직화되어 있기 때문에, 다른 국가보다 양적으로 볼 때는 자본풍부국이지만 생산성으로 볼 때는 노동풍부국이라는 것이다.

또 미국의 경제학자 존스(R.E Jones)에 의하면, 레온티에프가 역설적인 결과를 얻은 것은 요소풍부성에 대한 기준을 헥셔-오린과는 다르게 설정했기 때문이라고 하였다. 즉, 헥셔-오린은 요소가격을 기준으로 이자율이 상대적으로 싼 나라를 자본풍부국이라 하였지만, 레온티에프는 요소부존량을 기준으로 자본부존량이 상대적으로 큰 나라를 자본풍부국이라 하였다. 다시 말해, 요소가격과 요소부존량 중에 어느 것을 기준으로 삼느냐에 따라 상품생산의 비교우위가 다르게 나타날 수 있다는 것이다. 레온티에프 역설이 발표된 후 계속적인 헥셔-오린 정리에 대한 검토 작업이 후세 경제학자들에 의해 계승 발전되어 국제분업에 대한 여러 가지 새로운 이론들이 나타났다.

4. 스톨퍼-사뮤엘슨 정리(Stolper-Samuelson theorem)

스톨퍼-사뮤엘슨 정리란 헥셔-오린 정리의 제2명제, 즉 요소가격의 국제적 균등화 명제에 입각하여 높은 임금을 지불하는 미국이 낮은 임금밖에 지불하지 못하는 나라와 자유무역을 실시함에 따라 미국 노동자의 실질 임금수준이 저하되는 경향을 파악하고, 이를 방지하기 위하여 그 나라로부터 수입되는 상품에 대해 보호관세를 부과해야 할 필요가 있다고 주장한 이론을 말한다. 스톨퍼-사뮤엘슨 정리는 미국 노동자의 소득증대와 유리한 소득배분을 위하여 자유무역정책이 유리한가 그렇지 않으면 보호무역정책이 유리한가를 검토한 이론이다. 다시 말해, 미국 노동자들의 실질임금수준이 자유무역을 계속적으로 할 경우 점점 하락되었으며, 이를 방지하기 위해서는 보호무역제도가 필요하다고 주장하였다.

> **스톨퍼-사뮤엘슨 정리**
> 요소가격의 국제적 균등화 명제에 입각하여 높은 임금을 지불하는 국가(A)가 낮은 임금밖에 지불하지 못하는 나라와 자유무역을 실시함에 따라 A국가 노동자의 실질 임금수준이 저하되는 경향을 파악하고 이를 방지하기 위하여 그 나라로부터 수입되는 상품에 대해 보호관세를 부과해야 할 필요가 있다고 주장한 이론

예를 들어, A국은 자본풍부국(노동희소국)이고 B국은 노동풍부국(자본희소국)이라 가정한다. 그리고 X재는 노동집약재이고, Y재는 자본집약재라고 하면, A국은 노동이 희소하고 자본이 풍부하기 때문에 노동의 가격(임금)은 높고 자본의 가격(이자)은 낮을 것이다. 따라서 요소부존이론에 따라 자유무역이 실행되면, A국은 자본집약재인 Y재에 특화하게 됨으로써 자본수요가 증가하고 노동수요는 감소하게 된다. 그러므로 노동가격인 임금은 낮아지고 자본가격인 이자는 높아지

게 된다. 반면에 B국은 노동집약재인 X재에 특화하게 되므로 노동수요가 증가하고 자본수요는 감소하게 된다. 그 결과 노동가격인 임금은 높아지고 자본가격인 이자는 낮아지게 되어, 결국 양국의 무역 후에는 A국과 B국의 자본가격인 이자와 노동가격인 임금이 균등하게 된다는 것이다.

이 정리는 자유무역이 소득배분에 미치는 영향을 명확하게 밝힘으로써 헥셔-오린의 무역이론을 더욱 발전시키는 데 상당한 공헌을 하였다. 그리고 이 정리는 보호무역주의의 유력한 이론적 뼈대가 되었다. 그러나 이 정리는 헥셔-오린 정리를 기초로 2국, 2재, 2생산요소 등 비현실적이고 제한적인 가정 위에 정립되고 있으므로 현실 세계에 적용되기 어려운 점도 없지 않다.

제4절 현대무역이론

1. 대표수요이론

> **대표수요이론**
> 비교우위의 발생원인을 공급측면이 아닌 수요측면에서 설명한 것으로서, 이를 요약하면 수출상품이 될 수 있는 조건은 국내에 대표적 수요가 존재한다는 이론

스웨덴의 린더(S.B. Linder)에 의해 1961년에 주장된 대표수요이론(theory of representative demand)은 비교우위의 발생 원인을 공급측면이 아닌 수요측면에서 설명한 것으로서, 이를 요약하면 수출상품이 될 수 있는 조건은 국내에 대표적 수요가 존재한다는 이론이다. 다시 말해, 1인당 국민소득(소득수준)이 비슷한 국가들 간(선진국과 선진국)에는 수요조건이 비슷하여 서로가 필요한 상품을 생산할 수 있는 기회가 많아지고 무역량도 많아지게 될 것이다. 즉, 무역을 결정하는 주요 원인은 부존자원과 같은 공급조건을 들 수 있지만, 공산품의 경우에는 수요조건이 무역패턴을 결정하는 주요 원인이 된다.

각국은 국내수요가 상대적으로 큰 상품에 비교우위를 갖게 되며, 그것을 생산해서 수출하게 된다. 그 이유는 우선 국내수요가 있어야 생산이 시작되고, 국내시장의 규모가 클수록 생산규모를 증가시키는 과정에서 기술습득 효과를 촉진시키고, 규모의 경제를 실현하여 생산비를 절감한다는 것이다. 따라서 린더의 가설은 규모의 경제와 차별화된 상품을 수요구조에 연결시킨다고 볼 수 있다.

이상과 같이 수요 그 자체가 공급을 인도한다는 린더의 이론은 주목할 만하지만 문제점 또한 있다 하겠다. 즉, 공산품의 무역을 보면 선진국 간의 무역이 선·후진국 간의 무역보다 훨씬 더 활발한 것으로 보이기 때문에 린더의 가설이 일견 타당성이 있는 것처럼 보일 수 있다. 하지만 우리나라에서 대형선박이나 반도체, 전자제품 등의 생산이 처음부터 국내수요보다는 해외수요를 겨냥한 것이었는데, 이는 린더의 이론으로는 충분히 설명할 수 없는 것이라 하겠다.

2. 기술격차이론

기술격차이론(technological gap theory)은 1961년 포스너(M.V. Posner)에 의해 처음으로 이론적 모형이 만들어졌고, 그 후에 1965년 호프바우어(G.C. Haufbauer)가 포스너의 이론을 근거로 하여 무역패턴이 시간의 경과에 따라 변화하는 요인을 실증적 분석을 통해 검증하고 분석한 것이다.

> **기술격차이론**
> 각국 간 생산기술상의 격차가 무역발생의 원인이 되고 무역패턴결정에 지배적인 영향을 미친다는 이론

새로운 상품이 연속적으로 개발되고 상품을 생산하는 방식에도 끊임없이 기술혁신이 일어난다. 즉, 이러한 기술혁신을 주도하고 있는 나라는 그렇지 못한 무역상대국에 비해 특정상품에 대한 기술우위를 유지하게 되어 이러한 상품의 수출국이 된다는 주장이다. 다시 말해, 포스너는 한 나라에서 새로운 상품과 새로운 기술이 연속적으로 개발되고, 그것이 시차를 두고 다른 나라에서 모방되는 과정을 관찰한 것이다. 그러나 포스너의 모형은 기술격차의 규모와 발생원인, 시간의 경과와 함께 기술격차가 소멸되어 가는 과정을 소상히 밝히지 못한 점이 문제점으로 지적되고 있다.

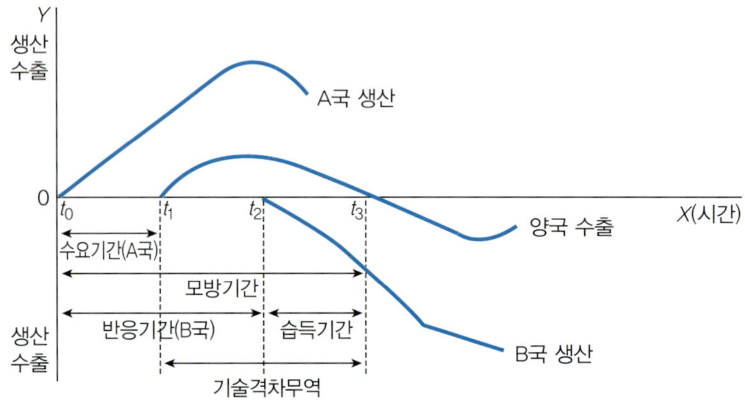

출처 : C.C Haufbauer. *Synthetic Materials and Theory of International Trade*, Gerald Duokworth & Co. Ltd., 1965. p.24

[그림 3-14] 기술격차에 따른 무역의 발생

[그림 3-14]에서 A국을 기술선진국, B국을 기술후진국이라 하고 Y축은 생산과 수출, X축은 시간을 나타낸다고 할 때, A국이 기술선진국으로서 신제품을 개발한 시점은 t_0점이고, 그 후 시간 경과에 따라 A국의 신제품 생산은 증가하여 t_1점에 도달하게 되면 제품을 B국으로 수출하게 된다. 이때 $t_0 \sim t_1$점의 A국이 신제품의 자급자족을 하는 기간을 포스너는 수요시차(수요기간, demand lag)라 하였다. 계속되는 시간 경과에 따라 A국의 생산과 수출은 증가하고 t_2점에서 생산과 수출은 최대가 된다. 한편으로 기술후진구인 B국도 제품을 모방하여 생산하게 되는데, $t_0 \sim t_2$점까지를 포스너는 기술후진국인 B국의 반응시차(반응기간, reaction lag)라 하였다.

이와 같이 기술선진국이 수출이익을 얻을 수 있는 이유는 기술후진국의 반응시차(반응기간)가 기술선진국의 수요시차(수요기간)보다 길기 때문이다. 결국 반응시차와 수요시차 간의 차이가 크면 클수록 기술선진국의 이익은 커진다.

기술후진국의 반응기간에 영향을 미칠 수 있는 요인으로는 규모의 경제, 관세, 수송비, 기술후진국 수요의 소득탄력성, 시장규모 등이 있다. 이러한 반응시차가 경과된 후 $t_2 \sim t_3$ 시점 사이에서는 기술후진국이 기술선진국의 기술을 모방 · 습득하여 국내생산을 증대하게 되고, t_3 시점 이후에는 오히려 기술후진국이 기술선진국에 역수출하게 된다.

3. 제품수명주기이론

버논(Raymond Vernon) 등에 의해 개발된 제품수명주기는 시간이란 차원을 도입하여 시간의 흐름에 따라 국가 간 또는 산업 간 무역 및 직접투자가 발생하는 현상 및 패턴을 설명하고 있다. 이 이론이 개발된 초기의 일차적인 관심은 미국이었으며, 왜 미국기업들이 수출로 시작하여 직접투자로 전환하는지를 단계적으로 설명하고 있다.

제품수명주기이론(product life cycle theory)은 신제품이 개발되어 시장에 알려지기 시작하는 도입기를 거쳐서 제품의 판매량이 증대되는 성장기, 이러한 성장기가 지속되다가 제품의 판매량이 정체되는 성숙기를 거쳐서 시장에 대체상품이 출현하게 되면서 급속히 제품의 판매량이 감소하는 쇠퇴기에 이르게 되는 일련의 제품의 수명주기과정을 설명하고 있다.

> **제품수명주기이론**
> 신개발품의 수명주기(life cycle)에 의하여 결정되는 비교우위의 변화가 국제무역의 흐름을 결정한다는 이론

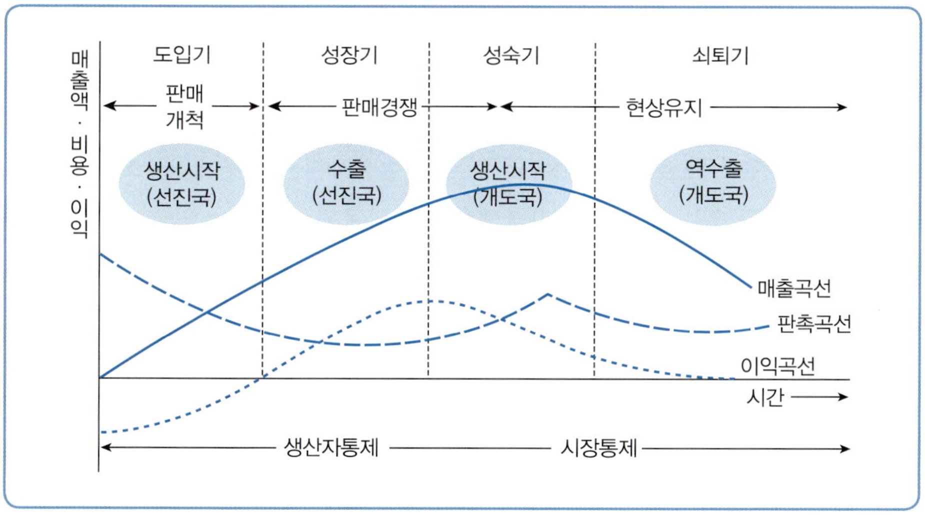

[그림 3-15] 제품수명주기이론

국제무역의 패턴 관점에서 제품수명주기과정을 설명하면 다음과 같다.

첫째, 제품수명주기의 도입기는 하나의 신제품이 개발되어 시장에 도입되는 단계이다. 제품수명주기이론이 개발되기 시작하던 초기에 미국기업들은 미국시장을 위해 개발된 혁신적인 제품으로 우선 수출시장에서 독점적 우위를 누리게 된

다. 도입기는 제품의 표준화가 아직 이루어지지 않은 단계이며 연구개발부서, 공급업자, 소비자 등과 인접한 곳에서 생산활동을 수행하는, 즉 초기의 제품설계, 생산공정, 마케팅 및 판매활동을 변경하거나 수정하게 되는 상황이 발생하게 될 때 미국 내에서 이러한 공정과정을 수행하는 것이 해외에서 하는 것보다 유리하게 작용하게 된다는 것이다.

둘째, 제품수명주기의 성장기는 제품의 표준화가 진전되면서 시장에 제품의 판매량이 급속히 증가하는 단계이다. 제품의 표준화가 진전되면서 미국기업들은 저임금을 이용할 수 있는 생산비의 이점을 활용하여 해외생산을 검토하게 되는 단계이다. 이 단계에서는 제품을 생산할 수 있는 기술이 점차 확산되면서 제품의 수요가 증가하게 되는데, 미국기업들은 일차적 해외투자를 현지생산이 규모의 경제를 달성할 수 있는 다른 선진국 시장을 대상으로 하며, 이러한 직접투자는 수출시장을 현지 생산자들에게 빼앗기지 않으려는 방어적 동기에서 발생하게 된다.

셋째, 제품수명주기의 성숙기는 시장에 제품의 판매량이 정체되고 본격적인 가격경쟁이 발생하는 단계이다. 이 단계에서는 제품을 생산하는 기술이 완전히 표준화되어 기술상의 우위는 감소하게 되며 풍부한 노동력을 갖고 있는 저임금 국가로 제품생산의 비교우위가 이전되어 후진국에서 선진국으로 역수출되는 현상이 발생하게 된다. 제품수명주기의 도입기와 성장기에는 연구개발요소와 기술적 우위를 확보하고 있던 선진국의 제품생산의 비교우위가 후진국으로 이전되는 과정인 반면에, 성숙기는 후진국에서 선진국으로 제품생산의 비교우위가 이전되어 역수출이 발생하게 된다.

넷째, 제품수명주기의 쇠퇴기는 시장에 대체상품이 등장하게 되면서 제품의 판매량이 급속히 감소하는 단계이다. 이 단계에서는 제품판매에 대한 본격적인 가격경쟁이 심화되는 과정이며, 미국기업들은 생산비 절감, 생산시설의 이전, 대체상품의 개발 등에 관심을 가지게 되는 단계이다. 미국기업들의 제품생산에서 생산비 절감에 대한 관심이 증대되면서 초기의 해외투자 지역이었던 다른 선진국 지역으로부터 저임금 국가 지역으로 생산 시설을 이전한다. 이 단계에서는 전 세계적으로 수요가 확산되어 다른 선진국 기업은 물론, 특히 저개발국가 기업들도 자국 수요충족을 위해 제품생산을 확대하게 되므로 성숙기보다 제품판매에 대한 가격경쟁이 더욱 심하게 나타난다.

4. 국가경쟁력모형

포터(Michael E. Porter)는 전 세계 10개 국가의 100개 산업을 기초 자료로 산업수준에서의 국가경쟁력에 대한 연구를 시도하였다. 그는 특정 국가의 특정 산업에 대한 경쟁력의 원천은 특정 국가가 소유하고 있는 내 · 외생적 요인에 의해서 발생한다고 보았다. 국가경쟁력의 내생요인은 요소조건, 기업의 전략, 조직 및 경쟁양상, 관련 및 지원 산업, 수요조건 등 네 가지 결정요소로 구성되어 있으며, 국가경쟁력의 외생요인은 국내 · 외에서 발생하는 기회와 정부의 역할 등 두 가지 결정요소로 구성되어 있다.

국가경쟁력 모형
특정 국가의 특정 산업에 대한 경쟁력의 원천은 특정 국가가 소유하고 있는 내 · 외생적 요인에 의해서 발생한다고 주장. 국가경쟁력의 내생요인은 요소조건, 기업의 전략, 조직 및 경쟁양상, 관련 및 지원 산업, 수요조건 등 네 가지 결정요소로 구성되어 있으며, 국가경쟁력의 외생요인은 국내 · 외에서 발생하는 기회와 정부의 역할 등 두 가지 결정요소로 구성되어 있다고 봄.

첫째, 국가경쟁력모형의 요소조건은 국제적으로 경쟁하는 데 필요한 해당산업의 생산요소에 대한 국가의 위치를 의미하며 국가경쟁력에 원천이 되는 인적 · 물적 지식자원, 자본, 사회기반시설 등이 포함된다.

둘째, 국가경쟁력모형의 수요조건은 특정 산업의 생산물이나 서비스를 위한 일반수요에 대한 것으로 단순히 수요의 크기뿐만 아니라 수요의 구조, 성장패턴, 수요의 국제화, 수요자의 욕구 등도 함께 포함된다.

셋째, 국가경쟁력모형의 관련 및 지원사업의 부분은 관련된 산업이나 지원산업 중 국제적으로 경쟁력이 있는 산업이 존재하느냐 하는 것에 연구의 초점을 맞추고 있다.

넷째, 국가경쟁력모형의 기업의 전략, 조직, 경쟁양상은 기업의 생성, 조직화, 운영화 등과 관련된 기업의 전략과 조직적인 측면에 대한 상황과 기업의 산업구조와 경쟁관계 측면에 대한 상황 등의 내용에 연구의 초점을 맞추고 있다.

국가경쟁력모형의 장점은 한 국가의 국가경쟁력을 측정할 수 있는 국가, 산업, 기업의 특성을 하나의 연구모형에 모두 포함시키고 있다는 점이며, 산업의 개념을 소개함으로써 국가경쟁력을 미시적 · 거시적으로 통합한 관점에서 접근했다는 점이다. 또한 이 모형은 선진국과 같이 근본적으로 산업혁명의 과정을 완전히 거친 국가들에게 적합한 모형으로 평가되고 있다.

국가경쟁력모형에 대한 연구가 가지는 중요한 의의는 특정 국가의 경쟁력의 원천을 국가가 보유하고 있는 내 · 외생적 요인에 의해서 측정하고 평가하였다는 점이다. 그동안 한 국가의 국가경쟁력을 평가하는 데 있어서 고전적 경제학자들은 한 국가가 보유하고 있는 천연자원, 노동력, 이자율, 통화가치 등과 같은 요인에 의해서 결정된다고 보았다. 이러한 견해에 대해서 포터는 한 국가의 국가경쟁력은 특정 산업이나 기업이 위치하고 있는 특정 국가가 제공해주는 독특한 내·외생적 요인에 의해서 창출되며, 이러한 관점에서 국가경쟁력이 평가되어야 한다고 보았다.

참고문헌

김창봉 · 박상안 · 여경철 · 정재우, 『무역학원론』, 박영사, 2007.

배근성 · 이무원 · 함영진 · 강동윤, 『글로벌 무역경영』, 비즈프레스, 2010.

연습문제

1. 무역이론의 연구대상에 대하여 설명하시오.

2. 무역이론의 기본가정에 대하여 설명하시오.

3. 절대생산비설의 태동배경과 의의를 설명하시오.

4. 절대생산비설과 비교생산비설의 공통점과 차이점을 설명하시오.

5. 밀의 상호수요설에 대하여 설명하시오.

6. 근대무역이론의 생성배경을 설명하시오.

7. 핵셔-오린정리에 대하여 설명하시오.

8. 기술격차이론에 대하여 설명하시오.

9. 제품수명주기이론에 대하여 설명하시오.

10. 마이클포터의 국가경쟁력모형에 대하여 설명하시오.

CHAPTER 04

무역정책

INTRODUCTION TO INTERNATIONAL BUSINESS

CHAPTER 04

무역정책

제1절 무역정책의 특성과 목표

1. 무역정책의 의의와 특성

> **무역정책**
> 국가경제정책의 일환으로 국민경제의 균형적 발전을 위하여 한 나라의 대외경제활동에서 나타나는 모순을 극복하기 위한 정책

무역정책(foreign trade policy)은 경제정책의 일환으로 국민경제의 균형적 발전을 위하여 한 나라의 대외경제활동에서 나타나는 모순을 극복하기 위한 정책이다. 즉, 무역정책은 대외무역거래를 대상으로 하여 거기에서 야기되는 여러 가지 모순을 제거함으로써 실천된다. 모순을 해결하기 위하여 정부는 직접 또는 간접으로 무역업자가 행하는 수출입행위를 규제할 뿐만 아니라 때로는 조정도 하고 촉진시키기도 한다.

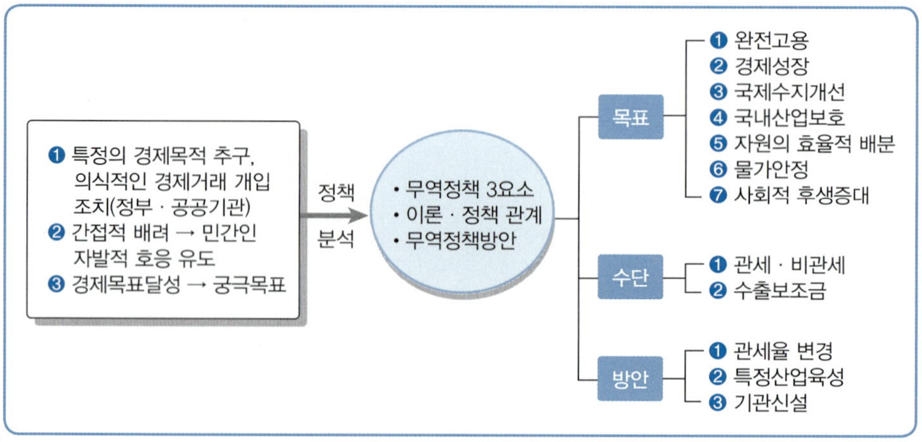

[그림 4-1] 무역정책의 개요

무역정책의 특성

국내외 경제에 직접적 영향, 종합적 국가정책의 성격, 국제수지와의 직접적인 연관성

무역정책은 국가 간의 대외무역거래를 대상으로 하고 있기 때문에 국내경제정책과는 다르다. 무역정책은 다음과 같은 특성을 가지고 있다.

첫째, 무역정책은 한 나라의 정책이지만 거래대상국과의 관계 여하로 이루어지는 것이므로 무역정책의 효과와 영향은 국내경제뿐만 아니라 대외경제에까지 확산된다. 만약 한 나라가 자국의 국내산업을 보호하고 국제수지를 개선하기 위하여 관세 또는 비관세장벽 등 수입제한정책을 실시한다면, 자국 내에서는 상당히 유리한 효과가 나타날 수 있으나 교역상대국에 대해서는 상당한 악영향을 미칠 수 있다. 다시 말해서, 이와 같은 무역정책은 대내적으로는 보호를 통해 생산량을 증대시키고 수입을 감소시켜 국제수지가 개선되고 국민소득이 증가하지만, 교역상대국은 수출이 악화되고 국민소득이 감소된다.

둘째, 국민경제의 대외거래를 규제하는 무역정책은 국내산업구조는 물론이고 고용수준, 심지어는 경기변동에까지 영향을 미쳐 한 나라의 경제발전에 그 효과를 파급시킨다. 따라서 무역정책은 모든 국내경제정책을 포함한 종합적 정책의 성격을 가진다. 특히 무역의존도가 높은 국가일수록 무역정책은 개별산업과 관련산업에 미치는 영향이 크며, 경제정책상에서 차지하는 비중이 매우 크기 때문에 여타 국내경제정책과 상호 밀접한 연관성을 가지고 있다.

셋째, 무역정책은 다른 경제정책과는 달리 국제수지의 균형과 발전의 문제를 가지고 있다.

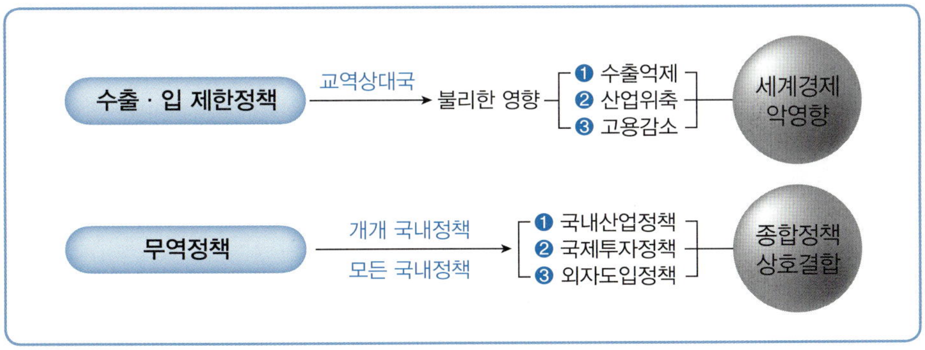

[그림 4-2] 무역정책의 국내외 영향

2. 무역정책의 목표

무역정책의 목표
국내산업의 보호, 국제수지의 개선, 자원의 효율적 배분, 완전고용, 물가안정, 경제성장, 사회적 후생의 증대

경제정책의 하나인 무역정책에 있어서 그 실행상의 목표를 설정하는 것은 매우 중요하다. 왜냐하면 무역정책의 목표를 어디에 두는지에 따라 정책수단이 달라지기 때문이다. 무역정책의 목표는 정책 구현상의 가치관을 반영하기 때문에 획일적으로 논하기는 어려우나 일반적으로 무역정책의 목표는 다음과 같이 설정된다.

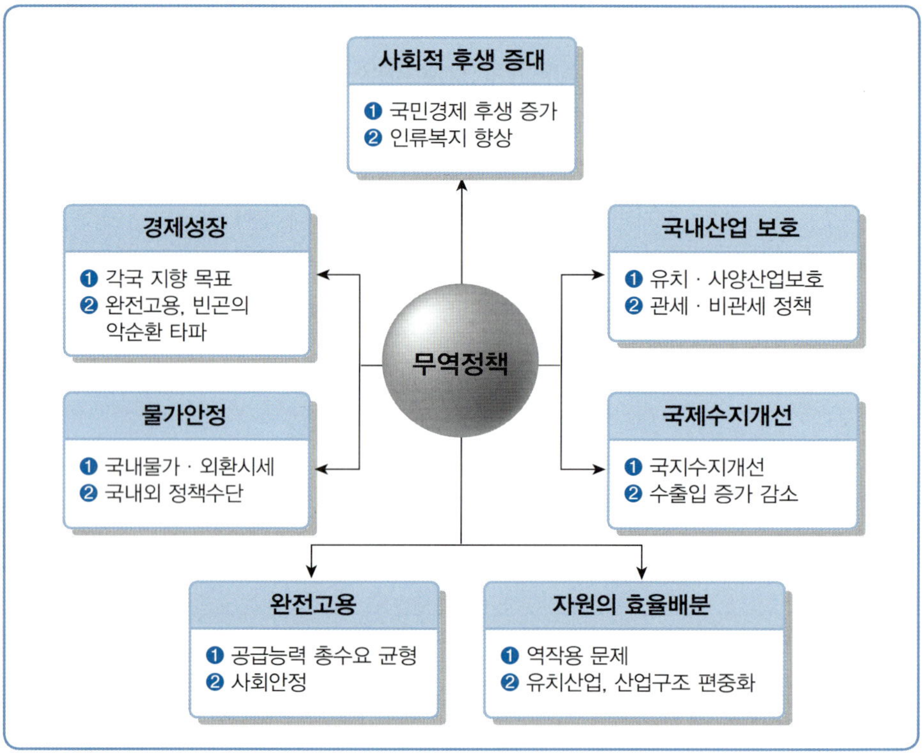

[그림 4-3] 무역정책의 목표

(1) 국내산업의 보호

각국은 자국의 유치산업이나 정체산업 및 사양산업을 보호하기 위하여 강력한 무역정책조치를 취하고 있다. 즉, 농업 중심적인 국가는 자국의 공업화를 위해, 공업 중심적인 국가는 자국의 농업을 보호하기 위해 관세 및 비관세정책을 실시하여 국제분업의 원리에 따르지 않고 자국 산업을 보호하고 있다. 오늘날 WTO에

서는 이러한 관세장벽(tariff barrier)이나 비관세장벽(NTB, non-tariff barrier)을 완화 또는 철폐하기 위하여 노력하고 있다. 그러나 각국의 경제적 이익의 상충으로 완전한 무역의 자유화는 실현되지 않고 있다.

(2) 국제수지의 개선

국제수지는 한 나라의 대외경제 현황을 반영하고 있기 때문에 각국은 국제수지 개선에 중요한 정책목표를 설정하고 있다. 즉, 각국은 국제수지를 개선하고 대외지급 준비고를 확보하기 위하여 여러 가지 보호정책수단을 통해 수출을 증가시키고 수입을 감소시키려고 한다. 특히 외채가 많은 개도국은 대외채무를 상환하기 위하여 국제수지를 개선시켜 대외 지급 준비고를 증가시키려고 한다.

(3) 자원의 효율적 배분

어느 국가이든 자원을 무한히 소유하고 있지는 않기 때문에 자원을 효율적으로 배분하는 것도 중요한 정책목표의 하나가 된다. 비교우위의 법칙에 따라 특화할 경우 생산량은 증가하고 생산요소는 절약되며 자원의 효율적 배분이 실현된다. 그러나 이러한 논리는 자유무역조건하에서만 가능하다. 즉, 자원의 효율적 배분 목표는 단기적으로 국내유치산업의 어려움과 산업구조의 편중화 내지 취약화를 가져올 수도 있다는 점을 고려하여야 한다.

(4) 완전고용

완전고용은 경제적으로뿐만 아니라 사회적으로도 커다란 의의를 가지고 있다. 한 나라가 완전고용을 실현하지 못할 경우, 이는 그 나라의 자원을 효율적으로 사용하지 못했기 때문에 실업과 경제손실을 발생시킨다. 현실적으로 잠재적 공급능력과 총수요 사이에는 항상 균형이 성립되기 때문에 이를 가급적 균형화시키기 위하여 정책적 조치가 필요하다. 즉, 오늘날 대부분의 국가는 무역정책을 통하여 수출을 증대시키고 수입을 억제하여 고용을 증대시킴으로써 국내생산량을 증대시키려고 한다.

(5) 물가안정

물가의 등귀는 국민경제의 안정 기조를 파괴할 뿐만 아니라, 경제성장을 저해하고 수출과 국민경제생활에 심각한 타격을 준다. 오늘날의 각국 경제는 개방경제체제하에 있기 때문에 국제경제의 변혁에 따르는 수입 인플레이션이 각국에서 일어나고 있다. 이러한 수입 인플레이션을 극복하려면 국내경제정책만으로는 해결하기 힘들기 때문에 무역정책을 함께 실시한다.

다시 말하면, 국내물가와 외환시세는 쌍방적 인과관계를 맺고 있기 때문에 국제수지의 개선과 외환시세의 안정을 통하여 국내물가를 안정시키지 않으면 안 된다. 따라서 국내물가의 안정화는 국내경제정책의 수단만으로는 부족하므로 무역정책상의 수단도 고려되어야 한다.

(6) 경제성장

경제성장은 각국이 지향하는 경제정책목표이며 각국은 이를 위하여 장기개발계획을 수립하고 모든 정책수단을 동원하고 있다. 선진국에서는 완전고용을 실현하기 위하여, 후진국에서는 빈곤의 악순환을 타파하고 자립경제를 확립하기 위해 경제성장을 추구하고 있다.

그러나 경제성장은 대내적인 재정 · 금융정책만으로는 달성하기 어렵기 때문에 수출정책, 수입정책, 국제수지정책 등 대외무역정책을 병행하여 실시해야 한다. 특히 개발도상국은 자본재 및 원자재의 수입증가와 대외채무의 누적 등으로 인하여 국제수지가 만성적 적자에 직면하고 있다. 따라서 국제수지를 개선시키면서 경제성장을 달성해야만 경제구조가 견실해지며 자주적으로 성장하게 된다.

(7) 사회적 후생의 증대

무역정책은 경제정책의 일환이기 때문에 궁극적 목표는 국민의 경제적 후생을 증가시키는 데 있다. 그러므로 무역정책은 고도의 경제발전을 이룩하고 복지사회를 건설하여 국민의 생활수준을 향상시키는 동시에 모든 인류의 복지를 향상시키기 위하여 설정되어야 한다.

그러나 세계 모든 국가에서는 고도의 경제성장률, 즉 양적인 성장에만 중점을 두는 경향이 많으므로 어떤 의미에서 국민 개개인의 후생적 측면은 등한시되고 있다. 따라서 무역정책은 성장과 후생 간의 적절한 배합이 필요하다.

제2절 무역정책의 수단

무역정책의 수단
관세정책, 비관세 장벽

이론적으로 가장 바람직한 무역은 완전개방하의 자유무역을 하는 것이다. 다시 말해서, 세계의 모든 나라가 완전한 개방정책을 실시한다면 분업과 대량생산에 의해 생산비용을 줄일 수 있고, 또 소비자들은 값싼 제품을 구입할 수 있게 되어 전체적인 이익을 증대시키게 된다. 그러나 우리의 현실은 그렇지 못하다. 지금 이 지구상에 수입문호를 완전히 개방하고 있는 나라는 하나도 없다. 모든 나라가 정도의 차이는 있어도 자유로운 무역의 흐름에 제한을 가하고 있다.

이와 같은 무역제한의 가장 중요한 수단은 관세이다. 따라서 이 장에서는 관세의 개념과 경제적 효과를 먼저 고찰하고 최근 무역장벽으로 부각되고 있는 비관세장벽에 대하여 설명하고자 한다. 관세정책과 비관세장벽에 대한 더 자세한 내용은 10장에서 다루고자 한다.

1. 관세

무역거래에 있어서 가장 엄격한 단속을 받는 것은 수입지에서의 세관통관이다. 이것은 수입국이 자국 산업의 보호 및 국고의 유력한 재원이라는 필요성 때문에 원칙적으로 수입품에 관세를 부과 · 징수하는 제도를 채택하고 있기 때문이다.

(1) 관세(customs, tariff)

한 국가의 경제적 경계를 통과하는 물품에 대하여 국가가 부과하는 조세 → 관세선

→

1) 연혁

❶ 수수료시대
❷ 내국관세시대
❸ 국경관세시대

2) 성격

❶ 강제징수, 재정수입, 법률, 조약 징세성
❷ 소비세(경 · 중과세)
❸ 물품세 및 국제성

3) 종류

❶ 과세기회 : 수입세, 수출세, 통과세 (= 과세이동방향에 따른 분류)
❷ 과세목적 : 재정관세, 보호관세
❸ 과세방법 : 종가세, 종량세, 혼합세, 선택세, 관세할당세(= 관세결정방식)
❹ 과세성격 : 국정관세, 협정관세
❺ 과세율수 : 단일세, 다수세
❻ 기타관세 : 편익관세, 보복관세, 특혜관세

[그림 4-4] 관세의 개요

관세
한 나라의 경제적 경계를 통과하는 물품에 대하여 국가가 부과하는 조세

관세(customs, customs duties, tariff)란 한 나라의 경제적 경계를 통과하는 물품에 대하여 국가가 부과하는 조세를 말한다. 이 경제적 경계를 관세선(customs line)이라고 한다. 관세선은 반드시 정치적인 국경선을 의미하지는 않는다. 자유항이나 보세지역 등이 있는 나라는 국경선 안에 관세선이 있게 되며, 관세동맹(customs union)을 체결한 나라는 관세선이 동맹국의 국경선까지 확대될 수 있다. 그러나 일반적으로 국경선을 관세선으로 하고 국경을 통과하는 물품을 과세의 대상으로 하고 있다.

관세의 세율을 어떠한 기준하에서 어떻게 결정하는지에 관한 제도가 관세제도(tariff system)이다. 한 나라의 관세제도는 정치 · 외교 · 재정 · 경제 및 기타 관계에 좌우되며, 이에 대하여 각국이 채택하고 있는 제도는 동일하지 않다. 관세는 국가에 의하여 강제적으로 징수되고 재정수입이나 국내산업보호를 목적으로 법률이나 조약에 의하여 징수된다는 성격과, 생필품 또는 원자재에 대하여는 경과하고 사치품 또는 완제품에 대하여는 중과하는 원칙이 적용되는 소비세로서의 성격과, 수입물품의 관세영역을 통과할 때 적용되는 물품세로서의 성격 및 국제성

이라는 특수성격을 가지고 있다.

이와 같이 관세는 법률의 정한 바에 의하여 국가가 강제적으로 징수하는 조세로서 수량제한(quota) 및 외환관리(foreign exchange control)와 더불어 대외무역정책수단 가운데에서 가장 대표적인 무역제한 및 억제수단이다.

2. 비관세장벽

제2차 세계대전 전까지만 해도 무역제한수단의 주류는 관세였다. 그러나 전후 GATT를 중심으로 한 여러 차례의 협상 끝에 관세의 인하를 일괄적으로 실시하고, 최근에는 WTO 출범과 FTA 활성화로 무역장벽으로서 관세의 비중이 떨어짐으로써 세계적으로 널리 사용되는 무역정책수단은 비관세장벽(NTB, non-tariff barrier)이 되었다.

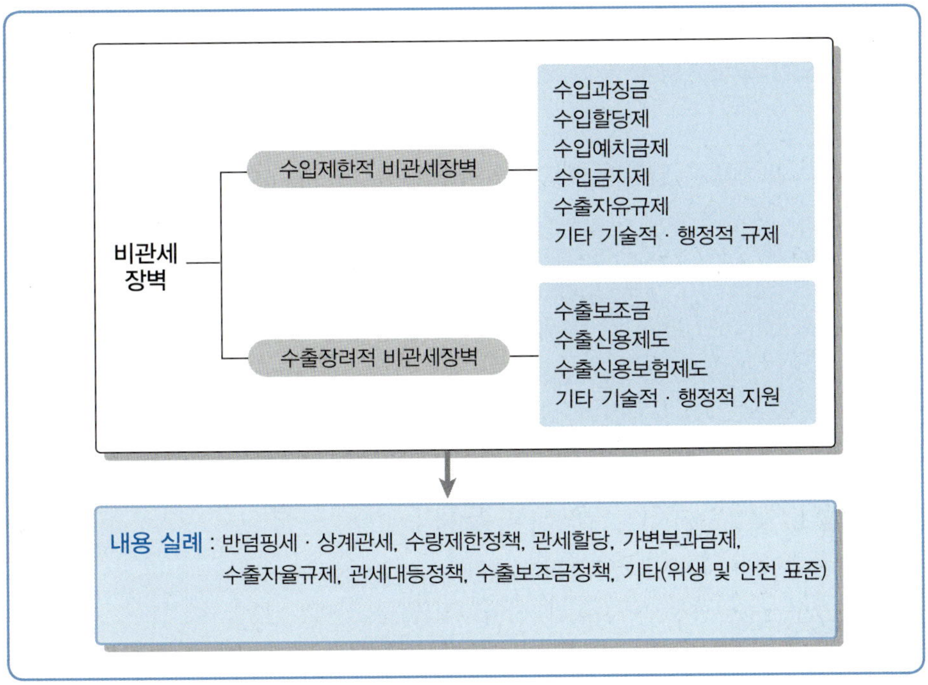

[그림 4-5] 비관세장벽의 종류

이러한 비관세장벽은 그 형태나 성격, 그리고 효과가 매우 복잡하고 다양하기 때문에 정확한 정의를 규정할 수 없으나 많은 학자들의 견해를 종합해보면 다음과 같이 요약할 수 있다. 즉, 비관세장벽이란 세계의 모든 재화나 용역이 가장 효율적으로 이용될 수 있는 길을 제한하거나 봉쇄함으로써 세계 전체의 후생수준 또는 실질소득(real income)을 저하시키는 관세 이외의 모든 무역장벽이라고 정의할 수 있다. 현재 WTO에서도 원칙적으로는 비관세장벽을 허용하고 있지 않으나 세계의 모든 국가들이 어떤 명목으로든 자국의 경제적 이익을 위하여 비관세장벽을 운용하고 있다. 특히 최근 선진제국들의 보호무역주의는 이러한 비관세장벽이 주요한 정책수단이 되고 있다.

> **비관세 장벽**
> 세계의 모든 재화나 용역이 가장 효율적으로 이용될 수 있는 길을 제한하거나 봉쇄함으로써 세계 전체의 후생수준 또는 실질소득을 저하시키는 관세 이외의 모든 무역장벽

제3절 무역정책의 역사적 흐름

1. 중상주의 무역정책

중상주의의 개념은 1776년 애덤 스미스(Adam Smith)가 『국부론』에서 최초로 언급하였다. 중상주의에 대해서는 학자들마다 조금씩 다른 견해를 표명하지만, 대체로 다음과 같이 요약할 수 있다.

중상주의(mercantilism)란 16세기에서 18세기에 걸쳐 근대국가의 건설과 발전 및 근대적 산업체계의 확립을 위하여 유럽제국에서 채택된 국가 본위의 간섭 내지 이를 기초로 한 경제사상을 의미한다. 중상주의정책은 중세에서 근세로 이행되는 과도기인 근대 초기의 경제사상으로서 그 특성을 보면 화폐의 중시, 외국무역의 존중 및 제조업의 보호 등이라고 할 수 있다.

> **중상주의**
> 16세기부터 18세기 후반 자유주의적 단계에 이르기까지 서유럽 제국에서 채택한 경제정책과 경제이론

(1) 중금주의정책

중세의 봉건제도와 도시경제가 붕괴되고 중앙집권적 국가제도가 확립됨에 따라 국가의 화폐적 지출이 급증하게 되었으며, 봉건적 도시경제가 근대적 국민경제로 전환되고 상품의 거래범위가 더욱 확대됨에 따라 화폐의 수요는 급증되었

다. 이러한 시대의 경제사상으로 중금주의(bullionism)가 탄생하였다. 중금주의 사상은 프랑스의 보댕(Jean Bodin)이 "화폐(금 · 은 · 지금)는 국가의 신경이며, 이것을 어떻게 충실히 관리하는지가 그 시대의 과제이며 국가의 관심사였다."라고 말하는 데에서도 찾아볼 수 있다.

중금주의
자국의 무역을 흑자로 유지하기 위해 외환과 귀금속 거래를 국가적 차원에서 규제한 중상주의의 통화정책

중금주의정책은 한 나라의 부는 금과 은, 즉 화폐량에 정비례하기 때문에 금 · 은의 국내유입을 촉진시키고 국내유출을 억제하여 국부를 증가시키려는 정책이다.

(2) 무역차액정책

중상주의 초기에는 각국이 금 · 은을 직접 획득하려고 하였으나 점차 외국무역이 발전함에 따라 무역을 통한 간접적인 방법에 의하여 금 · 은을 획득하려고 하였다. 즉, 금 · 은을 흡수하는 수단으로 외국무역을 중시하며, 수출을 장려하고 수입을 억제함으로써 무역차액으로 유리하게 금 · 은을 유입해야 한다고 주장하는 무역차액설(theory of balance of trade)에 의한 정책이 실시되었다. 무역에 의한 부(富)의 축적에 있어서도 초기에는 개개의 거래에서 무역차액을 획득하려는 개별 무역차액론의 입장이었으나 나중에는 전체의 거래에서 무역차액을 획득하려는 형태로 발전하였다.

무역차액정책
금, 은을 흡수하는 수단으로 외국무역을 중시하며 수출을 장려하고 수입을 억제함으로써 무역차액으로 유리하게 금, 은을 유입해야 한다고 주장하는 무역차액설에 의한 정책

이러한 무역차액론은 영국의 토머스 먼(Thomas Mun)에 의해 확립되었다. 그의 이론은 『외국무역에 의한 영국의 재보(England's Treasure by Foreign Trade)』라는 저서에 잘 나타나 있다. 즉, "한 나라는 다른 나라 국민으로부터 금 · 은을 증여받거나 강탈함으로써 부유해질 수 있지만 그것은 불확실할 뿐만 아니라 중요하지도 않다. 따라서 우리나라의 부와 재보를 증가시키는 일반적인 방법은 외국무역이다. 이 무역에 있어서 매년 외국상품을 소비하는 것보다 더 큰 가치가 있는 상품을 외국에 판매해야 한다는 원칙에 따라야만 한다."라는 것이다.

(3) 산업보호정책

영국에서는 소위 부르주아 혁명(bourgeois revolution) 이후 '절대주의적 중상주의'에서 '의회주의적 중상주의'로 중상주의 체제가 전환되어 국내시장 확보와 외국시장의 확충을 통한 산업자본축적에 주력하였는데, 이것을 산업보호정책이라고

산업보호정책
국내시장 확보와 외국시장의 확충을 통한 산업자본축적에 주력하는 정책

한다. 즉, 단순한 유치산업을 보호하는 것이 아니라 성숙된 영국의 공업을 후진국의 저임금 노동경쟁으로부터 보호함으로써 무역차액을 획득하고 국내의 고용수준을 확보하고자 했던 정책이다. 그 당시 영국은 공장제 수공업(manufacture)이 발달함에 따라 외국의 저임금을 바탕으로 하는 상품수입을 그대로 방치해 두면 무역차액을 유지할 수 없을 뿐만 아니라 실업이 증대되고 기업이 도산될 우려가 있었으므로 산업보호에 대한 필요성을 느꼈다. 농업에 있어서도 곡물가격을 일정하게 유지하기 위하여 수입을 억제하고 수출을 장려하는 방책을 취하였다.

이상과 같이 중상주의정책은 중금주의정책에서 무역차액정책으로 전환하게 되었고, 이는 다시 산업보호정책으로 발전하게 되었다.

2. 자유무역정책

(1) 자유무역의 대두

중상주의의 국가 중심적 보호간섭주의가 경제사상을 지배하게 되자, 중상주의적 무역통제에 대한 비판으로 전개된 것이 자유무역정책이다. 최초의 자유무역사상은 프랑스의 케네(F. Quesnay)에 의하여 체계화된 중농주의(physiocracy)에서 찾을 수 있다. 케네는 중상주의의 극단적인 국가간섭을 반박하고 농업을 중심으로 한 자유무역주의를 주장하였다. 그의 자유방임론(Laissez faire)은 농업을 대농법화하기 위한 무역의 자유라는 입장을 취하였다. 즉, 농업생산이 과잉일 때에는 수출하여 가격을 유지하고, 반대로 흉작일 때에는 수입을 함으로써 가격의 등귀를 막을 수 있으므로 외국무역은 자유로워야 한다는 것이다. 이러한 중농주의의 자유방임사상은 애덤 스미스의 『국부론』에서 무역론으로서의 이론적 기초를 다진 후, 영국에서 자유무역정책으로 꽃을 피우게 된다.

> **중농주의**
> 국가사회의 부(富)의 기초는 농업에 있다는 경제사상

(2) 애덤 스미스의 자유무역론

근대 경제학의 시조인 애덤 스미스는 중농주의와 마찬가지로 자연법을 철학적 기조로 받아들이면서도, 과도한 농업 편중주의를 배척하고 상공업의 중요성을 강조하였으며, 이를 발전시키기 위하여 자유무역론을 역설하였다. 애덤 스미스의 자유무역론은 그 당시 선진국인 영국의 경제발전을 배경으로 전개되었다. 즉, 산업

> **애덤스미스의 자유무역론**
> 국제분업론, 자유경쟁론, 소비자 이익론

혁명을 일찍이 경험한 영국은 '세계의 공장'으로서의 기능을 담당하며, 공업제품을 판매하기 위한 시장의 확대가 필요하였으며, 해외시장을 확보하기 위해서는 자유무역을 실행하지 않으면 안 되었다.

중상주의에 대한 비판에서 출발한 애덤 스미스의 자유무역론은 국제분업론, 자유경쟁론, 소비자이익론 등으로 요약할 수 있다.

1) 국제분업론

국제분업(international division of labour)의 이익을 기초로 하여 자유무역의 우위성을 주장하였던 이론으로서 자유무역이론 가운데 가장 유력한 것이라고 할 수 있다. 즉, 외국무역을 국내산업과 같이 자유 원칙하에 둔다면 국제분업이 완전하게 이루어지고, 그에 따라 모든 나라가 유리하게 된다는 것이다. 다시 말해서, 자유무역을 통하여 자국에서 생산하는 것보다 싼 상품을 수입하고, 외국에 비하여 자국이 우위에 있는 상품은 국내에서 특화 생산하여 수출하면 모두 이익이 된다는 주장이다. 그러나 국제분업론은 그 나라의 경제발전단계에 따라 외국무역의 유형이나 기능이 다르다고 하는 역사성을 도외시하였다는 점에서 비판을 받고 있다.

2) 자유경쟁론

한 나라에 있어서 자유경쟁이 생산기술의 혁신이나 경영방법의 개선 등 산업발달에 유익한 것과 마찬가지로 외국과의 무역에 있어서도 자유경쟁에 맡기는 것이 상호 간에 유익하다는 주장이다. 그러나 이 주장은 그 당시 선진국인 영국의 입장만 고려하였으며 경쟁의 패자에게는 불리하다는 점을 간과하고 있다는 비판을 받고 있다.

3) 소비자이익론

소비는 모든 생산의 목적이고, 생산은 이를 달성하기 위한 수단이므로 무역정책에 있어서는 소비자의 이익이 우선되어야 한다는 주장이다. 따라서 보호관세의 부과는 외국상품의 수입을 억제하고 품질이나 가격면에서 뒤진 국내 상품을 소비자에게 사용하게 하는 조치이므로 있을 수 없는 일이라는 입장이다. 또한 수출장려금을 생산자에게 지급하여 수출하는 일은 국내물가를 등귀시키고 조세부담을 가중시키는 이중부담을 소비자에게 전가하므로 좋지 않다고 주장하여 이러한 제한조치를 철폐할 것을 주장하였다. 그러나 수출산업을 보호 · 육성하는 것은 생산자에게만 이익이 되는 것이 아니고 고용증대 및 생산량 증대의 효과를 가져옴으로써 장기적으로는 소비자에게도 이익이 된다는 것을 간파하지 못하였다는 비판을 받고 있다.

(3) 자유무역정책의 전개

18세기 중엽에 이미 산업혁명을 마친 영국은 공장제 수공업에서 공장제 기계공업으로 생산형태가 전환됨에 따라 상품시장을 해외로 확대시킬 필요가 생기고 이에 따라 자유무역정책이 실현되기 시작하였다. 허스키슨(William Huskisson) 관세법 재정(1822~1827년) 및 필(Robert Peel) 관세법 재정(1841~1846년)에 의하여 원료품에 대한 수입관세가 거의 폐지되고 제조상품의 관세도 대폭적으로 인화되기에 이르렀다. 그러나 곡물에 대한 관세폐지는 이른바 곡물논쟁을 거쳐 1846년에 이루어졌다. 이러한 과정을 거쳐 영국은 자유무역정책의 실현을 보게 된 최초의 국가가 되었다.

그 후 영국의 요청으로 영국과 프랑스는 최혜국주의에 의한 코브덴-슈발리에 조약(Cobden-Chevalier Treaty)을 체결하였고, 벨기에 · 이탈리아 · 독일 · 오스트리아 등의 국가와도 통상조약을 체결하여 유럽제국 간에 관세인하가 일반화됨으로써 자유무역이 확대되었다. 그 결과 1860년부터 20년 동안 영국을 중심으로 한 자유무역은 유럽에서 전성기를 맞이하였다. 그러나 19세기 말 이후 유럽 각국에 팽배한 국가주의에 의한 보호무역으로 말미암아 자유무역은 그 빛을 잃기 시작하였다.

3. 보호무역정책

(1) 보호무역론의 대두

이미 18세기 중엽에 영국에서는 산업혁명이 일어났고, 영국의 경제현실을 배경으로 애덤 스미스와 리카도 등에 의하여 자유무역의 장점이 강조되었음을 앞에서 설명하였다. 그러나 각국이 자유무역정책을 채택한 것은 잠시뿐이었으며, 제1차 세계대전 이후엔 전 세계가 다시 보호무역정책을 채택하게 되었다.

선진국인 영국이나 프랑스에 비해 늦게 산업혁명을 겪은 미국이나 독일은 산업(특히 공업)에 있어 뒤떨어져 있었기 때문에 선진국과 자유무역을 통해 경쟁을 하면 불리한 상황이었다. 이러한 상태에서 후진국의 국내산업을 선진국의 위험으로부터 보호하기 위한 보호무역론이 대두하게 되었다. 그 당시 후진국의 입장을 대변하여 보호무역을 주장한 사람은 미국의 해밀턴과 독일의 리스트였다.

18세기 보호무역론의 대두배경
산업혁명을 늦게 겪은 후진국이었던 국가들의 국내산업보호 목적

18세기의 주요 보호무역론
해밀턴의 산업분화론(공업보호론), 리스트의 유치산업보호론

(2) 해밀턴의 보호무역론

자유무역과 대립되는 보호무역정책을 처음으로 주장한 미국의 해밀턴(Alexander Hamilton)은 미국의 독립 직후 재무장관으로 있을 때 1791년 의회에 제출한 '제조업의 장려 및 보호에 관한 보고서(report on manufactures)'에서 다음과 같은 이론에 의하여 미국은 보호주의를 채택해야 한다고 주장하였다.

그는 미국의 공업이 유럽제국에 비하여 아직 유치한 단계에 있으므로 보호정책을 실시해야 하며, 또한 공업이 농업에 비하여 생산력이 유리하고 이익이 높으므로 공업을 진흥시켜야 한다고 주장하였다. 따라서 해밀턴은 미국의 공업을 보호 · 육성하기 위하여 자유무역제도를 철폐하고 관세의 부과, 수입의 금지, 보조금 및 장려금의 지급, 면세조치, 상품검사 등의 정책수단이 실시되어야 한다고 주장하였으며, 또한 보호할 공업의 선정은 일정한 기준을 정하여 신중히 결정해야 한다고 하였다.

이와 같이 그 당시 농업국의 테두리를 벗어나지 못한 미국의 경제가 공업화에 힘을 기울여 산업을 분화시킴으로써 분업의 이익을 얻어야 한다고 주장하였다. 이러한 해밀턴의 보호무역이론은 산업분화론 또는 공업보호론으로도 불렸다.

(3) 리스트의 보호무역론

독일의 리스트(Friedrich List)는 1841년에 발간한 『정치경제학의 국민적 체계(Das Nationale System der Politischen Okonomie)』에서 애덤 스미스의 자유무역론을 반대하고 경제정책에 대한 국가의 역할을 중시하면서 경제발전단계에 알맞은 정책을 채택해야 한다고 주장하였다. 그는 경제발전단계를 다섯 단계로 나누었다. 즉, 첫 단계를 야생 상태, 둘째 단계를 목축 상태, 셋째 단계를 농업 상태, 넷째

단계를 농 · 공 상태, 다섯째 단계를 농 · 공 · 상 상태로 구분하고, 각 발전단계에 알맞은 경제정책을 제시하였다. 야생 상태에서 농업 상태로 이행하는 단계에 있는 국가는 선진국과 자유무역에 의하여 필요한 공산품을 외국으로부터 자유로이 수입할 수 있도록 하는 것이 유리하다. 그러나 농공 상태로 이행하려는 단계에 있는 국가는 선진국의 싸고 우수한 공산품으로부터 국내의 유치산업을 보호하기 위하여 보호무역을 채택해야 한다고 주장하였다. 따라서 농공 상태에 있는 독일과 미국은 보호관세에 의해 선진국 상품의 수입을 억제함으로써 유치산업을 보호 · 육성하여 선진국 상품과의 자유경쟁에서 견딜 수 있도록 발달시켜야 한다는 것이다.

이와 같은 리스트의 유치산업보호론은 그 후 밀(J.S. Mill)과 바스테이블(C.F. Bastable) 등에 의하여 더욱 발전되었으며, 오늘날에 이르기까지 가장 강력한 보호무역정책의 근간으로 자국의 정책에 반영되었다. 그러나 개발도상국들이 유치산업을 보호하고 육성하는 과정에서 유치산업보호는 한 번 시행되면 정경이 유착되어 반 영구화되는 경향이 있으며, 유치산업은 판정기준이 분명치 못하고 또한 국내산업의 보호혜택을 외국투자기업들이 향유하게 된다는 문제점들이 제기되기도 하였다.

(4) 보호무역정책의 전개

보호무역정책은 나라에 따라 정도의 차이는 있으나 거의 모든 나라가 실시하고 있다는 것을 앞에서 이미 설명하였다. 여기에서는 당시 후진국이었던 독일과 미국의 정책전개를 살펴보기로 한다.

독일은 1879년에 철 · 섬유류 및 유리 등의 화학제품 등을 대상으로 한 관세법 개정으로 보호무역정책의 시대로 접어들었다. 이를 시발점으로 하여 유럽제국에서는 관세인상조치가 잇따라 일어나 관세전쟁을 할 정도였다. 특히 프랑스 등 주변 국가들이 보호무역정책을 실시하자 불리한 영향을 방지하기 위해 이 정책은 더욱 강화되었으며, 그 후 제1차 세계대전 전까지 계속되어 독일의 경제는 급성장하였다.

미국은 해밀턴의 보고서가 제출된 지 25년 후인 1816년 공업품의 수입관세를 인상하는 등 관세법을 개정하여 보호무역정책을 본격적으로 실시하였다. 이를 계기로 미국의 산업혁명은 급진적으로 진행되었으며, 1860년대 자유무역정책이 세계 여러 나라에서 실시되었으나 미국은 계속하여 수입물품에 고율의 관세를 부과하는 보호정책을 고수하였다. 그리하여 제1차 세계대전이 끝난 시기에는 이미 세계 제일의 경제대국으로 성장하였다. 특히 1929년의 세계 대공황기에는 미국 내의 실업을 구제하기 위하여 홀리-스무트(Hawley-Smoot) 관세법을 재정하여 그 어느 때보다도 높은 관세를 부과하였다.

4. 전후의 자유무역정책

제2차 세계대전 이후 세계정세를 주도하게 된 미국은 전쟁으로 인하여 붕괴된 국가경제의 질서를 바로잡고 국제경제를 부흥시키기 위하여 영국을 비롯한 선진국들과의 협력하에 IMF(국제통화기금), GATT(관세 및 무역에 관한 일반협정) 등의 국제협력기구를 설치하는 동시에 경제 원조를 실시한 결과, 1950년대 초반 서유럽에서부터 무차별 다각적 자유무역체제가 다시 부활하기 시작하였다. 그러나 제2차 세계대전 이후의 무역자유화는 앞에서 고찰한 고전적인 자유무역정책과는 몇 가지 점에서 다르다.

첫째, 종전의 자유무역정책은 자국의 국민경제적 입장에서 다른 국가의 이익을 감안하지 않은 폐쇄적인 데 비해, 전후 무역자유화는 제반 국제경제기구를 통하여 다른 국가의 경제발전을 고려하는 개방적인 경제체제로의 이행을 추구하여 왔다. 둘째, 무역자유화의 방향이 국제분업의 이익이라는 측면보다는 자국의 대량생산품을 해외에 판매하기 위한 시장 확보라는 점에서 중요시되고 있다.

이러한 새로운 방향에서 무역을 둘러싸고 야기되는 여러 가지 장애를 제거하는 동시에 거래상 차별대우를 취하지 않는다는 호혜주의에 입각하여 세계무역을 신장시키려는 국제적인 노력은 우선 GATT의 설립과 그 이후 WTO 출범으로 더욱 더 발전되었다. 그러나 WTO 출범에 의한 무역자유화의 정책은 다음과 같은 문제점을 내포하고 있다.

첫째, WTO 중심의 무역자유화는 너무 선진국의 입장만 고려하고 있으며 개발도상국 및 후진국의 경제상황을 도외시하고 있다. 그리하여 후진국의 경제 여건은 악화되었고, 선진국과의 경제적 격차는 실질적으로 줄어들지 않고 있다. 둘째, 자본주의의 발전단계에서 볼 때 자유화의 범위가 일정한 테두리 안에 한정될 수밖에 없고, 완전한 무역자유화는 기대하기 어렵다.

5. 신보호무역정책

신보호무역정책의 대두배경
선진국의 정체산업 및 사양산업을 후발국의 기업으로부터 보호하기 위해 실시

1960년대부터 국제경제의 중심적 역할을 해오던 미국 경제의 위치가 만성적인 국제수지 적자의 누적과 여타 선진국의 급속한 경제성장으로 인하여 상대적인 후퇴를 거듭하면서 미국의 경제력과 시장개방능력을 기반으로 설립된 IMF와 GATT 체제가 동요되고 혼란을 거듭하게 되었다. 이에 국제무역은 미국을 중심으로 한 선진국의 경우 국내시장보호를 위해 비관세장벽을 통한 보호무역의 강화와, 개도국의 경우 경제성장 및 국내 유치산업보호를 위한 보호무역이 결합됨으로써 1950년대의 일시적인 자유무역정책은 후퇴하고 세계는 다시 새로운 보호무역정책을 실시하게 되었다. 이러한 신보호무역정책은 종전의 보호무역정책과는 다음과 같은 상이한 양상을 띠고 있다.

첫째, 종전의 보호무역정책은 후진국들에 의하여 주도되었으나 신보호무역정책은 선진국들에 의하여 주도되었다.

둘째, 신보호무역정책은 관세가 아닌 비관세장벽을 주요 정책수단으로 사용하고 있다. 왜냐하면 고율의 관세부과는 WTO 정신에 위배되기 때문이다.

셋째, 종전의 보호무역정책은 주로 후진국의 유치산업을 보호하기 위하여 실시되었지만, 신보호무역정책은 주로 선진국의 정체산업 및 사양산업을 보호하기 위해 실시되고 있다.

이상과 같이 신보호무역정책이 대두하게 된 이유는 우선 세계경제의 동질화와 수출시장의 협소화에 있다. 새로운 산업이나 상품은 선진국만의 전유물이 아니라 다른 선진국 또는 개발도상국에서도 생산이 가능하게 됨에 따라 과잉생산을 초래하여 결국 국제경쟁을 심화시켰다. 이에 수출시장은 상대적으로 협소해지고 각국은 국민경제의 입장에서 보호주의 무역을 채택하게 되었다. 또 하나의 이유는 세계의 거의 모든 국가가 대외지급준비 내지는 외화자금이 부족하므로 무역결제에 어려움을 겪고 있다. 이에 각국은 대외결제수단이라는 면에서 무역을 통제하게 되고, 따라서 보호무역정책을 실시하게 되었다.

참고문헌

이균 · 김종성 · 이강빈 · 이수일 · 김웅진 · 박종삼, 『무역학원론』, 박영사, 2004.

배근성 · 이무원 · 함영진 · 강동윤, 『글로벌 무역경영』, 비즈프레스, 2010.

연습문제

1. 무역정책의 개념과 특성에 대하여 설명하시오.
2. 무역정책의 목표에 대하여 설명하시오.
3. 무역정책의 수단에 대하여 설명하시오.
4. 최근 국내의 무역정책에 대하여 설명하시오.
5. 중상주의 무역정책에 대하여 설명하시오.
6. 자유무역정책의 대두배경에 대하여 설명하시오.
7. 애덤 스미스의 자유무역론을 설명하시오.
8. 보호무역론의 대두배경에 대하여 설명하시오.
9. 해밀턴과 리스트의 보호무역론을 설명하시오.
10. 신보호무역정책의 배경과 주요 내용을 설명하시고 문제점을 지적하시오.

CHAPTER

05

국제금융 및 외환

INTRODUCTION TO INTERNATIONAL BUSINESS

CHAPTER 05

국제금융 및 외환

제1절 국제금융시장

1. 국제금융시장의 의의

> **국제금융시장**
> 국경을 초월하여 금융거래 당사자들 사이에 거래가 이루어지는 장

국제금융시장은 국경을 초월하여 금융거래 당사자들 사이에 거래가 이루어지는 장소를 말한다. 국제금융시장은 지역적 개념과 추상적 개념으로 양분하여 정의할 수 있다. 지역적 개념의 국제금융시장은 국가 단위의 금융거래를 다루는 다수의 금융기관들이 활동하고 있으며, 자금수요자와 자금공급자 간의 연계를 통해 금융자원의 효율적 배분을 담당하는 장소를 말한다. 일반적으로 알려진 지역적 개념의 국제금융시장은 WTO 체제에서 금융시장이 개방되고 통신기술의 발달로 인해 금융거래가 SWIFT[1) 형태로 위성통신망을 통해 광속으로 이루어짐에 따라 금융거래 당사자들이 접점하는 것으로 추상적 의미의 국제금융시장을 말한다.

국제금융시장은 국제무역의 대금결제와 무역금융지원뿐만 아니라 전 세계의 지역금융시장을 통한 금융자산을 효율적으로 운용할 수 있게 해 준다. 다시 말하면, 국제금융시장은 국제무역거래와 관련된 금융서비스뿐만 아니라 WTO 출범으로 각국의 금융시장이 개방됨으로써, 국가 간에 자금의 이동이 자유로워지고 주식과 채권의 금융자산거래가 원활하게 이루어져 금융자산의 수익을 극대화하는

1) Society for Worldwide Interbank Financial Telecommunication의 약자로 국제은행 간 통신협정을 말한다. 1973년 5월 유럽 및 북미의 주요 은행이 가맹해 발족된 비영리조직이다. 각국의 주요 은행을 묶어 컴퓨터 네트워크를 구성하고 은행 상호 간의 지급 · 송금업무 등을 위한 데이터 통신의 교환을 목표로 하고 있다. 1977년 5월 유럽 일부에서 시스템 가동이 개시됐다.

기회와 장소로서 큰 역할을 하고 있다.

국제금융시장에는 각국의 자금이 집중되어 있고 이러한 자금이 자유로이 조달되고 운용되기 때문에 장 · 단기 금융이 활발히 거래되고 있으며, 국제상업은행, 국제투자은행 등과 같은 다양한 금융기관이 존재하고 있다. 이러한 금융기관들을 통한 예금과 대출 중심의 간접금융거래와 주식과 채권에 의한 직접금융거래 등이 자유로이 이루어져 금융자산을 효율적으로 운용할 수 있다. 또한 국제금융시장은 환거래, 대외송금, 보험 등 국제무역과 해운업에 관련된 금융거래들이 쉽고 편리하게 이루어질 수 있도록 되어 있다. 이로 인해 전 세계적으로 금융자금이 보다 효율적으로 배분되어 국제무역거래와 국가 간 금융에 대한 유동성의 과부족 조절 기능을 원활히 수행한다.

국제금융시장은 뉴욕 · 런던과 같이 거의 모든 종류의 금융 중개기능을 수행하는 전통적인 종합 국제금융시장과 외환과 자산운용 등으로 특화된 국제금융시장으로 지역적 특징을 가진 국제금융시장이 있다. 이러한 국제금융시장은 싱가포르(외환, 자산운용), 시카고(선물매매), 보스턴(자산운용), 취리히, 프랑크푸르트, 파리, 룩셈부르크, 토론토, 샌프란시스코, 로스앤젤레스, 도쿄, 홍콩, 케이만군도(조세피난처), 바하마(조세피난처) 등이다.

2. 국제금융시장의 구분

전통적으로 금융시장은 거래되는 금융상품에 따라 자본시장과 단기금융시장으로 구분된다. 클레인(John. J. Klein)은 금융시장을 단기금융시장(money market)과 자본시장(capital market)으로 구분하였다. 단기금융시장은 주로 만기 1년 이하의 단기금융상품이 거래되고 시장의 주체는 개인(household sector)이며, 자본시장은 만기 1년 이상의 장기금융상품이 거래되고 시장의 주체는 기업(business sector)이다.[2)]

국제금융시장은 거래되는 금융상품에 따라 만기 1년 이상의 금융상품이 거래 중심이 되는 국제자본시장, 외국환 상품이 거래 중심인 국제외환시장(foreign exchange market), 해외(offshore)에서 발행된 자기 나라 통화기준 자산을 취급

2) John J. Klein, *Money and the Economy*, Harcourt Brace Jovanovich, Inc., 1982, pp.25~26

하는 역외금융시장(offshore market)으로 구분할 수 있다.

(1) 국제자본시장

국제자본시장
만기 1년 이상의 금융상품(채권, 주식, 대출 등)이 거래되는 시장

국제자본시장은 만기 1년 이상의 금융상품(채권, 주식, 대출 등)이 거래되는 시장이라고 말할 수 있다. 이러한 금융거래는 국제자본의 이동에 의하여 거래가 이루어진다. 전통적인 금융이론에서는 국제자본의 이동은 국가 간에 이자의 차이에 의해 이루어지는 것으로 되어 있다. 즉, 해외의 이자가 국내의 이자보다 높을 경우 그 이자가 국내의 이자와 같을 때까지 자본이 해외로 이동한다는 것이다. 그러나 멜빈(Michael Melvin)은 "현대는 기업이 해외사업 확장경영에 의하여 다른 여러 나라에 제품 및 서비스회사를 소유 또는 경영할 목적으로 해외에 투자하는 과정에서 보다 많은 국제자본이동이 이루어진다."라고 했다.[3]

여기에서 단순한 이자의 차이 또는 주식 및 채권의 단기 금융거래를 목적으로 하는 단기해외투자와 해외사업경영을 목적으로 투자하는 해외직접투자(direct foreign investment)로 구분하여 국제자본시장을 살펴볼 수 있다.

해외직접투자는 국제자본(국제증권)시장에서 신규주식이나 국제채권이 발행되어 소화된다. 미국 국제금융시장에서 기업이 발행하는 달러표시 채권을 양키본드(Yankee bond)라 하고, 영국의 국제금융시장에서 외국기업이 파운드화로 발행하는 채권을 불독본드(Bulldog bond)라 하며, 일본 국제금융시장에서 외국기업이 발행하는 엔화표시 채권은 사무라이본드(Samurai bond)라고 한다. 이와 같이 국제채권은 여러 나라 국제금융시장에서 발행되고 소화된다. 국제금융시장에서 신규주식발행의 경우는 주로 처음에는 주식예탁증서(DR, depository receipt) 형태로 발행하였다가 나중에 직접 발행하게 된다. 또 다른 형태의 주식과 채권의 발행은 전환사채(CB, convertible bond), 신주인수권부채권(BW, bond with warrants) 형식이다. 이는 주식과 채권을 연계한 금융상품으로 국제금융시장에서 잘 유통되고 있다. 단기해외투자는 국제금융시장(증권시장)에서 기존 주식이나 채권을 사고파는 단기투자(hot money) 형태의 금융거래로 발행한 주식이나 채권을 유통시키는 역할을 한다. 이러한 국제자본시장은 국제금융거래를 활성화시켜 세계경제의 생산능력을 확대시키는 데 큰 역할을 한다.

---

3) Michael Melvin, *Internatonal Money and Finance*, Harper & Row, Publishers, Inc., 1989, pp. 112~121

(2) 국제외환시장

국제외환시장
외환의 수요자와 공급자 간에 외환의 거래가 이루어지는 장소

국제외국환시장(외환시장)은 외환의 수요자와 공급자 간에 외환의 거래가 이루어지는 장소를 말한다. 외환시장은 지역적 개념의 시장과 추상적 개념의 시장으로 양분된다. 지역적 개념의 외환시장은 외국환은행을 중심으로 한 대고객거래를 취급하는 장소로 일정한 장소에 거래소를 개설하여 외국환거래를 하거나, 일정한 외국환 취급점을 개설하여 외환을 사고자 하는 고객과 외환을 팔고자 하는 고객을 상대로 영업하는 장소이다. 추상적 개념의 외환시장은 특정한 장소에 거래소를 설치하지 않고 다만 외환 취급 은행들이 중심이 되어서 실질적으로 은행 간에 외환거래가 이루어지는 추상적인 장소를 말한다. 총체적으로 말하면 외환시장은 외환을 처분하고자 하는 판매자와 외환을 필요로 하는 구매자를 상호 연결하여 수요와 공급을 상쇄시켜주며, 외환의 수요자와 공급자 간의 경합으로 환율이 결정되는 장소라고 할 수 있다.

국제외환시장의 주체는 일반적으로 외국환은행, 고객(customer), 중개업자(exchange bill broker) 등이다. 외환은행은 외환시장의 중심적 존재이며 외환거래를 취급한다. 고객은 외국환은행에 외환의 매매를 의뢰하여 오는 자로 각종의 국제거래 대금결제를 목적으로 오는 고객(실수요자)과 환 투기의 목적하에서 외환의 매매를 의뢰하여 오는 고객(투기업자)이 있다. 환 중개업자(exchange bill broker)는 외국환은행 간 또는 외국환은행과 고객 간에 중개수수료(brokerage)를 목적으로 외환거래를 취급한다.

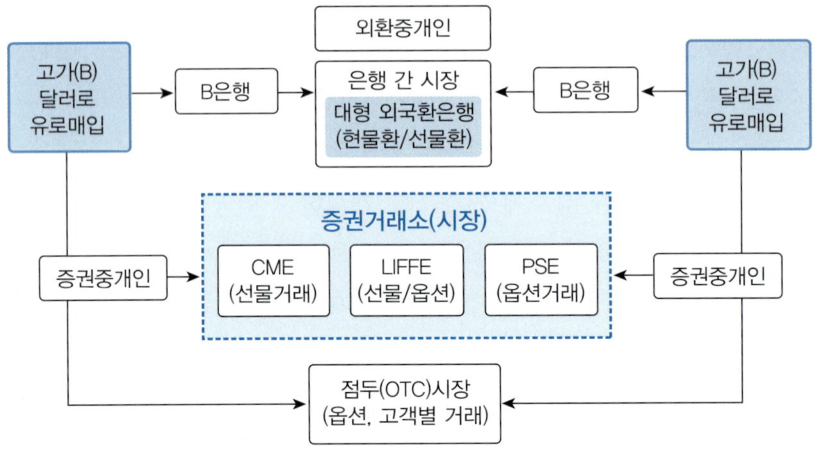

주) CME : Chicago, Mercantile Exchange
LIFFE : London International Financial Futures and Options Exchange
PSE : Pacific (Stock) Exchange
출처: J. D. Daniels and L. H. Redebauge, *International Bussiness*, 8th ed.(Reading, Mass. Addison–Welsey, 1998). p.387

[그림 5–1] 외환시장의 구조

국제외환시장은 정치적 · 사회적 안정 속에 국제경제거래의 중심지이며 국제통화의 교환성이 보장되고, 정보통신기술 인프라가 잘 조성되어 있고, 금융제도정비로 금융기관의 자율성 및 경쟁원리가 보장된 나라에 발달되어 있다. 또한 국제외환시장에는 외환거래의 전문업자와 조직망이 매우 발달되어 있으며, 외환거래와 관련된 다양한 지식과 경험을 지닌 전문가집단이 모여 있고, 국제금융시장과 밀접한 연관성을 가지고 있다. 따라서 국제금융시장의 거래를 통하여 국가 간의 환율의 균형과 자국통화와 국제통화와의 교환을 성립시킬 뿐 아니라 국제무역에 신용을 제공하고 환 위험을 서로 연계시키는 기능을 가지고 있다.

대표적인 국제외환시장은 영국의 런던시장과 미국의 뉴욕시장이다. 이들 외환시장은 다수의 국제금융기관들이 활동하고 있으며, 자금수요자와 자금공급자 연계를 통해 금융자원이 효율적으로 배분되고 외국은행의 진출이 용이하며, 국제금융기관들이 지리적으로 인접하여 최소 두세 시간 정도의 동일업무 시간을 가질 수 있으며, 통신기술의 발달로 인해 금융의 거래가 SWIFT(Society for Worldwide Interbank Financial Telecommunications)의 형태로 위성통신망을 통해 광속으로 금융기관들의 송금정보를 보내고 받아 신속히 이루어진다. 그 밖에 자국의 경제력 배경과 금융상품의 특화로 프랑크푸르트, 도쿄, 파리, 홍콩, 싱가포르 등이 새로운 국제외환시장으로 등장하고 있다.

외환시장은 급격한 환율변동에 따른 환 위험(foreign exchange risk)을 회피하는 데 도움을 주며, 각각 다른 통화의 현재 및 미래가치, 거래량 등에 관한 시장 정보를 제공한다. 외환시장은 24시간 거래가 가능하다. 외환시장은 시간대를 달리하고 있는 여러 나라에 위치하고 있어, 한 나라의 외환시장이 저녁이 되어 폐장하면 다른 나라의 외환시장은 아침이 되어 개장한다. 이러한 이유로 각 나라의 금융기관의 외환거래실(dealing room)에는 전 세계 외환시장의 주요 시세를 파악할 수 있는 모니터를 설치하고 24시간 교대로 외환거래를 하게 된다.

(3) 역외금융시장

역외금융시장(offshore market)은 해외(offshore)에서 발행된 자기 나라 통화기준 금융자산이 거래되는 시장을 말한다. 예를 들면, 원화(₩)표시 채권이 우리나라 이외의 지역(뉴욕 금융시장, 싱가포르 금융시장)에서 발행되어 유통되는 경우를 말한다. 멜빈(Michael Melvin)은 역외금융시장의 근원은 1950년대 유로달러시장(Eurodollar market)이 형성되면서 시작되었다고 했다.[4)]

역외 금융시장
해외에서 발행된 자기 나라 통화기준 금융자산이 거래되는 시장

그러한 이유로 역외금융을 유로달러라고도 말한다. 유로달러시장은 유럽지역의 금융기관에 예치된 달러예금(유로달러)을 유럽지역 금융기관에 예금하고 대출하는 시장을 지칭하였지만, 그 후 미국 이외의 금융기관에 예치된 달러예금(유로달러)을 전 세계에 있는 금융시장에서 예금하고 대출하는 시장을 지칭하게 되었다. 여기서 유로달러는 유로커런시(Eurocurrency)라고도 말하는데, 유럽지역의 금융기관에 예치된 타국통화표시 예금을 지칭한다. 예를 들면, 런던 금융기관에 예치된 타국통화표시 예금인 달러예금이나 엔화예금, 마르크예금 등을 모두 유로커런시라고 하는데, 이를 유로달러, 유로엔, 유로마르크로도 부른다. 유럽 이외의 지역인 싱가포르, 홍콩, 도쿄 등의 금융기관에 예치된 타국통화표시 예금은 역외예금(offshore deposit)이라고 부른다. 여기서 역외금융시장은 유로커런시와 역외예금을 취급하는 시장으로 말할 수 있다.

역외금융시장에서는 타국통화 예금 및 대출이 가능하기 때문에 환 위험을 분산

4) Michael Melvin, *International Money and Finance*, Harper & Row Publishers, Inc., 1989, pp. 203~211

시킬 수 있다. 예를 들면, 런던의 역외금융시장(유로커런시시장)이나 뉴욕, 싱가포르, 홍콩의 역외금융시장에서 달러대출, 엔화대출, 마르크대출, 프랑대출, 원(₩)화대출 등의 조건을 상호 비교해서 원하는 통화로 대출받을 수 있다. 역외금융시장에서 취급하는 금융상품은 유로예금(역외예금) 이외에도 유로 CD, 유로 CP, 유로환매조건부매출(RP) 등이 있다. 일반적으로 역외금융시장에서 거래되는 금리는 일반 국내은행들이 지급하는 예금이자율보다 높은 금리를 지급하고 있고, 대출이자율도 국내은행들보다 상대적으로 낮다. 이는 금융기관 간 경쟁이 치열할 뿐만 아니라 법정지급준비제도가 없어 자금의 조달비용이 상대적으로 낮기 때문이다.

역외금융시장에서 거래되는 대출금리는 LIBOR에 위험프리미엄(spread)을 더 얹은 수준으로 책정한다. 리보금리(LIBOR, London Inter-bank Offered Rate)는 런던에서 은행 간 거래금리를 말하는데, 이를 기준금리라고 한다. 스프레드(spread)는 차입자의 신용도 등을 감안한 위험프리미엄을 말하는데, 최우량기업대출에는 0.25%, 신용이 취약한 기업대출에는 2.5%까지 다양하다. 스프레드는 위험프리미엄뿐만 아니라 대출에 따른 관리비용 등을 모두 포함한다. 따라서 역외금융시장의 대출 금리는 LIBOR(기준금리) + 스프레드(위험프리미엄)로 한다.

3. 국제외환시장의 당사자와 특징 그리고 형태

(1) 국제외환시장의 당사자

국제외환시장의 주요 당사자

외국환은행, 고객, 외환중개인, 중앙은행(통화당국)

1) 외국환은행(foreign exchange bank)

고객의 요구에 따라 외국환을 사기도 하고 팔기도 한다. 그 결과 발생한 외환포지션(foreign exchange position; 외국환의 매매차익)을 조정하기 위해 은행 간 외환거래를 수동적으로 하기도 하고, 능동적으로 이윤을 추구하기 위하여 환재정거래(동일재화를 가격이 낮은 시장에서 매입해서 가격이 높은 시장에 매출함으로써 이익을 얻으려는 경제행위), 이자재정거래(이자율의 국제간의 차이를 이용하여 이윤을 얻으려는 경제행위), 환투기거래를 하기도 한다. 외환시장의 제1참가자라 할 수 있다.

2) 고객(customer)

외환거래에 참여하는 자로서 외환의 수요자와 공급자를 말한다. 예를 들면, 수출입업자, 해외여행자, 해외투자자 등이 있다. 실수요자인 고객과 외국환은행 간의 외국환거래가 이루어지는 외환시장을 대고객시장(customer market)이라고 한다.

고객의 외환거래의 목적은 실수거래와 투기거래로 대별된다. 실수거래란 실제 거래상의 목적 또는 장래 환리스크 방지의 목적에 의한 거래를 의미하며, 투기거래란 외환의 가격변동으로부터 환차익을 얻기 위한 거래를 말한다.

본래 기업은 이윤추구를 위하여 외환거래를 환리스크 헤지(exchange risk hedge) 목적으로만 사용할 뿐 환차익을 취득하려는 것이 아니었다. 하지만 국제거래에 따른 환리스크의 증대에 따라 기업의 외환거래의 중요성이 크게 부각됨으로써 종래의 방어적인 입장에서 탈피하여 최근에는 금리재정거래, 강세통화 채무의 조기상환, 약세통화에 의한 기채(起債) 등과 같이 적극적으로 외환시장을 활용하고 있다.

3) 외환중개인(foreign exchange broker)

외환시장에서 주로 외국환은행 간의 외화거래나 고객 간의 거래를 중개하고 그 대가로 수수료를 받는 사람이다. 1970년대 후반 국제적 브로커의 등장으로 국제 외환시장은 크게 변하였다. 브로커는 다수의 직원과 최첨단 국제정보통신망을 이용하여 세계적인 규모로 중개업무를 수행하는 조직으로서, 전용 정보통신망을 통해 일시에 다수의 외국환은행과 접촉할 수 있으므로 외국환은행이 특정가격에 의한 외환거래를 원하거나 대량의 외환거래를 성사시키고자 할 때는 개별적으로 다른 은행과 접촉하는 것보다 훨씬 신속하고 저렴한 비용으로 거래를 성사시킬 수 있는 장점이 있다. 기본적으로 브로커는 중개업무만 할 뿐 환 포지션을 보유하지 않는 경우가 일반적이지만 예외적으로 본인도 외환거래의 당사자가 되는 경우도 있다.

4) 중앙은행(통화당국)

각국의 중앙은행들은 외환시장의 불안을 막고 환율변동에 영향을 줄 필요가 있을 때 또는 환율안정을 위해 능동적으로 외환시장에 개입한다. 특히 오늘날에는 완전한 자유변동환율제도를 행하고 있는 국가는 거의 없으며 각국의 중앙은행들은 방법과 정도만 다를 뿐 환율변동에 영향력을 행사하기 위해 모두 외환시장에 개입하고 있다.

또한 각국의 중앙은행들은 외환시장의 정보를 얻기 위하여 정기적으로 외환은행과 접촉하기도 하고 외환시장개입과 무관하게 때때로 외환매매를 하기도 한다. 이러한 외환거래를 통해 거래상대방의 관리상황이나 거래형태를 파악하여 지급지시가 정확히 이루어지고 있는지 등에 관한 정보를 사전에 탐지하여, 자국의 금융계 전체에 충격과 파장을 가져올 수 있는 사태를 미연에 방지하고자 한다.

(2) 국제외환시장의 특징

국제외환시장의 특징
범세계적, 24시간 운영, 점두시장, 은행 간 거래

1) 외환시장은 범세계적 시장이다

세계 각국의 외환거래 규제가 완화되고 세계경제가 발달하면서 거래량이 증가되었고, 자본이동이 자유화되고 외환거래기법의 발달로 시장정보와 가격결정 메커니즘이 동시에 조화되어 범세계적 시장(global market)으로 변모해 가고 있다.

2) 외환시장은 24시간의 시장기능

외환시장은 세계적인 네트워크로 연결되어 지구상의 어떤 장소나 어떤 시간에서도 외환을 거래할 수 있다. 이는 세계 각국이 시차가 다르기 때문에 시시각각으로 변동되는 외환시세와 정보를 합리적으로 운영할 수 있는 개방시장(open market)의 성격을 띠고 있다.

3) 외환시장은 점두시장이다

외환거래는 대부분 점두시장(店頭市場, over the counter market)에서 거래가 이루어진다. 다시 말해, 외환거래가 대부분 특정장소에서 거래되는 것이 아니라 은행과 딜러, 외환중개인에 의해서 전화 · 텔렉스 및 컴퓨터 단말기를 이용하여 은행 간 거래와 대고객거래를 하는 거래형태이다.

4) 외환거래의 대부분은 은행 간 거래이다

은행 간 거래의 대부분은 대고객거래에서 발생한 환 포지션을 조정하기 위한 것이다. 다시 말해, 은행 간 거래시장은 일반적으로 일정한 거래성립이 확실시된다. 비록 제시받은 매입-매도가격이 마음에 들지 않더라도 거래를 성립시키고자 한다면 정상적인 거래규모까지는 거래가 가능하다.

이 시장을 통하여 상대방의 거래요청에 응하게 되는 경우에는 자신의 포지션(position)을 증가시킬 위험도 내포하고 있다. 결국 은행 간 거래는 상호주의 바탕 위에 보다 긴밀한 업무 협조관계를 얻을 수 있는 계기가 된다고 할 수 있다.

(3) 외환거래의 형태

외환거래의 형태에는 현물환거래, 선물환거래, 스왑거래 등이 있다.

1) 현물환거래

현물환거래(spot exchange transaction)는 외환거래의 가장 기본이 되는 거래로서, 계약 즉시 외환의 인도가 이루어지는 것을 의미한다. 그러나 국가나 지역에 따라서 약간의 시차는 존재하며 은행 간 거래의 경우에도 계약일로부터 둘째 영업일 이내에 외환의 인도가 이루어진다.

> **현물환거래**
> 계약 즉시 외환의 인도가 이루어지는 거래

2) 선물환거래

선물환거래(forward exchange transaction)는 미래의 지정된 일자에 통화를 매매하겠다는 계약을 의미한다. 즉, 약정된 계약일까지 매매쌍방의 현물결제가 유보된다는 점에서 현물환거래와 다르다. 다시 말해, 선물환거래는 외환거래 당사자 간에 장래의 외환결제에 적용할 환율을 거래시점에 미리 약정함으로써 외환거래일로부터 결제일 사이의 환율변동으로 야기되는 위험을 회피할 수 있다.

> **선물환거래**
> 미래의 지정된 일자에 통화를 매매하겠다는 계약

이에 대해 두 가지 예를 들어 살펴보면 다음과 같다.

첫째, 새 아파트를 분양받은 경우인데, 계약 당시 일정한 가격으로 약속을 하고 일정한 기간이 지나 입주할 때 그때는 아파트 시세와는 관계없이 당초 약속한 금액만 주고 입주하는 것이 선물환거래와 동일한 원리이다. 따라서 신규분양을 받은 후에 아파트 시세가 올랐더라도 계약자는 분양이라는 계약을 통해 당초 약속한 가격으로 구입하기 때문에 가격상승에 대한 예방효과를 가지게 된다.

둘째로는 밭떼기의 선물환거래인데, 김치공장 사장이 3천 평 규모의 배추를 재배하는 농부와 계약한 후 3개월 후 현재 약정한 일정금액으로 거두어 가겠다는 밭

떼기 계약도 선물환거래의 원리이다. 즉, 3개월 후 배추 값이 많이 오른다 하더라도 김치공장 사장은 당초 약정한 금액으로 배추를 구입할 수 있고, 반대로 배추 값이 폭락한다 하더라도 농부도 마찬가지로 당초 계약한 금액을 받을 수 있다. 따라서 선물환거래는 미래거래에 대한 사전약정으로서 양자 모두에게 필요한 계약이라 할 수 있다.

3) 스왑거래

> **스왑거래**
> 현물환거래와 선물환거래가 동시에 함께 이루어지는 경우, 만기가 서로 다른 동액의 외환을 동시에 매매하는 거래이며, 외환의 인도시기가 서로 다른 거래로서 환율변동에 따른 환위험을 회피하기 위해 널리 이용되는 외환거래

스왑거래(swap transaction)는 현물환거래와 선물환거래가 동시에 함께 이루어지는 경우, 만기가 서로 다른 동액의 외환을 동시에 매매하는 거래이며 외환의 인도시기가 서로 다른 거래로서 환율변동에 따른 환리스크를 회피하기 위해 널리 이용되는 외환거래이다. 구체적으로는 특정통화의 환매 또는 재매입(repurchase)을 조건으로 하는 매매거래를 의미한다. 즉, 동일 당사자 간에 특정통화의 일정금액을 현물환 또는 선물환으로 매각함과 동시에 결제일을 달리하는 동일금액의 선물환을 재매입하기로 미리 약정한 거래로서 현물환거래와 선물환거래를 병행한 외환거래기법이다.

제2절 외국환과 환율

1. 외국환의 의의

> **외국환**
> 화폐단위를 달리하고 있는 국가 간에 정부, 기업, 개인의 국제간 거래로 발생된 채권·채무관계를 현금을 직접 수송하지 않고 외국환 은행을 통한 지급위탁의 방법에 의하여 결제하는 지급수단

외국환(foreign exchange bill)이란 화폐단위를 달리하고 있는 국가 간에 정부, 기업, 개인의 국제간 거래로 발생된 채권·채무관계를 현금을 직접 수송하지 않고 외국환 은행을 통한 지급위탁의 방법에 의하여 결제하는 지급수단이다.

외국환은 국제무역거래에서 대부분 채권·채무관계 결제의 지급수단으로서 사용되고 있다. 물론 국제무역거래에서 발생한 채권·채무관계 결제를 금이나 현금통화 등으로 지급할 수 있지만, 이러한 지급수단은 많은 시간과 위험이 따른다. 예를 들면, 칠레에서 현금 지급수단으로 수산물을 수입하고자 할 때 우리나라에

서 원화를 달러로 교환한 다음 그 달러를 소지하고 칠레의 현지에 간다면, 36시간 동안 비행기를 타야 하고 칠레의 주요 도시 공항에서 현지까지 가는 데 많은 시간이 소요되며 위험이 따르게 된다. 그러나 외국환 결제 지급수단은 이러한 국제무역거래에서 현금을 직접 수송하지 않고 외국환은행을 통한 지급위탁의 방법에 의하여 지급할 수 있기 때문에 간편하고 위험이 적으며 신속하다.

외국환은 국가 간에 화폐제도가 다르고 화폐의 교환비율(환율)이 서로 다르기 때문에 국내에서 중앙은행에 의한 내국환 청산결제 지급과 다르게 환율과 국제외환수급을 조절하는 국제외환시장의 매개로 청산결제에 의하여 지급된다. 예를 들면, 외국환은행이 환거래 계약을 맺고 있는 외국의 외국환은행에 서로 상대국 통화표시의 예금구좌를 갖고 있으면서 그 구좌에 입금이나 인출을 통해 국제대차를 결제하고, 만일 환거래계약 은행 간에 결제 잔액이 있으면 이를 국제외환시장을 통해 조정한다.

외국환은 일반적으로 국제무역, 국제자본이동, 운송 및 보험 서비스, 국제적 노무제공 등의 국제간의 상업거래와 해외여행, 해외선교, 해외봉사, 해외무상원조, 해외주재외교관 파견 등으로 발생하는 비상업적 경비 등의 원인으로 발생한다. 여기서 국제무역은 수출 · 입 거래를 의미하고, 국제자본이동은 해외 직 · 간접투자 및 단기투자자본, 차관, 민간투자 등을 의미한다.

Tip

외국환이 내국환에 비해 다른 점

① 거래 당사자가 서로 다른 나라에 떨어져 있다.
② 서로 다른 화폐단위를 사용한다.
③ 결제에 상당한 시간이 소요되어 금리문제가 발생한다.
④ 환시세의 변동으로 인한 환리스크(exchange risk)가 따른다.
⑤ 각국의 외환통제로 자금의 이동이 자유롭지 못하다.

2. 외국환의 종류

외국환은 국제간 거래의 결제지급 수단으로 수취인(채권자)과 지급인(채무자)이 서로 다른 국적과 국가 간에 상이한 화폐를 교환하게 된다. 이러한 결제지급 방법에 따라 다양한 종류의 외국환이 존재한다. 이는 지급방법에 따라 크게 송금환(remittance exchange bill)과 추심환(collection exchange bill)으로 나눈다.

송금환은 지급인이 외국환은행을 통해 수취인에게 송금하여 지급하는 방식으로 송금수표(D/D, demand drafts), 우편환송금환(M/T, mail transfer), 전신송금환(T/T, telegraphic transfer) 등 세 가지의 송금수단에 의하여 이루어진다. 반대로 추심환은 수취인(drawer)이 외국환은행을 통해서 추심하는 방법으로 자금을 수취하는 데 대부분 신용장결제방식, 추심결제방식(D/A, D/P)에 의하여 이루어진다. 여기서 추심(collection)이란 외국환은행이 수취인(drawer)이 발행한 환어음(bill of exchange)을 매입하거나 매입하지 않고 환거래 계약을 맺은 외국의 외국환은행을 통하여 청구받는 과정을 말한다.

Tip

외국환의 종류

① 순환(順換): 채무자가 그 채무를 은행을 통하여 채권자에게 상환하는 방식
② 역환(逆換): 채권자가 그 채권을 은행을 통하여 채무자로부터 회수하는 방식
③ 매도환: 환매매의 중개기관인 외국환은행 측에서 환을 매각하는 경우
④ 매입환: 환매매의 중개기관인 외국환은행 측에서 환을 매입하는 경우
⑤ 보통환과 전신환: 외국환의 국제적 이동은 환어음(D/D, demand draft), 우편송금(M/T, mail transfer) 및 전신송금(T/T, telegraphic transfer) 등의 방법으로 이루어지며, 환어음과 우편송금에 의한 것을 전신환과 구별하여 보통환이라고 한다.
⑥ 현물환(직물환): 외환의 거래가 매매계약과 동시에 결정되는 것
⑦ 선물환(예약환): 일정기간 후에 일정률로 환거래를 할 것을 미리 예약하며, 실제의 거래는 일정기간이 지나서야 이루어지는 것

3. 환율의 개념과 제도

환율
한 나라 통화의 가치로서 외국 화폐에 대한 자국화폐의 가치를 뜻함.

환율(foreign exchange rate)이란 한 나라 통화의 가치를 의미한다. 이는 외국화폐에 대한 자국 화폐의 가치를 뜻한다. 멜빈은 환율이란 하나의 금융자산(화폐)

의 가격이며, 그 가격은 다른 나라의 화폐에 대한 자국의 화폐가격이라고 했다.[5)]

환율은 재화와 서비스가 시장에서 수요와 공급의 원리에서 가격(가치)이 결정되듯 국제외환시장에서 외환의 수요와 공급에 의하여 결정된다. 이 경우 환율의 결정에 있어 가장 큰 요인은 국제간 금융거래나 무역거래이다. 환율은 외환의 수요와 공급이 불안할 때 균형을 유지시켜 주는 기능을 가지고 있다. 울브리히(Holley H. Ulbrich)는 환율은 외환수급의 균형을 유지시켜주는 역할을 한다고 하였다.[6)]

특히 국제간 금융거래나 무역거래의 수요와 공급이 큰 폭으로 변할 때 외환수급은 매우 불안한 상태를 보여 준다. 이때 환율은 수출, 수입, 해외 장 · 단기 금융자본의 유동금리의 변화, 기업의 해외투자 등의 수요와 공급을 조절시켜 외환의 수급불안을 해소시켜주는 역할을 한다. 예를 들면, 환율이 오르면 수출이 증가하고 수입이 감소한다. 반대로 환율이 떨어지면 수입이 증가하고 수출이 감소한다.

전통적으로 환율제도에는 고정환율제도(fixed exchange rate system)와 변동환율제도(floating exchange rate system)가 있다. 고정환율제도란 정부 또는 중앙은행이 일정범위 내에서 고정환율(fixed exchange rate)을 설정하고, 이를 엄격한 국가관리하에 유지하고, 실제로 외국환거래에 적용하는 환율제도이다. 고정환율제도는 정부 또는 중앙은행이 외국환시장에 강하게 개입함으로써 시장수급상태를 변동시켜 환율을 안정시킨다. 반면에 변동환율제도는 일정한 고정환율을 설정하지 않고 외국환시장에서의 수요와 공급에 따라 환율이 자유롭게 형성되도록 아무런 제약을 가하지 않는 환율제도이다. 우리나라는 1945년 미국의 달러화를 기준으로 미군정당국에 의해 처음으로 고정환율제도를 채택하여 시행하다가, 1997년 12월 16일 외환위기로 인한 우리나라 경제의 IMF 체제 편입으로 자유 변동환율제도를 채택하여 시행하고 있다.

고정환율제도
외환시세의 변동을 전혀 인정하지 않고 고정시켜 놓은 환율제도

변동환율제도
환율을 외환시장의 수요와 공급에 의해 자유롭게 결정되도록 하는 환율제도. 이 제도는 환율의 실세를 반영하여 융통성 있게 변동할 수 있는 장점이 있으나 환투기의 가능성이 있을 때에는 환율의 안정을 잃게되는 단점이 있다.

4. 환율의 변동과 시세

환율은 한 나라 통화의 가치를 의미하는 것으로 외국 화폐에 대한 자국 화폐의

5) Michael Melvin, *International Money and Finance*, Harper & Row Publishers, Inc., 1989, pp. 164~180

6) Holley H. Ulbrich, *International Trade and Finance*, Prentice-Hall, Inc., Englewood Cliffs, NJ., 1983, pp.217~221

가치를 뜻한다. 다시 말하면, 서로 다른 화폐의 교환비율로 외국 화폐 단위와 교환되는 자국의 화폐량이라고 말할 수 있다. 예를 들면, 미국 화폐 1달러($)가 한국 화폐(₩) 1,150원으로 교환될 때 이를 환율 1,150원이라고 한다. 이때 달러환율(₩/$) $1=1,150원과 원화환율($/₩) 1₩=0.0008695달러로 표시한다. 만약 달러환율(₩/$)이 $1=1,150원으로부터 $1=1,200원으로 상승하면 달러의 평가절상(appreciation)이라 하고, 반대로 달러환율(₩/$)이 $1=1,150원으로부터 $1=1,050원으로 하락하면 달러의 평가절하(depreciation)라 한다.

이러한 환율은 외환거래은행 창구 또는 벽의 환율게시판에 화폐의 종류별로 현찰, 여행자수표, 전신환 등 거래외환의 종류별로, 그리고 은행이 고객으로부터 매입하는 매입률과 고객에게 매각하는 매도율별로 매일 게시하고 있다.

환율은 외환의 거래상품에 따라 현물환율(spot rate)과 선물환율(forward rate)로 구분한다. 현물환율은 외국환매매계약과 동시에 또는 2~3일 이내에 인도가 이루어지는 현물환(spot exchange)거래에 적용되는 환율을 말하며, 선물환율은 외환 계약체결 후 장래의 특정일에 일정화폐금액과 일정종류의 외국환을 일정환율로서 매매할 것을 약정하는 선물환(forward exchange)거래에 적용되는 환율을 말한다.

외환시장은 24시간 외환거래를 하기 때문에 환율의 시세가 24시간 변한다. 이로 인해 하루 종일 환율 변동위험(환리스크, foreign exchange risk)에 노출되어 있다고 볼 수 있다. 이 때문에 은행이나 증권회사 같은 금융기관의 외환거래실에는 전 세계 외환시장의 주요 시세를 파악할 수 있는 모니터를 설치하고 24시간 교대로 환율의 변동을 파악하게 된다.

국제거래에는 다양한 위험이 따른다. 환율의 급격한 변동에 따른 위험도 국제거래의 수익에 매우 큰 영향을 준다. 국제무역거래(수출 · 입)에서 상품을 계약하는 시점과 상품대금을 결제하는 시점 사이에 시차가 있어서 그 기간 동안 환율이 급격히 변동하면 자국통화로 받는 수출대금이나 지급하는 수입대금이 달라질 수 있어 기업의 수익에 매우 심각한 영향을 미치게 된다. 국제금융거래에서 외화표시 채권을 구입하거나, 외국 금융시장에서 금융상품(채권, 주식, 대출 등)을 거래할 때 급격한 환율 변동은 수익률을 크게 변동시킬 수 있다. 특히 상품을 생산하고 판매하여 이득을 얻고자 하는 생산자에게 환리스크는 매우 부담스럽다. 이러한 위험을 회피(hedge)하기 위해서 선물환 거래를 하기도 한다.

환위험
장래의 예상하지 못한 환율변동으로 인한 경제적 주체의 가치변동 가능성을 의미

거래적 환위험
기업이 외화로 표시된 거래에 있어서 환율변동 이전에 발생한 계약을 환율변동 이후에 실행함으로써 최종적으로 지급하거나 수취할 금액이 불리하게 실현될 가능성

환산환위험
환율변동 시점 이전에 타국 통화로 표시된 자산 및 부채를 자국통화의 연결재무제표로 작성할 때 발생하는 환위험

경제적 환위험
시장과 생산시설이 여러 나라에 산재해 있는 다국적기업의 미래 경제가치가 관련국 통화의 가치변동으로 불리한 영향을 받을 수 있는 위험

Tip

환율의 표시 방법

① 수취계산법 : 자국통화를 기준으로 해서 1단위의 자국통화에 대하여 외국통화를 얼마나 수취할 수 있는가를 나타내는 비율로서 외화 표시세(rate in foreign money)라고도 한다.
(1₩ : $0.0008695)

② 지불계산법 : 외국통화를 기준으로 해서 1단위의 외국통화에 대하여 자국통화를 얼마나 지불하는가를 나타내는 비율로서 자화 표시율(rate in home money)이라고도 한다.
($1 : 1,150₩)

제3절 국제수지

1. 국제수지의 개념

국제수지(balance of payments)란 일정기간 동안에 한 나라의 거주자와 외국의 거주자 사이에 행해진 모든 경제적 거래를 체계적으로 기록한 것을 말한다. 여기에서 일정기간이라 함은 국제수지가 플로(flow) 개념임을 나타내며 보통 1년을 말한다. 즉, 국제수지표는 일정한 기간에 있어서 국제거래에 따라 발생한 자금의 흐름을 나타내는 표이기 때문이다. 기업회계로 말하면 대차대조표는 어느 특정시점에 있어서의 한 기업의 자산과 부채의 상태를 보여주는 스톡(stock) 개념이므로 국제수지표는 플로 개념인 손익계산서와 같은 성격을 가졌다고 할 수 있다.

> **국제수지**
> 일정기간 동안에 한 나라의 거주자와 외국의 거주자 사이에 행해진 모든 경제적 거래를 체계적으로 기록한 것

다음으로 국제수지에서 거주자의 개념은 지리적 · 정치적인 것과는 달리 개인이나 법인의 주된 경제활동이 어느 나라에서 일어나는가에 의해 결정된다. 개인의 경우에 일반적으로 국적과 일치하지만 거주지가 기준으로 되어 있기 때문에 비록 국적은 외국인이라 하더라도 한 나라에 영주하고 있는 사람은 그 나라의 거주자가 된다. 기업의 지점이나 자회사는 일반적으로 소재지의 경제의 일부를 이루고 있기 때문에 소재지의 거주자가 되어 본점과 해외지점과의 거래는 대외거래로서 국제수지표에 기록된다.

또한 국제수지에서 경제적 거래라 함은 한 나라의 국민경제에 영향을 미치는 대외거래를 총괄하는 의미이다. 따라서 유상거래뿐만 아니라 증여나 원조와 같은 무상거래, 즉 일방적인 이전거래까지도 포함된다.

마지막으로, 체계적 기록이라 함은 복식부기의 원리를 적용함을 의미한다. 복식부기의 방법은 모든 거래를 급부와 반대급부의 양면에서 파악하여 항상 차변과 대변의 양쪽에 같은 금액을 기록하는 방법이다. 국제수지표의 작성에 있어서도 이것과 마찬가지의 원리를 적용하고 있다. 단, 원조나 증여와 같은 일방적 거래 또는 이전거래에는 반대급부가 없기 때문에 이전수지라고 하는 실체가 없는 항목을 만들어 사용하고 있다.

2. 국제수지의 내용

일반적으로 국가와 국가 사이의 경제적인 거래는 크게 경상거래와 자본거래로 나누어진다. 경상계정은 주로 상품서비스수지와 소득수지 및 경상이전수지로 이루어지며, 이들을 합한 것을 경상수지라 부른다. 상품서비스수지란 수출과 수입의 차이를 말하며 수지가 양(+)의 수치를 기록하면 흑자라 하고, 음(−)이면 적자라 한다. 소득수지는 눈에 보이지 않는 각종 서비스의 국가 간 거래를 말하며, 해외투자의 이자수입, 임금의 지급 또는 수입 등이 이에 속한다. 경상이전수지는 대가를 수반하지 않는 재화나 서비스 및 현금 등의 거래를 말한다. 외국으로부터의 송금이나 정부의 무상원조, 민간의 무상증여 등은 이러한 이전거래에 속한다.

자본계정은 민간이나 공공부문 및 금융기관의 국제적인 금융자산의 거래를 나타내며, 자본수지로 표현된다. 이는 자본거래의 성격에 따라 투자수지와 기타자본수지로 나누어진다. 투자수지는 직접투자, 포트폴리오 투자, 기타 투자 등 투자형태별로 분류하며, 기타자본수지는 해외이주비 등과 같은 자본이전거래 등을 말한다.

국제수지표는 앞서 언급한 바와 같이 복식부기의 방식을 택하고 있어 모든 거래를 수입과 지출의 양면에서 파악하여 항상 대변과 차변이 일치한다. 그러나 여러 가지 항목의 통계를 하나의 표로 작성하는 데에는 통계적 불일치가 있을 수 있으므로 오차 및 누락이라는 항목을 만들어 사후적인 조정을 거쳐 항상 대변과 차변을 일치시키고 있다.

다음은 한국은행이 1998년 1월부터 국제통화기금의 새로운 기준(1993년)에 따라 새로이 편재하여 발표하고 있는 국제수지의 대표적인 항목들이다.

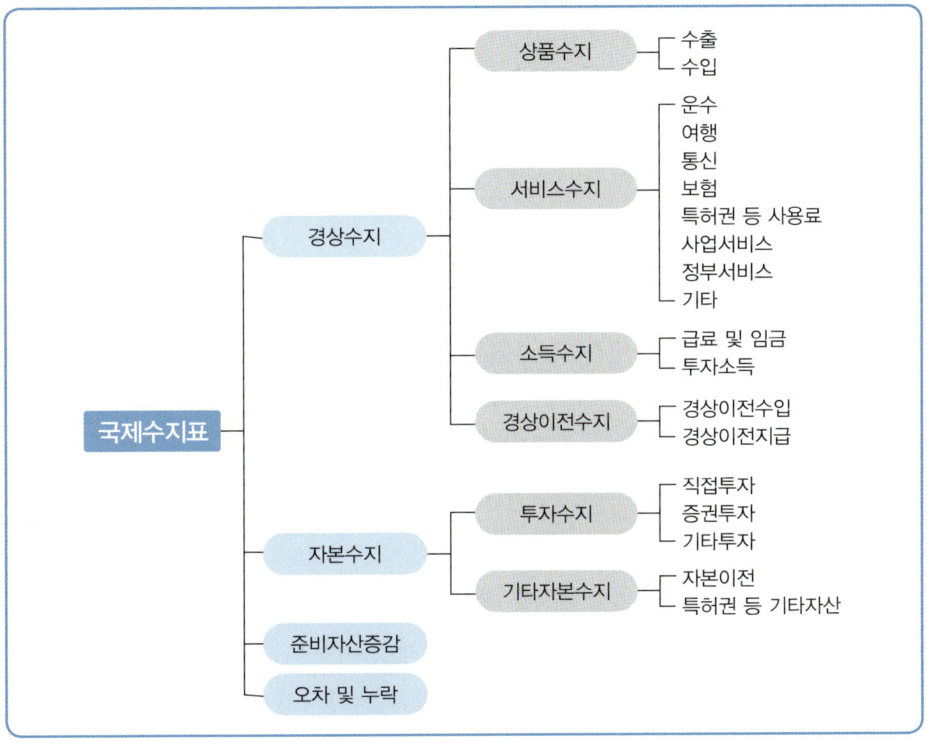

[그림 5-2] 국제수지표 구조

(1) 경상수지

경상수지란 상품수지와 서비스수지, 경상이전수지를 합한 것으로서 한 나라의 국제경쟁력을 파악하는 좋은 척도가 된다. 여기서 상품수지란 상품의 수출입액의 차이로서, 좁은 의미로는 이것만으로 국제수지 균형 여부를 판가름하기도 한다. 서비스수지는 눈으로 볼 수 없는 서비스거래에 따른 수지를 말하며, 경상이전수지는 반대급부가 따르지 않는 상품, 서비스 등의 국제경쟁력을 나타낸다.

(2) 기초수지

기초수지란 경상수지와 장기자본수지를 합한 것을 말한다. 기초수지에서 장기자본수지를 포함하여 국제수지의 판정기준으로 삼는 가장 큰 이유는 장기자본거래가 한 나라의 국제수지에 주는 영향이 장기적이고 비교적 안정적이기 때문이다. 즉, 단기자본은 국가 간의 금리차이와 환율차이에 의해 이익추구를 목적으로 빠르게 이동하는 경향이 있기 때문에 한 나라의 국제수지에 주는 영향이 일시적이고 변동적이다. 그러므로 단기자본거래를 기초수지에 포함시키지는 않는다. 이러한 기초수지 또한 한 나라의 장기적인 대외결제능력을 보여주는 좋은 지표로 사용된다.

(3) 종합수지

종합수지란 기초수지에 비금융부문의 단기자본수지를 합한 것으로서 구체적으로 보면 다음과 같다.

종합수지 = 기초수지 + 자본수지 + 오차 및 누락

이와 같이 종합수지는 금융계정을 제외한 모든 항목을 종합한 수지이다. 여기서 금융계정을 제외한 이유는 금융부문의 거래가 외환보유고의 증감, 금융기관의 대외부채나 자산의 증감 등으로 조정적인 성격을 가지고 있기 때문이다. 따라서 종합수지는 장기적인 대외지급능력은 물론이고 단기적이고 유동적인 대외지급능력까지 나타내고 있기 때문에 한 나라의 종합적인 대외결제능력을 측정하는 지표로 사용된다. 통상 국제수지라 함은 종합수지를 일컫는 경우가 많은데, 현재 우리나라에서는 국제수지가 적자인지 흑자인지의 판정 기준으로 경상수지와 종합수지의 두 기준을 함께 상용하고 있다.

3. 국제수지표의 작성원리

국제수지표는 복식부기의 원리에 입각하여 기록하여야 한다. 복식부기의 방법은 모든 거래에 대하여 항상 차변과 대변의 양쪽에 같은 금액을 기록하는 방법이다. 국제수지표의 작성에 있어서 차변과 대변을 나누는데, 다음과 같은 규칙이 적용된다. 즉, 재화 및 서비스의 수입, 이전거래의 공여, 대외자산의 증가, 대외부채의 감소는 차변에 기록하고, 반면에 재화 및 서비스의 수출, 이전거래의 수취, 대외자산의 감소, 대외부채의 증가는 대변에 기록한다.

일반적으로 국제수지표의 지급과 수입의 의미는 거래의 결과 발생된 자금의 흐름의 방향으로 설명할 수 있다. 예를 들면, 재화 또는 서비스를 수출하는 경우 수출대금으로 외환이 유입되기 때문에 대변에 기록하고, 해외투자의 증가는 외환이 유출되기 때문에 차변에 기록한다. 반면에 재화 또는 서비스를 수입하는 경우 수입대금으로 외환이 유출되므로 차변에 기록하고, 외국인의 국내투자 증가는 외환이 유입되기 때문에 대변에 기록한다. 또한 해외투자의 감소는 기존투자의 철수를 의미하므로 외환이 유입되기 때문에 대변에 기록하고, 외국인의 국내투자 감소는 외국인의 기존투자 철수를 의미하므로 외환이 유출되기 때문에 차변에 기록한다.

4. 국제수지의 균형과 불균형

(1) 국제수지의 균형과 국민경제

한 나라의 국가경제에서 외화의 수입과 지출은 균형을 유지해야 한다. 만약 외화의 지출이 수입보다 지속적으로 많을 경우에는 해당 국가는 외환보유고가 고갈되어 결국 국가경제가 파탄에 이르게 된다. 반대로 특정국가로부터 외화의 수입이 지출보다 많은 경우에는 양국 간의 통상마찰이 발생할 소지가 있다.

(2) 국제수지의 불균형과 국민경제

국제수지의 불균형이란 수취 또는 지급초과가 발생하여 조정항목에 의해 조정할 필요가 있는 상태를 의미한다. 즉, 국제수지의 일반적인 불균형요인을 살펴보면 다음과 같다.

첫째, 교역상대국의 구매력의 변화이다. 이는 수입국의 구매력이 감소하면 그 국가에 수출하던 국가의 국제수지는 악화되고, 수입국 또한 상대국의 소득감소에 의한 구매력의 감퇴로 수출이 감소함으로써 결국 양국 모두가 국제수지 불균형에 빠지게 될 것이다.

둘째, 국가 간의 자본이동이다. 이는 국내기업이 해외진출 확대로 인해 금리차이를 취득하는 자본이동은 국제수지의 변동을 초래하여 국제수지불균형을 초래할 수 있다.

셋째, 국가 간의 물가수준의 차이이다. 이는 한 나라의 물가수준이 다른 나라보다 낮을 경우 해당국가 제품의 국제경쟁력은 강화되어 수출이 증가되고 수입이 감소되어 국제수지가 흑자가 된다. 하지만 그 반대의 경우에는 적자를 기록함으로써 국제수지의 불균형을 야기할 수 있다.

5. 국제수지 조정정책

국제수지불균형의 조정이란 한 국가의 대외지급과 대외수취를 균형 상태로 조정하는 것을 의미한다. 불균형의 차액이 수취초과인 경우에는 화폐금융이나 외화보유액 등의 대외자산이 증가하고, 지급초과일 경우에는 대외부채가 증가하게 될 것이다. 따라서 국제수지조정을 위한 지급과 수취의 변화, 즉 한 나라의 국제수지와 밀접한 관계가 있는 환율, 물품가격, 소득수준, 이자율, 정부규제 등의 경제변수들을 변화시킴으로써 국제수지의 불균형상태를 조정할 수 있다.

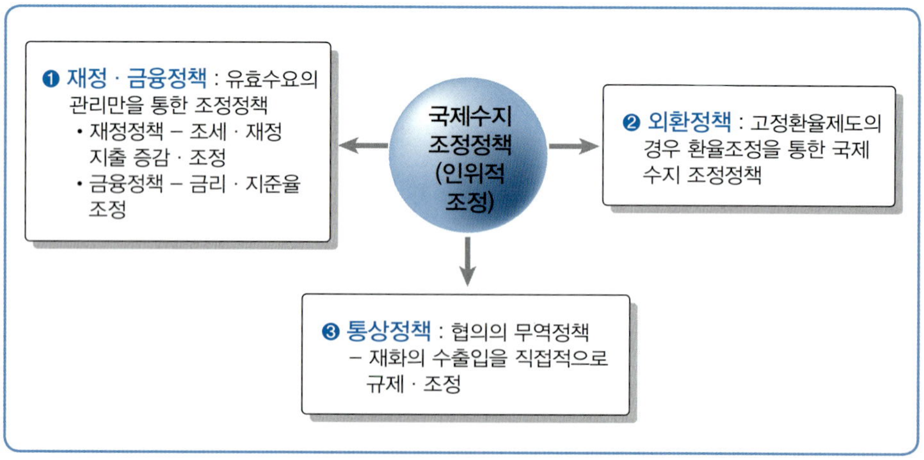

[그림 5-3] 국제수지의 조정정책

다시 말해, 한 나라의 정부는 국제수지 불균형을 해소하기 위해 자동기구에 의존하지 않고 대부분 조정정책을 사용하고 있다. 즉, 정부당국은 국제수지에 영향을 줄 수 있는 부문에 직접 통제를 하거나 규제를 하고 아니면 간접적인 통제관리정책을 취할 수 있다.

직접적인 조정정책은 국제수지조정 속도는 빠르지만 그 기회비용은 상당히 크다. 이에 비해 간접적인 조정정책은 속도는 느리지만 그 기회비용이 직접적인 조정정책에 비해 적은 편이다. 직접적인 조정정책으로는 수출입물량통제, 관세율변경, 환율의 인위적인 조작, 외환통제, 해외투자의 규제 및 제한 등이 있으며, 간접적인 조정정책으로는 교역조건의 변동을 가져오게 하는 가격변동정책, 소득정책, 재정정책, 통화공급정책 등이 있다. 결국 한 나라의 국제수지 조정정책은 국제수지 불균형에 대해 시장원리에 따른 자율조정보다는 다음과 같은 정부의 통제정책을 통해서 조정되는 경우가 많다.

(1) 재정 · 금융정책

재정 · 금융정책이란 환율을 현 상태로 유지하며 유효수요의 관리를 통해서 국제수지 불균형을 조정하는 정책이다. 다시 말해, 정부의 재정지출이나 통화정책의 조정을 통하여 국제수지의 불균형을 조절하려는 것이다.

재정정책이란 한 나라의 총수요수준에 그 기초를 두는 것으로 정부의 재정지출을 통하여 국내의 총수요수준을 변화시킴으로써 국제수지의 균형을 유지하려는 정책이다. 크게 2가지로 나눌 수 있는데, 먼저 완전고용상태에서 국제수지가 적자일 경우는 재정지출이나 조세정책을 사용하여 지출을 감소시키면 수입에 지출하던 민간부문의 총수요가 감소하게 되어 경상수지는 그만큼 개선된다. 반대로 국제수지가 흑자일 경우에는 재정지출을 증가시켜 조정한다. 다음으로 불완전고용하에서 국제수지가 흑자일 경우 재정정책으로 수요확대를 유도하면 총수요가 증가하여 수입이 증가함으로써 국제수지의 균형을 유지할 수 있다. 이러한 모든 정부지출의 확대가 승수효과를 통해 소비를 자극함으로써 국제수지 흑자는 조정될 수 있다. 그리고 국제수지가 적자일 경우에도 그 반대의 과정을 통해 국제수지의 균형을 유지할 수 있다.

금융정책이라 함은 통화당국이나 정부가 화폐공급을 통제함으로써 국가정책

목표를 달성하고자 하는 것을 말한다. 즉, 이자율, 지급준비율 조정 등의 통화조정정책을 통하여 국제수지의 균형을 도모하려는 정책을 의미한다. 구체적으로 살펴보면 정부가 국내의 상황변화에 따라 국제수지가 흑자일 경우는 확장적 금융정책(예를 들면 금리인하, 지급준비율인하)을 사용하고, 국제수지가 적자일 경우에는 축소적 금융정책(예를 들면 금리인상, 지급준비율인상)을 사용하여 국제수지의 균형을 유지한다.

(2) 외환정책

외환정책이란 환율의 조정을 통해 국제수지의 불균형을 조정하는 정책으로서 환율을 조정하면 수출입가격에 영향을 미치게 되고 이에 따라 수출입물량이 변동되어 국제수지가 조정된다. 예를 들어, 국제수지가 적자일 때 환율을 인상(평가절하)하면 수출채산성이 호조되어 수출은 증가하고 수입은 감소하여 국제수지가 개선된다. 또 국제수지가 흑자인 경우는 반대의 정책수단으로 조정 가능하다.

(3) 폴리시 믹스

폴리시 믹스

2개 이상의 정책목표를 동시에 달성하기 위해 2개 이상의 정책수단을 동시에 결합시켜 적용하는 정책

폴리시 믹스(policy mix)란 2개 이상의 정책목표를 동시에 달성하기 위해 2개 이상의 정책수단을 동시에 결합시켜 적용하는 정책을 의미한다. 국제수지조정에 사용되는 폴리시 믹스는 대외균형(국제수지균형)과 대내균형(완전고용, 물가안정)을 동시에 달성하기 위하여 대내균형을 위해서는 재정정책을, 대외균형을 위해서는 금융정책을 병행해서 실시하는 것을 의미한다.

이와 같이 금융정책을 대외균형용으로, 재정정책을 국내균형용으로 활용하는 이유를 다음 두 가지로 살펴본다.

첫째, 하나의 정책이 대내외 균형을 동시에 이루기는 어렵다는 것이다. 예를 들면, 국제수지가 적자일 경우는 금리인상을 통해 대외균형을 달성할 수 있지만, 국내경제는 금리인상에 따른 투자 감소로 인하여 실업증가, 소득감소의 현상이 발생하여 대내균형을 이룰 수가 없다.

둘째, 국제단기자본의 이자율에 대한 탄력성과 이동의 자유성이라는 폴리시 믹스의 가정 때문이다. 즉, 세계 각국이 자국의 무역확대를 달성하고 자본부족을 막기 위하여 자본자유화 조치를 실시함에 따라, 국제간의 자본이동이 자유로워져

이동하는 자본들은 대개 각국의 이자율에 민감한 반응을 보이게 된다. 따라서 이러한 상황하에서 국제수지에 대한 정책효과가 금융정책이 더 크게 되며, 반면 대내균형에 미치는 효과는 금융정책과 재정정책이 거의 비슷하기 때문에 금융정책을 대외균형정책으로 또한 재정정책을 대내균형정책으로 사용하는 폴리시 믹스가 성립되는 것이다.

참고문헌

이균 · 김종성 · 이강빈 · 이수일 · 김웅진 · 박종삼, 『무역학원론』, 박영사, 2004.

김창봉 · 여경철 · 박상안 · 정재우, 『무역학원론』, 박영사, 2007.

강태구 · 김태기 · 박복재, 『무역학개론』, 무역경영사, 2006.

배근성 · 이무원 · 함영진 · 강동윤, 『글로벌 무역경영』, 비즈프레스, 2010.

연습문제

1. 국제금융시장의 의의에 대하여 설명하시오.

2. 국제금융시장의 특징에 대하여 설명하시오.

3. 선물환거래에 대하여 설명하시오.

4. 스왑거래에 대하여 설명하시오.

5. 외국환과 내국환 비교 시 다른 점을 설명하시오.

6. 환율에 대하여 설명하시오.

7. 우리나라의 환율제도에 대하여 설명하시오.

8. 경상수지의 개념과 의의를 설명하시오.

9. 국제수지에 영향을 미치는 요인에 대하여 설명하시오.

10. 국제수지 조정정책에 대하여 설명하시오.

INTRODUCTION TO INTERNATIONAL BUSINESS

PART 03

국제상학과 무역

CHAPTER

06 무역계약체결과 거래조건

INTRODUCTION TO INTERNATIONAL BUSINESS

제1절 무역계약의 체결

제2절 무역계약의 성립절차

제3절 무역계약의 기본조건

제4절 인코텀즈(Incoterms)

CHAPTER 06

무역계약체결과 거래조건

제1절 무역계약의 체결

1. 무역계약의 정의

> **무역계약**
> 매도인이 매수인에게 물품의 소유권을 양도하여 물품을 인도할 것을 약속하고 매수인은 이를 수령하고 그 대금을 지급할 것을 약정한 계약

일반적으로 무역계약(貿易契約)이란 서로 상이한 국가영역 내에서 매매당사자에 의해 체결된 국제물품매매계약(contract for the international sale of goods)으로서 매도인이 매수인에게 물품의 소유권을 양도하여 물품을 인도할 것을 약속하고 매수인은 이를 수령하고 그 대금을 지급할 것을 약정한 계약을 말한다. 매도인의 소유권 이전과 이에 대한 대가인 매수인의 대금지급이 무역계약의 핵심이다.

대부분의 무역거래는 일반적인 상품매매를 목적으로 하고 있어 무역계약이라고 하면 상품을 중심으로 한 국제물품매매계약을 지칭하는 것이 보통이다. 그러나 최근 국제거래의 대상이 물품은 물론이고 기술 및 각종 서비스, 자본, 해외건설 및 플랜트 등 다양화되고 있어 국제물품매매계약뿐만 아니라 판매점 또는 대리점계약, 차관계약, 국제라이선싱계약, 국제합작투자계약, 국제입찰, 건설공사계약, 플랜트수출계약 등 모든 국제계약을 포괄하는 개념으로 쓰이기도 한다.

2. 무역계약의 법적 성격

(1) 쌍무계약

무역계약의 법적 성격
쌍무계약, 유상계약, 낙성계약, 불요식계약

본래 계약은 채권 · 채무관계의 형성을 목적으로 성립되기 때문에 매도인인 수출업자는 합의된 계약조건에 따라 목적물을 인도할 의무가 발생하는 동시에 매수인인 수입업자는 계약목적물의 수령과 이에 대한 대가로 대금을 지급할 의무가 발생된다. 따라서 수출업자가 정당한 사유 없이 계약목적물을 인도하지 않는 경우에 수입업자의 대금지급의무가 발생하지 않는 것은 당연하다.

이러한 관점에서 쌍무계약(bilateral contract)상 채무부담문제는 당사자 일방이 채무를 부담하는 것은 상대방이 채무를 부담하기 때문이라는 교환적 원인관계가 존재하는 것이다.

(2) 유상계약

유상계약(remunerative contract)은 계약당사자가 상호 대가적 관계에 있는 급부를 할 것을 목적으로 성립된 계약을 말한다. 합의계약적이고 쌍무계약적인 성격을 가진 무역계약은 오늘날 대부분의 경우 물품의 급부에 대한 화폐의 반대급부가 이루어짐으로써 계약의무가 이행되는 유상계약이다.

(3) 낙성계약

낙성계약(consensual contract)은 계약당사자의 합의가 있으면 성립되기 때문에 당사자의 합의 이외에 계약목적물의 인도와 소유권의 이전 등과 같은 법률사실이 계약의 성립요건인 요식계약과는 다르다.

(4) 불요식계약

불요식계약이란 매매계약이 요식에 의하지 아니하고 문서(writing)나 구두(oral)에 의한 명시계약(express contract)이나 묵시계약(implied contract)에 의해 성립되는 것을 말한다.

3. 무역계약의 법리

(1) 개념

무역계약의 법리란 무역계약 이행의 기본적인 법리(法理)를 의미한다. 당사자의 합의에 의하여 성립한 무역계약은 매도인이 약정물품을 인도하고, 매수인은 이를 수령하고 대금을 지급함으로써 이행된다. 무역계약의 이행 시에 매수인은 약정물품의 소유권과 점유권을 매수인에게 이전하고 물품에 대한 위험부담을 이전시켜야 한다.

(2) 소유권의 이전

1) 소유권의 개념

소유권이란 법률이 정한 범위 내에서 그 물품을 처분하는 권리를 말한다.

2) 소유권자의 위험부담

통상적으로 물품의 소유권자는 그 소유물에 대한 위험과 비용을 부담한다.

3) 소유권의 이전

계약내용에 일치하는 현물(현품)을 인도함으로써 계약상의 인도의무를 완수하는 현실적 인도에서는 양 당사자 간 특별한 약속이 없는 한 물품의 인도와 대금의 지급이 동시 이행조건이므로 물품의 인도 시에 대금의 지급이 이루어지지 않으면 매도인은 대금을 수취할 때까지 소유권을 유보할 수 있다.

(3) 점유권의 이전

1) 점유권의 개념

점유권이란 물품을 현실적으로 지배할 수 있는 권리로서 점유권자는 물품을 사용 또는 수익할 수 있는 권리가 있어야 한다.

2) 소유권과 점유권

소유권과 점유권이 반드시 동일인에게 귀속되는 것은 아니다.

3) 점유권의 이전

물품에 대한 권리를 화체한 권리증권인 선하증권을 인도함으로써 매도인이 인도의무를 완수하는 상징적 인도에서는 권리증권을 인도함으로써 점유권이 이전된다. 특약이 없는 한 매도인은 선하증권의 인도와 상환으로 대금을 청구할 수 있다. 대금지급을 받지 못한 경우에는 선하증권 소지자가 유치권 및 재매각의 권리를 갖는다.

(4) 위험의 이전

1) 위험의 개념

위험이란 물품이 멸실 또는 손상을 입은 때에 당사자 일방이 그 손실을 입을 가능성을 의미한다.

> **위험**
> 물품이 멸실 또는 손상을 입은 때에 당사자 일방이 그 손실을 입을 가능성

2) 위험부담의 원칙

물품에 대한 위험은 소유권자가 부담하는 것이 원칙이다.

3) 위험의 이전

물품에 대한 위험은 특약이 없는 한 물품이 매도인의 보관을 이탈할 때 매수인에게 이전된다. 하지만 FOB나 CFR, CIF와 같은 정형거래조건을 채택하기로 합의한 경우 물품이 본선의 난간을 통과하는 때에 매수인에게로 이전한다.

제2절 무역계약의 성립절차

1. 의의

계약이 성립하기 위해서는 기본적으로 계약당사자 간에 합의(agreement)가 있어야 한다. 일반적으로 매매계약은 기본적으로 매도인이 물품의 인도를 약속하고 매수인이 그 대가를 물품대금지급을 제공할 것을 조건으로 체결되는 계약이므로 일방 당사자의 청약과 상대방 당사자의 승낙에 의해 계약이 성립한다.

2. 매매계약의 성립요건

(1) 합의: 의사의 합치

계약은 매매당사자 간 의사의 합치만으로 성립되는 것은 아니지만 의사의 합치가 계약 성립의 가장 중요한 요소가 되며, 합의가 성립하기 위해서는 실무적으로 청약과 그것에 합치되는 승낙이 있어야 한다. 대륙법계와 영미법에 있어서 계약 성립의 제1요건은 당사자 간의 합의이다. 여기서 합의는 당사자 간에 의사표시의 합치(a meeting of mind)를 말한다.

(2) 법정방식 또는 약인

영미법상 유효한 계약이 되기 위해서는 법정방식에 의해 행해졌거나 법정방식이 아닌 경우 약인이 수반된 것이어야 한다.

1) 법정방식

법정방식에 의한 계약이란 당사자의 날인이 포함된 날인계약 또는 일정한 방식에 의하여 이루어진 요식계약을 말한다. 일반적으로 날인증서라고 하는 일정한 방식에 의하여 이루어지는 계약을 요식계약(formal contract) 또는 날인계약이라고 하는데, 이러한 계약은 날인증서 작성이라는 요식성에 계약 성립의 근거를 둔

계약이다.

2) 단순계약(불요식계약)

불요식계약의 경우 약인이 필요한데, 약인이란 약속과 교환하여 약속자가 받는 권리 이익, 이윤 편의 또는 수약자가 부담하는 약속을 말한다. 즉, 약속의 대가로 제공되는 행위, 대가의 상호교환을 말한다.

(3) 법률적 효과를 발생시키는 의사

성립된 계약이 유효하기 위해서는 다음과 같은 요건을 만족해야 하며, 이러한 요건을 만족하지 못하는 경우 계약은 유효하지 않게 된다. 즉, 당사자는 유효한 계약을 체결할 능력을 갖고 있어야 하고, 당사자의 의사표시가 진정성이 있어야 하며, 계약의 목적이 적법해야 하고, 계약은 강행성을 지녀야 한다.

① 행위능력의 존재: 계약당사자가 법적으로 효과 있는 의사표시를 할 수 있는 행위능력이 있어야 한다.
② 적법성: 계약의 내용이나 거래방법이 합법적이어야 한다.
③ 허위계약이 아니어야 한다.
④ 사기 · 강박에 의한 거래가 아니어야 한다.
⑤ 착오에 의한 의사표시가 아니어야 한다.

3. 청약

(1) 청약의 의의

청약(Offer)이란 청약자(Offeror)가 피청약자(Offeree)에게 특정한 물품을 특정한 조건에 매도하거나 매입하겠다는 확정적인 의사표시를 말한다. 청약자가 수출업자인가 아니면 수입업자인가에 따라 Selling Offer(Export Offer)와 Buying Offer(Import Offer)로 구분할 수 있으나, 무역거래에 사용되는 Offer는 대개 Selling Offer이다. 따라서 우리나라의 대외무역관리규정에서는 Offer를 '물품매도확약서(物品賣渡確約書)'로 지칭하고 있다.

청약
청약자가 피청약자에게 특정한 물품을 특정한 조건에 매도하거나 매입하겠다는 확정적인 의사표시

(2) 청약의 종류

청약의 종류에는 그 효력의 확정성 여부를 기준으로 확정청약(firm offer), 불확정청약(free offer), 조건부청약(conditional offer) 등이 있으며, 청약에 대한 새로운 청약인 반대청약(counter offer)이 있다.

1) 확정청약

확정청약이란 청약에 확정력이 내재된 청약을 말한다. 이러한 확정력은 청약자가 청약 내용에 대하여 승낙회답의 유효기간(validity of offer)을 지정하거나 명시적으로 확정적(firm) 또는 취소불능(irrevocable)이라는 표시를 통해 표현한다. 이는 엄격한 의미의 청약으로 청약자의 매도확정의사가 있는 청약이다. 흔히 계약이 청약과 승낙으로 성립된다고 할 때 청약은 확정청약을 말한다.

2) 불확정청약

유효기간이 확정되어 있지 않고 언제라도 취소나 변경이 가능한 청약을 말한다. 청약을 승낙과 함께 일정한 내용의 계약을 성립시킬 것을 목적으로 하는 일방적 의사표시로 보았을 때 이러한 불확정청약은 엄격한 의미에서 청약이 아니다.

3) 조건부청약

확정청약과 불확정청약의 중간형태로 일정한 조건을 충족시킬 경우에 한해서 계약상의 의무를 부담하게 된다. 빈번하게 볼 수 있는 조건으로는 다음과 같은 것들이 있다.

① 무확약청약(offer without engagement): 시황변동에 따라 사전 통보 없이 제시가격이 변동될 수 있음을 조건으로 한 청약으로서 일종의 불확정청약에 속한다.

② 재고잔류조건청약(offer subject to being unsold, offer subject to prior sale): 승낙의 의사표시가 청약자에게 도달했을 때(또는 발신되었을 때) 미판매재고가 남아 있는 분에 한해 유효하다는 조건으로 발행된 청약으로서, 이 역시 확정청약의 일종으로 재고잔류조건청약 또는 선착순매매조건청약이라 한다.

③ 점검 후 매매조건청약(offer on approval): 청약과 함께 송부된 현품을 피청약자가 점검한 후 만약 구매의사가 있으면 송금하고, 그렇지 않으면 현품을 반환토록 한 청약으로서 확정청약의 성격을 지닌다.

④ 반품허용조건청약(offer on sale or return): 다량의 현품을 청약과 함께 송부하되 판매 후 잔품을 반품하기로 하는 조건으로 발행하는 청약으로서, 이것은 확정청약의 일종으로 볼 수 있으며 서적 따위의 위탁판매에 주로 사용된다.

4) 반대청약

피청약자가 청약자에게 일부 조건을 변경하여 다시 역으로 제시하는 청약을 말한다. 실무상 이와 같은 역청약이 수차례 왕래 후 승낙이 이루어져 계약이 성립된다. 반대청약은 원래의 청약(original offer)에 대한 거절이면서 새로운 청약이 된다. 따라서 원래의 청약은 반대청약에 의해 소멸된다.

> **반대청약**
> 피청약자가 청약자에게 일부 조건을 변경하여 다시 역으로 제시하는 청약

5) 교차청약

교차청약(cross offer)이란 청약자의 청약에 대하여 피청약자 상호 간에 동일한 내용의 청약이 상호 교차되는 청약을 말한다. 현실적으로 극히 희소하지만 양 당사자의 청약이 우연히 완전 일치하는 경우가 있을 수 있다. 이런 경우 계약의 성립 여부가 문제가 될 수 있고, 청약과 승낙의 관계를 중시하는 영미법계에서는 계약의 성립을 불인정하며, 행위자의 의사를 중시하는 대륙법계에서는 계약의 성립을 인정한다.

(3) 청약의 방법 및 대상

1) 청약의 방법

청약이 유효하게 효력을 발생하기 위해서는 통지되어야 한다. 그 이유는 상대방이 통지할 의도가 없는 의사표시는 단순한 하나의 의사를 가지고 있는 것에 불과하기 때문이다. 청약의 통지는 법률상 또는 당사자 간의 계약에 의하여 별도로 정한 바가 없는 한 특정의 방법을 필요로 하지 않는다. 즉, 청약은 구두 또는 서면

이나 행위에 의해서도 가능하다. 대체로 무역거래에서 청약은 우편, 전보, 전화, 텔렉스, 면담 등에 의하여 행해진다.

2) 청약의 대상

청약의 대상은 통상 특정의 1인이나 하나의 법인을 대상으로 하지만 일정범위 내의 다수를 대상으로 할 수도 있다.

(4) 청약의 효력발생

청약의 효력발생 시기는 일반적으로 청약이 피청약자에게 도달하여야 한다는 도달주의를 취하고 있다. 따라서 청약의 불착 및 연착에 의한 불이익은 청약자가 부담한다. 다시 말해, 청약이 상대방에게 도달하기 이전에는 청약은 청약으로서 효력이 발효되기 이전의 상태에 있는 것이므로 철회할 수 있으나, 청약이 일단 상대방에 의하여 승낙된 경우는 물론이고 승낙 이전이라도 청약자가 일단 통지하여 상대방에게 도달한 청약은 청약자 임의대로 취소할 수 없어 청약자는 자신이 행한 청약에 의해 일정한 구속을 받게 된다. 청약의 효력은 청약이 유효하게 성립된 때 그 장소에서 발생한다.

(5) 청약의 유효기간

청약의 유효기간이란 청약의 효력이 존속되는 기간을 말하는 것으로 이러한 기간 내에 승낙해야 계약이 성립된다. 유효기간은 다음과 같이 정해진다.

1) 유효기간을 정하지 않은 경우

유효기간이 명시되지 않은 청약의 경우에는 무한정 효력을 인정할 수 없기에 합리적인 기간(reasonable time) 또는 상당한 기간 이내에 승낙을 하면 계약이 유효하게 성립되는 것으로 인정하고 있다. 그러나 이것은 '사실의 문'이어서 사후분쟁의 소지가 있으므로 청약자와의 접촉을 통해 나중이라도 유효기간을 정하는 것이 좋다.

2) 유효기간을 정한 경우

청약의 유효기간을 명시적으로 정하는 경우 명시한 기간 동안 청약의 효력이 있다. 하지만 이러한 기간 내에 승낙의 의사표시가 청약자에게 도달되어야 할 것인지, 아니면 발신만으로 효력이 있는가에 대해서는 각국의 법에서 달리 규정하고 있으므로 승낙의 효력발생시점과 연결지어 확약을 해두는 것이 좋다.

(6) 청약의 효력소멸사유

1) 청약의 철회

청약의 철회(withdrawal)란 청약으로서 효력이 발생하기 이전의 상태에서 청약자가 임의로 청약의 효력을 소멸시키려는 의사표시를 말하는 것으로, 도달주의에서의 논의대상이다. 이것은 반드시 상대방에게 통지되어야 하고, 그 통지는 청약의 효력이 발생하기 전에 상대방에게 도달하여야 한다.

2) 청약의 취소

청약의 취소(revocation)란 청약이 일단 상대방에게 도착하여 효력을 발생시킨 후 승낙의 통지를 보내기 전에 취소시킬 수 있는 요인에 의하여 소멸하게 되는 것을 말한다. 일반적으로 청약의 효력이 발생되고 승낙되기 전까지 취소가 가능하다.

3) 청약의 거절 또는 반대청약

청약의 거절이란 청약자의 청약에 대하여 승낙하지 않는다는 명시적 의사표시를 말하는 것으로 청약이 피청약자에 의하여 거절되면 효력이 소멸된다. 반대청약의 경우 청약의 내용에 조건을 붙여 그 일부만을 승낙하므로 최초의 청약에 대하여 거절하는 효과를 나타내며 새로운 청약이 된다.

4) 청약의 실효: 시간의 경과

청약의 유효기간 내에 승낙의 통지가 청약자에게 도달하지 않을 때에는 청약은 그 효력을 잃게 된다. 이러한 유효기간은 전술한 바와 같이 유효기간을 명시적으로 정한 경우 그 기간이며, 유효기간을 정하지 않은 겨우 상당한 기간의 경과로 실효되고 상당한 기간의 결정은 사실문제로서 많은 고려사항이 필요하다.

5) 당사자의 사망

청약자가 청약이 승낙되기 전에 사망하면 피청약자가 청약자의 사망인식 여부를 불문하고 효력은 상실된다. 이 경우 계약상 완전히 합의에 도달할 수 없기 때문이다. 청약이 승낙된 후에 청약자가 사망한 경우에는 청약의 효력에는 아무런 영향을 주지 않는다.

6) 후발적 위법

청약 이후에 매매계약이행이 위법이 된 이른바 후발적 위법일 경우에는 청약의 효력은 소멸한다. 계약성립 후에 전쟁의 발발과 같은 후발적 위법인 이행불능, 계약목적의 좌절도 계약을 자동 소멸시킨다.

청약의 유인
상대방의 청약을 유도하는 계약체결을 위한 예비교섭의 의사표시

〈표 6-1〉 청약과 청약의 유인

구분	청약	청약의 유인
법적 구속력	구속력을 지님	상대방을 구속하지 않음
단계	확약적 의사표시로서 무역계약 자체의 구성 부분임	상대방의 청약을 유도하는 계약체결을 위한 예비교섭의 의사표시
계약성립의 유무	일방의 승낙이 있으면 계약이 성립	상대방이 이를 승낙하더라도 계약은 성립하지 않음

4. 승낙

(1) 승낙의 의의

승낙
청약자의 청약과 결합하여 그 청약의 내용대로 계약을 성립시키려는 피청약자의 확정적 의사표시

승낙이란 청약자의 청약과 결합하여 그 청약의 내용대로 계약을 성립시키려는 피청약자의 동의의 확정적 의사표시이다. 승낙에는 어떠한 조건이나 제약이 있어서도 안 되며, 조건부 승낙은 반대청약이 된다. 모든 매매계약은 일방의 청약에 대해서 상대방의 승낙이 있어야 비로소 유효하게 성립된다. 승낙은 청약에 정해진 방법대로 하면 되고, 정해지지 않은 경우 가능한 한 신속한 방법으로 하면 된다.

(2) 유효하지 않은 승낙

1) 반대청약

반대청약은 원청약을 거절하고 새로운 청약을 하는 것이다.

2) 승낙통지의 연착과 불착

청약의 유효기간이 경과되어 행해진 승낙은 효력이 발생되지 않은 것이며 각 국가의 입법례에서 동일한 입장을 취하고 있다.

3) 승낙의 침묵

상대방의 청약에 대하여 아무런 회신을 하지 않은 경우인 승낙의 침묵은 각국 법과 국제협약에서 달리 규정되나 승낙에 대한 회신이 없을 때는 주로 효력이 상실되어 계약이 성립되지 않는다. 그러나 거래관행상 침묵을 승낙으로 간주하거나 승낙회신을 피청약자의 의무사항으로 규정한 경우에는 유효할 수 있다.

4) 모호한 승낙

승낙은 청약조건에 대하여 모호하지 않게 조건 없이 청약조건의 동의로 표출되어야 하기에 중요한 조건에 대하여 합의를 하지 않는 모호한 승낙에 대해서 유효한 계약이 성립될 수 없다.

5) 부분적 승낙

부분적 승낙은 청약의 대상으로 되고 있는 상품수량의 일부만을 승낙하는 것을 말한다. 영미법상 부분적 승낙은 청약의 조건 중에서 가장 중요한 수량조건을 변경하는 것으로 보기 때문에, 이는 전형적인 반대청약으로 승낙을 인정하고 있지 않다. 대륙법계에서는 대체적으로 승낙한 부분에 대해서는 승낙으로 인정하고, 그 이외의 부분에 대해서는 새로운 청약으로 보고 있다.

(3) 승낙의 방법

1) 의의

승낙의 방법은 원칙적으로 자유롭다. 따라서 별도의 약정이 없는 한 서면이나 구두에 의하거나 행위에 의할 수도 있다. 승낙은 청약에 확정된 방법대로 하면 되고, 확정되지 않은 경우 일반적으로 가능한 한 신속한 방법으로 하면 된다.

2) 승낙의 방법

일반적으로 승낙은 문서나 구두에 의해서 하지만 청약에서 승낙의 내용으로서 행위의 이행을 요구하고 있을 경우에는 그 행위 자체가 승낙이면 별도의 승낙통지를 할 필요가 없다. 승낙은 청약 시 승낙의 방법이 지정된 경우 그 지정된 방법에 따라야 한다. 우편 · 전보 · 텔렉스 · 팩시밀리 · 전화 등으로 지정되었다면 그것에 따라야 한다. 승낙의 방법이 지정되어 있지 않다면 합리적인 방법과 수단에 의해야 한다. 일반적으로 청약이 전보 → 승낙도 전보, 청약이 텔렉스 → 승낙도 텔렉스와 같이 상응하는 수단에 의해 승낙의 통지를 하면 된다.

(4) 승낙의 원칙

승낙의 원칙
경상의 원칙을 따른다.

승낙은 피청약자가 청약자에 대하여 그 청약에 응하여 계약을 성립시킬 목적으로 행하는 의사표시이다. 청약이 승낙된 경우는 상호의 동의가 성립하는 것이므로 그 동의에 대한 의사표시가 승낙이다. 승낙의 조건내용은 청약의 조건내용과 일치해야 한다. 승낙은 본질적으로 청약의 내용과 완전히 일치해야 한다는 완전일치의 원칙인 경상의 원칙(mirror image rule)을 따르고 있다. 승낙은 본질적으로 무조건적이어야 하며 청약의 조건과 반드시 일치하여야 하고 적극적인 행위로 승낙에 대한 의사표시를 하여야 한다. 즉, 무수정 · 절대적 · 최종적 · 무조건적이어야 한다.

(5) 승낙의 효력소멸사유

1) 승낙의 철회

일반적으로 승낙은 청약자에게 의사표시를 할 때까지는 완전하지 않기 때문에 승낙의 의사가 도달하기 전에는 철회될 수 있다. 그러나 승낙은 그 의사표시가 청약자에게 도달하여 일단 승낙으로 효력이 생긴 이후에는 원칙적으로 이를 소멸시킬 수 없다.

2) 취소 · 해제

승낙에 의해 계약의 효력이 발생된 후, 계약의 취소 또는 해제사유가 발생한 경우 계약을 해제토록 하여야 하며, 이 경우에도 승낙의 유효성은 부인할 수 없으며 다만 계약 자체의 취소 및 해제에 관한 문제가 발생한다.

5. 계약서의 작성

무역계약에서 계약서는 별도의 형식을 요구하지 않으며 구두 또는 서면으로 가능하다. 그러나 무역거래에서 발생될 수 있는 분쟁을 예방하거나 발생 시 신속히 해결하기 위해서는 당사자의 합의를 명문화하고 이를 확인하는 서명을 담은 계약서를 작성하는 것이 바람직하다. 계약서 작성에는 다음과 같은 방법들이 이용되고 있다.

(1) 물품매도확약서에 의한 방법

물품매도확약서(offer sheet)에는 매도인과 매수인이 합의한 거래조건이 기재되어 있다. 따라서 별도의 계약서를 작성하지 않고 물품매도확약서를 그대로 계약서로 이용하는 가장 간단한 방법이다. 이 경우 매도인이 발행한 물품매도확약서에 매수인이 승낙의 표시로 서명한 후 이를 각자 한 통씩 보관한다.

(2) 매매계약서에 의한 방법

매매계약서(sales note or sales contract)는 매도인이 작성하여 매수인에게 보내는 특정 물품에 관한 매매계약서이다. 매도인이 당사자 간에 합의된 거래조건을 모두 담은 판매서 2통을 작성하여 정식으로 서명을 한 후 매수인에게 보내면 매수인은 이를 검토한 후 이의가 없으면 반대서명을 한 후 1통은 자신이 보관하고, 나머지 1통은 다시 매도인에게 보낸다. 통상 주문확인서(confirmation of order)라고도 지칭한다.

(3) 구매주문서에 의한 방법

구매주문서(purchase order)는 작성하는 당사자가 매도인이 아니라 매수인이라는 것일 뿐 계약서의 내용이나 형식은 매매계약서와 동일하다. 매수인은 자신이 필요한 물품에 관한 구매조건을 담은 구매주문서를 2통 작성하여 정식으로 서명을 한 후 매도인에게 보내면 매도인은 이를 검토한 후 이의가 없으면 반대서명을 한다. 1통은 자신이 보관하고, 나머지 1통은 다시 매수인에게 보낸다. 이것이 곧 계약서이다.

(4) 일반계약서(sales agreement)

매매당사자가 한곳에 모여 모든 매매조건에 대해 구체적으로 합의를 한 후 이를 정식계약서로 작성하여 양 당사자가 서명을 한 후 한통씩 보관하는 방법이다. 지속적인 거래관계를 개설하고자 할 경우 이용되는 방법이다.

(5) 주문승낙

주문승낙(acknowledgement)이란 매수인의 주문에 대해 매도인인 피청약자가 주문내용을 확인하고 계약을 성립시킨다는 의사표시로 볼 수 있다.

〈표 6-2〉 무역계약 체결 절차

순서	절차	내용
1	해외시장조사 (Market Research)	• 상품조사 : 시장, 판매 가능성, 이익, 유사제품, 특허 • 대외조사 : 상품의 수요, 유통망, 국가신임도, 업체조사 • 국내조사 : 수출입제한, 타지역 수출입물량, 국내시장수급
2	거래선 명단 입수	• Directory, 홍보매체활용 • Internet : Trade Point 거래알선, WTC 거래알선, KOMPASS, 무역 관련 사이트 • 전람회 참가
3	자기소개서 발송 (Circular Letter)	• Circular Letter : 수출업자 • Inquiry : 수입업자 • 간단명료(매 문장 30단어, 5~6단락) • 회사규모 : 과장된 표현을 삼가고, 연간 실적 등을 표시 • 제품의 가격경쟁력 • 상호이익을 바탕으로 함
4	품목에 대한 문의 (Inquiry)	• Bank Reference, Trade Reference, 해외지사활용방법 • 해외 : Dun & Bradestress Inc. • 국내 : 수출보험공사(무료), 신용보증기관, KOTRA • 3C's : Charater(성실성 – market claim 예방) Capital(재무구조 – 결제능력) Capacity(영업능력 – 판매능력)
5	신용조사 (Credit Inquiry)	• 거래 가능 업체로 판단 시 구체적인 사항을 제시 • Circular letter + Catalog, Price list, Sample
6	거래제의 (Business Proposal)	• Proforma Invoice(견적송장)
7	청약/주문 (Offer/Order)	
8	반대청약 (Counter Offer)	
9	승낙/주문승낙 (Acceptance /Acknowledgement)	
10	계약체결 (Sales Contract)	• Offer ↔ Acceptance, Order ↔ Acknowledgement • Sales Note(Seller) / Purchase Note(Buyer) • 경상의 법칙

생각하기

수출 · 입 절차 개요

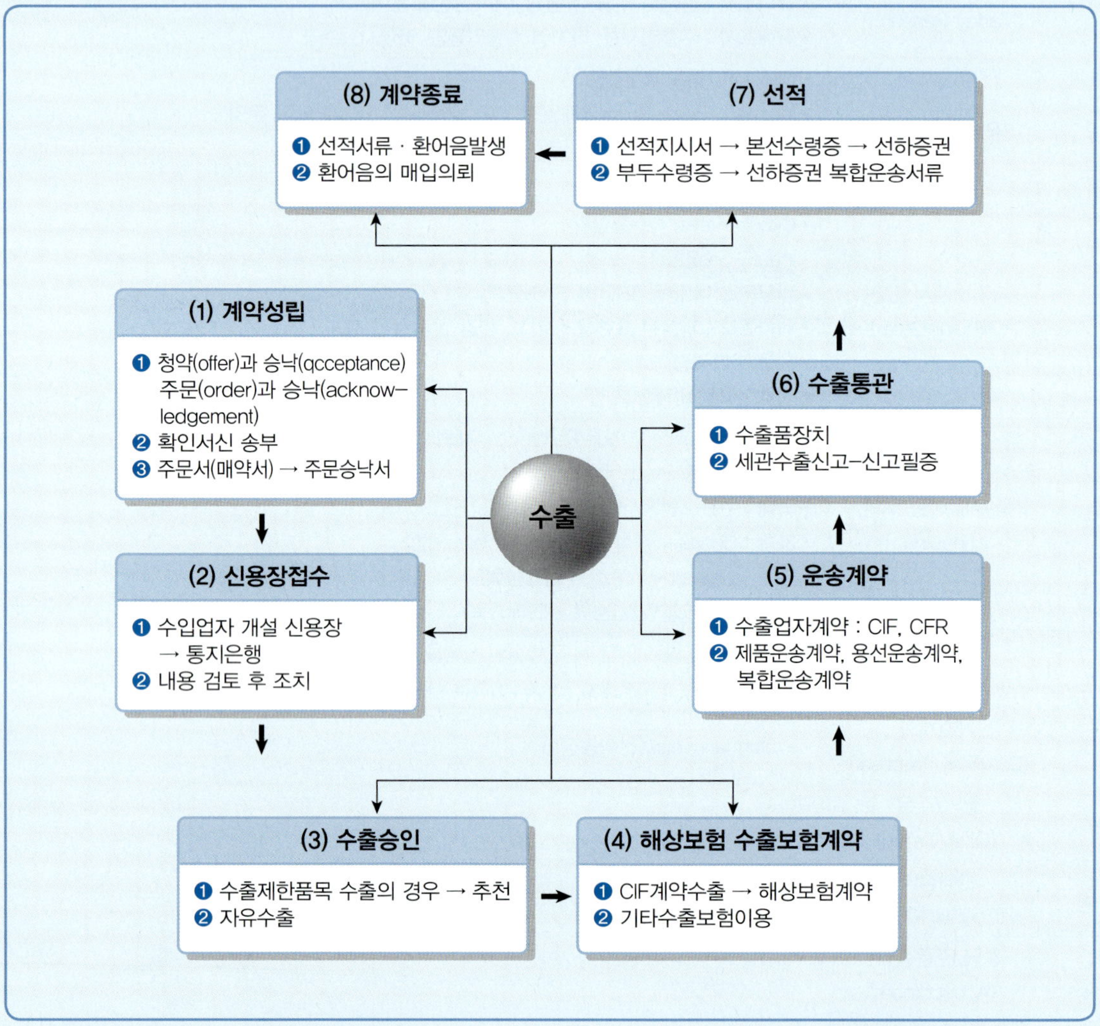

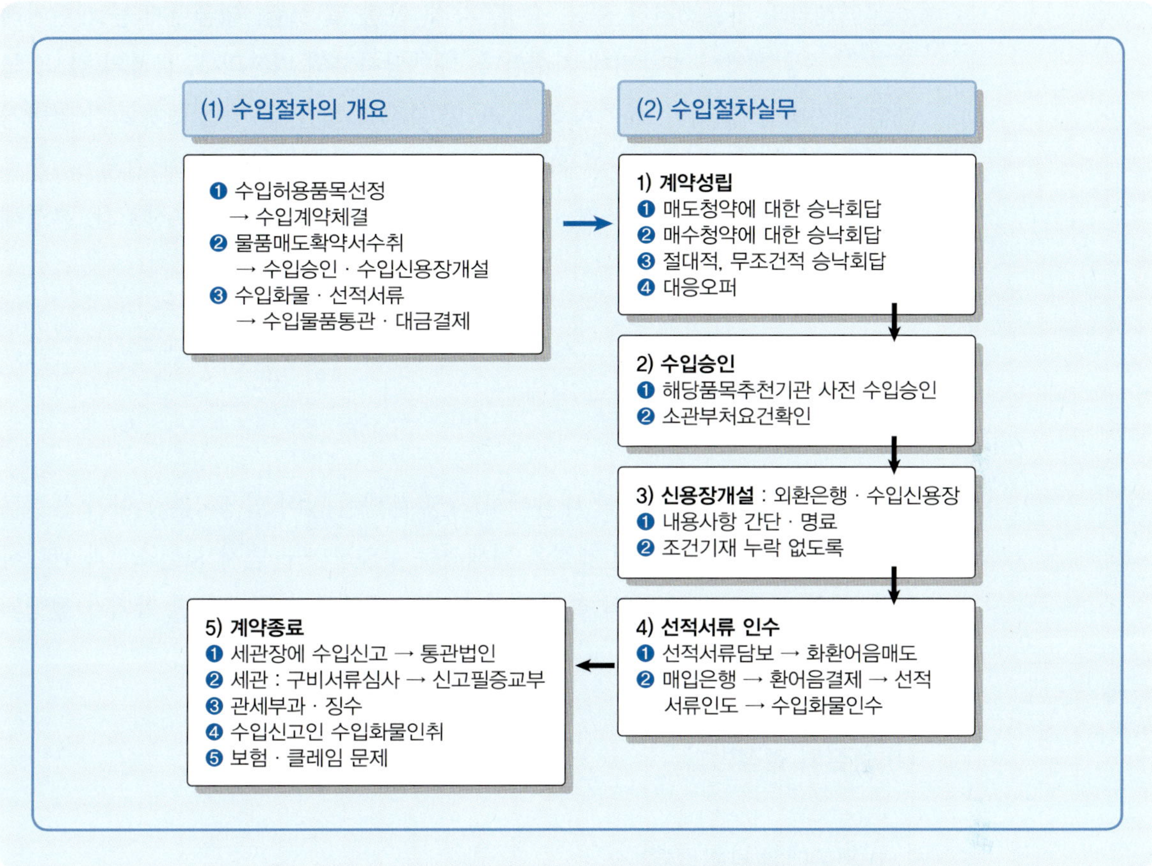

제3절 무역계약의 기본조건

무역계약에서 조건(terms or conditions)이란 계약체결에 반드시 필요한 사항으로 계약당사자에 의해서 지켜져야 하는 약속을 의미한다. 따라서 매매당사자 중 어느 한 당사자가 이러한 조건을 지키거나 이행하지 못한다면 다른 당사자는 계약을 해제하거나 손해배상을 청구할 수 있다. 이와 같은 무역계약조건은 개별 무역거래 시 합의되어야 하는 개별거래조건과 매매당사자들의 모든 거래에 공통적으로 널리 적용되는 일반거래조건(general terms or conditions)으로 구분되기도 한다.

무역계약의 기본조건
품질조건, 수량조건, 가격조건, 포장조건, 선적조건, 보험조건, 대금결제조건, 분쟁해결조건

무역계약의 기본조건인 품질, 수량, 가격, 운송 및 보험, 대금결제 등 개별거래 조건은 통상 계약서의 앞면에 기재한다. 매매당사자의 기본의무, 물품의 검사, 클레임 제기방법 및 시기, 불가항력, 중재 및 분쟁의 해결, 준거법 등에 관한 일반거래조건은 계약서의 뒷면에 인쇄되어 있다. 일반적으로 무역계약의 기본조건으로 품질조건, 수량조건, 가격조건, 선적조건, 보험조건, 결제조건, 포장조건, 분쟁해결조건 등을 들 수 있다.

1. 품질조건(品質條件)

당사자가 합의한 무역계약 내용에서 가장 분쟁이 많이 발생하는 분야가 품질문제이다. 따라서 무역계약의 체결을 위해서는 무엇보다도 먼저 품질조건과 관련하여 품질의 결정방법, 품질의 결정시기, 품질의 증명방법 등에 대한 합의가 선행되어야 한다.

(1) 품질의 결정방법

1) 견본매매(見本賣買)

품질의 결정방법
견본매매, 표준품 매매, 명세서매매, 상표매매, 점검매매

견본매매(sales by sample)란 실제 매매될 물품의 품질을 매도인이 제시한 견본(sample)과 일치시켜 인도할 것을 약정하는 거래방법이다. 일반적으로 견본은 최상품을 선택하는 것이 아니라 보통의 평균적(fair and average) 품질을 선택하여 제시하는 것이 바람직하다.

2) 표준품 매매(標準品賣買)

표준품 매매(sales by standard)는 동일한 모양과 형태로 생산되는 공산품과는 달리 농수산물과 같이 수확이 예상되는 물품 등 견본의 제공이 곤란한 물품에 대하여 그 표준품을 정하여 거래를 하는 방법이다. 표준품 표시 방법으로는 F.A.Q(Fair Average Quality)와 G.M.Q(Good Merchantable Quality)가 있다.

① F.A.Q: 이 조건은 주로 곡물이나 과일 등 농산물에 사용되는 품질조건으로 선적지에서 해당 계절 출하품의 평균중등품질을 사용하는 조건이다.

② G.M.Q: 판매적격품질조건은 물품의 도착 시 그 품질이 일반적인 상품의 성질과 상관습에 비추어 판매가 가능한 상태일 것을 매도인이 보증하는 조건이다. 외관상 품질을 판정하기 어려운 목재나 냉동어류 등에 주로 적용된다.

3) 명세서매매

명세서매매(sales by specification)란 선박이나 기계류 등 견본이나 상표만으로는 품질을 결정하기가 어려우므로 상품의 재료, 구조, 성능, 규격 등을 상세히 알려주는 명세서, 설명서, 청사진(blue print), 도해목록(illustrated catalogue) 등을 품질결정 시 기준으로 한다.

4) 상표매매

상표매매(sales by trade mark or brand)는 세계적으로 널리 알려진 물품에 대해서 견본을 제시할 필요 없이 상표에 의하여 품질을 기준으로 삼고 이루어지는 거래를 말한다. 무역거래에서는 상표거래가 많이 이루어지고 있다.

5) 점검매매

점검매매(sales by inspection)는 무역거래에서 매수인 또는 그 대리인이 품질을 직접 확인한 후 실제 거래가 이루어지는 방식이다. 국내거래에서는 자주 이용되고 있으나 국제거래에서는 보세창고도거래(BWT, Bonded Warehouse Transaction) 등에 한정되고 있다.

(2) 품질의 결정시기

동일한 상품이라 할지라도 선적 시와 양륙 시의 품질에는 상당한 차이가 있을 수 있다. 따라서 무역계약의 당사자들은 어느 시점에서 상품의 품질상태를 결정할 것인가 하는 품질결정시기에 대해서도 합의를 해야 한다. 통상시점은 선적 시와 양륙 시로 구분되며 무역계약체결 시 정형거래조건에 따라 결정된다.

품질의 결정시기
선적품질조건, 양륙품질조건

1) Tale Quale(T.Q.)

이 조건은 선적품질조건으로 매도인은 계약체결 시 약정한 물품의 품질을 선적

할 때까지만 책임을 지는 조건이다.

2) Rye Terms(R.T.)

이 조건은 호밀(rye)거래에 이용되면서 물품이 도착 시에 손상되어 있는 경우에 그 손해에 대하여 매도인이 보상하는 제도에서 파생된 것으로 양륙품질조건(landed quality terms)이다.

(3) 품질의 증명방법

일반적으로 품질의 가치를 인정하는 방법은 수출업자의 자체검사에 의한 검사합격증을 기준으로 하는 경우와 Lloyd's Surveyor 등 국제적으로 공신력 있는 품질검사기관에서 발급하는 품질분석증명서(certificate of quality and analysis)에 의한 방법이 있다. 품질과 관련한 분쟁발생 시 거래상품의 품질이 계약체결 당시 합의한 조건과 일치함을 증명할 의무는 품질결정시기에 따라 달라진다. 즉, 선적품질조건의 경우에는 매도인이 품질의 계약적합성 여부를 입증하여야 하나, 양륙품질조건의 경우에는 매수인이 이러한 입증책임을 지게 된다.

2. 수량조건(數量條件)

수량조건을 결정하는 경우에 수량의 결정방법, 수량의 결정시기, 수량의 증명방법 등이 매도인과 매수인 사이에 합의되어야 한다. 또한 수량의 경우에는 계약수량과 실제 인도수량에 차이가 있는 경우 이러한 과부족(過不足)을 어떻게 처리할 것인가에 대해서도 사전논의가 필요하다.

(1) 수량단위

인도수량을 결정하는 수량단위는 상품에 따라 달라지나, 대개 중량, 용적, 길이, 포장단위, 개수 등이 기준이 된다. 대표적인 수량단위로는 다음과 같은 것들이 있다.

1) 중량(weight)

중량은 kg, pound, ton 등이 단위로 사용되는데, 나라마다 중량의 기준이 다르다.

① 영국계 : English Ton(Long Ton, Gross Ton) = 2,240pound
= 약 1,026kg

② 미국계 : Short Ton(American Ton, Net Ton) = 2,000pound
= 약 907kg

③ 프랑스계 : Metric Ton(French Ton, Kilo Ton) = 2,204pound
= 약 1,000kg

2) 용적

액체나 목재의 측정은 용적을 기준으로 하는데, 목재의 용적을 표시할 때에는 S.F(Superfoot)로 표시하며, 1S.F = 1평방feet×1inch로서 480S.F가 1용적톤이다. 그러나 선박에 선적할 때 1용적톤(M/T, Measurement Ton)이라면 40cubic feet를 말한다.

3) 개수

일반 잡화의 수량단위는 piece, dozen, set 등이 사용된다. 연필과 양말 등은 dozen(12개), pin이나 조화(artificial flower) 등 값싼 잡제품의 경우에는 gross(12×12=144), small gross(12×10=120), great gross(12×12×12=1,728개)를 단위로 한다. 개별품목이나 포장물품(packing units)은 구체적인 수량을 명시해야 한다.

(2) 수량의 결정시기

수량의 결정시기는 선적수량조건(shipped quantity terms)과 양륙수량조건(landed quantity terms)으로 구분된다. 수량의 결정시기는 무역계약체결 시 정형거래조건에 따라 결정된다. 따라서 FOB나 CIF에 의한 거래는 선적지 인도조건이므로 선적수량조건에 따르며, DES나 DEQ 등 도착지 인도조건은 양륙수량조건에 따른다.

(3) 과부족용인조항(more or less clause)

과부족용인조항
광산물이나 곡류와 같이 장기간 운송도중 감량이 예상되는 bulk cargo의 경우에는 계약 시 일정비율의 과부족을 인정받는 조건

광산물이나 곡류와 같이 장기간 운송도중 감량이 예상되는 bulk cargo의 경우에는 계약 시 일정비율의 과부족을 인정받는 조건으로 계약을 체결해야 분쟁을 막을 수 있다. 즉, more or less 5%로 계약하면 계약수량에서 5% 이내의 과부족이 발생해도 계약을 제대로 이행한 것으로 간주하게 된다. 이와 같은 맥락에서 신용장통일규칙에서는 신용장상의 금액 또는 수량과 관련하여 'about', 'approximately', 'circa' 또는 이와 유사한 표현이 쓰인 경우에는 그러한 금액이나 수량의 10% 이내의 과부족을 허용하고 있다.

3. 가격조건[1)]

가격조건을 매매당사자가 결정하기 위해서는 두 가지 관점에서 약정해야 한다. 첫째, 매매가격의 표시통화, 둘째, 수출입에 따르는 각종 비용 및 위험을 누가 부담하는가 하는 정형거래조건에 관한 것이다.

먼저 거래통화에 있어서는 국제적으로 널리 통용되는 안정적인 통화로 표시하여 환위험을 최소로 해야 한다. 우리나라는 지정통화제도를 채택하고 있어 원칙적으로 대외거래에는 이들 통화만을 이용하도록 제한하고 있다. 한편 가격산정의 기초가 되는 무역거래조건에 있어서는 국제상업회의소(ICC, International Chamber of Commerce)에서 제정한 '무역거래조건의 해석에 관한 국제규칙(Incoterms' International Rules for the Interpretation of Trade Terms)'이 매매당사자 간의 최소한의 의무를 밝히는 데 전 세계적으로 이용되고 있다.

4. 포장조건

(1) 포장의 기능과 요건

포장(packing)의 기능은 제품의 보호와 판매촉진으로 요약된다. 따라서 포장이란 물품을 운송하고 보관하고 판매하는 데 있어 그 내용물과 외형을 보호하고

1) 6장 4절의 인코텀즈 참고

상품으로서의 가치를 유지하기 위하여 적절한 재료나 용기로 둘러싸는 작업 및 상태를 말한다. 특히, 수출포장은 적은 재료와 비용으로 안전하고 확실하게 물품을 포장하여 장기간의 운송에 적합한 내항성이 있어야 한다. 만약 포장이 잘못되어 일어나는 손상은 운송인이나 보험자 모두에게 면책이 되므로 수출업자에게 포장은 중요하다.

(2) 포장의 종류

포장에는 재질과 단계에 따라 여러 가지 종류가 있다.

1) 개장(個裝)

개장(unitary packing)은 물품의 최소 소매단위를 낱개로 포장한 것을 의미한다.

2) 내장(內裝)

내장(interior packing)은 낱개로 포장된 물품을 수송 또는 취급하기에 편리하도록 일정한 양을 묶어 재포장한 것을 의미한다.

3) 외장(外裝)

외장(outer packing)은 수송 중 화물의 변질, 파손, 도난, 유실 등을 방지하고 하역에 편리하도록 몇 개의 내장을 목재나 골판지상자 등으로 최종적으로 다시 포장한 것을 의미한다.

(3) 화인(貨印)

운송관계자 또는 매수인이 계약물품을 쉽게 식별하거나 취급할 수 있도록 바깥 포장에 한 여러 가지 표시를 통틀어 화인(cargo mark)이라고 한다. 구체적으로 화인에는 다른 화물과의 식별을 위해 그려지는 갖가지 도형이나 문자를 의미하는 주화인(main mark), 화물번호(case number), 원산지표시, 목적지표시, 중량표시, 주의표시 등이 있다.

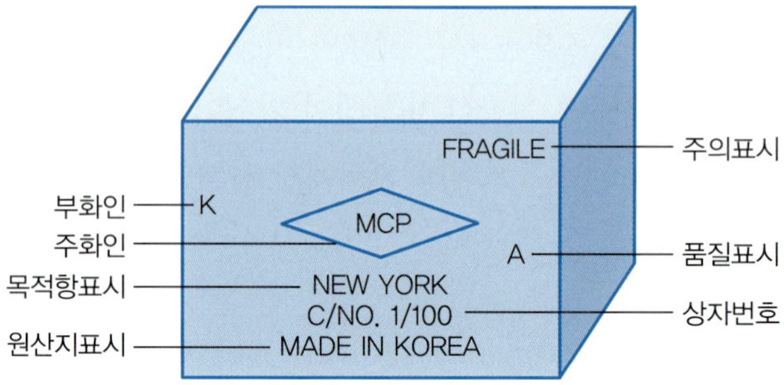

[그림 6-1] 화인 예시

5. 선적조건

선적조건에 있어서는 운송수단의 선택, 구체적 인도시기 및 방법 등이 문제가 된다. 우리나라의 경우 무역화물은 대부분 해상운송방식을 택하므로 선적시기(time of shipment), 선적지연(late shipment) 및 선적불이행(non delivery), 분할선적(partial shipment) 및 환적(transshipment)의 허용 여부 등에 대한 합의가 중요하다.

(1) 선적시기

1) 특정일 또는 특정월 지정

가장 많이 사용되는 방법으로 계약서나 신용장상에 선적기일을 'June 30, 2013'과 같이 표기하는 것이다. 이런 식으로 선적일이 표기되면 최종일, 즉 2013년 6월 30일까지만 선적하면 된다.

특정월을 선적기일로 지정하는 방법으로 단월조건과 연월조건이 있다. 단월조건은 'June Shipment' 또는 'Shipment during June'과 같이 표시되며 연월조건은 'May–July Shipment' 또는 'Shipment during May, June, July'와 같이 표시된다.

2) 조건부 선적기일 지정

선적기일을 특정 조건이 이행되는 시점을 기준으로 하여 정해지는 경우로 'Shipment within 30 days after receipt of L/C', 'Shipment within 60 days after contract', 'Shipment within 10 days after obtaining export license' 등과 같이 표시된다.

3) 조건부 선적기일 지정

'prompt shipment', 'immediate shipment', 'shipment as soon as possible' 등으로 표시된다. 신용장거래의 경우 이러한 표현이 사용될 경우 과거에는 신용장 개설 후 30일 이내에 선적하면 되는 것으로 간주되었으나, 1993년 제5차 개정 신용장통일규칙에서는 이런 표현이 사용될 경우 은행은 이를 무시하도록 규정하고 있다.

(2) 선적지연 및 선적불이행

일반적으로 매매당사자의 고의, 과실 또는 태만 등에 의한 선적지연 및 선적불이행에 대해서는 매매당사자가 정한 범위 내에서 책임을 져야 한다. 그러나 천재지변(Act of God), 파업, 전쟁, 수출금지 등의 불가항력이나 기타 수출업자의 통제가 불가능한 사유에 의한 선적지연은 면책될 수 있다.

(3) 분할선적 및 환적

1) 분할선적

매매계약체결 시 분할선적(partial shipment)을 허용하느냐의 유무는 보통 'Partial shipment are allowed' 또는 'Partial shipment are prohibited' 등으로 약정하면 된다. 분할선적에 있어서는 분할횟수, 수량 그리고 각 분할분의 선적시기 등에 대하여 계약 및 신용장에 미리 적시되어야 한다. 신용장에 분할선적을 금지하는 문언이 없을 경우에는 분할선적이 허용되는 것으로 간주한다.

2) 환적

환적(transshipment)은 화물이 중도에서 다른 배로 옮겨져 목적지까지 가는 경우를 말하며, 최근 복합운송이 발달함에 따라 선박이 아닌 다른 운송수단에 옮겨 싣는 것도 환적이라고 할 수 있다. 화물을 한 번 옮겨 싣는 데는 화물의 훼손 및 멸실 등 여러 가지 위험이 뒤따르기 때문에 매매당사자가 가능하면 환적을 피하려고 한다. 그러나 직항선이 없는 경우에는 환적을 허용하게 되는데, 이런 경우에는 계약서상에 'Transshipment is permitted'라고 표시해야 한다.

6. 보험조건

해상운송 시 선박의 좌초(stranding), 침몰(sinking), 충돌(collision) 등과 같은 해상고유의 위험(perils of the seas)이나 전쟁 또는 해적 등을 우연히 조우할 가능성이 있으므로 만약에 대비해서 적화보험(cargo insurance)에 부보(cover)하여 만일의 손해에 대비해야 한다. 현재 국제무역거래에서 이용되고 있는 보험조건은 런던보험자협회(ILU, Institute of London Underwriters)가 제정한 협회적화약관(ICC, Institute Cargo Clauses)에 규정되어 있는 조건이다.

(1) 1964년 보험조건(구약관이라 하기도 함)

1964년의 기본보험조건에는 ① 분손부담보(FPA, Free from Particular Average), ② 분손담보(WA, With Average), ③ 전위험담보(A/R, All Risks) 조건 등이 있다. 실제로 보험계약을 체결하는 경우 이들 기본적인 보험조건 가운데 하나가 선택되고 그것에 약간의 수정 내지 추가를 하는 것이 통상적이다.

〈표 6-3〉 구약관 FPA, WA, All Risks 보험조건의 비교

보험조건	담보위험	손해보상의 범위
FPA	① 해상고유의 위험 ② 화재 ③ 강도 ④ 투하 ⑤ 선원의 악행 ⑥ 이상과 동종의 위험 ⑦ 적재, 환적 또는 양륙 중에 전손이 되는 위험 ⑧ 폭발 ⑨ 피난항에서의 양하의 위험	① 전손 ② 공동해손 ③ 특정분손 ④ 비용손해

WA	FPA의 담보위험과 같다.	① 전손 ② 공동해손 ③ 특정분손 ④ 비용손해 ⑤ 불특정분손(면책보합(면책비율)에 달할 것)
All Risks	일체의 해상위험 다만, ① 전쟁위험 ② 스트라익위험 ③ 피보험자의 고의의 불법행위 ④ 항해의 지연 ⑤ 보험 목적의 고유의 하자 또는 성질을 제외	WA의 손해보상범위와 같지만, ⑤에 대해서는 면책보합을 적용하지 않는다.

(2) 1982년 보험조건(신약관이라 하기도 함)

1982년의 개정협회적화약관(신약관이라고 하기도 함)은 상기의 구약관을 개정한 것으로 우리나라의 경우 1983년 3월 1일부터 종래의 보험약관(구약관)과 개정협회적하약관(신약관)을 병행하여 사용하고 있다.

신약관의 특징은 구약관에서 나타난 손해보상의 범위라고 하는 개념이 없어졌다는 것이다. 따라서 소손해부담보, 단독해손부담보, 분손부담보라고 하는 제도는 존재하지 않으며, 그 때문에 피보험자는 담보위험으로 인해서 발생한 부보이익의 손해(직접손해)를 모두 보상받게 되었다. 또한 기존조건을 A조건, B조건, C조건으로 구분하였으며, 각 조건에 따라 담보위험의 범위는 다르지만 담보위험으로 인해서 발생한 손해의 보상범위는 같다.

〈표 6-4〉 신약관상 기본조건에 담보하는 손해

담보위험	C	B	A
1. 화재 · 폭발	○	○	○
2. 선박 · 부선의 좌초 · 좌주 · 침몰 · 전복	○	○	○
3. 육상수송용구의 전복 · 탈선	○	○	○
4. 선박 · 부선 · 수송용구의 타물과의 충돌 · 접촉	○	○	○
5. 피난항에서의 화물의 양하	○	○	○
6. 지진 · 분화 · 낙뢰	X	○	○
7. 공동해손희생	○	○	○
8. 투하	○	○	○
9. 갑판유실	X	○	○
10. 해수 · 담수의 수송용구 · 컨테이너 · 지게차 · 보관장소로의 침입	X	○	○

11. 선적 · 양하 중의 수몰 · 낙하로 인한 포장 1개마다의 전손	X	○	○
12. 상기 이외의 일체의 위험	X	X	○

7. 대금결제조건[2)]

무역거래에서 수출업자의 가장 큰 관심사는 자신은 매매계약에 따라 물품을 인도하려 하나 수입업자가 과연 대금을 지급할 것인지에 관한 것이다. 이에 비해 수입업자의 가장 큰 관심사는 자신은 매매계약에 따라 물품대금을 지급하려 하나 수출업자가 과연 물품을 인도할 것인지에 관한 것이다. 따라서 무역계약의 체결에서 대금결제조건(terms of payment)은 선적조건과 함께 무엇보다도 중요한 조건이라 할 수 있다.

〈표 6-5〉 대금결제조건

대금결제방법		대금결제시기		
		선 지급	동시지급	후 지급
현금결제		현금 선지급(CIA) 주문 시 현금지급(CWO)	현금인도지급(COD) 서류상환지급(CAD)	
환어음	신용장	선대신용장	일람출금 신용장	기한부신용장
	추심방식		지급인도조건(D/P)	인수인도조건(D/A)
송금환	전신환(T/T) 우편환(M/T) 송금수표(D/D)	사전송금방식	현금인도지급(COD) 서류상환지급(CAD)	사후송금방식
특수결제	팩토링(factoring), 포페이팅(forfaiting), 에스크로우(escrow)			
전자결제	무역카드(trade card) 전자신용장(Electronic L/C), 신용카드(credit card). 전자화폐(electronic money)			

(1) 선적 전 지급

이 방식은 물품이 선적이나 인도되기 전에 미리 대금을 지급하는 조건인데, 여기에 속하는 것으로는 상품의 구매를 위한 주문과 동시에 현금결제가 이루어지는

2) 7장 무역대금결제에서 상세히 다루고자 한다.

CWO(Cash with Order) 방식, 주문과 함께 T/T(Telegraphic Transfer) 등에 의해 송금하는 이른바 단순송금방식(remittance base) 그리고 신용장의 수익자인 매도인의 신용장 수취와 더불어 미리 대금부터 결제되는 선대용장(red clause L/C, packing L/C) 방식 등을 들 수 있다.

(2) 동시지급(concurrent payment)

물품의 선적 또는 인도나 물품을 화체화(貨體化)한 운송서류의 인도와 동시에 대금결제가 이루어지는 동시지급조건에는 현물인도와 동시에 현금결제가 일어나는 조건인 COD(Cash On delivery: 현물상환 지급)와 선하증권을 위시한 보험증권(insurance policy), 상업송장(commercial invoice) 등의 운송서류인도와 동시에 현금결제가 이루어지는 조건인 CAD(Cash again Documents: 운송서류상환지급)가 있다.

또한 신용장에 의한 거래에서는 어음발행인(drawer), 즉 매도인에 의해 발행된 어음이 어음지급인(drawee), 즉 매수인에게 제시되면 매수인이 이를 일람함과 동시에 어음대금을 지급해야 하는 일람출급어음(sight bill, sight draft, demand draft)이 결제되는 일람지급방식(at sight base)과 어음을 추심(collection)해서 대금을 회수하는 경우 무신용장거래(transaction without L/C)에서 어음이 매수인(drawee)에게 제시되었을 때 어음대금지급이 있어야 운송서류가 인도되는 지급인도방식(D/P, documents again payment base) 등이 있다.

(3) 후지급(deferred payment)

후지급(연지급, 연장지급)은 물품의 선적 또는 인도나 운송서류의 인도가 있은 후 일정한 기간이 경과되어야 대금결제가 이루어지는, 말하자면 외상 거래조건이다. 후지급에는 단기연지급과 중장기연지급의 두 가지로 구분할 수 있는데, 단기와 중장기의 구분기준이 일정하지 않아 통일적으로 말하기는 어려우나, 통상적으로는 물품의 선적이나 인도 후 또는 운송서류의 인도 후 1년 이내에 결제가 이루어지면 단기연지급, 그 이상의 기간, 즉 1년 초과 10년 이내(때로는 20년까지)의 기간에 결제되면 중장기연지급이라 한다.

(4) 혼합지급(mixed payment)

혼합지급은 선지급, 동시지급 및 후지급 방식을 혼합한 결제조건으로 대표적인 것으로는 누진지급(progressive payment basis) 방식이 있다. 이 방식은 대금을 일시에 결제하지 않고 계약 시, 선적 시, 도착 시 등이나 공정에 따라 분할해서 지급하는 방식이다. 중장기연불방식도 분할지급(instalment payment)의 형태를 취하므로 누진지급의 일종이라 볼 수 있으나, 어디까지나 후지급(연불) 부분이 주이므로 연불수출로 분류하는 것이 일반적이다.

8. 분쟁해결조건[3)]

분쟁 해결조건
이해당사자 간의 해결(타협, 포기, 화해), 제3자에 의한 해결(알선, 조정, 중재, 소송)

국제무역은 본질적으로 언어, 관습, 법률, 통화 등이 다른 나라의 멀리 떨어져 있는 계약상대방과의 거래를 의미하므로 국내거래에 비해 상대적으로 계약불이행 또는 사기 등으로 인한 분쟁이 발생할 가능성이 높다. 이러한 무역분쟁의 발생 가능성을 최소화하거나 이미 빚어진 무역분쟁을 신속하고 경제적으로 해결하기 위해서는 계약조건의 공통적인 해석기준이 될 준거법 조항 및 클레임의 제기시기 및 방법에 관한 조항, 분쟁해결을 위한 중재조항, 재판관할조항 등을 미리 계약서에 삽입해두는 것이 바람직하다.

일반적으로 중재조항을 약정할 때에는 중재기관과 중재 장소, 준거법 등을 포함시키는 것이 바람직하다. 또한 재판관할조항에 포함되는 내용으로 재판을 관할할 구체적인 법원을 약정하는 내용이 포함되어야 한다. 특히 준거법조항은 무역계약의 성립과 이행, 해석에 관하여 어느 국가 법을 적용할 것인가를 약정하는 것이며 국가별로 법제의 해석기준이 다르기 때문에 어느 국가의 법을 준거법으로 할 것인가가 명확히 약정되어야 한다.

3) 9장에서 자세히 다루고자 한다.

(1) 무역 클레임의 개념

매매계약상의 위반행위에 의한 손해에 관하여 매매당사자 사이에 일어나는 상사분쟁의 구상

(2) 무역 클레임의 종류

❶ 일반적 클레임(통상적 클레임)
→ 매매당사자 일방과실 · 태만, 제3자에 의한 야기

❷ 마켓클레임(의식적 클레임)
→ 무역계약성립 후 발생, 매수인 손실 보충 목적
→ 가격인하요구 · 인수거부 등

❸ 계획적 클레임
(고의적 · 악의적 클레임)
→ 매수인 방해로 매도인 계약 이행 지장 · 불능 발생

(3) 무역 클레임의 해결방법

❶ 당사자에 의한 해결 : 청구권 포기 · 화해

❷ 제3자에 의한 해결
- 조정 : 제3자 조정인의 재정 · 판단
- 중재 : 중재인 선정 · 판정 · 복종
- 소송 : 공권력에 의한 해결

[그림 6-2] 무역분쟁(클레임) 개요

제4절 인코텀즈(Incoterms)

1. 인코텀즈의 의의

(1) 인코텀즈의 제정 배경

무역거래는 세계적으로 통일된 법이 존재하지 않아 오랫동안 형성되어 온 무역관습에 의해 수행되고 있다. 보편화된 무역관습으로 인코텀즈가 있다. 인코텀즈는 정형거래조건의 해석에 관한 국제규칙(International Rules for the Interpretation of Trade Terms)으로 국제상업회의소(ICC, International Chamber of Commerce)가 제정하였다. 정형거래조건은 매매가격의 산출근거가 되는 가격조건으로서의 역할과 위험의 이전, 제공해야 하는 서류 등을 규정함으로써 매매당사자의 의무를 명시한 인도조건으로서의 역할을 하고 있다.

인코텀즈
국제상업회의소가 주관하여 작성한 국제규칙으로, 무역거래에서 가장 바탕이 되는 무역조건의 해석에 관한 규칙 (international rules for the interpretation of trade terms)의 약칭

〈표 6-6〉 인코텀즈(Incoterms 2000)의 구성

Terms	약어
Group E Departure (E그룹 : 출발지인도조건)	EXW(공장인도조건)
Group F Main Carriage Unpaid (F그룹 : 운송비미지급인도조건)	FCA(운송인인도조건) FAS(선측인도조건) FOB(본선인도조건)
Group C Main Carriage Paid (C그룹 : 운송비지급인도조건)	CFR(운임포함인도조건) CIF(운임 · 보험료포함인도조건) CPT(운송비지급인도조건) CIP(운송비 · 보험료지급인도조건)
Group D Arrival (D그룹 : 도착지인도조건)	DAF(국경인도조건) DES(착선인도조건) DEQ(부두인도조건) DDU(관세미지급인도조건) DDP(관세지급인도조건)

(2) 정형거래조건(Incoterms)의 효과

매도인과 매수인은 인코텀즈를 채택함으로써 서로 다른 국가에 소재하는 당사자들 사이에서 사용되는 조건에 대한 상이한 해석으로 인한 불확실성을 제거 내지 감소시킬 수 있다. 또한 동일한 조건의 통일적인 해석을 통하여 분쟁발생을 회피하고 시간과 비용의 낭비를 회피하거나 최소화할 수 있다. 무역거래 시 어떤 법을 준거할 것인가 하는 것이 장애요인으로, 해결하는 데 정형거래조건을 채택하고 인코텀즈를 채택함으로써 이런 준거법의 불확실성을 해소할 수 있다. 그러나 계약당사자의 합의에 의하여 계약이 정형거래조건(Incoterms)에 따라 해석한다는 취지의 조항을 명시적으로 규정하는 경우에 한하여 당사자를 구속하게 된다.

2. 인코텀즈(Incoterms 2000)의 13개 조건

(1) 공장인도조건(EXW, Ex Works)

1) 의의

공장인도조건은 계약물품을 매도인이 자신의 작업장 구내 또는 다른 지정된 장소에서 수출 통관되지 않은 상태로 그리고 일체의 집화차량에 적재 이전의 상태로 매수인의 임의처분하에 적지하는 때에 매도인이 인도를 이행하는 것을 의미한다.

> **공장인도조건**
> 매수인이 목적지까지 운송함에 있어서 모든 비용과 위험을 부담하므로 이 조건은 매도인의 최소한의 의무를 나타냄.

2) 특징

매수인이 목적지까지 운송함에 있어서 모든 비용과 위험을 부담하므로 이 조건은 매도인의 최소한의 의무(seller's minimum obligation)를 나타낸다. 수출에 따른 수출지에서의 통관절차 및 관세, 제세 등 모든 비용을 매수인이 부담한다. 매도인의 입장에서는 국내매매와 동일하기 때문에 외국무역에 익숙하지 못한 생산자가 직접 수출하는 경우 또는 매수인의 지점 또는 출장소 등이 수출국에 설치되어 있어 수출지의 사정에 능통한 경우에 이용되고 있다.

(2) 운송인인도조건(FCA, Free Carrier)

1) 의의

운송인인도조건은 매도인이 약정물품을 매수인이 지정한 운송인(Carrier)에게 인도함으로써 매수인에 대한 물품 인도의무를 완료하는 조건이다.

> **운송인인도조건**
> 매도인이 약정물품을 매수인이 지정한 운송인에게 인도함으로써 매수인에 대한 물품 인도의무를 완료하는 조건

2) 특징

운송인인도조건은 철도, 도로, 내수로, 해상 및 복합운송 등 어떠한 운송형태에도 이용할 수 있는 정형거래조건으로 현대적인 운송방법, 특히 컨테이너 운송방식이나 'roll on—roll off' 수송방식과 같은 복합운송방식에 부응하기 위해 고안된 것이다.

운송인인도조건에서 운송인(carrier)은 실제 운송인이나 운송주선인(freight

forwarder)과 같은 운송 관계인으로서, 운송계약에 의하여 철도, 도로, 내수로, 해상, 항공운송 및 이와 같은 여러 가지 운송수단을 결합한 복합운송을 수행하거나 주선하는 자를 말한다.

1980년에 FCA의 도입 후 1990년 개정에서는 당시까지 시행되어 왔던 회차인도조건(FOR & FOT)과 공항인도조건(FOA)이 운송인인도조건에 흡수 통합됨으로써 이 조건의 비중이 한층 커졌다. 또한 2000년 개정에서는 매도인의 영업소 구내와 기타 장소에서 인도함을 규정하여 현실상 관습의 변화에 지속적으로 대응하였다.

(3) 선측인도조건(FAS, Free Alongside Ship)

1) 의의

선측인도조건
계약물품이 지정된 선적항의 본선의 선측에서 매수인의 임의처분하에 적치될 때 매도인의 인도의무가 종료

선측인도조건은 계약물품이 지정된 선적항의 본선의 선측에서 매수인의 임의처분하에 적치될 때 매도인의 인도의무가 종료된다.

2) 특징

선측인도조건은 물품을 해상운송 또는 내수로운송에 의하여 운송할 경우에만 쓰이는 조건이다. 선측인도조건은 매도인이 선적항에서 물품을 본선상에 적재하는 의무를 부담하지 않은 조건으로 원맥, 원목 및 원면 등과 같이 선적비용이 많이 소용되는 대량의 산물거래에 자주 이용되는 조건이다. 선측인도조건에서 주요 사항은 선측에 관한 개념이다. 선측이란 본선이 부두에 정박하고 있거나 부두 밖에 있거나를 불문하고 또한 거리나 방향에 관계없이 양화기(tackle) 기타의 선적을 위한 작업용구가 도달할 수 있는 장소를 말한다. 장소적으로는 부두에 접안해 있을 때는 부두상(on the quay)이며, 해상에 정박해 있을 때에는 부선 내(in lighters)이다.

본선인도조건
선적항에서 약정물품이 본선의 난간을 통과하는 때에 매도인의 인도의무를 이행하게 되는 정형거래조건

(4) 본선인도조건(FOB, Free on Board)

1) 의의

본선인도조건은 선적항에서 약정물품이 본선의 난간(ship's rail)을 통과하는 때

에 매도인의 인도의무를 이행하게 되는 정형거래조건으로, 매도인은 그때까지 물품의 멸실이나 손상에 대한 위험을 부담한다.

2) 특징

본선인도조건은 주운임 미지급조건에 해당하며 매수인이 운송계약을 체결할 의무를 부담하고, 매도인은 운송계약을 체결한 매수인이 지정한 운송인에게 약정물품을 인도함으로써 인도의무를 완수하는 조건이다.

FOB는 다음과 같은 특징이 있다.

첫째, 선적항에서 물품인도를 조건으로 하는 대표적인 선적지 매매조건이다.

둘째, 매도인은 계약내용에 합치하는 물품을 인도함으로써 인도의무를 이행하는 현물인도조건으로서 현실적 인도방식에 해당한다.

셋째, FOB는 해상운송이나 내수로운송에만 사용되어야 하며, 만약 당사자가 본선의 난간을 통과하여 물품을 인도하는 것을 의도하지 않는다면 FCA가 사용되어야 한다.

본선인도조건의 특징은 현실적 인도조건으로서 매도인이 매수인 또는 그의 대리인(운송인)에게 현물을 직접 인도하고 그에 대한 대금을 지급받는 동시이행조건이다. 그러나 무역거래에 사용되는 FOB는 이러한 현물인도와 대금지급이 동시에 일어나기가 곤란한 경우가 많으므로 당사자 간의 특약에 의해 매도인이 선하증권을 취득하여 제공하고 이의 상환으로 화환어음을 결제하는 방식을 채용하여 현물인도의 어려움을 해결하고 있는 것이 현실이다. 따라서 FOB는 현실적 인도를 본질로 하고 있지만 무역거래의 경우 대금지급에 관한 특약을 함으로써 CIF의 거래와 유사한 절차를 취하고 있다.

(5) 운임포함조건(CFR, Cost and Freight)

1) 의의

운임포함조건은 매도인이 지정된 목적지까지 계약물품을 운송하는 데 필요한 비용과 운임을 지급하여야 하지만 계약물품이 선적항에서 본선의 난간을 통과한(pass over the ship's rail) 이후로 계약물품의 멸실 또는 손상에 관한 위험은 물론 일체의 비용 부담이 매도인으로부터 매수인에게로 이전되는 정형거래조건이다.

> **운임포함조건**
> 매도인이 지정된 목적지까지 계약물품을 운송하는 데 필요한 비용과 운임을 지급하여야 하지만 계약물품이 선적항에서 본선의 난간을 통과한 이후로 계약물품의 멸실 또는 손상에 관한 위험은 물론 일체의 비용 부담이 매도인으로부터 매수인에게로 이전되는 정형거래조건

2) 특징

매도인은 운송계약을 체결하여야 하는 의무를 가지고, 운송에 소요되는 일체의 비용을 부담하여야 한다. 물품이 선적된 이후에 수출항에서 동 화물이 멸실되었을 경우에도 이는 매수인의 위험부담이다. 따라서 CFR은 선적지에서 인도의무의 완료시점으로 하는 선적지인도조건이다. CFR은 매도인의 위험부담의 분기점과 비용부담의 분기점이 불일치하는 조건이이고, 매도인으로부터 제시된 운송서류와 상환으로 물품의 대금을 지급하여야 하는 서류인도조건, 즉 상징적 인도(symbolic delivery)조건이다. 또한 CFR은 해상운송이나 내수로운송에만 사용되는 조건으로, 만약 당사자가 본선의 난간 너머로 물품을 인도하는 것을 의도하지 않는다면, CPT가 사용되어야 한다.

(6) 운송비 · 보험료포함인도조건(CIF, Cost · Insurance and Freight)

1) 의의

운송비 · 보험료포함인도조건

선적항에서 계약물품의 선적원가와 목적항까지의 보험료, 그리고 목적항까지의 운임을 매도인이 부담하는 조건으로, 물품이 본선의 난간을 통과할 때까지의 멸실이나 손상에 관한 일체의 위험을 매도인이 부담하는 조건

운송비 · 보험료포함인도조건은 선적항에서 계약물품의 선적원가(Cost)와 목적항까지의 보험료(Insurance Premium), 그리고 목적항까지의 운임(Freight)을 매도인이 부담하는 조건으로, 물품이 본선의 난간을 통과할 때까지의 멸실이나 손상에 관한 일체의 위험을 매도인이 부담하는 조건이다.

2) 특징

매도인은 운송계약을 체결하여야 하는 의무를 가지고, 운송에 소요되는 일체의 비용을 부담하여야 한다. 물품이 선적된 이후에 수출항에서 동 화물이 멸실되었을 경우에도 이는 매수인의 위험부담이다. 따라서 CIF는 선적지에서 인도의무의 완료시점으로 하는 선적지인도조건이다. CIF는 매도인의 위험부담의 분기점과 비용부담의 분기점이 불일치하는 조건이고, 매도인으로부터 제시된 운송서류와 상환으로 물품의 대금을 지급하여야 하는 서류인도조건, 즉 상징적 인도 조건이다. 또한 CIF는 해상운송이나 내수로운송에만 사용되는 조건으로, 만약 당사자가 본선의 난간 너머로 물품을 인도하는 것을 의도하지 않는다면, CIP가 사용되어야 한다.

(7) 운송비지급조건(CPT, Carriage Paid To)

1) 의의

운송비지급조건은 매도인이 약정물품을 운송인에게 인도하는 때에 인도의무를 완수하고 지정된 목적지까지 운송을 위해 소요되는 일체의 비용을 부담하지만, 인도 이후에 발생하는 일체의 위험뿐만 아니라 인도 완료 이후에 발생하는 비용 및 운임 이외의 추가 비용은 매수인이 부담하는 조건을 의미한다.

> **운송비지급조건**
> 매도인이 약정물품을 운송인에게 인도하는 때에 인도의무를 완수하고 지정된 목적지까지 운송을 위해 소요되는 일체의 비용을 부담하지만, 인도 이후에 발생하는 일체의 위험뿐만 아니라 인도완료 이후에 발생하는 비용 및 운임 이외의 추가 비용은 매수인이 부담하는 조건

2) 특징

CPT가 선적지인도조건에 포함되는 것은 매도인이 약정물품을 자기의 위험과 비용으로 운송인과 목적지까지 운송계약을 체결하고 운임을 지급하고 무사고 운송서류만 발급받으면 매도인의 의무가 선적지에서 종료되기 때문이다. CPT는 위험부담의 분기점과 비용부담의 분기점이 일치하지 않는다. CPT는 운송형태에 관계없이 채용이 가능한데, 특히 복합운송에 알맞은 조건이다. 즉, 이 조건은 복합운송방식과 컨테이너수송 또는 트레일러 및 roll on—roll off 수송을 포함하여 모든 운송방식에 있어서 채용될 수 있는 조건이다. CPT에 있어서 매도인의 인도의무는 운송인에게 현실적 인도로서 이행된다.

(8) 운송비 · 보험료지급조건(CIP, Carriage and Insurance Paid to)

1) 의의

운송비 · 보험료지급조건은 매도인이 약정물품을 운송인에게 인도하는 것에 추가하여, 지정된 목적지까지 운송계약을 체결하고 운송비를 지급하며, 운송 중의 위험에 대비하여 보험계약을 체결하고 보험료를 납부하는 조건을 말한다. 하지만 물품의 인도 이후에 발생하는 일체의 위험 및 운임 이외의 비용은 매수인이 부담하는 조건이다.

> **운송비 · 보험료 지급조건**
> 매도인이 약정물품을 운송인에게 인도하는 것에 추가하여, 지정된 목적지까지 운송계약을 체결하고 운송비를 지급하며, 운송 중의 위험에 대비하여 보험계약을 체결하고 보험료를 납부하는 조건

2) 특징

CIP가 선적지인도조건에 포함되는 것은 매도인이 약정물품을 자기의 위험과 비용으로 운송인과 목적지까지 운송계약을 체결하고 운임을 지급하고 무사고 운

송서류만 발급받으면 매도인의 의무가 선적지에서 종료되기 때문이다. CIP는 위험부담의 분기점과 비용부담의 분기점이 일치하지 않는다. CIP는 운송형태에 관계없이 채용이 가능한데, 특히 복합운송에 알맞은 조건이다. 즉, 이 조건은 복합운송방식과 컨테이너수송 또는 트레일러 및 roll on—roll off 수송을 포함하여 모든 운송방식에 있어서 채용될 수 있는 조건이다. CIP에 있어서 매도인의 인도의무는 운송인에게 현실적 인도로서 이행된다. 매도인은 보험업자와 보험계약을 체결하고 보험료를 지급하여야 한다. 부보의 범위에 관해서는 매도인은 별도의 합의가 없는 한 최소부보조건으로 부보하면 된다.

(9) 국경인도조건(DAF, Delivered at Frontier)

1) 의의

> **국경인도조건**
> 지정된 국가의 일정지점에서 수출통관된 물품이 매수인의 임의처분하에 적치되는 때에 매도인이 인도의무를 완수하는 조건

국경인도조건은 지정된 국가의 일정지점에서 수출통관된 물품이 매수인의 임의처분하에 적치되는 때에 매도인이 인도의무를 완수하는 조건이다.

2) 특징

DAF는 매도인이 수입국의 일정지점(국경의 지정된 인도장소)에서 매수인의 임의처분하에 약정물품을 적치하는 때에 인도를 이행하는 도착지인도조건이다. DAF는 매도인이 약정물품을 매수인의 임의처분하에 적치하여야 하는 의무를 부담하므로 현실적 인도 방식에 속한다. DAF는 계약물품을 철도나 육로로 운송할 때 채용되도록 의도된 것이지만, 운송방식에 상관없이 채용될 수 있다. 즉, 철도나 육로로 운송하는 방식에만 적용되는 것은 아니며 과거 유럽 및 소련과 동유럽과의 교역에 많이 이용되었다.

(10) 착선인도조건(DES, Delivered Ex Ship)

1) 의의

> **착선인도조건**
> 매도인이 지정된 목적항에서 수입통관되지 않은 물품이 본선상에서 매수인의 임의처분하에 놓여졌을 때 인도가 완료되는 조건

착선인도조건은 매도인이 지정된 목적항에서 수입통관되지 않은 물품이 본선상에서 매수인의 임의처분하에 놓여졌을 때 인도를 이행하는 조건으로, 매도인은 지정된 목적항에서 양륙 전까지의 물품의 운송과 관련된 모든 비용과 위험을 부

담한다.

2) 특징

DES는 매도인이 수입국 목적항의 본선상에서 매수인의 임의처분하에 약정물품을 적치하는 때에 인도를 이행하는 도착지인도조건이다. DES는 약정물품을 목적항의 본선상에서 매도인으로부터 매수인에게 직접 점유 이전시키는 현물인도조건이기도 하다. DES는 목적항의 본선상에서 인도하므로 해상운송이나 내수로운송 또는 목적항에서 본선상으로부터 양륙되는 것을 조건으로 한 복합운송에서만 쓰일 수 있다.

(11) 부두인도조건(DEQ, Delivered Ex Quay)

1) 의의

부두인도조건은 매도인이 물품을 지정된 목적항의 부두에서 매수인에게 수입통관이 안 된 상태로 매수인의 임의처분하에 놓여졌을 때 인도하게 되는 조건으로, 매도인은 지정된 목적항까지 물품을 반입하는 데 그리고 부두상에서 물품을 양륙하는 데 관련된 비용과 위험을 부담한다.

> **부두인도조건**
> 매도인이 물품을 지정된 목적항의 부두에서 매수인에게 수입통관이 안 된 상태로 매수인의 임의처분하에 놓여졌을 때 인도가 완료되는 조건

2) 특징

DEQ는 매도인이 수입국의 일정지점(목적항의 양륙장소)에서 매수인의 임의처분하에 약정물품을 적치하는 때에 인도를 이행하는 도착지인도조건이다. DEQ는 약정물품을 목적항의 부두에서 매도인으로부터 매수인에게 직접 점유 이전시키는 현물인도조건이기도 하다. DEQ는 부두상에서 인도하므로 해상운송이나 내수로운송 또는 목적항에서 본선으로부터 부두상으로 양륙되는 것을 조건으로 한 복합운송에서만 쓰일 수 있다.

(12) 관세미지급인도조건(DDU, Delivered Duty Unpaid)

> **관세미지급인도조건**
> 매도인이 물품을 수입국의 지정된 목적지에서 수입통관되지 않은 상태로 매수인에게 인도하는 조건

1) 의의

관세미지급인도조건은 매도인이 물품을 수입국의 지정된 목적지에서 수입통관

되지 않은 상태로 매수인에게 인도하는 조건으로 매도인은 적용 가능한 경우에 일체의 관세[4]를 제외하고 물품을 매수인의 임의처분하에 인도하기까지의 비용과 위험을 부담한다.

2) 특징

DDU는 매도인이 수입국의 일정지점에서 매수인의 임의처분하에 약정물품을 적치하는 때에 인도를 이행하는 도착지인도조건이다. DDU는 매도인이 계약과 일치하는 물품을 매수인의 임의처분하에 적치하여야 하는 의무를 가지므로 현실적 인도 방식으로, 물품의 인도가 운송 형태에 관계없이 채용될 수 있는 정형거래조건이다.

(13) 관세지급인도조건(DDP, Delivered Duty Paid)

1) 의의

관세지급인도조건
매도인이 물품을 수입국의 지정된 목적지에서 수입통관된 상태로 매수인에게 인도하는 조건

관세지급인도조건은 매도인이 물품을 수입국의 지정된 목적지에서 수입통관된 상태로 매수인에게 인도하는 것을 의미한다. 매도인은 적용 가능한 경우에 목적지에서 수입을 위한 일체의 관세를 포함하여 그곳까지 물품을 반입하는 관련된 모든 위험과 비용을 부담해야 하는 조건이다.

2) 특징

DDP는 매도인이 수입국의 일정지점에서 매수인의 임의처분하에 약정물품을 적치하는 때에 인도를 이행하는 도착지인도조건이다. EXW가 매도인의 최소 의무를 나타낸다면, DDP는 매도인에 대한 최대 의무를 나타낸다. DDP는 매도인이 계약과 일치하는 물품을 매수인의 임의처분하에 적치하여야 하는 의무를 가지므로 현실적 인도 방식이다. 만약 매도인이 직접 또는 간접으로 수입허가를 취득하지 못할 경우에는 사용되어서는 안 되고 DDU가 사용되어야 한다.

---

4) 관세(duty) : 인코텀즈상 이 용어는 통관절차를 이행하는 것에 대한 책임과 위험 및 목적국에서의 수입을 위한 절차, 관세 및 조세, 기타 경비, 수입에 대한 지급의 의미를 포함한다.

Tip

인코텀즈 2000의 이해관계자 부담 비용

		E조건	F조건			C조건				D조건				
		EXW	FCA	FAS	FOB	CFR	CIF	CPT	CIP	DAF	DES	DEQ	DDU	DDP
생산 원가	제조비용	◎	◎	◎	◎	◎	◎	◎	◎	◎	◎	◎	◎	◎
	이익	◎	◎	◎	◎	◎	◎	◎	◎	◎	◎	◎	◎	◎
	포장비	◎	◎	◎	◎	◎	◎	◎	◎	◎	◎	◎	◎	◎
	검사비	◎	◎	◎	◎	◎	◎	◎	◎	◎	◎	◎	◎	◎
	내륙운송비		◎	◎	◎	◎	◎	◎	◎	◎	◎	◎	◎	◎
수출지 부대 비용	운송인 인도비용		◎	◎	◎	◎	◎	◎	◎	◎	◎	◎	◎	◎
	수출통관비		◎	◎	◎	◎	◎	◎	◎	◎	◎	◎	◎	◎
	제세공과금		◎	◎	◎	◎	◎	◎	◎	◎	◎	◎	◎	◎
	부선비용		⧈	◎	◎	◎	◎	◎	◎	⧈	◎	◎	◎	◎
	운송서류비		◎		◎	◎	◎	◎	◎		◎	◎	◎	◎
	본선적재비				◎	◎	◎	◎	◎		◎	◎	◎	◎
운송	해상운임					◎	◎	◎	◎		◎	◎	◎	◎
	적하보험료						◎		◎		◎	◎	◎	◎
수입지 부대 비용	양륙비											◎	◎	◎
	수입관세													◎
	통관비용													◎
	제세공과금													◎
	내륙운송비							⧈	⧈				◎	◎

주 : ◎는 매도인 부담 / 공란은 매수인 부담 / ⧈는 필요에 따라 매도인 부담

출처 : 김희철, 이신규, 『무역학개론』, 두남출판사, 2010. 3, p.302 표 인용

3. 인코텀즈 2010의 개정

(1) 인코텀즈 2010의 개정 배경

인코텀즈 2010의 개정 배경은 크게 6가지로 나눌 수 있다.

① 국제상업회의소는 동시대의 무역관행을 반영하기 위하여 10년을 주기로 인코텀즈를 개정하고 있다. ② 인코텀즈 2000의 복합운송 조건들의 이용률이 저조하여 조건들을 수정할 필요성이 있었다. ③ 해상매매 계약에서 위험 및 비용의 분

기점으로 ship's rail을 기준으로 한 점에 대한 문제점이 제기되었다. ④ 화물터미널에서의 화물 취급비용 부담자에 대한 논란이 계속되어 확실한 규정의 필요성이 부각되었다. ⑤ 전자무역의 발전에 따른 대응의 필요성과 국내 상거래에 적용 필요성이 대두되었다. ⑥ 9.11테러 등으로 인한 수출입화물의 안전에 대한 관심이 높아지게 되었다.

〈표 6-7〉 인코텀즈(Incoterms 2010)의 구성

Terms	약어	
복합운송조건 (Term for Any Mode of Transport)	• EXW(공장인도조건) • CPT(운송비지급인도조건) • DAT(터미널인도조건) • DDP(관세지급인도조건)	• FCA(운송인인도조건) • CIP(운송비 · 보험료지급인도조건) • DAP(목적지인도조건)
해상운송조건 (Maritime-only Terms)	• FAS(선측인도조건) • CFR(운임포함조건)	• FOB(본선인도조건) • CIF(운임보험료포함조건)

(2) 인코텀즈 2010의 개정된 주요 조건

인코텀즈 2010의 11개 조건 중 새로 개정된 DAT(터미널인도조건)와 DAP(목적지인도조건)에 대해서 알아보고자 한다.

1) DAT(Delivered At Terminal : 터미널인도조건)

인코텀즈 2000의 DEQ를 대체하는 조건으로서 상품이 지명된 목적항의 도착된 차량으로부터 양륙하여 수입통관하지 않고 매수인의 임의처분 상태로 놓여졌을 때 매도인이 인도 완료하는 것을 의미한다. 매도인은 지명된 목적항까지 상품을 운송하고 양륙하는 데 따른 비용과 위험을 진다.

DAT

- 인도장소: 약정된 항구(장소)의 약정된 터미널
- 인도방법: 도착된 운송수단으로부터 양하하여 인도
- 터미널에서 또 다른 장소까지의 운송과 관련된 위험과 비용을 매도인에게 부담시키고자 하는 경우 DAP나 DDP를 사용하는 것이 적절함
- 매도인은 수출통관의무만을 부담하며, 수입통관의무는 부담하지 않음

2) DAP(Delivered At Place : 목적지인도조건)

인코텀즈 2000의 DAF, DES, DDU를 대체하는 조건으로 양륙하지 않은 상태에서 매수인의 임의처분 상태로 놓여졌을 때 매도인이 인도 완료하는 것을 의미한다.

DAP

- 인도장소: 약정된 도착장소
- 인도방법: 도착된 운송수단에서 양하하지 않은 채 인도
- 매도인은 자신의 선택과 정확하게 어울리는 운송계약을 체결하는 것이 바람직함
- 매도인은 수출통관의무만을 부담하며, 수입통관의무는 부담하지 않음

〈표 6-8〉 인코텀즈(Incoterms 2010)의 개정 내용

Terms	주요 내용
정형거래조건의 축소	• 2개의 새로운 Incoterms 신설 → DAT, DAP • 4개의 기존 조건 삭제 → DAF, DES, DEQ, DDU
운송수단에 따라 2개의 그룹으로 분류	• 복합운송 : EXW, FCA, CPT, CIP, DAT, DAP, DDP ☞ 위의 조건은 운송수단의 개수 및 운송수단의 종류에 상관없이 사용 가능하다. • 해상운송 : FAS, FOB, CFR, CIF
해상운송 물품의 인도장소(위험과 비용부담 등) 기준 변경	• 본선의 난간(ship's rail)에서 본선 적재(on board)로 변경 ☞ 이러한 기준의 변경으로 인하여 위험의 이전지점과 물품의 인도지점이 FOB, CFR, CIF에서는 일치하게 된다.
Incoterms의 적용범위 확대	• 기존에는 국제매매계약에만 사용되었으나, 국제 및 국내 매매계약에도 사용 가능하다. ☞ Incoterms를 순수한 국내매매계약에도 사용하고 있는 점을 반영한 것이다.
전자통신에 종이서류와 동일한 효력 부여	• 당사자 간 합의하거나 관습적인 경우 전자통신수단에 서면통신과 동일한 효력을 부여한다.
터미널취급수수료의 취급에 관한 규정 추가	• CPT, CIP, CFR, CIF, DAT, DAP, DDP에서 터미널취급수수료(THC)를 매매당사자들에게 명확히 할당한다.
테러에 대한 위험관리	• 9.11테러 이후 물품의 이동에 따른 보안에 대한 관심이 증가하면서 몇몇 규칙에서 매매당사자 사이에 보안에 관련된 의무를 할당한다.
연속매매(string sales)와 관련된 규정 도입	• 매도인은 물품을 '선적'하거나 또는 '선적된 물품을 조달(procure)'할 수 있는 것으로 규정한다. ☞ 화물운송 과정에서 여러 차례 전매가 발생하는 경우에는 중간에 판매한 매도인의 입장을 고려한 것이다.

참고문헌

김창봉 · 박상안 · 여경철 · 정재우, 『무역학원론』, 박영사, 2007.

이시환 · 김광수, 『Incoterms 2010』, 두남, 2010.

연습문제

1. 무역계약의 법적 성격에 대하여 설명하시오.
2. 무역계약의 성립요건을 설명하시오.
3. 청약의 개념과 종류에 대하여 설명하시오.
4. 승낙의 원칙을 설명하시오.
5. 품질조건 중 품질결정방법에 대하여 설명하시오.
6. 수량조건 중 과부족용인조항에 대하여 설명하시오.
7. 포장의 종류와 화인에 대하여 설명하시오.
8. 선적조건 중 분할선적과 환적에 대하여 설명하시오.
9. 인코텀즈의 제정배경과 의의를 설명하시오.
10. 인코텀즈 2010의 특징을 설명하시오.

CHAPTER

07 무역대금결제

CHAPTER 07

무역대금결제

제1절 신용장(Letter of Credit)

1. 신용장의 의의와 기능

(1) 신용장의 의의

신용장
개설의뢰인의 요청에 따라 발행은행(개설은행)이 신용장조건과 일치하는 서류와 상환으로 수익자가 발행한 환어음을 지급 · 인수 또는 매입하겠다는 조건부 지급확약서

거래당사자는 신용위험(결제위험, 계약해제위험), 상업위험, 환위험 등 결제위험을 제거하기 위해 매매계약 시 신용이 확실한 은행을 개입시켜 결제에 대한 은행의 책임 정도를 정하는데, 수입상의 신용을 확실한 은행의 신용으로 대체한 증서가 신용장이라고 할 수 있다. 따라서 신용장(L/C, Letter of Credit)이란 개설의뢰인의 요청에 따라 발행은행(개설은행)이 신용장조건과 일치하는 서류와 상환으로 수익자가 발행한 환어음을 지급 · 인수 또는 매입하겠다는 조건부 지급확약서를 말한다.[1)]

(2) 신용장의 기능

신용장의 기능
신용위험의 방지기능, 국제무역촉진기능, 금융수단으로서의 기능

1) 신용위험의 방지기능

국제무역은 그 거래단위가 비교적 크고, 그 거래의 이행기간이 장기간이기 때문에 신용상태의 변화로 인하여 야기되는 신용위험(credit risk)에 대비하기 위하

1) ICC, "Uniform Customs and practice for Documentary Credit", 1993, ICC Publication No 500(이하 UCP 500이라 칭함), Article 2.

여 수출업자(seller)는 선지급결제방식을 선호하게 되고, 수입업자(buyer)는 후지급결제방식을 선호하게 된다. 이러한 경우에 있어서 수입국의 은행이 수출업자에 대하여 수출입대금의 지급에 대한 보증을 하거나 확약을 한다면 수출업자는 안심하고 계약목적물을 수출할 수 있게 되고, 수입업자는 계약목적물이 도착할 때까지 대금지급을 연기할 수 있게 될 뿐만 아니라 수출국의 은행이 수출업자에게 금융상의 편의를 제공할 수 있게 된다.

2) 국제무역촉진기능

신용장이 국제무역에 있어서 중요한 결제수단으로 이용되는 이유는 국제무역촉진기능이 있기 때문이다. 왜냐하면 신용장은 수출대금의 결제를 보장할 뿐만 아니라, 신용장에 명기된 조건대로 이행하지 않으면 화환어음에 대한 지급을 거절할 수 있기 때문에 계약과 일치하는 상품과 선적서류의 인도를 보장하기 때문이다.

예컨대, 매매계약이 체결되었다고 하더라도 신용장이 개설되지 않은 경우라면 수출업자가 과연 계약을 성실히 이행하여 계약과 일치하는 상품을 적기에 선적할 것인지 확신할 수 없고, 수입업자도 수출대금을 지급할 것이라는 보장이 없다. 왜냐하면 매매계약을 체결한 후에도 상품의 시세가 변동할 수 있고, 또한 수출입업자의 자금상황이 변할 수 있기 때문이다.

3) 금융수단으로서의 기능

신용장이 국제무역에 있어서 중요한 결제수단으로 이용되는 이유는 금융수단으로서의 기능이 있기 때문이다. 예컨대, 수출업자가 발행하는 화환어음의 지급인은 신용장의 발행은행이기 때문에 신용장에 의하여 계약목적물의 결제는 보증된다. 따라서 수출업자는 거래은행에 화환어음을 매도함으로써 수출입대금을 회수할 수 있다.

Tip

- 신용장이 수입업자에게 미치는 효과 : 은행이 수입업자와 함께 수출업자에 대한 대금지급을 이중으로 보증해주기 때문에, 수입업자는 이 점을 이용하여 무역계약 체결 시 상품의 가격이나 인도조건 등의 거래조건을 자신에게 유리하게 체결할 수 있다. 또 수입상품이 수출용 원자재인 경우 무역금융을 이용할 수 있고, 내수용인 경우라도 운송서류가 도착했으나 결제자금이 마련되지 못한 경우 개설은행으로부터 대도(trust receipt)를 발급받아 수입상품을 통관 · 판매한 후 대금을 결제할 수 있다.
- 신용장이 수출업자에게 미치는 효과 : 신용장의 효과를 직접적으로 받는 쪽은 수출업자이다. 신용장으로 인해 대금의 지급이 보장되므로 신용위험이 제거되고, 선적 전에도 무역금융의 혜택을 누릴 수 있으며, 인수기관과 합의 후 어음을 할인융통시킬 수도 있고 그 밖에도 무역어음 발행, 수출환어음 매입, 이전위험(transfer risk) 회피, 취소불능 화환신용장의 개설로 계약의 취소를 막을 수 있다.

2. 신용장의 거래원칙

(1) 신용장거래의 독립성

신용장의 거래원칙
독립성, 추상성, 완전성, 정확성, 한계성

신용장은 본질적으로 그것이 기초를 두고 있는 매매계약 또는 기타 계약과는 별개의 거래이나. 따라서 은행은 그러한 계약에 대해 어떠한 참조사항이 신용장에 포함되어 있다 하더라도 결코 그러한 계약과는 무관하며 또한 이에 구속되지 않는다(UCP 제3조). 따라서 독립성의 원칙이란 신용장은 일단 발행되면 신용장의 발행근거가 되는 계약(underlying contract)과는 독립된 별개의 계약으로 존재한다는 것이다. 따라서 근거계약이 취소되거나 변경된다 하더라도 이미 발행된 신용장에는 아무런 영향을 미치지 못하며, 원인관계인 채권 · 채무가 소멸된다 하더라도 그러한 원인관계로부터 아무런 영향을 입지 않는다.

(2) 신용장거래의 추상성

신용장거래에서 모든 관계당사자는 서류로 거래하는 것이지, 그 서류에 관련될 수 있는 물품, 서비스 또는 기타 채무이행으로 거래하는 것이 아니다(UCP 제4조). 다시 말해서, 추상성의 원칙이란 신용장에 의한 대금지급에 있어서는 계약물품을 대상으로 하는 것이 아니라, 계약물품을 체화(體化)한 추상적인 운송서류를 대상으로 한다는 것이다. 따라서 신용장거래에서는 실제 거래물품의 인도 여부 또는 물품의 상태에 관계없이 신용장상에서 요구하고 있는 제반 서류만을 기준으로 대금지급이 이루어지게 된다.

(3) 신용장거래의 완전성

신용장거래는 서류에 의한 거래이기 때문에 신용장의 내용은 완전해야 하고, 수출업자가 제시한 서류는 신용장의 조건과 일치하는 완전성을 가져야 한다. 그리하여 신용장통일규칙은 "신용장의 발행에 관한 지시와 신용장 그 자체, 신용장의 조건변경에 관한 지시와 신용장의 조건 변경 그 자체는 완전하고 명확해야 한다."고 명시함으로써 신용장거래의 완전성을 명기하고 있다.

따라서 은행은 오해와 혼란을 방지하기 위하여 ① 신용장 또는 이에 대한 어떠한 조건변경에 있어서 지나치게 상세한 내용을 포함하려는 시도를 저지해야 하고, ② 이전에 발행된 신용장(유사신용장)의 조건이 변경되어 수락되었거나 수락되지 않은 경우를 불문하고 이를 참조하여 신용장을 발행하거나 통지 또는 확인하도록 지시하려는 어떠한 시도를 저지해야 한다.

(4) 신용장거래의 정확성

신용장거래는 서류에 의한 거래이기 때문에 신용장의 내용은 정확히 명시되어 있어야 한다. 그리하여 신용장통일규칙은 "신용장의 발행에 관한 지시와 신용장 그 자체, 신용장의 조건변경에 관한 지시와 신용장의 조건변경 그 자체에는 인수 · 지급 · 매입을 위한 서류를 정확히 명시해야 한다."고 규정함으로써 신용장거래의 정확성을 명기하고 있다.

(5) 신용장거래의 한계성

신용장거래는 수출입거래에 은행이 개입함으로써 국제무역을 촉진하고 금융수단으로서의 기능을 하고 있다는 긍정적인 면이 있다. 그러나 서류에 의한 결제를 원칙으로 한다는 신용장거래의 독립성 · 추상성 · 완전성 · 정확성이라는 특성도 실물거래인 수출입거래를 완벽하게 보장할 수는 없다.

왜냐하면 수입업자의 입장에서 보면 신용장이 계약목적물의 품질을 보장할 수 없고, 수출업자의 입장에서 보면 계약과 일치하는 상품을 선적했지만 서류상의 하자를 이유로 대금결제의 지연이나 거절을 방지할 수 없기 때문이다. 이것을 신용장거래의 한계성이라 한다. 따라서 신용장거래의 획일성으로 인하여 발생하는 여러 가지 측면의 한계성을 극복하는 방법은 올바른 상거래를 위하여 계약당사자가 신의성실의 원칙에 입각하여 의무이행을 하는 것이다.[2)]

3. 신용장의 당사자

신용장거래의 주요 당사자

신용장 발행의뢰인, 발행은행, 수익자, 확인은행, 통지은행, 지급은행, 인수은행, 매입은행

신용장의 당사자는 기본 관계당사자와 기타 관계당사자로 나눌 수 있다.

기본 관계당사자란 신용장거래의 직접적인 권리와 의무를 갖게 되는 당사자들로서 발행의뢰인, 발행은행, 수익자를 지칭한다. 만일 확인신용장인 경우에는 확인은행도 기본 관계당사자에 추가된다. 취소불능신용장은 이러한 기본 관계당사자 중 발행은행, 수익자, 확인은행(있는 경우) 전원의 합의가 없이는 신용장의 변경이나 취소가 불가능하다.

기타 관계당사자는 신용장 거래의 직접적인 권리와 의무는 갖고 있지 않지만, 원활한 거래를 위하여 간접적으로 협조하거나 대행하는 역할을 맡고 있다. 통지은행, 지급은행, 인수은행, 매입은행, 상환은행 등이 기타 관계당사자들로 각기 역할을 하고 있다.

(1) 신용장 발행의뢰인(applicant)

신용장 발행을 발행은행에 지시 · 요청하는 자로서 보통 매매계약서상의 매수인(buyer)이며 수입업자(importer)가 된다. 환어음지급인(drawee)이라고도 불리며, 화물의 실질적인 수령인이 된다는 관점에서 수하인(consignee)이라고 불리기도 한다. 신용장통일규칙에서는 'applicant'로 통일하여 부르고 있다.

(2) 발행은행(issuing bank)

발행의뢰인의 요청과 지시에 따라 신용장을 발행하여 수익자가 제시한 서류와 상환으로 지급하거나 또는 발행한 환어음을 지급 또는 인수할 것을 확약한 은행

2) 한국무역협회, 『신용장』, 1993, pp.14~15

이다. opening bank, grantor 등으로도 불리며 신용장통일규칙에서는 issuing bank로 부르고 있다.

(3) 수익자(beneficiary)

발행은행이 발행한 신용장에 의거 대금의 지급을 받아 이익을 받게 되는 자로서 수혜자라고 불리기도 한다. 수익자는 매매계약서상의 매도인(seller)인 수출업자(exporter)가 된다. 신용장의 수신인(addressee), 사용자(user)라고도 불리며, 신용수령인(accreditee)으로 불리기도 한다. 신용장통일규칙에서는 beneficiary라고 부르며, 신용장에서는 'In favor of…' 또는 'F/O…'라고 약하여 표시된다.

(4) 확인은행(confirming bank)

발행은행은 수권에 따라 다른 은행이 발행은행의 확약에 추가하여 지급 · 인수 · 매입을 확약한 경우, 그 은행은 확인은행이 된다. 확인은행에 의한 지급과 매입 등은 환어음발행인이나 선의의 소지자에게 상환청구권을 행사하지 않는 조건이므로 수익자로서는 발행은행 외에 다른 은행으로부터 이중으로 확약을 받게 되는 이익을 갖게 된다. 대개 통지은행이 동시에 확인은행이 된다.

(5) 통지은행(advising bank)

발행은행에 의하여 개설된 신용장은 대부분이 수익자의 소재지에 있는 그 발행은행의 본 · 지점이나 환거래계약은행을 경유하여 통지되는데, 이 통지를 행하는 은행을 통지은행(advising notifying transmitting bank)이라 부른다.

(6) 지급은행(paying bank)

지급은행은 발행은행 자신이나 발행은행의 예치환거래은행 또는 발행은행이 대금의 결제를 위하여 미리 전액을 위탁시켜 둔 은행만이 될 수 있다. 지급은행은 신용장에서 요구된 서류와 상환으로 전 금액을 지급하거나 자신 앞으로 발행된 환어음의 액면가액을 확인함이 없이 전부 지급한다.

(7) 인수은행(accepting bank)

자신 앞으로 발행된 기한부환어음을 인수함으로써 그 어음의 만기일에 지급할 의무를 지게 된다. 은행에 의하여 인수된 어음은 인수한 은행의 무조건 지급책임이 있는 어음법에 따르게 된다.

(8) 매입은행(negotiating bank)

발행은행에 의하여 일람급 또는 기한부어음을 매입(negotiation)하도록 지정받은 은행이 있는 경우는 그 은행, 특별한 지정이 없는 신용장의 경우는 아무 은행이나 매입은행이 될 수 있다. 매입은행은 발행은행 또는 발행의뢰인 앞으로 발행된 환어음이 규정된 서류와 함께 제시되면 소정기간의 이자를 받고 그 환어음을 사들인다.

4. 신용장의 종류

(1) 일반신용장

일반신용장은 상업적 거래가 아닌 일반 해외여행자가 현지 환거래 은행에 가서 서명만으로 현금을 조달할 수 있는 소위 여행자신용장을 말한다. 이 여행자신용장은 여행자 자신이 발행의뢰인과 동시에 수익자가 되는 데 반해, 상업신용장의 경우에는 수입상이 발행의뢰인, 수출상이 수익자가 되는 점이 상이하다.

(2) 상업신용장

무역거래의 결제를 위해 사용되는 신용장을 총칭하여 보통 상업신용장이라고도 하며, 이 상업신용장에는 무담보신용장과 화환신용장 등이 있다.

1) 무담보신용장

무담보신용장(clean L/C)은 신용장에 의하여 발행된 어음에는 운송서류가 첨부되어 있지 않다.

화환신용장
신용장 발행은행이 수입업자의 의뢰로 수출업자가 발행한 어음을 수송화물의 담보가 되는 선적서류 첨부를 조건으로 하여 인수 또는 지불할 것을 확약하는 신용장

2) 화환신용장

화환신용장(documentary L/C)은 정확히 말해 상업화환신용장(commercial documentary L/C)이며, 이 신용장에 의하여 발행된 환어음에는 운송서류가 그

담보로서 반드시 첨부되어 있다. 즉, 신용장의 수익자인 수출상이 선적 후에 발행한 환어음(bill of exchange, draft)과 이에 첨부되어 있는 운송서류가 신용장의 기재조건과 일치될 경우에 한해서 개설은행이 그 어음의 지급 · 인수를 보증하고 있는 신용장이다.

3) 취소불능신용장과 취소가능신용장

취소불능신용장(irrevocable credit)은 신용장상에 'irrevocable'의 명시가 있거나 또는 취소 여부에 대한 아무런 명시가 없는 신용장은 모두 취소불능신용장에 속하는 것으로 UCP 500 제6조에 규정되어 있다. 이 신용장이 개설되어 수익자에게 통지된 이상 신용장상의 유효기간 내에는 신용장 관계당사자 전원의 합의 없이는 신용장을 취소하거나 신용장의 조건변경이 불가능한 것을 말한다.

취소가능신용장(revocable credit)은 신용장상에 'revocable'의 명시가 있는 신용장으로서, 신용장을 개설한 은행이 수익자에게 사전 통지 없이 일방적으로 신용장 자체를 취소하거나 신용장의 내용을 변경할 수 있으므로 신용장으로서의 가치가 없다고 할 수 있다. 그러나 취소가능신용장도 개설되어 통지은행을 통해서 일단 수익자에게 통지된 후 당해 신용장의 취소나 조건변경의 통지가 은행에 접수되기 전에 원신용장 조건대로 지급 · 인수 · 매입이 이루어진 경우에 또 연지급(deferred payment)을 목적으로 서류를 인수한 은행에 대하여는 개설은행이 상환의무를 진다.

4) 확인신용장과 무확인신용장

확인신용장(confirmed credit)이란 신용장에 개설은행 이외의 제3은행의 확인, 즉 수익자가 발행하는 어음의 인수 · 지급 또는 매입에 대한 제3은행의 추가적 확약이 있는 신용장을 말한다. 이는 수익자가 이중의 지급확약을 받게 되므로 신용도가 높아지고, 만약의 경우 개설은행이 지급불능상태에 빠지면 확인은행이 개설은행을 대신하여 지급하여야 한다. 무확인신용장(unconfirmed credit)이란 제3의 은행에 의한 추가확인이 없는 신용장을 말한다.

5) 양도가능신용장과 양도불능신용장

양도가능신용장(transferable credit)이란 수익자가 신용장 금액의 전부 또는 일부를 제3자(제2의 수익자)에게 양도할 수 있는 권한을 부여한 신용장을 말한다. 양도불능신용장(non-transferable credit)이란 수익자가 신용장을 제3자에게 양도할 수 없는 신용장을 말한다.

6) 상환청구가능신용장과 상환청구불능신용장

상환청구가능신용장(with recourse credit)이란 신용장에 의하여 발행된 어음이 개설은행의 도산 등에 의하여 인수 또는 지급불능이 되었을 경우, 또는 지급인의 지급불능은 아니더라도 그 어음이 신용장조건과 일치하지 않을 경우에 지급인은 지급을 거절할 수 있는데, 이 경우에 어음의 소지인인 매입은행이 어음발행인에게 매입대금의 상환청구, 즉 소구할 수 있는 신용장을 말한다. 그리고 이러한 경우에도 매입은행이 상환을 청구할 수 없는 신용장을 상환청구불능신용장(without recourse credit)이라고 한다.

7) 매입제한신용장과 매입개방신용장

매입제한신용장(restricted credit)이란 신용장상의 수익자가 선적을 완료한 후 수출대금의 회수를 위하여 발행하는 환어음의 매입은행을 신용장에서 금융관계, 자금의 수배 또는 업무상의 연락 등으로 특정 은행에 한정하고 있는 것을 말하며, 이를 특수신용장(special credit)라고도 한다. 매입개방신용장(open credit)이란 신용장에서 어음의 매입을 특정한 은행으로 제한시키지 않고 아무 은행에서나 매입할 수 있도록 된 조건의 신용장을 말하며, 이를 보통신용장(general credit) 또는 자유매입신용장(freely negotiate credit)이라고도 한다.

8) 일람출급신용장과 기한부신용장

일람출급신용장(sight credit)이란 신용장에 의해서 발행되는 어음이 지급인에게 제시되면 즉시 대금이 지급되는 일람출급환어음(sight draft)일 경우를 말하고, 기한부신용장(usance credit)이란 신용장에서 발행되는 어음이 지급인에게 제시된 후 일정기간이 경과한 후에 지급받는 기한부환어음(usance draft)인 경우를 말한다. 따라서 기한부신용장을 이용하는 수익자, 즉 수출상은 수출화물을 선적하고 기한부어음을 발행하여 소정의 기간이 경과한 후에 어음금액의 지급을 받아야 한다. 그러나 실제로는 환어음을 발행하여 외국환은행에 어음할인의 형식으로 매각함으로써 수출대금을 선적한 즉시 회수할 수 있다.

9) 지급신용장 · 인수신용장 · 매입신용장

지급신용장(payment credit)은 신용장에 의한 환어음의 매입 여부에 대하여는 아무런 명시가 없이 신용장개설은행 또는 그 은행이 지정하는 은행에 환어음을 제시하면 지급하겠다고 확약하고 있는 신용장을 말한다. 그러나 지급신용장의 경우에도 신용장에 의한 환어음의 매입이 불가능한 것이 아니기 때문에 수익자의 거래은행이 매입할 수는 있으나, 이 경우에는 매입신용장의 경우와 같이 매입은행이 개설은행으로부터 지급확약을 받고 있는 것이 아니므로 수익자의 신용도에 따라 매입은행의 계산과 위험으로 매입을 한다.

인수신용장(acceptance credit)은 일반적으로 개설은행이 예치환거래은행으로부터 인수편의를 제공받을 때 사용된다. 인수편의(acceptance facility)란 수입상이 기한부수입을 하고자 하는 경우 해외에 있는 예치환거래은행이 개설은행을 위하여 신용장대금을 대신 지급하여주고 어음의 만기에 대금을 개설은행으로부터 받는 신용장 공여형태를 말한다.

매입신용장(negotiation credit)이란 신용장에 의해서 발행되는 어음이 매입될 것을 전제로 하여 어음발행인은 물론이고 어음의 배서인이나 선의의 어음소지인에게도 지급을 확약하는 신용장이다.

(3) 특수신용장

1) 회전신용장

동일한 거래처와 동일한 물품을 계속적으로 거래할 경우 거래할 때마다 매번 신용장을 개설하려면 개설의뢰인의 많은 시간과 노력 및 경비가 들게 된다. 이 경우 거래예상액 전액을 한꺼번에 개설한다면 일시에 많은 자금이 소요되므로 이러한 불편과 경비 등을 제거하기 위하여 일정한 기간 동안 일정한 금액의 범위 내에서 신용장 금액이 자동적으로 갱신되도록 되어 있는 회전신용장(revolving credit)을 사용한다. 이를 self-continuing credit라고도 한다.

> **회전신용장**
> 동일거래선과 동일품목을 지속적으로 거래할 때 신용장을 개설하는 불편을 피하고 전액을 개설할 경우 과중한 보증에 따른 자금부담을 완화하기 위하여 사용하는 신용장으로서, 처음 개설한 신용장이 이행되면 일정한 기간이 경과한 후 자동적으로 동액의 신용장이 개설되는 방식의 신용장

2) 전대신용장

수출에 따른 수출물품의 생산 · 가공 · 집하 · 선적 등에 필요한 자금을 수입상

이 미리 융통해주기 위하여, 매입은행으로부터 일정한 조건하에 신용장 금액의 일부를 수익자 앞으로 전대하여줄 것을 허용하고 그 전대금상환을 보증하는 신용장을 발행할 수 있는데, 이와 같이 수출전대를 인정하고 있는 신용장을 수입상의 입장에서 보아 전대신용장(red clause credit) 또는 선대신용장이라고 한다. 이 신용장은 수출전대를 허용하는 문언이 일반적으로 적색으로 인쇄되어 있기 때문에 red clause credit라고 하며, 수출상은 전대받은 대금으로 수출상품을 제조 또는 구매하여 포장한다는 뜻에서 packing credit라고도 한다.

전대신용장
수출업자가 계약상품의 생산과 집하 및 구입자금으로 쓸 수 있도록 신용장 발행의뢰인이 일정한 조건하에 통지은행에 수출업자(수익자)에게 수출대금을 선불해주도록 허용한 신용장

5. 신용장 거래의 메커니즘

신용장방식의 대금결제는 일반적으로 다음의 과정을 통하여 이루어진다.

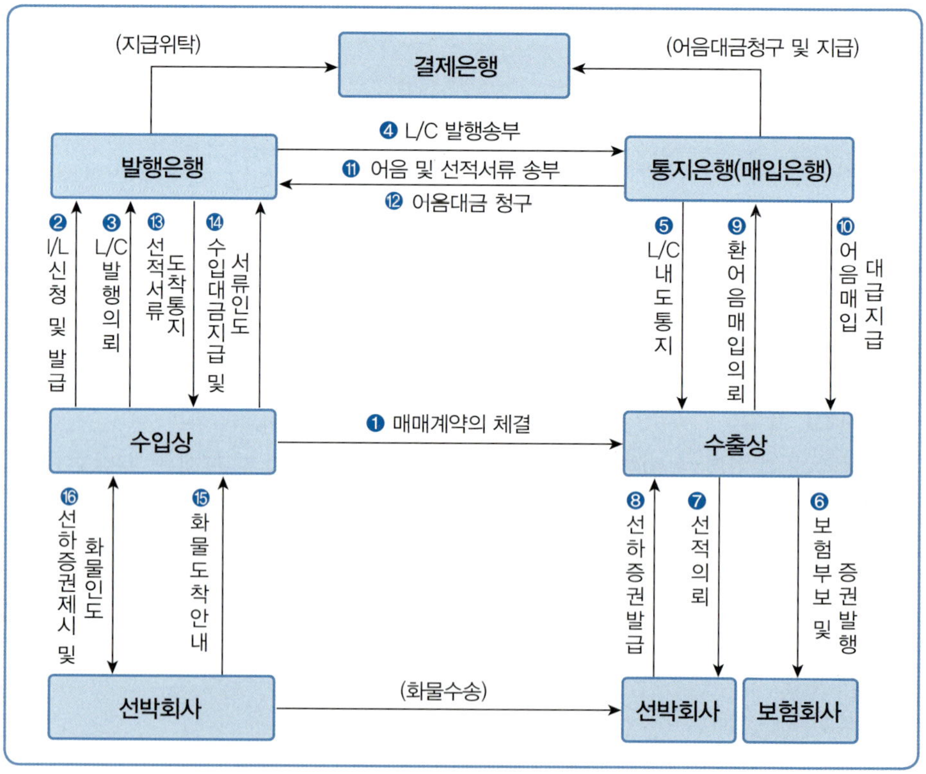

[그림 7-1] 신용장의 거래과정

출처 : 박형래, 『국제무역개론』, 두남, 2001, p.329

① 매매계약의 체결: 매수인인 수입상(신용장개설의뢰인)은 수출상인 매도인과 매매계약을 체결하면서 일반거래조건협정서나 매매계약서에 대금결제방법으로 신용장에 의한 대금지급이 이루어지도록 합의한다.

② I/L 신청 및 발급: 수입상은 관계기관, 단체, 조합 등에 수입승인을 신청하여 수입승인서(I/L, Import Licence)를 받는다(해당되는 경우).

③ L/C 발행의뢰: 수입상은 자기의 거래은행을 통하여 매도인 앞으로 수입신용장(수출업자의 입장에서 보면 수출신용장)을 주도록 의뢰한다. 이때 수입상은 발행될 신용장의 여러 조건을 명시한 신용장개설신청서에 명확하게 기재하여야 한다.

④ L/C 발행송부: 신용장개설을 의뢰받은 수입상 국가의 신용장개설은행은 개설의뢰인의 지시를 준수하여 수익자 앞으로 신용장을 개설하여 수출상이 소재하고 있는 외국의 거래은행에 신용장을 송부하여 신용장의 통지를 요청한다.

⑤ L/C 내도통지: 수익자 소재지의 통지은행은 신용장의 외관상의 진정성을 확인하여 수출상에게 신용장 도착을 통지한다. 이 경우 통지은행이 개설은행으로부터 확인의 추가를 요청받은 경우에는 별도의 확약문언을 기재한 통지은행 양식의 신용장을 통지한다.

⑥ 보험부보 및 증권발행: 신용장을 수취한 수출상은 그 신용장조건이 매매계약서조건과 일치하는가를 반드시 확인하고, 해당되는 경우 이를 토대로 보험사에 적하보험을 부보하여 보험증권을 교부받는다.

⑦ 선적의뢰: 수출상은 물품을 제조하거나 집하하여 선박회사(운송회사)에 선적의뢰를 한다.

⑧ 선하증권발급: 선박회사(운송회사)는 선적이 완료된 후 선하증권을 발급한다.

⑨ 환어음매입의뢰: 수출상은 선적이 완료된 후 신용장에서 요구한 선적서류와 환어음을 준비하여 매입은행 또는 자유매입신용장의 경우에는 자신에게 유리한 은행에 이를 제시한다.

⑩ 어음매입대금지급: 수출지의 매입은행은 환어음 및 제시서류와 교환으로 수출상에게 환어음대금을 지급한다.

⑪ 어음 및 선적서류 송부: 매입은행은 수출상에게 지급한 환어음대금을 결제

> **수입승인서**
> 대외무역법 시행령 제25조의 규정에 의거하여 수입승인품목으로 지정된 품목은 산업자원부장관이 지정한 관계행정기관장의 수입승인을 받아야 수입할 수 있다. 수입승인서에는 ① 수입업자 무역 신고번호, 상호, 주소, 성명 ② 위탁자 ③ 원산지 ④ 선적항 ⑤ 도착항 ⑥ 수입품목의 면세 등이 기재된다.

받기 위해 신용장 개설은행에 환어음 및 서류를 송부한다.

⑫ 어음대급 청구: 매입은행은 환어음대금을 개설은행에 상환청구하여 수출대금을 상환받는다. 상환은행(결제은행)이 별도로 있을 경우에 매입은행은 선적서류를 개설은행 앞으로 송부하고 상환은행으로부터 수출대금을 송부받는다.

⑬ 선적서류도착통지: 개설은행은 매입은행으로부터 운송서류와 환어음이 도착하면 수입상에게 운송서류도착을 통지한다.

⑭ 수입대금지급 및 서류인도: 개설은행은 매입은행으로부터 수입대금을 결제받고 운송서류를 인도한다.

⑮ 화물도착안내: 선박회사는 화물이 도착하면 수입상에게 그 사실을 통지한다.

⑯ 선하증권제시 및 화물인도: 화물도착 통지를 받고 선적서류를 입수한 수입상은 선박회사에 선하증권을 제시하고 화물을 수령한다. 이때 수입상은 물품이 계약과 일치하는지의 여부를 검사하여야 하며 만약 물품이 계약에 부적합할 때에는 계약서에서 약정한 기일 내에 클레임을 제기한다. 물품은 이미 도착하였으나 선적서류가 도착하지 않았을 경우에는 개설은행으로부터 수입화물선취보증장(L/G, Letter of Guarantee)을 발급받아 운송인으로부터 미리 물품을 수령할 수 있다.

제2절 무신용장방식과 전자결제

1. 송금결제방식

송금결제방식(remittance base)은 신용장방식 또는 추심결제방식 이외의 대금결제방법으로 물품대금의 전액을 외화로 영수 또는 지급하는 조건을 의미한다. 즉, 이 결제방식은 수입업자인 매도인이 상품의 인도 전·후 또는 인도와 동시에 수출업자인 매도인에게 물품대금 전액을 외화로 송금(remittance)하여 지불함으로써 결제를 완료하는 방식이다. 송금결제방식은 단순송금방식과 대금상환도방식으로 구분된다.

(1) 단순송금방식

단순송금방식은 수입업자가 대금의 전액을 물품선적 전에 외화나 수표 등으로 수출업자에게 미리 송금하여 지불하고, 수출업자인 매도인은 일정기간 내에 이에 상응하는 상품을 선적하는 방식이다. 단순송금방식은 사전송금방식이라고도 하며, 이 방식은 계약당사자 간의 주문만으로 대금결제가 이루어지기 때문에 신용장결제방식과는 구별되며, 대금결제가 물품의 인도 전에 미리 이루어진다는 점에서 이후에 다루어지는 추심결제방식과도 차이가 있다.

> **단순송금방식**
> 수입업자가 대금의 전액을 물품선적 전에 외화나 수표 등으로 수출업자에게 미리 송금하여 지불하고, 수출업자인 매도인은 일정기간 내에 이에 상응하는 상품을 선적하는 방식

1) 수표송금방식

수표송금방식은 수입업자가 미리 물품대금에 상당한 현금을 은행에 불입하고 은행이 송금수표(D/D, Demand Draft)를 발행해 주면, 이를 수입업자가 수출업자 앞으로 직접 우송하여 결제하는 방식이다.

2) 우편 송금환

우편송금환(M/T, Mail Transfer)은 수입업자가 대금 송금 시에 송금수표를 발행해 교부해주는 대신 지급은행에 일정금액을 지급해줄 것을 요청하는 지급 지시서(payment order)를 발행해 송금은행이 직접 우편으로 송달하면 지급은행은 지급 지시서에 의해 수취인의 예금계정의 송금대전을 입금시킨 후 수취인에게 통지해 지급하는 것이다. 이 방법은 대금결제가 신속하지 않아도 되는 경우와 소액송금의 경우 많이 사용된다.

3) 전신송금환

전신송금환(T/T, Telegraphic Transfer)은 송금인(수입자)의 의뢰에 따라 은행이 지급은행에 지급 지시서를 우편이 아닌 전신(cable)으로 보내는 것이다. 이 송금방식은 안전하고 신속 · 정확하기 때문에 많은 금액을 송금할 때도 자주 이용된다. 이런 특성 때문에 수출대금 결제에서 전신송금환 이용도는 신용장방식 다

음으로 많이 이용된다.

(2) 대금상환도방식

> **대금상환도방식**
> 수입상이 물품 또는 서류가 인도될 당시, 인도된 후에 대금을 외화로 지급하는 것을 조건부로 수출입하는 방식
> 실무에서는 COD 방식이나 CAD 방식 모두 물품 확인이 선행된다.

대금상환도방식은 단순송금방식과는 달리 수입상이 물품 또는 서류가 인도될 당시, 인도된 후에 대금을 외화로 지급하는 것을 조건부로 수출입하는 방식을 의미한다. 이를 대금상환도 조건부 수출입방식이라고도 하며 후송금방식(later remittance)이라 부르고 있다.

1) 상품인도 결제방식(COD, Cash On Delivery)

수입업자가 소재하는 국가에 수출업자의 지사나 대리인이 있는 경우, 수출업자가 물품을 지사 등에 송부하면(B/L상 consignee가 수출업자의 지사 등이 됨) 수입업자가 물품의 품질 등을 검사한 후 물품과 현금을 상환하여 물품대금을 송금하는 방식이다. 귀금속 등 고가품으로서 직접 물품의 검사를 하기 전에는 품질 등을 정확히 파악하기 어려운 경우에 활용되고 있다.

수출상은 B/L 등 선적서류 작성 시 수화인(consignee)을 외국에 소재하는 수출상의 지사, 대리인 또는 수입상의 거래은행으로 하고 통지인(notify party)을 수입상으로 하여 수입상이 대금을 지급하지 않고는 물품의 인수를 하지 못하게 함으로써 수출대금을 회수하지 못하는 위험을 사전에 방지하고 만약 대금결제가 되지 않을 경우에는 물품이 반송되도록 하고 있다.

2) 서류인도결제방식(CAD, Cash Against Documents)

수출업자가 물품을 선적하고 수입업자 또는 수출국에 소재하는 수입업자의 대리인이나 지사에게 운송서류를 제시하면 서류와 상환하여 대금을 결제하는 방식의 거래이다. 통상 수입업자의 대리인 등은 수출국 내에서 물품의 제조과정을 지켜보게 되고 계약물품에 대한 검사를 행한다.

CAD 방식으로 거래하는 경우 대부분 수출국에 수입상의 지사나 대리인이 없는 경우 은행이 그 역할을 대신하는데, 이때 CAD 방식은 D/P 방식과 형식상 유사하다. 그러므로 CAD 방식을 유럽식 D/P 방식이라고도 한다.

이 두 거래방식의 근본적인 차이점은 대금결제 시 환어음을 발행하는지 여부에

있는데, D/P 거래는 어음결제방식으로서 환어음을 발행하여 '추심에 관한 통일규칙'에 의거 화환(운송서류를 첨부한 환어음) 추심으로 대금을 결제하고, CAD 거래는 송금방식으로서 수입업자는 운송서류를 영수한 후 은행을 통해 물품대금을 송금하여 대금결제를 한다.

3) 사후송금방식(open account)

유럽을 중심으로 한 서구에서 보편화된 결제방식으로, 단순송금방식과는 정반대이다. 수출업자가 일방적으로 먼저 물품을 보내고 상업송장(commercial invoice)을 보낸 후 계약에 따른 수입업자의 결제를 기다리는 방식이다. 이 방식은 거래가 빈번한 거래당사자 간에 있어서 계속적으로 발생하는 채권 및 채무를 거래가 발생할 때마다 결제하지 않고 일정기간 동안의 모든 채권과 채무를 상쇄하여 순차액만을 결제하는 무역거래방식이다. 또한 이 방식은 외상판매방식으로 수출업자는 수입업자의 신용에만 의존하여 거래하는 것이기 때문에 본지사 간, 신용거래가 보편화된 서유럽국가들 사이 단골 거래선끼리만 이용하는 거래방식이다.

사후 송금방식
수출업자가 일방적으로 먼저 물품을 보내고 상업송장을 보낸 후 계약에 따른 수입업자의 결제를 기다리는 방식

2. 추심결제방식

추심결제방식은 매매 당사자 간에 계약에 의해 수출물품의 선적 후 수출업자가 환어음을 발행하여 관련 선적서류를 첨부하여 대금을 받기 위한 절차를 말한다. 이 경우 신용장에 의한 방식과는 은행의 지급보증을 하지 않는다는 점에서 큰 차이가 있다. 추심결제방식은 신용장 없이 단순히 매매 당사자 간의 계약에 의거하여 수출업자가 상품을 선적한 후 그 관련서류를 첨부한 화환어음을 수입업자에게 제시하면 수입업자가 그 어음에 대한 지급 또는 인수를 하여 결제하는 방식이다. 또한 추심결제방식은 실제 자금의 이동방향은 수입업자로부터 수출업자로 이동되지만, 환어음의 이동방향은 수출업자가 환어음을 발행하여 수입업자로 넘겨주기 때문에 서로 반대방향이다. 이를 역환방식이라고도 한다.

추심결제방식
신용장 없이 단순히 매매 당사자 간의 계약에 의거하여 수출업자가 상품을 선적한 후 그 관련서류를 첨부한 화환어음을 수입업자에게 제시하면 수입업자가 그 어음에 대한 지급 또는 인수를 하여 결제하는 방식

(1) D/P(지급인도조건, Documents against Payment)

지급인도조건
수출업자가 수입업자와 맺은 무역계약에 따라서 상품을 선적한 다음 선하증권 등의 선적서류를 갖추어 수입업자 앞으로 일람불어음을 발행하여 외국환은행에 추심(매입)을 의뢰하면, 추심을 의뢰받은 외국환은행은 어음지급인인 수입업자로부터 상품대금을 지급받고 이의 상환으로 수입업자에게 선적서류를 인도하는 대금결제방식

지급인도조건(D/P)은 수출업자가 수입업자와 맺은 무역계약에 따라서 상품을 선적한 다음 선화증권(B/L) 등의 선적서류를 갖추어 수입업자 앞으로 일람불어음(sight bill)을 발행하여 외국환은행에 추심(매입)을 의뢰하면, 추심을 의뢰받은 외국환은행은 어음지급인인 수입업자로부터 상품대금을 지급받고 이의 상환으로 수입업자에게 선적서류를 인도하고, 지급받은 상품대금은 추심의뢰은행(수출업자의 거래은행)에 송금하여 수출업자가 수출대금을 지급받게 하는 대금결제방식이다. 여기서 일람불어음이란 어음이 지급인에게 제시되는 날이 어음의 만기일이 되는 어음을 말한다.

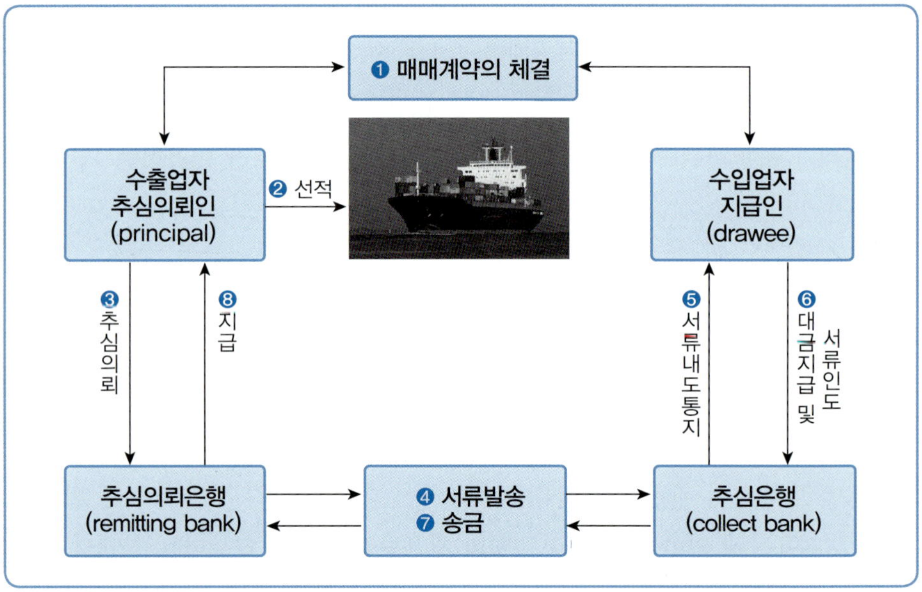

[그림 7-2] D/P 거래 과정

출처 : 박형래, 『국제무역개론』, 두남, 2001, p.379

① 매매계약의 체결: 수출업자와 수입업자는 매매계약에 있어 추심결제방식 중 D/P 방식의 대금결제방식으로 계약을 체결한다.

② 선적: 수출업자는 수입업자의 선적지시를 받는 대로 매매계약에 일치하는 물품을 통관하여 기한 내에 선적을 완료한다.

③ 추심의뢰: 수출업자는 관련서류들이 첨부된 일람불추심환어음(documentary

sight bill)을 수입업자를 지급인으로 발행하여 자신의 거래은행에 제시하면서 수입업자의 거래은행에 어음대금을 추심의뢰하여줄 것을 요청한다.

④ 서류발송: 수출업자로부터 추심요청을 받은 거래은행(추심의뢰은행)은 추심에 필요한 모든 지시사항을 기재한 추심의뢰서를 작성하여 수출업자의 환어음과 선적서류를 첨부한 후 수입업자의 거래은행(추심은행)에 송부하고 수입상 앞으로 추심해줄 것을 의뢰한다.

⑤ 서류내도통지: 서류를 접수한 수입업자의 거래은행(추심은행)은 추심환어음과 선적서류를 접수하는 즉시 수입업자에게 선적서류가 도착하였다는 통지서를 발송하고 환어음 대금을 지급할 것을 요청한다.

⑥ 대금지급 및 서류인도: 은행으로부터 추심을 받은 수입업자는 어음을 지급한다. 그러면 수입상으로부터 환어음의 지급을 받은 추심은행은 선적서류를 인도해준다. 그 후 수입업자는 선적서류를 가지고 운송업자로부터 물품을 수령한다.

⑦ 송금: 수입업자의 거래은행(추심은행)은 수입업자로부터 지급받은 추심대금을 추심의뢰서에 명기된 대로 추심의뢰 은행에게 송금한다.

⑧ 지급: 수출업자의 거래은행은 수출업자에게 대금을 지급한다.

(2) D/A(인수인도조건, Documents against Acceptance)

인수인도조건(D/A)은 화환신용장 없이 수출입업자 간에 맺은 무역계약에 따라서 화물환어음으로 대금을 결제하는 방식으로, 대금추심절차는 D/P 거래의 경우와 유사하다. 즉, 추심은행이 수출업자가 발행한 기한부어음(Usance Draft)을 수입업자에게 제시하고 수입업자가 이 기한부어음에 'accepted'라고 서명하면 수입업자에게 선적서류를 인도해준다. 선적서류를 인도받은 수입업자는 이 선적서류를 이용하여 수입상품을 인수한 다음, 그 상품을 판매하여 그 판매대금으로 정해진 기간 내에 추심은행에 수입대금을 결제하고, 추심은행은 이 대금을 추심의뢰은행(수출업자의 거래은행)에 송금하여 수출업자가 수출대금을 지급받게 하는 거래방식이다.

인수인도조건
화환신용장 없이 수출입업자 간에 맺은 무역계약에 따라서 화물환어음으로 대금을 결제하는 방식으로, 대금추심절차는 D/P 거래의 경우와 유사하나 발행어음과 대금수취시기가 상이하다.

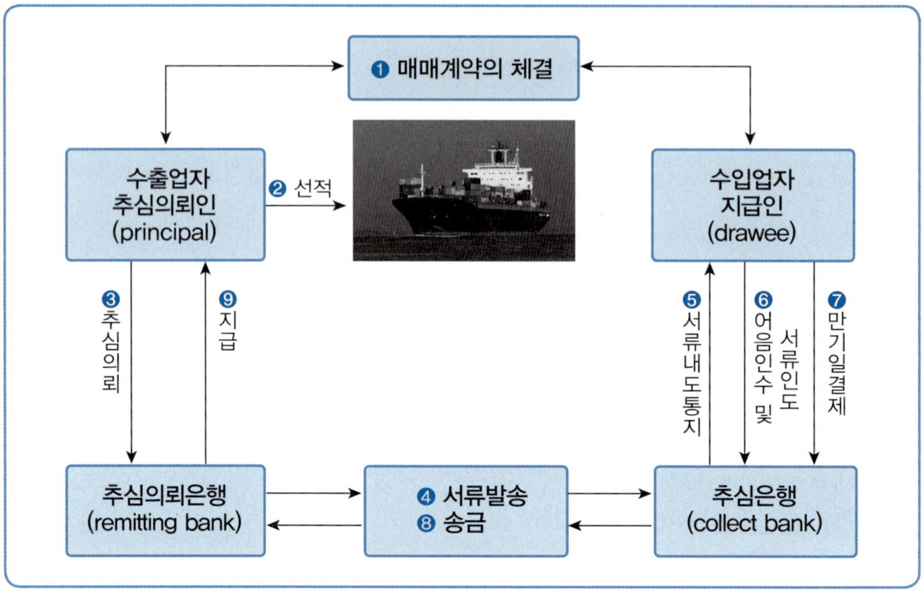

[그림 7-3] D/A 거래 과정

출처 : 박형래, 『국제무역개론』, 두남, 2001, p.380

① 매매계약의 체결: 수출업자와 수입업자는 매매계약에 있어 추심결제방식 중 D/A 방식의 대금결제방식으로 계약을 체결한다.

② 선적: 수출업자는 수입업자의 선적지시를 받는 대로 매매계약에 일치하는 물품을 통관하여 기한 내에 선적을 완료한다.

③ 추심의뢰: 수출업자는 관련서류들이 첨부된 기한부환어음(documentary usance bill)을 수입업자를 지급인으로 발행하여 거래은행에 추심을 의뢰한다.

④ 서류발송: 수출업자의 거래은행은 그 환어음과 관련서류들을 수입업자의 거래은행으로 추심을 위하여 송부한다.

⑤ 서류내도통지: 서류를 접수한 수입업자의 거래은행은 수입업자에게 내도통지를 한다.

⑥ 어음인수 및 서류인도: 수입업자는 제시된 어음을 인수하고 서류를 인도받는다.

⑦ 만기일결제: 수입업자는 어음이 만기일이 되면 거래은행에 지급한다.

⑧ 송금: 수입업자의 거래은행은 수출업자의 거래은행으로 송금한다.

⑨ 지급: 수출업자의 거래은행은 수출업자에게 대금을 지급한다.

3. 전자결제방식

전자결제방식은 기존 결제 방식의 단점인 비용과 시간의 낭비 그리고 대금회수의 불안을 해결하기 위해 도입된 신종 결제 수단으로 Bolero.net과 Trade Card가 대표적이다. Bolero.net과 Trade Card는 수출입거래에서의 paperless화, 선적서류 심사의 자동화·전산화, 대금결제의 자동화 등을 목표로 하여 SWIFT와 세계무역센터협회(WTCA)가 각각 주관하여 서비스된 세계 양대 전자상거래 결제 시스템이다.

> **전자결제방식**
> 기존 결제 방식의 단점인 비용과 시간의 낭비 그리고 대금회수의 불안을 해결하기 위해 도입된 신종 결제 수단으로 Bolero.net과 Trade Card가 대표적

(1) Bolero.net

Bolero(Bill Of Lading Electronic Registry Organization)는 기존의 무역절차와 신용장 관습 등을 그대로 수용하면서 무역거래에 필요한 종이서류를 전자메시지로 전환하여 안전하게 교환할 수 있는 기반을 제공하는 것을 목표로 하고 있는 무역 네트워크이다. 선하증권의 인터넷을 통한 전자유통을 가능하게 하여 빠른 대금결제를 실현시키고 국제 네트워크를 이용하여 신용장, 선하증권, 보험업무 등의 국경 없는 전자무역을 실현할 수 있다. 또 범세계적으로 법적 구속력을 가진 전자무역서류 인증과 보안으로 무역사기를 예방할 수 있다는 장점을 가지고 있다.

(2) Trade Card

Trade Card는 금융기관이 수입상에게 일정한도에 대해 지급보증하고 서류를 전자문서화하여 전용망으로 보냄에 따라 신속한 대금회수를 가능하도록 한 결제수단이다. 기존의 종이거래 형태를 완전 대체하는 새로운 시스템으로 모든 무역 당사자의 서류 교환업무를 Trade Card를 통해 전자문서로 교환하여 기존 은행 고유 업무를 포함한 모든 업무가 시스템 내에서 이루어지므로 매우 간편하다. Trade Card.com에 접속 후 회원으로 가입하여 일정수수료만 지불하면 이용이 가능하다. 그러나 보안의 문제와 보증을 받기 어려운 중소기업들이 소외될 수 있다는 단점을 가지고 있다.

참고문헌

김창봉 · 여경철 · 박상안 · 정재우, 『무역학원론』, 박영사, 2007.

강태구 · 김태기 · 박복재, 『무역학개론』, 무역경영사, 2006.

박형래, 『국제무역개론』, 두남, 2001.

한국무역협회, 『신용장』, 1993.

연습문제

1. 신용장의 의의와 기능에 대하여 설명하시오.
2. 신용장의 거래원칙 중 신용장의 한계성에 대하여 설명하시오.
3. 신용장의 메커니즘에 대하여 설명하시오.
4. 신용장거래의 당사자에 대하여 설명하시오.
5. 회전신용장과 전대신용장에 대하여 설명하시오.
6. 송금결제방식 중 단순송금방식에 대하여 설명하시오.
7. 송금결제방식 중 COD방식과 CAD방식에 대하여 설명하시오.
8. 사후송금방식(open account)을 설명하시오.
9. 추심결제방식인 D/A와 D/P를 비교 설명하시오.
10. 전자결제방식 중 Bolero.net 개발배경과 의의를 설명하시오.

CHAPTER

08 국제운송

INTRODUCTION TO INTERNATIONAL BUSINESS

CHAPTER 08

국제운송

제1절 무역운송

1. 무역운송의 의미와 규칙

> **무역운송**
> 무역거래에 수반되는 국제운송

무역운송은 무역거래에 수반되는 국제운송이다. 운송은 물품이 생산된 장소와 소비하는 장소 사이에 존재하는 공간적 거리를 좁히기 위한 물품의 공간적 이동과 시간적인 극복을 통하여 재화와 용역의 효용가치를 증대시키는 행위라고 할 수 있다. 무역운송에 대해 학문적으로 정의된 바는 없지만 무역거래에 수반되는 국제운송이라 정의될 수 있다.

무역운송은 장소적 관점에서 국내운송과 국제운송으로 구별되며, 국내운송은 운송이 동일 국가 내에서 이루어지는 반면에 국제운송은 한 국가의 범위를 넘어 다른 국가 간에 이루어지는 운송이다. 국내운송으로는 도로, 철도 운송 등이 있으며 국제운송으로는 해상, 항공, 국제복합운송 등이 있다.

〈표 8-1〉 운송수단별 국제규칙

운송수단	운송서류	국제 규칙
도로운송	도로화물탁송장	CRM(국제도로물품운송조약)[1], Convention Relative au Contract de Transport International de Marchandise par Route
철도운송	철도화물탁송장	CIM(국제철도물건운송조약)[2], Convention Internationale concernant le Transport des Marchandises par Chemin de Fer: International Convention concerning the Carriage of Goods by Rail
해상운송	선하증권	Hague Rules[3] Hague-Visby Rules Hamburg Rules
	해상화물운송장	해상화물운송장에 관한 CIM통일규칙(1990)
	용선계약서	계약자유의 원칙
항공운송	항공화물운송장	Warsaw Conventions
복합운송	복합운송증권 (Multimodal Transport Document)	국제물품복합운송에 관한 UN협약(1980) UNCTAD/ICC복합운송증권규칙

출처 : 한국무역협회 무역아카데미, 『글로벌무역 전문가 양성 무역운송』, 2008.

무역거래를 성공적으로 하기 위해서는 제품의 품질, 마케팅 능력, 무역계약 및 대금결제 등 무역실무 지식이 대단히 중요한 요소이나 적절한 운송수단의 선정을 통한 제품의 적기 인도, 운송 물류비 절감 및 이를 통한 고객에 대한 신용도 제고 또한 중요하다. 운송수단 선택의 잘못 등으로 인해 적기 인도에 차질을 빚거나 포장, 하역 등의 잘못으로 화물에 대한 운송 클레임 발생 시 수출업자는 치명적 타격을 입게 될 것이다.

1) CMR: CMR은 한 나라의 어느 지점으로부터 다른 나라의 어느 지점까지 육로로 운송되는 국제육로운송(international carriage by road)으로서, 이들 두 당사국 중 어느 한쪽이 조약에 가입한 경우에 적용된다.
2) CIM: 국제간에 철도편으로 물품을 운송하는 경우 적용
3) 1924년에 헤이그규칙(Hague Rules)이 제정되었다. 헤이그규칙 제정 후 해상운송 여건의 변화로 개정의 필요성이 증대됨에 따라 1968년 헤이그-비스비규칙(Hague-Visby Rules)이 완성되었다. 헤이그규칙, 헤이그-비스비규칙, 함부르크규칙은 '해상운송인의 책임 및 면책'을 정하는 주요한 규칙으로 그 역할을 수행하고 있다.

2. 무역운송의 중요성

무역운송의 중요성
산업구조의 고도화, 국제 경쟁의 심화, 세계시장의 통합, 소비자 요구의 다양화

과거 생산자 중심의 산업사회에서는 운송의 중요성이 부각되지 않았으나 오늘날에는 산업구조의 고도화, 국제 경쟁의 심화, 세계시장의 통합, 소비자 요구의 다양화 등으로 인해 무역운송의 중요성이 나날이 강조되고 있다. 즉, 보다 많은 수량을 얼마나 안전하고 신속하며 보다 저렴한 비용으로 운송하느냐가 전체 마케팅 비용의 절감과 고객서비스의 향상에 직결되기 때문에 무역운송이 중요하다. 통계에 따르면 우리나라의 경우 운송이 전체 물류비에서 차지하는 비중이 약 50%에 달하고 있으며 전체 물류비는 기업 매출액의 평균 10% 내외에 이르고 있다.

제2절 수출입화물운송과 인프라

1. 수출화물 운송절차(컨테이너) 실무

(1) 선박수배 및 운송계약

운송계약 체결 및 선박수배 의무는 정형거래조건에 따라 그 당사자가 정해진다. 선박스케줄에서 목적지 항만별(국가별), 수출입 항로별로 취항하는 선박명과 출항예정일자, 기항하는 항만명, 도착 예정일자 등의 정보를 확인할 수 있다.

(2) 선적예약

수출업자는 일반적으로 화물출고 전 또는 수출신고를 전후해서 선사에 선적예약(booking)을 하게 된다. 수출업자는 선적예약을 하기 전에 수출지역이나 수하주의 요청 또는 화물의 특성상 필요한 제반서류(예를 들어 원산지 증명서, 세관송장) 등을 준비한다.

(3) 선적

수출 컨테이너화물을 트럭이나 철도로 선적항 CY나 터미널에 반입하는 경우 마감시간을 지키도록 유의해야 한다.

(4) 선하증권 수령

선적 후에 선사는 하주에게 점검용 B/L을 발행 후에 원본 B/L을 발행한다. 따라서 B/L을 받은 하주는 반드시 B/L 기재 내용을 확인해야 한다. 왜냐하면 수출업자가 B/L 기재 내용을 제대로 확인하지 않고 B/L을 수령한 다음 추후에 문제가 발생할 경우 그 피해는 결국 수출업자에게 돌아가기 때문이다.

(5) 선적 통지

선적절차가 끝나면 수출업자는 수입업자에게 지체 없이 선적통지를 하고 선하증권 사본을 보낸다. 일반적으로 선적통지서에는 선사명, 선박명, 출항일 또는 예상출항일, 선적항, 상품 및 수량, 선하증권번호 등 필수통지 내용과 예상도착일 및 L/C번호 등 부수통지 내용이 포함된다.

(6) 선적지 변경

수출신고 수리 후 선적지를 변경할 때 수출신고필증상에 단순히 목적지를 변경하는 방식으로 선적지를 정정 기재해서는 안 된다. 선적지를 전부 변경할 경우, 수출신고수량 등 내역의 변경 없이 적재항만이 변경되는 때에는 정정신고만으로 가능하며 별도의 첨부서류는 필요 없다.

2. 수입화물 운송절차(컨테이너) 실무

(1) 선적정보입수

수입국 선사는 수출국 선사로부터 컨테이너 선적목록, 선박출항보고서 등을 통신수단을 통하여 접수하며, 적하목록, 컨테이너 적치표, 위험화물 목록 등을 통보받는다.

(2) 선하증권 원본입수

신용장 방식의 경우 수출업자는 L/C에 제시된 물품을 선적한 후 선하증권 등 선적서류를 자국의 은행을 통해 네고(negotiation)하여 대금을 회수하고, 네고은행은 그 서류들을 신용장 개설은행으로 송부한다. 네고서류를 접수한 신용장 개설은행은 수입업자에게 해당 수입대금의 완납을 요구한다. 수입대금을 완납한 수입업자는 신용장 개설은행으로부터 선하증권 원본 등 선적서류를 찾는다.

(3) 화물도착 통보

선사는 하주가 도착화물을 인수할 수 있도록 해당 선박이 도착하기 전에 하주에게 화물의 도착을 알리는 도착통지서를 발송하여야 한다.

(4) 선박입항 및 하선

선박은 일반적으로 외항으로부터 도선사와 예인선의 도움을 받아 입항하는데, 선사는 선박입항 24시간 전(중국 등 근거리에서 입항하는 경우에는 입항 시까지)에 입항보고서, 적하목록(혼재화물 적하목록) 등을 세관에 제출해야 한다.

(5) 화물의 장치 및 보세운송

하역업자는 적하목록 하선신고서에 따라 하선신고일로부터 7일 이내에 하선장소에 물품을 반입하게 되며 하선장소 보세구역 설영인은 반입 즉시 보세구역 반 · 출입 요령에 의해 반입신고를 해야 한다.

(6) 수입통관

수입통관을 하기 위해서 원칙적으로 물품이 도착한 후 지정된 보세구역에 물품이 장치되었다는 것을 확인받은 후 세관에 수입신고를 해야 한다. 수입신고란 외국으로부터 반입한 물품을 수입하겠다는 의사표시이다. 수입신고 후 세관에서는 수입신고한 물품과 수입승인서상의 물품이 일치하는지 여부를 심사한 후 수입업자에게 '수입신고필증'을 교부한다.

(7) 화물인도지시서 수령 및 화물 수취

수입하주는 개설은행으로부터 입수한 선하증권 원본(original B/L)을 선사에 제출하고 화물인도지시서를 수령한다. 화물인도지시서는 선박회사가 화물보관자 또는 보세창고에게 화물인도지시서를 소지하고 있는 사람에게 화물을 인도할 것을 지시하는 비유통성 서류이다.

(8) 빈 컨테이너 반송

빈 컨테이너는 반송 절차를 밟는다.

3. 수출입화물 국내운송

(1) 도로운송

도로운송은 화물자동차운송과 컨테이너운송으로 구분한다.

1) 화물자동차운송

자동차에 의한 육상운송은 수송의 시작과 끝을 이루는 것으로 모든 수송은 결국 자동차가 개입되지 않을 수 없는 필수적인 분야이다. 본래 육상운송의 대종을 이루는 것은 트럭에 의한 수송으로, 자동차의 기술적 개선과 도로의 발전으로 트럭에 의한 수송은 육상운송에서 철도를 능가하는 발전을 이루었다. 하주는 공로운송을 위해 영업용 화물자동차와 자가용 화물자동차 중 선택하여 이용할 수 있으나 수출입화물은 공로로 운송할 경우 영업용 화물자동차를 많이 이용하고 있다.

2) 컨테이너운송

컨테이너 육상운송은 수출기업과 가장 직접적인 연관을 맺고 있는 운송수단으로 화물자동차의 일부로서 컨테이너화되어 공로를 따라 선적지나 도착지에 도달한다.

〈표 8-2〉 컨테이너운송의 장점

구분	장점
경제성	단위당 운임 저렴 창고료, 인건비의 절감
신속성	하역시간과 정박기간의 단축 (규격화된 장비 사용, 악천후에도 작업 가능)
안전성	견고하고 밀폐된 기구로 운반되어 도난과 파손의 위험이 줄어듦

출처 : 한국무역협회 무역아카데미, 『글로벌무역 전문가 양성 무역운송』, 2008.

(2) 철도운송

철도운송은 중 · 장거리 이상을 대량 운송하는 데 있으며, 주로 이용하고 있는 품목으로는 무연탄과 양회이고, 최근 들어 도로체증과 수출입화물에 대한 과적단속의 강화로 인해 컨테이너 육상운송의 대체수단으로 점차 부각되고 있다.

(3) 연안운송

연안운송은 우리나라 항구에서 항구까지, 즉 조그마한 컨테이너 운반선으로 인천-광양, 부산-인천 등지로 운반하는 것을 말한다. 연안운송은 운송비가 철도운송 및 도로운송에 비하여 저렴하다는 장점이 있는 반면에 운송시간이 많이 걸린다는 단점이 있다.

4. 무역운송 인프라

(1) 선박

수상에서 사람 또는 물건을 싣고, 해상을 통해서 공간적 · 장소적 이동을 수행하는 운송수단이다.

(2) 항만

해륙운송의 중계지로서 육상운송된 화물의 원활한 선적과 양하를 위한 시설을 갖추고 산업활동이 이루어지고 있는 장소이다.

(3) 컨테이너 터미널

화물취급을 인력 중심에서 기계화하여 수송시간의 단축을 목적으로 하는 컨테이너의 취급 장소이다.

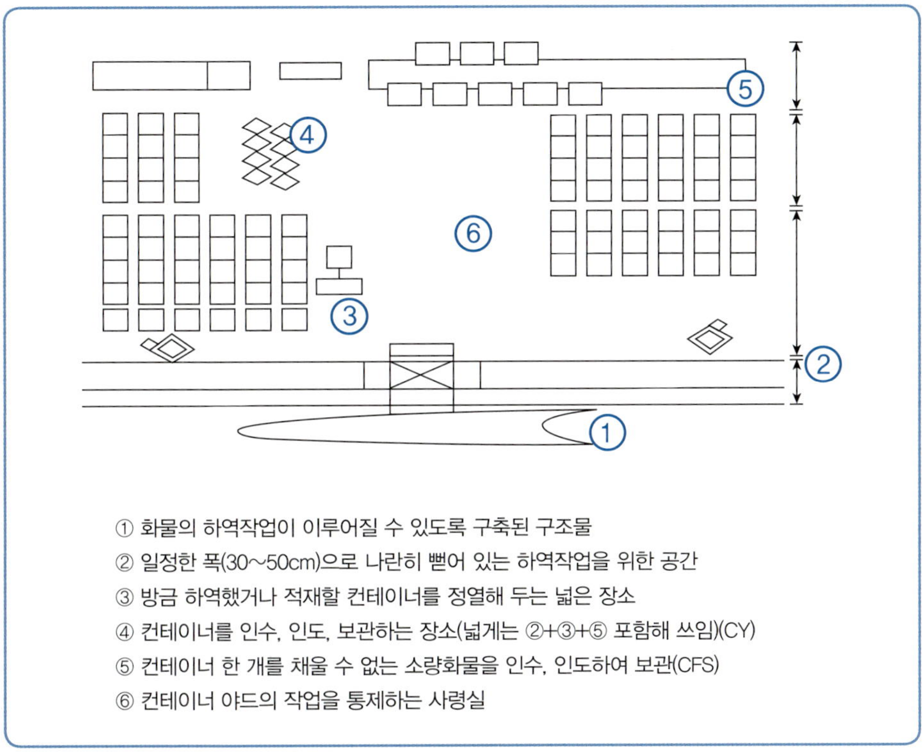

[그림 8-1] 컨테이너 터미널

(4) 내륙컨테이너기지(ICD)

내륙에 위치하여 항만과 똑같이 컨테이너 화물처리를 위한 시설을 갖추고 수출입 통관업무 등 종합 물류터미널의 기능을 다하는 지역이다.

제3절 운송형태와 국제운송경로

1. 해상운송(Ocean Transportation)

(1) 해상운송의 개념

> **해상운송**
> 해상에서 선박이나 기타의 운송수단을 사용하여 인간이나 화물을 장소적·공간적으로 이동시키는 것

해운 또는 해상운송이란 해상에서 선박이나 기타의 운송수단을 사용하여 인간이나 화물을 장소적·공간적으로 이동시키는 것을 말한다. 즉, 해상에서 선박을 이용하여 사람이나 화물을 운송하고 그 대가로서 운임을 받는 상행위이다.

선박은 바다, 하천, 호수, 운하 등의 운송통로로 운항하게 되는데, 선박이 하천, 호수, 운하를 운송통로로 이용하는 경우를 수운이라 하고, 바다를 운송통로로 이용하는 경우를 해운이라고 한다. 선박이 바다를 운송통로로 이용하더라도 상행위를 목적으로 하는 경우를 해운이라 한다.

(2) 해상운송의 특성

> **해상운송의 특성**
> 운송의 안전성, 운송비의 저렴성, 대량운송, 원거리운송, 저속성, 항만시설에 하역기기 등의 설치 필요, 기후에 민감

1) 운송의 안전성

조선기술 및 전자기기 부문의 발달은 선박의 위험률을 감소시키고, 선박의 위험률이 감소된 만큼 선박에 적재된 화물은 안전하게 운송될 수 있다.

2) 운송비의 저렴성

해상운송비는 항공기, 철도, 기타의 운송수단에 비하여 상당히 저렴하다. 즉, 해상운송비는 항공운송비에 비하면 비교도 안 될 정도로 저렴하며, 거리와 중량의 비율로 볼 경우에도 철도운송에 비해 훨씬 저렴하다.

3) 대량운송

철도운송은 철도화차 1량이 20톤의 물품을 적재할 수 있기 때문에 화차의 수를 증가시킨다면 많은 양의 화물을 운송할 수 있다. 그러나 선박은 철도운송보다도 훨씬 더 많은 양의 화물을 운송할 수 있기 때문에 대량운송의 표본이라 할 수 있다.

4) 원거리운송

항공운송과 마찬가지로 해상운송의 경우에도 5대양 6대주의 해상과 대륙을 잇는 장거리운송에 이용된다. 원거리운송에 있어서 항공운송보다도 해상운송이 많이 이용되는 이유는 단위당 운송비용이 저렴하기 때문이다.

5) 자유로운 운송로

철도나 도로의 경우에는 일정한 통로를 통해서만 운송이 가능하기 때문에 통로에 제한을 받지만, 해운은 바다라는 천연의 통로를 자유롭게 이용할 수 있으므로 운송로의 제한을 받지 않고 세계 각국의 영해와 항구를 자유롭게 항해할 수 있다.

6) 저속성

항공운송의 경우에는 운송속도가 상당히 빠르지만, 해운의 경우에는 선박을 이용하여 해상으로 운송되기 때문에 운송속도가 상당히 느리다.

(3) 해상운송의 장 · 단점

해상운송은 원거리, 대량운송으로 운임이 다른 운송수단보다 저렴하다는 특성 이외에도 선박만 있으면 세계 모든 나라의 영해와 항구를 거의 자유롭게 입 · 출항할 수 있기 때문에 국제적 경쟁산업이며 국가 전략산업이다.

〈표 8-3〉 해상운송의 장 · 단점

장점	단점
• 대량수송이 용이 • 장거리수송에 적합 • 저렴한 운송비 • 부피, 중량이 큰 화물의 운송 가능	• 항만시설에 하역기기 등의 설치 필요 • 기후에 민감 • 운송시간의 장기화 • 다른 운송수단에 비해 높은 위험도

출처 : 구종순 · 박공서, 『무역개론』, 박영사, 2005.

(4) 정기선과 부정기선

1) 정기선 운송

정기선은 화물의 다과에 관계없이 동일항로를 규칙 · 반복적으로 운항하는 선박을 말한다. 이는 사전에 작성 · 공표된 운임과 운항일정에 따라 특정 항로만을 왕복운항하고, 불특정다수 화주의 소량화물, 공산품 등의 일반화물이나 포장화물을 운송한다.

2) 부정기선 운송

부정기선은 정해진 항로를 규칙적으로 운항하는 정기선과는 달리, 일정한 항로나 화주가 있는 것이 아니고 화물이 있을 때마다 또는 화주의 요구가 있을 때만 화주와 용선계약을 체결하고 화물이나 항로에 따라 배선하므로 불규칙한 운항 형태를 취한다. 부정기선의 화물은 주로 원유, 석탄, 광석, 곡물, 비료, 시멘트, 원목, 철강, 중량화물 등 저가의 대량산화물의 경우에 이용되며, 이러한 화물의 성질 또는 형태에 적합하도록 특수한 시설을 갖춘 특수 전용선을 이용해야 한다.

특수 전용선에는 원유 · 중유 · 휘발유 등을 운송하는 유조선, 생선 · 과일 · 야채 등을 운송하는 냉동선, 목재 전용선, 자동차 전용선, 곡물을 운송하는 곡물 전용선 등이 있다. 전용선은 그 특성상 장기용선 계약이 되지 않는 한 시장성이 약하기 때문에 철광석과 석유, 석유와 산화물, 자동차와 산화물 등을 선적할 수 있도록 설계된 겸용선이 등장하여 부정기선의 일익을 담당하고 있다.

2. 항공운송(Air Transportation, Carriage by Air)

(1) 항공운송의 개념

> **항공운송**
> 항공기의 항복에 여객과 화물을 탑재하고 국내외 공항에서 공로를 통하여 다른 공항까지 운항하는 운송시스템

항공운송이란 항공기의 항복(plane's space)에 여객과 화물을 탑재하고 국내외 공항에서 공로(air port)를 통하여 다른 공항까지 운항하는 최근대식 운송시스템을 의미한다. 항공운송은 해상운송이나 육상운송에 비해 최근에 도입된 운송시스템으로서, 그 경제적 특성에 따라 가장 체계화된 유통시스템과 정보체계를 이용하여 물적 유통체제가 완벽하게 운용되고 있어 가장 각광받는 운송부문으로 대두되었다.

오늘날 항공운송은 산화물을 제외한 많은 무역상품의 운송증가와 긴급운송을 위한 운송수단의 상업화로 국제무역에 있어서 중요한 운송수단의 역할을 담당하고 있다. 그 이유를 살펴보면 ① 무역상품 중 고부가가치 품목의 점유율 증가 및

항공운송에 적합한 고부가가치 품목의 증가, ② 국제사회의 정보화 추세에 따른 세계무역의 긴밀화, ③ 유행에 민감한 상품의 신속한 유통의 필요성, ④ 국제적 분업화의 가속화 등을 들 수 있다.

(2) 항공운송의 특성

항공기에 의한 물품 운송은 해상운송에 비해 운송기간이 짧은 것이 가장 큰 특징이다. 그러나 항공운송은 비용이 많이 들기 때문에 높은 운임부담을 견딜 수 있는 물품만 이용할 수 있다. 가격이 높은 귀금속, 전자부품, 신선을 요하는 생선식품, 시간이 급한 서류나 의약품 등이 항공운송의 중요한 대상물품이다. 또한 항공운송은 이용할 수 있는 항공기가 거의 매일 있기 때문에 해상운송에 비하여 간단히 운송을 수배할 수 있다.

항공운송의 특성
신속 · 정시성, 안정성, 경제성, 야행성, 비계절성

1) 신속성 · 정시성

항공운송은 해상운송에 비해 운송기간이 매우 짧아 신속하고, 발착시간, 정시운항, 운항횟수에 의한 정시성이 서비스의 최우선으로 고려되고 있다. 예를 들면, 우리나라에서 미국까지 항공운송인 경우에는 2일, 해상운송인 경우에는 15일, 우리나라에서 유럽까지는 항공운송인 경우에는 2일, 해상운송인 경우에는 3주일이 각각 소요된다.

2) 안정성

해상운송은 장기간 운송으로 인한 원형변질, 파도, 태풍 등에 기인한 충격에 의한 화물손상, 해수에 의한 침식 또는 부식의 가능성이 높은 반면, 항공운송은 운항시간의 단축으로 위험의 발생률이 낮고, wooden box를 많이 사용하는 해상운송에 비해 화물의 99% 이상을 carton box로 포장하므로 안정성이 높다.

3) 경제성

단순히 운임만을 비교하면 항공운임은 해상운임에 비해 훨씬 비싸기 때문에 항공운송을 기피한다. 그러나 포장비, 중량계산방법, 기타 부대비용 등을 고려한 총비용개념으로 볼 때는 항공운송이 해상운송보다 더 저렴할 수가 있어 항공운송의 수요가 점차 증가하고 있다.

4) 야행성

야행성이란 운송화물의 대부분이 야간에 집중되는 경향을 의미한다. 이는 당일의 화물을 오후에 집화 · 기적한 후 다음날 아침까지 운송하는 형식이 관례화되어 있는 것을 말한다.

5) 비계절성

비계절성이란 여객에 비해 항공화물이 계절에 대한 변동이 적다는 것을 의미한다. 이는 항공화물의 고정된 화주로부터 반복적으로 출하되어 비교적 계절에 따른 수요의 탄력성이 적은 것을 말한다.

(3) 항공운송의 장점

항공운송은 다음과 같은 장점이 있으나 해운운임에 비해 20배 정도 비싸고 중량에 제한을 받는 단점이 있다.

1) 물류상의 장점

① 긴급 또는 소형화물의 운송에 적합하다.
② 수요기간이 짧은 물품, 변질하기 쉬운 물품 또는 생동식물의 운송에 적합하다.
③ 운송시간의 단축으로 운송도중의 보관료 등의 운송비용을 절감 또는 제품의 납기지연을 방지할 수 있다.
④ carton box에 의한 포장으로 포장비를 절감시킨다.
⑤ 통관절차가 간소하다.

2) 비용상의 장점

① 최소한도의 포장에 의해 재료비, 인건비 등의 포장비가 대폭적으로 절감된다.
② 신속, 안정, 확실성으로 인해 육상운송에 비하여 보험료가 싸다.

③ 수요에 따라 신속, 빈번하게 발송함으로써 운송 중의 보관비를 절감시킬 수 있다.

④ 운송기간의 단축으로 하역처리 횟수가 적어 도난, 파손 위험의 발생률이 적다.

3) 서비스상의 장점

① 신속운송으로 고객에게 서비스를 제공함으로써 매출을 증대시킬 수 있다.

② 생산설비의 부품을 신속히 조달하여 가동률을 높일 수 있다.

③ 신선도를 유지해야 하는 상품의 시장을 확대할 수 있다.

④ 판매기간이 짧은 상품, 유행품, 계절품 등도 시장경쟁력을 유지할 수 있다.

⑤ 갑작스런 수요변화에 대처할 수 있어 상기를 잃지 않는다.

3. 컨테이너운송

(1) 컨테이너운송의 개념

제품의 운송과정에 있어 컨테이너를 매체로 물품 또는 포장을 규격에 맞게 단위화하고, 이를 바탕으로 화물운송 도중 화물의 이적 없이 일괄수송을 가능하게 만든 시스템이다.

컨테이너 운송
제품의 운송과정에 있어 컨테이너를 매체로 물품 또는 포장을 규격에 맞게 단위화하고, 이를 바탕으로 화물운송 도중 화물의 이적 없이 일괄수송을 가능하게 만든 시스템

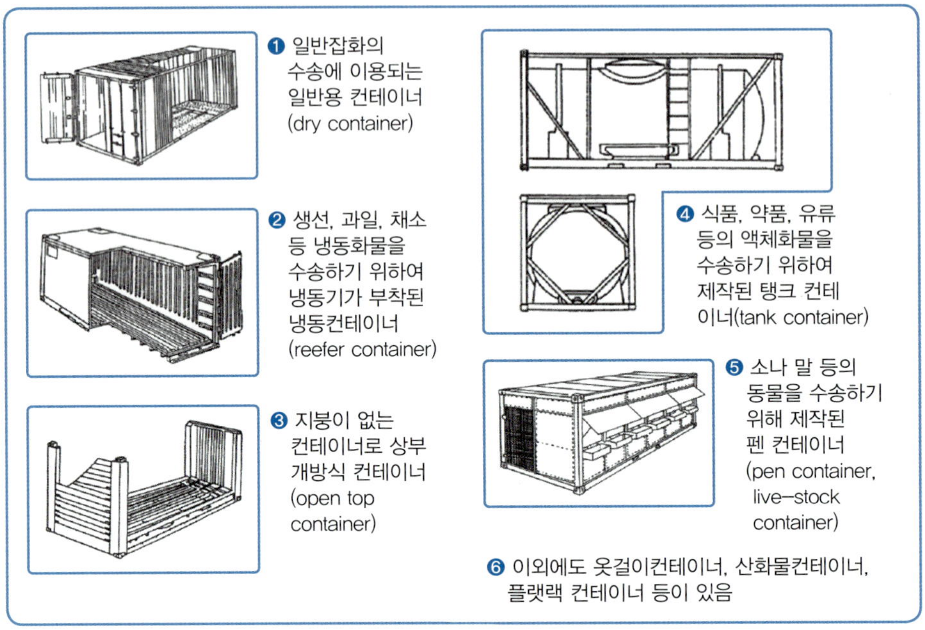

[그림 8-2] 컨테이너 분류

(2) 컨테이너운송의 장 · 단점

1) 컨테이너운송의 장점

> **컨테이너운송의 장점**
> 경제성, 신속성, 안전성

컨테이너운송은 운송의 3대 원칙인 경제성, 신속성, 안전성의 장점을 가지고 있어 물적 유통 부문의 포장, 운송, 하역 및 보관 등 운송의 전 과정에 있어 혁신적인 운송도구로서 국제간 화물운송의 주종을 담당하고 있다.

① 경제성

- 컨테이너 자체가 포장 및 보관역할 → 포장비 및 보관비 절감
- 도난 위험의 감소 → 절감
- 화물 취급의 편리성과 운송의 신속성 → 해상 및 육상 운임의 절감
- 하역 작업의 기계화와 간소화 → 인건비 등의 하역비의 절감

② 신속성

- 규격화된 컨테이너의 사용으로 해상운송과 부대 운송과의 원만한 연결과 환적 시의 하역시간 단축 → 전체 운송기간 단축
- 사무절차의 간소화 및 일관운송에 따른 불필요한 단계 제거 → 운송서류 간

소화

③ 안정성

- 컨테이너 자체가 밀폐되고 견고함 → 물품의 파손 위험이 적고 하역작업상 및 화물운송 중의 안정성도 제고

2) 컨테이너운송의 단점

① 컨테이너화의 한계: 운송이 어려운 화물에 있어 특수 컨테이너 등의 개발로 어느 정도 향상되었지만, 근본적으로 모든 화물을 컨테이너화할 수 없다.

② 고비용: 고가의 컨테이너선, 각종 항만시설이 갖추어진 컨테이너 터미널 등 막대한 자본이 필요하다. 여기서 컨테이너 터미널이란 컨테이너 화물의 본선 하역, 보관 및 육상운송과 컨테이너 화물 인수 및 인도가 이루어지는 곳으로 이를 위한 각종 시설이 갖추어져 있으며 해상 및 육상의 접점인 부두에 위치한다.

③ 컨테이너 회수의 어려움: 빈 컨테이너의 회수문제이다. 수출입 물동량의 불균형으로 컨테이너선의 경우 재래선과는 달리 반드시 빈 컨테이너 회수문제가 발생한다.

④ 부담: 컨테이너는 주로 갑판에 적재를 하는데 갑판적재화물은 할증을 내야 한다.

컨테이너운송의 단점
컨테이너화의 한계, 고비용, 컨테이너 회수의 어려움

컨테이너 터미널(container terminal)
❶ 컨테이너 취급 및 적 · 장시설 장소
❷ 해륙협동 일관수송의 유통경로상 접점
❸ 신속, 안전수송 가능

컨테이너 화물의 운송형태
❶ CFS/CFS(LCS/LCL 또는 pier to pier) : LCL 화물소송
- 선적항 CFC → 목적항 CFC까지 운송
- 컨테이너 운송의 초보 방법

❷ CFS/CY(LCL/FCL 또는 pier to door)
- 선적항 CFC → 수화인창고
- 수입업자(1인) → 수출업자(다수) LCL화물 일시수화 → 자기창고 운송

❸ CY/CFS(FCL/LCL 또는 door to pier)
- 선적지 송하인 공장, 창고 → 목적항지정 CFS
- 수출업자(1인) → 수입업자(다수) 일시운송

❹ CY/CY(FCL/FCL)
- 컨테이너화의 이상적인 형태(door to door)
- 수출업자공장, 창고 → 수출업자공장, 창고
- 일관수송 형태

컨테이너 수송의 장단점
❶ **컨테이너 수송의 장점**
- 경제성
- 신속성
- 안정성

❷ **컨테이너 수송의 단점**
- 운영에는 막대한 자금이 필요
- 컨테이너에 의하여 운송되지 못하는 화물 다수
- 높은 할증 보험료율이 적용

[그림 8–3] 컨테이너 운송 개요

4. 복합운송

복합운송
특정 운송품이 하나의 운송계약하에 서로 다른 2종류 이상의 운송수단에 의해 운송구간을 결합하고 2지점 상호 간을 통하여 일관된 운송서비스를 제공하는 형태

(1) 복합운송의 개념

특정 운송품이 하나의 운송계약하에 서로 다른 2종류 이상의 운송수단에 의해 운송구간을 결합하고 2지점 상호 간을 통하여 일관된 운송서비스를 제공하는 형태이다.

(2) 복합운송의 요건

복합운송의 요건
운송책임의 단일성, 단일운임의 설정, 복합운송서류의 발행, 운송방식의 다양성

1) 운송책임의 단일성

국제복합운송의 '운송책임'에 관하여는 운송범위와 관련하여 당연히 복합운송인이 화주와 체결한 복합운송계약으로 커버되는 전 운송과정에 걸쳐 화물운송상

의 위험에 대하여 '일원적'으로 책임을 지게 된다. 즉, 운송수단을 가지지 않은 운송인인 경우에도 전 운송구간에 걸쳐 화주에 대하여 중개인이 아닌 주체로서 단일책임을 부담한다.

2) 단일운임의 설정

복합운송인은 복합운송의 서비스 대가로서 각 운송구간마다 분할된 것이 아닌 전 운송구간이 단일화된 운임을 부과한다. 전 운송구간에 대한 책임이 복합운송인에게 집중되어 있으므로 이에 대한 반대급부도 하나로 통합된다.

3) 복합운송서류의 발행

복합운송의 경우에는 물품이 복합운송인에게 수탁된 지점에서 복합운송인은 화주에 대하여 전 운송구간을 나타내는 유가증권으로서의 복합운송서류를 발행한다. 복합운송서류의 발행은 법적으로 화주에 대한 운송책임을 단일화시킨 결과이며 운송책임의 단일성과 표리의 관계를 이룬다.

4) 운송방식의 다양성

복합운송은 반드시 두 가지 이상 서로 다른 운송방식에 의하여 물품이 운송된다. 이때 운송방식은 운송인의 다수가 중심이 되는 것이 아니라 운송수단의 종류가 문제가 되며, 이러한 운송방식은 각각 다른 법적 규제를 받는다. 따라서 내륙수로, 철도, 도로에 다 같은 육상운송법이 적용되는 우리나라 상법하에서 행해지는 복합운송은 서로 다른 종류의 운송수단이 사용되었음에도 복합운송으로 간주되지 않는다.

5. 대표적 국제운송 경로

(1) 해륙복합운송

해륙복합운송은 선박을 이용한 해상운송수단과 철도 또는 트럭 등을 이용한 육상운송수단이 결합되어 이루어지는 운송방식으로서, 해상경로를 중심으로 내륙운송과 결합되는 방식과 Land Bridge 방식에 의한 대륙횡단철도와의 제휴에 의한 방식으로 구분할 수 있다.

1) 시베리아 랜드 브리지(SLB, Siberia Land Bridge)

시베리아 대륙횡단철도를 이용하여 극동지역의 우리나라, 일본 등에서 유럽이나 중동까지 화물을 운송하는 방식이다. 이는 극동지역의 항만에서 선적된 화물을 러시아의 나호트카나 보스토치니 항까지는 컨테이너선에 의해 해상운송된 후, 러시아 국내를 경유하여 동유럽까지 시베리아 철도로 운송하고, 그 후는 유럽의 철도나 트럭으로 운송하거나, 러시아 국내의 철도를 남하하여 중동까지 운송하는 방식이다. 즉, 시베리아 랜드 브리지는 시베리아 철도를 경유하여 극동지역의 우리나라, 일본, 동남아, 호주 등과 유럽대륙, 스칸디나비아반도 및 중동 간을 복합운송형태로 연결하는 해 · 육 또는 해 · 육 · 해의 형태로 연결하는 복합운송이다.

2) 차이나 랜드 브리지(CLB, China Land Bridge)

중국대륙철도와 실크로드를 이용하여 극동지역의 우리나라, 일본 등에서 유럽까지 화물을 운송하는 방식이다. 이는 우리나라, 일본 등의 극동지역의 항만에서 선적된 화물을 중국 동안까지는 컨테이너선에 의해 해상운송된 후, 중국대륙철도와 실크로드를 이용하여 유럽대륙까지 육상운송되는 컨테이너를 이용한 일관운송방식이다. 최근에 개발된 경로로서, 운송거리는 SLB보다 유리하여 운송의 안전성이나 경제성이 보장된다면 많이 활용될 가능성이 있는 경로이다.

3) 아메리카 랜드 브리지(ALB, American Land Bridge)

우리나라, 일본 등의 극동지역에서 미국대륙을 횡단하여 유럽까지 화물을 운송하는 방식으로서, 1972년 미국의 Seatrain 사가 처음으로 개설하였다. 이는 우리나라, 일본 등의 극동지역의 항만에서 선적된 화물을 북미 서안까지는 컨테이너선에 의해 해상운송된 후, 북미대륙의 횡단철도를 이용하여 북미 동안의 항만까지 육상운송되고, 다시 해상운송으로 유럽지역의 항만 또는 유럽내륙까지 컨테이너를 이용한 일관운송방식이다. 이 경우 북미대륙을 횡단하는 철도는 이단적열차(double stack train)가 이용되고 있다.

4) 미니 랜드 브리지(MLB, Mini Land Bridge)

우리나라, 일본 등의 극동지역에서 미국대륙을 횡단하여 북미 동안이나 멕시코만의 항만까지 화물을 운송하는 방식으로서, ALB의 개설과 병행하여 1972년 미국의 Seatrain 사가 개설하였다. 이는 우리나라, 일본 등의 극동지역의 항만에서 선적된 화물을 북미 서안까지는 선박에 의해 해상운송된 후, 북미대륙의 횡단철도를 이용하여 북미 동안이나 멕시코만의 항만까지 육상운송되는 운송방식이다. ALB가 해상운송 – 육상운송 – 해상운송의 과정이라고 한다면, MLB는 해상운송 – 육상운송의 과정만이 있을 뿐이다.

(2) 해공복합운송

해공복합운송은 해상운송과 항공운송을 결합시킨 복합운송으로서, 해상운송의 경제성과 항공운송의 신속성이 결합된 운송방식이다. 이는 해상운송이나 해륙복합운송에 비해 운송시간을 대폭적으로 단축할 수 있고, 항공운송에 비해 소요운임을 절감할 수 있으며, 전 구간 해상운송에 비해 창고료, 포장비 등의 비용절감을 추구할 수 있다. 항공운송구간이 상대적으로 긴 경우에는 운송은 신속하게 이루어지지만 운임은 비싸다. 반면, 해상운송구간이 상대적으로 긴 경우에는 운임은 싸지만 운송은 느리다.

해상운송용 컨테이너는 국제규격에 따라 정해져 있지만, 항공운송용 컨테이너는 각각의 항공기에 따라 그 규격이 일정하지 않다. 따라서 해상운송과 항공운송의 결합에 의한 해공복합운송의 경우에는 운송 도중의 중계지점에서 해상컨테이너에서 화물을 적출하여 이를 항공컨테이너에 환적해야 한다.

해공복합운송은 운송 경로에 따라 북미 경유, 동남아 · 중동 경우, 러시아 경유의 해공복합운송으로 구분되며, 운송주체에 따라 항공회사가 중심이 되어 행하는 운송인형과 운송주선인이 중심이 되어 행하는 운송주선인형으로 구분된다.

1) 북미경유의 해공복합운송

북미 경유의 해공복합운송은 미국 서안을 중계지점으로 우리나라에서 유럽, 중남미 등까지 항공운송하는 복합운송이다. 이는 우리나라, 일본 등의 극동지역의 항만에서 컨테이너선으로 북미 서안의 항만까지 해상운송하고, 항만에서 양륙된 화물을 항공회사가 국제공항까지 트럭으로 운송한 후 공항에서 항공기에 탑재한 후 유럽이나 중남미의 각 지역의 공항까지 항공운송하는 방식이다.

2) 동남아 · 중동 경유의 해공복합운송

동남아 · 중동 경유의 해공복합운송은 홍콩, 싱가포르, 두바이 등을 중계지점으로 우리나라에서 유럽, 중동, 아프리카 등까지 항공운송하는 복합운송이다. 이는 우리나라, 일본 등의 극동지역의 항만에서 컨테이너선으로 홍콩, 방콕, 싱가포르, 두바이 등의 동남아시아 국가의 항만까지 해상운송하고, 항만에서 양륙된 화물을 항공회사가 국제공항까지 트럭으로 운송한 후 공항에서 항공기에 탑재한 후 유럽이나 동남아 각 지역의 공항까지 항공운송하는 방식이다.

3) 러시아 경유의 해공복합운송

러시아 경유의 해공복합운송은 우리나라, 일본 등의 극동지역의 항만에서 컨테이너선으로 보스토치니의 항만까지 해상운송하고, 보스토치니에서 양륙된 컨테이너는 트럭에 의해 육상운송되어 블라디보스토크 공항에서 항공기에 탑재한 후 모스크바로 공수되어 모스크바에서 유럽 각 지역의 공항까지 항공운송하는 방식이다.

제4절 운송서류

1. 선하증권(B/L, Bill of Lading)

(1) 선하증권의 개념

무역거래에 있어서 매매당사자는 서로 다른 국가에 위치하고 있기 때문에 그 사이에는 무역운송의 기간 및 구간이 개재하게 된다. 송하인과 운송인 사이에 체결되는 운송계약서에는 외국의 수화인은 사전에 물품을 검사할 기회도 갖지 못한다. 이러한 시간적, 공간적 장애를 극복하고, 매수인이 무역계약 약정대로의 물품을 확실하게 입수하기 위한 장치로서 무역업자 및 이해관계자들이 제도적으로 확립한 것이 선하증권이다.

선하증권이란 특정선박에 화물이 운송을 위하여 적재되었다는 사실을 운송인, 선장 또는 그 대리인이 인정하여 서명한 서류로서, 어떠한 조건으로 화물이 운송되느냐에 대한 언급이 있다. 선하증권은 물품의 수취 또는 선적을 증명함과 동시에 목적지에서 이 증권과 상환으로 물품을 인도할 것을 확약하고 그 물품의 운송조건을 기재한 물권적 유가증권이다. 이 증권의 양도는 권리의 양도를 의미하고 배서에 의해서 자유롭게 권리의 양도가 행해진다. 이 때문에 선하증권과 상환이 아니라면 선박회사는 물품의 인도를 행하지 않는다.

선하증권
특정선박에 화물이 운송을 위하여 적재되었다는 사실을 운송인, 선장 또는 그 대리인이 인정하여 서명한 서류

(2) 선하증권의 기능

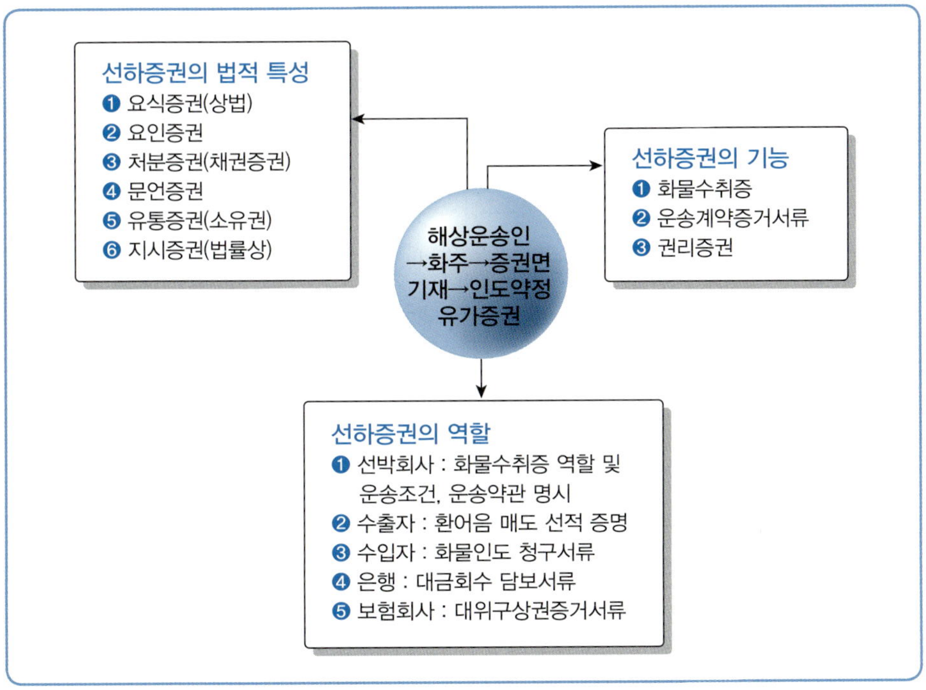

[그림 8-4] 선하증권의 기능

출처 : 허문구, 『알기쉬운 무역운송실무』, 한국재정경제연구소, 2005.

선하증권의 기능
물품의 수령증, 운송계약의 증거서류, 권리증권

1) 물품의 수령증(receipt of goods)

선하증권은 운송인이 선하증권에 표기된 대로 물품을 수취했다는 것을 서명·인정하는 서류이다. 선하증권은 선적된 화물의 수량, 중량 및 상태를 확인하고 그대로 기재함으로써 운송인이 송하인으로부터 선하증권에 기재된 대로 수령하였다는 추정적 증거이다.

추정적 증거에 불과한 선하증권이 선의의 제3자에게 양도되었을 때는 확정적 증거가 되므로 운송인에 의한 반증을 허용하지 않는다. 따라서 운송인은 물품수령 시 그 내용을 충분히 검토한 후 선하증권에 그 명세를 기재하고, 선하증권상에 기재된 것과 동일한 물품을 수화인에게 반드시 인도하여야 한다. 그렇지 않은 경우에는 운송인은 선적된 물품이 선하증권의 기재내용과 상이하였다는 증거를 제시하여야 한다. 증거를 제시하지 못하는 경우에는 수화하인으로부터 항변을 받게 된다.

2) 운송계약의 증거서류(evidence of contract of carriage)

선하증권은 운송계약의 추정적 증거가 된다. 그러나 통상적으로 선하증권은 운송계약이 체결된 후에 발행되기 때문에 운송계약서 그 자체는 아니다. 선하증권은 계약이 아니라 계약의 증거일 뿐이다. 즉, 선하증권의 문면에 기재되어 있는 사항은 송하인과 운송인 간에 체결된 운송계약의 증거로서의 효력을 가진다. 여기서 중요한 점은 선하증권의 내용이 운송계약 그 자체는 아니고, 운송계약을 입증하는 증거의 하나에 지나지 않는다는 것이다.

3) 권리증권(document of title)

선하증권은 그 자체가 물품 자체를 상징하는 권리증권이다. 즉, 선하증권은 증권상에 기재되어 있는 물품을 지정된 장소에서 증권상에 기재된 정당한 소지인에게 그 선하증권과 상환으로 인도할 것을 약속하고 있는 서류이다. 따라서 선하증권을 정당한 방법으로 소지한 자는 물품의 인도를 청구할 수 있는 청구권과 선하증권상에 기재된 물품을 임의로 처분할 수 있는 처분권을 갖는다는 것을 의미한다. 즉, 증권의 소지인은 양륙항에서 물품을 인도받을 수 있고, 소지인은 단순히 증권을 배서함으로써 운송 중의 물품의 소유권을 양도할 수 있으며, 증권은 담보로서 사용될 수 있다.

따라서 선하증권 자체가 문면에 표시된 물품 그 자체를 대표하므로 정당한 선하증권의 소지인이 아니면, 일반적인 경우 물품을 인수할 수 없다. 선하증권의 점유는 물품에 대한 점유와 동일하고, 이를 매수인 또는 제3자에게 인도하면 이 증권의 인수자는 소유권을 갖게 된다. 선하증권을 소유하고 있는 것은 물품을 소유하고 있는 것과 법적으로 동일한 효력을 가지기 때문에 소지인은 양륙항에서 물품을 인수할 수 있으며 물품이 운송되고 있는 도중에도 선하증권을 양도함으로써 물품을 인도할 수 있다.

선하증권이 어떤 형식으로 소지인에게 양도되었든 그 방법이 사기가 아닌 한 그 선하증권의 정당한 소지인은 물품에 대한 소유권을 가지게 된다. 그러므로 물품의 운송을 위탁받은 운송인은 반드시 선하증권의 정당한 소지인에게만 물품을 인도하여야 하고, 수화인 또는 그 대리인이라 하더라도 선하증권이 기명식으로 발행되지 않는 한 정당하게 배서된 선하증권 없이 물품을 인도하여 문제가 발생한다면 운송인은 그 책임을 면할 수가 없다.

2. 항공화물운송장(AWB, Air Waybill)

(1) 항공화물운송장의 개념

항공화물운송장이란 화물의 항공운송에 있어서 항공운송인의 청구에 의해서 송하인이 작성 · 교부하는 항공운송화물에 관한 사항을 기재한 서면을 말한다. 화물의 항공운송에 있어서 항공운송인의 청구에 따라 송하인이 작성하여 제출하는 것이 원칙이지만, 통상적으로 항공사나 항공사의 권한을 위임받은 대리점이나 혼재업자에 의하여 발행된다.

> **항공화물운송장**
> 화물의 항공운송에 있어서 항공운송인의 청구에 의해서 송하인이 작성 · 교부하는 항공운송화물에 관한 사항을 기재한 서면

이와 같이 항공화물운송장은 항공회사가 발행하는 것과 혼재업자가 발행하는 것이 있는데, 항공회사가 혼재화물을 커버하기 위하여 발행하는 것으로서 혼재업자 등의 계약운송인이 송하인으로서 항공회사로부터 발행을 받는 항공화물운송장을 항공사발행 항공화물운송장(Master Air Waybill)이라 하고, 혼재업자 등의 계약운송인이 혼재화물을 구성하는 개별 송하인의 화물에 대하여 발행하는 항공화물운송장을 혼재항공화물운송장(House Air Waybill)이라고 한다.

(2) 항공사발행 항공화물운송장

무역거래의 물품을 항공기로 운송하는 경우에는 항공회사에 물품의 운송을 의뢰한다. 실제로는 항공회사의 영업업무를 대리하고 있는 항공화물대리점에 운송을 의뢰하고 물품을 인도한다. 항공화물대리점은 수취한 물품의 포장상태가 정상적인지를 확인하고 행선지를 표시하여 항공회사에 인도한다. 화주에 대하여는 운송을 인수한 항공회사의 대리점으로서, 그 항공회사의 명의로 항공화물운송장을 발행한다.

(3) 혼재항공화물운송장

혼재업자는 많은 화주로부터 집화한 개개의 화물을 하나로 정리하여 혼재운송을 하지만, 개개의 화물 각각에 대하여 항공화물운송장을 발행한다. 따라서 혼재운송의 경우, 개개의 화물 각각에 대하여 혼재업자의 항공화물운송장이 발행되고, 하나의 혼재화물 전체에 대하여 항공회사의 항공화물운송장이 발행된다. 이들 2종류의 항공화물운송장을 구별하기 위하여 항공회사발행의 항공화물운송장을 항공사발행 항공화물운송장으로 한다. 혼재업자발행의 혼재항공화물운송장이나 항공회사발행의 항공화물운송장은 기능이 동일하고 기재내용도 동일하다.

3. 항공화물운송장과 선하증권의 비교

B/L과 AWB 공통점
운송계약이 체결증명서류, 수취증

항공화물운송장은 선하증권과 동일하게 항공회사가 운송을 위하여 수령한 물품의 수령증이고, 운송계약의 증거서류이다. 그러나 물품에 대한 인도청구권을 가지는 유가증권은 아니다. 즉, 항공화물운송장이나 선하증권은 송하인과 운송인간에 운송계약이 체결되었다는 것을 증명하는 증거서류이며, 송하인으로부터 운송화물을 수취하였다는 것을 증명하는 수취증이라는 점에서는 동일하지만, 항공화물운송장이 권리증권이 아니라는 점에서는 차이점이 있다.

(1) 항공화물운송장은 선하증권과 달리 유통성이나 양도성이 없으며, 유가증권이 아니다

선하증권이 배서에 의하여 양도가 가능한 유통성 증권이라면, 항공화물운송장은 그 표면에 'not-negotiable'(비유통성)이라고 표시되어 비유통성 증권으로 발행된다. 수화인용으로 발행되는 항공화물운송장 원본은 항공사가 수화인에게 화물의 인도를 위하여 교부하는 것으로서, 유통성의 목적을 가진 것이 아니라 송하인의 운송품처분권을 제한하는 효력만을 지니고 있다. 또한 항공화물운송장의 원본이나 부본은 모두 권리행사나 이전에 필요한 것이 아니기 때문에 유가증권이 아니다.

B/L과 AWB 차이점
유통성 차이, 양도성 차이, 수화인 기입 여부, 유가증권의 유무, 상환증권의 유무, 증권 발행 시점 차이

항공화물운송장의 매매는 화물을 매매하는 것과 동일한 효과를 얻을 수 없으며, 송하인(매도인)이 담보권을 확보할 수 없다. 신용장거래에서 화물을 항공기로 운송하는 경우, 항공화물운송장의 수화인 란에 발행은행명을 기재하는 것은 이 때문이다. 화물의 수화인을 발행은행에 특정하여 기명하고, 화물에 대한 발행은행의 권리를 확보하는 것이다. 이 경우, 본래의 수화인명은 착화통지처 란에 기입됨으로써 화물이 도착했을 때에는 그 사실을 통지받는 당사자가 된다.

(2) 선하증권은 통상 지시식으로 발행되는 반면, 항공화물운송장은 기명식으로만 발행된다

선하증권은 통상적으로 특정 수화인을 기입하지 않는 지시식으로 발행되어 그 소유권은 배서에 의하여 이전되므로 유통이 가능하다. 이에 대하여 항공화물운송장은 항상 수화인을 명기하여 기명식으로 발행된다. 항공운송은 신속성이 특징이다. 따라서 화물이 목적지에 도착하였지만 서류가 도착하지 않았기 때문에 화물을 인수할 수 없다는 것은 항공기로 운송할 이유가 없는 것이다. 항공회사는 화물이 목적지에 도착한 경우에는 화물의 수취인이 서류상의 수화인에게 잘못되지 않은 것을 확인하고 즉시 화물을 인도받는다.

(3) 선하증권은 선적식이지만 항공화물운송장은 수취식으로 발행된다

선하증권은 통상적으로 선적이 끝난 후에 발행되지만, 항공화물운송장은 화물을 항공기에 탑재하고 발행하는 것이 아니라 항공회사가 화물을 수취하고 발행한

다. 화주가 화물을 항공기까지 운반하여 탑재하는 것이 아니라, 항공회사나 항공화물대리점에게 인도하면 즉시 항공화물운송장을 수취할 수 있다. 항공운송에서는 발착편수도 많고 화물을 수탁하여 탑재할 때까지의 일수가 선박의 경우보다 훨씬 적기 때문에 수화인에게 불이익이 발생할 위험성은 적다. 따라서 항공화물운송장은 항공기에 탑재하기 전에 항공회사가 화물을 수취하였을 때에 발행된다. 선하증권의 경우에는 화물의 적재를 확인하는 것이 요구된다. 수취식으로 발행된 선하증권은 본선적재표기를 추가하여 기재하고 선적선하증권의 형태의 것을 필요로 하지만, 항공운송의 항공화물운송장은 해상운송의 선하증권과는 크게 다르다.

(4) 선화증권은 상환으로 화물을 인도하는 상환증권이지만, 항공화물운송장은 상환증권이 아니다

항공화물운송장의 경우 항공사는 도착지에서 수화인용 항공화물운송장 원본에 기재된 수화인에게 수화인용 원본과 함께 화물을 인도하면 되지 화물의 인도에 있어서 송하인에게 교부된 항공화물운송장의 원본의 제시를 필요로 하지 않는다.

(5) 선하증권은 운송인(선박회사)이 작성하여 송하인에게 교부하는 반면, 항공화물운송장은 송하인이 작성하여 운송인(항공사)에게 교부한다

(6) 선하증권의 경우에는 원본 전통을 서명한 후 교부하지만, 항공화물운송장의 경우에는 송하인용 원본에만 서명한 후 교부한다

참고문헌

진형인 · 정홍주, 『국제물류의 이해』, 박영사, 2002.

임종민, 『국제운송론』, 삼영사, 1998.

연습문제

1. 무역운송의 중요성에 대하여 설명하시오.
2. 수출화물 운송절차를 설명하시오.
3. 수입화물 운송절차를 설명하시오.
4. 해상운송의 개념과 특성에 대하여 설명하시오.
5. 항공운송의 개념과 특성에 대하여 설명하시오.
6. 컨테이너 운송의 장점과 문제점을 설명하시오
7. 컨테이너 화물의 운송형태를 설명하시오.
8. 복합운송의 요건을 설명하시오.
9. 선하증권의 기능에 대하여 설명하시오.
10. 항공화물운송장이 선하증권과 비교 시 어떠한 차이점이 있는지 설명하시오.

CHAPTER

09 무역보험과 분쟁

INTRODUCTION TO INTERNATIONAL BUSINESS

CHAPTER 09

무역보험과 분쟁

제1절 위험과 무역보험

1. 무역과 위험

무역의 주요 위험
물품자체에 관한 위험, 물품대금의 결제 및 금융에 관한 위험, 물품가격 및 환율의 변동에 관한 위험, 제조물에 대한 법적 책임 위험

무역은 국내거래에서 볼 수 없는 기업경영상의 많은 위험을 내포하고 있으며, 운송과 보험제도의 발달로 그 위험을 회피 또는 전가시키고 있다. 무역과 관련된 주요 위험으로는 물품자체에 관한 위험, 물품대금의 결제 및 금융에 관한 위험, 물품가격 및 환율의 변동에 관한 위험 및 제조물에 대한 법적 책임 위험 등으로 구분할 수 있다.

(1) 물품자체에 관한 위험

무역 물품은 수출지의 수출업자로부터 수입지의 수입업자에게 인도될 때까지 시간적 · 공간적 차이가 발생한다. 이러한 시공간적 차이에서 물품은 운송 및 보관 중 물품자체에 물리적 손해발생 가능성을 가지게 된다.

(2) 물품대금의 결제 및 금융에 관한 위험

국내 상거래에서뿐만 아니라 국제 상거래에 있어서도 물품대금의 결제 및 금융에 관한 지급불능이나 지급거절이 발생할 수 있다. 특히 거래상대자의 정확한 정보가 부족하거나, 경제발전이 낙후되어 있는 지역과의 무역에서 발생할 가능성이

높다.

(3) 물품가격 및 환율의 변동에 관한 위험

무역 물품의 가격은 제조비용 및 유통비용에 따라 변하기 때문에 무역업체에게는 위험요소로 작용한다. 예를 들어, 무역계약 시와 대금결제 시까지는 상당한 시차가 발생하는데, 이 기간 중에 상품가격의 변동이나 환율이 변동함에 따라 어느 한 계약의 당사자가 손해를 입는 위험을 말한다.

(4) 제조물에 대한 법적 책임 위험

제조물의 결함으로 인하여 피해가 발생하였을 경우 제조자는 이에 대한 법적 책임을 져야 하는데, 우리나라의 경우 2002년 '제조물책임법'이 시행되면서 제조물의 결함으로 인한 손해인 경우 제조사는 이에 대한 손해배상책임을 지게 되었다.

2. 무역보험의 개념

무역보험이란 무역사업을 진행하는 도중에 발생하는 모든 리스크에 대한 위험전가의 방법이다. 주로 운송과 관련하여 발생할 수 있는 리스크 및 제조물의 결함으로 인하여 발생하는 손해와 수출위험에 따르는 손해를 부보(附保)하는 보험을 말한다.

무역학에서는 운송과 관련하여 해상운송 중 발생하는 위험에 대한 부보로서 해상적화보험과 항공운송 중에 발생하는 위험에 대하여 화주 및 운송인 그리고 보험자와의 위험분담에 대한 내용이 주를 이루고, 기타로 제조물배상책임보험(이하 PL보험)과 수출보험에 대한 내용을 다루고 있다.

무역보험
무역사업을 진행하는 도중에 발생하는 모든 리스크에 대한 위험전가의 방법으로서, 주로 운송과 관련하여 발생할 수 있는 리스크 및 제조물의 결함으로 인하여 발생하는 손해와 수출위험에 따르는 손해를 부보하는 보험을 말한다.

제2절 해상보험

1. 해상보험의 정의

(1) 기본적 정의

> **해상보험**
> 항해에 관한 사고를 당할 우려가 있는 재산권을 가진 다수인이 위험의 정도에 따라 합리적인 보험료를 갹출하여 공동 준비 재산을 형성하고, 그중 누군가가 사고를 당하여 손해를 입었을 때 이를 보상함으로써 경제상의 불안정을 제거 또는 경감하는 경제 시설

해상보험(marine insurance)이란 항해에 관한 사고를 당할 우려가 있는 재산권을 가진 다수인이 위험의 정도에 따라 합리적인 보험료를 갹출하여 공동 준비 재산을 형성하고, 그중 누군가가 사고를 당하여 손해를 입었을 때 이를 보상함으로써 경제상의 불안정을 제거 또는 경감하는 경제 시설이다.

(2) 법적 정의

1) 영국해상보험법(Marine Insurance Act, 1906) 제1조

"A contract of marine insurance is a contract whereby the insurer undertakes to indemnify the assured in manner and to the extent thereby agreed, against marine losses, that is to say the losses incident to marine adventure."

해상보험계약이란 보험자가 피보험자에 대하여 그 계약에 의하여 합의한 방법과 범위 내에서 해상손해, 즉 해상사업에 수반되는 손해를 보상할 것을 인수하는 계약이다.

2) 상법

해상사업에 관한 사고로 인하여 생길 손해를 보상할 것을 목적으로 하는 보험이다.

(3) 준거법

해상보험은 국가와 국가 간의 국제무역을 배경으로 하므로 특정 국가 내에서만 운용되는 보험과는 달리 국제성을 갖는다. 그러므로 국제규칙 또는 국제조약이

필요하나, 이를 위한 별도의 규칙이나 조약을 제정하지 않고 근대적인 해상보험 제도를 도입하여 발전시키고 세계해상보험 시장을 선도해 온 영국의 법과 관습이 국제규칙이나 국제조약의 역할을 수행하고 있다.

우리나라를 포함하여 전 세계 약 2/3 국가들이 영국에서 공포한 협회보험약관을 사용하고 있다. 이 약관에는 "이 보험증권하에서 일어나는 일체의 책임 문제는 영국의 법률과 관습에 의거할 것임" 또는 "이 보험 증권에 기재되어 있거나 첨부되어 있는 어떠한 반대 규정에도 불구하고, 이 보험은 오직 일체의 모든 클레임에 대한 책임과 결제에 대해서만 영국의 법률과 관습에 따를 것을 합의한다."라는 내용의 준거법 조항이 포함되어 있다.

이 조항에 따라서 보험자의 책임 판단과 보험금 지급에 관한 사항은 영국의 법률과 관습에 따르게 된다. 한편, 브로커 제도를 이용하고 있는 영국시장의 보험 모집 체계는 우리나라 보험 시장과는 상당한 차이가 있어 클레임과 관련 없는 보험 계약 체결, 납입, 계약의 해지에 대해서는 우리나라 법률이 적용되는 것으로 본다.

2. 해상보험계약의 분류

(1) 적화보험과 선박보험

해상보험의 목적물을 기준으로 하는 분류로서 적화를 보험의 목적물로 하는 보험은 적화보험(cargo insurance)이며, 선박을 보험의 목적물로 하는 것은 선박보험(hull insurance)이다.

(2) 기간보험, 항해보험 및 혼합보험

해상보험의 보험기간을 기준으로 하는 분류로서 보험자의 책임 시기와 종기를 일정한 기간으로 하는 기간보험, 지리적으로 일정한 한계, 즉 특정 항해 구간으로 하는 항해보험, 그리고 예컨대, "부산에서 뉴욕까지로 하되, 단 양륙 후 60일을 한도로 한다."와 같이 기간과 항해를 혼합한 혼합보험이 있다. 적화보험은 협회보험약관의 수송약관의 규정에 따라 혼합보험으로 이용되고 있다.

(3) 개별보험과 포괄보험

적화보험에 있어 특정한 운송화물이나 선적물품에 대한, 즉 하나의 해상사업에 관한 해상보험계약인가 아니면 연속되는 일련의 해상사업에 관한 계약인가 여부에 따른 분류이다. 전자는 개별보험계약(임의보험계약이라고도 함)이라 하고 후자는 포괄보험계약이라 한다. 즉, 수입하거나 수출하는 물품을 선적 단위별로 그때마다 보험에 가입하는 계약을 개별보험이라 하고, 자격 기준을 갖춘 업체 중 통상 1년간의 적화 전체에 대해 일괄적으로 계약을 체결하는 경우를 포괄보험이라 한다.

포괄보험은 하나의 보험증권(open policy)이 발급된 후 추후 보험목적물과 송장가액 등이 확정되면 이를 보험계약자가 보험자에게 통지함으로써 계약 내용이 구체적으로 확정되는 보험이다. 정기적으로 화물을 수출하거나 수입하는 경우 화물에 대해 포괄보험을 체결함으로써 확정통지의 의도적인 지연이나 누락이 아닌 이상 보험 보호를 받을 수 있으며 5% 할인을 받는다. 피보험자는 포괄보험의 대상이 되는 모든 운송화물의 목록을 배달 또는 분기별로 보험자에게 통지하여야 하고 이에 따라 보험료를 정산한다.

한편, 무역거래가 확정된 화물 중 선적이나 운송의 일시 또는 적재될 선박 등이 미확정된 운송화물의 경우는 개별미확정보험을 체결할 수 있는데, 특히 선명이 미상인 상태에서 가입하는 보험은 '선명미확정보험'이다. 이 경우 증권상 선명은 TBD(to be declared)로 기재되고 이후 확정통지로 구체화된다. 선명 미확정보험은 개별보험에 해당된다.

3. 해상보험의 특징

(1) 손해보상계약

해상보험의 특징
손해보상계약, 해륙복합위험부담, 국제성

해상보험계약은 원칙적으로 손해보상계약이다. 손해보상계약은 실손보상의 원칙(The Principle of Indemnity)에 따라 손해를 입은 자에게 손해가 발생하기 전의 상태로 원상 회복시켜주는 계약을 의미한다. 해상보험은 피보험자가 금전상 입은 손해의 정도에 따라 보상하고, 중복보험의 경우는 각 보험이 비례 보상, 초과보험은 초과분을 무효로 하여 실손 이상으로 보상받지 못하도록 하고 있으며,

또한 보상을 한 후 피보험자의 잔존물이나 제3자에 대한 손해배상청구 권리를 보험자가 대신 행사하도록 하고 있다.

그런데 실무에 있어 해상보험은 기평가보험으로 이용되고 있고 보상금액은 협정보험가액을 토대로 계산되므로 완벽한 개념의 실손보상은 이루어지지 않고 있다. 즉, 보험가액은 장소와 때에 따라 달라지지만 보험자가 지급하게 되는 보험금은 계약 체결 당시 보험자와 피보험자가 합의한 보험가액에 따라 계산되어 실제 손해를 초과한 금액을 보상받을 수도 있고 부족한 금액을 보상받을 수도 있다.

(2) 해륙복합위험부담

해상보험은 해상에서의 손해뿐만 아니라 해상사업에 수반되는 육상위험 및 강이나 호수와 같은 내수 손해까지도 확장 · 담보하고 있다. 적화보험의 수송약관(transit clause)에는 화물이 하주 또는 제조업자의 창고를 떠날 때 보험이 개시되어 수하주의 최종창고에 인도될 때 보험이 종료하는 것 등으로 약정하고 있으므로 해상위험뿐만 아니라 육상위험까지도 대상이 되는 위험으로 하고 있다.

(3) 국제성

해상보험의 전제가 되는 무역과 해운은 국가와 국가 간의 국제무역을 배경으로 이루어지고 있으므로 여러 가지 국제규칙 또는 국제조약에 영향을 받는다. 또한 해상위험의 대부분이 거대위험이 강하기 때문에 해외재보험의 의존도가 높은 실정이다. 이와 같은 배경 때문에 해상보험은 국제성이 강하고 이런 이유로 전 세계 약 2/3 국가에서 협회보험약관을 사용하고 있으며 준거법으로 영국의 법률과 관례를 채택하고 있다.

4. 해상보험의 기본 용어

(1) 보험자, 보험계약자 및 피보험자

1) 보험계약의 당사자

보험계약자(insured, assured)란 보험계약의 청약자로서 지급의무, 중요사항의

> **보험계약자**
> 보험계약의 청약자

고지의무 및 위험변경증가의 통지의무 등을 부담하는 사람을 말한다. 적화보험에 있어서는 통상 무역조건에 따라 보험계약자가 결정된다. 그러나 매도인과 매수인 간에 보험 가입에 대한 별도의 약정이 있거나 CIF 및 CIP처럼 보험계약 주체에 대해 조건상 규정이 있다면 이에 따라 보험계약을 체결해야 한다. 그렇지 않은 경우는 운송 중 화물의 멸실이나 훼손에 대한 위험을 보다 많이 부담해야 하는 주체가 자신의 이름으로 보험 계약을 체결하면 된다. 양 당사자 간에 별도의 합의가 없는 경우 각 조건별 보험계약자는 다음과 같다.

〈표 9-1〉 인코텀즈 2000에 따른 가격조건별 보험계약자

구분	해당 조건	개요	보험계약자
E그룹	EXW	공장인도	매수인
F그룹	FCA, FAS, FOB	주운임 미지급	매수인
C그룹	CFR, CPT	주운임 지급	매수인
	CIF, CIP	운임 및 보험료 지급	매도인
D그룹	DEF, DES, DEQ, DDU, DDP	도착 시 인도조건	매도인

보험자
보험계약을 인수한 자

보험자(underwriter, insurer)는 보험계약을 인수한 자로서 보험사고 발생 시 합의된 계약 내용과 법률에 따라 그 손해를 보상해야 할 의무가 있는 사람을 말한다.

2) 보험계약의 관련자

피보험자
피보험이익의 주체로서 보험사고 발생으로 인하여 손해를 입어 보상을 받을 권리를 갖는 자

피보험자(insured, assured)는 피보험이익의 주체로서 보험사고 발생으로 인하여 손해를 입어 보상을 받을 권리를 가진 자를 말한다. 해상보험에 있어서 피보험자는 보험계약자와 동일한 것이 보통이나 CIF/CIP 매매에 있어서 매도인이 매수인을 피보험자로 하여 보험계약을 체결하는 것과 같이 피보험자와 보험계약자가 다른 경우도 있다.

(2) 보험료와 보험금

보험료(premium)란 보험자의 위험부담에 대해 보험계약자가 지급하는 수수료를 말한다. 보험금(claims, claim amount)은 보험사고로 피보험자가 입은 재산

상의 손해에 대해 보험자가 지급하는 보상금을 말한다.

(3) 보험증권과 보험약관

보험증권(insurance policy)은 보험계약의 성립과 그 내용을 증명하기 위하여 보험자가 계약의 내용을 기재하고 기명날인하여 보험계약자에게 교부하는 증권이다. 보험증권은 계약 성립의 요건도 아니며 또 보험자만이 기명날인하므로 계약서도 아니다.

보험약관(clauses)은 보험자가 미리 작성한 보험계약의 내용을 이루는 조항을 말하며, 그중 일반적이고 표준적인 것을 보통보험약관이라 하고 별도로 특정한 사항을 약정한 약관을 특별보험약관이라고 한다.

(4) 보험의 목적과 보험계약의 목적

보험의 목적(subject-matter insured)이란 위험발생의 객체로서, 적화보험에서는 화물, 선박보험에서는 선박 그 자체, 즉 보험목적물을 말한다. 보험계약의 목적(subject of insurence)이란 보험에 의해서 보호되는 대상을 말한다. 보험의 목적은 화물이나 선박처럼 물(物) 그 자체인 데에 대하여, 보험계약의 목적은 그 물에 대해서 피보험자가 갖는 이해관계이다.

(5) 피보험이익

1) 개념과 요건

피보험이익(insureable interest)이라 함은 보험목적물에 보험사고가 발생하여 피보험자에게 경제상의 손해를 입힐 우려가 있는 경우, 이러한 보험의 목적과 피보험자와의 경제적 이해관계를 말한다. 보험계약이 유효하게 성립하기 위해서 피보험이익은 반드시 〈표 9-2〉의 요건을 갖추어야 한다.

> **피보험이익**
> 보험목적물에 보험사고가 발생하여 피보험자에게 경제상의 손해를 입힐 우려가 있는 경우, 이러한 보험의 목적과 피보험자와의 경제적 이해관계

〈표 9-2〉 피보험이익의 요건

피보험이익의 요건
적법성, 경제성, 확정성

적법성	피보험이익이 보험계약상의 보호를 받기 위해서는 적법하여야 하며, 강행법 규정에 위반되거나 공서양속, 기타 사회질서에 어긋나서는 안 된다. 공서양속에 위반되는 도서, 밀수행위, 도박, 탈세 등과 관련한 이익은 피보험이익이 될 수 없다.
경제성	보험사고가 발생한 때에 보험자가 보상하는 급부는 경제적인 급부이므로 보험급부에 의하여 취득할 수 있는 경제적인 이익이어야 한다. 경제적 이익이란 이익이 객관적으로 재산적 가치를 가지는 것으로서 금전으로 산정할 수 있는 이익을 말한다.
확정성	피보험이익은 보험사고가 발생한 때까지는 보험계약의 요소로서 확정하거나 확정할 수 있어야 한다. 보험사고 시 피보험이익의 존재가 인식되어야 하고 또 그 이익의 귀속 주체가 확정되어야 한다.

2) 피보험이익의 존재시기

피보험자는 보험계약 체결 시에는 반드시 보험의 목적에 대하여 이해관계를 가질 필요는 없으나, 손해발생 시에는 피보험이익을 갖지 않으면 안 된다. 따라서 보험계약 체결 시에는 피보험이익이 없다 하더라도 계약을 체결할 수 있지만 손해발생에는 피보험이익을 가지고 있어야 보험자로부터 보상받을 수 있게 된다.

Tip

FOB로 수입하는 화물을 위해 보험계약을 체결한 매수인은 비록 보험계약이 체결된 이후 사고가 발생하였다 하더라도 손해가 선적 이전(본선의 선측난간을 통과하기 이전)에 발생하였다면 그 손해발생 시 피보험이익이 없으므로 보험 보상을 받을 수 없다.

(6) 보험가액과 보험금액

보험가액
피보험이익의 평가액으로서 일정한 피보험이익에 대하여 발생할 수 있는 경제적 손해의 최고한도

1) 개념

① 보험가액(insurable value): 보험가액은 피보험이익의 평가액으로서 일정한 피보험이익에 대하여 발생할 수 있는 경제적 손해의 최고한도를 말하며, 보험계약의 당사자가 상업송장 등을 기초로 하여 정한 보험가액은 협정보험가액이라 한다. 만약 계약을 체결할 때 보험가액을 협정하지 않은 경우는 법의 규정에 따라 보험가액을 산정하도록 되어 있는데 이를 법정보험가액이라 한다.

② 보험금액(sum insured): 보험금액은 실제로 보험에 가입한 금액을 말하며,

보험자가 보험계약상 부담하는 손해보상책임의 최고 한도액이다.

2) 보험가액과 보험금액의 관계

① 전부보험(full insurance): 보험금액이 보험가액과 동일한 경우의 보험을 전부보험이라 한다.

② 일부보험(under insurance): 보험금액이 보험가액보다 적은 경우의 보험을 일부보험이라 한다. 일부보험은 피보험자가 입은 손해에 대하여 보험금액의 보험가액에 대한 비율에 따라 비례보상을 받는다.

③ 초과보험(over insurance): 일부보험과는 반대로 보험금액이 보험가액을 초과하는 경우의 보험을 초과보험이라 한다. 이 경우 그 초과되는 부분의 보험계약은 무효가 된다.

④ 공동보험(co-insurance): 동일한 피보험이익을 수인의 보험자에게 그 일부씩 보험에 가입함으로써 그 보험금액의 합계액이 보험가액을 초과하지 않는 경우의 보험을 말한다. 이 경우 각 보험자로부터는 일부보험의 원칙에 따라 보상받으나 총 보험금은 전부보험과 같거나 동일하다.

⑤ 중복보험(double insurance): 동일한 피보험이익에 대하여 보험기간을 공통으로 하는 2개 이상의 보험계약을 체결하고 그 보험금액의 합계액이 보험가액을 초과하는 경우를 말한다. 중복보험의 경우 피보험자는 자기가 적당하다고 생각하는 순서에 따라 각 보험자에게 보험금을 청구할 수 있으며, 각 보험자는 보험계약상 자기가 부담하는 금액의 비율에 따라 비례적으로 손해를 보상할 의무를 진다. 그러나 어떠한 경우에도 각 보험자가 부담하는 보험금의 합계가 보험가액을 초과할 수 없다.

위험
손해에 대한 불확실성, 손해발생의 가능성

손인
손해의 원인이 되는 사고

위태
손해의 원인을 만들거나 증가시키는 상태

손해
사고의 발생으로 피보험이익의 전부 또는 일부가 멸실, 손상되는 것

(7) 위험과 손해

위험이라는 말은 여러 가지 의미로 쓰이는데, 여기서 위험(risk)이란 손해에 대한 불확실성, 즉 손해발생의 가능성을 의미한다. 손해의 원인이 되는 사고, 위험사고 또는 보험사고를 손인(peril)이라고 하며, 손해의 원인을 만들거나 증가시키는 상태 또는 환경요인을 위태(hazard)라고 한다. 손해(loss, damage)는 사고의 발생으로 피보험이익의 전부 또는 일부가 멸실, 손상되는 것을 말한다.

5. 해상보험 내에서의 고지의무

(1) 개요

보험 경영은 보험금의 지급과 보험자의 수입에 의해서 결정된다. 따라서 합리적인 경영을 하기 위해서 보험자는 자기가 담보해야 하는 위험을 가능한 정확히 측정하여 보험계약자에게 적절한 보험금을 징수하여야 한다. 그런데 보험자는 보험계약자보다 이 위험의 정도에 대해 잘 알지 못하므로 보험계약이 체결될 때까지 보험계약자는 위험 사정을 보험자에게 알릴 것을 위무로 규정하고 있는데, 이를 고지의무(duty of disclosure)라 한다.

이 고지의무 존재에 대한 법적 근거는 MIA 제17조에서 해상보험계약은 최대선의(utmost good faith)를 바탕으로 체결되어야 한다는 규정 및 MIA 제 18조 2항 신중한 보험자가 위험의 인수 여부 및 산정에 영향을 줄 수 있는 중요사항(material circumstance)을 보험자에게 고지해야 한다는 규정에서 찾을 수 있다.

(2) 고지의 시기 및 사항

고지의무는 보험계약 체결의 교섭 중이나 계약의 성립 전까지 이루어져야 한다. 고지사항은 신중한 보험자가 위험을 인수할 것인지의 여부 또는 보험금을 산정하는데 있어 판단에 영향을 미칠 수 있는 사항이다. 고지의 이행은 보험계약자가 관련 서류, 즉 오퍼, 신용장개설신청서 또는 상업송장 등을 보험자에게 제출하는 방법이나 유선상 구두로 설명하거나 청약요청 서한을 팩스로 송부하는 형태로 이루어지고 있다.

(3) 고지가 필요 없는 사항

위험을 감소시키는 사항, 보험자가 알고 있거나 알고 있는 것으로 추정되는 사항, 보험자가 고지받을 권리를 포기한 사항 또는 담보가 있어 고지가 필요 없는 사항은 고지를 하지 않아도 고지의무 위반이 되지 않는다.

(4) 고지의무 위반의 효과

보험계약자가 중요한 사항을 고지하지 않은 경우나 부실고지를 한 경우 보험자에게 보험계약의 취소권(may avoid)을 부여하고 있다.(우리 상법 제651조에는 6개월의 제척기간을 두어 그 기간 이내에 해지하도록 되어 있으나, 영국법에는 이러한 규정이 없다. 따라서 취소 여부의 결정은 상당한 기간 내에 행사하여야 한다.-대법원 1996.3.8 선고 95다 28779 판결, MIA 18조 1항 참조). 이때 보험계약자의 불고지가 사기, 부주의, 무관심, 착오 또는 판단상의 오류 등 어떤 원인(주관적인 의사와 상관없이 객관적으로 그러한 사실이 존재하는가에 따라 고지의무 위반 여부를 판단한다)에 기인되더라도 취소될 수 있으며 계약이 취소되면 본 보험계약은 처음부터 무효가 된다. 고지의무는 적극적인 의무로 보험자가 묻지 않았으므로 알리지 않았다는 이유로는 항변이 되지 않는다.

보험자에 의해 계약이 취소된 경우 보험계약자의 사기가 없는 한 보험금은 환급되고 또 이미 지급한 보험금에 대하여 반환청구를 할 수 있음은 물론 고지의무 위반 이전에 발생한 손해뿐만 아니라 고지의무 위반사항과 관련 없이 발생된 손해에 대해서도 보험금을 지급하지 않는다. 적화보험의 보상에 관한 준거법은 영국의 법률과 관습이므로 우리 상법 제655조(상법 제655조 하단: 고지의무를 위반한 사실 또는 위험의 현저한 변경이나 증가된 사실이 보험사고의 발생에 영향을 미치지 아니하였음이 증명된 때에는 그러하지 아니한다(보험 보상의 책임이 있다))의 인과관계에 관한 규정은 적용되지 않는다.(대법원 1996.3.8 선고 95다 28779 판결)

〈표 9-3〉 고지의무 요약

이행시기	보험 계약 체결 성립 시까지
고지대상	중요한 사항(보험인수 여부 및 산정에 영향을 미치는 사항)
위반효과	보험자는 취소권을 갖게 됨 보험금은 선의의 경우만 환급 취소권 행사 시 보험은 처음부터 무효가 된다.

6. 워런티

(1) 워런티의 개념

보험계약은 최대선의의 계약으로서 보험계약자는 고지의무를 충실히 이행하여 중요사실을 보험자에게 고지하여야 하지만, 보험자 측에서는 계약당시 불고지 또는 부실고지의 사실이 있음을 입증하기에는 현실적으로 어려움이 있다. 따라서 보험자는 보험계약자 측이 엄격히 이행하거나 충족시켜야 할 사항을 보험증권상에 명시하거나 법률에 규정하여 둠으로써 안전장치를 마련하고자 한 것이 워런티(warranty)이다. 이 워런티를 실무상으로 담보라고도 한다.

워런티
보험자가 보험계약자의 이행사항 및 충족시켜야 할 사항을 보험증권상에 명시하거나 법률에 규정하여 둠으로써 안전장치를 마련하고자 한 것

(2) 워런티의 종류

1) 명시적 워런티(express warranty)

유류비축물자를 외항선창에 저장할 경우 "선령 15년 미만의 선박이어야 할 것", 어획물의 경우 "선하증권이 발행될 것", 전시회 출품화물의 경우 "전문적 포장"과 같이 보험증권에 그 구체적 내용이 명시되어 있는 워런티를 말한다.

2) 묵시적 워런티(implied warranty)

법률상의 확정에 의한 워런티로 적법담보(warranty of legality) 등이 MIA에 규정되어 있다.

(3) 워런티 위반의 효과

워런티는 엄격하게 충족되어야 하며 보험자는 위반의 시점부터 책임을 면하게 되나 위반 이전에 발생된 손해에 대해서는 책임을 면하지 못한다.

7. 해상손해의 개념과 종류

해상보험에 있어 손해(loss)라 함은 보험의 목적인 선박 또는 적화 등에 해상위험(보험사고)이 발생하여 보험의 목적이 멸실, 손상되거나 점유를 상실함으로써

생기는 피보험자의 재산상의 불이익을 말한다.

(1) 직접손해와 간접손해

1) 직접손해

보험사고로 말미암아 보험의 목적 그 자체에 발생한 손해이다. 적화보험의 경우 화물, 선박보험의 경우는 선박 그 자체가 멸실 또는 손상을 입는 경우가 이에 해당한다. 해상보험은 기본적으로 직접손해를 보험대상의 대상으로 본다.

2) 간접손해

보험사고로 인하여 피보험자가 입은 직접손해 이외의 손해를 간접손해라 한다. 적화보험의 경우 항해지연이나 시장상실로 인한 손해가 이에 해당하고, 선박보험의 경우 선박 사고로 인한 선주의 운임손해가 이에 해당한다. 간접손해는 원칙적으로 보험보상의 대상이 아니지만 약관이나 법률에서 보상해주겠다고 규정하고 있는 경우에 한하여 보험보상이 될 수 있다.

(2) 물적 손해

물적 손해는 실체적 손해 또는 직접손해라고도 하며, 보험의 목적의 멸실 또는 손상으로 인한 직접손해이다.

1) 전손

피보험이익이 전부 멸실된 경우를 전손(total loss)이라고 한다. 전손은 현실전손(actual total loss)과 추정전손(constructive total loss)으로 구분된다.

> **전손**
> 피보험이익이 전부 멸실된 경우로 전손은 현실전손과 추정전손으로 구분

① 현실전손 : MIA 57조 및 58조 규정에 따른 현실전손의 예는 다음과 같다.
- 보험의 목적이 실체적으로 멸실되었을 경우
- 물건 본래의 성질이 상실되었을 경우
- 포획의 경우와 같이 피보험자의 지배력이 상실되어 회복할 수 없는 경우
- 선박과 화물의 행방이 상당 기간 동안 불명인 경우

Tip

전손의 경우는 일반적인 클레임 서류와 함께 보험증권 원본 full set 그리고 운송인으로부터 물건을 인수받기 이전에 발생한 사고의 경우 선하증권 원본 full set을 제출해야 한다.

② 추정전손

MIA 60조의 규정에 따르면 추정전손은 보험의 목적이 현실전손으로 될 것이 불가피하다고 인정될 경우로, 보험의 목적에 대한 피보험자의 지배력이 상실되어 회복의 가능성이 있을 것 같지 않는 경우, 그 회복비용이 회복되었을 때의 화물의 가액을 초과할 것으로 예상될 경우, 화물을 수리하여 목적지까지 수송함에 소요될 비용이 도착 후의 화물의 가액을 초과하게 될 경우 등이 있다.

추정전손은 보험의 목적을 보험자에게 정당하게 위부(abandoment)하여야 성립되며, 만약 위부를 하지 않을 경우에는 분손(부분파손)으로 처리된다. 위부제도란 일정 사고가 발생하였을 경우 현실전손이 발생한 것은 아니지만 피보험자로 하여금 보험의 목적에 관하여 그가 갖는 일체의 권리를 보험자에게 넘겨주고 보험금액의 전부를 청구할 수 있게 하는 제도이다. 위부의 통지는 피보험자가 보험의 목적에 관하여 그가 갖는 일체의 권리를 보험자에게 이양하여 보험금액 전액의 청구권을 발생하게 하려는 의사표시이다.

위부통지의 방법에는 아무런 제한이 없으며 서면, 구두 또는 기타의 방법으로 지체 없이 정당히 그리고 조건 없이 행하여야 한다. 영국법에서는 위부의 통지를 위부의 청약으로 간주하고 보험자의 승낙이 있어야 비로소 위부가 성립한다. 이에 반하여 우리나라의 경우 피보험자의 일방적 의사표시, 즉 위부의 통지에 의하여 효력이 발생하는 단독행위이고, 보험자의 승낙을 요하지 않는다. 위부의 승인은 보험자의 행위에 의하여 명시적 또는 묵시적으로 할 수 있으며, 위부통지 후 보험자의 단순한 침묵은 승인의 개념으로 해석되지 않는다. 위부의 통지가 승인되었을 경우에는 위부를 철회할 수 없다.

한편, 위부의 통지는 보험자가 이를 면제할 수 있고 또한 위부의 통지를 보험자에게 하더라도 보험자에게 하등의 이익이 될 가능성이 없을 경우에는 위부의 통지는 필요하지 않다.

Tip

Invoice value $10,000의 기계를 $11,000로 보험에 가입하였다. 운송 중 손상을 입어 필요한 수리에 대한 견적을 받은 결과 예상수리비로 $9,000 그리고 수리 후 최종목적지인 서울까지 운송하는 데 $500가 발생될 것으로 판단되었다. 한편 이 화물이 서울에 도착할 경우 시장가액은 $8,000이다. 이와 같은 경우 수리비 및 운송비의 합계액은 $9,500로 보험금액인 $11,000를 초과하지 않는다. 그러나 도착 후 화물 가액이 $8,000이므로, 수리비 및 운송비의 합계액인 $9,500보다 적어 MIA 60조에 규정된 추정전손의 경우에 해당된다. 피보험자는 보험자에게 위부하고 전손보험금인 $11,000를 보험금으로 청구하거나 위부 없이 손상된 기계를 수리하고 $9,500를 보상받는 분손을 선택할 수 있다.

2) 분손

피보험이익의 일부 멸실이나 손상을 분손(partial loss 또는 average)이라 하며, 이는 단독해손 또는 공동해손으로 분류된다.

> **분손**
> 피보험이익의 일부 멸실이나 손상된 경우로 단독해손 또는 공동해손으로 분류

① 단독해손(particular average): 단독해손이란 보험의 목적이 일부 멸실되거나 손상되어 그 손해를 피보험자가 단독으로 부담하는 손해를 말한다.

② 공동해손(general average)

- 공동해손의 정의: 공동해손이란 공동항해 사업단체인 선박과 적화 공동이 위험에 처하여, 이로부터 벗어나기 위해 의도적으로 취한 공동해손 행위로 인하여 합리적으로 발생한 손해 또는 비용 등을 이해관계자가 공동으로 부담하는 손해이다.
- 공동해손의 요건: 공동의 위험, 고의적 · 합리적 · 이례적 처분, 공동 분담
- 공동해손 범위: 공동해손은 공동해손비용 및 공동해손희생(물적손해)을 포함한다. 공동해손희생을 입은 재산의 소유자는 공동해손 이익단체로부터 배상을 기다릴 필요 없이 보험자에게 직접 보상을 청구할 수 있다. 공동해손 정산의 기준은 통상 선하증권 이면에 지정되어 있는데 현재 York Antwerp Rules를 가장 많이 사용하고 있다.
- 공동해손으로 인정되는 손해의 예

희생손해

투하, 투하로 인한 해수 침수 손해, 선박 화재 시 소화작업에 따른 손상, 임의 좌초에 의한 손해, 이초를 위해 과도한 사용으로 인한 선박의 기관 손상, 좌초된 선박을 가볍게 하기 위한 행위로 인한 손상, 연료로 사용된 선구 및 저장품, 피난항에서 하역작업 중 발생된 화물의 손해 등

비용손해

구조비, 피난항 비용, 선원의 급료 및 부양비, 임시수리비, 자금조달, 대체 비용

• 공동해손서류

공동해손이 선언되면 하주는 선주 또는 선주 지정 공동해손 정산인이 요청하는 서류를 제출해야만 화물을 찾을 수 있다. 통상 요청되는 서류는 다음과 같다.

적화보험자는 보통 '무제한 보증장(unlimited guarentee)'의 발행을 요청받으므로 이를 발행하기에 앞서 피보험자로부터 역보증장(counter guarantee)을 접수하고, 보험금액을 초과하는 지급 의무가 있을 경우의 면책 근거로 사용한다. 즉, 역보증장은 보험금액을 초과하여 보험자가 지불하게 될 경우 그 차액에 대해 피보험자가 보험자에게 반환하겠다는 내용의 확약서의 의미가 있다. 화물이 무보험이면 이 공탁금은 물론 하주가 독자적으로 부담하여야 하지만 보험에 가입되어 있으면 보험회사가 이 금액을 부담한다. 그러나 보험회사는 현금을 지급하지 않고 공동해손보증장을 제공함으로써 공탁금으로 대신할 수 있다.

공동해손공탁금은 개략적인 공동해손율(ratio of general average)에 의거하여 충분하고 여유 있게 예치하도록 한다. 선박회사는 화물 인도의 조건으로 이 금액을 영수하고, 공동해손 정산인으로 하여금 관리하게 한다.

공동해손맹약서(general average bond)

하주가 장차 자기 앞으로 할당될 공동해손분담금을 정히 지불할 것과, 그 분담금의 산출 기초가 될 자기 화물의 명세 및 가액을 정당히 신고할 것을 약속하는 서류

화물가액신고서(valuation form)

공동해손에 관련된 화물의 가액을 하주가 운송인에게 신고하는 서식이다. 공동해손분담금은 적하가 정상적으로 도착한 경우는 화물의 CIF 또는 CFR 가액에서 손해액을 공제한 금액에 회생손해액을 더한 금액이 된다.

공동해손보증장(average guarantee) 또는 공동해손공탁금(average deposit)

선박은 하주에게 화물을 인도하기에 앞서 보험회사가 발행하는 공동해손보증장 또는 공동해손공탁금을 제출할 것을 요구한다. 공동해손정산서에 의한 정확한 분담금을 계산하기까지 때로는 수년간의 시간이 소요되기도 하므로 공동해손보증장 또는 공동해손공탁금을 요구한다.

(3) 비용손해

비용손해는 위험발생의 결과로 피보험자에 의하여 또는 그를 위하여 지출되는 경비손해를 말하며, 이를 간접손해라고도 한다. 많은 비용손해 중 보험보상의 대상이 되는 손해는 구조료, 특별비용, 손해방지비용, 공동해손비용 및 손해조사비용(부대비용)이다.

1) 순수구조료

해난에 처해 있는 재산에 발생할 가능성 있는 손해를 방지하기 위하여 계약 없이 구조받은 자가 구조한 자에게 해상법에 의하여 지불하는 보수를 순수구조료 또는 임의구조료라고 한다. 피보험위험으로 인하여 발생하는 손해를 방지하기 위하여 지출한 순수구조료는 피보험위험으로 인한 손해를 회수할 수 있다. 순수구조료는 지출된 사정에 따라 구조료 또는 공동해손비용으로 보험보상이 되는데, 적화의 경우 순수구조료가 발생하는 경우는 거의 없다.

2) 계약구조료

해난에 처한 재산에 발생할 가능성 있는 손해를 방지하기 위하여 계약에 의하

여 구조한 자에게 계약에 따라 피구조자가 지급하는 보수를 계약구조료(salvage, salvage awards)라 한다. 계약구조료는 그 발생된 상황에 따라 특별비용(손해방지비용)이나 공동해손비용으로 보상받을 수 있다.

3) 특별비용

보험의 목적의 안전 또는 보전을 위하여 피보험자에 의하여 또는 피보험자를 위하여 소요된 비용으로 공동해손비용과 구조료 이외의 비용이다. 이러한 특별비용(particular charge)은 단독해손에 포함되지 않는다. 특별비용으로 보험보상이 되기 위해서는 몇 가지 요건이 충족되어야 하는데, 우선 피보험위험을 원인으로 하여 비용이 발생되어야 하고, 그 발생이 이례적이어야 한다. 즉, 통상의 경비에 해당되어서는 안 되며 손상된 보험의 목적만을 위해서 지출되어야 한다. 따라서 통상적인 경비가 사고로 인해 더 많이 지출되었다면 그 증가분도 보험보상이 될 수 없고 정상적인 화물에 소요된 부분도 보상이 되지 않는다.

4) 손해방지비용

손해방지비용(sue and labour charge)은 피보험위험이 발생하였을 경우에 이로 인한 보험의 목적의 손해방지 또는 경감을 위하여 피보험자 또는 그의 사용인 및 대리인이 지출한 비용이다. 따라서 순수구조료는 손해방지비용이 될 수 없다. 또한 손해방지비용은 당해 보험의 목적만을 위하여 소요된 비용이어야 한다. 따라서 공동의 이익을 위해 소요된 비용은 공동해손비용이 되며 손해방지비용이 아니다. 손해방지비용은 정당히(properly) 그리고 합리적으로(reasonably) 소요된 비용이어야 하고 보험자가 보상하게 될 손해를 방지 또는 경감하기 위한 비용이어야 한다.

5) 손해조사비용

손해가 발생하였을 경우 손해액 사정인(검정인, surveyor)에 의해서 손해의 원인 및 정도를 조사하는 데 소요되는 비용을 손해조사비용(survey fee)이라고 한다. 청구된 사고가 보험보상되지 않는 것으로 결정되면 손해조사비용도 원칙적으로 보상되지 않는다. 그러나 보험자가 피보험자를 대신하여 손해액 사정인을 직접 선임하기도 하는데 이 경우는 손해가 보상되지 않더라도 실무적으로 보험자는 손해조사비용을 손해액 사정인에게 직접 지급하고 있다.

생각하기

보험자는 직접손해를 보상할 책임이 있으나 간접손해는 특약이 없는 한 보상할 책임이 없다. 또 보험자는 물적 손해에 대해서만 보상책임이 있고 비용손해에 대해서는 원칙적으로 보상책임이 없다. 하지만 예외적으로 보험약관과 법률에 규정된 구조료, 특별비용, 손해방지비용, 공동해손비용 및 손해조사비용은 보상한다.

보험자는 보험금액 범위 내에서 물적 손해와 비용손해의 합계액을 보험금으로 보상한다. 그러므로 구조료나 공동해손비용이 발생한 후 화물이 전손되면 그 비용은 피보험자가 부담하여야 한다. 그러나 손해방지비용의 경우는 물적 손해와 비용손해의 합계액이 보험금액을 초과하더라도 예외적으로 추가 보상될 수 있다. 단, 합리적인 손해방지비용으로 인정 가능한 금액은 이론적으로 보험금액까지이므로 총 지급될 수 있는 금액은 보험금액의 2배를 한도로 한다.

제3절 항공보험

1. 항공보험의 개요

(1) 항공보험의 의의

항공보험(aviation insurance)이란 항공기에 관한 위험을 담보하는 보험을 총칭하며, 기체보험, 항공배상책임보험, 상해보험 및 기타 보험으로 구분할 수 있다. 여기서 항공위험이란 항공기의 비행 중 위험, 즉 이륙에서 착륙까지의 위험을 말하는데, 비행 중은 물론이고 이 · 착륙에 따른 활주 중의 위험도 포함하는 것으로, 항공기의 제작 · 소유 · 운항 · 정비 등에 관련한 것과 지상의 항공시설운용에 관련한 것으로 구분할 수 있다. 한편 항공기는 항상 공중에만 있는 것이 아니라 오히려 지상에 머무르는 시간이 많으므로, 항공기 소유자로서는 지상에서의 위험도 비행 중의 위험과 동일시하고 있다.[1)]

> **항공보험**
> 항공기에 관한 위험을 담보하는 보험을 총칭하며, 기체보험, 항공배상책임보험, 상해보험 및 기타 보험으로 구분

1) 이강빈, "항공배상책임보험의 담보위험에 관한 고찰", 보험학회지, 한국보험학회, 1989.10, p.131

(2) 항공위험의 피보험이익

1) 물적 위험

항공운송의 위험
물적 위험, 인적 위험, 수익상실위험, 비용지출위험, 책임부담위험

구체적으로 항공기 자체의 재산상의 위험을 말하는데, 항공운송의 특성상 사고의 빈도면에서 보면 적지만 한 번의 사고는 막대한 재산피해를 동반한다는 점에서 항공운송사업의 거대위험이라 할 수 있다. 이러한 위험의 처리 수단의 하나로서 기체보험(hull insurance)이 이용되며, 항공기 납치 등 전쟁위험을 담보하기 위한 전쟁 · 하이테크 보험이 있다. 그리고 기체면책금액보험과 기체전손보험 등이 있다.

2) 인적 위험

항공기의 사고는 수많은 인명 또는 신체에 치명적인 손해를 가져오며, 그 범위 또한 광범위하다. 우선은 항공기로 인하여 이동 중인 사람들, 즉 승객[2)]과 그 항공기에 탑승중인 승무원 등이 있으며, 다른 사람들로는 당해 항공기와는 직접적인 관련은 없지만 항공기로 인하여 손해를 입게 되는 제3자가 있다. 인적 위험과 관련한 보험으로는 항공기 탑승자의 상해나 사망에 대하여 미리 정해진 일정액을 보상하는 항공기탑승자상해보험이 있다. 또한 항공운송인이 승객 및 제3자의 인적 피해에 대하여 법률상 배상책임에 관한 책임보험이 있다.

3) 수익상실위험

항공운송사업이란 유상으로 여객 및 화물을 운송하는 사업이다. 특히 항공운송은 높은 자본비와 항공기에 사용되는 높은 연료유가 때문에 다른 운송수단에 비해 운임이 절대적으로 높다.[3)] 그러므로 기체손상의 결과로 인한 항공기의 수리 때문에 항공기를 사용할 수 없게 되면 기업은 이익손실이 생긴다. 이처럼 예정하였던 수입을 얻지 못하게 되는 경우에는 기업의 입장에서는 수익성의 안정에 위험이 생기게 된다. 이러한 위험의 전가 방법 중 하나로 항공기사용불능손해보험(loss of use insurance)이 있다.

2) 여기서 승객이란 피보험항공기를 이용하여 비행할 목적을 가지고 탑승 중인 사람 및 승강 도중에 있는 사람을 뜻하며 피보험항공기의 승무원으로서 업무에 종사하는 사람을 제외한 탑승자 전원을 의미한다. 권재열, "항공보험에 관한 논고", 한국항공우주법학회지, 한국항공우주법학회, 2001, p.270

3) 전일수, "국제복합운송시스템", 21세기한국연구재단, 1997, p.257

4) 비용지출위험

비용이익에 관한 위험으로 사고에 의해서 비정상적인 비용을 지출해야 한다고 하는 위험이다. 항공기가 조난 또는 행방불명이 된 경우 항공기 및 탐승자의 수색이나 구조활동에 필요한 비용이다. 또한 손해방지 내지는 경감하기 위한 비용 및 항공기의 잔해물 제거 등에도 비용이 든다. 이러한 경우는 수색구조비용보험(search and rescue insurance)이 있어 전가가 가능하다. 그러나 이러한 비용이 기체보험에 의해 충분히 보상이 된다면 이 보험은 필요가 없다.[4)]

5) 책임부담위험

이 위험은 책임이익에 관한 것으로 다양한 위험 중에서도 특히 중요한 항공기 소유자나 운항자의 법률상의 배상책임에 관한 것이다. 1970년대 초의 점보기의 등장으로 항공기가 거대화되고 대량운송이 가능하게 되었지만, 이에 따른 사고의 영향 역시 거대화 및 고액화가 되고 있다. 즉, 항공사고로 인하여 운송인은 승객 및 하주뿐만 아니라 충돌 또는 추락한 경우에는 충돌당한 상대방 비행기와 그 탑승객은 말할 것도 없고 지상의 제3자에게도 손해를 입히게 된다.

이러한 물적 손해나 신체상해는 공중충돌처럼 항공기 자체에 의하거나 항공기로부터 발생하는 소음 또는 활주로상에서 이동 중의 사고와 같이 지상에서 발생한 사고에 의해 발생할 수 있다. 이러한 경우에 항공기 소유자나 운항자는 제3자의 신체상해 또는 재산피해에 대하여 손해배상책임을 부담하게 된다. 또한 책임위험의 경우에는 담보하는 항공보험 역시 다양하다. 승객의 경우 승객배상책임보험, 화물의 경우 화물배상책임보험, 그리고 제3자에 대하여는 제3자배상책임보험이 있다.

(3) 항공보험의 특징

항공보험은 비행기 또는 항공운송에 관련하여 생기는 모든 위험을 대상으로 하는 각종 위험의 총칭이라 할 수 있으며, 항공기의 이용 내지 항공기업의 발달과 병행하여 발전의 길을 걸어온 비교적 새로운 보험이다. 이러한 항공보험은 일종의 강제보험으로서 항공운송사업의 면허를 받기 위해서는 항공기의 운항 시 발생

항공보험의 특징
인수 위험의 거대성, 항공보험의 국제성, 국제적 규모의 재보험, 항공위험의 복잡성

4) 김학만, "항공사고로 인한 피해자보호에 관한 연구", 청주대학교 대학원 법학박사학위논문, 2002. 7, p.67

할 수 있는 위험에 대비하여 보험의 가입을 의무화하고 있다.

1) 인수 위험의 거대성

항공사고 발생 시 보험의 대상인 기체가액은 물론 승객과 탑재된 화물의 가액을 고려해볼 때 여타 보험과 비교할 수 없을 만큼 거액이다.

2) 항공보험의 국제성

국제운송에 있어서 승객에 대한 배상책임은 조약이나 관계국의 국내법에 의해서 정해지므로 배상책임보험도 국제성을 띤다. 그리고 항공보험연구를 위한 국제기구로서 국제항공보험자연합(IUAI, International Union of Aviation Insurance)이 조직되어 있다.[5)]

3) 국제적 규모의 재보험

인수할 위험이 거대하므로 국제적 규모의 재보험으로 출재하여 위험의 분산을 도모한다. 따라서 보험요율 등 보험계약에 있어서 해외동향의 영향을 쉽게 받는다.[6)]

4) 항공위험의 복잡성

항공위험이 복합적이므로 항공보험의 담보 내용 역시 복합적이다. 항공보험은 항공기의 운항, 정비, 항공시설의 관리 등에 수반되는 각종 위험으로 말미암아 생기는 손해를 담보하므로 피보험이익도 소유이익, 책임이익, 비용이익, 수익이익, 대상이익 등 복합적이다.[7)]

---

5) B.G Jervis, "Aviation Underwriting", The CII Tuition Service, 1981, p.218

6) 2001. 9. 11. 발생한 미국 뉴욕 WTC 테러사고의 여파로 세계 재보험 시장은 종래의 물량인수 중시 현상이 사라지고 철저한 수익성 위주의 보험인수 정책으로 전환되었다. 또한 주요 재보험자들은 WTC 테러사고 이후 2002년도 전 종목에 걸쳐 40~100% 요율인상을 단행하였고 원보사 보유증대, 공제금액 상향조정 등 재보험조건을 강화하고 대형 · 누적 손해가 발생할 수 있는 위험에 대해서는 면책화하였다. 김정대, "변하는 재보험 영업환경 전망", 손해보험, 대한손해보험협회, 2003. 6, pp.19~20

7) 전무부, "항공보험에 관한 연구", 계명연구 논총, 계명문화대학, 1999, p.204

2. 항공보험의 종류

(1) 기체보험

1) 기체보험의 개념

기체보험은 우연한 사고에 의하여 항공기 자체에 생긴 손해를 담보하는 보험이다. 즉, 피보험 항공기가 추락, 충돌, 접촉, 전복, 화재, 폭발, 지진, 태풍, 홍수, 해일, 풀수해, 도난, 불시착 등의 우연한 사고로 입은 손해에 대하여 보험약관의 면책사유에 해당하지 않는 한 보험금을 지급하든가, 항공기를 교체 또는 수리하여 준다.[8)]

항공보험의 종류
기체보험, 항공배상책임보험, 항공기탑승자상해보험

2) 기체보험의 종류

기체보험은 〈표 9-4〉와 같이 구분할 수 있는데, 그 내용을 대략적으로 살펴보면 다음과 같다. 기체전위험보험(hull all risk insurance)은 특정한 면책사항 이외에 다른 위험으로 인한 기체의 멸실이나 손해를 담보하는 것으로 항공기의 추락, 불시착, 화재, 풍수해, 일정기간 행방불명 등 여러 가지 우연한 사고에 기인한 일체의 직접손해에 대하여 보험자는 전손보험금을 지급하거나 항공기 대체를 하거나 원상회복에 필요한 수리비용을 지급한다. 보험조건에 정해진 비율에 따라 손해방지비용 등도 추가로 보상한다.

그리고 항공기 납치 등 전쟁위험으로 인한 기체의 멸실이나 손상을 특약으로 담보하는 기체전쟁위험보험(hull war risks insurance)도 있다. 기체전위험보험에서의 전쟁위험 면책으로 전쟁행위 등에 의한 위험을 담보하기 위하여 기체전위험보험증권에서 기체전쟁위험 확장담보약관을 추가하거나 별도의 기체전쟁보험에 가입해야 한다.

기체전위험보험에서 피보험자가 부담하는 면책금액을 추가로 담보하는 기체면책금액보험(deductible insurance)[9)]과 기체 가격의 일부를 보험가입금액으로 하

8) R.D. Margo, "Aspect of Insurance in Aviation Finance", 62 Journal of Air Law and Commerce, 1996, p.439

9) 기체공제금액보험이라고도 하며 기체전위험보험에서 사업비 절감 및 피보험자의 안전운항에 대한 주의 촉구 등의 목적으로 기체공제금액 등이 적용되고 있으나, 소규모 항공사가 항공기 몇 대만을 운항하는 경우 기체사고 시 적용되는 공제금액은 소규모 항공사의 자금운용 등에 있어서 상당한 재정적 타격을 줄 수 있다. 따라서 경우에 대비하여 공제금액에 대하여 다시 담보를 제공하는 보험이다.

여 전부 손해인 경우만 담보하는 기체전손보험(total loss only insurance)[10]이 있다.

〈표 9-4〉 기체보험의 종류

- 기체보험
  - 기체전위험보험(hull all risk insurance)
  - 기체전쟁위험보험(hull war risks insurance)
  - 기타 기체 관련 보험
    - 기체면책금액보험 (deductible insurance)
    - 기체전손보험 (total loss only insurance)
  - 기타 임의적 특약보험
    - 수색구조비용보험 (search and rescue insurance)
    - 항공기사고불능손해보험 (loss of use insurance)
    - 담보위반보험 (breach of warranty insurance)

(2) 항공배상책임보험

1) 항공배상책임보험의 개념

항공기의 운항과 관련하여 항공 관계자가 제3자에게 손해배상책임을 진 경우 보험자가 이로 인한 손해를 보상할 것을 목적으로 하는 보험을 말한다.

2) 항공배상책임보험의 종류

항공배상책임보험은 담보하는 위험의 종류에 따라 여러 가지가 있으나 주요한 것으로는 〈표 9-5〉와 같이 제3자배상책임보험, 승객배상책임보험, 화물배상책임보험, 제조물배상책임보험, 공항소유자 및 관리자 배상책임보험 등이 있다.

10) 항공보험시장의 담보력 부족 등으로 항공기 기체가액 전체에 대해서 기체전위험 담보가 어려운 경우 주로 적용되는 보험이다. 기체가액의 일부를 보험가입금액으로 하여 전부 손해인 경우만 담보가 제공된다.

〈표 9-5〉 항공배상책임보험의 종류

항공배상책임보험
- 제3자배상책임보험 (aircraft third party liability insurance)
- 승객배상책임보험 (passenger legal liability insurance)
- 화물배상책임보험 (cargo legal liability insurance)
- 항공기제조물책임보험 (products legal liability insurance)
- 공항소유자 및 관리자배상책임보험 (airport owner and operator insurance)

먼저 제3자배상책임보험은 항공기 또는 그 낙하물에 의하여 제3자에게 인적 · 물적 손해를 가한 경우 피보험자인 항공기운항자가 법률상 손해배상책임을 부담함으로써 입은 손해를 보상하는 보험이다. 제3자배상책임보험은 전위험담보(all risks)의 보험이지만 배상책임보험이므로 피보험자[11]가 법률상 배상책임을 부담하였을 때에 한하여 담보한다.

승객배상책임보험은 항공기에 탑승 중 또는 승강[12] 중에 승객의 사망이나 상해에 대한 손해 또 승객의 수화물이나 소지품에 생긴 손해에 대하여 피보험자인 항공운송인이 법률상 손해배상책임을 부담함으로써 입은 손해를 보상하는 보험이다. 승객배상책임보험도 제3자배상책임보험과 마찬가지로 전위험담보 보험이지만, 피보험자가 법률상 배상책임을 부담하였을 때에 한하여 담보된다.

화물배상책임보험은 피보험자인 항공운송인이 취급하는 화물의 멸실, 손상, 지연으로 인한 손해에 대하여 법률상 손해배상책임을 부담함으로써 입은 손해를 보상하는 보험으로 이때 보험자는 운송인이 손해배상책임으로서 부담하게 되는 실

11) 피보험자는 통상 실제로 항공기를 운항 · 관리하는 자이다. 만약 소유자와 운항자가 다르다면 어느 일방이 보험계약자 또는 피보험자가 되며 나머지 한쪽은 추가(공동)피보험자가 된다. 만약 항공기를 조달하기 위하여 리스(lease)를 이용한다면 리스회사 등이 추가피보험자가 되는 경우가 많다.

12) 여기서 승강 중이라 함은 직접 항공기에 오르는 동작 또는 내리는 동작을 가리키는 것으로서, 승객이 탑승하기 위하여 항공기 또는 발판사다리에 발을 올려놓은 때로부터 하기 시에 항공기 또는 발판사다리로부터 발을 내려놓을 때까지의 사이가 보험계약상 담보기간이라고 할 수 있을 것이다. 그러나 이와는 달리 많은 법원 판례들은 승객이 항공사와 탑승수속(check-in)을 한 때부터 담보가 개시되고 승객이 공항으로부터 떠나기 전에 그의 수화물을 받았을 때 담보가 종료된다고 한다.
R.D. Margo, *Aviation Insurance*, London: Butterworths, 1980, p.134 참조

제 손해액 전액에 대하여 보상한다.

그리고 항공기제조물책임보험[13]이 있는데 이는 피보험자인 항공기제조업자, 엔진제조업자 및 부품제조업자 등이 소유 · 보관 · 관리하는 항공기의 장비품 · 엔진 · 예비부품에 의해 생긴 인적 · 물적 손해 등으로 인하여 피보험자가 부담하는 배상책임을 보상하는 보험이다.

마지막으로 공항소유자 및 관리자배상책임보험은 피보험자의 업무와 관련하여 피보험자 또는 그의 고용인이 수행한 작업이나 의무의 이행 중에 피보험자의 구내 또는 그 밖의 장소에서 피보험자 또는 그의 고용인의 과실이나 피보험자의 구내 또는 기계시설 하자로 인하여 발생하는 신체상해나 재산손해에 대하여 담보한다.

(3) 항공기탑승자상해보험

1) 항공기탑승자상해보험의 개념

탑승자의 신체상의 상해나 사망에 대하여 미리 정하여진 일정액을 보상하는 항공기탑승자상해보험이 있다. 이는 상해보험의 일종으로서 항공기에 탑승하는 사람은 모두 자동적으로 위험이 담보되므로 승객배상책임보험에서 대상이 아닌 승무원 또한 자가항공운송에 대해서 부보할 수 있다는 점에서 승객배상책임보험을 보완하는 기능이 있다.

2) 항공기탑승자상해보험의 종류

항공기탑승자상해보험은 다시 〈표 9-6〉과 같이 3가지로 분류할 수 있다.

첫째, 쿠폰보험으로 이는 공항 등에 자동판매기에 따라 간이로 계약이 가능한 보험이다.

둘째, 단체상해보험이 있다. 이 보험은 기업이 직무수행을 위하여 항공기를 사용하는 사용인을 피보험자로 하여 체결하는 것으로서 타인이 입을 손해에 피보험

13) 항공기제조물책임보험은 항공보험제도 중에서도 가장 인수하기 어려운 보험 중의 하나이다. 그 이유는 항공기는 제조 후 장기간 비행을 계속하기 때문에 항공기의 제조 시로부터 사고의 발생 시까지의 기간이 장시간이고 배상책임이 발생할 가능성이 매우 높으며, 사고발생에서 배상청구에 이르기까지는 많은 시간이 요할 뿐 아니라 소송을 거쳐 실제로 보험금을 지불할 때까지의 기간 또한 장시간이 걸린다.
김학만, "항공사고로 인한 피해자보호에 관한 연구", 청주대학교 대학원 법학박사학위논문, 2002. 7, p.84

이익을 갖는 사람이 그 타인을 피보험자로 하여 계약을 체결하는 경우이다.

셋째, 자동상해보험과 책임승인상해보험이 있는데, 자동상해보험은 항공운송인이 승객을 위해 부보하는 보험으로서 항공기의 좌석을 단위로 하여 계약이 체결된다.[14] 책임승인상해보험은 지급되는 보험금의 최고한도액을 정하지 않는 것으로서 친구나 회사의 사원 또는 친척들을 자주 운송하는 항공운송인에게 매력적이다. 왜냐하면 이 보험은 법적 책임문제와 상관없이 보험자가 보상하기 때문이다.

〈표 9-6〉 항공기탑승자상해보험의 종류

- 항공기 탑승자 상해보험
  - 쿠폰보험(coupon insurance)
  - 단체상해보험(group personal accident insurance)
  - 자동상해보험(automatic personal accident insurance)
    책임승인상해보험(admitted liability insurance)

제4절 수출보험

1. 수출보험의 개요

수출보험이란 수출거래에 수반되는 여러 가지 위험 가운데에서 해상보험과 같은 통상의 보험으로는 구제하기 곤란한 위험, 즉 수입업자의 계약파기, 파산, 대금지급지연 또는 거절 등의 신용위험(commercial risk)과 수입국에서의 전쟁, 내란, 환거래 제한 등의 비상위험(political risk)으로 인하여 수출업자, 생산자, 수출자금을 대출해준 금융기관이 입게 되는 불의의 손실을 보상함으로써 궁극적으로 수출진흥을 도모하기 위한 비영리 정책보험이다.

수출보험
수출거래에 수반되는 여러 가지 위험 가운데에서 통상의 보험으로는 구제하기 곤란한 위험(신용위험, 비상위험)으로 인하여 수출자, 생산자 또는 수출자금을 대출해준 금융기관이 입게 되는 불의의 손실을 보상함으로써 궁극적으로 수출진흥을 도모하기 위한 비영리 정책보험

14) 이 보험은 보험사고 시 승객이 항공운송인에 대하여 행사할 수 있는 다른 모든 법적 구제를 포기하는 데에 동의하는 것을 그 승낙의 조건으로 하고 있다.

2. 수출보험의 기능

> **수출보험의 기능**
> 수출거래상의 불안제거 기능, 금융보완적 기능, 수출진흥 정책수단으로서의 기능, 해외수입업자에 대한 신용조사 기능

(1) 수출거래상의 불안제거 기능

수입국에서 발생하는 비상위험 또는 신용위험 등으로 인하여 수출불능이 되거나 수출상품의 대금회수가 어렵게 되어 수출업자나 생산자 등이 입게 되는 손실을 보상함으로써 안심하고 수출활동을 할 수 있도록 한다.

(2) 금융보완적 기능

수출보험은 수출대금 미회수위험을 담보하므로 금융기관으로 하여금 수출 금융을 공여하게 하는 금융보완적 기능이 있다.

(3) 수출진흥 정책수단으로서의 기능

수출보험은 수출무역, 기타 대외거래의 촉진 및 진흥을 위하여 정부의 지원하에 운영됨에 따라 보험요율 등을 정함에 있어 장기적 차원에서의 수지균형을 목표로 하여 가능한 한 저율로 책정하는 한편, 보상비율 등에서는 최대한 수출업자에게 유리한 형태의 보상제도를 채택하는 등 수출경쟁력을 강화시켜 결과적으로 수출을 촉진시킨다.

(4) 해외수입업자에 대한 신용조사 기능

수출보험은 효율적인 인수 및 관리를 기하고 보험사고를 미연에 방지하기 위해 다각적으로 해외수입업자의 신용상태와 수입국의 정치경제사정에 관한 조사활동을 하는 바, 이러한 해외수입업자 및 수입국에 관한 신용정보를 제공하여 수출업자로 하여금 효과적으로 활용할 수 있도록 함으로써 수출업자의 신규수입선 확보와 수출거래 확대에 기여함과 동시에 건전한 수출거래를 유도한다.

3. 수출보험의 운영 종목

〈표 9-7〉 수출보험의 운영 종목

종목	내용
단기수출 보험	결제기간 2년 이내의 단기수출계약을 체결한 후 수출대금을 받을 수 없게 된 때에 입게 되는 손실을 보상하는 보험(당해 물품에 발생한 손실은 제외)
중장기수출 보험	수출대금의 결제기간이 2년을 초과하는 중장기수출 계약을 체결한 후 수출이 불가능하게 되거나 수출대금을 받을 수 없게 된 때에 입게 되는 손실 또는 수출대금 금융계약을 체결한 후 금융기관이 대출원리금을 받을 수 없게 됨으로써 입게 되는 손실을 보상하는 보험
해외공사 보험	해외공사계약 체결 후 그 공사에 필요한 물품의 수출이 불가능하게 되거나 그 공사의 대가를 받을 수 없게 된 경우 또는 해외공사에 사용할 목적으로 공여된 장비에 대한 권리가 박탈됨으로써 입게 되는 손실을 보상하는 보험
수출보증 보험	금융기관이 해외공사계약 또는 수출계약 등과 관련하여 수출보증을 한 경우에 보증상대방(수입업자)으로부터 이행청구를 받아 이를 이행함으로써 입게 되는 금융기관의 손실을 보상하는 보험
해외투자 보험	해외투자를 한 후 투자대상국에서의 전쟁, 송금위험 등으로 인하여 해외투자의 원리금, 배당금 등을 회수할 수 없게 되거나 보증채무이행 등으로 입게 되는 손실을 보상하는 보험
농수산물 수출보험	농수산물 수출계약 체결 후 수출이 불가능하게 되거나 수출대금을 받지 못하게 된 경우 또는 농수산물의 국내가격 변동으로 당해 수출계약의 이행에 따라 입게 되는 손실을 보상하는 보험
환변동 보험	수출거래 시나 수출용 원자재 수입거래 시 공사가 보장해주는 환율과 실제 결제시점의 환율을 비교하여 그 차액을 보상 또는 환수하는 보험
이자율 변동보험	금융기관이 고정금리(CIRR)로 대출 후 차주로부터 받은 이자금액과 변동금리(LIBOR)로 대출을 받았을 때의 이자금액을 비교하여 그 차액을 보상 또는 환수하는 보험
신뢰성 보험	부품 · 소재 전문기업이 제조 및 판매하는 부품소재에 대하여 제조물 결함으로 인하여 발생하는 부품소재 자체 손해 및 회수비용과 동 부품수요기업의 재물손해 및 기업휴지에 따른 손실을 보상하는 보험
해외마케팅 보험	수출기업이 해외시장개척을 위해 해외마케팅비용을 지출하였으나, 마케팅활동의 효과가 미미하여 지출한 비용을 회수하지 못하는 경우 이를 보상하는 보험
지식서비스 수출보험	국내 수출업체가 정보통신, 문화콘텐츠, 기술, 엔지니어링 등의 지식서비스를 수출하고 이에 따른 지출비용 또는 확인대가(running royalty 포함)를 회수하지 못함으로써 입게 되는 손실을 보상하는 보험
해외사업 금융보험	국내 · 외 금융기관이 외국인(정부, 공공단체 및 외국법인, 관련 금융기관 등)에게 수출증진이나 외화획득의 효과가 있을 것으로 예상되는 해외사업에 필요한 자금을 상환기간 2년 초과의 조건으로 공여하는 금융계약을 체결한 후, 대출원리금을 받을 수 없게 됨으로써 입게 되는 손실을 보상하는 보험

문화수출 보험	수출계약이 체결된 영화의 제작과 관련한 투자 · 대출 거래에서 발생하는 손실을 보상하는 제도
수출신용 보증	수출계약과 관련하여 중소기업이 금융기관으로부터 수출이행자금을 대출받거나(선적 전) 환어음을 매입받을 경우(선적 후), 동 자금을 상환하지 못하게 됨으로써 중소기업이 금융기관에 부담하는 금전 채무에 대한 연대보증

출처 : 한국무역보험공사 홈페이지

제5절 무역 클레임과 해결

1. 무역 클레임의 이해

(1) 무역 클레임의 개념과 종류

1) 개념

> **클레임**
> 당사자 간의 거래 계약의 일부 또는 전부의 불이행으로 말미암아 발생하는 손해를 거래 상대방에게 청구하는 것

클레임(claim)이란 당사자 간의 거래 계약의 일부 또는 전부의 불이행으로 말미암아 발생하는 손해를 거래 상대방에게 청구하는 것을 말한다. 클레임은 상품의 품질 · 수량 · 포장 · 절차 · 대금결제 · 운송 · 보험 등에 관하여 제기될 수 있다.

이러한 클레임을 구별하면 첫째, 수출업자와 수입업자 간의 계약불이행에 따른 무역클레임(business claim 또는 trade dispute)과 둘째, 화주가 선박회사나 보험회사에 대하여 손해배상을 청구하는 손상화물에 대한 손상화물클레임(claim on damaged cargo)으로 구분할 수 있다. 일반적으로 클레임이라 할 때는 전자의 무역클레임을 말한다.

Tip

용어상의 구분

- Complaint : 불평, 불만, 항의 등을 내용으로 하는 '주관적인 감정표시'이며, 정식 클레임의 전 단계이다.
- Claim : 객관적인 배상청구의 의사표시이다. 육하원칙에 따른 내용기술과 입증자료를 갖추어 정식으로 제기하는 것을 말한다.
- Dispute : 클레임의 수락거절 등으로 인하여 소송 또는 중재 중인 분쟁(주로 법적 분쟁을 의미함)을 말한다.

2) 무역 클레임의 종류

무역 클레임을 분류하면 크게 발생 원인을 기준으로 한 분류, 클레임의 성질을 기준으로 한 분류, 클레임 제기자를 기준으로 한 분류 등으로 나눌 수 있다.

① 발생 원인을 기준으로 한 분류

- 품질에 관한 클레임(품질조건의 위반): 품질에 관한 클레임으로는 품질의 불량, 품질의 상이, 불량품의 혼입, 품질상이품의 혼입, 사용불능의 품질, 품질의 결함, 인수불능의 물품, 등급의 불량, 변질, 색깔 및 치수의 상이 등이 있다.
- 수량에 관한 클레임(수량조건의 위반): 수량에 관한 클레임으로는 수량의 부족, 중량의 부족, 양륙양의 부족, 과부족 허용의 위반 등이 있다.
- 선적 및 인도에 관한 클레임(선적 및 인도조건의 위반): 선적 및 인도에 관한 클레임은 선적의 지연, 인도의 지연, 부적(不積)[15], 불착, 분실, 부정출하, 유실, 적부의 불량, 하역손상, 화물 취급의 불량 등에 의한 클레임이다.
- 포장 및 화인에 관한 클레임: 포장 및 화인에 관한 클레임으로는 포장의 불충분, 포장의 불량, 포장의 불완전, 부정한 포장(false packing)[16], 화인의 누락, 화인의 상이, 화인의 불명확, 화인의 소멸 등이다.
- 결제에 관한 클레임: 결제에 관한 클레임으로는 신용장의 불개설, 신용장의 개설지연, 부당한 신용장의 개설, 대금의 불지급, 초과지급금의 불정산, 송

15) 무역계약을 체결한 후 약정물품의 가격이 앙등하였기 때문에 수출업자가 약정물품을 전혀 선적하지 않는 것을 말하며, 이것은 가장 좋지 못한 계약 위반에 해당한다.

16) 당연히 하여야 할 포장을 하지 않고, 비용을 절약하기 위하여 간단히 포장하는 것

장의 과오, 송장의 부정확, 송장의 계산착오, 서류의 불비 등이다.

• 보험에 관한 클레임(보험조건의 위반): 보험과 관련된 클레임으로는 보험부보의 태만, 전쟁위험의 보험료[17] 등이 있다.

② 클레임의 성질을 기준으로 한 분류

• 일반적 클레임: 무역거래를 수행하는 과정에서 발생하는 일반적인 클레임을 의미한다. 그러나 수출입의 당사자 이외의 제3자, 즉 물품의 제조업자나 공급자 또는 운송인 등의 과실 또는 태만에 의하여 발생한 클레임은 우선 가해자(claimee)가 피해자(claimant)에게 손해배상을 해준 후 그 책임을 제3자에게 전가시킬 수 있다.

• 시장클레임: 일반적으로 마켓클레임(market claim)이라고도 하며 이는 계약체결 이후 수입국의 시장에서의 수입물품의 가격이 하락하여 수입업자의 손실이 예상되는 경우, 수입업자가 평소 같으면 클레임의 대상이 되지 않을 '수출업자의 경미한 과실'을 구실로 하여 제기하는 가격인하 목적의 클레임이다.

> **마켓클레임**
> 계약체결 이후 수입국 시장에서 수입물품의 가격이 하락하여 수입업자의 손실이 예상되는 경우, 수입업자가 제기하는 가격인하 목적의 클레임

• 계획적 클레임: 수출입 당사자의 어느 일방이 계획적으로 제기하는 클레임으로 수입업자가 처음부터 교묘한 방법으로 수출업자로 하여금 계약이행에 지장을 초래하여 제기하는 것이다.

(2) 무역 클레임의 제기

1) 무역 클레임의 제기절차

무역 클레임의 발생은 예측할 수 없으므로 미리 구체적인 거래가 이루어지기 전에 일반거래조건협정 또는 매매계약 시에 추후에 예견될 수 있는 클레임의 제기에 관하여 약정하는 것이 일반적이다. 어느 일방이 클레임사고를 발견하면 약정한 클레임 제기기한 내에 지체 없이 클레임 통지(claim notice)를 발송하고, 이어서 확정적인 클레임제기장(claim note)을 송부한다.

---

17) 이 보험료는 평상시에는 저율이지만, 국지적인 전쟁 또는 전쟁에 준하는 적대행위(warlike hostilities)가 발생하면 보험요율이 폭등하게 된다. 이러한 경우에 앙등된 보험료는 국제관습상 수입업자가 부담하는 것이 원칙이지만, 이에 관한 당사자 간의 사전협정이 없는 경우에는 무역클레임의 발생 원인이 되기도 한다.

〈표 9-8〉 무역 클레임의 제기절차

구분	내용
물품검사 및 제기	매수인은 물품수령 후 지체 없이 검사하고 하자가 발견된 즉시 매도인에게 통지하여야 함
무역 클레임의 제기	• 하자 발견 후 매수인은 매매계약서상 약정된 클레임 제기 기한 내에 클레임을 제기하여야 함 • 클레임 제기 시 상대방에게 제출할 구비서류 – 클레임 진술서(6하원칙에 의거 작성) – 손해청구액 명세서 • 손해액과 제비용 입증서류(survey report 등)

2) 무역 클레임의 제기시한

무역 클레임의 제기시한은 매매계약서상에 명확히 명시한다. 그러나 매매계약서 등에 클레임 제기시한을 명시하지 않은 경우 구미의 상관례는 일반적으로 물품수령 후 상당한 기간 내(within a reasonable time)에 클레임을 제기하여야 한다. 여기서 상당한 기간이란 화물의 성질에 따라 검사하고 하자를 발견하는 데 소요되는 합리적인 기간을 의미한다.

한편 우리나라는 물품수령 후 지체 없이 검사하고 하자 발견 즉시 클레임을 제기하여야 한다. 단, 하자를 즉시 발견할 수 없는 경우는 물품수령 후 6개월 이내에 클레임을 제기하여야 한다(상법 제69조). 그러나 고의 하자의 경우는 물품 인수일로부터 10년 이내에 클레임을 청구할 수 있다.

〈표 9-9〉 무역 클레임의 제기시한

국가	관련법	클레임 제기시한
한국	상법(제69조)	• 물품수령 후 지체 없이 검사하고, 하자 발견 즉시 클레임을 제기하여야 함 • 단 하자를 즉시 발견할 수 없는 경우에는 물품수령 후 6개월 이내에 클레임을 제기하여야 함
	민법(제766조)	고의적 하자의 경우는 물품인수일로부터 10년 이내에 클레임을 청구하여야 함
미국	통일상법전 (UCC 제2-606조)	상당한 기간 내, 합리적 기간 내(within a reasonable time)
국제 협약	Warsaw Oxford Rules For CIF Contract, 1932 (제19조)	합리적인 검사의 기회(a reasonable opportunity of inspection)와 검사완료 후 3일 이내(within 3 days from the completion of such inspection) 통지하여야 함
	The United Nations Convention on The Sales Contract on International Goods (국제물품 매매계약에 관한 UN협약 : 일명 비엔나협약) (제39조)	실행 가능한 단기간 내에 검사하고 합리적인 기간 내에 통지하여야 함 (늦어도 물품수령 후 2년 이내)

3) 클레임 제기에 대한 대응

피제기자는(claimee)는 우선 '클레임 통지문'의 내용을 검토하고서 그 진상을 파악하여야 하며, 확정클레임의 제기문서와 동봉된 증거서류들을 면밀히 검토하여 그 대응책을 강구하여야 한다. 무역클레임에 있어 주요 검토사항은 다음과 같다.

- 그 클레임은 계약조건의 미비에 의한 것이 아닌가?
- 그 클레임은 약정물품이 인도된 후 합리적인 기간 내에 제기된 것인가?
- 그 클레임을 제기한 제기자의 피해를 입증할 객관적인 입증자료가 있는가?
- 인도물품의 검사는 공인된 검정업자에 의해 합리적인 기간 내에 시행되었는가?
- 그 클레임의 금액은 합리적인 산출에 의한 타당성을 지니고 있는가?
- 그 클레임은 당해 계약의 특성을 충분히 감안한 것인가?

2. 무역 클레임의 해결 방법

무역 클레임의 해결 방법으로는 당사자 간의 해결 방법과 제3자가 개입하여 해결하는 방법이 있다. 당사자 간의 해결 방법으로는 타협, 클레임 제기 포기, 화해 등이 있으며, 제3자가 개입하는 해결 방법은 알선, 조정, 중재, 소송 등으로 구분한다.

무역클레임의 해결 방법
당사자 간의 해결방법으로는 타협, 클레임 제기 포기, 화해 등이 있으며, 제3자가 개입하는 해결 방법으로는 알선, 조정, 중재, 소송 등이 있다.

〈표 9-10〉 무역 클레임의 해결 방법

구분	클레임의 해결 방법
당사자가 해결	• 당사자 간의 타협(compromise): 분쟁사실과 문제점을 분석하고, 그 책임 소재를 밝혀 합의에 이르는 분쟁해결 • 클레임 제기 포기(waiver of claim): 장래 거래에 이익을 가져올 경우 • 화해(amicable settlement): 당사자 간 자주적인 교섭과 양보로 분쟁해결(화해 성립 시 확정판결과 동일한 효력)
제3자 개입 해결	• 알선(mediation): 제3자가 조언(강제구속력 없음) • 조정(conciliation): 제3자인 조정인이 제시하는 조정안에 대해 당사자가 합의함으로써 분쟁해결(조정안에 합의하면 화해에 의한 판정으로 처리) • 중재(arbitration): 제3자인 중재인의 판정에 의해 분쟁해결(뉴욕협약상 법원의 확정판결과 동일한 효력) • 소송(litigation): 국가기관인 재판소의 판결에 의하여 강제적으로 해결하는 제도

(1) 당사자 간의 해결 방법

무역클레임은 당사자 간에 해결함이 가장 바람직하다. 왜냐하면 무역클레임에 대해 가장 잘 알고 있으며, 해결 방법에 있어서도 장래의 거래관계를 충분히 고려하여야 하기 때문에 서로 양보로서 해결할 수 있다. 당사자 간에 해결하는 방법에는 타협, 청구권 포기, 화해 등이 있다.

1) 당사자 간의 직접타협

제3자의 개입 없이 분쟁당사자가 주도권을 가지고 분쟁사실과 문제점을 분석하고, 그 책임 소재를 밝혀 합의에 이르는 분쟁해결 방법이다.

2) 클레임 제기 포기

포기의 원인은 상대방이 다른 조건으로 만족시켜준다든지 클레임의 구상액이 너무 근소하기 때문에 클레임을 제기할 만한 가치가 없을 경우이다.

3) 화해

화해에는 당사자 간의 교섭에 의하여 이루어지는 재판 외 화해와 법원의 중개에 의한 화해(소송상 화해)로 구분된다.

① 재판 외 화해: 우리나라 민법상의 재판 외의 화해는 당사자가 서로 양보할 것, 분쟁을 중지할 것, 그 뜻을 약정할 것 등 3가지 요건을 필요로 한다(민법 제731조).

② 소송상의 화해: 소송 중에 있는 소송물인 권리관계의 주장을 서로 양보하여 소송을 종식시키기로 하는 기일에 있어서의 합의이다. 소송상의 화해에 대하여 민사소송법은 법관에게 화해를 권고할 수 있도록 규정하고 있다(민법 제135조).

③ 중재절차상의 화해: 중재절차의 진행 중에도 당사자 간에 화해가 성립되는 경우도 있다. 이 경우 당사자가 요구하면 중재인은 합의된 화해의 조항을 판정으로서 기재할 수 있다(화해에 의한 중재판정). 따라서 중재절차의 진행 중에 성립된 화해의 내용이 중재판정으로서 기재되면 그 화해는 중재판정과 동일한 효력이 인정된다.

(2) 제3자에 의한 해결 방법

제3자에 의한 해결이 필요한 경우는 쌍방의 주장이 끝까지 대립될 때, 쌍방 또는 일방의 감정이 악화되어 제3자의 냉정한 판단이 필요한 때, 상대방이 무성의하여 타협 또는 양보를 도저히 기대할 수 없을 때, 학식과 경험이 풍부하고 또 국제거래에 정통한 제3자를 개재시키면 빨리 해결되리라고 생각될 때 등이다. 제3자에 의한 해결 방법의 종류에는 알선, 조정, 소송 및 중재 등이 있다.

1) 알선

알선이란 공정한 제3자적 기관이 당사자의 일방 또는 쌍방의 의뢰에 의하여 사건에 개입하여 해결을 위한 조언을 하는 것인데 일선기관으로서 국제적으로 널리 이용되고 있는 것은 상업회의소(Chamber of Commerce)이다. 알선의 경우에는 쌍방이 협력이 없으면 실패로 돌아간다. 알선은 강제력이 없으나, 알선을 맡은 제3자적 기관이 당사자에게 강한 영향력을 미칠 수 있는 경우에는 성공한 예도 많다.

2) 조정

조정은 양 당사자가 공정한 제3자를 조정인으로 선임하고, 이러한 조정인이 제시하는 구체적인 해결안에 대하여 합의함으로써 클레임을 해결하는 것을 말한다. 클레임 당사자는 제시된 조정안을 수락할 의무는 없으므로 만약 어느 일방이 조정안에 불복하면 조정은 실패로 돌아간다. 그러나 절차가 간단할 뿐만 아니라 공정한 제3자인 조정인이 해결안을 제시하는 것이라는 점에서 비교적 클레임의 금액이 적은 경우에는 조정에 의하여 해결하는 경우도 많다.

3) 중재

중재[18]란 당사자 간의 합의(중재합의, arbitration agreement)에 의하여 일반거래 및 생활관계에서 발생하는 또는 장래에 발생의 전부 또는 법원의 소송절차에 의하지 않고 사인(私人)인 제3자를 중재인(arbitrator)으로 선정하여 분쟁의 해결을 중재인의 결정에 맡기는 동시에 최종적으로 그 결정에 복종함으로써 분쟁을 해결하는 제도이다. 따라서 중재는 당사자 간의 중재합의에 의하여야 하고 중재판정부의 판정에 절대복종하여야 하며 그 결과는 강제성을 가지고 있을 뿐만 아니라 효력 역시 당사자 간에는 법원의 확정판결과 동일하다.

중재
당사자 간의 합의에 의하여 일반거래 및 생활관계에서 발생하는 또는 장래에 발생의 전부 또는 법원의 소송절차에 의하지 않고 제3자를 중재인으로 선정하여 분쟁의 해결을 중재인의 결정에 맡기는 동시에 최종적으로 그 결정에 복종함으로써 분쟁을 해결하는 제도

4) 소송

소송은 국가공권력 또는 사법재판에 의해 클레임을 강제적으로 해결하는 분쟁해결 방법이다. 그러나 외국과의 사법협정이 체결되어 있지 않기 때문에 그 판결은 외국에서 승인 및 집행이 보장되지 않는다. 따라서 소송에 의하여 클레임을 해

소송
국가공권력 또는 사법재판에 의한 클레임을 강제적으로 해결하는 분쟁해결 방법

18) 한국 중재법 제3조(정의)의 1항에는 '중재'라 함은 당사자 간의 합의로 사법상의 분쟁을 법원의 재판에 의하지 아니하고 중재인의 판정에 의하여 해결되는 절차를 말한다. 2항에는 '중재합의', 3항에는 '중재판정부'에 대한 용어가 정의되어 있다.

결하려는 경우에는 피제기자가 거주하는 국가에서 현지 변호사를 법정대리인으로 선임하여 소송절차를 진행하여야 한다. 이 해결 방법은 무역 클레임이 상호 간의 대화로는 도저히 해결할 수 없는 경우에 이용되며, 중재와 비교하여 복잡한 소송절차, 3심제도, 비용의 과다, 공개주의 원칙의 단점을 가지고 있는 분쟁해결 방법이다.

3. 중재제도

(1) 중재의 의의와 장 · 단점

1) 중재의 의의

중재는 당사자가 자유로이 처분할 수 있는 사법상의 분쟁으로서 현재 또는 장래에 발생할 분쟁 모두가 중재의 대상이다. 따라서 당사자가 자유로이 처분할 수 없는 법률관계(형사사건, 가사심판사건, 강제집행사건, 행정소송사건)는 중재의 대상이 아니다.

2) 중재의 장 · 단점

중재의 장점
단심제로 신속한 분쟁해결이 가능, 재판비용 저렴, 거래실정에 맞는 분쟁해결이 가능, 비공개 원칙

① 중재의 장점(경제적 기능)

- 중재는 분쟁당사자 자신이 선임한 중재인에게 분쟁을 해결할 것을 신청하여 그 판정(중재판정)의 결과에 복종하기로 하는 자주적인 분쟁해결 방법이다.
- 중재판정은 단심제로서 분쟁당사자 간에 있어서 법원의 확정판결과 동일한 효력을 지닌다.
- 소송은 평균 대법원까지 2~3년이 걸리지만 중재는 국내중재의 경우 약 4개월, 국제중재는 약 6개월 정도 소요되기 때문에 소송과 비교하여 신속한 분쟁해결이 가능하다.
- 중재제도는 단심제이고 신속성에 중점을 둔 당연한 결과로서 재판비용보다 저렴하다.
- 뉴욕협약에 가입한 체약국 간에는 외국중재판정을 상호 간 승인하고 강제집

행도 보장된다.

- 국제상거래와 관습에 정통한 중재인에게 판정을 맡기는 것이기 때문에 거래 실정에 맞는 분쟁해결이 가능하다.
- 공정한 보장을 위하여 분쟁당사자에게 스스로 중재인을 선임할 권리를 부여하고 있다.
- 중재는 단심제이기 때문에 분쟁당사자는 중재인에게 충분한 변론기회와 변론시간 그리고 증인 또는 증거물 제출기회를 요구할 수 있다.
- 중재에 있어서의 신문절차 및 판정문은 비공개를 원칙으로 하기 때문에 거래의 기밀이 대외적으로 누출되는 폐단을 방지할 수 있다.

② 중재의 단점

중재의 단점
중재합의의 선행, 판단 능력의 위험성, 법적 안정성과 예측가능성 결여, 항소불가

- 중재는 선정된 중재인의 직업, 경험과 사고방식 등에 따라 중재절차의 실제 운영에 차이가 있고, 분쟁당사자가 자신이 선호하는 중재인으로 중재판정부를 구성하기 때문에 독립적인 중재인으로 중재판정부를 구성하는 데 문제가 발생할 수도 있다.
- 중재는 당사자 간의 합의를 근간으로 하는 분쟁해결제도이기 때문에 중재를 이용하고자 하는 분쟁당사자는 반드시 중재합의를 하여야 한다.
- 중재는 중재인의 보수 및 비용을 모두 당사자가 부담하기 때문에 비용만을 고려할 때 재판보다 더 많은 비용이 들 수도 있다.(법원에서의 물적, 인적 설비는 국가가 부담)
- 만일 중요한 법률문제가 개재(介在)되어 있을 경우에는 그 판단 능력에 위험성이 발생될 가능성이 있다.
- 중재에 있어서는 동종의 사건도 중재인이 다름에 따라 각각 다른 판정이 내려질 가능성이 있으므로 법적 안정성과 예측 가능성이 결여되어 있다고 볼 수 있다.
- 중재인은 분쟁당사자에 의해 선정되기 때문에 중재인의 경우 분쟁당사자의 대리인으로 생각하는 경향이 있을 수도 있다.
- 재판의 경우 3심제도는 패소한 당사자의 정당한 요구에 응하여 재판의 정당성 보장 및 사법제도에 관한 신뢰를 확보하기 위한 제도이다. 반면 중재는 판정을 취소할 만한 중대한 결함이 없는 한 판정에 대한 불복신청이 인정되지

않기 때문에 하나의 문제점으로 볼 수도 있다.

• 중재인이 가끔 안일하게 절충주의(折衷主義)에 의하여 판정을 내리는 경우 중재제도 이용자에게 불안을 안겨주는 요인이 될 수 있다.

(2) 소송과 중재의 비교

소송과 중재제도를 비교하면 다음과 같다.

첫째, 소송은 상대방의 합의 없이 제소 가능하나 중재는 중재합의가 필요하다.

둘째, 소송은 항소 및 상고가 가능하나 중재는 단심제이다.

셋째, 소송은 분쟁해결에 있어 일반적으로 중재보다 많은 비용과 시간이 소요된다.

넷째, 소송은 국가의 공권력에 의한 분쟁해결 방법인 반면 중재는 사적 분쟁해결 방법이다.

다섯째, 소송은 공개적으로 진행되는 반면 중재는 비공개로 진행된다.

〈표 9-11〉 소송과 중재의 비교

소송	중재
일반적으로 상대방의 합의 없이 제소 가능	계약당사자의 중재에 관한 합의가 필요
2심, 3심에 항소, 상고가 가능	단심제
분쟁해결에 많은 비용과 시간 소요	분쟁이 신속, 경제적으로 해결 가능
공권력에 의한 해결	공정한 제3자(중재인)에 의한 사적 분쟁해결
원칙적으로 공개리에 진행되어 비밀 유지가 불가능	원칙적으로 비공개이므로 비밀 유지가 가능

(3) 중재합의의 개념과 방식

1) 중재합의의 개념

중재제도는 사인 간의 분쟁을 법원의 판결에 의하지 않고 '당사자의 합의'로 중재에 의하여 신속하게 해결함을 목적으로 한다. 따라서 당사자의 합의는 중재제도의 기초가 되며 계약의 성질을 띠고 있다. 이와 같이 분쟁을 중재에 의하여 해결하기로 하는 합의를 영미사회에서는 'Arbitration Agreement'라고 부르고 우리나라에서는 중재합의(중재계약)[19]라 한다.

UNCITRAL 표준국제상사중재법(1985) 제2장에 중재합의라 함은 중재계약의 유무를 불문하고 소정의 법률관계에 대하여 당사자 사이에 이미 발생하고 있거나 장차 발생할지도 모르는 모든 분쟁에 대하여, 중재를 통하여 해결하기로 하는 당사자 간의 합의를 말한다. 중재합의는 본 매매계약서상의 중재조항의 방식으로 하거나 독립된 합의의 방식으로 할 수 있다.

2) 중재합의의 방식

중재는 분쟁을 중재에 의하여 해결하기로 하는 분쟁당사자 간의 서면(in writing)에 의한 합의를 전제로 한다. 여기서 서면이란 의미는 당사자가 문서로 작성한 후 서명(署名)을 하는 것을 뜻하지는 않는다. 오늘날의 무역은 양 당사자가 반드시 서명을 함으로써만 계약이 성립되지 않으며, 대개의 경우 서신의 교환이나 전신 또는 텔렉스에 의한 통신으로 계약을 체결하고 있다.

따라서 양 당사자가 중재를 합의한 서면에 기명날인(記名捺印)한 것이 있거나 계약 중에 중재조항이 기재되어 있거나 교환된 서신 또는 전보에 중재조항이 기재된 경우에는 모두 유효한 것으로 간주된다. 따라서 중재에 의하여 상사분쟁을 해결하기 위해서는 그 선결요건으로 중재합의가 있어야 하며 중재합의에는 사전합의와 사후합의가 있다.

① 사전합의: 사전합의란 상사분쟁이 발생하기 전에 예비적으로 중재계약을 체결하는 것을 말한다. 예컨대 상사계약을 체결할 때 중재조항을 계약조문으로 삽입하거나 교환된 서신에 관한 내용이 기재된 서류가 있을 경우가 이러한 내용이 중재의 사전합의로 인정된다.

② 중재계약을 통한 사후합의: 사후합의란 분쟁이 발생한 후에 상사분쟁해결의 방법으로서 중재가 최종적으로 합의된 경우를 말한다. 그러나 일단 상사분쟁이 발생하면 당사자의 이해관계가 서로 대립되기 때문에 중재합의가 매우 어렵다. 따라서 분쟁이 발생한 후에는 이해상반 및 감정악화로 상대방으로부터 중재합의를 받기 어려우므로 계약 체결 시점에 계약서(또는 주문서,

19) 우리나라 중재법 제3조 2항에는 '중재합의'라 함은 계약상의 분쟁인지의 여부에 관계없이 일정한 법률관계에 관하여 당사자 간에 이미 발생하였거나 장래 발생할 수 있는 분쟁의 전부 또는 일부를 중재에 의하여 해결하도록 하는 당사자 간의 합의이다.

발주서, 확정견적서 등 계약에 갈음할 수 있는 문서)에 중재조항을 삽입하는 것이 매우 중요하다.

③ 중재합의의 내용: 상거래에서 발생하는 분쟁을 중재로서 해결하는 것이 일반적인 관행인데 이를 위해 계약서상에 중재조항을 삽입한다. 따라서 중재절차 진행의 전제조건이 되는 중재합의의 실효성을 확보하기 위해서는 중재지, 중재기관, 준거법을 명시하는 것이 좋다.

(4) 중재인과 중재판정부

1) 중재인과 중재판정부의 개념

중재인이란 당사자 간의 합의로 중재판정을 내리는 권한이 부여되어 있는 사인(私人)인 제3자를 말한다. 일반적으로 중재인은 1인 내지 3인으로 구성된다. 따라서 중재인이 1인인 경우에는 단독중재인(a sole arbitrator)이라 하며, 3인으로 구성된 경우를 중재판정부(arbitral tribunal)라 부른다.

우리나라 중재법 제3조 3항에서 '중재판정부'라 함은 중재절차를 진행하고 중재판정을 내리는 단독중재인 또는 다수의 중재인으로 구성되는 중재인단을 말한다. UNCITRAL 표준국제상사중재법 제2조 b)에서는 "중재판정부라 함은 단독중재인 또는 복수의 중재인단을 말한다."라고 명시하고 있다.

중재판정부가 3인으로 구성되는 경우, 일반적으로 각 당사자가 각 1인의 중재인을 선정하고 이에 따라 선정된 2인의 중재인들이 합의하여 나머지 1인의 중재인을 선정하게 되는데, 전자의 경우를 당사자선정중재인이라 하고, 후자의 경우를 제3중재인 또는 의장중재인이라 한다.

2) 중재인의 자격

① 중재인의 법적 자격 요건: 당사자들의 합의로 중재인의 자격을 제한할 수 있다. 즉, 당사자들은 그들의 필요에 따라 중재인을 상인, 변호사, 기타 전문가 등으로 제한할 수 있다. 중재인의 자격제한에 관한 당사자 간의 합의가 없는 경우에 중재인은 국적에 관계없이 선정될 수 있고, 변호사 기타 전문가가 아니어도 상관없다. 지금까지 국제상업사회에서 인정되어 온 관행에 따르면 중재인은 자연인이어야 하며, 법적 행위능력을 가지고 있어야 한다.

② 중재인의 일반적 자격 요건: 중재인은 풍부한 경험과 법률적 지식을 갖추고 있는 전문가여야 한다. UNCITRAL 표준국제상사중재법에서는 전문적 자격과 같은 중재인이 가져야 하는 자격에 대하여 어떠한 조건도 규정하지 않고 지위, 경험 또는 법적 능력과 같은 특성에 대해서도 언급하지 않고 있다. 중재판정부의 구성에 있어서 중재절차가 순조롭게 진행되기 위해서는 중재절차를 주재하는 의장중재인은 국제상사중재에 많은 경험과 법률적 지식을 갖추고 있어야 한다. 중재인은 중재절차에 사용될 언어에 대해서 완벽한 언어 능력을 갖추고 있어야 한다. 만일 별도의 통역사가 필요하게 되면 이것은 증인의 심리를 왜곡시키고 중재비용을 증가시키며 중재절차를 지연시키는 요인이 될 수도 있다.

(5) 중재인의 수

1) 당사자 간의 합의가 있을 경우

중재인의 수는 당사자 간의 합의에 따라 정하여짐이 원칙이다. 따라서 당사자는 중재인의 수를 1인 또는 3인으로 정할 수 있고 필요에 따라 더 많은 수를 정할 수도 있다. 일반적으로 중재인의 수는 단독중재인 또는 3인의 중재인 구성 등 홀수로 구성된다. 왜냐하면 당사자들이 중재인의 수를 짝수로 정하였고 중재판정에 관한 의견이 가부동수인 경우에는 중재합의 유효성에 의문이 제기된다. 우리나라의 구 중재법 제11조 2항에서는 중재판정에 관하여 의견이 가부동수인 때에는 당해 중재계약은 그 효력을 상실한다고 규정하였다.

2) 당사자 간에 합의가 없는 경우

우리나라 중재법에서는 중재인의 수에 관한 당사자 간의 합의가 없는 경우에는 중재인의 수를 3인으로 하며, UNCITRAL 표준국제상사중재법에서도 합의가 없는 경우 중재인을 3명으로 한다.

(6) 중재인의 권한과 의무

1) 중재인의 권한

① 우리나라 중재법에서 중재인들의 권한은 자신들의 판정권에 대하여 판단할 권한을 가진다.[20]

② 중재인은 선과 형평의 원칙에 따라 당사자들이 제출한 증거나 자료들을 판단할 수 있는 권한을 가진다.

③ 중재인은 증인이나 감정인의 출석을 요구할 수 있다.

④ 중재인은 보수를 청구할 수 있다.

2) 중재인의 의무

① 중재인은 사법적 판단 지위에 있으므로 실체 판단에 있어서는 물론, 절차에 있어서도 공정하고 독립적, 중립적이어야 한다.

② 중재인은 중재판정을 내림에 있어 전문가로서 주의의무가 있는데, 이때 주의의 정도는 전문성에 따라 '전문가로서의 주의'가 요구된다.

③ 중재인은 분쟁사안에 적절한 절차를 채택하여 당사자에게 불필요한 비용과 시간을 들이지 않게 하여야 한다.

④ 중재인은 중재절차과정에서 취득한 내용들에 대하여 외부에 발설하여서는 안 된다.

⑤ 중재인이 중재절차 진행 중 또는 중재판정 과정에서 앞과 같은 의무를 위반한 경우에는 분쟁당사자에 의하여 기피될 수 있고, 이러한 중재인에 의하여 내려진 중재판정이 취소되거나 집행이 거부될 수 있다.

(7) 심문과 중재판정

1) 심문

중재심문은 당사자가 중재인 앞에서 자신에게 유리한 모든 사실을 설명하고 상

20) 우리나라 중재법 제17조 1항에는 "중재판정부는 자신의 권한 및 이와 관련된 중재합의의 존부 또는 유효성에 대한 이의에 대하여 결정할 수 있다. 이 경우 중재합의가 중재조항의 형식으로 되어 있는 때에는 계약 중 다른 조항의 효력은 중재조항의 효력에 영향을 미치지 아니한다."라고 되어 있다.

대방의 주장에 대하여 항변할 수 있는 절차이다. 중재판정부는 심문의 실시와 장소를 결정하고 사전준비를 위하여 당사자에게 통지하도록 하고 있다.

당사자는 심문이나 기타 중재절차에 직접 참여할 수 있고 변호사나 중재판정부의 허가를 받은 사람에게 대리하게 할 수 있다. 중재판정부는 필요하다고 인정할 때에는 증거의 제출이나 증인 또는 감정인의 출석을 요구할 수 있다. 중재판정부는 당사자의 주장이나 입증이 끝나면 심문을 종결하고 30일 이내에 중재판정을 내리게 된다.

2) 중재판정

중재판정은 중재인이 내리는 최종결정을 말하며 다수결에 의해 내려진다. 다만 중재합의 또는 법률에 의해 전원일치를 요구하고 있는 경우에는 예외이다. 일단 중재판정이 내려지면 법원의 확정판결과 동일한 효력을 가지며 중재인은 자기가 내린 판정을 철회하거나 변경할 수 없다. 그러나 중재판정이 강제집행이 되기 위해서는 따로 법원의 집행판결을 받아야 한다. 즉, 집행판결에 의한 중재판정의 적법성이 선언되면 비로소 중재판정에 집행력이 발생되는 것이다.

(8) 상사중재에 관한 국제협약

모든 국가를 구속시키는 국제적인 사법제도가 아직 없으므로 분쟁해결 시 타방에 대한 강제집행의 한계성이 있다. 그러므로 국제무역에 있어서는 일반적으로 매매계약서상에 분쟁발생 시 국제 상관례에 기초를 둔 국제상사중재원의 상사중재규칙에 따른다고 명시하는 것이 일반적이다.

1) 제네바의정서

제네바의정서란 1923년에 제네바에서 채택된 '중재조항에 관한 의정서'를 말한다. 이 의정서는 장래의 분쟁에 관한 중재협약의 효력을 국제적으로 승인시킬 것을 목적으로 하고, 일정한 요건 아래 각 체약국에게 중재계약 및 중재조항의 효력을 승인할 의무를 지우고 있다. 그런데 이 의정서의 체약국들은 자국영역 내에서 행한 중재판정의 집행을 확보하는 약속을 함에 그치고, 외국중재판정의 승인과 집행에 대해서는 아무런 규정을 두지 않았다. 따라서 이 의정서의 규정에 의하면,

당사자가 어느 한 나라에서 얻은 중재판정을 다른 나라, 즉 타국에서 집행하려는 경우에 그 타국의 법률 또는 법원은 이러한 외국중재판정의 집행을 거부할 수가 있다.

2) 제네바협약

1927년에 제네바에서 성립된 '외국중재판정의 집행에 관한 협약'을 말한다. 이 협약의 골자는 체약국 상호 간에서는 중재판정을 유효한 것으로 취급하며, 외국중재판정에 대하여 강제집행력을 부여할 것을 상호약속하는 협약이다.

3) 뉴욕협약

UN경제사회이사회(ECOSOC)의 주도하에 1958년 6월 10일 미국뉴욕에서 '외국중재판정의 승인 및 집행에 관한 국제연합협약(The United Nations Convention on Recognition and Enforcement of Foreign Arbitral Awards, 약칭 뉴욕협약)'이 채택됨으로써 뉴욕협약 체약국 간에는 외국 중재판정의 승인 및 집행이 보장받게 되었다. 중재판정의 효력은 법원의 확정판결과 동일한 효력을 가진다. 그러나 강제집행을 위해서는 별도로 법원의 집행판결로 중재판정의 적법성이 선언되어야만 강제집행력이 부여된다.

(9) 우리나라의 중재절차[21]

1) 중재합의와 중재신청

우리나라의 경우 분쟁을 중재에 의하여 해결하기 위해서는 분쟁당사자(신청인과 피신청인) 간의 중재합의가 있어야만 중재신청이 가능하다. 그리고 신청인은 중재비용[22]과 함께 〈표 9-12〉의 서류를 작성하여 제출한다.

21) 출처: 대한상사중재원 홈페이지(www.kcab.or.kr) 중재-중재절차
22) 중재신청과 함께 중재비용을 함께 예납하는데 중재판정부에 의하여 부담비율이 판정에서 정해진다.

〈표 9-12〉 중재신청 시 구비서류

① 중재합의서(원본 또는 사본) ② 신청인의 원인 사실을 입증하는 서증(원본 또는 사본) ③ 신청인 및 피신청인 법인 등기부등본(개인은 주민등록등본) ④ 중재신청서 ⑤ 대리인이 신청 시 위임장

2) 접수통지

중재신청서가 제출되면 중재합의서, 중재신청서, 중재신청의 취지를 입증하는 서류의 유무, 대리인이 선임된 경우 위임장 등 적합 여부를 확인하고 대한상사중재원 사무국에서 적합하다고 판단되는 경우 소정의 중재비용을 예납받고 접수한다.

3) 답변서 제출

피신청인은 신청인의 중재신청서를 검토한 후 중재신청 접수통지의 수령일(기준일)로부터 국제중재의 경우 30일, 국내중재의 경우 15일 이내에 답변서를 사무국에 제출하여 답변할 수 있다.

4) 중재판정부의 구성

중재사건을 판정할 중재인은 분쟁당사자가 직접 선정하거나 대한상사중재원에서 추천한 중재인 후보 중에서 선임하게 된다. 중재인은 법조계, 학계, 업계 등 각계 권위자로서 최소한 20년 이상 해당 분야에 경험이 있고 전문지식, 신뢰성, 성실성, 신망, 판단력 등이 갖추어진 인사라야 한다.

5) 중재심리

중재판정부는 심리의 일시, 장소와 방식을 결정하는데, 심리의 일시와 장소가 결정되면 사무국은 당사자에게 국제중재의 경우 20일, 국내중재의 경우 심리개시 10일 전까지 통지한다.

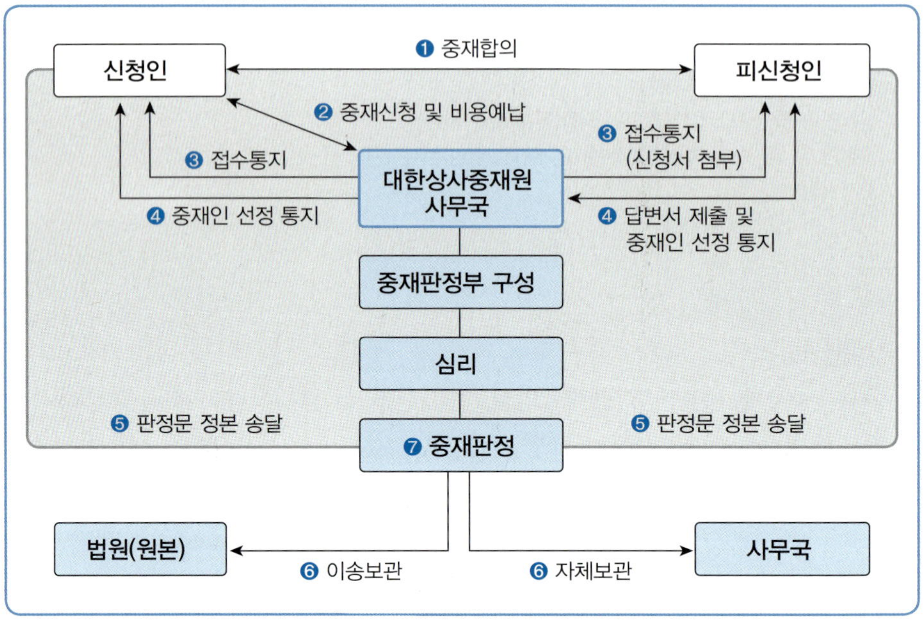

[그림 9-1] 우리나라의 중재절차

출처 : 대한상사중재원

참고문헌

강태구 · 김태기 · 박복재, 『무역학개론』, 무역경영사, 2006.

권재열, "항공보험에 관한 논고", 한국항공우주법학회지, 한국항공우주법학회, 2001.

김창봉 · 여경철 · 박상 · 정재우, 『무역학원론』, 박영사, 2007.

이강빈, "항공배상책임보험의 담보위험에 관한 고찰", 보험학회지, 한국보험학회, 1989.

전일수, "국제복합운송시스템", 21세기한국연구재단, 1997.

B.G. Jervis, "Aviation Underwriting", The CII Tuition Service, 1981.

R.D. Margo, "Aspect of Insurance in Aviation Finance", 62 Journal of Air Law and Commerce, 1996.

R.D. Margo, *Aviation Insurance*, London: Butterworths, 1980.

대한상사중재원 홈페이지

한국무역보험공사 홈페이지

연습문제

1. 무역의 위험에 대하여 설명하시오.

2. 해상보험의 특징에 대하여 설명하시오.

3. 피보험이익의 개념과 중요성을 설명하시오.

4. 피보험이익의 요건에 대하여 설명하시오.

5. 해상손해에서의 현실전손과 추정전손에 대하여 설명하시오.

6. 항공위험에 대하여 설명하시오.

7. 수출보험의 개념 및 기능에 대하여 설명하시오.

8. 무역 클레임의 개념과 종류에 대하여 설명하시오.

9. 무역 클레임의 제기절차 및 기한에 대하여 설명하시오.

10. 상사중재에 대하여 설명하시오.

CHAPTER

10 관세환급과 수출입통관

INTRODUCTION TO INTERNATIONAL BUSINESS

제1절 관세

제2절 관세정책

제3절 비관세장벽

제4절 수출입통관

CHAPTER 10

관세환급과 수출입통관

제1절 관세

1. 관세의 정의

관세영역[1]을 출입하는 물품에 대하여 부과되는 조세로서 수출품목에 부과되는 수출관세와 수입품목에 부과되는 수입관세로 구분되는데, 우리나라는 수입관세만 부과하고 있다.

- 관세선: 경제적 경계이며, 정치적 경계와 항상 일치하지는 않는다.
- 주체: 관세는 조세의 일종으로서 징수주체는 국가이다.
- 목적: 국가가 필요로 하는 재정수입을 얻기 위한 것이다.
- 수단: 금전적 급부(현금과 수표만을 지칭)

2. 관세의 성격

(1) 조세적인 성격

관세의 성격
조세적인 성격, 소비세적인 성격, 특수한 성격

① 관세는 현금납부를 원칙으로 한다. 관세를 납부하는 수단으로는 금전으로 납부하는 것을 원칙으로 하고 있다.

② 관세는 재정수입을 목적으로 한다. 관세는 국가경비를 조달하기 위한 재정

1) 관세법의 효력이 미치는 영역(영토+주변 3해리까지의 영해)

수입을 목적으로 하기 때문에 벌금이나 과태료 등과는 구별이 된다. 일단 조세가 재정수입의 확보를 주목적으로 하고 있으나, 관세의 경우에는 반드시 재정수입의 확보만이 일차적인 목적은 아니고, 경제 · 사회정책이 재정수입의 확보보다 우선하는 경우가 있다.

③ 관세징수권의 주체는 국가이다. 관세는 내국세와 같이 조세의 일종으로서 징수주체는 국가이다. 오늘날 민주주의 국가에서는 재정권은 국가의 지방자치단체에 있는데, 관세권은 국가의 재정권에만 속하고 지방자치단체에는 징수권이 없다. 따라서 관세는 그 징수의 주체가 국가이며, 지방자치단체는 관세를 징수할 수 없다.

④ 관세는 법률 · 조약에 의거 징수한다. 국가의 관세권 행사는 국민의 재산권의 침해라는 점에서 조세법률주의의 원칙에 근거하여야 한다. 관세를 부과하는 법률에는 기본법으로 관세법이 있고, 특별법으로는 외국인투자촉진법, 조세특례제한법 등이 있다. 체결 공포된 조약과 일반적으로 승인된 국제법규는 국내법과 동일한 효력이 헌법상에 보장되어 있어 관세부과의 근거가 된다. 또한 조약에는 양자 조약과 다자간 조약이 있다.

⑤ 관세는 반대급부 없이 강제적으로 징수한다. 조세란 국가가 법률에 의하여 반대급부 없이 강제로 징수하는 금전을 말하는데, 국가가 허가 또는 특허 등에 의하여 일정한 권리나 이익을 부여하고 그 반대급부로 징수하는 수수료, 사용료 등과는 다르다. 관세는 조세로서 각 개인에 대하여 국가로부터 직접적인 반대급부 없이 일반보상원리에 의하여 강제로 징수하는 것이다.

(2) 소비세적인 성격

① 관세의 궁극적인 대상은 소비이다. 관세는 일반소비세와는 다르지만 소비의 대상으로 하고 소비의 배후소득을 측정하여 부과한다는 과세의 근거에는 별다른 차이가 없어, 소비세로서 최종적으로는 소비될 것을 대상으로 하여 부과되는 조세이다.

② 관세는 생활필수품보다는 사치품에 중과하는 것이 원칙이다. 사치품 중과, 생필품 경과의 원칙은 사치품의 세율은 높게 하고, 생필품의 세율은 낮게 적용하여 국민생활의 안정을 도모하고 사치와 낭비풍조를 억제하려는 경제정책적 · 사회정책적 목적에서 나온 제도이다. 또한 관세는 원료품에는 저세율

을 적용하고, 최종소비재인 완제품에는 고세율을 적용하는 경사구조를 갖고 있다.

③ 관세는 전가된다. 관세는 납세자와 담세자가 동일하지 않은 간접소비세로서, 납세자로부터 담세자에게 관세가 전가된다. 간접소비세는 소비 이전의 단계에서 부과된 조세부담으로서 어떤 형태이든지 타인에게 전가하게 되는데, 관세의 경우에는 원칙적으로 수입자로부터 관세가 징수되지만 그 부담은 최종 소비자에게 전가된다. 또한 관세의 부담은 전액 그대로 소비자에게 전가되느냐, 일부만 전가되느냐 하는 전가의 정도는 그 물품의 수요탄력성 또는 공급탄력성의 크기에 의하여 결정된다. 즉, 생필품과 같이 수요의 탄력성이 작은 물품에 부과된 관세는 완전하게 물품의 수요자인 소비자에게 전가되며, 사치품과 같은 수요의 탄력성이 큰 물품에 부과된 관세는 전액 전가되지 않고 그 일부가 전가되거나 수입자가 부담하는 경우가 있다.

(3) 특수한 성격

① 관세는 무역장벽이 된다. 무역장벽은 보통 수량제한, 외환관리, 관세부과를 말하는데, 이를 무역의 3대 장벽이라 한다. 이 중 수량제한과 외환관리는 직접적인 통제수단이며, 관세는 간접적인 통제수단이다. 즉, 수입물품에 관세를 부과하는 것도 자유로운 무역장벽으로 작용한다.

② 관세는 수입물품에 부과한다. 관세의 역할상 수출, 수입 및 통과물품에 관세가 부과되었으나, 오늘날 관세라 할 때에는 수입물품에 부과되는 수입세를 말한다. 즉, 우리나라는 수출물품, 통과물품에 대하여는 관세를 부과하지 않고 수입물품에 대해서만 관세를 부과한다.

③ 관세는 관세영역을 전제로 부과한다. 한 나라의 관세법령의 효력이 미치는 영역을 관세영역이라 하며, 관세는 외국물품이 관세영역을 통하여 국내로 반입될 때 과세되는 것이다. 또한 관세영역은 한 나라의 통치영역과는 반드시 일치하지 않는다.

④ 관세는 대물세이며, 수시세이다. 관세는 관세영역을 출입하는 물품에 부과하는 대물세로 소득세, 재산세와 같은 대인세와는 구별된다. 대물세는 납세자와 담세자가 일치하지 않으므로 간접세이며 종국적으로 물품의 소비를 대

상으로 하기 때문에 소비세이기도 하다. 또한 관세는 소득세나 법인세와 같이 정기적으로 부과 · 징수하는 정기세가 아니라 물품이 수 · 출입될 때마다 수시로 부과 · 징수하는 것이기 때문에 수시세이기도 하다.

3. 관세의 기능

(1) 소비 억제

수입물품에 관세를 부과하면 일반적으로 수입물품의 가격이 상승하고 수입물품의 가격이 상승하면 그 물품에 대한 수요가 줄어들어 소비가 억제된다. 관세의 부과에 의거 소비가 얼마나 억제되는가 하는 것은 각 상품마다 상이하다. 따라서 수요의 가격탄력성에 의해서 소비 억제의 효과가 크게 달라지는데, 생활필수품과 같은 수요의 가격탄력성이 작은 물품은 관세의 소비 억제 효과가 작고, 사치품과 같은 수요의 가격탄력성이 큰 품목은 소비 억제의 효과가 크게 나타난다. 그러므로 불요불급의 고급사치품에 대해 고율의 관세를 부과하면 사치품의 소비도 억제되고 재정수입도 증대시킬 수 있다.

관세의 기능

소비 억제, 수출의 촉진 및 교역조건의 개선, 수입의 대체 및 국제수지의 개선, 국내산업의 보호, 국가재정수입의 확보

(2) 수출의 촉진 및 교역조건의 개선

수출물품의 제조 · 가공에 소요되는 수출용 원자재나 수출산업 시설기자재를 수입에 의존할 경우, 이와 같은 원자재나 시설재의 수입 시에 관세를 인하하거나 면제하여주는 경우에는 수출물품의 국제경쟁력이 증대되어 수출증대의 효과를 가져올 수 있다. 그리고 관세가 수입물품에 부과되면 그만큼 수입물품의 가격이 상승되어 국내소비자는 국내 생산품으로 대체 사용하거나 소비를 억제한다. 이 경우에 수출국의 수출업자는 수출물품의 가격을 인하시켜야만 수입국의 시장에 진출이 가능하여, 수입국의 수입물품 가격이 하락함으로써 수입국의 입장에서 볼 때 교역조건이 개선되게 된다.

(3) 수입의 대체 및 국제수지의 개선

관세가 수입물품에 부과되면 그만큼 수입물품의 가격이 상승되기 때문에 국내

외 소비자는 국내생산품으로 대체하여 사용하거나 소비를 억제하게 된다. 어떤 상품이 국내에서 생산이 가능하더라도 수입물품의 가격이 싸면 외국으로부터 수입되는 경우가 있다. 이 경우 일정 수준 이상의 관세를 부과하여 수입물품의 가격을 국내생산품보다 높게 하면 수입은 억제되어 감소된 부분만큼 국내생산을 더하게 됨으로써 그 수요에 대한 충족을 국산품으로 대체할 것이다. 즉, 수입물품에 대체되는 국산품의 생산을 증가시키기 위하여 생산을 확대하면 고용이 증대되고, 수입물품에 관세가 부과되면 수입을 억제하는 효과가 있게 되어 그만큼 외화 사용이 감소되기 때문에 국제수지가 개선되는 것이다.

(4) 국내산업의 보호

수입물품에 부과되는 관세의 가장 큰 기능 중의 하나는 국내산업의 보호이다. 관세의 부과는 수입물품의 가격조정을 통하여 수입거래에 영향을 미치게 된다. 수입물품은 관세를 부담함에 따라 수입이 억제되는데, 이는 수입 시 부담한 관세의 액수만큼 가격이 인상되기 때문에 국내에서 생산된 상품에 비하여 가격경쟁력이 낮아지게 되어 관세의 국내산업보호의 기능이 발생하게 된다. 최근 관세의 기능 중에서 이러한 산업보호기능이 가장 중요시되고 있다.

(5) 국가 재정수입의 확보

관세는 국가의 과세권에 의하여 수입물품에 대하여 강제적으로 부과된다. 즉, 관세는 당초부터 재정수입의 목적으로 부과되는데, 이는 국가의 재원이 된다고 하는 점에서 소득세, 법인세 등의 직접세나 물품세 등의 내국소비세와 다를 바 없다.

현재 국가 간의 경제교류가 활발하게 전개되고 화폐경제가 발달하는 한편, 경제성장에 따른 국가의 재정규모가 커짐에 따라 재원조달수단으로서의 관세의 의의는 점점 축소되고 있다. 외국의 경우, 태국 · 인도네시아 등과 같은 개발도상국에서는 아직 관세수입의 비중이 높지만, 미국이나 프랑스와 같은 선진국에서는 그 비중이 상당히 낮기 때문에 재정수입을 목적으로 하는 재정관세의 비중은 점차 축소되고 있다.

4. 관세의 효과

(1) 관세의 경제적 효과

수입품에 관세를 부과하면 수입국에 여러 가지 경제적 효과를 가져다준다. 이에 대한 분석은 일반균형분석과 부분균형분석의 방법으로 설명될 수 있는데, 여기서는 킨들버거(Charles P. Kindleberger)에 의해 제시된 부분균형분석을 통해 관세의 경제적 효과를 살펴보고자 한다.

교역상대국의 공급이 완전탄력적이라고 가정할 때 수입품에 관세가 부과되면 수입품의 국내가격은 관세액만큼 상승된다고 할 수 있다. 따라서 관세가 부과되기 이전의 자유무역하에서는 맨 아래의 평행선의 가격으로 Qs_1만큼 국내에 공급되며 Qd_2만큼의 국내수요가 있어 초과수요분인 Qs_1, Qd_2는 외국으로부터 수입한다([그림 10-1] 참조). 이때 수입품에 T만큼의 관세를 부과하게 되면 다음과 같은 경제적 효과가 나타난다.

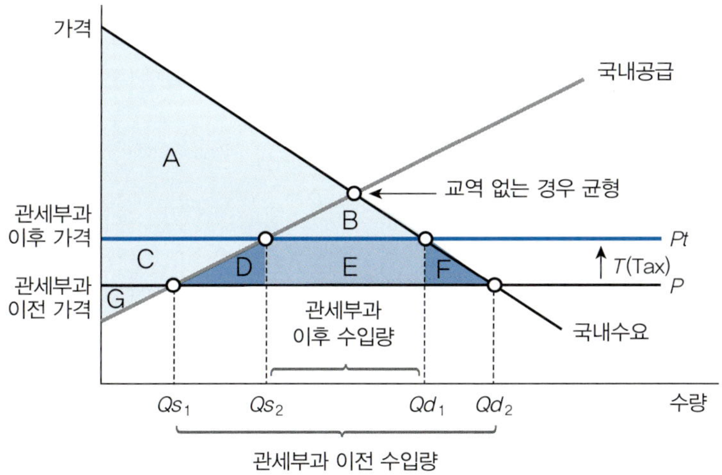

[그림 10-1] 관세의 기능

1) 수입억제효과

외국으로부터 수입을 억제하기 위하여 PPt만큼의 관세를 부과한다면, 국내 가격수준은 Pt로 등귀된다. 이때 국내 소비량은 Qs_1, 생산량은 Qs_2이므로

Qs_2Qd_1만큼 수입하게 된다. 즉, 수입상품에 대하여 관세를 부과하면 그 상품의 국내가격은 관세율만큼 등귀되고, 이에 따라 생산량은 증가되고, 소비량은 감소된다. 따라서 관세를 부과한 후 수입량은 그 전에 비하여 감소된다. 이와 같이 관세는 수입억제효과를 발생시킨다.

2) 보호효과(생산효과)

수입품에 대하여 관세가 부과되면 수입량이 감소되므로 수입품과 경쟁관계에 있는 국내산업은 보호를 받는다. 이를 관세의 보호효과라고 한다. 따라서 관세가 부과되면 당해 국내산업은 유리한 영향을 받는다. 보호효과는 수입 · 수요의 탄력성 및 국내공급의 탄력성의 크기와 관세율에 따라 좌우된다. 만약, 양자의 탄력성이 크고 관세율이 높으면 보호효과는 크고, 반대의 경우에 그 효과는 작다.

3) 가격효과(소비효과)

수입관세로 인하여 소비자는 관세부과 전의 가격(P)보다 더 높은 가격(Pt)을 지급하고 수입물품을 구매해야만 한다. 수입물품에 관세를 부과하면 수입물품의 국내가격이 인상되고 나아가서 경쟁관계에 있는 국내생산물품의 가격도 인상된다. 이와 같이 관세가 부과되는 물품의 국내가격이 인상되면 동일물품에 대한 국내소비가 감소하는데, 이를 소비효과라고 한다.

4) 소득재분배효과

관세는 관세가 부과되는 물품의 국내가격을 상승시킨다. 따라서 소비자는 동일한 물품에 대하여 관세로 인한 가격인상분만큼 더 많은 대가를 지불하여야 하므로 관세는 소비자의 실질소득을 감소시키는 효과가 있다(소비자 잉여 감소). 반면에 관세가 부과되는 물품을 국내에서 생산하는 생산자는 동 물품의 가격인상으로 인하여 실질소득이 증가하는 효과를 갖게 된다(생산자 잉여 증가). 이와 같이 관세의 부과로 인하여 국내생산자와 소비자의 실질소득이 변화하여 소비자의 실질소득이 국내생산자의 소득으로 재분배되는 효과가 있다.

5) 재정수입효과(세입효과)

관세에 의하여 정부는 재정수입을 얻는다. 이를 재정수입효과라고 한다. 관세

수입은 대부분 국가의 정부수입 중에 압도적 비중을 차지하고 있다.

6) 경쟁효과

관세가 부과되면 국내산업은 외국산업과의 격심한 경쟁을 피할 수 있다. 이를 관세의 경쟁효과라고 하는데, 관세의 경쟁효과는 실제로 반경쟁효과이다. 자급자족경제는 독점을 조성하며, 관세에 의하여 외국산업과의 경쟁이 완화되면 국내산업은 경쟁심이 둔화되고 정체상태에 빠진다. 또한 관세에 의하여 국내산업은 높은 가격과 이윤이 보장되지만, 고이윤 마진의 악순환에 의하여 발전이 저해되는 경향이 있다. 따라서 관세인하에 의한 경쟁관계를 도입하여 이러한 악순환을 타파하고 기업의 근대적 확립이 요청된다는 주장도 있다. 그러나 개발도상국의 유치산업 보호를 위한 관세부과는 불가피하다.

7) 국제수지효과 · 소득효과

관세가 부과되면 수입품의 가격이 인상되고 이에 따라 수입이 감소되어 대외지출이 줄어들게 되어 국제수지를 개선하게 되는 데, 이를 관세의 국제수지효과라 한다. 그리고 관세의 국제수지효과로 대외지출이 감소한 부분은 대부분 국내에서 소비되어 국내소비가 증가한다. 이러한 국내소비의 증가는 국내고용을 증가시키고 소득을 증대시키는데, 이를 소득효과라고 한다.

(2) 관세의 한계

① 관세로 인해 시장기능의 왜곡효과가 나타날 수 있다.
② 관세에 의해 보호받는 산업은 경쟁력이 약화된다.
③ 외국 투자자의 위주로 이윤을 볼 가능성이 있다.

5. 관세의 분류

(1) 과세의 방법에 따른 분류

1) 종가세(ad valorem duty)

종가세는 수입물품의 가격을 관세액 산출의 기초로 하는 것으로, 즉 가격에 따

> **종가세**
> 수입물품의 가격을 관세액 산출의 기초로 하는 것

라 부과하는 관세이므로 가격이 비싸면 많이 부과되고 가격이 싸면 적게 부과된다. 우리나라는 대부분의 품목이 종가세로 되어 있다.

① 종가세의 장점과 단점

〈표 10-1〉 종가세의 장점과 단점

장점	단점
• 관세의 부담이 수입물품의 가격에 상응하여 균등공평하게 적용할 수 있다. • 시장가격의 등락에도 불구하고 과세부담의 균형을 항상 유지할 수 있다. • 가격변동이 심하거나 인플레하에 적합한 과세방법이다.	• 과세가격 결정에 많은 어려움이 있다. • 수출국의 상이에 따라 관세액에 차이가 있다. • 국내산업의 보호기능이 약하다.

② 종가세에 의한 관세액 산출 방법

관세액 = 수입물품의 가격(CIF 가격) × 관세율 × 환율

종량세
상품의 수량을 기준으로 부과하는 관세로서 수입물품의 개수, 부피, 중량, 치수 등을 확인하면 쉽게 관세액을 산출할 수 있다.

2) 종량세(specific duty)

상품의 수량을 기준으로 부과하는 관세로서 수입물품의 개수, 부피, 중량, 치수 등을 확인하면 쉽게 관세액을 산출할 수 있다. 현행 우리나라의 관세율표상에는 영화용 필름, 비디오테이프에 한하여 종량세를 적용하고 있다.

① 종량세의 장점과 단점

〈표 10-2〉 종량세의 장점과 단점

장점	단점
• 과세방법이 간단하다. • 어느 나라에서 수입이 되든 동종물품인 경우에는 관세가 같다. • 국내산업의 보호기능이 강하다.	• 가격변동에 적응성이 없다. • 관세부담의 공평성이 없다. • 상품의 중량산출이 어렵다.

② 종량세에 의한 관세액 산출 방법

관세액 = 단위수량당 세액(kg당 500원) × 수입수량(10kg)

3) 혼합세(mixed duty)

혼합세에는 종가세율과 종량세액을 동시에 정하고 그중 높게(또는 낮게) 산출되는 세액을 선택하여 부과하는 선택세와 종가세율 및 종량세액을 동시에 정하고 산출된 세액을 합하여 부과하는 복합세가 있다. 특히 국내산업보호가 필요시 복합세를 채택하지만 우리나라는 관세율 표에서 채택하지 않고 있다.

> **혼합세**
> 종가세율과 종량세액을 동시에 정하고 그중 높게(또는 낮게) 산출되는 세액을 선택하여 부과하는 선택세와 종가세율 및 종량세액을 동시에 정하고 산출된 세액을 합하여 부과하는 복합세가 있다.

① 선택세(alternative duties): 선택세란 한 품목에 대하여 종가세율과 종량세율을 동시에 정해 놓고 그중 높게 또는 낮게 산출되는 세액을 선택하여 부과하는 관세를 말한다. 양질의 물품과 시가가 등귀할 때에는 종가세를 적용하고, 염가품이나 시가가 하락할 때는 종량세를 적용하는 것이 일반적이다.

② 복합세(compound duties): 복합세란 한 품목에 대하여 종가세율과 종량세율을 동시에 정해 놓고 두 가지 방법으로 산출된 세액을 합하여 과세하는 관세를 말한다. 이는 국내산업을 특별히 보호하려고 할 때 이용된다. 우리나라의 현행 관세율 표에서는 이를 채택하고 있지 않다.

(2) 과세의 목적에 따른 분류

1) 재정관세(revenue tariff)

국가의 재정수입을 목적으로 부과하는 관세로, 세입관세 또는 수입관세라고 한다. 주로 재정관세가 부과되는 물품은 선진국에서는 커피, 차, 연초와 같은 기호품 등이고, 후진국에서는 국산 가능성이 희박한 중요 산업용기계, 생활필수품, 원자재물품 등이다. 우리나라의 대표적 재정관세 품목은 원유이다. 또한 재정관세는 다음과 같은 경우에 부과되는 것이 일반적이다.

① 국내생산이 거의 불가능하여 부득이 수입에 의존할 수밖에 없는 경우
② 수입을 억제할 필요는 없으나 권장할 가치가 없는 물품
③ 이미 국내산업이 확립되어 더 이상 보호할 필요가 없을 때

2) 보호관세(protective tariff)

국내 유치산업을 보호 · 육성하고 기존산업을 유지 · 발전시킬 목적으로 부과하는 관세이다. 수입물품에 관세가 부과되면 그 물품의 국내가격이 관세액만큼 상

승하게 되므로 수입품에 대한 수요가 줄고 수입이 감소되어 수입물품과 경쟁관계에 있는 국내산업이 보호를 받는다.

(3) 상품의 이동방향(과세기회)에 따른 분류

1) 수입세(import duty)

물품의 이동방향에 따라 일정 관세영역 안으로 이동할 때 부과하는 관세를 수입세라 한다. 오늘날 관세라 하면 곧 수입세를 말한다. 관세법 제2조에서 "수입물품에 관세를 부과한다"고 규정함으로써 우리나라에서는 수출세 · 통과세는 부과하지 않고 오직 수입세만을 부과한다고 명백히 하였다.

2) 수출세(export duty)

일정한 관세영역 밖으로 물품이 이동할 때 부과하는 관세이다. 수출가격 상승으로 수출이 저해되지만 당해 물품이 세계적 독점물품일 때 재정수입을 확보하고, 전략 물자와 자국 공업에 필요한 원료 등을 확보하며, 국내가격 앙등의 방지 등 정책적 필요에 따라 부과된다. 브라질의 커피, 스페인의 코르크, 이탈리아의 유황, 태국의 쌀, 말레이시아의 고무, 필리핀의 원목, 쿠바의 담배 등 수출관세를 부과하여도 판로에 영향이 없는 세계적인 독점생산물에 부과할 수 있다.

3) 통과세(transit duty)

관세영역을 단순히 통과하는 물품에 대하여 부과하는 관세이다. 이는 중상주의 시대에 재정수입을 확보하기 위하여 부과하였으나, 오늘날에는 거의 부과하지 않고 있다.

(4) 과세의 근거에 따른 분류

1) 국정관세(national tariff)

한 나라의 법률에 의하여 자주적으로 정하는 세율을 국정세율이라 하며, 이러한 세율에 의하여 부과되는 관세를 국정관세 또는 자주관세라 한다. 우리나라의 관세법 별표인 관세율표에는 국정관세로 기본관세율, 잠정관세율, 탄력관세율 등을 두고 있다.

2) 협정관세(conventional tariff)

외국과의 통상조약 또는 관세조약에 의하여 특정물품에 대하여 관세율을 협정하고 그 조약이 유효기간 중에는 그 세율을 변경하지 않을 의무를 지는 것을 협정관세라 한다. 협정관세는 당초의 상호주의 원칙에 의하여 설정되었기 때문에 그 개폐에 있어서도 상호주의 원칙이 적용되며 일방만이 단독으로 개폐할 수 없는 것이 원칙이다. 협정관세는 2개국 간의 협정에 의하여 설정되는 경우도 있으며, 다수국가의 협정에 의하여 설정되는 경우도 있는데, 다수국에 의해 체결된 협정관세는 일반적으로 협정에 가입한 모든 국가가 협정에 의한 동등한 이익의 대우를 받도록 하는 최혜국약관을 정하고 있다.

협정관세
외국과의 통상조약 또는 관세조약에 의하여 특정물품에 대하여 관세율을 협정하고 그 조약이 유효기간 중에는 그 세율을 변경하지 않을 의무를 지는 것

3) 편익관세(beneficial tariff)

조약에 의한 관세상의 편익을 받지 않는 특정국가에서 생산된 특정물품이 수입될 때, 기존 외국과의 조약에 의하여 부과하고 있는 관세상 혜택의 범위 한도 내에서 관세에 관한 편익을 부여하는 제도를 말한다.

(5) 과세율에 따른 분류

1) 단일세(single tariff)

동일품목에 대하여 하나의 세율만을 정하는 것을 말한다. 다시 말하면, 관세율이 모든 국가에 대하여 똑같이 적용하여 차별대우를 하지 않는다.

2) 다수세(multi-linear tariff)

다수세는 두 가지 이상의 관세율을 적용하는 관세인데, 이들은 차별관세에 속하는 것으로서 외국에 있어서 자국 상품이 불리한 취급을 받는 경우 또는 유리한 대우를 받는 경우에 대비하여 설치한다.

(6) 기타 관세

1) 특혜관세(preferential tariff)

특혜관세란 특정국과의 통상확대, 즉 무역관계를 특별히 발전시키기 위하여 특정국가에서 특정물품이 수입될 경우에 한하여 부여하는 할인관세를 말한다. 특혜관세제도는 기존특혜(지역특혜)와 일반특혜로 구분된다.

① 기존특혜: 기존특혜는 구 식민지와 종주국 간에 거래되는 물품에 대하여 다른 국가로부터 수입되는 물품보다 저율의 특혜관세를 적용하는 제도로서 영연방특혜가 그 전형적인 예이다. 그러나 이는 차별관세의 일종으로 세계경제의 블록화를 초래하고 자유무역을 저해할 염려가 있어 GATT에서는 특혜관세제도의 신설 또는 확대를 금지하였다.

② 일반특혜: 일반특혜는 선진국이 개발도상국으로부터 수입되는 농산품 및 공산품에 대하여 비상호적 · 일방적으로 개발도상국에 대하여 무차별로 관세율을 인하하여 특혜를 제공하는 것을 말한다. GATT에서는 차별과세의 일종인 특혜관세제도의 신설 또는 확대를 금지하여 왔으나 개발도상국의 경우 수출의 확대와 공업화의 촉진 등 경제발전을 도모하기 위한 수단으로서 특혜관세제도를 이용할 필요가 있었다. 따라서 1964년경부터 이에 관한 것이 중요한 국제문제로 제기되어 UNCTAD, GATT, OECD 등에서 오랜 기간 동안 수차례에 걸친 논의를 거쳐 1970년 가을에 개최된 UNCTAD 특혜특별위원회에서 특혜공여안에 합의를 보고 1971년부터 각 선진국은 일반특혜관세(GSP, Generalized System of Preferences)제도를 실시하였다.

2) 차별관세(differential tariff)

관세는 모든 국가의 동일상품에 대하여 동등하게 부과하는 것이 원칙이나 특정한 경우에 있어서 특정국가의 상품 또는 특정품목에 대하여 다른 상품보다 세율을 낮게 적용하거나 높게 적용하는 것을 차별관세라고 한다. 이에는 다른 상품보다 낮은 세율을 적용하는 할인과세와 높은 세율을 적용하는 할증관세가 있다. 차별관세는 기본적으로 보호관세주의적 입장에서 중상주의시대 및 제2차 세계대전 전의 관세전쟁에서 흔히 이용된 바 있지만, 최근에 와서는 최혜국약관의 보급, WTO협정 등에 의하여 차별관세제도는 거의 없어졌다.

3) 탄력관세(flexible tariff)

급변하는 국내외 경제환경에 신속히 대처하는 관세정책을 수행할 수 있도록 일정한 범위 내에서 행정부가 관세율을 탄력적으로 조정 · 변경할 수 있는 관세를 말한다. 이는 조세법률주의의 예외로서 국내산업보호, 물가수급의 조정, 국제수지의 개선 등 긴급한 경제상황의 변동에 효율적으로 대응할 수 있도록 마련된 제도이다. 우리나라의 현행 탄력관세의 종류로는 덤핑방지관세, 상계관세, 보복관세, 긴급관세, 물가평형관세 등이 있다.

탄력관세
급변하는 국내외 경제 환경에 신속히 대처하는 관세정책을 수행할 수 있도록 일정한 범위 내에서 행정부가 관세율을 탄력적으로 조정 · 변경할 수 있는 관세

4) 최혜국대우 관세(most favored nation tariff)

최혜국대우는 통상 · 항해조약에 규정되며, 이를 규정한 조항을 최혜국조항이라고 한다. 최혜국대우는 조약에 이를 부여한다는 것을 규정한 조항에 대해서만 부여되나, 통상적으로는 통상 · 항해 · 산업 · 거주 · 과세 · 사법상(私法上)의 권리 등에 대하여 인정된다. 최혜국대우에는 조건이 붙는 것과 붙지 않는 것이 있으나, 현재는 '즉시 또한 무조건으로' 주어지고 또 대가를 구하지 않는 것으로 되어 있다. 이는 그 나라의 영역에 있어서 외국인 상호 간의 대우를 동일하게 하자는 취지이며, 내국민대우와 병용됨으로써 내 · 외국인을 불문하고 모든 국민이 동등한 권리를 갖는 기능을 수행하게 되는 것이다. 또한 최혜국대우의 적용을 제외하는 경우로서 국경무역이나 특혜관세 등이 있다.

5) 법정관세(legal tariff)

어느 국가가 외국으로부터 아무런 제약을 받지 않고 자국의 경제나 재정상 필요에 의하여 부과하는 관세이다. 외국과의 통상조약 또는 관세조약에 의하여 부과하는 협정관세(協定關稅, conventional tariff)에 상대되는 개념으로 법정관세(法定關稅)라고도 한다. 대부분 협정관세가 우선 적용되나 세율이 낮을 경우에는 협정관세보다 우선 적용된다. 관세는 대개 법률에 의해 부과하지만 경제변화에 즉각 대처할 필요가 있으므로 일정한 범위 내에서는 행정부가 임의로 관세를 부과하기도 하는데, 이때의 관세를 말한다. 법률에 의해 장기간 적용되는 경우에는 기본관세라고 부르며, 일정기간 잠정적으로 적용되는 경우에는 잠정관세라고 한다. 잠정관세가 기본관세보다 우선 적용된다.

제2절 관세정책

1. 관세정책 의의, 목표

(1) 의의

관세 정책
국내물가안정, 재정수입확보, 국내산업보호, 수출증대 등의 국가 정책적인 목표를 달성하기 위한 관세상의 제반 정책

국내물가안정, 재정수입확보, 국내산업보호, 수출증대 등의 국가정책적인 목표를 달성하기 위한 관세상의 제반 정책이다.

(2) 목표

합리적인 국내산업구조를 유도하는 동시에 이를 적절히 보호하고, 효율적 규제, 재정수입의 확보를 위한 정책이다.

2. 관세율 정책

(1) 관세부과의 기본 원칙

관세액을 결정하는 데 있어서 과세표준에 대해 적용하는 비율을 말할 때, 관세율 정책은 물가안정, 고용증대, 산업보호 등의 정책목적으로 실현하기 위해 관세율을 인상 또는 인하하는 정책을 말한다.

(2) 관세의 실효보호율(effective rate of protection)

1) 실효보호율

관세의 실효보호율
어느 산업이 관세에 의하여 받는 보호의 정도

완성재 수입에 부과되는 명목관세뿐만 아니라 중간재 수입에 부과되는 관세도 고려하여 전체로서의 관세구조가 국내의 수입경쟁산업에 미치는 실질적 효과를 검토하기 위해 이용되는 보호율의 산정기준이다. 완제품의 가격에서 투입되는 상품, 즉 투입재의 가격을 차감하여 구할 수 있는 부가가치에 착안하여 이 부가가치가 관세를 부과하기 전과 후에 어느 정도 변화하는가를 가지고 관세의 산업보호 정도를 측정한다.

$$실효보호율의\ 계산 : \frac{(관세부과\ 후의\ 부가가치\ -\ 관세부과\ 전의\ 부가가치)}{관세부가\ 전의\ 부가가치}$$

2) 명목관세율

실효보호율과 대비되는 개념으로, 완제품에만 부과되는 관세를 측정한다. 명목관세율의 크기만으로는 관세의 산업보호효과를 알 수 없으며 그 효과를 정확하게 파악하기 위해서는 투입재에 부과되는 관세율도 함께 고려해야 한다. 즉, 명목관세율보다는 실효보호율이 그 효과를 더욱 정확하게 알 수 있다.

명목관세율
완제품에만 부과되는 관세비율

① 완제품과 투입재의 관세율이 같은 경우: 명목관세율 = 실효보호율
② 완제품의 관세율이 투입재의 관세율보다 높은 경우: 명목관세율 〈 실효보호율
③ 완제품의 관세율이 투입재의 관세율보다 낮은 경우: 명목관세율 〉 실효보호율

3) 최적관세율과 최대수입관세율

① 최적관세율: 관세를 부과하는 국가의 후생을 최대로 하는 관세율이다.
② 최대수입관세율: 후생이나 국내산업보호 등을 무시하고 오직 관세에 의한 재정수입을 최대로 하는 관세율로 수입수요의 탄력성에 따라 상품별로 그 크기가 달라진다.
- 가격변동에 대한 수요탄력성이 작은 물품(예, 생필품) – 높은 관세율 → 관세수입 증가
- 가격변동에 대한 수요탄력성이 큰 품목(예, 사치품) – 낮은 관세율 → 관세수입 감소

(3) 차등관세제도 및 균등관세제도

1) 차등관세제도(differential tariff system)

원료품의 관세율은 무세 또는 저세율로 하고 가공도가 높을수록 고세율로 하여 최종제품의 관세율을 더욱 높게 하는 관세의 경사구조

2) 균등관세제도(uniform tariff system)

장기적으로 무세를 지향하면서 부가가치에 대한 동일세율을 적용하는 것으로서 가공단계에 관계없이 적용하는 관세구조

(4) 관세감면제도 및 분할납부제도

1) 관세감면제도

관세법 14조에 의해 수입물품에는 관세를 부과하고 있다. 그러나 수입물품의 일정한 요건을 갖춘 경우에는 그 수입업자에 대하여 관세납부의무의 일부 또는 전부를 면제하는데, 이를 관세의 감면제도라 한다.

감면이란 감세와 면세를 총칭하는 것으로서, 감세란 납세의무의 일부를 면제하여 납부하여야 할 세액을 경감하는 것을 말하고, 면세란 납부하여야 할 세액 전부를 면제하는 것을 말한다. 감면은 무세와 탄력관세에 의한 관세경감과는 크게 구별된다. 관세의 감면은 조세법률주의에 의거해 반드시 법률에 근거하여야 하며 법률에서 정하는 요건을 갖춘 경우에만 적용된다.

2) 분할납부제도

관세법에 의하면 납세 신고 수리 후 15일 이내에 관세를 납부하는 것이 원칙이다. 그러나 일정요건에 해당하는 경우 5년을 초과하지 않는 기간 내에 관세를 분할하여 납부하도록 세관장이 승인하는 것이 분할납부제도이다.

이는 중요산업시설을 지원하고 정부, 지자체. 학교 등이 수입하는 경우 자금집중과 이자부담을 덜어줌으로써 수입이 가능하게 하며 궁극적으로 납세의무자의 부담을 완화하는 데 그 목적이 있다. 정책적 목적의 확보를 위하여 관세의 분할납부물품은 분할납부 기간 중에는 그 용도 변경이나 양도를 제한하므로 분할납부는 조건부 분할납부라 볼 수 있으며, 그 해제조건이 성취되면 분할납부 중에 있는 잔여 관세의 전부를 징수한다.

제3절 비관세장벽

1. 비관세장벽의 개요

(1) 정의

비관세장벽(non-tariff barriers)이란 수입하는 상품에 대해 특정비용을 증가시키거나 수입량을 제한하거나 수출업자에게 보조금이나 특혜금융자금지원 등을 지원함으로써 수출을 촉진하고 수입을 억제하는 관세 이외의 모든 무역장벽을 말한다. 즉, 수입을 양적으로 제한하거나 수입상품의 가격을 제한하거나, 외국의 수출업자 및 국내 수입업자에게 비용 또는 위험부담을 증가시키는 조치를 말한다.

비관세장벽
수입하는 상품에 대해 특정비용을 증가시키거나 수입량을 제한하거나 수출업자에게 보조금이나 특혜금융자금지원 등을 지원함으로써 수출을 촉진하고 수입을 억제하는 관세 이외의 모든 무역장벽

Tip

등장요인
- 1960년대 : 선진국 고도성장(관세 10% 미만으로 하락)
- 1960년대 말 : GATT 케네디 라운드
- 1970년대 : 선진국 장기 침체, 혼란, 보호주의 압력 → 비관세장벽 강화

(2) 비관세장벽의 특성

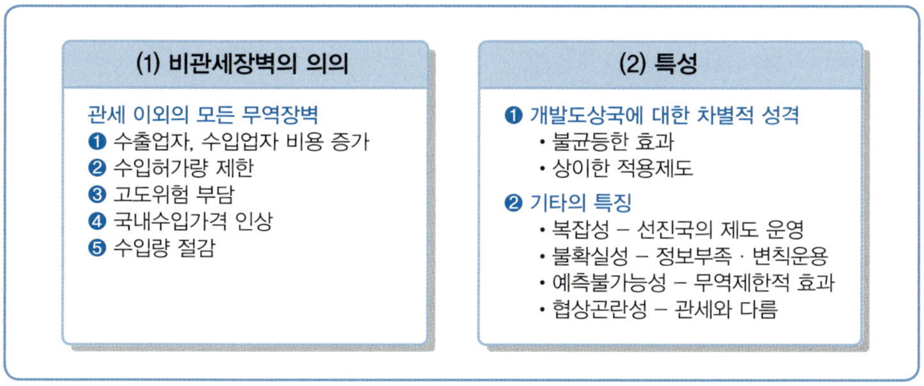

[그림 10-2] 비관세장벽의 특성

비관세장벽의 특성
효과 측정의 곤란성, 복잡성, 협상곤란성, 차별성, 불확실성 및 위험성

1) 효과 측정의 곤란성

비관세장벽은 복잡, 다양하기 때문에 무역제한효과를 종합적으로 측정하기는 어렵다. 왜냐하면 비관세장벽은 그 유형에 따라 영향을 미치는 물품의 범위가 각각 다르고, 시간에 따라 상당히 유동적이기 때문이다.

2) 복잡성

관세와 달리 적용 및 운용은 매우 복잡하고 분별하기가 불가능하다. 이런 사유로 많은 국가가 비관세장벽을 운용하기도 한다. 어떤 유형은 처음부터 법률로 제정되기도 하지만 어떤 유형은 체계적인 조정을 통하지 않고 여러 행정기관의 정책에서 파생되는 경우도 있다. 이러한 이유로 선진국의 경우 보호목적을 달성하기 위해서 관세보다는 비관세장벽을 채택하는 경우가 많은데, 그 이유는 공공연한 논란과 엄격한 조사를 회피할 수 있기 때문이다.

3) 협상곤란성

비관세장벽은 복잡하고 불확실한 성질 및 계측 불가능성 때문에 비교지표의 설정 등이 불가능하고 일정한 기준이 없어 설령 정부 간에 협상이 되더라도 철폐를 보장해줄 수 없다. 따라서 협상단계에서 해결책을 모색하는 데에 어려움이 따른다.

4) 차별성(특히 개발도상국에 불리한 성격)

비관세장벽이 무차별적으로 운영되는 것처럼 보이나 실제로 개발도상국가에 크게 불리하다. 따라서 비관세장벽의 제거과정에 있어서 개발도상국가의 이익이 특별히 고려되어야 한다.

5) 불확실성 및 위험성

수입국에 대한 정보 부족과 변칙적인 제도의 운영으로 인한 불확실성 때문에 수입국가의 비관세장벽 실시로 인해서 차후 수출국의 수출이 어떠한 제한을 받게 될 것인지 명확히 판단하기가 어렵다. 그리고 수입국의 무역정책은 수출국에 사전통고 없이 수시로 변동될 가능성이 높은 관계로 수출업자의 부담은 커지게 된다.

2. 비관세 장벽의 구분

(1) 수량제한(수입금지를 비롯하여 수입쿼터를 설정하는 수입할당)

> **비관세장벽의 대표적 유형**
> 수량제한, 가격제한, 정부조달 제한, 기술장벽, 투자 및 서비스장벽, 수입절차상의 제한

정부가 개입하는 잔존수입제한조치의 하나로서 수입쿼터제라고도 하며, IQ(import quota)제도라고도 약칭한다. 이 제도는 국내 유치산업의 육성, 기존산업의 보호, 국제수지의 균형유지가 목적이다. 한 국가의 수입상품을 일정기준에 따라 국가별 또는 수입업자별로 할당하여 일정기간의 수입수량 또는 금액을 제한하는 것이다.

수출국과의 협정에 따라 수출국의 정부 또는 산업단체에 수출량의 업자 간 배분을 위임하는 협정할당, 수입국이 수입량을 일방적으로 결정하는 자주 할당이 있다. 자주 할당은 또 결정된 수입량을 상대국의 자유경쟁에 맡기는 총량할당과 일정시점의 실적을 기준으로 하여 비례적으로 할당하는 비례할당으로 구분되며, 비례할당이 보다 공평한 것으로 인정받고 있다.

이 IQ제도는 세계 공황 때 프랑스가 1931년 처음 채택한 이후, 세계 각국에서 공황대책 또는 프랑스에 대한 대항조치로서 널리 채택하였다. 국제통화기금(IMF)이나 관세 및 무역에 관한 일반협정(GATT)에서는 직접적 수입제한조치로 이어지는 수입할당제를 금지하는 규정을 각기 설정하고 있다.

우리나라의 경우 종래 품목별 수입허가제도 또는 IQ제도에 의거해 운영되어 오던 수입제도를 1956년 이후 분기별 무역계획을 수립, 개별 수입허가를 필요로 하지 않는 품목에 대해서는 수입자동품목으로 지정하여 일괄 처리하는 수입자동승인제로 이행하였다.

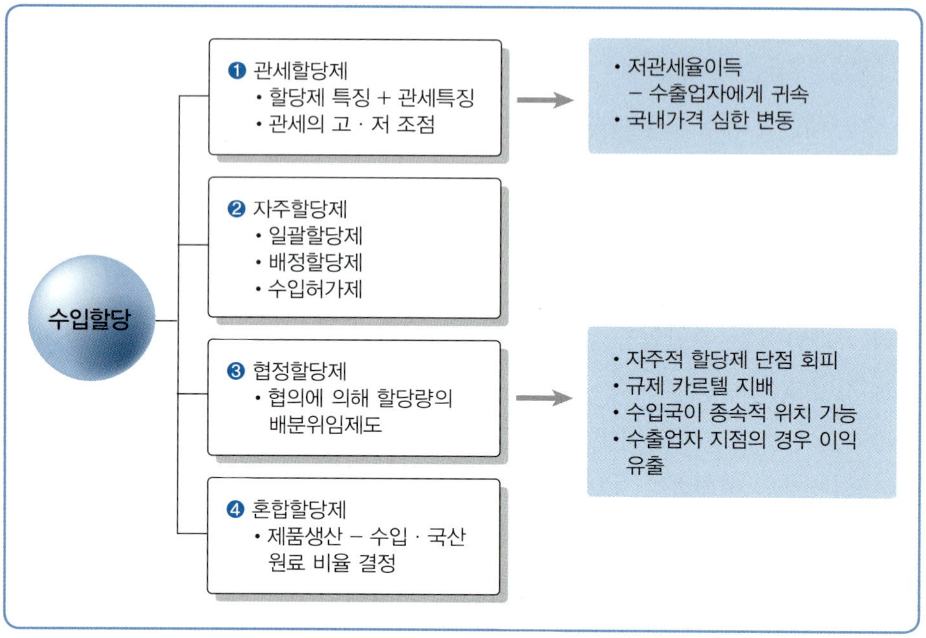

[그림 10-3] 수입할당제 유형

수입할당제 유형
일방적 할당제, 쌍무적 할당제, 수출자율규제, 시장질서유지협정

1) 일방적 할당제(unilateral quota)

수입국이 쿼터량을 배정함에 있어 수입 상대국들과 협의를 거치지 않고 일방적으로 수입 할당량을 정하는 방식

2) 쌍무적 할당제(bilateral quota)

다자간 할당제(multilateral quota)라고도 하는데, 이는 수량 제한을 실시하는 국가가 교역상대국과의 사전협의를 거쳐 쿼터 할당량을 정하는 방식

3) 수출자율규제(VER, voluntary export constraints)

특정상품에 관한 수입국과 수출국의 무역량을 일정기간 동안 일정 한도까지만 거래할 것을 상호 합의에 의하여 규정하며, 이를 초과하며 거래되는 물량에 대해서는 수입국의 자유재량에 의하여 규제할 수 있다.

4) 시장질서유지협정(OMA, orderly marketing arrangement)

수출국의 일반적인 규제조치를 말한다. 시장질서유지협정은 양국 정부 간 공식적인 통상조약(통상협정)인 데 비하여 수출자율규제는 양국 정부 간이나 일국 정부와 외국의 관련 산업계 간 또는 양국의 관련 산업 간의 비공식적 · 암묵적으로 조정된 협의(arrangement)이다.

(2) 가격제한

수입물품의 가격을 제한하는 조치로서 최저수입가격제도, 수입과징금, 반덤핑 및 상계관세 등을 들 수 있다.

가격제한의 유형
최저수입가격제도, 수입과징금, 반덤핑관세, 상계관세 등

1) 수입과징금(import surtax)

수입과징금이란 수입억제, 국내산업보호, 국제수지개선 등을 위해 수입상품의 일부 또는 전부에 대해 부과하는 일종의 조세를 의미한다. 즉, 수입과징금제는 일종의 조세적인 성격을 갖는 비관세무역장벽을 의미한다. 수입과징금제는 세금이라는 점에서 관세와 성격이 비슷하나 일시적으로 사용되는 수단이며 관세는 개별상품별로 부과되나 수입과징금은 전 상품에 대해 부과될 수 있는 차이점도 있다. 또한 이 제도는 과징금 부과에 따른 가격상승을 통해 수입을 억제하는 제도로서 관세와 마찬가지로 가격 메커니즘을 이용하는 제도이다.

2) 반덤핑관세(anti-dumping duties)

덤핑방지세 또는 부당염매관세라고도 한다. 어떤 국가가 특정 상품의 가격을 대폭 인하하여 수출하고, 이를 수입한 국가의 산업이 큰 타격을 입을 경우, 수입국 정부는 국내산업을 보호할 목적으로 그 품목의 관세율을 인상한다. 일반적으로 수입품에는 관세를 부과하는데, 덤핑 상품에 대해서는 징벌적인 고율의 관세를 붙여, 그 상품이 싼 값으로 국내시장에 나돌지 않도록 한다. 이와 같이 덤핑 방지를 목적으로 하는 관세를 반덤핑관세라 한다. 즉, 국내산업의 보호를 목적으로 덤핑업체나 덤핑국가의 수출품에 고율의 관세를 부과하여 수입을 규제하는 조치이다. 이처럼 반덤핑관세는 어떤 국가의 제품이 정상가격보다 낮은 가격으로 수출되어 수입국가의 국내산업에 피해를 주는 불공정 무역행위를 방지하기 위한 제도이다.

덤핑(dumping)은 일반적으로 원가 이하 판매를 말한다. 여기서 원가란 제조원

덤핑
일반적으로 동일재화를 상이한 시장에 대해 상이한 가격으로 판매하는 것으로, 국제무역에서 문제가 되는 덤핑은 수출국이 국내 구매자에게 받는 가격보다 낮은 가격으로 외국에 수출하는 것이다.

가(판매원가의 경우 상품구입비)에 판매비 및 판매관리비를 추가한 비용인 판매원가를 말한다. 덤핑은 국내시장과 국제시장에서 각각 이루어진다. 국내적으로는 경쟁사를 쓰러뜨리기 위해서 부당 염매를 할 경우, 독점규제 및 공정거래법에 관한 법률에 의해 규제된다. 그러나 국제시장에서의 덤핑이란 결국 '가격차별화'라는 개념으로 정의될 수 있으며, 가격차별화란 특정상품을 자국시장에서 판매하는 것보다 특정국가에 낮은 가격에 판매(수출)하는 경우를 뜻한다.

덤핑판정은 통상 다음과 같은 세 가지 기준에 의하여 판정된다.

첫째, 수입물품의 가격이 국제시장 가격보다 낮을 경우

둘째, 수입물품의 가격이 생산원가보다 낮을 경우

셋째, 수입물품의 가격이 수출국의 국내시장 가격보다 낮을 경우

Tip

국제무역에서의 덤핑

첫째, 수입국시장에서 경쟁기업을 무너뜨려 시장지배력을 행사하기 위한 약탈적 덤핑(predatory pricing or monopolizing dumping)

둘째, 시장진출 또는 확장을 위한 덤핑(market expansion dumping)

셋째, 특정기업이 재고상품을 외국에 처분하는 경우의 덤핑

넷째, 국영무역을 하는 국가에서 외회획득을 목적으로 하는 경우의 덤핑

3) 상계관세(countervailing duties)

상계관세

국내산업의 경쟁력을 유지하기 위한 차별관세의 일종으로 상쇄관세라고도 하는데, 수출국이 특정 수출산업에 대해 장려금이나 보조금을 지급하여 수출 상품의 가격경쟁력을 높일 경우 수입국이 부과하는 관세

국내산업의 경쟁력을 유지하기 위한 차별관세의 일종이다. 상쇄관세라고도 불린다. 수출국이 특정 수출산업에 대해 장려금이나 보조금을 지급, 수출상품의 가격경쟁력을 높일 경우 수입국이 부과할 수 있다. 부과금액은 기본관세 외에 해당상품에 지급되는 장려금이나 보조금만큼 더해져 산정된다. 차별관세의 부과요건은 외국에서 생산 및 수출에 직·간접적으로 장려금·보조금을 받는 수입품이 국내산업에 저해되거나 저해될 우려가 있는 경우 등이다.

다시 말해, 상계관세는 수출국이 수출품에 장려금이나 보조금을 지급하는 경우 수입국이 이에 대한 경쟁력을 상쇄시키기 위하여 부과하는 누진관세이다. 수출국의 기업이 수출품을 생산하거나 수출하는 과정에서 수출국 자국 정부로부터 보조금을 받아 가격경쟁에서 특혜를 누릴 경우 수입국 정부가 그 보조금에 해당하는

만큼의 금액에 대하여 관세를 부과한다.

이 교부금은 정부에 의한 공적 교부이든 동업조합(同業組合)에 의한 사적 교부이든 관계없으며, 수출장려금과 같이 직접적인 수단에 의하든 수출경비 할인에 의하든 관계없다. 이 보조를 받은 상품은 외국시장에서 유리한 입장에 서게 되며, 이러한 사실이 명백할 때 상계관세가 발동된다. 결국 상계관세란 외국의 산업장려정책이나 수출촉진정책에 입각한 부당한 경쟁으로부터 국내산업을 보호하기 위하여 부과되는 것이다.

(3) 정부조달에 있어서의 제한

각국 정부가 행하는 국제입찰 시 국외공급자보다 국내공급자를 우대하는 것과 같은 내외차별조치를 말한다.

(4) 기술 장벽(표준 및 규정에 의한 제한)

각종 기술표준, 포장 및 라벨링, 보건, 위생, 안전 규정 등에 의한 제한이다.

(5) 투자 및 서비스 장벽

외국인 투자에 대해 취하는 현지부품조달요건 외환규제, 국내판매요건 등의 투자규제조치와 각국이 국내산업의 보호 · 육성, 문화와 전통의 보호라는 관점에서 서비스교역에 대해 취하는 다양한 규제조치이다.

(6) 수입절차상의 제한

1) 수입허가제(import license system)

특정 상품의 수입에 대하여 정부의 허가를 필요로 하는 제도를 말한다. 국내산업보호가 목적인 수량에 의한 허가와 국제수지 균형이 목적인 금액에 의한 허가 등이 있다.

2) 통관절차상의 제한

통관항구 또는 공항을 지정하거나 통관 시 불필요한 지연을 행하는 것이다.

제4절 수출입통관

1. 통관

(1) 통관의 정의

> **통관**
> 관세법의 규정에 의한 절차를 이행하여 물품을 수입 · 수출 또는 반송하는 것

통관(通關, customs clearance)이란 관세법의 규정에 의한 절차를 이행하여 물품을 수입 · 수출 또는 반송하는 것을 말한다. 통관은 곧 '관세선을 통과하는 것'이며, 관세선의 현실적 관문인 '세관을 통과하는 것'을 의미하기도 한다.

(2) 수출입 통관 시 해야 할 일

통관은 수출입절차의 일부로서, 통관에 대한 명확한 이해는 신속한 통관, 합법적 절세 및 물류비용 절감을 가능하게 하며, 관세법 위반행위의 발생 또한 방지해 준다.

1) 수출입요건의 구비 여부 확인

국내산업의 보호, 소비자보호 등을 위하여 화상품법, 전기용품안전관리법 등 개별법령에서 수출입요건을 규정하고 있으므로, 수출입통관을 위해서는 미리 법규를 숙지하고 이들 요건을 구비하여야 한다. 한편 관세법 내의 원산지표시, 상표표시 등 통제규정에 대해서도 사전에 숙지하여 통관이 지체되는 일이 없어야 한다.

2) 조세부담의 고려

수입 시에는 관세 및 내국세를 납부하여야 하므로 원가계산 시 이를 고려해야 한다. 이 경우 관세감면이나 용도세율의 적용, 양허세율의 적용 등으로 실질적인 '절세'가 가능하므로 이에 대한 이해가 필요하다. 한편 수출 후에는 일정한 조건을 갖추어 관세환급을 받을 수 있으므로 수출물품에 대한 매출액 계산 시 환급에 대한 이해가 필요하다.

3) 물류비용의 절감방안 검토

국제무역거래는 장거리 운송 및 대량 거래로 인하여 운임, 창고료, 하역비 등 물류비용의 부담이 크다. 현품검사제도, 보세운송제도, 부두직반출제도 등에 대하여 명확히 이해한다면 통관 과정에서 발생하는 여러 비용을 크게 절감할 수 있다.

(3) 관련 법령

1) 수출입통관 관련 법률

수출입통관을 규제하는 가장 기본적인 법률은 관세법이며, 수출용 원재료에 대한 환급에 대하여는 관세환급 특례법상에 특례규정을 두고 있다. FTA(자유무역협정) 품목의 통관에 대하여는 FTA관세특례법상에 특례규정을 두고 있다. 관세환급 특례법 및 FTA관세특례법은 해당 부분에 한하여 관세법에 우선하여 적용된다.

2) 통관을 법으로 강제하는 이유

대부분의 국가는 통관절차의 이행을 강제하고 이를 위반할 경우 처벌을 하고 있다. 통관을 법으로 강제하는 이유는 다음과 같다.

① 재정수입의 효과적 확보: 수입통관 시의 조세수입이 전체 조세수입의 25%를 차지한다.

② 국내산업의 보호: 불공정무역뿐만 아니라 공정무역으로 인한 국내산업의 피해를 구제한다.

③ 소비자의 보호: 원산지 또는 품질의 허위표시 · 과장표시로부터 소비자를 보호한다.

④ 국민건강과 동식물의 보호, 환경보호: 국민건강에 위해한 물품의 반입을 통제하고, 멸종위기 동식물이나 환경파괴 물품의 유통을 억제한다.

⑤ 국가의 안전보장, 선량한 풍속의 보호: 마약 · 무기 등의 밀 반 · 출입을 통제하고, 미풍양속을 저해하는 서적 · 영상물 등의 거래를 금지한다.

⑥ 통상정책 집행의 효율성 확보: 외국과의 교역을 제한하거나 촉진하여 수출입 통관을 하나의 정책수단으로 활용한다.

3) 관세부과 시의 법령적용 기준 시기

관세는 수입신고 당시의 법령에 의하여 부과한다. 관세율, 관세환율, 관세감면 또는 분할납부의 적용 여부, 수출입통관요건의 적용 여부 등의 결정은 모두 수입신고 당시의 법령이 그 기준이 된다. 다만, 보세건설장에 반입된 외국물품에 대한 법령적용 기준 시기는 수입신고수리일로 한다.

2. 수입, 수출, 반송의 개념과 절차

(1) 수입

> **수입**
> 외국물품을 내국에 반입하거나, 내국에서 소비 또는 사용(자국의 운송수단 안에서 소비 또는 사용하는 것 포함)하는 것

관세법상 수입이란 '외국물품을 내국에 반입(보세구역을 경유하는 것은 보세구역으로부터 반입하는 것)하거나, 내국에서 소비 또는 사용(자국의 운송수단 안에서 소비 또는 사용하는 것 포함)하는 것'을 말한다. 보세구역을 경유하여 반입되는 물품의 경우, '보세구역 반입'만으로는 수입이 아니며, 보세구역을 경유하여 국내 반입이 될 때 비로소 '수입'으로 본다.

수출신고가 수리된 물품을 내국으로 재반입하는 것은 관세법상 '수입'에 해당한다.

(2) 수출

> **수출**
> 내국물품을 외국으로 반출하는 것으로, 일반적으로 선박 또는 항공기에 물품이 적재되었을 때 반출이 된 것으로 본다.

관세법상 수출이란 '내국물품을 외국으로 반출하는 것'을 말한다. 일반적으로 선박 또는 항공기에 물품이 적재되었을 때 반출이 된 것으로 본다.

① 선박 또는 항공기를 수출하는 경우, 외국을 향하여 운항이 개시된 때 반출된 것으로 본다.

② 선상신고를 하거나 어로 현지에서 수출하는 원양수산물의 경우, 수출신고가 수리된 때 반출된 것으로 본다.

(3) 반송

> **반송**
> 내국에 도착한 외국물품을 수입하지 않고 그대로 외국으로 반출하는 것

관세법상 반송이란 '내국에 도착한 외국물품을 수입하지 않고 그대로 외국으로 반출하는 것'을 말한다.

① 중계무역을 위하여 보세구역에 반입하였던 물품을 제3국으로 반출하는 경우 '반송'에 해당한다. 이는 보세구역에 반입된 물품에 대하여 포장을 바꾸거나 구분 · 분할하는 등 보수작업을 하여 제3국으로 반출하는 것을 포함한다(중계무역 시 가장 경제적인 통관방식).

② 보세구역에 반입된 물품을 확인한 결과 약정물품과 달라 클레임을 제기하고 그대로 외국으로 되돌려보내는 것도 '반송'에 해당한다.

3. 보세제도

(1) 보세구역의 의의

보세구역이란 외국물품을 수입신고수리 미필 상태로 장치하거나, 가공 · 전시 · 판매 · 전시 등을 하기 위한 구역을 말한다. 보세구역은 세관에 의한 수출입물품 관리의 중심이 되는 장소이다. 보세구역은 실무상 '세관구내창고', 'CY', 'CFS', '선박회사(항공사)화물 장치장' 등으로 불리기도 한다.

보세구역
외국물품을 수입신고수리 미필 상태로 장치하거나 가공 · 전시 · 판매 · 전시 등을 하기 위한 구역

(2) 보세구역의 종류

보세구역은 지정보세구역 · 특허보세구역 및 종합보세구역으로 구분하고, 지정보세구역은 지정장치장 및 세관검사장으로 구분하며, 특허보세구역은 보세창고 · 보세공장 · 보세전시장 · 보세건설장 및 보세판매장으로 구분한다.

4. HS 코드 정의

(1) HS의 개념

HS는 1988년 발효된 상품분류에 관한 국제협약으로서 정식명칭은 '통일상품명 및 부호체계에 관한 국제협약(The International Convention on the Harmonized Commodity Description and Coding System)'이다. HS는 통계의 필요상 고안한 상품분류표이지만, 현재 무역분야에서 광범위하게 사용되고 있다. 관세의 부과는 수입물품별로 정해진 관세율에 의하는데, 이때의 관세율은 관세법

HS
1988년 발효된 상품분류에 관한 국제협약으로서 정식명칭은 '통일상품명 및 부호체계에 관한 국제협약'

의 일부가 되는 관세율표에 규정되어 있다. 이 관세율표는 수입물품을 분류하기 위한 상품분류표와 이를 기초로 한 관세율로 구성된다. HS 협약을 수용하고 있는 나라의 관세율표상 상품분류는 HS에 의하고 있기 때문에 HS품목분류가 정확히 되어야 무역거래물품의 관세율 수준을 알 수 있게 된다. 한편, 비관세적 무역관리 분야에서도 HS가 활용되는데, 우리나라의 경우 수출입공고나 별도공고, 통합공고, 전략물자수출입공고 등이 모두 HS에 근거하여 고시되고 있다.

(2) HS 코드

> **HS코드**
> 수출입 물품에 대해 HS 협약에 의해 부여되는 상품분류 코드로서, 6자리까지는 국제적으로 공통으로 사용하는 코드이며, 7자리부터는 각 나라에서 세분화하여 10자리까지 사용할 수 있다.

HS 코드는 수출입 물품에 대해 HS 협약에 의해 부여되는 상품분류 코드로서 6자리까지는 국제적으로 공통으로 사용하는 코드이며, 7자리부터는 각 나라에서 6단위 소호의 범위 내에서 이를 세분하여 10자리까지 사용할 수 있다. 우리나라에서는 10자리까지 사용하며, 이를 HSK(HS of Korea)라 한다(중국은 8자리, 일본은 9자리 사용). 한편, 정확한 품목분류 결정을 위해서는 당해 물품의 재질, 구조 및 작동 원리, 기능 및 용도를 파악해야 하나 첨단 기술제품의 급속한 출현 및 기술의 발달에 따라 이러한 내용을 쉽게 파악하기가 어려워 품목분류 결정은 더욱 어려워지고 있는 실정이다.

(3) HS 기본구조

1) HS의 해석에 관한 일반통칙(GRI)

HS의 해석에 관한 일반통칙은 HS에 의한 상품분류에 있어 기본원칙을 규정하고 있다. 이 통칙은 HS 협약의 일부로서 법적인 효력을 갖는다. 관세법 별표인 관세율표에도 이 통칙을 규정하고 있으므로 통칙 자체가 관세법의 일부를 구성하고 있기도 하다.

2) 주(note)

주는 부와 류 및 소호에 설정되어 있으며, 통칙, 호의 용어와 함께 법적 구속력을 갖는 HS의 3대 구성요소의 하나로서 HS 협약주, 국내주로 구성되어 있다.

3) 호(號) 및 소호(小號)의 정의

호(heading)란 2단위인 류(類)를 품목에 따라 세분한 것으로서 HS 코드 앞부분 4자리를 말한다. 호는 4단위의 코드번호와 연결하여 설정된 구체적인 품목들로서 통칙 및 주와 함께 법적 구속력을 갖는 HS의 3대 구성요소의 하나이다.

소호(sub-heading)란 4단위인 호를 품목에 따라 세분한 HS 코드 앞부분 5, 6자리를 말한다. 소호의 용어도 통칙 6의 규정에 의거 호의 용어와 동일하게 법적인 구속력을 갖는 HS 3대 구성요소의 하나이다. HS 코드는 소호(6자리)까지 국제적으로 공통으로 사용하며, 7단위부터는 각국이 자국의 설정에 맞게 6단위 소호의 범위 내에서 통계 등의 목적으로 세분하여 사용할 수 있다.

4) 부(部)와 류(類) 및 절(節)의 표제

HS는 법적 구속력을 갖는 3대 구성요소인 통칙, 즉 주, 호와 소호의 용어 외에 참조의 편의와 모든 물품은 반드시 하나의 호에 분류되어야 한다는 일의성(一意性) 분류원칙이 있다. 이를 위해 거시적으로는 수직적 분류, 미시적으로는 수평적 분류의 관점에서 비슷한 물품군을 그룹화한 대분류인 부(部, section)와 중분류인 류(類, chapter) 및 한정된 류에 단지 이해의 목적으로 설정된 절(節, sub-chapter)로 분류한다.

5. 품목분류 사전심사

(1) 의의

수출입물품의 품목분류에 의문이 있으면 수출입신고를 하기 전에 관세청장에게 당해 물품에 적용될 별표 관세율표상의 품목분류를 미리 심사하여 줄 것을 신청하고, 심사결과에 따라 수출입신고를 할 수 있다. 즉, 최초 수출입물품이거나 기능이나 용도의 변화로 인하여 기존의 HS 코드를 적용할 수 없다고 판단되는 경우, 이에 대하여 관세청의 공식적인 해석을 얻을 수 있는 제도이다.

(2) 절차

물품을 수출입하고자 하는 자와 관세사법에 의한 관세사 · 관세사법인 · 통관취급법인은 수출입신고를 하기 전에 관세청장(관세평가분류원장 또는 중앙관세분석소장)에게 품목분류사전심사를 신청할 수 있다. 품목분류 사전심사 신청을 받은 관세청장(관세평가분류원장 또는 중앙관세분석소장)은 당해 물품에 적용될 품목분류를 심사하여 이를 신청인에게 통지하여야 한다. 다만, 제출 자료의 미비 등으로 품목분류를 심사하기 곤란한 때에는 그 뜻을 통지하여야 한다.

(3) 품목분류의 고시

관세청장은 품목분류를 심사한 물품에 대하여는 당해 물품에 적용될 품목분류와 품명 · 용도 · 규격 기타 필요한 사항을 고시하여야 한다. 당해 물품에 적용될 품목분류를 고시함이 부적당하다고 인정되는 물품은 이를 고시하지 않을 수 있다. 품목분류를 고시하지 않은 물품에 대한 품목분류의 유효기간은 1년으로 한다.

(4) 품목분류 사전심사의 효력

세관장은 수출입신고가 된 물품이 품목분류사전심사 결과 관세청장이 통지한 물품과 동일한 때에는 그 통지내용에 따라 품목분류를 적용하여야 한다. 관세청장은 품목분류를 변경한 때에는 변경일부터 30일이 경과하기 전에 우리나라에 수출하기 위하여 선적된 물품에 대하여 변경 선의 품목분류를 적용하는 것이 수입신고인에게 유리할 경우 변경 전의 품목분류를 적용할 수 있다.

6. 관세환급제도

(1) 관세환급의 의의

관세의 환급이란 세관에 이미 납부한 관세 · 가산금 · 가산세 · 체납처분비를 일정한 사유로 인하여 다시 되돌려주는 것을 말한다. 관세환급은 세법상의 부당이득 조정제도이다. 그러나 반드시 과세관청의 위법 · 부당한 부과처분을 전제로 하는 것은 아니다.

(2) 관세법상의 관세환급

관세법상 관세환급에는 과오납금의 환급, 계약 내용과 상이한 물품에 대한 간세환급(위약환급), 지정보세구역 장치물품의 멸실 · 손상으로 인한 관세환급, 종합보세구역 내 판매물품에 대한 관세환급 등이 있다. 관세법상 관세환급을 하는 경우에는 수입통관 단계에서 관세와 함께 부과하였던 부가가치세도 함께 환급한다는 점(부가가치세 신고에 의하여 환급을 받은 경우에는 예외)이 환급특례법상 환급과 다르다.

(3) 환급특례법상의 관세환급

환급특례법상 관세환급이란 수출용 원재료를 수입하는 때에 납부하였거나 납부할 관세 등을 관세법 등의 규정에 불구하고 이 법에 의하여 수출업자 또는 수출물품의 생산자에게 되돌려주는 것을 말한다. 현행 환급 특례법에는 수입원재료로 생산된 물품이 국내에서 소비되는 경우에도 환급대상으로 인정하는 경우도 있고, 외국으로 수출되어도 환급대상으로 인정하지 않는 경우도 있다. 환급특례법에서의 관세환급은 주로 '외화획득여부'에 그 환급의 기준을 두고 있다.

참고문헌

박종수, 『관세론』, 법문사, 2008.

이균, 『관세론』, 박영사, 2005.

연습문제

1. 관세의 성격에 대하여 설명하시오.

2. 관세의 기능 및 효과에 대하여 설명하시오.

3. 종가세와 종량세의 장단점을 설명하시오.

4. 관세율 정책에 대하여 설명하시오.

5. 비관세장벽의 정의 및 특성에 대하여 설명하시오.

6. 비관세장벽의 등장배경을 설명하시오.

7. 비관세장벽의 수량제한정책에 대하여 설명하시오.

8. 덤핑의 발생이유에 대하여 설명하시오.

9. 상계관세에 대하여 설명하시오.

10. 수출입 통관을 법으로 강제하는 이유를 설명하시오.

INTRODUCTION TO INTERNATIONAL BUSINESS

PART 04

국제경영학과 무역

CHAPTER

11 기업 글로벌화의 필요성

INTRODUCTION TO INTERNATIONAL BUSINESS

CHAPTER 11

기업 글로벌화의 필요성

제1절 수출입기업의 국제경영 필요성

1. 국제경영의 정의 및 필요성

세계화 현상이 급속히 진행되고 있는 21세기의 기업경영환경에서는 어떠한 기업과 국가라도 경제적 고립주의를 택하는 것이 불가능하기 때문에, 국제경영은 매우 중요하고 필수 불가결한 기업의 기능으로 부각되고 있다. 글로벌 시장의 일부가 되는 데 실패한 기업은 경제적 영향력을 점차 잃어갈 것이고, 결국에는 기업의 도태 및 도산이라는 비참한 결과를 맞을 것이기 때문이다.

그러나 국제경영의 대열에 성공적으로 참여하는 기업은 수익성뿐만 아니라, 보다 나은 국제사회에서의 위치 확보도 가능할 것이고, 한걸음 더 나아가 세계의 주요 기업으로 부상할 수 있을 것이다. 따라서 국제경영은 치열한 경쟁이라는 세계화시대의 도전적 명제에 대하여 적극적으로 대처하여 일류기업으로 부상할 것이냐, 아니면 국경 없는 세계경제 속에서 영원한 삼류기업으로 남을 것이냐 하는 문제의 선택에 있어서 핵심이 되는 과제이다.

(1) 국제경영의 개념

국제경영
개인이나 조직의 목표를 달성하기 위하여 국경을 넘어서 수행되는 모든 거래

국제경영이란 개인이나 조직의 목표를 달성하기 위하여 국경을 넘어서 수행되는 모든 거래를 말한다. 이러한 국제거래에는 수출입과 같은 무역거래에서부터

라이선싱, 합작투자, 단독투자, 턴키(turnkey)계약, 경영계약 등에 이르기까지 다양한 형태를 포괄한다. 정의에서 볼 수 있듯이 국제경영활동은 국경을 넘어서 수행되기 때문에 국내경영과 다음과 같은 점에서 차이가 난다.

즉, 국제경영자는 국내경영에서는 그렇게 중요하게 다루지 않아도 되는 새로운 거시환경론적 요소들, 서로 다른 정부규제, 서로 다른 문화, 법률체계, 사회관습 등으로부터 오는 갈등 등에 잘 대처하면서 경영활동을 해야 한다. 따라서 경영의 기본원칙은 동일하게 적용될지 모르나 그것을 적용하는 방법, 그 과정에서 만나게 될 복잡성 및 부담감의 감도는 매우 다를 수 있다.

국제경영 정의 속에서 강조하는 또 다른 측면은 '국제간 거래'이다. 국제간 거래는 국제경영이 하나의 활동임을 나타낸다. 즉, 국제경영이란 끊임없이 변화하는 것이기 때문에 과학이라기보다 차라리 하나의 기술로 보아야 한다. 그러나 기술의 성공을 위해서는 과학적 측면에서의 견고한 기반이 바탕이 되어야 한다. 국제경영활동과 관련된 기업경영자, 정책입안자 및 개별 소비자에 이르기까지 이와 같은 국제경영의 두 가지 측면을 잘 이해하고 있어야만 제대로 된 국제경영활동을 위한 생각 및 계획을 입안할 수 있다.

이러한 바탕 위에서 국제경영 주체들은 다음과 같은 질문들과 관련된 의사결정, 국제적 이슈 및 그 영향들에 대한 생각을 정리할 수 있을 것이다.

첫째, 나의 아이디어, 제품 또는 서비스가 어떻게 국제시장에 적합한가?
둘째, 어떠한 적합화가 필요한가?
셋째, 세계적 경쟁으로부터 나는 어떠한 위협을 받는가?
넷째, 이러한 위협에 어떻게 대처할 수 있는가?
다섯째, 나의 글로벌 전략 대안은 무엇인가?

경영자들이 이와 같은 정리된 생각들을 의사결정 과정에서 고려할 때 국내시장에 한정하고 있는 기업들이 도저히 달성할 수 없는 성장과 이익 그리고 기업의 필요를 충족시켜줄 수 있을 것이다. 이 책의 목적도 중개무역국가의 대표적 나라인 우리나라의 수출입기업 경영자들의 의사결정 과정에 도움을 줄 수 있는 이론적 배경과 분석틀을 제공하는 데 있다.

(2) 국제경영의 중요성

최초의 국경선이 형성된 이래로 국제경영활동은 국가 및 개인들에 의하여 수행되어 왔다. 많은 경우 국제경영활동 그 자체가 국경을 형성하고 세계역사를 바꾸는 주요 요인이기도 하였다.

국제경영활동으로부터 얻은 수 있는 이득을 봉쇄하는 방법이 오랫동안 국가적인 정책수단으로 자주 활용되어 왔다. 많은 국가 또는 국가연합이 경제적인 강제조치를 취한 예는 고대 그리스 도시국가시대 및 펠로폰네소스 전쟁(Peloponnesian War) 당시부터 있어 왔다. 나폴레옹 전쟁 때에도 전투원들은 적국의 경제적 붕괴 및 외부로부터의 교역을 차단함으로써 식량부족 사태를 유발하는 해상봉쇄작전을 자주 사용하였다.

미국의 남북전쟁 때에도 북군은 남군의 수출활동으로부터 얻을 수 있는 수익기회를 박탈하기 위하여 지속적으로 국제경영활동의 기회를 차단하기 위한 전략을 택하였다. 최근에는 UN이 이라크에 대해 쿠웨이트 침공에 대한 제재 조치의 일환으로 쿠웨이트 영토로부터 철수할 때까지 무역봉쇄 조치를 단행한 적이 있다. 비록 그 조치가 이라크로 하여금 철수하도록 하는 데 효과는 없었지만 이라크를 국제무역의 장에서 고립시켰다는 사실 자체는 국제경영활동의 중요성을 보여주는 주요 전략적 행위라고 볼 수 있다.

국제경영의 중요성은 1930년대에도 부각되었던 적이 있다. 당시 미국은 외국으로부터의 수입물량을 줄일 목적으로 스무트 – 홀리법((Smoot–Hawley Act)[1]을 제정하여 수입관세를 대폭 인상하였다. 그 법은 국내 고용기회를 확대할 것이라는 희망과 함께 통과되었다. 그러나 결과는 대부분의 상대국으로부터 보복조치를 유발하였고 국제무역이 극도로 위축되어 세계적인 공황과 금융시스템의 붕괴를 초래함으로써 제2차 세계대전의 경제적 원인을 제공하기에 이르렀다.

그리하여 국제사회는 국제무역의 중요성을 지금까지와는 매우 다르게 인식하게 되었다. 과거에는 무역활동이 국제적인 차원에서 다루어지거나 영향을 미친 경우는 거의 없었다. 최근 20년 동안에 국제사업활동의 규모는 200억 달러 수준에서 4조 달러 수준으로 급속히 증가되었다. 과거에는 결코 국제경영활동의 참여

1) 미국은 스무트–홀리법에 따라 2만여 개의 품목에 대해 수입관세 인상을 단행하였다. 이후 스무트–홀리법은 여타 국가들의 보복적인 교역장벽의 강화를 촉발시켜 세계적인 교역 감소, 그리고 대공황의 심화라는 치명적인 결과를 가져와 보호무역정책의 상징으로 간주되고 있다. 물론 스무트–홀리법이 제정된 후 1930년대 세계 교역량은 눈에 띄게 감소하였다.

자가 아니라고 생각되었던 국가들이 매우 중요한 위치를 차지하였으며, 기업 및 개인들도 그들의 경쟁무대가 국내에만 한정되지 않고 세계적인 시장을 무대로 경쟁할 수밖에 없다는 사실을 인식하게 되었다. 국제경영현상의 일반화로 인해 과거에는 알려지지 않고 기대하지도 않았던 세계금융시장, 기술 및 생활의 표준이 범세계적으로 연계관계를 맺게 되었다.

(3) 기업경영의 세계적 연계관계

국제경영은 국가, 기업, 개인들을 전 세계적인 차원에서 과거 어느 때보다 더 긴밀한 연계관계를 가지도록 네트워크를 형성하도록 만들어버렸다. 이와 같은 연계관계가 처음으로 강력하게 인식된 시기는 1970년대의 세계적인 석유파동 당시였고, 그 이후 점차 분명해져 왔다.

브라질에서 가뭄이 발생하여 커피 생산이 줄어들면 그 파급효과가 전 세계에 미치고, 남아프리카공화국이 원자재 생산을 전략적으로 줄이면 수많은 국가, 기업, 개인들이 곤란을 겪는다. 중동의 내전이 심화되면 세계 모든 곳에서의 석유가격, 증권시장, 그리고 물자 및 사람의 흐름에 영향을 미친다.

국제경영은 생산전략의 세계적인 방향을 재설정하도록 만들었다. 예를 들면, 불과 수십 년 전만 하더라도 자동차 부품을 한 국가 이상의 지역에서 생산하고 그것을 다른 나라에서 조립하고 완성차를 세계의 또 다른 지역에서 판매한다는 생각을 하는 것이 불가능하였다. 그러나 그와 같은 세계화 전략이 오늘날에는 생산 및 유통활동의 공유[2)]를 통해 가능하게 되었다.

2. 국제경영과 국내경영의 차이점

국제경영과 국내경영의 차이점

환경의 이질감, 기업경영활동의 복잡성, 상이한 무역시스템의 이해

국제기업을 간단하게 정의하면 국제무역 또는 국제투자활동을 수행하는 기업이라고 할 수 있다. 국제경영활동을 한다고 해서 외국에서의 직접경영활동을 위

2) 예를 들면, 처음 200년 동안 미국은 유럽을 원료공급의 원천인 동시에 완제품에 대한 시장으로 인식해 왔다. 많은 개인, 기업 및 정책입안자들이 오늘날에도 이와 같은 인식을 견지하고 있기는 하지만 교역관계의 현실은 서서히 변하고 있다. 태평양을 통한 미국의 쌍방교역 규모가 1990년에 3,110억 달러에 이름으로써 대서양을 통한 교역규모보다 640억 달러를 앞질렀다. 그러나 향후 동구권이나 동남아시아권이 새로이 시장경제권으로 편입됨으로써 새로운 무역 파트너로 등장하고 있어 향후에는 또 다른 변화가 예상되기도 한다.

한 투자를 하는 다국적기업이 될 필요는 없다. 다른 나라로부터 제품을 수입해 오거나 다른 나라로 수출하는 활동만을 수행해도 국제기업이 될 수 있다.

세계가 점차 통합된 범세계적 경제로 이행하면서 대기업이건 중소기업이건 간에 보다 많은 기업들이 국제기업화가 되고 있다. 이러한 세계경제의 범세계화가 국제기업 경영자들에게는 무엇을 의미하는가? 그들이 속한 조직이 점진적으로 국경을 넘어선 무역이나 투자활동에 개입되면서, 경영자들은 지금까지 해오던 순수 국내경영활동과는 여러 가지 측면에서 다른 국제경영 과업을 인식할 필요가 생긴 것이다.

국제경영활동이 순수 국내경영활동과 차이가 나는 이유는 다음의 세 가지로 압축될 수 있다.

첫째, 국가가 서로 다르기 때문이다.

둘째, 국내경영자들이 직면하고 있는 문제보다 국제경영자들이 직면하고 있는 문제들이 더 광범위하고 문제 자체가 보다 복잡하다.

셋째, 국제경영자들은 각국 정부들이 국제무역 및 투자활동에 간섭하기 위하여 설정한 한계 내에서 해결책을 모색해야 한다.

(1) 환경의 이질감

가장 근본적인 차이는 단순히 국가들의 경영환경이 서로 다르다는 것이다. 다시 말해서, 각 국가는 사회적 환경, 문화적 환경, 정치 · 법률적 환경, 경제적 환경이 서로 다르다.

국가 간 차이를 인정하는 경우 수출기업들은 국제경영활동을 나라마다 달리 해야 한다는 필요성을 인식한다. 브라질에서의 제품판매 방식과 독일에서의 제품판매 방식은 달라야 할 것이며, 미국 노동자를 다룰 때에는 일본의 노동자를 다룰 때와 다른 기법이 필요할 것이다. 멕시코에서는 현지국 정부와 밀접한 관계를 유지하는 것이 중요할지 모르지만 영국에서는 그럴 필요가 없을 수도 있다. 더 나아가 캐나다에서 추구한 경영전략이 우리나라에서는 먹혀 들어가지 않을 수도 있다. 국제기업 경영자들은 이러한 차이점에 민감하게 반응할 필요가 있음과 동시에, 이러한 차이에 대응하기 위한 적절한 정책과 전략을 수립해야 한다.

(2) 기업경영활동의 복잡성

국제경영이 국내경영과 또 다른 차이점은 국제경영활동이 보다 복잡하다는 것이다. 경영활동의 대상국가가 서로 다르기 때문에 나타나는 문제점 이외에도 국제경영자는 국내경영자가 직면하지 못하는 여러 가지 상황에 대처해야 한다.

부가가치를 최대로 하면서 생산비용을 최소화시키기 위해서는 어디에 생산기지를 두어야 할 것인가, 세계 곳곳에 퍼져 있는 생산활동을 어떻게 서로 조정하고 통제할 것인가, 어떤 국가시장은 진입하고 어떤 국가시장은 피해야 할 것인가, 특정 국가시장에 진입할 때에는 어떤 진입방식을 선택해야 할 것인가, 특정 국가시장에 수출을 하는 것이 최선인가, 현지국 기업으로 하여금 자기 제품을 현지에서 생산할 수 있도록 라이선싱해주는 것이 좋은가, 현지기업과 합작투자를 통해 현지에서 생산하는 것이 좋은가, 아니면 전액투자를 하여 완전소유 자회사를 현지에 설립하여야 하는가 등등 수많은 문제들을 풀어야 한다.

(3) 상이한 무역시스템의 이해

국제경영자가 다루어야 할 또 하나의 상황은 국경을 넘어서 사업활동을 하기 위해 필요한 국제투자 및 무역 시스템의 지배규칙을 이해해야 한다는 것이다. 또한 국제경영자는 국제무역 및 투자에 대한 각국 정부의 규제에 대응해야 한다. 많은 국가들이 규범적으로는 자유무역을 주장하지만 가끔씩 국제무역 및 투자를 규제하기 위하여 간섭하기도 한다. 국제경영자들은 이와 같은 간섭에 대처할 수 있는 전략과 정책을 개발해야 한다.

또한 통화 간의 환율은 급변하는 각종 경제적 여건에 따라 변동되기 때문에 국제경영자는 환율변동에 대처할 수 있는 전략도 개발해야 한다. 환율 변화에 잘못 대응하게 되면 열심히 경영활동을 통해 얻은 거액을 잃어버릴 수도 있고, 환율변화에 잘 대처한 기업은 국제사업 활동의 수익성을 증대시킬 수도 있다.

생각하기 1 : 국제경영의 위험요인

전 세계시장을 대상으로 경영활동을 전개하는 글로벌경영은 국내경영과 비교할 때 다음과 같이 4가지 위험요인이 있다.

첫째, 글로벌경영을 하는 데에 있어 직면하게 되는 국제적 위험요소(international risk)가 있다. 이러한 위험에는 금융상 위험, 정치적 위험, 정부규제로 인한 위험, 조세상의 위험 등이다. 금융상 위험은 각국마다 국제수지, 환율, 인플레이션, 이자율 등이 다르기 때문에 발생한다. 정치적 위험은 외국인 기업에 대한 토지 등의 강제수용이나 불안감 조성 등에 연유한다. 정부규제로 인한 위험은 국가 간 상이한 법률체계와 정책 재판관할권의 중복으로부터 생겨난다. 조세상의 위험은 예기치 못한 재정정책의 변화로 인해 기업의 이윤에 상당한 영향을 줌으로써 발생하고 또한 세법 적용의 불확실성은 이중과세의 위험도 발생시킨다. 이상의 국제적 위험은 통화, 화폐기준, 국가의 목적 등이 서로 다르기 때문에 발생하지만, 이러한 위험은 이윤과 소유를 적절하게 조정(coordination)하거나 통제(control)함으로써 관리할 수 있다.

둘째, 글로벌경영활동의 또 다른 관심 사항은 갈등(conflict)이다. 갈등은 기업 경영자와 근로자, 고객과 공급자 간의 민족적 동질성이 서로 다르고 또한 국가의 이익과 국제기업의 경영목표가 서로 다르기 때문이다. 갈등은 국제기업의 외부환경으로부터 발생할 수 있고 기업의 외부환경과의 관계에서도 발생할 수 있다. 기업의 외부환경으로부터 발생하는 갈등은 자금, 생산, 고용을 다른 나라로 이전시키는 이윤동기에 대한 의사결정과 관련이 있다. 이러한 결정은 국제기업이 소속한 국가의 경제정책과 상충하는 경우도 있다.

글로벌기업 내부로부터 발생하는 갈등은 투자유치 대상국의 최고경영자들이 지배하고 연구 및 경영활동을 유지하려고 함으로써 발생하기도 하고 임금과 급료 수준의 차이에 의해서도 발생한다. 이러한 갈등을 해소하기 위해 글로벌기업의 경영자는 이해가 상충하고 있음을 인식하고, 견해 차이에 대한 조치와 대응책을 마련하기 위한 전략을 수립해야 한다.

셋째, 글로벌경영은 다양한 환경으로 인해 새로운 개념과 분석방법, 정보를 요구한다. 가장 중요한 요소는 경영활동의 개방화이다. 전력이나 통신시설 및 교통수단 같은 사회간접자본은 대부분의 국가에서 민간기업에게 개방되어 있지 않다. 석유나 광산물 같은 천연자원도 국제기업에는 개방되어 있지 않다. 이러한 경우에 투자유치 대상국의 정부나 대기업과 함께 합작투자(joint venture)가 필요하다. 그 다음의 중요한 환경요소는 제도적 틀이 다양한 점이다. 나라마다 노종조합의 조직원리와 운영이 다르며 경제계획이 기업활동에 미치는 범위와 영향력도 서로 다르고 자본시장과 금융제도의 발전단계도 상이하다. 글로벌기업 경영에 영향을 주는 또 다른 환경 요소는 문화적 차이이다. 글로벌경영자는 문화적 차이가 소비자와 공급자 및 근로자의 형태에 어떻게 영향을 주는지를 알아야 하고, 언어 및 관습과 가치관의 차이에 의한 의사소통의 장애를 극복해야 한다.

넷째, 글로벌기업은 변화의 주체이고 기술이전의 당사자, 경제사회 발전의 핵심체이다. 이것은 개발도상국에서 특히 그러하다. 그러므로 국제기업은 변화의 주체로서 투자국에서 가능한 역할과 불가능한 역할, 경제사회 발전에 잠재적으로 기여해야 할 것이 무엇인지 분명히 이해하여야 한다.

생각하기 2 : 인터넷 혁명에 따른 글로벌화

인터넷의 등장은 전 세계 소비자들과 기업 모두에게 과거와는 비교할 수 없을 정도로 큰 변화를 주었다. 따라서 인터넷의 폭발적인 성장과 이에 따른 사업구조에 미치는 혁신적인 변화에 대해 상세히 살펴보고자 한다.

인터넷비즈니스는 '정보기술을 바탕으로 하여 가상공간인 인터넷에서 창출되는 모든 비즈니스'로 정의할 수 있다. 인터넷은 정보통신 기술의 발전에 기초한 단순한 새로운 산업의 출현이라기보다는 기존 기업들의 경쟁우위를 순식간에 잠식할 수 있는 잠재력과 영향력을 가지고 있다. 아마존의 온라인 주문서비스는 수많은 점포를 가지고 있는 기존 회사를 능가할 정도로 성장하였고, 증권산업에서 e-trade는 거래수수료를 없애면서 온라인 주식거래를 통해 많은 고객을 확보할 수 있었다.

인터넷은 소비자들의 소비패턴에도 영향을 미치고 있다. 과거 가격과 제품에 대한 정보가 부족하였고, 공급자에 대한 교섭력이 부족하였던 소비자들은 인터넷을 통해 많은 정보를 가지게 되었고, 심지어는 동일제품에 대해 쇼핑몰의 가격을 비교하는 사이트까지 등장하고 있다. 이와 같이 인터넷의 등장은 결국 소비자와 공급자 간의 힘의 균형이 소비자에게 넘어가도록 하고 있다.

1. 인터넷 비즈니스의 유형

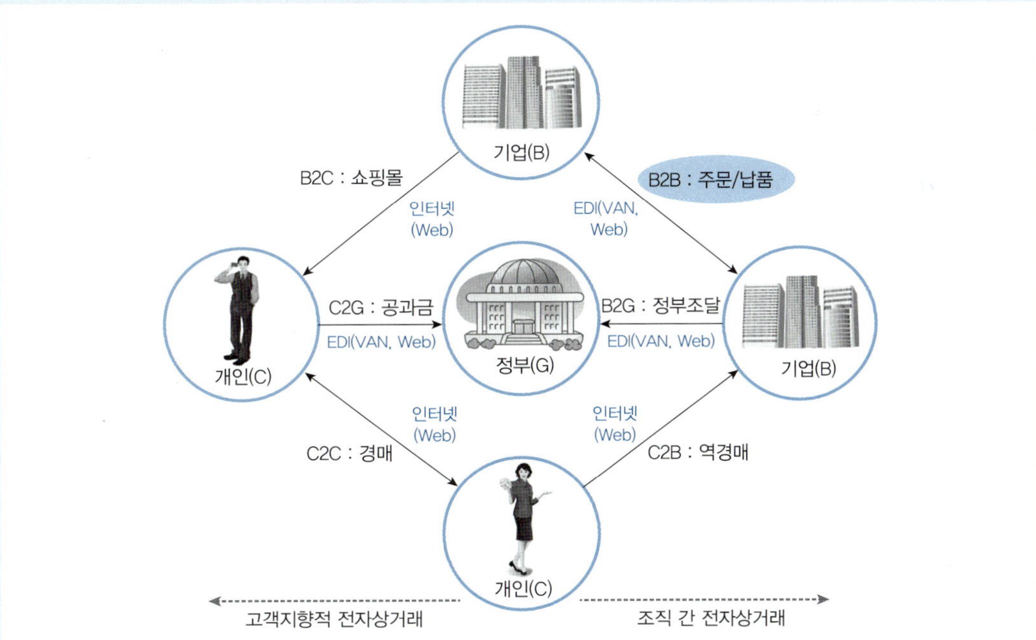

인터넷이 기업들의 경영활동에 가장 큰 영향을 미친 것은 인터넷을 기반으로 전자상거래가 증가했기 때문이다. 전자상거래는 일반적으로 구매자가 판매자의 웹사이트에 접속하여 그곳에서 거래가 실제로 이루어지는 것을 의미한다.

인터넷 비즈니스의 유형은 기업과 소비자라는 두 경제참여자를 기준으로 하여 다음과 같이 구분된다. 즉, 기업과 기업

간 거래(B2B), 기업과 소비자 간 거래(B2C), 소비자와 기업 간 거래(C2B), 소비자와 소비자 간 거래로 분류할 수 있다. 전자상거래는 초기에는 기업과 소비자 간 거래(B2C)가 대부분이었으나 거래규모면에서는 기업과 기업 간 거래가 월등하게 높게 나타났다.

2. 인터넷을 기반으로 한 글로벌경영

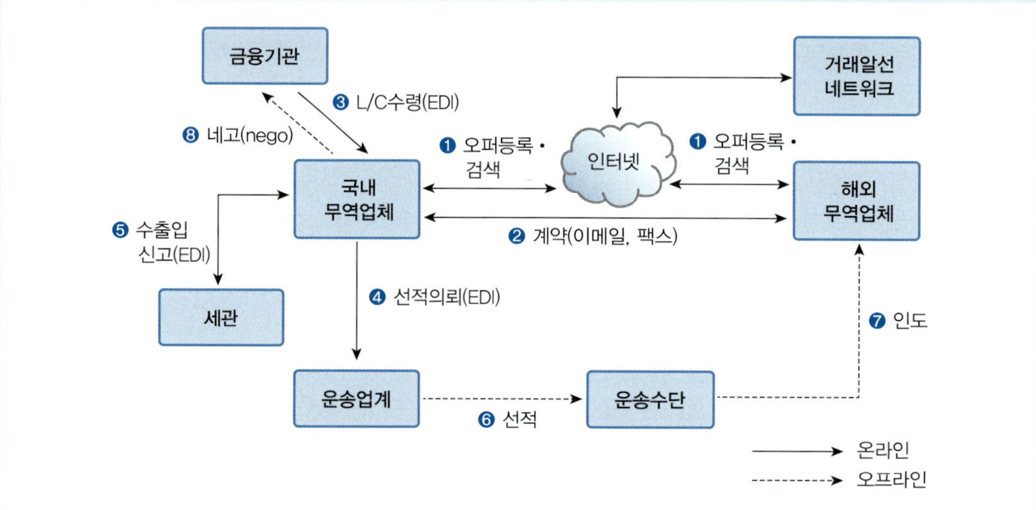

인터넷이 등장함에 따라 글로벌화에 적응하고 있는 글로벌기업들에게 미치는 영향력을 살펴보면 인터넷 비즈니스는 그 자체로 글로벌한 속성을 가지고 있다. 그러므로 글로벌경영을 하는 기업들에게는 새로운 사업기회가 생기게 된다.

기업들은 인터넷을 통해 해외에 있는 소비자들을 쉽게 접촉할 수 있게 되었으며 소비자들도 글로벌화된 연계가 가능해지고 있다. 또한 기업과 기업 간 거래에서도 인터넷을 통한 국제거래는 개방적인 네트워크와 저렴한 비용으로 기업들의 효율성을 높여준다는 장점이 있어 기업과 기업 간 거래의 증가는 물론 세계에서 가장 좋은 조건을 제시하는 기업과 거래할 수 있어 기업 간 글로벌 경쟁이 더욱 심화되고 있다.

기존의 기업들은 인터넷을 통하여 후방과 전방으로의 물류의 흐름을 더욱 범세계적이며 더욱 효율적으로 수행할 수 있게 되었으며, 인터넷을 통하여 새롭게 탄생한 기업들은 자신의 비즈니스 아이디어를 범세계적으로 확장시키기 위하여 이에 맞는 글로벌 전략이 필요하게 되었다.

제2절 글로벌화의 촉진요인

글로벌화를 이루는 요인으로 조지 입(George S. Yip)은 시장요인(market driver), 비용요인(cost driver), 정부요인(government driver), 경쟁요인(competitor) 등으로 구분하여 설명하고 있다.

기업 글로벌화의 촉진요인
시장요인, 비용요인, 정부요인, 경쟁요인 등

1. 시장요인

미국, 일본 등 산업국가들 간의 소득이 균등화되고 욕구가 공통적이 되며, 해외여행 증가와 세계적 소비의 출현은 지구촌 소비자들의 생활방식을 동질화시킨다. 이러한 환경변화에 대응하기 위하여 기업은 기업활동을 글로벌화하게 된다. 글로벌화의 요인 중 시장요인은 다음과 같다.

시장요인
공통적인 소비자 욕구, 글로벌 유통채널, 이전 가능한 마케팅 요소

(1) 공통적인 소비자 욕구

예를 들어, 일본의 자동차 기업(Toyota, Nissan, Honda)들은 처음 세계 자동차 시장에 진출할 때 나라별 요구가 다른 스타일보다도 '안정도'와 '경제성'을 바탕으로 한 신제품을 개발하여 20여 년간 세계시장에 성공적으로 진입했다. 이는 일본이 세계 자동차 산업에서 요구되는 공통적인 고객(소비자) 욕구를 바탕으로 진출했기 때문이다. 동질화하기 어렵다는 식생활 패턴에서도 프랑스의 페리어(Perrier) 음료를 미국 소비자들이 애용하고 있으며, 미국의 맥도날드 햄버거가 파리에서도 꾸준히 팔리고 있다.

(2) 글로벌 유통채널

유통채널의 글로벌화는 제품에 대한 고객의 접근성을 강화시켰다. 예를 들어, WTO의 의약품과 군수용품 등을 각국에서 구하고, 전 세계를 상대로 사용할 수 있다. 이러한 추세는 소매유통채널 간의 전략적 제휴(1989년 유럽에서 가장 큰 슈퍼마켓 체인 중의 하나인 프랑스의 Casino, 네덜란드의 Ahol, 영국의 Argyll 등

3사는 구매와 마케팅에 공동협력을 체결, 유통채널을 확대)에 이르기까지 하고 있다.

(3) 이전 가능한 마케팅 요소

구매결정의 속성상 상표, 광고 등과 같은 마케팅 요소는 지역시장에서 별도의 수정 없이도 범세계적으로 적용될 수 있다. 예를 들어, 코카콜라 회사가 브라질에 진출할 때 도움을 준 맥칸에릭슨 광고회사는 법률적 규제 없이 전 세계 스포츠를 통한 코카콜라 광고 대행회사로 마케팅 활동을 전개하고 있다.

2. 비용요인

(1) 기술혁신

비용요인
기술혁신, 규모의 경제 가능, 운송수단의 발달

글로벌화를 촉진시키는 요인으로 빠른 기술혁신과 이에 대한 막대한 연구개발(R&D)투자를 들 수 있다. 전자, 통신, 컴퓨터, 의약 등과 같은 첨단산업에서는 총매출액에서 연구개발비용이 차지하는 비율이 평균 10%, 높게는 15%까지 나타나고 있다. 이와 같이 연구개발비용이 많이 투자되는 사업에서는 국내시장의 수용만으로는 높은 연구개발비를 충당하기 어렵다. 이와 같은 첨단산업에서는 전 세계시장을 염두에 두고 신제품개발과 판매를 하여야 투자비용에 대한 회수는 물론 지속적으로 연구개발에 대한 투자를 할 수 있다.

(2) 규모의 경제 가능

글로벌화를 촉진시키는 또 하나의 중요한 요인은 자본집약적인 생산방식에서는 생산방식과 규모의 경제가 더욱 중요해진다는 점을 들 수 있다. 생산방식이 노동집약적 생산방식에서 자본집약적 생산방식으로 전환됨에 따라 전체 생산비용 중에서 노동력이 차지하는 비중은 감소하는 반면 자본이용이 차지하는 비중은 크게 증가함에 따라 규모의 경제 효과도 커지게 된다.

따라서 자본재에 대한 막대한 비용을 회수하기 위해서는 대규모 생산재를 갖추지 않으면 안 되기 때문에 글로벌기업들은 전 세계시장의 수요를 목표로 삼고 자본재에 대한 투자를 하게 된다.

(3) 운송수단의 발달

운송비는 전체 물가에 비하여 싸지는 경향이 있는데, 낮은 운송비는 생산의 집중화를 가능하게 하며, 부담 없이 생산시설을 집중화할 수 있다. 낮은 운송비용은 외국 신규 진입자들이 수출을 통해 시장에 진입, 경쟁의 지역적 범위를 확대시킨다. 또한 저임노동력과 높은 생산능력을 보유한 신흥공업국의 출현으로 인한 국가별 원가 차이가 글로벌화의 배경요인이 된다.

3. 정부의 요인

(1) 무역장벽의 감소

전 세계적으로 자유무역을 확산시키기 위해 오랜 산고 끝에 등장한 WTO(세계무역기구)에 많은 국가들이 가입함에 따라 국가 간 무역장벽이 크게 완화되고 있으며, 이미 생산요소 중 자본에 대한 자유화가 이루어져 글로벌화가 더욱 가속화될 것으로 보인다.

정부요인
무역장벽의 감소, 기술표준과 마케팅 규제, 국영기업체 경쟁자

(2) 기술표준과 마케팅 규제

항공 산업은 원만한 사업운영을 위해 고도로 호환성 있는 기술표준을 전 세계적으로 요구하고 있다. 예를 들어, 모든 국제공항은 최대 규모의 승객용 제트 여객기에 알맞은 크기의 활주로를 표준으로 사용하고, 세계 모든 조종석과 관제탑에 공통적인 언어는 영어를 사용하고 있다.

또한 영국의 TV검열 당국은 아이가 물건을 사기 위하여 부모를 괴롭히는 광고는 규제[3]한다. 이에 각국별 공통적인 마케팅 규제로 인해 기존의 세계적 광고기업들만이 상대방 시장에 보다 자유롭게 진입할 수 있다.

(3) 국영기업체 경쟁자

국영기업체 경쟁자는 국내시장에서 각종 보호조치뿐만 아니라 정부보조금도

3) 대부분의 국가에서 사회적으로 용인하기 힘든 행위나 언어 부분이 매체를 통하여 노출되는 것을 법률로서 규제하고 있으나, 비교광고나 종교적 이해관계가 있는 광고는 국가마다 규제방식이 상이하다.

받고 있어 강력한 경쟁자로서 자국 외화수입의 주요 원천이 되고 있다. 따라서 이들은 보다 적극적으로 외국시장에 진출한다. 예를 들어, 포항제철이 호주에서 적극적으로 유연탄 개발을 추진한다든지, 스페인, 이탈리아의 알루미늄 국영기업체가 유럽시장에 적극적으로 진출한 경우가 있다. 또한 본국 정부의 각료들이 해외투자를 하기 위해 순방을 한다든지 또는 외국정부의 각료들을 해외투자를 위해 초청한다든지 하는 정책이 세계화의 배경요인이 된다.

4. 경쟁요인

(1) 높은 수준의 수출입

경쟁요인
높은 수준의 수출입, 글로벌화된 경쟁자들

교역량이 많으면 많을수록 서로 다른 국가에 있는 경쟁자들 간의 관계가 치열하다. 이에 따라 글로벌 전략이 기업체들에게 더욱 필요하다. 이는 많은 국가가 점차 주요 경쟁시장으로 변함과 동시에 각국 기업들의 상호의존성이 높아짐을 의미한다. 예를 들어, 미국에서의 한 일본기업의 시장점유율 확대는 미국기업들의 멕시코 공장 생산량에 영향을 주고, 또 멕시코 근로자의 인건비에 영향을 주어, 결국 멕시코 소비경제가 침체되는 상황이 발생할 수 있다.

(2) 글로벌화된 경쟁자들

영국의 네덜란드 소비재 기업인 유니레버 사는 미국시장 점유 확대를 위해 미국의 다국적 기업인 리처드슨 벅스 사를 인수하는 작업에 착수했다. 이에 글로벌 경쟁상대인 P&G 사는 위기요인으로 인식하고 선제공격을 전개했다. 오히려 리처드슨 벅스 유럽조직을 통해 유럽에 있는 유니레버 사 기반시장에 적극 진출하여 유럽의 경쟁자들이 그들의 본국시장을 제외하고는 다른 시장에 진출해서 경쟁하는 것을 어렵게 만들었다.

제3절 진출시장의 외부환경 고려요인

1. 진출시장의 경제적 환경

(1) 경제체제

1) 생산수단의 소유 기준

경제체제는 생산수단을 누가 소유하느냐에 따라 자본주의와 사회주의로 구분된다. 자본주의는 개인에게 생산수단 소유가 인정되는 체제이고, 사회주의는 국가나 집단에 소유권이 부여된다. 이는 시장의 매력도와 관련이 깊으나, 현재 대부분의 국가가 자본주의 경제체제를 준용하므로 실무상황에서는 사회주의 경제체제의 중요성이 떨어진다고 볼 수 있다.

진출시장의 경제적 환경 고려요인
경제체제(생산수단의 소유 기준, 생산요소의 배분 기준), 시장특성, 국제수지 및 무역패턴, 물가수준 및 인플레이션

2) 생산요소의 배분 기준

시장경제는 가격기능을 토대로 한 시장원리에 의해 자원이 배분되는 체제이며, 중앙계획경제는 중앙정부의 계획과 통제에 의해 자원이 배분된다. 이는 자본주의냐 사회주의냐의 경제체제와는 별개로 정부의 시장개입 정도에 따라서 구분할 필요성이 있다. 원자재의 수급 여부가 그 시장에서의 시장점유율 확대에 키워드가 된다면 정부의 시장개입 정도도 중요한 고려요인이 될 수 있다. 이 부분은 정치적 환경에서 자세히 다루고자 한다.

(2) 시장특성

국제경영자가 일차적 관심을 갖는 국가의 경제적 환경은 시장의 규모 등과 관련된 시장특성이다. 시장의 규모, 또는 시장잠재력은 흔히 1인당 국민소득이나 총인구 등으로 파악한다. 1인당 국민소득을 시장지표로 활용할 때도 주의가 필요하다. 이것은 평균 개념이기 때문에 소득수준의 분포나 분배 상황을 보여주지 않는다.

예를 들어, 중국이나 인도의 1인당 국민소득은 매우 낮지만 13억, 12억 인구의

상위 5% 고소득층은 5,000만 명 이상의 고소득 시장 존재를 의미한다. 유통구조 및 관습도 각 국가의 오랜 역사와 전통을 반영하며 형성된 것이기 때문에 매우 다양한 모습을 띠고 있다. 따라서 현지에서의 효과적인 마케팅전략, 특히 유통전략을 수립하기 위해서는 현지 유통구조와 유통관습에 대한 이해와 준비가 필수적이다.

(3) 국제수지 및 무역패턴

국제수지는 한 국가의 무역수지, 외채 상황 등을 보여주고 있기 때문에 주의 깊게 살펴보아야 한다. 환율의 변화, 외환위기, 정부의 무역정책 등을 예견해볼 수 있는 기초자료가 되기 때문이다. 수출입 상품 구조나 그 변화추이도 시장기회 파악에 도움이 될 수 있다.

(4) 물가수준 및 인플레이션

물가수준과 그 상승률은 현지 소비자들의 구매력에 영향을 미칠 뿐만 아니라, 마케팅 계획수립 과정에서 불확실성 요인으로 작용할 수 있다. 인플레이션은 환율의 움직임에도 영향을 미친다.

2. 진출시장의 정치적 환경

(1) 정치적 위험[4)]

미래에 무슨 일이 일어날지를 정확히 예측한다는 것은 거의 불가능하다. 그러나 기업경영자는 예측 및 전략적 계획의 수립을 통하여 미래의 불확실성을 줄여 능동적으로 대처해 나가야 한다. 대개 국제경영을 하는 기업의 입장에서 의사결정을 할 경우에 본국이나 현지국 모두 정치적 또는 정책적 조치에 의해 깊은 영향을 입는다.

정치적 위험이란 개념은 국제경영에 있어서 오래 전부터 많은 논의가 있어 왔다. 일반적인 인식 속에는 전쟁이나 혁명으로 인한 국유화나 몰수조치와 같은 '과격한 정치적 조치' 정도로 이해되고 있을 뿐, 그 정의나 평가, 예측방법 등에 있

4) 정치적인 위험과 유사한 개념으로 국가위험(country risk)이라는 개념도 통용된다.

어서 아직 많은 논란이 있는 것으로 보인다. 일반적으로 정치적 위험은 "정치적 사건이나 과정에 의하여 야기된 잠재적으로 심각한 경영상의 위험(potentially significant managerial contingencies generated by political events and processes)"[5]으로 정의될 수 있다.

정치적 위험을 정의함에 있어 중요한 세 가지 요건은 ① 기업경영의 급격한 변화가 발생하고, ② 이러한 변화가 예측불가능하며, ③ 이러한 변화가 바로 정치적인 변화로부터 발생한다는 것이다. 여기서 기업환경이 급격하게 변화한다거나 예측불가능하다는 의미는 기업이 전혀 대응하기 힘들다는 의미이다. 정치적 변화가 점진적이거나 정부가 정책을 미리 예고하고 시행한다면 기업은 이에 대응할 수 있다. 또한 이러한 것은 일반적인 환경으로 간주하게 되어 정치적 위험으로 볼 수 없다. 한편 정치적 변화라는 의미는 비정상적인 정치활동이나 상태가 지속되는 정치적 불안정과는 다른 개념으로 기업이 경영활동에 실질적인 영향력을 행사하는 변화라는 의미이다.

결국 기업이 해외사업을 하는 데는 항상 많은 위험이 수반되며, 그중 정치적 위험(political risk)이란 정치적인 힘이 그 국가의 경영환경에 큰 변화를 일으켜서 그 국가에 투자한 기업들의 성과에 부정적인 영향을 미칠 수 있는 여러 가지 환경적 요인을 의미한다. 따라서 정치적 위험은 사회가 불안하고 불안정한 나라에서 훨씬 크게 마련이다. 사회적인 불안정은 통상 파업이나, 데모, 테러리즘, 그리고 폭력대결과 같은 형태로 나타날 수 있다. 이와 같은 사회적인 불안정은 흔히 다민족국가나 또는 한 국가 내에서 여러 이데올로기가 서로 정권을 잡으려고 경쟁할 때 발생한다. 이는 정부의 정책에 급격한 변화를 야기시키며 심한 경우 내전까지 초래하기도 한다. 이와 같은 사회적인 불안정은 그 국가에서 경영활동을 하는 기업에게 큰 악영향을 미친다.

> **정치적 위험**
> 정치적인 힘이 그 나라의 경영환경에 큰 변화를 일으켜서 그 국가에 투자한 기업들의 성과에 부정적인 영향을 미칠 수 있는 여러 가지 환경적 요인

이러한 사회적 불안정요소 이외에도 정부가 경제정책을 잘못 운영하여 높은 인플레이션이 발생하거나 실업률이 높아지는 것 역시 그 나라에서 사업을 운영하는 기업의 성과를 크게 악화시킨다. 이와 같은 경제정책상의 문제점은 기업이 느끼는 위험을 증가시킬 수도 있다. 또한 외국정부가 합작투자를 강요하거나 해외투자의 과실송금을 억제할 경우에도 외국투자기업의 수익성에 악영향을 미친다.

---

5) Kobrin, Stephen J., *Managing Political Risk Assessment : Strategic Response to Environmental Change*, Berkeley : University of California Press, 1982, p.29

〈표 11-1〉 정치적 위험과 국가위험의 비교[6]

구분	정치적 위험	국가위험
위험노출대상	해외직접투자기업	국제은행, 대출자(간접투자)
위험노출자산	물적 자원, 인적 자원, 자본 및 기술 등 모든 해외투자재원	정부나 민간에 대한 대출자본
위험노출기간	무기한(투자기간 중)	중단기(대출약정기간 중)
위험의 유형	수용 및 몰수, 국유화, 외환 통제, 테러, 납치, 고용 규제, 현지부품 의무 사용 강요, 조세 차별, 입찰 제한 등	채무상환불능, 상환동결, 채무재조정, 상환조건변경 등
위험의 크기	사건의 종류에 따라	사건의 종류에 따라
위험방지수단	해외투자보험, 국제적 사업 다각화, 위험에 적응	수출입은행에 부보, 국제적인 대출의 다각화, 여신한도조정

주로 정치적 위험이 해외직접투자를 하는 기업들에게 포괄적으로 적용되는 데 비해 국가위험은 주로 은행들이 자금을 대출해줄 때 노출되는 위험을 측정한 것이다. 즉, 정치적 위험은 해외직접투자를 하는 기업의 입장에서 정의한 것이나, 국가위험은 외국기업이나 정부에 자금을 대출해주는 은행의 입장에서 정의한 것이다.

(2) 정치적 위험의 유형과 원천

정치적 위험이 외국인 업계 전체에 영향을 미치느냐, 특정산업이나 기업, 또는 프로젝트에만 영향을 미치느냐에 따라서 거시적 정치위험과 미시적 정치위험으로 나눌 수 있다.

거시적 정치위험이란 외국기업 전체에 영향을 미치는 정치적 변화를 가리킨다. 거시적 정치위험의 영향은 매우 강력하며 직접적이고 전면적이나 자주 발생하지는 않는다. 또한 거시적 정치위험은 돌발적이고 단발적이며 개별적인 외국기업으로서는 거의 통제할 수 없는 성격의 위험이다. 거시적 정치위험은 주로 사회주의 국가에서 동서냉전의 심화에 따라 발생하였으나, 1970년대 이후 자원민족주의의 대두와 함께 중동지역이나 아프리카, 중남미 국가에서 종종 일어나고 있다.

미시적 정치위험은 거시적 정치위험보다는 덜 극적이지만 어느 면에서는 오히려 더 널리 그리고 자주 국제기업에 영향을 준다. 미시적 정치위험은 외국정부가

6) Robert Grosse and John Stack, "Non-Economic Risk Evaluation in Multinational Banks", Working Paper No. 285, University of Michigan, January 1982, pp.5~7

정치적인 이유로 특정산업이나 기업 또는 프로젝트에 제한적인 정책을 취할 때 발생하며, 특정기업이나 특정산업만이 받는 위험이며, 기업의 성격 또는 전략에 따라서 어느 정도 통제 · 조절할 수 있는 성질의 위험이다.

정치적 위험은 가시도(degree of visibility)와 폭력의 정도에 따라 유형화할 수 있다. [그림 11-1]에서 보는 바와 같이 정부의 규제조치는 가시도가 낮고 현지정부에 의한 위험의 정도가 낮아 보통은 정치적 위험으로까지 분류되지 않을 수도 있는 위험유형이다. 그러나 이러한 위험의 유형도 기업의 경영활동에 상당한 영향력을 행사할 수 있기 때문에 주의 깊게 관측하여야 한다.

또한 정부의 규제조치보다 강도가 높은 위험인 경영의 현지화는 현지의 기업경영에 현지인의 비율을 높이도록 요구하는 현지정부의 정책을 의미한다. 보다 높은 강도의 위험으로서 자본의 현지화는 소유지분을 현지국민에게 양도하도록 압력을 가하는 것이며, 가장 강도가 높은 위험으로는 자산의 손실을 초래하는 송금제한, 국유화, 몰수 및 기업해체가 있다.

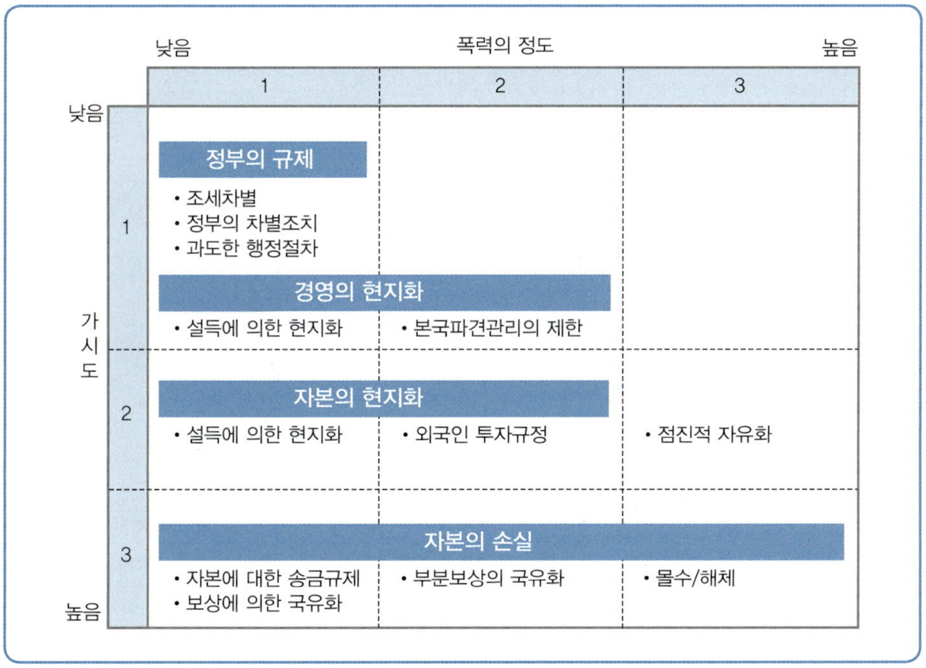

[그림 11-1] 정치적 위험의 유형[7)]

7) J. C. Leontiades, *Multinational Corporate Strategy : Planning for Would Markets*, Lexington Mass. : D.C. Heath & CO., 1987, p.155

정치적 위험의 원천은 많은 경우에 투자대상국의 정부이다. 최악의 경우 정부는 외국투자기업의 자산을 몰수할 수도 있다. 제2차 세계대전이 끝난 후 동유럽과 중국을 장악한 공산당정권은 모든 사기업을 몰수한 바 있다. 또한 중동에 진출했던 서방의 석유회사도 산유국들의 국유화정책에 따라 충분한 보상을 받지 못하고 자산을 몰수당한 경험이 있다.

한편 정부는 재산몰수와 같은 극단적인 정책을 취하지 않더라도 각종 산업규제와 세금부과 또는 현지화비율규제(local content law)를 제정하여 외국기업의 성과에 악영향을 미칠 수 있다. 〈표 11-2〉는 정치적 위험의 원천과 정치적 위험을 만드는 주체가 누구인가, 또한 이런 정치적 위험의 영향이 어떠한 것인가에 대해 정리하고 있다.

〈표 11-2〉 정치적 위험: 원천과 주체 그리고 효과

정치적 위험의 원천	정치적 위험을 발생시킬 수 있는 집단	정치적 위험의 효과
• 정치철학이 바뀌거나 두 집단 간의 경쟁 • 경제상황의 변화 • 사회적 불안 • 군사적 충돌이나 테러 행위 • 민족주의의 발현 • 임박한 정치적 독립 • 지역의 이익집단 • 종교집단 간의 경쟁 • 새로운 국제동맹의 탄생	• 현정부와 다양한 기관들 • 실권은 없지만 정치적인 영향력이 있는 정부 내의 반대세력 • 교사, 학생, 노동자, 실업가 같은 이익집단의 조직 • 테러주의자나 무정부주의 활동 • 세계은행이나 유엔과 같은 조직 • 그 국가와 동맹관계에 있거나 적대관계에 있는 정부	• 자산의 몰수 • 현지화를 강요하는 법률제정 • 기업 활동의 제약 • 계약의 취소 또는 수정 • 폭동이나 테러 등으로 인한 재산 손실 • 과실송금 등의 금융상의 제약 • 세금의 인상이나 다른 재정상의 손실

출처 : 장세진, 『글로벌경영』, 박영사, 1998, p.128

이 표에서 보는 바와 같이 정치적인 위험의 가장 큰 원천은 정부를 주도하는 정치적인 철학의 변화이다. 공산정권의 집권이나 저개발국에서 독재자가 쿠데타를 일으켜 민주적인 정권을 무너뜨리고 독재정권을 세웠을 때와 같이 국가의 정치철학에 큰 변화가 있을 때는 정치적인 위험이 따르기 마련이다. 또한 사회적인 불안정이 가중되며 국수주의적인 경향이 강화되는 것 역시 정치적인 위험을 초래할 수 있다.

(3) 정치적 위험의 예측과 대비

글로벌기업들은 정치적인 위험에 대처하기 위하여 여러 가지 방법을 쓰고 있다. 가장 보편적인 방법은 먼저 구체적으로 정치적인 위험을 예측해보고, 그 이후에 이러한 위험을 어떻게 감소시키거나 제거할 것인가 하는 방법을 구하는 것이다.

먼저 정치적 위험을 예측하기 위해서는 투자당사국의 정치체제를 이해하여야 한다. 왜냐하면 그 나라의 정치현상은 경제정책에도 영향을 미치며 결과적으로 정치적인 위험에 큰 영향을 주기 때문이다. 또한 정치적 위험의 크기는 그 기업이 만드는 제품의 성격에 따라서 크게 달라진다. 예를 들어, 외국정부가 합작투자를 강요하는 경우, 합작투자로 인하여 자신의 기술이 유출되거나 자사의 브랜드가 무단으로 도용될 가능성이 큰 경우에는 정치적인 위험이 상대적으로 더 크게 나타날 것이다. 이와 같이 국제기업이 느끼는 정치적 위험은 상당히 주관적이며 제품의 성격에 따라서 크게 달라진다.

이처럼 잠재적인 정치적 위험을 측정한 후에 해외투자를 원하는 기업은 어떻게 하면 이러한 정치적 위험을 관리할 것인가를 고려해야 한다.

우선 첫 번째 단계의 의사결정으로 기업들은 어떤 시점에서 과연 그 나라에 투자를 계속해야 할 것인가를 결정해야 한다. [그림 11-2]는 정치적인 위험을 평가하는 절차를 보여준다. 만일 정치적 위험이 너무 크다고 판단될 경우에는 그 나라에 투자하는 것을 피하거나, 현재 진행되고 있는 투자를 거두어들여야 한다.

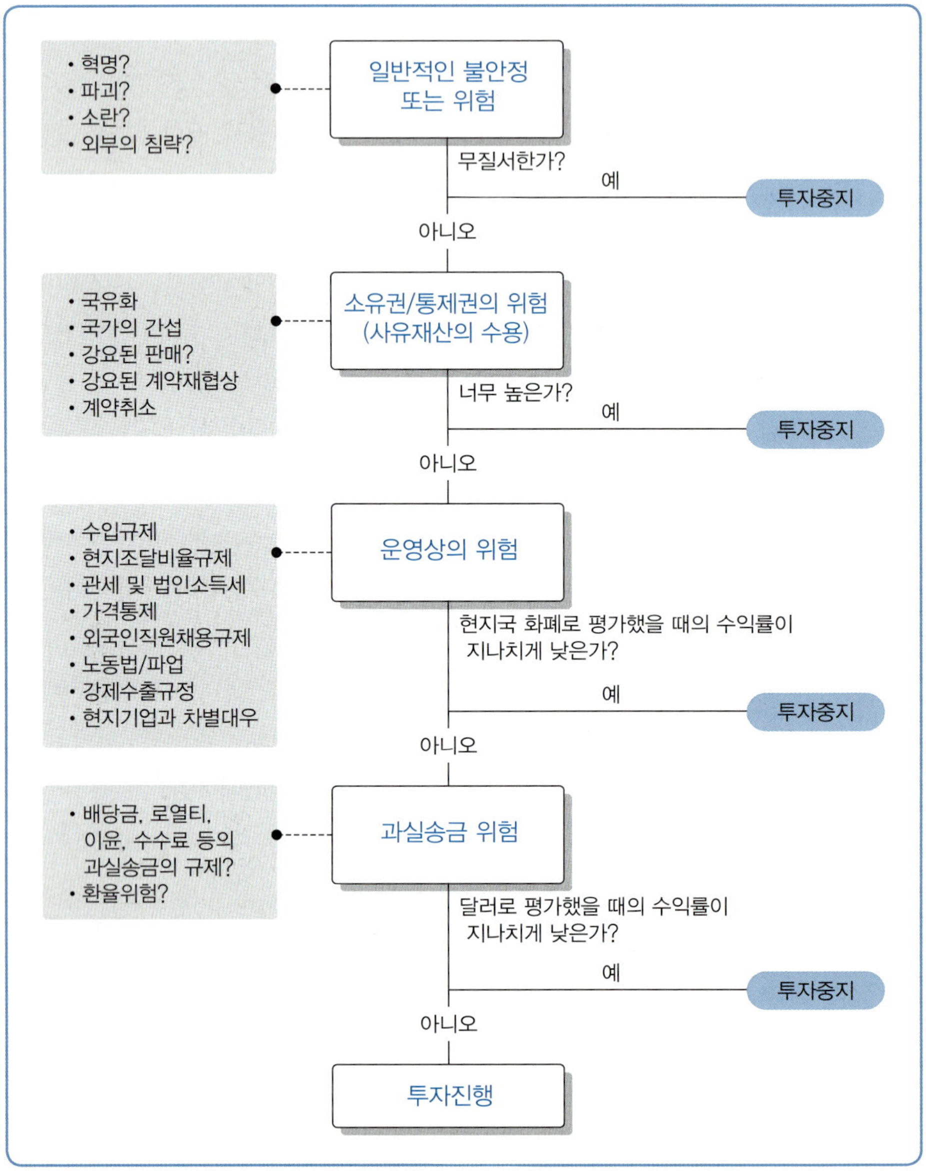

[그림 11-2] 해외투자의 정치적 위험을 평가하는 의사결정과정[8)]

그러나 정치적 위험이 그다지 크지 않을 것이라고 판단될 경우에는 두 번째 단계의 의사결정으로서 정치적 위험을 어떻게 하면 줄일 수 있을까를 고려해야 할 것이다. 정치적 위험을 줄인다는 것은 주어진 정치적 환경이나 정부규제환경에

8) F. Root, *Entry Strategies for International Markets*, Lexington, 1994, p.155, 장세진, 『글로벌경영』, 박영사, 1998, p.128에서 재인용

적응하는 방법이다. 기업이 자신이 처해 있는 정치적인 환경에 적응한다면 그 기업이 실제적으로 느끼는 정치적 위험은 그렇게 크지 않을 것이기 때문이다.

주어진 현지환경에 적응하는 방법에는 다음 몇 가지가 있을 수 있다.

첫째, 주식을 공유하는 방법이다. 이는 기업이 현지에 있는 기업이나 정부와 합작투자를 실시하여 정치적 위험을 줄이는 방법이다. 만일 현지기업과 합작투자를 하게 되면 정부는 그 투자기업을 외국기업이 아니라 국내기업으로 간주하게 되므로 국유화 같은 극단적인 방법을 피할 수 있다. 또한 이러한 합작투자는 투자국의 정치적 환경에 보다 잘 적응할 수 있도록 도와준다. 현지파트너는 자신이 가진 네트워크를 통해 각종 규제를 피해 가거나 최소화하는 역할을 수행할 수 있다.

둘째, 국제기업이 현지인을 자회사경영에 적극적으로 참여시키거나 자회사의 이름이나 경영스타일 또는 경영기법들을 현지화하여 운영함으로써 정치적 위험을 감소시키는 역할을 한다. 이와 같은 현지화 노력은 외국기업을 사실상 현지기업과 마찬가지로 운영하도록 만들어준다. 또한 국제기업이 투자국의 인프라스트럭처에 투자하는 것은 그 기업의 현지에서의 이미지를 부상시켜준다. 예를 들어, 현지공장 근처에 다리를 건설해주거나 병원이나 학교를 설립해주는 것은 기업이 현지국민을 위해 일한다는 인상을 심어주므로 기업으로 하여금 현지시장에 적응하는 것을 도와준다.

셋째, 투자대상국이 기업에 의존하도록 만들어 정치적 위험을 줄이는 방법이 있다. 만일 기업이 생산에 필요한 주요 투입요소와 원료, 기술, 노하우 등을 독점적으로 보유하고 있다면, 현지기업들이 기업으로부터 계속적으로 원료나 기술들을 공급받지 못하면 구체적인 조업이 어렵게 된다. 따라서 투자국 정부는 기업에 의존적인 관계가 되어 함부로 국유화나 규제강화를 시도할 수 없다. 또한 국제기업이 생산제품을 해외시장에 판매할 수 있는 통제권을 갖는 것 역시 투자국 정부가 기업에 의존하도록 만드는 방법이다. 좀 더 교묘한 방법으로 국제기업이 투자대상국에 지원하는 인프라스트럭처 투자자금이나 세금수입, 고용창출과 같이 기업이 투자대상국가에게 기여하는 바를 점차적으로 늘려간다면 투자대상국가는 그 기업의 기여도를 긍정적으로 평가하게 되어 점차 더 많은 기여를 바라면서 극단적인 정치적 위험을 가하는 것을 피하려 할 것이다.

넷째, 기업이 정치적 위험을 감소시키는 방법으로는 위험을 회피(hedging)하는 방법이다. 이미 많은 선진국에서는 정치적 위험에 대한 보험을 상품화하여 판매하고 있다. 예를 들어, 미국의 Overseas Private Investment Corporation이라는 회사는 저개발국에 신규투자하는 금액에 대해서 보험을 제공해준다. 이와 같은 보험에 가입하면 과실송금에 대한 제한이나 자산몰수, 국유화와 같은 위험으로부터 어느 정도 투자하는 기업을 보호해준다. 우리나라에서도 수출보험공사에서 상품수출, 해외건설, 해외직접투자와 같은 우리나라 기업의 해외진출에 있어서 일반상업보험으로는 고지할 수 없는 위험에 대해서 기업들을 보호해주는 보험제도가 운영되고 있다. 또 한 가지 방법으로는 투자기업이 본국이 아니라 투자대상국에 있는 은행으로부터 자금을 조달한다면 자신이 직접 부담하는 투자금액을 줄임으로써 정치적인 위험으로부터 발생할 수 있는 손실을 줄일 수 있다.

다섯째, 국제기업은 전략적으로 여러 나라에 투자를 분산시킴으로써 전체적인 위험을 감소시킬 수 있다. 만일 국제기업이 한 국가에 집중적으로 투자한다면 그 지역의 정치적 위험으로 인해 발생할 수 있는 피해는 상당히 클 것이다. 그러나 그 기업이 한곳에 집중해서 투자하지 않고 여러 곳에 분산해서 투자를 한다면, 한 지역에서 정치적 위험으로 인해 발생되는 피해는 훨씬 줄어들 것이다.

3. 진출시장의 사회 · 문화적 환경

진출시장의 사회 · 문화적 환경 고려요인
언어, 종교, 가치관 및 태도, 법률, 교육, 정치, 기술 및 물질문명, 사회조직 등

글로벌 경쟁의 상황에서 세계 각국을 무대로 활동해야 하는 경영자에게는 각국의 서로 다른 사회 · 문화에 대한 이해는 효과적인 해외사업운영의 필수적인 요소로 자리잡고 있다. 그럼에도 불구하고 사회 · 문화적 차이와 기업경영과의 관계는 확실히 이해되지 않고 있다.

국제경영활동과 관련된 사회 · 문화적 환경은 각종 요소로 복잡하게 구성되어 있다. 한 사회의 문화는 그것을 구성하는 많은 요소들이 무작위로 또는 각기 독립적으로 존재하는 것이 아니라, 상호 긴밀한 관계를 유지하면서 하나의 전체 또는 체계를 이루고 있다. 이와 같이 복잡다양하게 구성되어 있는 문화요소들은 기업활동에 지대한 영향을 미치므로, 국제경영활동을 수행하기 위해서는 외국의 이질적인 문화환경 특성을 파악하고 그에 적합한 조직행위, 전략, 조직구조 및 기술 등을 개발해야 한다.

국제경영과 관련된 사회 · 문화적 환경요소들은 [그림 11-3]에서 보는 바와 같

이 언어, 종교, 가치관 및 태도, 법률, 교육, 정치, 기술 및 물질문명, 사회조직 등으로 구분할 수 있다.

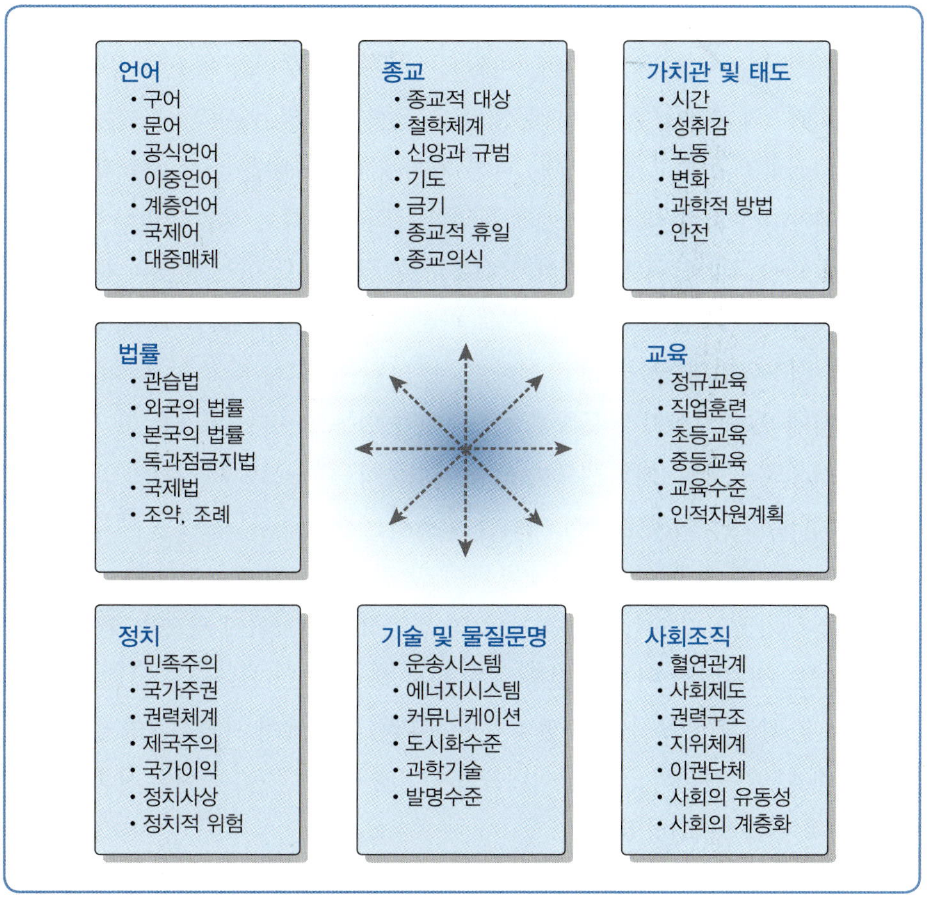

[그림 11-3] 국제경영의 사회 · 문화적 환경[9)]

(1) 문화의 정의

일반적으로 문화란 한 사회의 인간행동을 규정짓는 사회규범과 양식의 총체적 체계(the whole set of social norms and responses that condition a population's behavior)라고 정의한다.[10)]

9) V. Terpsta & K. David, *The Culture Environment of International Business*, Cincinnati, Ohio : South-Western Publishing Co., 1985, p.14 수정 후 인용

10) Robock, Stefan H. and Kenneth Simmonds, *International Business and Multinational Enterprise*, Boston : Irwin, 1989.

그러나 문화는 한마디로 정의하기에는 상당히 어려운 개념이다. 보편적으로 문화란 사람들이 공유하는 가치관(value)이나 규범(norm) 등을 의미한다. 여기서 가치관이란 어느 집단의 사람들이 가지고 있는 옳다거나 바람직하다고 여기는 추상적인 생각을 말한다. 규범이란 특정 상황에서 적절한 행동이라고 여겨지는 사회적인 규칙이나 지침을 의미한다. 이와 같이 문화란 우리가 평소에 암묵적으로 동의하는 가치체계나 규범이기 때문에 같은 문화권에 있는 사람들끼리는 문화의 차이를 의식하지 못하고 살아간다. 다른 가치체계나 규범을 가진 사람과 접촉하는 경우에야 비로소 우리는 자신에게 특정한 문화가 있다는 것을 인식하게 된다.

흔히 문화를 국가단위로 생각하기 쉬우나 한 국가에도 여러 지역의 문화가 각기 다르며 한 지역이라도 마을마다 서로 다른 문화를 갖고 있다. 또한 기업들마다 창업자와 성장과정의 상이함으로 인하여 서로 다른 문화를 갖고 있다. 어느 기업, 어느 조직에 있느냐에 따라 문화적으로 차이가 있는 것이다. 따라서 한 조직에서 다른 조직으로 이동할 경우 새로운 문화에 적응하는 데 상당한 시간이 소요된다. 이와 같이 국제경영에서 문화적 차이를 고려하는 이유는 서로 다른 문화들을 동시에 접하며 그에 따라 적절한 행동을 해야 할 필요가 있기 때문이다.

이러한 문화적인 차이는 단순히 기업의 경영성과의 차이에 영향을 줄 뿐만 아니라 크게는 정치적인 위험과 전쟁의 원인이 될 수가 있다. 최근 새뮤얼 헌팅턴(Samuel P. Huntington)은 『문명의 충돌』이라는 저서에서 사회주의의 몰락 이후 앞으로 세계적인 갈등의 근원은 이데올로기나 경제적인 것이 아니라 문화적인 차이가 될 것이라고 주장하였다.[11)]

그는 미래의 전쟁이 서로 다른 문화를 갖고 있는 국가들 또는 민족들 간에 일어날 것이라고 예측하고 있다. 그는 서로 다른 문화군으로서 서구, 유교권, 일본, 이슬람, 힌두, 그리스정교, 라틴아메리카, 아프리카, 불교문화권으로 나누었다. 그에 따르면 이러한 문화적 차이는 향후 국가들이 서로 연합하거나 분리하거나 갈등을 빚는 원인이 되며, 전 세계 정치는 문화권 간의 갈등에 의해서 재편될 것이라고 예측하였다.

---

11) Samuel Huntington, *The Clash of Civilization and the Remaking of Would Order*, Simon & Schuster, 1996.

(2) 사회 · 문화적 환경의 종합적 분석

기업이 해외에서 경영활동을 수행하면서 고려해야 할 사회 · 문화적 요인은 수도 없이 많다. 따라서 이렇게 많은 문화적 차이를 개별적으로 파악하고 대응하는 데에는 한계가 있기 때문에 여러 가지 문화적 요인들을 종합적으로 파악하고자 하는 노력이 나타났다. 종합적 접근방법은 문화들 간의 서로 다른 수많은 요인들을 고려해볼 때 부분접근방법이 초래하는 시간 및 비용상의 부담을 덜 수 있을 것이다. 이러한 문화적 환경에 대한 종합적인 분석, 평가방법의 대표적인 모형이 홉스테드(Hofstede)의 모형과 홀(Hall)의 모형이다.

1) 홉스테드의 모형

국제경영환경에서 사회 · 문화적 차이를 발견하려는 노력은 인류학자와 국제경영학자들에 의해서 이루어져 왔다. 그중에서 홉스테드의 연구는 특히 경영환경에서 각국의 사회 · 문화적 차이를 실증적으로 보였다는 점에서 중요한 연구로 평가받고 있다.[12)]

홉스테드(G. Hofstede)는 네덜란드의 심리학자로 전 세계적으로 10만 명이 넘는 IBM의 종업원들에게 그들이 갖고 있는 태도와 가치관에 대한 자료를 수집하였다. IBM은 세계 각처에 자회사를 갖고 있으므로 이 자료는 많은 나라의 문화적인 차이를 실증적으로 분석할 수 있게끔 해 주었다. IBM의 40개국의 10만 명에 달하는 직원들의 성향을 분석해본 결과 홉스테드는 사회 · 문화적인 차이에 크게 네 가지 차원이 있다는 것을 발견하였다.

홉스테드의 모형
10만 명이 넘는 IBM의 종업원들이 갖고 있는 태도와 가치관에 대한 자료를 수집하고 문화의 차이점을 정리하여 네 가지 차원이 있다는 것을 주장. 즉, 권력거리, 개인주의와 집단주의적 성향, 불확실성 회피, 남성다움과 여성다움

그중 첫 번째는 권력거리(power distance)로서 사회 내에서 부와 권력이 불평등하게 배분되어 있거나 편중되어 있을 경우 이를 어느 정도로 수용하는가를 나타낸다. 권력거리가 큰 문화의 사회에서는 권력과 부의 불균등성이 점차 확대되는 추세를 보이고, 권력거리가 낮은 문화의 사회에서는 사람들이 이러한 격차를 가능하면 줄이려고 노력하는 성향을 보인다.

두 번째는 개인주의와 집단주의적 성향(individualism vs collectivism)의 차원으로 사람들이 얼마나 개인주의적이거나 집단주의적인 성향을 보이는가를 의미한다. 개인주의적인 사회에서는 개인들 간의 연계가 느슨하며 개인의 성취와 자

12) G. Hofstede, "The Cultural Relativity of Organizational Practices and Theories", Journal of International Business Studies 14, Fall 1983, pp.75~89

유가 높게 평가된다. 반면 집단주의적 사회에서는 개인 간의 관계가 밀접하게 연계되어 있다.

세 번째는 불확실성 회피성향의 차원으로 불확실성 회피성향이 높은 문화에 있는 사람들은 직업 안정성이나 직급의 승진패턴에 대해서 상당히 높은 가치를 부여하며 관리자들이 아주 분명한 지시를 내려줄 것을 기대한다. 그 반면에 불확실성 회피성향이 낮은 문화에서는 변화에 대해서 두려워하지 않으며 위험을 극복하려는 성향이 높게 나타난다. 불확실성 회피(uncertainty avoidance)란 사람들이 모호한 상황이나 불확실성을 용인하는 정도를 나타내는 것을 말한다.

넷째, 남성다움과 여성다움(masculinity vs femininity)이라는 성 역할 차원이다. 남성중심적인 문화에서는 남녀 간의 역할분담이 이루어져 있고 성취감이나 자기주장, 물질적인 성공에 대해서 강한 선호를 나타낸다. 반면에 여성중심적인 문화에서는 관계유지를 중요시하거나 구성원에 대해 배려해주는 경향, 삶의 질을 강조하는 면이 강하게 나타난다. 따라서 남성주의적인 성향이 강한 문화에서는 경쟁과 성취에 더 높은 가치를 두고, 여성주의적인 성향이 강한 문화에서는 복지와 화목에 더 높은 가치를 두는 경향이 있다.

이 같은 홉스테드의 연구는 각국의 문화차이를 계량적으로 측정하고 이를 국가 간에 비교하는 데 편리하다는 장점을 갖고 있으나 계량적인 문화의 차이가 과연 얼마나 정확한 것인가에 대해 많은 이견이 있을 수가 있다. 왜냐하면 홉스테드의 연구는 다음과 같은 점에서 여러 가지 문제점을 안고 있기 때문이다.

첫째, 홉스테드의 표본은 일반화되기 어려운 문제점이 있다. 홉스테드는 전적으로 IBM의 종업원들을 대상으로 문화의 차이를 연구하였다. 그러나 한국 IBM의 종업원들이 한국문화를 대표할 수 없는 것처럼 한국과 각국에 있는 IBM 종업원 간의 문화적 차이를 연구했다고 해서 과연 그것이 한국과 다른 나라의 문화를 비교했다고 보기는 어려울 것이다.

둘째, 한 나라에는 여러 개의 문화가 존재하고 있으므로 각국마다 하나의 문화적인 단위를 측정해서 이를 비교하는 것은 만일 한 나라에 상당히 이질적인 문화가 혼재하는 경우 오류가 발생할 수 있다.

셋째, 홉스테드의 연구 당시인 1960년대와 1970년대의 상황은 2000년대 상황과는 많은 차이가 있고 문화도 많이 달라졌기 때문에 그의 연구결과를 현재의 해당 국가에 그대로 적용하는 것은 많은 문제가 있다.

2) 홀의 모형

홀의 모형
각 국가의 문화를 고배경문화와 저배경문화로 이원화

사회 · 문화적 차이를 이해하기 위해 문화를 비교하는 다른 하나의 비교문화적인 분석방법으로 홀의 모형을 들 수 있다. 홀(E.T. Hall)은 각 국가의 문화를 고배경문화(high-context culture)와 저배경문화(low-context culture)로 이원화하고 있다.[13)]

고배경문화에서는 의사소통에 필요한 정보가 대부분 신체적 배경 또는 개인에 내부화되어 명백한 부호나 메시지로 옮겨지지 않으나 책임과 신뢰가 중요한 가치로서 강조된다. 따라서 법률적인 서류사무보다 개인의 말이 더욱 확실한 보증서 역할을 하며, 책임과 명예 등에 더 큰 의미를 두고 있다. 또한 책임의 소재는 그 조직의 최고위층에 있으며 집단지향적인 성격이 강하다.

반면에 저배경문화는 구체적인 대화를 통하여 정보의 교환이 이루어지고 법률적인 서류가 보증서 역할을 하기 때문에, 법률적인가 아닌가 하는 것이 중요한 의미를 갖는다. 책임은 최하위층에게 전가되는 것이 특징이다. 이러한 고 · 저배경문화를 구별하는 요소 및 차원들을 요약하면 〈표 11-3〉 과 같다.

〈표 11-3〉 고 · 저배경문화의 비교[14)]

요소 및 차원	고배경문화	저배경문화
법, 법률가	덜 중요하다.	매우 중요하다.
개인의 말	매우 주요하며 개인의 비공식적인 의사표시가 보증의 역할을 한다.	서면으로 보증한다.
공간 개념	서로 어울리는 공간을 중요하게 여긴다.	개인적인 공간을 중요하게 여기고 침해받는 것을 싫어한다.
실패에 대한 책임	조직의 최고위층이 책임진다.	조직의 최하위층에게 돌려진다.
시간 개념	시간 구분이 분명하지 않다.	'시간은 돈이다'라는 개념이 매우 강하다.
협상	오래 끄는 것이 보통이다. 협상의 목적을 당사자들이 서로 충분히 이해하여 저절로 해결되도록 한다.	매우 신속히 수행된다.
경쟁 입찰	빈번하지 않다.	일반적이다.

13) Hall, Edward T., "The Silent Language in Overseas Business", Harvard Business Review, May-June 1960, pp.87~96
14) W. J. Keegan, *Multinational Marketing Management*, 2nd ed., Englewood Cliffs, New Jersey Prentice-Hall, Inc., 1980, p.87

한편 다음 [그림 11-4]는 고배경문화와 저배경문화에 있어서 각각 사용하는 메시지가 지니는 의미와 이를 전달하는 데 주로 이용되는 수단을 도식화한 것이며, 각국을 양문화를 중심으로 도식화한 것이다. 고배경문화에서는 의미전달을 위하여 언어의 사용을 자제하며, 반대로 저배경문화에서는 언어를 많이 사용하고 있음을 알 수 있다. 고배경문화로서는 인도네시아, 이집트, 일본, 한국 등을 들 수 있으며 저배경문화로서는 미국, 캐나다, 독일을, 중간수준의 문화로서는 중국과 몽고를 들 수 있다.

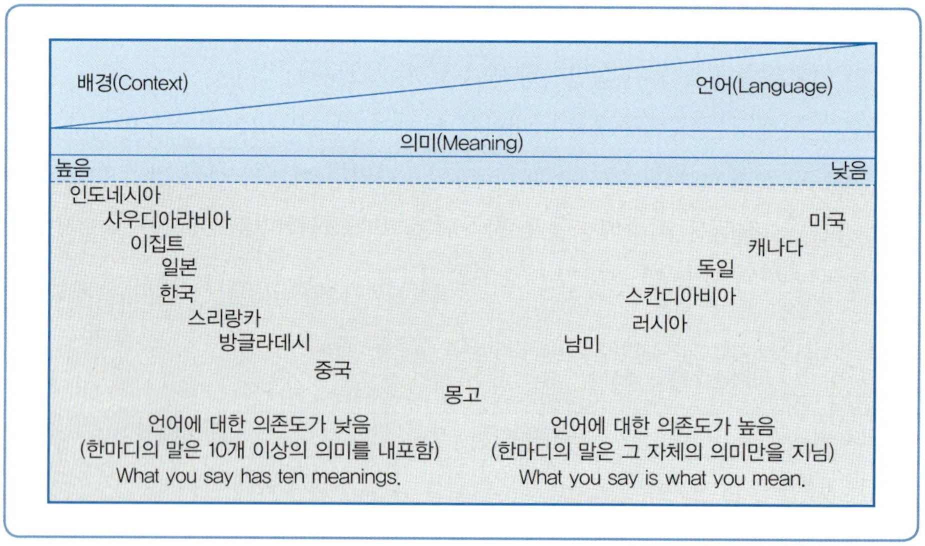

[그림 11-4] 고배경문화와 저배경문화[15)]

홀은 각 국가의 문화를 몇 가지 요소들을 기준으로 분석하였으나, 기본적으로 문화인류학적인 연구의 구조를 취하고 있으며 그 모형이 지나치게 기술적이고 주관적이라는 데 그 한계가 있다. 아울러 고배경문화와 저배경문화로 구분하는 데 있어서 경계가 불분명하다는 약점을 가지고 있다.

(3) 사회 · 문화와 기업경영

각국의 사회 · 문화적인 차이가 기업의 경영환경에 영향을 미치는 것은 다음 두 가지로 나누어 생각할 수 있다. 첫째는 기업들끼리 서로 관계를 맺는 상황에서 상

15) 어윤대 외, 『국제경영』, 학현사, 1996, p.135 수정 후 인용

대방의 사회 · 문화적 차이를 인식하는 것이며, 둘째는 기업 내부에서 사람들 간의 관계에서 나타나는 문제이다.

첫째, 기업은 다른 기업과 많은 상호교류를 갖고 있다. 예를 들어, 외국의 공급자와의 교섭이나 해외고객을 대하는 방법 그리고 국제합작투자와 전략적 제휴와 같은 협조적인 체제를 유지하는 것이 그 대표적인 예이다. 이러한 기업 간의 관계가 국경을 넘어 이루어질 때에는 문화적 차이에 의한 영향을 충분히 고려해야 한다. 특히 기업 간의 교류의 초기단계에는 상호신뢰가 아직 형성되어 있지 않다.

상호 간의 신뢰를 구축하는 데는 상당히 오랜 시간이 걸리며 이를 쉽게 달성할 수는 없다. 성미가 급한 사람들은 상호신뢰를 얻는 데 시간을 투자하기보다 즉각적으로 본격적인 상담에 임하기도 한다. 그러나 이보다는 먼저 신뢰기반을 쌓은 후에 상담을 진행하는 것이 더 효과적인 경우가 많이 있다. 홉스테드의 연구결과에서 알 수 있듯이 개인주의, 남성다움의 정도, 불확실성의 기피성향, 권력거리 등과 같이 교섭상대기업의 국가의 문화에 대한 이해를 통해 보다 적절한 방법으로 상대편 기업과의 관계를 원만하게 만들어낼 수가 있다.

둘째, 문화는 기업 안에서 사람들 간의 상호관계에도 중요한 역할을 한다. 기업에는 서로 다른 문화적 배경을 가진 사람들이 같이 일하는 경우가 많다. 이와 같은 기업조직에서는 서로 다른 문화적 배경을 가진 사람들이 공동작업을 효과적으로 하기 위해서 상대방의 문화를 이해할 필요가 있다. 권력 간의 차이나 의사결정에 참여하는 방법, 동기부여와 성과측정, 봉급체계에 대해서도 조심스런 접근이 필요하다.

많은 기업조직의 운영에서 중요한 요소 중의 하나는 구성원 간의 권력관계를 정립하는 일이다. 홉스테드의 연구에서와 같이 권력거리가 낮은 문화에 있는 사람들은 서로 동등하게 대우해줄 것을 원하며 위계질서에 따른 차별도 적기를 희망한다. 이에 반해서 권력거리가 큰 문화에 있는 사람들은 지위에 따라 상당히 큰 차이를 보여주기를 원한다.

우리나라 기업에서와 같이 상사가 일방적인 지시와 명령을 하는 식의 경영방식은 상대적으로 종업원과 상사 간의 권력거리가 크지 않은 미국에서는 효과적인 관리기법이 되지 못한다. 따라서 그 관리자들이 미국현지법인에 파견될 때에는 그 나라의 문화적 관습에 맞게끔 행동하는 것이 중요하다. 또한 우리나라에서는 집단주의적인 성향이 강해서 개인적인 성과 차에 비례하여 성과금을 지급하는 것보다 기업 전체의 조화를 강조하는 측면이 많았다. 그러나 이러한 관행 역시 개인주의가 강한 미국에서는 효과적인 유인이 되지 못한다. 따라서 기업 내의 직원들은 이와 같은 서로 다른 문화적 차이에 대한 인식이 필요하다.

한편, 서로 다른 사회 · 문화적인 환경에서는 기업문화의 가치체계와 규범에 적응할 필요가 있다. 즉, 사업을 상담하는 방법, 판매원에 대한 인센티브제도를 정립하는 방법, 자회사의 조직구조, 제품의 이름을 정하는 방법, 노사관계, 광고방법과 같은 것이 모두 문화적인 차이에 민감한 의사결정사항이다. 예를 들어, 어느 기업이 외국의 사회 · 문화적인 환경에 대한 이해가 부족한 경우에는 현지인을 고용하여 그들로부터 적절한 적응방법을 배우거나 그들로 하여금 중요한 임무를 수행하게 하는 것도 사회 · 문화적 차이를 극복하는 좋은 방법이다. 또한 자국직원을 해외자회사에 파견하여 그 나라의 문화를 습득하게 하는 방법도 장기적으로 본국에 있는 직원들을 외국문화에 민감하게 훈련시키는 좋은 방법이기도 하다.

특히 글로벌기업경영에서 가장 조심해야 할 것은 본국중심적 사고방식과 행동이다. 본국중심적 사고방식이란 한국인 직원이 외국에 가서도 한국식의 가치관과 행동방식을 그대로 적용하려는 성향을 말한다. 이러한 본국위주 사고방식은 서로 이질적인 문화환경 속에서 효과적인 해외사업을 운영하는 데 커다란 저해요인으로 작용한다.

글로벌경영에 있어서 또 한가지 관심을 가져야 할 사항은 문화가 경쟁우위를 창출하는 원천이 될 수 있다는 점이다.[16] 많은 학자들은 그룹 중심적이고 끊임없는 개선을 추구하며, 조직에 대한 충성을 중요시하는 일본적인 기업문화가 일본의 자동차산업과 전자산업의 발전에 큰 역할을 한 것으로 평가하고 있다.

또한 목표가 정해지면 빠른 시일 내에 그 목표를 달성하고자 하는 우리나라 특유의 기업문화는 우리나라 기업의 고도성장의 근본요인으로 작용하였다. 따라서 우리나라 기업이 해외에 진출할 때에 진출하는 국가의 이질적 문화에 민감하게 반응하는 것도 중요하지만, 우리나라 기업이 갖고 있는 경쟁우위가 우리 특유의 문화에서 비롯된 것일 때는 우리 문화를 해외사업을 수행하는 데 어느 정도 반영하거나 이를 현지종업원에게 교육시키는 방법도 자신이 갖고 있는 경쟁우위를 충분히 살리기 위해서 필요한 작업이다.

16) Jay Barney, "Organizational Culture : Can It Be a Source of Competitive Advantage?", Academy of Management Review, 1986.

생각하기 : 해외시장진출의 명암

1. 현대 · 기아 자동차의 미국현지공장 성공적 진출

현대자동차는 현재 미국 앨라배마 주의 몽고메리 시에 현지공장을 건설하고 자동차를 생산하고 있다. 현지공장 건설 당시에 미국 각 주에서는 현대자동차를 유치하기 위해 열띤 경쟁을 펼치며 다양한 인센티브를 제시하였다. 그중에서도 앨라배마 주가 제시했던 조건은 매우 파격적이었다.

연도	내용
2002년 3월	착공식(ground breaking ceremony)
2002년 7월	입지선정(site preparation)
2002년 11월	공장건설(building construction)
2003년 6월	장비설비(equipment installation)
2004년 6월	시범생산(pilot production)
2005년 5월	생산시작(start of production and grand opening)

우선 현대자동차를 위해 몽고메리 시 정부에 아예 '현대 패밀리 서포트 프로그램' 이라는 부서를 설치하였다. 여기서 현대자동차 진출에 따라 발생하는 다양한 지원이 가능하도록 하였다. 직원들의 자녀양육, 언어문제, 지역사회의 각종 시설물 이용 등 현지정착과 관련된 모든 문제를 원활하게 해결할 수 있도록 하였다.

그리고 현대자동차는 210만 평의 자동차 공장부지를 앨라배마 주로부터 무상으로 양도받았다. 처음에는 리스를 한다는 조건이었지만 현대자동차가 소유권이전을 요구하였다. 그러자 주정부는 법을 아예 뜯어고쳐 현대에 소유권을 넘겼다. 물론 기존 땅 소유권자들에게 주정부가 돈을 주고 땅을 모두 사들인 다음 이를 현대에 넘긴 것이다. 또한 2003년에는 주정부의 예산으로 고속도로에서 공장까지의 기존 도로를 4차선으로 확장하였다. 아울러 전기, 수도, 가스 등 각종 유틸리티 설비도 주정부 부담으로 공사하였다.

자동차 생산에 투입되는 현장인력 양성문제에도 주정부가 직접 나섰다. 주정부 부담으로 직원훈련원생을 모집해 그중 적임자를 채용하도록 하는 프로그램을 운영하였다. 주정부가 2003년 2월 2,000여 명을 채용하겠다는 채용공고를 내자 2만 5천여 명이 몰렸다. 뿐만 아니라 현대자동차 공장 앞의 도로명을 '현대대로(Boulevard)'라고 명명하고 현대자동차 공장의 주소 역시 국내 현대자동차 울산공장의 번지수와 같은 700으로 변경해주었다. 현대자동차 앨라배마 공장이 들어설 몽고메리 시를 '미국 속의 울산'으로 가꾸어 나간 것이다.

그렇다면 왜 앨라배마 주정부는 파격적인 조건을 제시하면서 현대자동차를 유치하려고 했던 것일까? 그것은 바로 현대자동차라는 글로벌기업이 현지국, 특히 앨라배마 주나 몽고메리 시에 미치는 긍정적 영향을 얻기 위해서였다.

당시 현대자동차 공장 설립으로 몽고메리 시 인근지역에서는 2천여 명의 직접고용이 발생할 것으로 전망되었다. 현대 부품업체들까지 합하면 약 6천여 명의 고용이 신규로 발생할 것으로 전망됐다. 이를 바탕으로 새로운 투자 또한 이루어지고 선순환이 계속될 것으로 기대되었다. 호텔의 증가 및 도 · 소매업, 음식점 등 관련 서비스업 활성화로 지역경제 활성화가 이루어졌다.

또한 목화 관련 섬유산업에서 자동차산업 등 첨단산업으로 산업구조의 성공적인 이행의 결과 과거의 높은 실업률(15% 수준)은 미국 전체의 평균 실업률(약 5~6%) 수준까지 낮아졌다. 단기적으로는 비록 손해를 보지만 장기적으로는 오히려 더 이익이 날 수 있는 투자를 한 셈이다.

현대자동차 진출 이후 기아자동차가 2006년 미국 조지아 주 웨스트포인트 시에 연산 30만 대 규모의 현지 생산공장을 세웠다. 특히 웨스트포인트 시는 현대자동차 미국공장이 있는 앨라배마 주 몽고메리 시에서 북동쪽으로 134km밖에 떨어져 있지 않아 기아차는 현대자동차와 함께 진출한 부품업체들을 잘 활용하고 있다.

기아차는 조지아 공장 가동을 위해 2천500여 명의 현지직원을 직접 채용하고 동반 진출하는 부품업체 채용인원 2천여 명까지 포함하면 총 4천500여 명의 현지직원을 채용하여 조지아 주의 일자리 창출에 큰 기여를 하고 있다.

기공식 당시 현지인들은 다음과 같은 플랜카드를 현수막으로 내걸었다. “예수님, 우리 도시가 기아자동차 공장을 유치하게 해주셔서 감사드립니다.(Thank you jesus for bringing KIA to our town.)” 이 지역은 과거부터 면화를 생산했고 현재는 주력산업이 섬유산업이다. 그러나 섬유산업의 침체로 어려움을 겪고 있는 웨스트포인트 주민들에게는 기아자동차 유치에 따른 고용창출과 지역경제발전에 대한 기대를 가졌고, 이를 신의 축복으로까지 여겼던 것이다.

2. 코카콜라의 중국진출

코카콜라의 경우 1984년 처음으로 국영기업과 합작투자를 통해 중국의 주하이에 처음 공장을 설립하였으며, 지속적인 성장을 해오고 있다. 긍정적인 영향으로 우선 중국정부의 세수증대를 들 수 있다. 1998년의 경우 코카콜라 생산자, 경영자, 판매자는 직 · 간접으로 16억 위안(한화 2,080억 원)의 소득세를 냈다.

또한 코카콜라를 비롯한 여러 글로벌기업의 중국진출로 인해 고용이 크게 증가하였는데, 1998년 중국 내 41만 4천 명에 대한 고용이 코카콜라의 생산 및 판매와 직 · 간접으로 관계가 있다고 평가되고 있다. 코카콜라 생산라인에서 1만 4천 명의 노동자를 고용했으며, 코카콜라 독점공급상이 35만 명을, 각각의 도소매상이 5만 명을 고용했다고 한다.

음료산업을 발전시킨 점 역시 간과할 수 없다. 1970년대 후반에 중국의 음료산업은 낙후된 시설로 쇠퇴해가고 있었다. 당시 단 한 개의 브랜드만이 전국적으로 유통되고 있었고, 나머지 브랜드들은 지역시장에 한정되어 있었다. 그러나 1978년 코카콜라의 진입을 시작으로 다른 글로벌기업들의 진입에 힘입어 유통구조, 품질테스트 등과 관련해 비약적 발전을 이루었다. 한 연구결과에 의하면, 코카콜라가 가진 네트워크와 가치사슬은 정부소유에 의한 중앙유통시스템에서 민영유통구조로의 전환에 있어 중요한 역할을 했다고 한다.

아울러 코카콜라 사는 직접 자금 80억 위안(한화 1조 400억 원)을 투입해 220억 위안(한화 2조 8,600억 원)의 부가가치를 창출했으며, 매년 관련 산업 포함 총 매출액이 300억 위안(한화 3조 9천억 원)에 이르고 있다. 2001년 기준, 코카콜라는 중국 탄산음료시장의 35%를 장악했고, 연간 판매액이 12억 달러에 이르렀다.

반면 부정적인 영향으로 중국기업의 도산을 들 수 있다. 코카콜라가 처음 중국에 진출했을 때 중국 탄산음료기업들이 타격을 받았고, 결국은 시장에서 빠져나가는 결과를 초래했다. 또한 코카콜라의 유해한 이익추구를 들 수 있다. 코카콜라에는 인산, 높은 당도의 설탕, 색소 등 인체에 유해한 성분이 들어 있다고 해서 많은 논란이 일었다.

이는 비단 중국에서뿐만 아니라 코카콜라가 전 세계 200여 개국이 넘는 곳에서 판매활동을 하고 있는 글로벌기업인 만큼 광범위하게 영향을 미치고 있으며, 실제로 이와 관련해서 인도에서는 소송이 제기되기도 했다. 또한 빈곤한 제3세계에 진출하여 그 나라의 경제발전에 공헌하는 것이 아니라, 만성적인 영양결핍에 시달리는 제3세계 어린이들을 코카콜라의 소비자로 만들어버리는 부정적인 결과를 낳기도 했다.

3. 보루네오가구의 해외직접투자 실패

보루네오가구는 1966년 목재 수입업을 목적으로 설립한 보루네오통상으로부터 출발했다. 창업자인 위상식 사장은 단순한 목재의 수입보다는 가공을 통한 판매가 더욱 부가가치가 높을 것이라는 판단 아래, 1969년에 일본에서 기술과 설비를 들여와 가구의 직접생산에 돌입했다.

(1) 지역별 문화 · 풍습의 특성을 간과

보루네오가구의 해외직접투자는 양질의 제품을 저렴한 가격으로 제공할 수 있다는 측면에서 비교우위를 가질 것으로 기대되었다. 그런데 결과적으로 당초의 기대와는 달리, 지역별 문화 · 풍습의 특성을 고려하지 못하고 표준화된 제품을 소비자들에게 제시한 것이 문제가 되어 회사가 커다란 타격을 입었다.

(2) 가구산업의 특수성 간과

보루네오가구는 저가, 대량생산체제에 기초한 획일성을 중시하였다. 이로 인해 신속성과 중앙통제식 관리에 의한 효율적 업무처리가 가능해졌다. 하지만 지역별로 상이한 고객의 취향에 즉각적으로 대처할 수 없었다.

(3) 시장접근방식의 실패

보루네오가구는 자회사 설립방식으로 해외직접투자를 했다. 그러나 자회사 설립에 의한 해외시장 진입방식은 범세계적 차원에서 전략적 통제를 효율 · 원활하게 할 수 있는 장점이 있는 반면, 모든 개발비와 위험을 자체 부담해야 된다는 단점이 있다. 바로 이러한 투자부담이 결국 보루네오가구에 심각한 재정적 압박을 가져왔다.

(4) 무리한 사업확장

국내 내수시장과 홍콩에서의 판매호조가 있었지만, 무리하게 사업을 확장하여 재정적 압박을 초래하였다. 특히 미국시장에서의 성공이 확실하지 않은 상황에서 일본으로 진출함으로써 상황은 더욱 악화되었다. 또한 마케팅 및 브랜드 이미지 제고에 과도한 비용을 투자함으로써 재무상태 악화를 초래하였다.

(5) 자사의 핵심기술 우위요소가 없다

보루네오가구는 이탈리아의 디자인, 유럽식 생산설비, 동남아를 통한 원자재 구입 등을 수직적으로 통합함으로써 저가, 대량생산체제를 갖추었다. 그러나 경쟁자와 견줄 만한 특별한 경쟁적 우위요소를 지니지 못했다.

보루네오가구가 선택한 시장진입 방식은 범세계적 차원에서 전략적 통제를 일사불란하게 할 수 있다는 장점이 있는 반면, 모든 개발비와 위험을 자체 부담해야 된다는 단점이 있다. 바로 이러한 투자부담이 결국 심각한 재정적 압박을 가져왔다. 투자의 부담과 위험을 줄이기 위해 수출 · 라이선싱 · 합작사업 · 프랜차이징 등 보다 다양한 진입방식들이 고려되었어야 했다. 보루네오가구는 재무상태가 건실하지 못함에도 불구하고 일정 투자지역에서의 확실한 성공 없이 또 다른 지역에 과도한 투자를 함으로써 결국 재정적 위기에 빠지고 말았다.

투자지역의 성공을 통해 재정력을 재충전하고 이를 바탕으로 타지역으로의 점진적인 투자가 필요하다. 그리고 비록 브랜드이미지 개선이 중요하다 할지라도 기업재무 상태를 고려하지 않은 광고비 지출 등은 결과적으로 기업에 위기를 초래할 수 있다. 보루네오가구의 경영진들은 국제적 경기흐름을 제대로 읽지 못함으로써 투자지역으로의 적절한 진입시기를 놓치는 결과를 초래하였다.

참고문헌

장세진, 『글로벌경영 5판』, 박영사, 2009.

F. Root, *Entry Strategies for International Markets*, Lexington, 1994.

G. Hofstede, "The Cultural Relativity of Organizational Practices and Theories", Journal of International Business Studies 14, Fall 1983.

Hall, Edward T., "The Silent Language in Overseas Business", Harvard Business Review, May-June 1960.

J. C. Leontiades, *Multinational Corporate Strategy : Planning for Would Markets*, Lexington Mass. : D.C. Heath & CO., 1987.

Robert Grosse and John Stack, "Non-Economic Risk Evaluation in Multinational Banks", Working Paper No. 285, University of Michigan, January 1982.

연습문제

1. 국제경영의 개념과 중요성에 대하여 설명하시오.
2. 국제경영의 위험요인에 대하여 설명하시오.
3. 글로벌화의 촉진요인 중 시장요인을 설명하시오.
4. 글로벌화의 촉진요인 중 비용요인을 설명하시오.
5. 진출시장의 외부환경 중 경제적 환경의 고려요인을 설명하시오.
6. 진출시장의 외부환경 중 정치적 위험 파악의 중요성을 설명하시오.
7. 진출시장의 외부환경 중 사회 · 문화적 환경의 고려요인을 설명하시오.
8. 홉스테드 모형을 설명하시고 문제점을 지적하시오.
9. 기아자동차의 미국현지진출 성공요인을 설명하시오.
10. 보루네오가구의 해외직접투자 실패요인을 설명하시오.

CHAPTER

12

해외시장조사

INTRODUCTION TO INTERNATIONAL BUSINESS

CHAPTER 12

해외시장조사

제1절 해외시장조사의 개요

현재 기업경영에 있어서 해외진출은 당연히 거쳐야 할 과정으로 인식되고 있다. 이처럼 기업이 해외시장에 진출하여 성공적인 사업 수행을 거두기 위해서는 무엇보다도 진출하고자 하는 현지에 대한 충분한 사전준비와 이해가 필요하다. 그것이 바로 현지시장에 대한 조사이다.

이는 기업이 진출하고자 하는 새로운 시장에 대한 기회를 미리 파악할 수 있고, 적절한 영업방식 또는 시장 진입방법을 결정하는 데 도움을 주기 때문이다. 또한 적절한 마케팅믹스 전략을 수립하고, 다수의 시장에서 동시에 수행되는 마케팅활동을 통합, 조정, 통제하는 데도 도움이 된다. 그러나 무엇보다도 변화하는 환경에 적절히 대응할 수 있다는 것이 해외시장조사의 가장 큰 필요성이라 할 수 있다.

1. 해외시장조사의 개념

> **해외시장조사**
> 기업의 국제경영활동과 관련된 광범위한 영역의 의사결정에 필요한 해외시장의 정보나 자료를 체계적이고 과학적인 방법으로 수집 · 정리 · 분석하는 과정

해외시장조사란 기업의 국제경영활동과 관련된 광범위한 영역의 의사결정에 필요한 해외시장의 정보나 자료를 체계적이고 과학적인 방법으로 수집, 정리, 분석하는 과정을 말한다.

기업이 해외시장에 진출하고자 할 때, 우선 몇 개의 대상시장을 정한 후 이들

시장을 분석하여 최종적으로 목표시장을 선정한다. 진출 대상시장을 선택하는 기준은 기업의 장 · 단기 목표, 기업이 보유하고 있는 자원 등과 같은 기업의 내부적 요인에 대한 면밀한 분석에서 시작된다. 이 단계에서는 기업의 강점과 약점을 평가하는 데 구체적으로는 기업의 전체적인 성과와 주요 부문별 성과, 과거와 현재의 경영전략 등을 분석한다. 이와 함께 기업의 인적자원, 마케팅, 재무, 생산, 연구개발 능력 등도 분석한다. 이를 통해 기업의 경쟁적 우위를 파악하고 경쟁업체와의 상대적인 관점에서 장기적으로 이의 유지가 가능한지 분석한다.

기업의 목표와 자원에 대한 내부적 평가가 이루어지면 진출 대상국을 선정하기 위한 기준을 개발한다. 이 기준에 따라 진출 대상시장이 선택되면, 선정된 각각의 개별 해외시장에 대한 면밀한 조사가 이루어진다. 이때에는 해외시장에 대한 문화적, 정치 · 법률적, 경제적 환경 등의 거시적 평가 및 개별시장의 특성에 대한 미시적 분석이 함께 이루어진다. 미시적 분석에서는 일반적으로 ① 시장의 규모, 산업집중도, 기술수준 등과 같은 해외시장의 일반적 특성, ② 소비패턴, 소비습관, 쇼핑습관, 제품구입경로 등의 소비자 특성, ③ 제품의 평균가격, 품질, 대체상품, 유통경로, 상품의 인도방법 및 시기, 광고 등의 마케팅 특성, ④ 경쟁기업의 규모, 시장점유율, 수익성, 다국적기업의 특수한 능력, 현지국 정부와의 관련성, 부품 조달원, 기술의 종류와 수준, 기업 간 협력관계, 고객의 충성도, 기술도입계약 현황 등의 경쟁기업 특성 등을 다룬다.

해외시장에 대한 평가가 이루어지면 그 결과를 토대로 기업 여건에 가장 적합한 목표시장을 선정한다. 복수의 목표시장을 선정하였다면, 이들을 평가하여 어느 나라부터 진출한 것인가 하는 순서를 결정해야 한다. 진출순서는 여러 가지 요인들을 고려해야 하지만 결국은 시장의 잠재력을 파악한 뒤 어떤 시장이 가장 큰 장기적 투자수익률을 가져다줄 것인가에 따라 결정된다.

2. 해외시장조사실행 시 고려요인

(1) 분석항목의 범위와 수준을 결정

해외시장조사 시 분석항목의 범위와 수준 결정은 시장 분석목표에 적합한 항목을 선택하는 일에서부터 시작한다. 모든 항목 대상을 분석대상으로 하면 더없이

해외시장조사 실행 시 고려요인

분석 항목의 범위와 수준을 결정, 시장분석의 자료 수집 범위, 자료수집 장소 및 자료수집 방법 등의 결정, 분석항목별 소요인력, 분석기관 및 소요예산 등에 대한 계획의 수립, 수요예측 방법의 결정, 시장분석의 일정계획, 자료수집분석 및 해석, 시장분석의 핵심요소, 판매계획 및 판매전략 수립, 시장성 유무 조사

유용하겠지만 조사자의 능력, 분석기간의 제약 등으로 모든 항목을 분석대상으로 하기에는 많은 제약이 따른다.

따라서 조사자의 능력과 분석계획 기간에 맞추어 적절한 항목을 선별하지 않으면 안 된다. 그리고 시장분석계획 수립 시 고려해야 할 사항은 시장분석의 수준 결정 문제이다. 시장분석의 수준은 창업자 또는 조직원에 의한 약식 시장분석 정도로 할 것인지, 아니면 외부의 전문 컨설턴트 또는 전문기관에 의한 정식 시장분석으로 할 것인지도 계획수립 시 검토해야 할 사항이다.

(2) 시장분석의 자료수집 범위, 자료수집 장소 및 자료수집 방법 등의 결정

시장분석 시 활용되는 자료에는 정부기관 및 단체, 금융기관, 정부연구기관, 기업부설 연구소, 업계의 협회와 조합 등에서 발행한 통계자료와, 각종 연감, 보고서, 잡지 등에서 수집이 가능한 기존 자료와, 제품과 관련된 사람들과 기관, 즉 경쟁자, 정부, 관리, 무역협회, 소비자단체, 구매자 및 소비자를 통한 설문조사, 전화면담, 직접면담 등의 방법을 사용하여 추가 생산한 자료로 크게 구별해볼 수 있다.

많은 자료 중에서 시장분석 목표달성을 위해 꼭 필요한 자료수집을 하기 위하여 시장분석성 분석계획 단계에서 자료수집 범위, 자료수집 장소, 자료수집 방법을 사전에 계획하여야 한다. 자료수집이 얼마나 목적에 부합되었는가, 그 질과 양이 유용한가, 자료수집 장소의 선정이 잘 되었는가, 그리고 지료수집 방법에 있어 질문항목, 질문방법 및 질문에 대해 회답률 제고를 위해 사전에 얼마나 치밀한 계획을 세웠는가에 따라서 시장분석의 정확성에 영향을 주기 때문에 자료수집 계획은 중요한 의미를 갖는다.

또한 수집된 자료를 어떻게 분석하고 해석할 것인가의 문제이다. 이와 같이 자료의 활용 가치 여부는 그 자료의 타당성, 공평성, 신뢰성 등으로 판단되기 때문에 그 자료가 사용자의 목적에 부합될 수 있도록 가장 최근의 자료를 수집해야 함은 물론이고 그 자료가 객관성과 공평성을 갖도록 가능하면 공공기관에서 발행한 자료를 활용하는 것이 좋다.

(3) 분석항목별 소요인력, 분석기관 및 소요예산 등에 대한 계획의 수립

시장분석 항목이 많을 때는 한 사람이 수행하기에 부적합한 경우도 있을 수 있기 때문에 필요한 분석기간을 결정한 다음 분석 소요인력과 소요예산을 계획하여야 한다. 또한 부수적인 문제이기는 하지만 이 단계에서 시장분석을 창업자 자신 또는 조직원이 할 것인가, 외부 전문기관에 의뢰할 것인가도 검토하여야 한다.

(4) 시장분석 기법, 즉 수요예측 방법의 결정

시장분석에서 주로 쓰이는 예측 방법에는 분석자의 직관과 주관적인 관점에서 수요를 예측하는 판단예측법, 계획제품 시장과 깊은 관련이 있는 소비자, 판매자, 중개상, 관련 기업이나 조합, 연구기관 등의 종사자들에게 설문조사를 하여 수요를 예측하는 설문조사예측법, 과거의 경향이 앞으로도 지속될 것이라는 가정하에 통계적 방법을 활용하여 수요를 예측하는 시계열분석법, 종속변수와 독립변수 또는 설명변수 상호 간의 관련 정도를 알아내어 수요를 예측하는 상관분석법 등이 있다. 이들 방법 중 적절한 방법을 선택하는 것도 시장분석의 계획단계에서 결정할 일이다. 또한 조사자의 능력, 제품의 종류와 용도, 유통구조 등의 특성에 따라 어떤 방법을 사용할 것인지와 자체분석에 의할 것인지 외부 전문가에게 위임할 것인지도 계획단계에서 검토되어야 할 사항이다.

(5) 시장분석의 일정계획

시장분석은 제품의 시장출시와 관계가 깊기 때문에 시판계획 시점에 맞추어 진행하지 않으면 안 된다. 따라서 계획제품의 시판을 전제로 한 시장분석은 계획된 일정에 따라 추진하지 않으면 안 되기 때문에 시장분석의 계획단계에서부터 일정계획이 수립되어야 한다.

(6) 자료수집분석 및 해석

시장분석 자료는 시장분석의 계획 수립 단계에서 설계된 내용에 따라 수집하면 된다. 시장분석의 기존 자료는 정부기관, 단체, 금융기관, 대학, 정부 연구기관, 기업부설 연구소, 업계의 협회 및 조합 등에서 발행한 통계자료와 각종 연감, 보고서, 잡지 등에서 수집할 수 있으며, 추가 생산되는 자료는 제품과 관련이 있는 사람들과 기관, 즉 경쟁자, 정부 관리, 무역협회, 소비자 단체, 구매자 및 소비자를 통한 설문조사, 전화면담, 직접면담 등의 방법을 통해 수집할 수 있다.

이와 같이 수집된 자료는 분석 과정을 통하여 시장분석 목적에 맞게 재생산되며, 재생산된 자료는 시장성 유무의 평가 기준으로 활용된다. 또한 이렇게 해석된 자료는 기존 시장의 크기, 시장점유율, 시장의 성장추세 및 전망, 유통과정 및 기타 시장의 특성에 대한 정보로서 활용된다.

자료의 분석과 해석 과정에서 간과해서는 안 될 사항은 자기중심적 판단이 아니라 객관성이 있는 해석이 절대적으로 요구된다는 것이다. 창업자가 창업과정에서 흔히 실수하기 쉬운 부분이 바로 자신의 계획 사업 및 제품에 대해 너무 긍정적으로만 판단하는 경향이 있다는 것이다

(7) 시장분석의 핵심요소

시장분석의 핵심요소란 전반적인 시장동향 분석, 그리고 제품성 분석, 경쟁적 지위 분석, 제품가격 분석, 수요예측, 시장 및 환경 분석 등 시장분석의 핵심이 되는 요소들을 말한다. 이들 시장분석 요소는 계획제품의 시장성 유무 평가의 기준이 되며, 이들 요소의 평가결과 사업성이 있다고 판단이 되는 경우에는 판매계획 및 판매전략 수립을 통해 그 효과를 극대화하여야 한다. 이들 요소는 개별적으로 분석하되 그 평가는 시장 측면에서 종합 평가되어야 함은 물론 여타 사업타당성 평가 항목 상호 간의 조화성 분석 등 사업 타당성의 종합적 평가 측면에서도 부각되어야 한다.

(8) 판매계획 및 판매전략 수립

판매계획과 판매전략을 생각하지 않은 시장분석은 효용 측면에서 큰 차이가 있다. 시장분석 결과는 엄격하게는 여러 가지 기업환경 변화와 판매계획 및 판매전략에 따라서 좌우될 수밖에 없다. 즉, 시장분석은 기업환경 변화 예측과 더불어 적정한 판매전략이 연계될 때 가치가 크다.

판매계획 및 판매전략을 수립하는 데 있어서 고려하여야 할 사항은 마케팅 계획, 광고 등의 판촉활동, 판매비용 계획 등이며, 광고 · 판촉 · 판매활동에 투입할 인적 · 물적 자원의 규모와 투입시기도 함께 결정해야 한다. 마케팅 계획은 일명

영업계획이라고도 할 수 있으며, 제품별 · 지역별 판매계획을 수량 또는 금액으로 표시하여야 한다. 이 마케팅 계획은 생산 및 원자재 구입계획과 연결되도록 계획되어야 한다.

광고와 판촉 계획에는 판촉방법, 광고매체 및 시기, 광고 선전비 등이 포함되어야 하며, 계획단계에서 결정해야 할 주요한 내용은 계획제품의 성격, 시장의 특성, 소비자의 분포 등에 따라 결정되어야 한다. 광고와 판촉계획은 내부에서 구체적으로 결정되어 있지 않으면 업계의 평균치를 계획으로 하면 무난하며, 정확한 산정이 곤란할 경우에는 전문가의 도움을 받는 것도 좋다. 판매비용 계획은 마케팅 계획을 근거로 하여 고객과의 접촉, 제품의 인도 및 배달, 수금 등에 소요되는 비용 계획을 대상으로 하되, 변동비와 고정비를 구분하여 수립하면 향후 손익분기점 분석 등이 용이하다.

(9) 시장성 유무 조사

일련의 시장분석 항목 평가에 의거하여 계획제품의 시장성 유무를 평가하게 되는데 이 평가 기준을 정형화하는 데는 한계가 있다. 그 이유는 어느 정도의 시장규모가 있어야 시장성이 있는지, 또 어느 정도의 시장점유율 확보가 가능할 때 향후 시장성 전망이 있는 것으로 볼 것인지 등의 객관적 기준이 없기 때문이다.

일반적으로 손익분기점 매출액은 제조업일수록 그리고 설비투자규모가 큰 사업일수록 창업 후 여러 해가 걸려서 달성되며, 아이템에 따라서는 당해 연도에 손익분기점 매출액을 상회하여 창업 연도부터 당기순이익이 실현되는 경우도 있다. 도 · 소매업의 경우에는 특별한 경우가 아니면 당해 연도부터 이익이 실현되는 것이 보통이다.

그러나 제조업이든 설비투자 규모가 큰 사업이든 적자가 3년 이상 지속되면 문제가 있다. 이와 같은 사업은 본궤도에 오르기 전에 도산하는 경우가 많고, 설령 사업이 지속되더라도 은행 등 금융기관의 신용평가에서 좋은 점수를 받기 어렵기 때문에 자금에 큰 어려움을 겪을 수 있다. 따라서 창업 후 3년 이내에 흑자경영이 곤란한 이런 사업은 포기하거나 시장규모가 신장될 때까지 착수를 늦추는 것이 유리하다. 아울러 시장성 유 · 무 평가 시에는 시장성 검토 과정에서 파악된 여러 가지 불확실성 요인들에 의한 위험성의 정도와 그 위험의 극복 가능성도 평가되지 않으면 안 된다.

3. 해외시장조사의 위험요인

해외시장조사의 위험요인

복잡성과 특수성, 2차자료의 부족과 낮은 신뢰성, 1차자료 수집비용의 증대, 국가별 조사와 자료수집의 조정문제, 조사방법의 일반화 문제, 조사관리에 관한 문제, 비용과 기간 문제

(1) 해외시장조사의 복잡성과 특수성

해외시장조사의 가장 큰 특징은 서로 다른 환경을 가진 복수 국가시장을 대상으로 한다는 데 있다. 지리적으로도 멀리 떨어져 있을 뿐만 아니라 정치, 경제, 사회, 문화적 측면에서의 제반 환경이 서로 다르기 때문에 우선 조사업무 자체가 시간, 비용, 물리적 차원에서 힘들다. 해외시장조사는 한 국가를 초월하여 다른 국가, 다른 문화, 다른 언어 환경 속에서 조사를 수행하여야 하므로 조사설계가 매우 복잡해지는 어려움이 있다. 따라서 분석단위, 분석수준, 응답자선정 등에 있어 많은 주의를 요한다.

우선 분석단위의 경우 일반적으로 국가가 사용될 수 있으나 국제경영 입장에서 볼 때에는 항상 적절한 분석단위라고는 볼 수 없다. 오히려 청소년, 대학생 등이 전 세계의 시장분석단위로서 적절한 때가 많다. 또한 응답자선정에 있어서도 국별 사회 · 문화적 배경이 상이하기 때문에 조사대상의 선정이 국내조사에 비해 훨씬 어렵다. 예를 들면, 보험이나 자동차 구입의 경우 미국에서는 부인이 중요한 역할을 하는 반면 중동지역에서는 남편이 절대적으로 영향력을 행사하기 때문에 응답자를 잘 선정해야 한다.

(2) 2차자료의 부족과 낮은 신뢰성

복수시장을 대상으로 하는 2차자료 조사분석은 많은 문제점과 한계를 지니고 있다. 해외시장조사에 있어 2차자료와 관련된 문제는 크게 두 가지로 나누어 생각할 수 있다. 그 하나는 자료의 절대량 자체가 국가마다 판이하게 다르다는 것이고, 또 하나는 이들 국가별 자료를 비교하는 데 많은 한계가 있다는 것이다. 해외시장과 외국에 대한 2차자료가 많이 부족하여 국내시장조사에 익숙해 있던 조사담당자가 해외시장조사를 수행할 때에는 자주 당황하게 된다.

또한 어느 정도의 2차자료가 이용 가능할 경우에도 동 자료의 정확성과 신뢰성에서 종종 문제가 야기된다. 이것은 국제마케팅 의사결정이 국내마케팅 의사결정보다는 신뢰성과 정확성이 떨어지는 자료에 의해 수행됨을 뜻하는 것이므로 담당자는 이러한 문제에 매우 신중을 기해야 한다.

(3) 1차자료 수집비용의 증대

일반적으로 국내시장조사에 비해 국제시장조사의 비용이 더 많이 든다는 사실은 직관적으로 쉽게 알 수 있다. 특히 시장조사를 위한 기초자료 제공원이 없고 조사에의 경험이 축적되어 있지 않은 개발도상국에서 심각한 문제가 야기된다.

1차자료의 비용이 너무 많이 들 때에는 정확성과 신뢰성에 문제가 생기더라도 일단은 2차자료에 높은 비중을 두고 조사를 수행하면서 꼭 필요한 부분에 한해서만 1차자료를 수집하는 것이 효율적일 때가 많다.

(4) 국가별 조사와 자료수집의 조정문제

해외시장조사에서의 조사대상시장은 지리적 여건, 즉 자국과의 거리, 그 국가의 면적, 지형, 기후, 자원량 등에 따라 이중적 시장구조를 가지고 있는 것이 보통이다. 조사의 설계와 자료수집의 복잡성을 수반할 뿐만 아니라 언어를 비롯한 그 밖의 여러 제약요인으로 인해 조사를 관리, 운영하는 데에도 문제가 많이 야기된다.

국제적 조사의 설계 및 실행은 조사목적과 일치되어야 할 뿐만 아니라 조사수단 및 자료수집절차와도 조화를 이루어야 한다. 결국 이러한 문제들을 조정하는 기구의 필요성으로 인해 해외시장조사의 비용은 크게 증가하게 되며 조사기간도 장기화된다.

(5) 조사방법의 일반화 문제

해외시장조사 개념과 측정도구 그리고 수집절차가 다양하게 개발, 검증되어 왔으나 아직은 그 적정성이 명백하지 않기 때문에 국가별로 비교 가능하도록 동등하게 조사하는 것은 매우 곤란하다. 따라서 이미 개발된 개념 및 측정도구를 해당 국가에 맞게 수정하고 그 적정성을 검증하는 절차가 수반되어야 한다.

(6) 조사관리에 관한 문제

해외시장조사를 기업조직 내부에서 할 것인가 아니면 외부전문조사 업체에 맡길 것인가와 같은 조사수행 주체의 문제와 모기업 본사에서 할 것인가, 아니면 현지 자회사에서 할 것인가와 같은 조사분권화 문제가 나타나므로 이를 잘 조정하고 관리해야 한다.

(7) 비용과 기간 문제

일반적으로 국제적 의사결정을 위해서는 국내의사결정의 경우보다 긴 시간이 필요하고 조사비용도 많이 소요되므로 국제의사결정과 조사비용기간의 경제성을 고려해야 한다. 한편 해외환경 및 활동을 잘 알지 못할 때에는 초기진입단계의 조사는 비용보다는 투자로 간주하여야 한다. 이는 해외시장조사가 초기진입 시의 실패를 방지해주며 아울러 효과적인 국제마케팅 확장전략의 개발을 가능하게 해주기 때문이다.

제2절 해외시장조사 계획수립

1. 문제의 규명에 의한 필요 정보의 확정

문제의 규명이란 해결해야 할 과제가 무엇인지, 내려야 할 의사결정 내용이 무엇인지, 그리고 이를 위해 필요한 정보가 무엇인지 등을 명확하게 규정하는 것을 의미한다. 즉, 해외시장조사의 전체적인 방향을 설정하기 위한 것으로서 현재 기업이 처해 있는 문제점을 해결하기 위해서는 어떠한 정보가 필요한가를 확정하는 단계를 말한다. 일반적으로 해결해야 할 문제를 정확히 파악하면 그 문제를 반 이상 해결한 것이나 다름없다는 말이 있듯이 올바른 문제의 규명은 모든 조사나 연구의 출발점이다.

이처럼 국제경영상의 문제가 무엇인가를 명확하게 파악하면 그 다음으로는 동 문제를 해결하기 위해 어떠한 정보를 수집해야 할 것인가를 알 수 있다. 이때 해결해야 할 문제는 기업 전체의 전략적 수준 또는 현장 경영단위의 전술적 수준으로 구분될 수 있으며 이에 따라 필요한 자료의 성격도 규정된다.

(1) 전략적 의사결정에 필요한 정보

전략적 의사결정은 기업 전체의 관점에서 이루어지는 것으로서 국제경영에서는 주로 해외시장 진입 및 확대와 관련된 것이다. 따라서 해외시장 진입과 같은 전략적 의사결정을 내리고자 할 때에는 정치적 위험, 재무적 위험, 거시시장잠재력, 제품시장규모 등과 같은 정보가 요구된다.

(2) 전술적 의사결정에 필요한 정보

전술적 의사결정은 마케팅 믹스에 대한 문제로서 이를 해결하기 위해서는 4P를 결정하기 위한 제품편익과 태도, 가격민감도, 유통업자 태도 등과 같은 정보가 요구된다. 예를 들면, 목표시장전략이 정해지고 이를 달성하기 위해 광고전술을 확정하고자 할 경우 어떤 광고문안을 사용할 것인가, 얼마나 표준화된 주제를 사용할 것인가 등과 같은 문제를 해결하기 위해 필요한 정보를 결정하는 것이다.

2. 정보분석단위의 결정

자료의 분석은 수집된 자료에 대해 의미 있는 해석이 가능하도록 정리 및 통계처리 등을 하는 작업이다. 소비자의 태도나 의견조사의 경우 문화적 차이로 인해 문화적 준거점이 다를 수 있고 이는 자료의 본래 의미를 왜곡할 가능성이 있다. 따라서 일단 필요정보가 결정이 되면 다음 단계는 적절한 분석단위를 결정하여야 한다. 즉 지역, 국가, 목표시장 또는 세분된 시장 등을 대상으로 기업이 목표로 하는 분석단위를 결정하는 단계이다.

(1) 지역단위

국제적인 정보분석을 하여야 할 가장 기본적인 단위가 지리적인 지역단위 또는 국가그룹이다. 2차자료가 이러한 분석단위에 입각해서 많이 얻어질 수 있는데 EU, OPEC, 베네룩스 3국, 동남아시아 등이 좋은 예이다. 그러나 이런 자료들은 거시경제적 성격을 띠고 있기 때문에 국제경영 의사결정에는 큰 도움을 주지 못하는 단점이 있다.

(2) 개별국가단위

개별국가단위는 해외시장조사에 있어서 가장 일반적으로 사용되는 분석단위로서 GNP, 인구, 에너지소비량, 도 · 소매가격 등과 같은 2차자료가 국가단위에서 손쉽게 수집될 수 있다. 1차자료 수집에 있어서도 조사조직과 통신망이 국가별로 구성된다. 국가를 분석단위로 사용하는 이점은 기존의 많은 자료들이 이미 이러한 기준에 입각하여 작성되었다는 것이며, 국가는 국제적인 사업의 운용에 있어서 중요 단위이기 때문이다.

그러나 미국과 구소련 등 연방국가의 경우 국가를 분석단위로 사용하게 되면 국가 내 지방들 간의 특성이 무시되는 위험이 있다. 그러므로 국가가 국제마케팅에 있어서 전통적인 분석단위이기는 하지만 그것이 항상 타당하지는 않다. 왜냐하면 동일한 국가 내에서도 종교, 문화, 사회집단의 차이에 따라 다양한 시장형태가 나타나기 때문이다.

(3) 국가 내 하부집단

어떤 경우에는 국가 내의 하부집단이나 부문조직이 해외시장조사에 있어서 적절한 분석단위가 된다. 이러한 것들은 지리적 단위(지역, 도시. 지역사회)와 조직적, 문화적, 사회적 하부집단(예를 들면, 특정규모의 기업, 10대, 취업주부)들을 포함한다. 이러한 세분화된 시장을 분석단위로 할 때 나타날 수 있는 주된 약점은 그러한 자료와 관련된 2차자료가 과연 수집 가능한가 하는 문제와 1차자료의 수집비용이 많이 든다는 점이다.

3. 정보원천의 선택

분석단위 결정의 다음 단계는 필요한 정보를 제공해줄 수 있는 대체적인 정보원천을 검토하는 것이다. 국내조사와 마찬가지로 1, 2차 자료의 존재 유무를 확인하는 한편, 필요 자료를 외부원천으로부터 얻을 것인가 내부원천으로부터 얻을 것인가를 결정한다.

(1) 2차자료와 1차자료

2차자료란 해당 조사목적을 위해서 정리된 자료가 아니라 해당조사에 활용될 수 있으나 다른 연구목적으로 이미 정리된 자료를 말한다. 주로 기존의 정부 또는 조사기관이 간행물이나 기업에서 수집한 자료, 학술지에 발표된 논문 및 기타 등을 말한다. 2차자료의 장점은 저렴한 수집비용과 취득의 편이성으로서, 예를 들면 UN통계연감이나 정부통계연감 등은 도서관에서 손쉽게 그리고 저렴하게 취득할 수 있다. 반면 2차자료의 주된 약점은 각기 상이한 국가적 환경에 기초하여 수집된 자료이므로 자료 간 비교가 용이하지 않다는 점이다.

> **2차자료**
> 다른 연구목적으로 이미 정리된 자료

한편 2차자료가 경영의사결정에 적절한 정보를 제공하지 못할 경우에는 1차자료의 수집이 요구된다. 1차자료란 조사자가 현재 수행 중인 조사목적을 달성하기 위하여 직접 수집한 자료로서 설문지 또는 비설문조사 방법을 통하여 수집되는 것을 말한다. 1차자료 수집은 어렵고 비용이 비싸나 전략 및 전술적 의사결정에 꼭 필요한 정보를 얻는 데 있어서 필수적인 과정이다.

> **1차자료**
> 조사자가 현재 수행 중인 조사목적을 달성하기 위하여 직접 수집한 자료

(2) 외부자료와 내부자료

외부자료는 기업 외부에서 수집된 자료로서 주로 환경의 변화추세, 수요유형, 경쟁, 유통망 등에 관한 정보를 제공한다. 즉, 현재의 정치, 경제 및 사회적 상황과 이들이 기업과 산업 전반에 미치는 영향에 대한 판단을 제공해준다. 내부자료란 기업 내부에서 수집된 자료로서 판매와 원가자료로부터 얻을 수 있으며, 특정 상품, 제품계열, 지역 및 마케팅 도구 등의 효율성에 관한 정보를 제공하는 점에서 매우 유용하다.

4. 조사권한의 분산 여부

조사권한이 본사에 집중되거나 현지 자회사에 분산되거나 모두 장 · 단점이 있으므로 기업내부사정과 조사목적에 맞게 조사조직이 구성되어야 한다.

(1) 집중화된 조직

본사가 조사의 주체로서 조사설계와 자료분석의 세부적인 내용이 본사에서 이루어지고 또한 각국에서 행해져야 할 조사의 내용과 방법도 결정한다. 이러한 조사조직은 최대한의 통제 가능성, 국가 간 자료의 비교 가능성, 비용절감 등의 이점이 있는 반면, 본사조사요원의 능력한계와 본국문화중심적인 편견개입 등의 위험이 있다.

(2) 위임된 조직

본사는 조사되어야 할 문제만을 확정하고 세부적인 조사계획, 외국에서의 현장조사, 자료분석 등은 외부전문조사기관에 위임한다. 이 조직은 현지관리자의 의견을 수렴할 수 있는 장점이 있으나 조사절차에 변경이 가해질 경우 자료 간 비교 가능성이 떨어진다.

(3) 분권화된 조직

본사는 넓은 의미에서 조사목적을 수립하고 조사설계나 조사운용에 관한 사항은 현지 자회사가 맡는 것으로서 전술적 의사결정에 필요한 정보획득에 유리하다. 여러 나라의 상이한 조건에 맞게 조사가 수행되는 장점은 있으나 국가 간 자료의 비교 가능성을 확보하지 못하는 단점이 있다.

(4) 외부조사기관에 대한 의뢰 여부의 결정

주어진 마케팅상의 문제를 해결하기 위해서 회사 내의 자체 능력을 활용할 것인가, 아니면 외부의 전문조사용역기관을 이용할 것인가를 정하는 것이다. 일반적으로 국제경영에 요구되는 모든 종류의 조사들을 설계, 실행할 수 있는 능력을 가진 기업은 거의 없기 때문에 국제적인 마케팅조사 전문기관을 이용한다. 방대한 해외조직망을 갖고 있는 무역진흥공사의 해외시장조사는 특히 대상지역 현지에서 직접 조사를 하는 것이므로 신빙성이 높다.

5. 조사비용

해외시장에서의 조사비용은 마케팅조사 하부구조, 조사기관의 가용성과 효율성 및 조사의 까다로움 등으로 국내시장에서의 조사비용보다도 많이 소요된다. 이처럼 시장규모에 비해 상대적으로 조사비용이 많이 소요되기 때문에 특히 해외시장경험이 없는 중소기업들은 심리적으로 해외시장조사를 꺼리게 된다. 따라서 조사비용에 결정적인 영향을 미치는 잠재시장규모, 예상되는 시장점유율, 환율의 변동 등을 면밀히 고려하여 최적의 조사예산을 책정해야 한다.

제3절 해외시장조사 실행

1. 자료수집

조사계획이 수립되면 1차 및 2차 자료 수집이 이루어지는데, 이때 수집의 용이성과 저렴성 때문에 2차자료가 먼저 수집되고 그 후 부족한 정보를 모으기 위해 1차자료 수집이 시작된다.

〈표 12-1〉 자료수집 시 항목별 주요 내용

구분	내용
일반사항	정치, 경제, 사회, 문화, 지리, 기후, 인구, 언어, 종교 등
경제동향	경제성장률, 국민소득, 물가, 임금, 고용, 국제수지 등
산업동향	산업구조, 시장 주력산업
무역동향	대외무역구조(품목별, 국가 또는 지역별)
무역관리제도	수출입관리제도 및 절차, 외환관리제도, 관세 및 기타 수입규제
시장특성	소비자계층, 상관습, 구매시기 등
유통구조	시장접근을 위한 유통구조(수입상, 중간상, 도매상, 소매상)
경쟁구조	경쟁업체의 수와 강 · 약점
기타	항만, 교통, 통신시설 등

(1) 2차자료 수집

2차자료의 가장 큰 장점은 시간과 비용의 경제성이다. 2차자료의 수집원천은 다음과 같이 다양하므로 조사목적과 계획에 적합한 기관으로부터 정보를 얻도록 해야 한다.

1) 국제기구

UN, IBRD, IMF, OECD 등과 같은 국제기관이 발표하는 세계수출입통계, 세계지역별 및 각국별, 상품별 수출입통계 등이다. 국제기구는 연간통계, 일반 경제 환경분석, 시장규모 등의 거시경제적 자료를 전문적으로 발행하고 있다.

2) 정부기관

한국은행 등의 정부부처뿐만 아니라 한국개발연구원, 산업연구원, 대외경제정책연구원 등의 정부출연 연구기관, 그리고 한국무역협회와 대한무역진흥공사 등의 정부산하기관에서는 정기 또는 부정기적으로 각종 연감, 백서, 편람, 정책보고서 및 자료집 등을 발간하고 있다. 대표적인 것으로서 대한무역진흥공사의 〈국별 시장시리즈〉, 〈제품별 시장보고시리즈〉, 산업연구원의 〈산업별 연구보고서〉 등을 예로 들 수 있다.

3) 각종 협회

협회, 조합, 진흥회 등과 같은 동종 기업체들의 연합체에서는 해당산업에 대한 연감, 편람, 기업체 명부, 통계자료, 산업동향, 세미나 자료 등을 발간하고 있으므로 특정산업을 조사대상으로 했을 경우에는 이들 협회의 자료가 매우 긴요하다. 예를 들며, 한국전자공업진흥회의의 〈한국 전자공업연감〉, 〈전자, 전기공업통계〉 등이 있다.

4) 국제조사기관

포춘, 비즈니스 위크, 노무라총합연구소, 브리태니커, 이코노미스트, 매킨지 등과 같은 세계적인 사적 조사기관도 매우 중요하고 시사적인 자료와 정보를 제공하고 있다.

(2) 1차자료 수집의 기본방향

2차자료가 수집되면 1차자료 수집을 위한 조사설계가 이루어지는데 이때 가장 중요한 고려사항 중의 하나가 상이한 문화환경 속에서 수집된 자료들 간의 비교 가능성을 확보하는 것이다. 비교 가능성이란 어느 국가와 문화 속에서도 될 수 있는 한 동일한 의미를 갖고 동일한 수준의 정확성과 신뢰성을 갖도록 자료를 수집하는 것을 의미한다. 자료의 비교 가능성을 확보하기 위해서는 자료수집방향, 자료의 동질성 추구, 조사분석의 문화적 편견 제거 등과 같은 사항들이 보다 세심하게 고려되어야 한다.

(3) 올바른 자료수집방향의 정립

해외시장조사의 경우에는 기업의 국제화단계를 고려하여 국별 비교가 가능하도록 하는 동시에 유사한 문화권으로 나눌 수 있는 일반적 기준을 세울 수 있어야 한다. 해외시장조사는 자료수집 과정상의 실제적인 어려움이나 자료의 비교 가능성 등에 있어 국내 마케팅조사보다 훨씬 더 힘들고 복잡하기 때문에 더욱 신중한 접근이 요구된다.

(4) 자료의 동질성 확보

1) 구성동질성

구성동질성은 다음과 같이 기능, 개념, 범주면에서 동질적인가를 뜻하는 것이다.

첫째, 기능동질성은 주어진 개념 또는 행위가 국가 간에 같은 기능을 수행하는 것을 의미하는 것으로서, 예를 들면 자전거가 미국에서는 여가용인 데 비해 개도국에서는 교통수단용으로 사용되기 때문에 양국 간에는 기능동질성이 없다고 할 수 있다.

둘째, 개념동질성은 같은 개념 또는 행위가 상이한 국가 내에 존재하고 그리고 유사하게 표현되는가를 나타내는 것이다. 예를 들면, 약혼이 영국에서는 결혼하겠다는 공적 구속을 의미하는 반면 이탈리아에서는 단지 남자친구가 생겼다는 뜻이다.

셋째, 범주동일성은 상이한 국가 간에 동일분류기준이 적용될 수 있는가와 관련된 것으로서 케이크가 디저트로 사용되는 국가가 있는 반면 중국과 같이 식사와 관련 없는 나라도 있다.

2) 측정동질성

측정동질성은 구성동질성에 대한 검토가 끝난 후 고려되는 것으로서 국별 문화적 배경 차이를 고려하여 측정도구의 동질성이 확보되어야 한다.

3) 샘플링동질성

샘플링동질성은 상이한 국가 내에 있는 모집단의 성격을 제대로 대표하도록 표본집단이 추출되는 것을 뜻한다.

(5) 조사분석에 있어서의 문화적 편견 제거

조사설계, 조사자와 응답자 간의 의사소통, 자료해석 등의 면에서 문화적 편견이 가능한 개입되지 않도록 주의함으로써 국별 자료 간 비교 가능성을 높이는 것을 말한다.

2. 시장분석

(1) 시장동향분석

제품에 대한 전체 시장규모가 어느 정도이며, 경쟁제품과 유사제품 그리고 수입제품에 대한 시장은 어떤 특성과 구조로 이루어져 있는지를 분석하고, 동시에 소비자 구성분포 및 변화추세 등도 분석목표로 삼는 것이 좋다. 과거 3년간의 자료(시장이 가지는 특성들과 주요 수요처, 고객수용 가능성 등에 대한 분석과 유통경로)들을 토대로 특정시장에서 유통되고 있는 같은 유형의 제품들이 무엇이 있는지와 비슷한 사용목적(소비자들이 어떤 형태로 소비를 하는가, 그 규모는 얼마인가, 구매동기는 무엇이며 필요의 형태는 어떤 것인가, 그리고 소비자의 구성분포와 변화추세는 어떠한가)의 유형재가 얼마나 있는지 파악하여야 한다.

(2) 시장규모의 분석

① 판매영역별, 고객별 잠재수요 분석: 대개의 경우 지역에 따라, 고객층에 따라 제품의 수급 실적이 차이가 나므로 시장 구분을 하고 시장 공략을 하여야 한다.

② 국내 동일 및 유사제품, 대체품에 대한 수급 실적 분석

③ 동일제품, 유사제품 및 대체품에 대한 수출입 실적 분석: 시장규모분석 대상 제품의 범위는 최근 3년간의 수급실적을 바탕으로 국내뿐만 아니라 해외시장까지의 동일제품 및 유사제품 그리고 대체성이 강한 제품이 있는지에 대해서도 분석하여야 한다.

④ 시장규모 분석 시에는 판매영역별, 고객별로 잠재수요가 파악되어야 하는데 이런 분석이 결국 시장점유율 확보를 전제로 하는 것이기 때문에, 조사 시점부터 관련 협회, 조합 자료, 전문기관, 동종업체 등의 자료를 참조하여 주요 수요처를 지역별, 고객별로 분석할 필요성이 있다.

(3) 시장의 특성 및 구조

① 시장의 일반적 성격: 전체 시장의 규모라든가 주고객층은 누구인지 변화의 방향 등을 분석한다.

② 주요 수요처: 각 수요처가 지니는 특성 및 성향을 분석해 적절하게 대응한다.

③ 고객 수용가능성 분석

④ 유통구조 및 특성: 유통경로 및 고객의 특성, 변화추세 등 유통망의 단계 형성, 과정, 마진률 등에 대한 분석이 필요하다.

⑤ 동종업계의 일반적 판매조직(직영점, 대리점, A/S 형태 등) 경쟁상대가 가지는 강점과 약점을 파악하고, 판매과정 및 특성들을 분석하여 자사와의 경쟁력을 비교해야 한다.

⑥ 동일제품, 대체 및 유사제품의 일반적 판촉전략(광고 및 영업전략 등)의 방식이나 형태, 영업전략 등을 파악하여 자사와의 경쟁력을 비교해야 한다.

(4) 소비자 분석

전반적인 시장의 동향 분석 시 필수적으로 넣어야 하는 것으로, 소비자의 구성 및 분포, 소비성향 추세의 변화, 제품에 대한 소비형태, 재구매의 순환주기는 얼마나 되는지를 분석한다. 구성분포의 분석은 지역, 연령으로 나누어 현재의 소비성향과 변화추세 등을 알아보아야 한다. 또한 구매동기는 무엇인가 등도 분석하여야 한다.

① 제품 소비형태, 소비단위, 정기적 구매, 일시적 구매, 한번 구매 시의 소비량 등을 분석한다.

② 구매동기 및 소비자 니즈(needs), 그리고 제품을 구매하는 이유는 무엇이며 필요성은 왜 느끼는지 등을 분석한다.

③ 소비자 구성 분포 및 변화 추세 분석: 지금 주 소비자층은 어떤 부류이며 이것이 변화되고 있다면 그 흐름은 어떤지를 분석한다.

3. 제품성 및 제품의 경쟁적 지위 분석

자사제품이 경쟁제품과 비교하여 어떤 특성을 가지고 있으며, 품질수준은 어느 정도인지, 경쟁회사는 어떤 회사들이 있으며, 이들 회사의 기본적 재무상태와 영업실적, 가격경쟁력의 여부를 분석한다.

(1) 제품의 강 · 약점 분석

① 잠재수요자에 의한 제품 이미지 조사를 하여 제품에 대한 호감도, 보완점 등을 분석한다.

② 제품의 특성, 품질 등을 비교한다.

③ 제품의 기능, 브랜드 보유 여부 등의 강점과 약점을 분석한다.

(2) 제품의 라이프사이클 및 보급률 분석

① 라이프사이클은 제조업종에만 국한되는 것이 아니라 도 · 소매 및 서비스 업종까지도 적용된다.

② 제품의 라이프사이클을 무시하고 시장에 뛰어들었다가는 사업이 실패할 가능성이 크다. 계획제품의 라이프사이클이 도입기, 성장기, 성숙기, 쇠퇴기 가운데 어느 단계에 자리하고 있는가를 분석한다.

③ 제품의 라이프사이클 분석과 더불어 신제품 등 국내 보급이 초기 단계인 제품의 경우에는 그 제품의 보급률도 파악한다. 기존 제품이 존재하는 시장에 신제품을 개발하여 참여하고자 하는 경우에는 제품의 라이프사이클 분석과 더불어 제품의 보급률 분석도 같이 하는 것이 더 효율적이다.

(3) 제품의 채산성 분석

매출이 아무리 많을지라도 채산성이 떨어진다면 사업의 영속성은 확보하기 힘들다.

1) 제품원가 및 마케팅 코스트 등의 분석

• **원 단위에 의거하여 산출하는 경우**

재료비 = 재료별 소요량(예정생산량×원 단위)×예상 구입단가

[과거 실적 자료를 기준으로 산출하는 경우]

평균 월별 원 단위=월별 소요량/제품생산량

• **실적 구성비를 적용하여 재료비를 추정하는 경우**

원 단위 사정이 곤란한 경우, 제조원가 중 원재료의 비중이 낮은 경우 또는 원재료 가격이 안정적이고 시설이나 기술수준에 변동이 없는 경우 등에 활용된다.

재료비=실적 구성률(매출액에 대한 원재료비의 비율)×예상 매출액

제품원가 분석은 추정 제조원가 명세서를 작성한 후 이를 근거로 분석한다. 제조원가 명세서 작성 시에는 제조공정의 이해와 더불어 원가계산 방법, 각 제품에 공통적으로 투입되는 공통비의 배분 기준과 방법이 사전에 결정되어야 한다.

재료비는 제품생산에 소요되는 주요 재료비를 구분하여 추정하는 것으로 원 단위, 즉 제품 1단위당 재료비를 기준으로 작성하는 방법, 제조원가 중 재료비의 실적 구성비에 의해 산정하는 방법, 동종업계 자료를 이용하는 방법 등이 있다

2) 마진율의 분석

마진율이라 함은 수익률로 표시되는데, 이 수익률은 매출액으로부터 제품제조원가, 판매비, 일반관리비, 영업 외 비용 및 특별비용 등을 제외하고 순수하게 이익이 되는 부분을 말한다. 마진율은 과거 실적에 의해 산출하는 방법도 있지만 주로 목표 마진율로부터 접근한다. 따라서 마진율 분석도 목표마진율과 실현마진율 사이에 어느 정도로 차이가 발생하는가, 실제예상마진율이 목표마진율에 접근할 수 있는지를 분석하는 것이 우선이다.

3) 제품가격 분석

제품 경쟁력의 제1차적 요소는 제품가격이라 할 수 있다. 가격정책을 어떻게 수립하느냐가 마케팅 성공의 지름길이며, 마케팅 성공이 기업 성공의 열쇠가 될 수 있으므로 시장분석에 있어서 가격분석은 필수라 할 것이다. 제품 가격분석은 제품의 가격정책, 가격경쟁력, 가격추세로 나눌 수 있다. 신제품을 시장에 출현시킬 때에는 우선 가격정책을 수립하는 것부터 염두에 두어야 한다. 고가정책을 추구할 것인가, 중 · 저가품 위주로 나갈 것인가, 저가정책으로 나갈 것인가 등을 결정해야 한다.

그 후에는 가격 경쟁력을 갖기 위한 적정한 가격은 어느 정도인지 분석해야 한다. 경쟁제품 및 유사제품의 가격은 어느 정도인지 각 경쟁회사별로 조사하는 것도 중요한 요소이다. 그리고 현재의 가격뿐만 아니라 국내의 경쟁제품 및 유사제품의 과거 2~3년간의 가격 변화 추세 예측도 같이 분석해야 할 필요가 있다.

(4) 경쟁적 지위 분석

시장분석 가운데서도 가장 중요한 요소로 고려되어야 할 사항이 두 가지가 있는데, 첫 번째는 경쟁기업의 범위이고, 두 번째는 경쟁요소 선택이다. 경쟁기업의 범위는 자료 또는 정보의 입수만 가능하다면 당해 회사와 동일한 제품을 만드는 회사는 물론 유사제품 또는 대체품을 만드는 회사까지 포함하는 것이 좋다.

비교대상 기업이 선정되면 비교항목을 정하게 되는데, 기본적인 재무상태, 생산능력과 생산실적, 그리고 주요 경쟁요소를 대상으로 한다. 재무상태 비교 시에는 일반적인 재무상황, 즉 자본금, 총자산, 부채규모, 상시종업원 수, 매출액 규모, 영업이익, 당기순이익 등을 당해 연도만 단순 비교할 수 있다. 좀 더 구체적인 분석을 위해서는 이들 요소에 대한 최근 2~3년간의 재무상황 및 재무비율분석을 추가적으로 실시하는 것이 좋다.

생산능력과 생산가능량 및 실적 비교에 있어서는 당해 기업의 설비능력과 가동능력에 따라 산정되므로 사업장 규모가 어느 정도나 되는지, 보유 기계는 몇 대인지를 파악하고 노동집약적인 산업에 있어서는 종업원 수와 근무시간 또는 1일 또는 1개월간의 근무 시간과 종업원 1인당의 생산실적 등을 고려하여 연간으로 환산하여 산정한다. 자본집약적인 산업의 경우에는 설비의 규모에 따라 1라인 또는 기계 1조 등의 규모에 따라 생산능력이 좌우되므로 생산설비 능력에 대한 검토를 한 후 생산능력을 산정하는 것이 순서이다.

• 재무상태 비교

– 지사 및 경쟁사의 재무상태 비교 → 자본금, 총자산, 부채규모, 상시종업원 수
→ 매출액 규모, 영업이익, 당기순이익(최근 3개년)
→ 생산능력 및 실적 비교

• 사업장 규모 비교

– 생산능력 및 생산실적 비교

• 주요 경쟁요소 비교

– 제품라인 구성내용, 주력제품, 주력상권, 설비특성
– 제품기획력, 가격정책, 판매방법
– 가격경쟁력
– 제품에 대한 기술수준

4. 시장 및 제품 환경 분석

아무리 정확한 수요예측이 이루어졌다 하더라도 이 예측은 시장 및 제품환경의 변화에 따라 유동적일 수밖에 없으며, 구체적인 판매전략이 수립되지 않으면 말 그대로 계획에 그치고 만다. 따라서 시장분석의 부수적인 목표라 하더라도 시장 및 제품 환경분석과 판매전략을 시장분석의 목표로 삼지 않으면 안 된다. 시장분

석은 시장규모, 제품의 수요예측에 국한되어서는 실효성을 거두기가 어렵다.

기업경영도 기업 내적인 문제가 있지만 기업환경에 의해 많은 영향을 받듯이 시장분석도 시장 및 제품의 환경 분석 없이는 정확한 예측이 어렵다. 그래서 시장 분석에 있어 반드시 시장 및 제품의 환경 분석을 포함시켜야만 한다.

(1) 자원환경 요인

기업경영에 있어 자원은 인적자원과 물적자원으로 구분할 수 있다. 시장분석과 연계해서 검토해야 할 인적자원 요소는 영업조직의 효율성 분석과 생산조직의 생산효율성 분석, 신제품의 개발 능력, 종업원의 의식변화 추세 및 환경의 분석이다.

물적자원은 공장을 움직이기 위한 물적 요소, 즉 에너지 및 에너지 대체자원의 수급과 원재료 수급의 용이성 검토를 핵심 요소로 하고 있다. 공장 운영에 필수적인 요소임에 틀림없으나 많은 경영자들이 이를 간과하고 있다.

(2) 기술적 환경요인

기술적 환경요인 분석은 대내외적인 기술환경 변화추세를 미리 분석하고 예측함으로써 그에 상응한 대책을 수립할 수 있도록 하기 위하여 분석하는 것이다.

(3) 마케팅 환경요인

마케팅 방침의 객관화를 위한 분석으로서의 성격을 갖는다. 제품판매 및 수급관리 측면에서 자기 기업에 유리한 방법은 얼마든지 있다. 마케팅 환경분석은 자사에 합당한 최적 마케팅 전략이 어떤 것이며, 이와 같은 전략이 판매량 증감에는 어떤 영향을 미치는지 분석하는 것이 핵심이다.

(4) 판촉 및 광고 전략

영업조직의 활동범위를 어디까지로 할 것인가, 권한과 책임은 어느 수준까지 정할 것인가, 활동범위가 판매활동상 제약을 주지는 않는지, 판매량 증대에는 어느 정도 기여할 수 있을지 등에 대해서도 검토해야 할 것이다.

5. 신용조사

상거래를 하다보면 상대방의 신용조사를 게을리하여 피해를 입는 업체가 많다. 특히 서로 멀리 떨어져 얼굴 한번 보지 못하고 편지 한 장만으로 거래관계가 개설될 수도 있는 국제거래에서는 철저한 신용조사가 무엇보다도 중요하다.

(1) 신용조사의 요건

신용조사에 반드시 포함되어야 할 내용으로서 무역업계에서는 신용조사의 3C's라고 하여 다음을 꼽고 있다.

① 성실성(Character) : 거래상대방의 성실성, 영업태도, 계약이행에 대한 열의, 업계에서의 평판, 도의심 등 계약을 얼마나 성실히 이행할 수 있을까를 판가름하는 기준이 된다.

② 생산능력(Capacity) : 거래상대방의 연간매출액, 영업형태(개인회사 또는 주식회사, 공개 여부), 연혁 내지 경력, 영업권, 공장 및 설비 등 영업능력을 측정하기 위한 것이다.

③ 재무상태(Capital) : 거래상대방의 재무상태, 즉 수권자본과 납입자본, 자기자본과 타인자본, 기타 자산상태 등 채무이행능력의 척도가 된다.

이밖에도 신용조사에는 거래조건, 담보능력 등 여러 가지 내용이 포함되어야 하나, 그중에서 가장 중요한 것은 역시 성실성(Character)이라고 할 수 있다. 특히 무역거래의 고질병이라고도 할 수 있는 악질적인 무역업자들에 의한 계획적인 클레임을 미연에 방지하기 위해서는 철저한 신용조사밖에는 다른 도리가 없다.

(2) 신용조사의 방법

신용조사는 대개 상대방의 거래은행을 통해서 하는 경우가 가장 많으며, 이를 은행조회(bank reference)라고 한다. 때로는 상대방과 거래경험이 있는 국내업체, 상대국의 다른 거래처, 현지 상공회의소 등을 통한 신용조사도 가능한데, 이를 업계조회(trade reference)라고 한다.

그러나 거래의 중요성을 감안할 때 상대방의 신용에 대한 보다 상세한 정보를 필요로 할 경우에는 조금 비싸기는 하지만 상업흥신소라 불리는 신용조사전문기관의 서비스를 활용할 수도 있다. 전 세계적으로 가장 널리 알려져 있는 신용조사전문기관으로는 미국의 DBI(Dun & Bradstreet International)가 있다. 국내에서는 대한무역진흥공사, 신용보증기금, 수출입은행, 수출보험공사 등이 전 세계적인 지점망 또는 세계 유수의 상업흥신소와의 제휴관계 및 영업경험을 토대로 실비 또는 무료로 신용조사서비스를 제공하고 있다.

생각하기 : 진로의 일본진출

1998년 진로는 일본에서 소주 364만 상자를 팔아 일본 내 86개의 희석식 소주업체 중 단일 브랜드로는 1위를 차지했다. 진로는 1999년, 2000년, 2001년, 2002년, 2003년, 2004년에 이르기까지 '난공불락'이라는 일본시장에서 7년 연속 1위 자리를 고수하였다. 또한 2006년도에는 550만 상자를 판매하며, 직판체제를 통해 유통망에 대한 직접관리를 실시하고 있다. 오사카, 후쿠오카, 센다이, 간신에쓰, 나고야, 홋카이도 등에 지점을 개설함으로써 전국적인 영업망을 구축하였다. 이러한 자체 유통망을 활용한 주류 관련 식품개발과 한국식품의 고급 이미지 정착을 위한 활동도 계획하고 있다. 진로가 이와 같은 눈부신 성과를 이룰 수 있었던 것은 1979년 진로의 일본진출 초기의 실패를 극복하고, 이를 거울삼아 철저한 제품, 가격, 유통, 마케팅 활동을 통해 일본소비자 및 시장구조에 맞게 지난 20년간 끊임없이 개선해 온 노력이 있었기 때문이다.

기업성장을 위해서는 사업다변화와 함께 해외시장을 개척해야 한다는 전사 차원의 전략 추진으로 1979년, 수출용 진로소주가 일본시장에 첫 선을 보였다. 일반적으로 해외시장 진출을 바라는 기업들은 자국과 가까이 위치해 있는 국가나 언어가 비슷한 국가의 시장에 우선적으로 진입한다. 사업 환경과 문화가 다르면 기업들은 위협과 불안감을 느끼기 때문이다. 이런 점에서 일본은 지리적으로 근접하고 통제가 용이하고 관리하기가 편하다는 장점을 지니고 있었다. 또한 일본은 같은 한자문화권 및 쌀 소비 문화권에 속해 있고, 소주라는 독특한 주류를 소비하고 있어 한국의 입장에서 볼 때 매우 유리한 진출 시장이었다. 왜냐하면 주류소비문화에 관한 소비자들의 관심 사항이나 구매 특징 등에 있어서 동일한 소비자 그룹을 형성할 수 있어 국내의 전략을 수용할 수 있는 장점이 존재했기 때문이다.

진로는 일본으로 소주를 처음 수출할 때 일본인 취향에 맞게 일본 수출용 소주를 따로 개발하였다. 일본 애주가들은 단맛이 나는 소주를 싫어하기 때문에 국내 시판용의 10분의 1에 불과할 정도로 당도를 크게 낮추었다. 또한 소주를 다른 음료와 칵테일해서 마시는 습성을 겨냥해 담백하면서도 순수한 맛을 내어 칵테일하기에 적당하게 개발하였다. 이처럼 현지에 맞도록 철저하게 품질을 적응시켜 수출용 진로 소주를 따로 개발하였다. 또한 제품 디자인도 현지화하였는데, 투명한 초록색 병에 빨간색의 'JINRO'가 새겨진 노란색 라벨을 채택함으로써 이국적인 느낌과 고급스러운 인상을 풍기게 하였다. 이처럼 진로는 맛뿐만 아니라 용기와 로고라벨 디자인 등 제품을 현지화하였다. '진로 캔'도 선보였다. 맥주처럼 마실 수 있는, 젊은 사람들을 겨냥한 상품이었다. 다른 상품보다 가격을 높게 책정하였음에도 불구하고 각 편의점에서 '진로 캔'의 매출은 1위를 기록하였다. 단순하게 진로 소주만을 고집하지 않고 각 시장에 알맞은 상품을 계속 개발한 노력의 결과였다.

세계적 브랜드로 자리 잡은 진로는 1995년부터 세계 유수의 위스키, 보드카, 럼, 진 등의 판매량을 훨씬 앞질러 2000년 단일 브랜드로 당당히 전 세계 증류주 부문 판매량과 판매성장률 부분에서 2위, 판매액 기준으로 세계 8위를 차지하였고, 이어 2001년에는 세계 증류주 시장 판매량 1위에 오르는 성과를 올렸다.

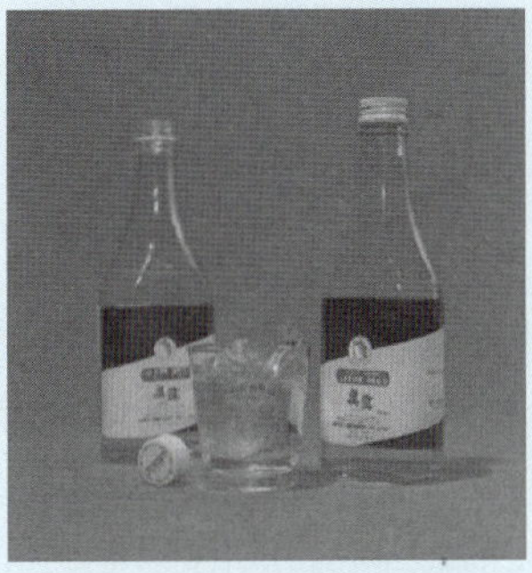

〈1976년 수출용 진로〉

〈1984년 수출용 진로〉

1. 진로의 일본진출 배경

진로가 해외시장으로 눈을 돌리게 된 계기는 계속적인 성장을 위해서 해외시장을 개척해야 할 필요가 있었다. 특히 주력 상품인 소주의 국내판매는 성장의 한계에 이르러 돌파구를 해외시장에서 찾아야 했다. 즉, 진로의 경우는 비용요인이나 정부요인, 경쟁요인보다는 시장요인에 의해 글로벌화를 추진했던 것이다. 수출대상은 동남아, 미국, 유럽 등지였지만 그중에서도 진로가 가장 역점을 둔 수출대상지역은 음주문화가 우리나라와 비슷하고 지리적으로 가까워서 접근이 용이한 큰 시장인 일본이었다. 1977년 이전까지 진로소주의 일본수출은 시험적인 단계에 머물러 있었는데, 1977년 11월 일본으로부터 10만 병의 수입제의를 받고 1차로 3만 5천 병을 출고함으로써, 진로의 소주가 일본시장에 본격적으로 수출되기 시작했다.

세계적으로 소주를 제조하는 나라는 한국과 일본뿐인데, 진로의 제품은 그 품질 면에서 일본의 소주회사들도 인정할 정도로 평가가 높았다. 소주의 원료가 되는 주정에서 한국산 주정은 고순도의 균일한 품질을 유지하고 있으며, 희석식 제조기술 또한 경쟁력을 갖추고 있었다. 또한 일본 주류시장의 규모는 한국의 약 4배에 해당하며, 일본인의 일인당 주류 소비량은 81리터로 우리나라의 일인당 57리터에 비해 많은 편이다. 또한 70만 명에 가까운 재일교포라는 표적소비자가 있어 진입에 용이했다. 진로는 이와 같이 자사 제품 경쟁력에 대한 믿음과 일본의 시장규모를 보고 1979년 일본에 진출하였다.

앞에서 말한 것처럼 진로는 자사 제품의 경쟁력에 대한 믿음과 일본의 큰 주류시장 규모를 보고 일본에 진출하였다. 하지만 다카라주조의 '준 시리즈'가 시장을 장악하고 있었고, 교와, 학고, 산토리와 같은 업체가 다카라주조의 뒤를 쫓고 있었으며, 80여 개의 군소업체가 난립하고 있는 일본시장은 난공불락의 요새와 같았다. 사전에 시장조사도 하고 나름의 판촉계획을 세웠지만 초기 반응은 기대에 못 미쳤다. 1차로 실어낸 물량조차 팔리지 않아 물류창고에 그대로 쌓아 두어야 했다. 이러한 부진에 대해 서울 본사에서 긴급 대책회의가 열렸고, 그 결과 제기된 문제가 제품의 우위에 안주해 현지 소비자의 기호에 맞는 제품현지화에 실패했다는 분석이 나왔다.

이에 진로는 일본시장의 환경과 소비자들에 대한 분석을 다시 하였고, 일본시장과 소비자들에 맞는 현지화 전략을 새롭게 수립하여 일본시장 공략에 재도전을 하였다.

2. 일본의 시장 환경

(1) 경제적 환경

일본은 어느 면으로 보나 대국에 속한다. 면적이 37만 7,835km²로 한반도의 1.7배이며, 혼슈, 홋카이도, 큐슈, 시코쿠 등 네 개의 주요 섬과 4000여 개의 작은 섬으로 이루어진 섬나라이다. 인구는 2013년 현재 1억 2,700만여 명으로 세계 10위의 규모이며, 1인당 GDP는 2012년 현재 US$ 46,970에 달한다. 일본의 인구분포는 대부분 공업이 발달하고 생활이 편리한 태평양 연안에 밀집되어 있으며, 특히 도쿄 중심의 대도시권에 2천만 명 이상의 인구가 집중되어 있다. 종족별로 보면 몽고족 계통의 야마토족이 총인구의 99% 이상을 차지하고, 재일한국인은 인구의 0.6%를 차지한다.

일본의 지원 산업 중 유통구조 및 제반 유통관행 중 일부는 외국기업에게 있어 일본시장으로의 진입을 가로막는 진입장벽으로 존재하고 있다. 생산자에서 최종 소비자에 이르기까지의 과정이 길고 다단계로 되어 있으며 도매업자가 과다하게 많고 도 · 소매업자는 영세한 소규모 사업자가 대부분이다. 또한 일본은 일반적으로 유통계열화, 차별적 리베이트제, 파견 점원제 등을 관행으로 하고 있기 때문에 외국기업이 이와 같이 길고 복잡한 일본의 유통시스템에 적응하기는 매우 힘들다.

(2) 정치 · 법률적 환경

외국의 대일 직접투자는 국가 안전보장상 문제가 있는 분야를 제외하고 거의 대부분의 산업에서 자유이며 자본거래도 완전 자유화되어 있어 법 · 제도적으로는 문제가 없다. 그러나 일본의 지가와 임차료는 세계 최고 수준이며, 특히 인건비가 높다. 또 많은 부분에 있어 일본기업이 이미 세계적인 경쟁력을 가지고 있는 등 외국기업이 진출할 때 여러 가지 어려운 점들이 많다.

(3) 문화적 환경

일본의 소비자들은 특히 품질에 엄격하고 민감하다. 그들은 제품에 하자를 발견하는 즉시 환불이나 A/S를 요구하며 이것이 미흡할 경우 일본진출 기업은 소비자 중심의 일본시장에 적응하지 못해 경영유지가 어렵다. 이러한 일본소비자들의 수요 구조는 매우 빠르게 변하고 있어 정확한 시장수요를 예측하는 것이 투자 성공의 관건이다.

일본 사람은 소주나 위스키 같은 도수가 높은 술은 물과 얼음을 섞어 희석해서 마시거나 더운물을 넣기도 한다. 우선 독주를 물마시듯 하는 우리나라 애주가들과 달리 일본 주당들은 알코올 도수가 낮은 술을 주로 마신다. 그것도 모자라 주스나 얼음을 넣어 더 순하게 만들어 마시는 경우가 허다하다.

게다가 그들이 소주를 마시기 위해 사용하는 잔은 우리나라에서 쓰는 작은 잔이 아니라 큰 컵이다. 일본인들은 얼음을 가득 채운 긴 잔에 소주를 붓고, 각자가 원하는 재료를 별도로 시켜서 소주에 타서 마시는 것이 생활화되어 있다. 각자 따로따로 재료를 주문하기 때문에 가격은 오르지만 자신만의 취향을 중요시하는 일본인의 특성상 가격보다는 자신의 기호에 맞는 제품을 선호한다.

일반적으로 해외시장 진출을 바라는 기업들은 자국과 가까이 위치해 있는 국가나 언어가 비슷한 국가의 시장에 우선적으로 진입한다. 사업환경과 문화가 다르면 기업들은 위협과 불안감을 느끼기 때문이다. 이런 점에서 일본은 지리적으로 근접하고 통제가 용이하고 관리하기가 편하다는 장점을 지니고 있다.

일본은 같은 한자문화권 및 쌀 소비 문화권에 속해 있고, 소주라는 독특한 주류를 소비하고 있어 우리나라의 입장에서 볼 때 매우 유리하다. 왜냐하면 주류소비문화에 관한 소비자들의 관심 사항이나 구매 특징 등에 있어서 동일한 소비자 그룹을 형성할 수 있어 국내의 전략을 수용할 수 있는 장점이 있다.

특정시장에 자사제품을 가장 처음으로 소개할 수 있는 능력을 지닌 개인이나 조직을 표적그룹으로 선정하여 이들을 대상으로 집중적으로 포지셔닝하는 전략은 신시장에의 성공적 진출을 위해 종종 사용된다. 즉, 해외에 있는 근로자들이나 해외 이주자들을 표적소비자층으로 선정하여 이들을 대상으로 포지셔닝 전략을 실행하는 것이다. 처음 일본에 상륙한 진로 소주도 재일 동포들을 주고객으로 포지셔닝했다. 즉, 재일동포들의 존재는 진로가 일본시장에 진출함에 있어 일종의 불안감 해소 및 촉매 역할을 했다.

3. 진로의 현지화 전략

진로는 국내에서 판매하던 소주를 1979년부터 본격적으로 일본에 수출하였지만, 막상 대다수의 일본인들이 너무 달다는 이유로 진로를 찾지 않음에 따라 성과는 매우 부진하였다. 일본인에게 맞는 진로를 만들기 위해 그룹산하 진로연구소는 일본시장에서 점유율이 높은 제품을 모아 국내로 가져왔고, 제품연구를 원점에서부터 다시 시작했다.

〈진로를 칵테일화한 제품의 광고〉

전문가들의 관능테스트 외에 일본소비자를 대상으로 한 직접테스트도 여러 차례 실시하였으며, 테스트 결과에 따라 첨가물과 성분배합에 대한 수정이 계속됐다. 그리고 이러한 노력을 바탕으로 마침내 일본인들을 위한 새로운 진로가 탄생했다.

〈세련된 용기와 라벨 디자인〉

새로 개발된 일본용 진로는 주정을 물에 타는 희석식이란 점에서 우리나라의 진로와 같지만, 맛은 전혀 새로운 맛이었다. 한국식 소주가 '달짝지근한' 맛으로 대변할 수 있다면 일본에서 출시한 진로는 '드라이한' 소주였다. 소주의 맛을 기존의 일본소주들보다 담백하게 하고 뒤끝이 좋게 만들어 일본 애주가들이 원하는 재료를 첨가해서 새로운 맛을 만들기 편하게 했다.

진로는 이렇게 현지화된 소주의 맛뿐만 아니라 용기와 로고 라벨 디자인에서도 소주라는 생각이 들지 않을 정도로 세련된 감각을 시도했다. 제품디자인에서도 투명한 초록색 병에 빨간색의 'JINRO'가 새겨진 노란색 라벨을 채택함으로써 마치 양주와 같은 이국적이고 고급스러운 인상을 풍기게 하였다. 이처럼 진로는 맛뿐만 아니라 용기와 로고 라벨 디자인까지도 제품을 현지화에 맞게 수정한 것이다.

또한 일본 현지에서 진로는 소주가 아닌 '진로' 자체의 이미지를 강조함으로써 제품 이미지 개선을 시도하였다. 현재 진로는 일본 내 평론가들에 의해서 "진로는 소주라는 주종을 떠나서 '진로는 진로'라는 독자적인 장르를 형성하고 있다."

〈누구나 즐겁게 마시는 술임을 강조하는 진로의 광고〉

고까지 평가받고 있다. 이는 무엇보다도 일본 내 혁신자 및 혁신제품의 초기채택 소비자들의 호의적 태도 및 구전효과를 제고시킨 데 있다고 볼 수 있다.

혁신자와 초기채택자가 중요한 이유는 이들의 기호가 매우 까다롭고 비판이 날카롭지만 일단 이들의 구미와 마음에 들면 다른 어떤 소비자보다도 확산과 전달효과가 크기 때문이다. 이에 진로는 우선적으로 일본시장에서의 혁신자나 초기채택자를 파악하고 그들과 접촉하여 설득하는 일에 많은 노력과 투자를 하였다. 인지도 조사를 해보아도 진로가 소주가 아니라는 소비자 응답이 많았다. 즉, 일본소비자들에게 진로는 소주도 아니고 위스키도 아닌 그냥 진로일 뿐이라는 독자적인 영역을 구축해 가고 있는 것이다.

한편 진로는 고액의 TV광고비를 지불하면서 일본업체와의 광고전면전을 펼쳐 소비자 인지도를 높였다. 이미지 제고를 위해서 '진로는 어디까지나 진로', '누구나 즐겁게 마시는 술'이라는 광고카피를 앞세웠다.

4. 일본시장의 SWOT 분석

Strength(강점)	Weakness(약점)
• 고품질, 고가격, 높은 브랜드 인지도 • 중간상들과의 굳은 신뢰관계 • 현지인의 높은 조직 충성심	• 자회사의 재무구조 취약
Opportunity(기회)	**Threat(위협)**
• 접근 가능성의 용이성 • 무역규제 완화	• 유통구조의 폐쇄성 • 일본 내 소주회사들의 난립 • 문화적 차이

비록 진로가 우리나라 고유의 상표이긴 하지만 '전 세계 사람들이 즐겨 마시는 술'이라는 것과 '고가격 고품질'이라는 것에 초점을 맞추어 '탈소주, 무국적, 고가격' 술임을 강조하여, 이는 진로의 이미지가 진로 자체로 일본인들에게 인식될 수 있게 해주었다. 또한 대대적인 판촉행사를 벌임으로써 진로 브랜드를 홍보하고 소비자의 구매욕구를 촉진시켰으며, 100여 가지에 달하는 진로 칵테일을 개발하여 소주를 칵테일하여 마시는 일본인들의 습성을 효과적으로 이용해 소비 촉진에 박차를 가하였다.

한편 이러한 대대적인 프로모션과 함께 일대일 접촉을 통한 홍보나, 직영 한식당 및 음식점을 통한 홍보도 함께 진행하였다. 진로는 도쿄 록폰기와 신주쿠에 진로가든을 운영하고 있다. 진로재팬은 진로가든이라는 고급 한정식 집을 통하여 한국음식과 소주를 함께 즐기도록 유도함으로써 소주를 쉽게 접할 수 있는 기회를 제공하였다.

5. 유통망 확보를 위한 노력

앞에서 일본시장의 경제적 환경을 살펴보면서 일본의 유통시스템이 매우 길고 복잡하여 외국기업이 이에 적응하기 힘들다는 것을 지적하였다. 이에 진로는 일본에서 독자적인 유통망을 구축하려 시도하기보다는 이미 확고한 유통망을 구축하고 있는 도쿄 인근 이바라기 현의 가시마 주류라는 일본의 주류회사와 합작하여 진로의 일본 측 총판을 맡겼다.

진로는 1977년 이후 이 회사와 인연을 맺고 79년부터 일본에 진로를 판매하기 시작했다. 다년간 가시마 주류회사와의 원만한 관계를 통해 진로는 일본에서의 유통을 별 어려움 없이 수행할 수 있었고, 일본 유통업자들에게도 신뢰를 얻을 수 있었다. 이는 합작투자의 형태를 이용하여 현지 파트너의 능력을 십분 활용하고, 현지 적응능력을 향상시킨 모범적인 사례라 할 수 있다. 90년 이후 급성장의 기틀을 마련하면서 진로와 판매계약을 맺으려는 문의가 잇따랐지만 진로는 가시마 주류와의 거래를 끊지 않았다. 그 결과 신뢰관계를 중요하게 생각하는 일본의 유통망을 뚫을 수 있었다.

이에 힘입어 2000년 5월 진로는 가시마 주류와 결별하고 직판제로의 전환을 선언하였다. 진로는 그동안 동일본의 가시마, 홋카이도의 고쿠부, 서일본의 니휴항 등을 발매원으로 소주를 판매해 왔는데, 발매원은 물류와 상류(리베이트 등 영업지원과 거래지원 조건 등)를 담당하였다. 우리나라의 마산 공장에서 생산된 제품을 발매원이 판매하고 진로재팬은 수금만 하는 식이었다. 그러나 직판체제로 전환하면서 진로재팬이 발매원이 되어 물류센터를 거쳐 배송을 하게 되었다. 발매원이 특약점으로 바뀐 기존의 발매원들에게 소주를 직접 공급하고 특약점들이 도매상과 소매상에 공급하는 체제가 된 것이다.

진로는 직판체제로의 전환을 위해 판매거점을 확보하는 데에 많은 투자를 해야만 했다. 주력 시장인 도쿄 지역을 2개 지점으로 나누어 관리하고, 전국적인 지점망 구축을 위해 일본 전 지역을 세분화하여 잇따라 지점을 냈다. 이와 같은 거점 구축은 판매비용의 관리를 철저하게 하고 상권별로 특성에 맞는 현지밀착 경영을 강화하도록 만들었다.

진로는 직판체제의 도입으로 일본 내 유통체제에서 혁신을 이루었다. 진로재팬 물류시스템이 가동되면서 일본 전국에 1일 배송이 가능하게 되었다. 유통경로가 단축되면서 중간수수료 부담을 절감하고 판매실적이 우수한 업체들을 특약점으로 확보하였다. 또한 유통흐름을 정확하게 분석 · 파악할 수 있게 되었고, 유통망을 장악하여 메이커로서의 위상을 대폭 강화할 수 있는 발판을 마련하였다.

6. 진로의 고가격 정책

진로는 일본시장진출 시 고가격 고품질 전략을 채택함으로써 일본시장에서 우위를 차지할 수 있었다. 1991년 4월 당시 일본 내 제일 잘 나가던 소주인 다카라 소주 '준'이 가격을 13.5% 인상한 데 반해 진로재팬은 '최고의 품질을 최고의 가격으로'라는 기치하에 진로의 가격을 18.5%나 인상했다.

그런 진로재팬에 대해 중간상인들이 당장 격한 불만들을 터트렸고 진로에 대한 보이콧마저 실시할 분위기로까지 치달았다. 진로는 중간상인들에게 중간상인들의 마진폭은 최대한 유지된다는 사실을 인식시키고, 장기적이고 안정적인 거래를 위해 최선을 다하고 있음을 강조하여 위기를 극복할 수 있었다. 결국 이러한 가격 인상 덕분에 진로재팬은 중간상인들의 이익도 챙겨줄 수 있었고, 더욱 영업을 활성화할 수 있었다. 이는 시장에서 일단 저급품으로 인식된 제품은 품질이 아무리 향상되어도 중급품이나 고급품으로 전환되기가 어렵기 때문에 이런 점을 고려해 처음부터 고가격 고품질 정책을 고수한 것이었다.

일본소비자들이 품질에는 까다롭지만 가격에는 비교적 덜 민감하다는 사실을 파악하고 시장점유율 확대보다는 이익 극대화에 목표를 두었기에 성공할 수 있었던 것이다. 실제로 진로는 다른 일본 소주보다 가격이 13~16% 정도 비싼데 이런 고가격은 '위스키에 가까운 고급 소주'라는 이미지를 뿌리내리게 하였다. 헤이세이 불황의 여파로 양주 마시시가 부담스러운 애주가들에게 진로가 '양주 같은 소주'라는 별명으로 불리게 된 것은 이런 고가격 고품질 정책의 성공을 단적으로 보여주고 있다.

7. 진로의 현지 경영

일본에서는 상품을 사지 않고 품질과 신뢰성를 산다는 말이 있다. 그만큼 일본은 상인의 신용을 중요시한다. 진로의 경우 이러한 일본인의 상인정신에 따라 주류 판매업자와 두터운 신용관계를 쌓았고 중간상에게 거의 반영구적인 파트너십을 보장해주었다. 불경기이든 호경기이든 시장 환경변화에도 불구하고 계속적인 제품공급 및 거래관계를 유지하고 중간상에게 불리한 계약변경도 강요하지 않았다. 그러므로 일본 유통업계에서도 신뢰할 수 있는 기업으로 인정받았고, 이는 해외기업이기에 불리한 위치에 놓일 수 있는 현지 상황에 효과적으로 대처해 나간 좋은 실례라고 볼 수 있다.

진로의 일본진출에 관한 유통전략은 도매상들과의 반영구적 신뢰관계 구축, 중간상들에 대한 충분한 이윤 보장, 점진적인 판매 확대를 위한 시장 침투, 이 세 가지로 나눠볼 수 있다. 진로는 처음 진출 시 인연을 맺은 가시마 주류 도매회사라는 지방 도매상과 좋은 관계를 유지했고 매출액 상승 시 다른 유통업체의 유혹에도 불구하고 20년 이상 한결같이 똑같은 유통망을 유지함으로써 다른 나라에서 온 이질감을 신용과 신뢰로 바꾸어 일본 유통업자의 배타성과 폐쇄성을 극복하였다.

그리고 절대적 고가격이 아닌 '타사보다 높은 최고가격'이라는 상대적 고가격으로 인한 일본 제품과의 가격차를 유통업체들에게 인식시킴으로써 '진로 소주를 많이 팔면 팔수록 이익이 많이 남는다'는 자극을 주었고, 이를 통해 중간상들에게 충분한 이윤을 보장함으로써 탄탄한 유통 경로를 구축하였다.

일본시장은 일본인에게 맡긴다는 현지화 지향 전략도 진로재팬에 근무하는 일본인의 의욕을 북돋우고 있다. 임금 면에서도 주재원과 현지인 간의 차별을 없앴으며 승진에서도 차등을 두지 않고 있다. 능력만 있으면 현지인도 사장이 될 수 있다는 희망을 심어주고 있는 것이다. 그리고 회사 외적으로도 대리점과의 공감대 형성을 통해 판매 신장의 근간을 마련하였다.

진로의 일본진출 성공은 단순한 제품의 질적 우위에서만 이루어진 것이 아니다. 적절한 시장진입 전략을 잘 사용하였다는 것을 알 수 있다. 초기의 부진에서 굴복하지 않고 새로운 전략을 선보여 지금의 성공을 이룰 수 있었다. 진로의 일본진출의 핵심 전략은 철저한 현지화 전략이라고 말할 수 있다. 우리나라에서 판매하는 상품을 일본에 판매한 것이 아니라 현지화에 맞게 제품의 포장 및 이미지를 개선하고, 제품의 내용물을 현지화에 맞게 개선하고, 가격 또한 현지시장을 철저히 분석해서 적절한 가격정책으로 일본시장에서 현재의 성공을 거둘 수 있었다.

진로의 일본진출은 보통의 기업의 해외진출보다 뜻 깊은 성과가 있다고 할 수 있다. 먼저 시장이 형성된 곳에 진출하여 자사의 상품을 판매하는 것보다는 시장 형성이 아주 작은 곳에서 새롭게 시장을 개척하여 시장의 규모 자체를 확장시켰기 때문이다. 진로의 성공이 있기 전까지의 일본의 소주 시장의 규모는 아주 작은 시장이었지만, 진로가 일본에 진출하여 소주 시장의 규모 자체를 확장시켜 성공을 거둔 것이었다.

8. 진로의 일본시장 마케팅 전략

제품전략

- 제품의 이미지 개선
- 제품의 현지화
- 신제품 개발

가격전략

- 고가격, 고품질 정책
- 할인판매 금지

진로의 전략

- 일본의 폐쇄적인 유통 구조 파악
- 지리적 근접성 이용
- 비슷한 생활양식 이용

유통전략

- 도매상과의 신뢰관계 구축
- 유통업체의 충분한 이윤 보장
- 점진적인 판매 확대
- 직판 체제로의 전환

촉진전략

- 매체를 통한 촉진
- 소비자 직접 촉진
- 1:1 접촉 시도
- 음식점을 통한 홍보
- 대 거래선 촉진

참고문헌

박의범, 권종욱, 오대혁, 『글로벌경영 CASE100』, 두남, 2009.

연습문제

1. 해외시장조사의 중요성을 설명하시오.
2. 해외시장조사의 위험요인에 대하여 설명하시오.
3. 2차자료 수집의 장점과 문제점을 설명하시오.
4. 1자자료 수집의 장점과 문제점을 설명하시오.
5. 시장규모분석의 고려요인에 대하여 설명하시오.
6. 소비자분석의 고려요인에 대하여 설명하시오.
7. 제품의 경쟁적 지위분석의 고려요인에 대하여 설명하시오.
8. 제품 환경분석의 고려요인에 대하여 설명하시오.
9. 신용조사의 요건에 대하여 설명하시오.
10. 진로의 일본진출 시 고려했던 시장조사 항목을 설명하시오.

CHAPTER 13

다국적기업과 해외시장 진입전략

INTRODUCTION TO INTERNATIONAL BUSINESS

CHAPTER 13

다국적기업과 해외시장 진입전략

제1절 다국적기업의 개념과 동기

1. 다국적기업의 개념

(1) 다국적기업의 역사

국제경영의 역사발전에 중요한 한 획을 그은 것은 17, 18세기에 번창했던 영국과 네덜란드의 무역상사들이었다. 이들은 허드슨 만에서 동인도에 이르기까지 광범위한 영역에 영업망을 구축하였다. 19세기에 이르러서는 산업화된 유럽에서 새로 나타난 자본주의 기업들이 당시의 개도국인 미국을 비롯하여 많은 지역에 투자를 하기 시작하였지만, 주로 영국, 프랑스, 네덜란드, 독일 등이 구축한 제국 내에 한정되었다.

> **다국적기업**
> 세계 각지에 자회사 · 지사 · 합병회사 · 공장 등을 확보하고, 생산 · 판매활동을 국제적 규모로 수행하는 기업

본격적인 다국적기업은 그 역사가 100년도 채 안 되는 비교적 최근에 등장하였다. 대부분의 다국적기업들이 제2차 세계대전 이후에 등장한 것이다. 제2차 세계대전 이후 GATT의 출범과 더불어 세계적인 자유무역 분위기가 형성되었고 국제무역의 범위가 전 세계적으로 확산되었다. 이러한 국제무역활동을 통해 미국기업을 중심으로 세계적인 거대 기업들이 등장하면서 이들의 무역활동을 보완하거나 촉진하기 위한 국제적인 투자활동이 이루어졌다. 그 결과 오늘날과 같은 해외직접투자 활동을 중심으로 하는 본격적인 국제기업이 등장하였다.

(2) 다국적기업의 주요 사업활동[1)]

한 기업이 국제사업활동을 수행한다고 하면 상품의 수출입활동, 서비스의 수출입활동, 투자 등의 세 가지 범주 중의 한 가지를 택해야 한다. 상품의 수출입활동은 수출활동의 수행방법에 따라 다시 간접수출, 직접수출, 해외자회사를 통한 수출과 같이 세 가지로 구분할 수 있다. 이 중에서 어떤 방법을 택할 것인가는 기업의 규모, 경험 정도, 조직력, 자본력 등에 따라 달라진다.

그리고 서비스 수출입은 눈에 보이지 않는 무형재화의 수출입활동인데, 여행, 관광, 운송 등과 같이 서비스 자체를 수출입하는 방법과 은행이나 보험 등과 같이 고객을 대신해서 용역활동을 수행해주는 방법에 의해 서비스를 수출입하는 방법, 그리고 서비스와 관련된 지적자산을 판매하는 방법 등 세 가지로 구분된다.

마지막으로 자본을 가지고 국제사업활동을 수행하는 국제투자에는 국제증권시장에서의 투자를 주로 하는 포트폴리오 투자, 해외의 생산시설에 투자하여 직접 경영활동을 수행하고자 하는 해외직접투자와 같은 두 가지로 분류된다.

(3) 다국적기업의 정의

1) 광의의 국제기업 : 국제경영활동을 수행하는 주체

국제기업을 광의로 정의하면 앞에서 살펴본 여러 가지 국제사업활동 중에서 어느 한 가지 이상을 수행하는 기업으로 정의할 수 있다. 그러나 이와 같은 견해는 국제기업을 엄밀하게 정의하고자 하는 선진국 학자들의 견해가 아니다. 이 견해는 주로 그 나라 기업의 국제화 정도가 초기단계에 있어서 국제기업의 범위를 넓게 잡아서 기업의 국제사업활동을 촉진시키는 정책을 유도하고자 하는 개도국 학자들의 견해이다.

2) 협의의 국제기업 : 다국적기업(MNC, multinational corporation)

국제기업을 엄밀하게 정의하고자 하는 선진국 학자들은 국제기업이란 다국적기업으로 정의한다. 그러나 다국적기업이 무엇인가에 대한 명확한 정의가 이루어지지 못하고 여러 각도에서 다양하게 정의가 되고 있다. 이와 같은 현상은 아

1) 다국적기업의 주요 사업활동은 13장 2절 해외시장 진입전략 부분과 중복되는 부분이 많다. 13장 2절에서 더 자세한 내용을 기술하였다.

마도 다국적기업이 가지고 있는 거대성과 다양성 때문에 빚어진 것이라고 생각된다. 앞으로 다국적기업의 정의에 대한 견해를 네 가지로 분류하여 살펴보고자 한다.

① 기업의 구조적 특성에 의한 정의: 진출 국가의 수를 기준으로 3개국 이상 또는 여러 국가에서 경영활동을 수행하는 기업, 소유권자의 국적의 수를 기준으로 국적이 다른 여러 사람들에 의해 소유된 기업, 최고경영자들의 국적 구성이 다양한 기업을 다국적기업으로 본다.

② 기업경영활동의 성과에 의한 정의: 기업의 경영활동이 어느 정도로 해외영업과 관련되어 있는가를 기준으로 다국적기업을 정의하고자 하는 관점이다. 여기에도 두 가지 부류의 견해가 있다. 첫째, 절대적 기준을 적용하여 기업의 투하자원 또는 경영활동의 일정량(구체적인 수치로 표시) 이상이 국제 사업활동과 관련되어 있는 기업으로 정의하고 있다. 예를 들어, 해외부문의 매출액, 생산, 투자, 고용 등의 비중이 기업 전체의 25% 이상인 기업, 또는 30% 이상인 기업을 다국적기업으로 본다는 견해이다. 그러나 이 견해는 절대적 기준을 얼마로 정하느냐에 따라 다국적기업의 정의가 달라질 수 있는 자의성이 개입될 수 있다는 비판을 받고 있다. 둘째, 상대적인 기준을 적용하여 기업의 투자재원, 기술, 인적자원 등 기업의 각종 자원이 상당한 정도로 국제 사업활동에 연계되어 있는 모든 기업을 다국적기업으로 보고자 하는 견해이다. 이때 상당한 정도란 경영의사결정에 있어서 무시할 수 없는 정도라는 의미를 가진다.

③ 기업의 행태(behavioral attitude)에 의한 정의: 펄뮤터(H. Perlmutter) 교수는 본사가 해외자회사를 어떠한 태도로 관리하는가에 따라 국제기업을 〈표 13-1〉과 같이 4가지 유형으로 분류하고, 그중에서 세계 중심적 태도(geocentric attitude)를 가진 기업을 진정한 다국적기업이라고 정의하였다. 이와 유사한 관점에 있는 드러커(P. Drucker) 교수는 다국적기업을 "범세계적 안목에서 폭넓게 생각하고 행동하는 최고경영자가 관리하고 있는 기업"으로 정의하였다. 보다 구체적인 드러커의 견해는 다음과 같다. 즉, "미국에 본사를 가지고 있는 기업으로서 조직, 경영활동 및 규모가 세계적인 기업이야말로 진정한 다국적기업이다. 이들 기업의 경영자들은 어떤 국가 또는 지

역에 크게 집착하지 않으며 범세계적인 안목을 가지고 국제적인 기업활동을 영위한다. 다국적기업의 경영자들은 비록 지역의식이 강한 곳에서 기업활동을 수행한다 하더라도 그 지역에 집착하지 않고 다국적기업 경영자답게 범세계적으로 폭 넓게 생각하고 행동하는 사람들이다."

〈표 13-1〉 국제기업의 분류 : 모회사의 자회사에 대한 태도를 중심으로

	본국 중심적 (ethnocentric)	현지국 중심적 (polycentric)	지역 중심적 (regiocentric)	세계 중심적 (geocentric)
1. 경영의사결정의 권한	본사집중	자회사에 대폭 위양	지역본사에 위양 자회사 간 협조	본사와 전 세계의 자회사가 협조
2. 의사소통 및 정보의 흐름	자회사에 대하여 지시, 명령, 충고	본사-자회사 간, 자회사 상호 간에도 교류 별로 없음	본사와의 교류는 별로 없으나, 지역 본사와 자회사 간에는 교류가 활발	본사-자회사, 자회사 상호 간에 교류가 활발
3. 평가 및 통제	국내 기준	현지 기준	지역 기준	공통 기준 및 현지 기준
4. 선발 및 충원	전 세계 요직에 본국 인재 중용	현지인 중용	지역인 중용	국적에 관계없이 능력 있는 인물 중용
5. 조직 구성원의 국적	본국 국적이 절대 다수를 차지함	현지국의 국적이 많음	지역시장 소재국의 국적이 많음	범세계적 국적이나 국가 이익을 대변함

④ 다각적 관점: 루트(F. Root)는 다국적기업을 지금까지 살펴본 여러 가지 관점을 통합한 다각적 관점에 입각하여 "여러 나라에서 자신의 계열회사를 통한 생산을 포함한 여러 가지 활동을 수행하며, 이들 활동을 국경선을 초월한 입장에서 직접 통제하는 본사 또는 모기업"이라고 정의하였다.

(4) 다국적기업의 조건과 범위

1) 다국적기업의 조건

앞에서 살펴본 4가지 견해는 다국적기업의 여러 특성을 각기 강조한 것일 뿐 서로 연관성을 가지고 있는 통일적인 개념은 아니다. 다국적기업은 그 정의만큼

> **다국적기업의 조건**
> 해외직접투자 활동을 수행, 적극적인 경영 활동

이나 다양하고 복잡한 성격을 가지고 있는 거대한 국제기업이다. 진정한 다국적 기업이 갖추어야 할 첫 번째 조건은 단순한 수출활동뿐만 아니라 상당한 정도의 해외직접투자활동을 수행하는 기업이다. 두 번째 조건은 해외에 자산을 수동적인 재무적 포트폴리오 구성 차원에서 가지고 있는 것을 넘어서서 그것을 이용하여 적극적인 경영활동을 수행하는 기업이다.

따라서 원자재를 해외에서 조달하고, 기술을 해외에서 사오고, 제품을 해외시장에 내다팔고, 적극적인 경영활동을 하지는 않으면서도 해외기업의 소수지분을 보유하고 있는 등의 활동을 하는 기업들을 스스로 국제기업이라고 표현할 수는 있다. 하지만 상당한 정도로 해외직접투자활동을 하고 투자된 자산을 적극적으로 경영하면서 그러한 활동을 전략적 차원에서뿐만 아니라 조직적 차원에서 기업 전체의 중요한 일부라고 생각하는 관점을 가지고 있을 때 엄밀한 의미에서 다국적 기업이라고 볼 수 있다.

> **다국적기업의 범위**
> 법적 형태나 활동영역에 상관없이 2국 이상에서 그 실체를 가지고 있는 기업, 하나 이상의 의사결정 거점에 걸쳐서 공통전략이나 일사불란한 정책 결정이 가능한 의사결정 체계를 가지고 운영되는 기업, 그 실체들이 자본 또는 다른 수단에 의해 연결되어 있어서 지식·자원·책임을 상호 간에 공유할 수 있는 기업

2) 다국적기업의 범위

최근에 들어와서 보다 중요한 추세는 서비스 다국적기업의 등장과, 본사-자회사 사이의 전통적인 소유관계가 아닌 외국법인 간에 법적, 재무적, 계약적 측면에서 새롭고 다양한 형태로 바뀌고 있다는 것이다. 다국적기업에 관한 정의 속에 이러한 새로운 변화를 포괄하기 위해서는 다음과 같은 전제가 필요하다. 즉, '해외투자'의 개념을 해외생산시설에 대한 것으로 한정하지 않을 것, 적극적 '경영활동'의 개념을 직접적인 통제에 한정해서 해석하지 않고 다수 지분의 소유를 전제하지 않고서도 가능한 해외영업단위에 대한 상당한 정도의 영향력 행사라고 볼 수 있을 것 등이다.

이러한 측면에서 과거 20년 동안 UN에서 다국적기업에 대한 정의를 어떻게 바꾸어 왔는가를 살펴보면 1973년에는 "다국적 기업이란 2개국 이상에 자산, 공장, 광산, 판매사무소 등을 가지고 이들에 대한 통제권을 행사하는 기업"이라고 되어 있다. 1984년에는 MNC(multi-national enterprise)에 대한 UN 정의가 다음과 같이 바뀌었다. 즉, "다국적기업이란 ① 법적 형태나 활동영역에 상관없이 2국 이상에서 그 실체를 가지고 있는 기업, ② 하나 이상의 의사결정 거점에 걸쳐서 공통전략이나 일사불란한 정책 결정이 가능한 의사결정 체계를 가지고 운영되는 기업, ③ 그 실체들이 자본 또는 다른 수단에 의해 연결되어 있어서 그들 중 한 실체

이상의 실체가 다른 실체의 활동에 중요한 영향을 미칠 수 있는 기업으로서, 특히 지식 · 자원 · 책임을 상호 간에 공유할 수 있는 기업을 말한다.

요컨대 이와 같이 정의가 변화되고 있는 가장 중요한 이유는 다국적기업의 가장 중요한 특징이라고 할 수 있는 여러 국가에 걸쳐 이루어지고 있는 영업활동의 전략적 통합관계, 조직적 통합관계, 나아가서 경영적 통합관계를 강조해서 정의에 포함시키고 있기 때문이다. 다국적기업을 차별화시키는 가장 중요한 측면은 국경을 넘어서 이루어지는 국제거래를 외부의 공개시장을 통해서 하지 않고 내부의 조직을 통해 수행한다는 것이다. 이와 같은 정의에 의하면 아메리칸 익스프레스(American Express), 앤더슨 컨설팅(Anderson Consulting), 후지은행(Fuji Bank) 등과 같은 서비스기업들도 IBM이나 히타치(Hitachi)와 같은 제조업체와 마찬가지로 다국적기업에 포함될 수 있다.

(5) 다국적기업의 특징

다국적기업의 특징
기업의 주요 이해관계자 관계 개선, 각종 자원을 자회사들 간에 공유, 전략적 목표에 의해 연결

UN이 파악한 다국적기업의 숫자는 약 47,000개가 넘는다. 그러나 500대 다국적기업이 전 세계 해외직접투자의 80%를 점유하고 있다. 이 중에서 다시 80%의 기업들이 미국, 일본, 유럽이라는 3대 집단에 속한 기업들이다. 이들 다국적기업들은 자동차, 화학, 컴퓨터, 가전, 금융, 산업장비, 석유, 철강 등 다양한 산업에 속해 있으며 세계경제 및 국제경영 현장에 지대한 영향력을 행사하고 있다.[2)]

이러한 다국적기업의 특성을 파악하는 데 사용될 수 있는 하나의 방법은 이들이 활동하고 있는 환경을 살펴보는 방법이다. 다국적기업들이 활동하고 있는 환경은 두 가지 주요 환경, 즉 본국과 현지국 환경, 그리고 세계공통적 환경으로 나누어진다.

다국적기업의 첫 번째 특징은 경쟁자, 소지자, 공급자, 금융기관 그리고 정부 등을 포함한 수많은 중요 환경요소들에 대응해야 한다는 것이다. 많은 경우에 국내 및 해외에서 동시에 이들 요소를 만나기도 하는데, 예를 들면, 미국시장에서 GM이 만나는 많은 경쟁자들은 포드, 다임러 크라이슬러, 혼다, 볼보, 폭스바겐 등인데 이들을 유럽시장에서도 만난다. 마찬가지로 국내에서 납품을 받던 공급업자로부터 해외시장에서도 납품을 받는다.

2) 다국적기업의 현황에 대해서는 13장 1절 마지막 부분의 '생각하기–다국적기업의 현황' 부분 참조

다국적기업의 두 번째 특징은 인적자원, 자산, 특허권, 상표, 정보 등을 포함한 각종 자원을 자회사들 간에 공유한다는 데 있다. 자회사들은 모두 다국적기업의 일원이기 때문에 외부의 기업들이 이용할 수 없는 자산에 접근할 수가 있다. 예를 들면, 포드나 GM은 유럽시장에서 치열한 경쟁관계에 있고, 유럽시장에서의 경쟁에서 이기기 위하여 여러 가지 모델을 개발하고 이것을 다시 미국시장에 도입하기도 한다.

이와 같이 유럽과 미국 자회사 간에 교류되는 정보 및 기술은 전 세계 시장에서 성공을 거둘 수 있도록 만들어주는 힘이 된다. 이 경우와 유사한 경우로서 만약 일본에 있는 한 자회사가 확장을 위한 자금이 필요할 때 다국적기업은 우선 현지에서 낮은 비용으로 자금을 조달할 수 있는지를 검토할 것이다. 만약 그것이 어렵다면 다국적기업 본사는 자회사와 힘을 합쳐 자금조달을 위해 노력할 것이다. 이 과정에서 본사가 자금상황을 보증할 것이기 때문에 자회사는 훨씬 쉽게 많은 금융기관들과 접촉을 할 수 있다.

다국적기업의 세 번째 특징은 전략적 목표에 의해 연결되어 있다는 것이다. 다국적기업들은 그들의 자회사들이 조화롭게 활동할 수 있도록 전략계획을 수립한다. 물론 그러한 계획이 다국적기업마다 다를 수 있다. 어떤 때는 매우 중앙집중적인 계획이 수립될 수도 있고 어떤 때에는 매우 분권적인 계획이 수립될 때도 있다. GE 같은 회사는 전 세계시장에서의 주요 매출 및 이익목표 달성을 위해서 두 가지 형태의 계획을 적절히 조합해서 사용하기도 한다. 다국적기업들의 전략계획 속에는 사람과 자금을 자회사들 간에 적절히 배치하기 위한 재무 및 인적자원 계획이 포함되는 경우가 많다.

(6) 거대 다국적기업의 문제점

1998년 해외자산규모로 순위를 매긴 비금융 다국적기업 100대 기업들은 전 세계 1조 9천억 달러인 해외자산의 90%, 2조 1천억 달러인 해외 매출의 19%, 650만 명인 해외고용인원의 18%를 차지하고 있으며, 매출의 경우 전년대비 7% 성장을 이루었다.

〈표 13-2〉 비금융권 다국적기업(해외 자산규모 10위)

1999년 랭킹	회사명	국가	산업
1	General Electric	미국	전자 등
2	Exxon Mobil Corporation	미국	석유화학
3	Royal Dutch/Shell Group	네덜란드/영국	석유화학
4	General Motors	미국	자동차
5	Ford Motors Company	미국	자동차
6	Toyota Motors Corp.	일본	자동차
7	Daimler Chrysler AG	독일	자동차
8	TotalFina SA	프랑스	석유화학
9	IBM	미국	컴퓨터
10	BP	영국	석유화학

출처 : UNCTAD, "World Investment Report 2001"

2001년 UNCTAD 100 리스트에 따르면, 90%의 다국적기업은 미국, 유럽, 일본으로부터 탄생하였으며, 전 세계 직접투자의 85%를 차지하고 있다. 비금융 다국적기업들의 산업구성을 보면 전기전자제품, 자동차, 유전개발과 오일판매 등에 치중되어 있다. 하지만, 최근 들어 미디어, 교육, 운송, 정보산업, 여행, 의료, 전문 서비스 등이 눈부시게 성장하였다.

1990년대 다국적기업은 지식과 자본의 공급자로서 각국으로부터 환영을 받았다. 다국적기업들의 기술, 경험, 글로벌 네트워크는 투자유치국의 생산과 수출에 크게 기여한다는 이미지를 가져왔기 때문이다. 하지만 21세기 초에는 이들 기업이 국가의 주권을 위협하고 핵심기술이나 첨단기술을 본국에 둔 채 저임금을 활용한 생산에 치중하여 대기업의 횡포를 자행한다는 인식을 주었다.

최근에는 다국적기업과 투자유치국이 상호 협조하여 개발도상국은 다국적기업의 기술력, 자금력, 글로벌유통망을 통해 자국의 국가경제에 이바지하도록 하는 대신, 사회간접자본 시설 제공, 자국 내 기업과의 공정한 경쟁 보장, 교육훈련을 통한 노동 생산성 증대 등을 보장하거나 제공해주며 서로 간의 상생을 추구하고 있다. 한편, 다국적기업의 본국에서는 국내 소비자에게 상품의 가격하락 및 종류 다양화, 국부의 증가 등의 이점을 제공하는 반면에, 생산시설을 해외로 이전하여 자국의 고용상황을 악화시키고 생산공동화를 가져온다고 비판을 받고 있다.

2. 기업의 다국적화 동기

기업의 다국적화 동기
국내경기 변동에 따른 위험 및 불확실성으로부터 벗어나고자 하는 동기, 성장하고 있는 세계 재화 및 용역시장에 편승하기 위한 동기, 외국기업으로부터의 경쟁에 대처하고 세계시장에서의 점유율을 방어하기 위하 목적, 원가절감 요인 등

기업이 국제화하는 동기에는 여러 가지가 있다. 첫 번째로 국내경기의 사이클 변동에 따른 위험 및 불확실성으로부터 벗어나고자 하는 동기이다. 다른 국가에 영업기반을 가지고 있음으로 해서 국내 경기변동의 영향을 덜 받고자 하기 위해서이다. 이것은 일종의 국제적 다각화의 한 형태라고 하겠다.

두 번째 기업의 국제화 동기는 급속도로 성장하고 있는 세계재화 및 용역시장에 편승하기 위한 것이다. 이것은 세계화 과정의 일부라고도 볼 수 있는데, 다국적기업에 의해 유사한 재화 및 서비스가 세계적인 규모로 생산되고 유통되는 속도가 점차 빨라지고 있다. 예를 들면, 많은 외국의 다국적기업들이 미국시장을 주요 목표시장으로 삼고 있는데 그 이유는 인구가 많고 일인당 국민소득이 높기 때문이다. 국민총생산의 측면에서 볼 때 미국은 세계최대의 단일시장이라고 볼 수 있다. 미국인들은 신제품 및 서비스에 대한 수요와 그것을 살 수 있는 돈을 가지고 있다. 같은 이유로 미국의 다국적기업들은 21세기를 맞이하여 유럽 및 아시아 시장을 주요 목표시장으로 잡고 있다.

세 번째 기업의 국제화 동기로는 외국기업으로부터의 경쟁에 대처하고 세계시장에서의 점유율을 방어하기 위해서이다. 이른바 '경쟁기업 따라하기' 전략을 사용하기 위하여 다국적기업은 경쟁기업의 본국에 영업기반을 구축할 수 있다. 이 전략은 두 가지 효과를 가져다주는데, ① 경쟁기업의 영업기반을 무너뜨리는 효과가 있고, ② 다른 기업들에게 만약에 그들이 다국적기업의 본국을 공격할 경우 이와 유사한 보복을 당할 것이라는 경고를 주는 효과가 있다. 이와 같은 세계시장 감시전략은 다국적기업이 보복적 행동을 해야 할 필요성이 있을 경우 상황정보를 수집하는 데 매우 유용하다.

기업이 다국적기업으로 변신하고자 하는 네 번째 이유는 원가를 절감하고자 하는 데 있다. 외국시장에 있는 고객의 가까이에 영업기반을 구축함으로써 다국적기업은 수송비를 절감하고, 중간상인들이 제품을 취급함으로써 발생할 수 있는 비용을 절감할 수도 있고, 고객의 필요에 보다 빠르고 정확하게 대응할 수 있으

며, 현지의 유리한 자원을 이용할 수 있다. '통제의 내부화 과정'이라고 알려진 이 과정에 의해 다국적 기업은 전반적인 비용을 절감하는 데 도움을 받을 수 있다.

다섯 번째 기업의 국제화 동기는 해외시장을 내부에서 공략함으로써 관세장벽을 극복하고자 하는 데 있다. EU가 대표적인 사례라고 볼 수 있는데 EU 밖에 있는 기업들은 EU 회원국들에게 수출할 때 관세를 물어야 한다. EU 내부에서 제품을 생산하고 있는 기업들은 아무런 관세를 물지 않고서도 상호 간에 제품을 이동시킬 수 있다. 미국, 캐나다, 멕시코 간에 북미자유무역협정(NAFTA, North American Trade Agreement)이 체결됨으로써 이들 간에도 유사한 일이 일어나고 있다.

기업이 국제화하는 여섯 번째 동기는 자기가 가지고 있는 기술적 우위를 라이선싱에 의해 다른 기업으로 하여금 생산하도록 허용하지 않고, 직접 제조활동을 함으로써 유리한 점이 있기 때문이다. 라이선싱 계약이란 라이선서(licensor)가 자기의 특허권, 상표권 또는 기술을 다른 기업(licensee)에게 사용권을 주고 그 대가로서 로열티나 수수료를 받는 계약을 말한다. 이 수수료에는 일정한 금액의 고정수수료와 그 계약으로 인해 발생하는 매출액의 2~5%에 해당하는 연동수수료가 포함되는 경우가 많다. 라이선싱 계약은 일반적으로 5~7년간 지속되고 양 당사자의 합의에 의해 갱신할 수 있다. 라이선싱 계약의 장점은 분명하지만 최근에 들어와서 몇몇 다국적기업들은 다른 기업에게 특허나 상표권 또는 기술적 우위에 접근하도록 허용하는 것이 현명하지 못하다는 결론을 내리고 라이선싱 계약을 점차 무효화시키고 있다. 따라서 그들의 독점적 권리를 되찾고 현지시장에서 자신이 직접 제조하고 직접 판매하는 방법을 택하는 경우가 많아지고 있다. 이와 같이 해외시장에서 기업이 기술을 습득하거나 아니면 대항할 수 있는 대체안을 개발하도록 만든다. 그 결과 다국적기업은 라이선싱 계약을 가지고 있는 기업보다 그들의 국제경쟁력을 방어하는 데 보다 효율적일 수 있다.

이러한 기업의 국제화 동기를 기업이 주도한 전략적 변화에 따른 전략적 동기(proactive motivation)와 외부환경의 변화에 대응하기 위한 국제화동기, 즉 방어적 동기(reactive motivation)로 나누어 보면 다음과 같이 정리할 수 있다.

(1) 전략적 동기

> **전략적 동기**
> 이윤추구 동기, 제품의 독창성과 기술적 우위, 해외시장이나 고객에 대한 특별한 정보, 경영자의 마인드, 세제상의 혜택, 규모의 경제

1) 이윤추구 동기

국제판매를 보다 많은 이윤(추가적인 이윤)을 확보할 수 있는 잠재적인 원천으로 간주하는 것이다. 물론 예상수익과 실제수익 사이에는 항상 괴리가 있기 마련이다. 비록 계획을 완벽하게 세워 예상수익을 계산했다 하더라도 예측하지 못한 영향으로 예상이익이 크게 빗나가기도 한다.[3]

2) 제품의 독창성과 기술적 우위

다른 경쟁기업이 가지고 있지 못한 제품이나 서비스를 가지고 있는 경우 이를 활용하기 위하여 국제화를 하는데, 이 경우 예상우위와 실제우위가 다를 수 있다. 기업은 독특한 제품이라고 생각할지 모르나 국제적으로 볼 때 그렇지 않은 경우도 있다. 실제로 독특한 제품이라면 분명히 경쟁력 우위를 가져다주지만 그러한 우위가 얼마나 오래 지속될 것인가를 고려해야 한다.[4]

과거에는 이러한 경쟁우위를 가지고 있는 기업은 수년 동안 해외시장을 독점해 왔으나, 오늘날에는 그 가능성이 대폭 줄어들었다. 그 이유는 경쟁적 기술이 많고 국제특허가 잘 보호되지 못하는 경우가 많기 때문이다.

3) 해외시장이나 고객에 대한 특별한(독점적) 정보[5]가 있는 경우

이러한 독점적 정보가 있으면 국제경영을 하고자 하는 동기가 생길 수 있으나 오랫동안 지속되지는 못한다. 왜냐하면 중 · 장기적으로 볼 때 경쟁자들이 정보우위를 곧 따라오기 때문이다. 또한 소비자의 기호도의 동태성도 포함될 수 있다.

이러한 배경에는 정보통신기술의 발달, 특히 매스미디어를 통한 문화산업의 대중화와 인터넷의 대중화를 들 수 있다. 이는 소비자의 기호도를 급변하게 만들었으며, 소비자와 기업 그리고 대기업과 중소기업 간의 정보의 비대칭성을 희석시키고 정보의 공유성을 극대화시킴으로써 타이밍 리스크가 커지는 상황이 되었다.

---

3) 환율변동으로 인한 실제수익의 변동이 대표적 예라 할 수 있다.
4) 우위의 지속기간 = f (제품, 관련기술, 경쟁자의 창의성)
5) 여기서 특별한 정보는 기업의 특별한 직관이나, 타깃시장에 거주하는 소비자와의 개인적인 친분관계, 심층연구 등을 지칭한다.

4) 국제경영활동에 대한 경영자의 마인드

매우 추상적이고 당연한 말이지만 기업경영에 있어서 경영자의 마인드가 기업의 영속성과 수익성에 직결되는 상황은 매우 많다. 물론 정량화하기는 힘들지만 최종의사결정을 내리는 사람이 경영자이므로 경영자의 마인드 또한 중요한 요인이 될 수 있다.

5) 세제상의 혜택

국제사업으로부터의 수익에 대한 조세공제로 인해 국제사업활동이 보다 높은 수익을 가져다주는 경우나, 조세 혜택으로 인해 해외시장에 보다 낮은 가격으로 침투하여 보다 많은 이익을 올릴 목적이 있는 경우에는 주요한 요인이 될 수 있다. 그러나 이전 가격에 대한 법적 제재나 병행수입에 대한 제재 그리고 반덤핑관세와 상계관세 등의 무역장벽은 전략적 동기로서 세재상의 혜택을 희석시킨다.

6) 규모의 경제

국제사업활동은 기업의 생산량을 증가시켜주기 때문에 학습곡선을 따라 보다 빨리 효율성을 제고시킬 수 있다. 보스턴컨설팅 그룹에 의하면 생산량이 2배가 되면 생산비를 30% 이상 줄일 수 있다고 한다. 국제시장에서의 생산량이 증가되면 국내 시판 제품의 생산비도 낮아지기 때문에 국내에서의 경쟁력도 제고된다.

(2) 방어적 동기

1) 경쟁압력

국제경영을 통해 규모의 경제를 획득한 경쟁기업에게 국내시장 점유율을 잠식당하지 않고 또한 해외시장을 이들 경쟁자들에게 영원히 내주지 않기 위한 동기라고 할 수 있다. 시장점유율은 그 시장에 먼저 진입한 기업에 의해 주도되는 경우가 많기 때문에, 기업들은 국제시장에 무모하게 뛰어드는 경우가 자주 있다. 그러나 충분한 준비 없이 빨리 진입한 기업은 그만큼 빨리 철수해야 하는 경우도 있음을 주의해야 한다.

> **방어적 동기**
> 경쟁압력, 과잉생산, 국내 판매의 감소, 과잉생산 능력, 국내시장의 포화, 고객 및 현지시장에 대한 친밀감 등

2) 과잉생산[6]

역사적으로 국내경기의 하강 국면에서 국제시장은 과잉재고의 훌륭한 처분처를 제공해 왔다. 과잉생산 때문에 이루어진 국제사업 확장은 경영자의 적극적인 의지를 반영하기보다는 안전밸브의 역할을 한다. 즉, 국내수요가 과거 수준으로 회복되기만 하면 국제사업은 축소되거나 완전히 중단되는 경우가 많다. 하지만 이러한 전략을 한번 채택했던 기업은 차후에 다시 이 전략을 채택하기가 대단히 어렵다. 왜냐하면 외국고객들이 일시적이고 산발적인 사업관계를 원하지 않기 때문이다.

3) 국내 판매의 감소

국내에서 PLC상 쇠퇴기에 처한 제품의 시장을 해외시장으로 확장시킴으로써 PLC를 연장할 수 있는 경우가 많다. 과거에는 선진국기업들이 이러한 방식에 의해 상당한 성공을 거둘 수 있었다. 왜냐하면 저개발국의 고객들은 선진국 고객들이 이미 도달한 정도의 필요와 욕구수준에 미치는 속도가 느리기 때문이다. 그러나 점차 저개발국의 기술 확산속도가 빨라지고 있기 때문에 이러한 격차는 줄어들고 있다.

4) 과잉생산 능력

생산설비가 완전하게 이용되지 못하고 있는 경우 고정비를 분산시키는 이상적인 방안으로 해외로의 사업활동 확장을 생각할 수 있다. 만약 모든 고정비가 국내생산에 배분되었다고 하면 변동비만이라도 회수할 수 있는 가격전략을 가지고 해외시장을 개척할 수도 있다. 그러나 이러한 전략은 처음 시장개척을 할 때에만 가능하다. 왜냐하면 변동비만 기초를 둔 시장진입전략은 비현실적이기 때문이다. 장기적으로 볼 때 생산장비를 교체할 수 있기 위해서는 고정비가 있어야 하기 때문이다.

6) 안타깝게도 국내 수출기업 중 대기업을 제외한 대부분의 중소기업들이 재고비용 문제로 수출을 고려하고 있다. 물론 2007년도 기준으로 보았을 때 수출을 시장개척의 전략적 동기로 사용하는 중소기업들이 늘어나고 있다. 하지만 아직까지도 수출을 소극적 동기로 활용하는 기업들이 다수 존재한다.

5) 국내시장의 포화

국내 판매 감소의 경우와 유사하다. 제품뿐만 아니라 그들 조직의 PLC를 연장시키기 위해서 국제시장을 이용한다.

6) 고객 및 현지시장에 대한 친밀감

국제시장에 대한 물리적, 심리적 친근감으로 인해 국제화하는 경우도 가끔 있다. 예를 들어, 국경 근처에 설립된 회사는 이웃나라에 진출한다고 해도 해외로 나간다고 생각하지 않을 것이다. 미국의 경우 캐나다와 멕시코 국경 근처에 있는 기업들만이 이에 해당하지만, 유럽의 경우에는 대부부의 기업들이 외국과 가까이 있기 때문에 외국으로 나가는 경우가 많다.

생각하기 : 다국적기업의 현황

1. 진정한 다국적기업은 9개[7)]

글로벌기업 또는 다국적기업이란 말은 세계화시대가 되면서 일상용어가 되었다. 누구나 다 알고 있는 것 같지만 실제로 다국적기업이 무엇인지 정확하게 말하는 데는 조금 복잡한 문제가 있다. 다국적기업에 대한 정의를 적용해보면 '1개국 이상에서 해외 생산활동을 전개한다'는 기준을 제시한 릴리엔탈의 경우 대부분의 수출기업은 다국적기업으로 분류할 수 있다. 그러나 '〈포춘(Fortune)〉의 500대 기업에 연 2회 이상 등재되어 있는 동시에 6개국 이상에서 현지생산 및 판매활동을 하는 기업'이라고 정의한 버논의 기준에는 부합하지 않기 때문에 다국적기업으로 분류하기 어렵다. 따라서 다국적기업의 기준에 대한 비교적 낮은 기준을 적용하는 경우와 높은 기준을 적용하는 경우 상이할 수 있다.

예를 들면, 릴리엔탈처럼 1개국 이상에서 활동한다는 기준으로 본다면 상당히 많은 기업들이 다국적기업에 해당된다. 그러나 사실 특정지역 매출액이 과도하다는 것은 제품이 전 세계 소비자의 다양한 기호에 부응하지 못하고 있다는 것을 의미한다. 물론 이 경우 진정한 글로벌기업이라 할 수 없다. 따라서 보다 엄격한 기준을 제시해 보자.

〈JIBS(Journal of International Business Studies)〉라는 저널이 있다. 국제경영 분야에서 가장 잘 알려진 논문이다. 여기서 발표된 2001년 논문에서는 아시아태평양, 북미, 유럽에서 각각의 매출액이 전 매출액 중 20%를 넘어야 할 경우 진정한 다국적기업이라고 정의하고 있다. 이 기준에 해당되는 다국적기업의 수는 얼마나 될까?

2002년도 조사에 따르면 세계 500대 기업 중에서 아시아태평양, 북미, 유럽시장에서 골고루 매출을 올리는 글로벌기업은 IBM, 소니 등 9개에 불과하다. 결국 대부분의 기업은 자신들이 선호하는 특정 지역 매출의 대부분을 차지하고 있다.

---

7) 동아일보 경제면, "글로벌 500대 기업, 진정한 글로벌 기업은 겨우 9개", 2004. 3. 23 참조
박의범 외 2인 공저, 『글로벌 경영』, 두남, 2009, pp.138~140 참조

지역별 매출액이 잘 분산된 글로벌기업					
매출액 순위	기업	국가	북미 비중	유럽 비중	아태 비중
19	IBM	미국	43.5	28.0	20.0
37	소니	일본	29.8	20.2	32.8
143	필립스	네덜란드	28.7	43.0	21.5
147	노키아	핀란드	25.0	49.0	26.0
190	캐논	일본	33.8	20.8	28.5
388	플렉스트로닉스	싱가포르	46.3	30.9	22.4
459	루이뷔통	프랑스	26.0	36.0	32.0

출처 : 〈JIBS(Journal of International Business Studies)〉, 2001년

2001년 매출액 기준으로 세계 19위인 미국의 IBM은 북미시장 이외에도 아시아태평양(20.0%), 유럽(28.0%)에서 고른 매출을 올렸다. 미국의 코카콜라도 아시아태평양, 북미, 유럽 시장 등 3개 시장에서 각각 매출의 20% 이상을 판매했다. 이런 기업들을 진정한 글로벌기업으로 볼 수 있다.

반면 많은 규모가 큰 기업들의 매출액이 특정지역에 편중되었거나 해외 판매비율이 높지 않은 것으로 나타났다. 예를 들면, 유명한 기업인 미국 월마트는 북미지역 매출이 94.1%에 달했다. 대부분 미국에서 돈을 벌고 있는 것이다. 마찬가지로 제너럴모터스, 포드, 제너럴일렉트릭도 북미지역 매출액 비중이 상당히 높다. 결국 특정지역 매출액이 과도하다는 것은 제품이 전 세계 소비자의 다양한 기호에 부응하지 못한다는 것이다. 따라서 이러한 기업의 규모는 크지만 진정한 글로벌기업으로 보기 어렵다는 주장은 일리가 있다.

2. 다국적 기업현황[8)]

1996년부터 2008년까지 '글로벌 500대 기업' 자료를 분석한 결과, 우리나라의 경우 500대 기업에 드는 기업이 1996년 13개 사, 2000년 11개 사, 2005년 12개 사 그리고 2008년 15개 사로 다소 늘어났다. 그러나 12년간 한국은 6위에서 9위를 넘나들며 큰 변화가 없다.

글로벌 500대 기업을 가장 많이 가진 국가는 미국, 일본, 프랑스, 독일, 영국의 순으로 10여 년간 큰 변화 없이 유지되어 왔다. 조금 더 구체적으로 보면 이 기간 동안 미국, 일본, 프랑스, 독일의 500대 기업의 수는 줄어든 것을 알 수 있다. 미국은 500대 기업수가 162개에서 153개로 9개 줄어들었고, 일본은 126개에서 64개로 82개 감소하여 가장 많이 줄었다. 또한 프랑스는 42개에서 39개로, 독일은 41개에서 37개로 마찬가지로 감소하였다.

미국과 일본의 위세가 지속적으로 크게 약화되고 있는 반면 신흥시장국가, 특히 중국의 약진을 볼 수 있다. 중국의 경우 1996년 글로벌 500대 기업에 포함된 기업의 수가 3개로 15위에 불과하였다. 그러나 12년이 경과한 2008년에는 29개로 6위를 차지하였다. 이러한 추세라면 가까운 미래에 기존의 미국, 일본, 프랑스, 독일, 영국이 상위권을 차지하던 변함없던 패턴에 변화가 올 수도 있을 것이다.

8) 박의범 외 2인 공저, 『글로벌 경영』, 두남, 2009, pp.141~143 참조

500대 기업의 매출이 각국의 GDP에서 차지하는 비중(매출액/GDP)은 우리나라의 경우 63.1%인 것으로 조사됐으며, 프랑스 77.4%, 일본 62%, 독일 61.1%, 영국 58.5%, 미국 51.9% 등 대부분의 선진국들도 50%대를 상회하여 500대 기업이 각국의 경제를 견인하고 있는 것으로 나타났다. 또한 500대 기업수의 증감이 해당국의 GDP 규모에도 큰 영향을 미치고 있는 것으로 분석됐다.

글로벌 500대 기업의 실적이 국가 경제에 미치는 영향은 매우 크다. 따라서 한 국가가 '포춘(Fortune) 500대 기업'들을 얼마나 많이 가지고 있는가 하는 것은 세계 경제를 주도할 수 있는지의 지표가 되기도 한다. 표에서 볼 수 있듯이 과거 10여 년 동안 세계 경제에서 우리나라의 위상이 중국에 비해 크게 높아지고 있지 않다는 위기감이 느껴지기도 한다.

특히 500대 기업은 높은 시장점유율과 기술, 인력 등 우월한 경쟁력을 바탕으로 안정된 성장을 지속할 수 있으며, 고용창출과 중소기업의 동반성장으로 국민경제의 선순환 구조를 이끌 수 있으므로 대기업이 더욱 성장하도록 지원해야 할 것이다. 우리나라의 경우 구체적으로 어떤 기업이 500대 기업에 포함되었는지 살펴보자. GS홀딩스와 신한금융그룹, 우리금융지주가 '포춘 500'에 새롭게 진입했다. 결국 2008년 현재 삼성을 비롯한 15개 우리나라 기업이 글로벌 500대 기업에 포함되어 있다.

국가별 세계 500대 기업수

2000년			2005년			2008년		
순위	국가	기업수	순위	국가	기업수	순위	국가	기업수
1	미국	185	1	미국	170	1	미국	153
2	일본	104	2	일본	70	2	일본	64
3	프랑스	37	3	프랑스	38	3	프랑스	39
4	독일	34	4	영국	38	4	독일	37
5	영국	33	5	독일	35	4	영국	34
6	캐나다	15	6	중국	20	5	중국	29
7	중국	12	7	네덜란드	14	6	한국	15
8	스위스	11	7	캐나다	14	7	캐나다	14
8	한국	11	9	스위스	12	7	스위스	14
10	네덜란드	9	9	한국	12	9	네덜란드	13
11	이탈리아	8	11	이탈리아	10	10	스페인	11
12	호주	7	12	스페인	9	11	이탈리아	10
13	스페인	6	13	호주	5	12	호주	8
14	스웨덴	5	14	스웨덴	6	13	인도	7
15	브라질	3	14	인도	6	14	스웨덴	6
15	영국/네덜란드	3	16	멕시코	5	14	대만	6
17	노르웨이	2	16	러시아	5	16	멕시코	5
17	핀란드	2	18	브라질	4	16	러시아	5
17	멕시코	2	18	벨기에	4	16	브라질	5
17	러시아	2	20	대만	3	16	벨기에	5

제2절 해외시장 진입전략

해외시장진입의 고려요인
지역선정, 진입시기, 진입방법

글로벌기업이 진입전략을 수립하기 위해서는 먼저 지역선정(where), 진입시기(when), 진입방법(how)의 세 요소를 검토한 후 결정하는 것이 일반적이다.

[그림 13-1] 시장진입의 고려요인

1. 지역선정

지역선정 시 고려요인
비용과 세금, 제품 수요, 전략적 요소, 경제 및 사회 · 정치적 규제 상황 등

지역선정은 국가의 선택과 그 국가 내의 지방 선택을 포함한다. 예를 들어, 독일의 지멘스는 남미와 카리브 지역 진출의 교두보로 브라질을 선택했고 브라질 내에서도 생산기지로 상파울로 대신 싸고 풍부한 노동력과 공급선, 인프라 시설이 우수한 리오데자이네루를 선정했다. 지역선정의 요소로는 비용과 세금, 제품 수요, 전략적 요소, 경제 및 사회 · 정치적 규제 상황 등으로 분류할 수 있다.

(1) 비용과 세금

비용과 세금 요소에는 본국과 현지 간의 자재 및 완제품 운송비, 노동집약적 산업의 경우에는 노동자 임금, 공장부지 임대나 구입비용, 공장 및 필요 시설의 건설비용, 현지조달이 필요한 원자재비용, 현지 금융기관의 융자를 필요로 할 경우의 금융조달비용, 부과하는 법인세율, 투자유치 희망 지역의 세금면제나 감면, 수입원자재 면세, 보조금, 공장 부지나 인프라 제공 등의 투자 인센티브, 이익의 본국 송금 시의 규제 여부 등이 있다.

(2) 제품수요

제품수요 요소에는 시장의 현재 규모와 성장성 및 소득 및 소비증가율, 고객의 존재 및 접근성, 경쟁의 유무 등이 있다. 다국적 완구기업인 토이저러스는 일본의 소매시장 성장을 보고 1990년에 진출하였으며, 코카콜라는 중국의 동부해안에 기존 고객이 집중되어 있어 그 지역을 선택하였다. 다국적 물류회사인 UPS는 고객과의 접근성 때문에 독일의 쾰른과 대만의 타이페이를 각각 유럽과 아시아의 거점으로 선택했다. 펩시콜라는 중국에서 코카콜라와의 경쟁을 줄이기 위해 동부지역이 아닌 내륙지방으로 진출하였다.

(3) 전략적 요소

전략적 요소에는 투자인프라, 제조환경, 노동생산성, 물류환경 등이 있다. 지식산업이나 기술집약적 산업에는 특히 인프라가 중요하다. 투자인프라에는 도로, 항만, 공항 및 철도, 통신 등의 사회간접자본시설과 정부의 효율성이 포함된다. 싱가포르는 이상적인 인프라를 갖추고 있어 많은 다국적기업을 유치하고 있다. 또한 관련 산업의 부품공급, 노동력 등이 풍부한 제조환경도 투자결정에 영향을 주며, 숙련된 노동력이 풍부할수록, 원자재 공급 및 완제품 판매에 유리한 물류환경을 가질수록 좋은 투자처가 된다.

(4) 경제 및 사회 · 정치적 규제 상황

경제 및 사회 · 정치적 규제 상황에는 그 국가의 외국기업에 대한 정책이나 반독점 규제 등의 산업정책, 무역자유지역의 유무, 정치적 안정성, 문화장벽, 정부의 부패 정도, 외국기업에 대한 국민의 인식, 공해규제 등의 요소들이 있어 투자지역 선정에 영향을 준다.

2. 진입시기

진입시기

진입시기는 직면할 위험부담, 사업환경, 사업기회를 결정하며, 수요의 수준, 소비의 복합화, 경쟁의 정도가 급격히 변하고 있는 글로벌하게 통합된 오늘날의 시장에서는 진입시기 결정이 기업의 영속성과 수익성에 직접적인 영향을 준다.

진입시기는 한 다국적기업의 해외시장진입에 있어서 다른 다국적기업에 비해 최초 진입(first mover)이냐, 경쟁자에 이어 조기 진입(early mover)이냐, 아니면 뒤에 진입이냐(late mover)를 결정하는 것이다. 수요의 수준, 소비의 복합화, 경쟁의 정도가 급격히 변하고 글로벌하게 통합된 오늘날의 시장에서는 진입시기의 결정이 매우 중요하다. 자국에서는 후발주자라도 투자 유치국에서는 시장 및 산업의 구조가 다르기 때문에 최초 진입으로 인해 많은 사업기회를 가질 수 있다. 경쟁자보다 빨리 투자하여 사업을 할 경우 후발주자보다 더욱 강한 시장지배력, 선발주자로서의 다양한 기회들(preemptive opportunities), 더욱 많은 전략적 선택안을 누릴 수 있다.

개척적인 투자기업은(pioneering investors) 시설, 유통망, 제품의 포지셔닝, 기술적 특허, 희소한 천연자원의 확보, 인적 또는 조직적 숙련에 전략적으로 투자할 수 있어 후발주자보다 유리하다. 또한 고객의 선점으로 인해 고객 충성도를 강화시켜 후발기업 제품으로의 수요전환비용(switching cost)을 크게 하고 진입장벽을 만들 수 있다.

예를 들어, 시티은행과 뱅크오브아메리카는 1929년에 라틴아메리카에 조기 진입하여 1970년에는 거의 모든 라틴아메리카의 나라들에 지점을 개설하여 충성고객 확보, 지방은행과 정부와의 친밀한 관계, 기술 및 서비스의 표준을 확립하였다. 후발주자인 영국의 바클레이스은행이나 캐나다의 노바스코티아은행은 시장점유율이나 고객점유율에서 선도기업인 시티은행과 뱅크오브아메리카에 크게 미치지 못하였다.

반면에 조기 진입의 불리한 점을 보면, 투자유치국의 법규 미비, 산업 또는 시장의 미성숙, 필요한 훈련을 갖춘 현지 인력의 부족, 열악한 인프라 등으로 경영의 위험과 어려움을 겪을 수 있다. 하지만 예측하기 힘든 위험이 존재함에도 블루오션시장을 선점한다는 것은 기업의 수익성이나 영속성에 큰 영향을 줌으로써 간과할 내용은 아니다.

3. 진입방식

진입방식은 해외에서 전략적 목표를 달성하기 위해 목표국가에 진입하는 형태나 방식을 의미한다. 진입방식에는 무역관련(trade related), 이전관련(transfer related), 해외직접투자관련(FDI related)의 세 가지로 나눌 수 있다.

진입방식
해외에서 전략적 목표를 달성하기 위해 목표 국가에 진입하는 형태나 방식을 의미. 진입방식에는 무역관련, 이전관련, 해외직접투자관련의 세 가지로 나눌 수 있다.

〈표 13-3〉 기업의 해외시장진입방식

1) 무역관련(trade related)
  ① 간접수출 : 중간상(대리상, 무역상)을 통한 수출
  ② 직접수출 : 제조기업이 직접수출 마케팅활동을 계획하고 수행

2) 이전관련(transfer related)
  ① 라이선싱(licensing)
  ② 프랜차이징(franchising)
  ③ 관리계약(management contract)
  ④ 건설/턴키계약(construction/turnkey contract)
  ⑤ 계약생산(contract manufacture)
  ⑥ 전략적 제휴(strategic alliance)

3) 해외직접투자방식(FDI related)
  ① 단독투자(신설)(sole venture: new establishment)
  ② 단독투자(취득)(sole venture: acquisition)
  ③ 합작투자(신설/취득)(joint venture: new establishment/acquisition)

(1) 무역관련

무역관련 방식에는 직접수출과 간접수출로 나눌 수 있는데, 수출은 생산시설을 자국에 보유하면서 제품을 해외에 파는 것이다. 수출을 통해 해외판매 경험을 쌓고, 시장 및 고객 지식을 쌓아 나갈 수 있으며, 또한 다른 투자방식에 비해 어떠한 규모도 실행 가능하며, 자사의 자원을 적게 투입하므로 위험부담이 적은 방식이다. 경험이 쌓이고, 규모가 커짐에 따라 더욱 적극적인 직접투자방식으로 나아갈 수 있다.

1) 간접수출(indirect exporting)

간접수출
중간상을 통해 수출되는 경우

간접수출은 제품이 중간상을 통해 수출되는 경우를 의미한다. 따라서 제조기업은 제품을 납기에 맞추어 중간수출업자에게 판매하기만 하면 수출업무가 종료되는 셈이기 때문에 시장선택이나 수출마케팅전략에 대한 통제력을 갖지 못한다. 이러한 특성 때문에 간접수출은 주로 수출경험이 부족하거나 수출전문인력을 이용할 수 없는 경우, 수출규모가 생산 및 재정적인 면에서 적극적인 수출활동을 추진하기가 어려울 정도로 작은 경우 등에 많이 이용된다.

간접수출을 효율적으로 활용하기 위해서는 무엇보다도 신뢰할 만한 중간상을 선정하여 그를 자사 제품의 수출마케팅 계획에 공동으로 참여시키는 동시에 제품정보, 광고 및 기술지원 등에 협력하고 주문에 대해 즉각적인 수출이 가능하도록 지원해주는 것이 필요하다.

〈표 13-4〉 간접수출의 장 · 단점

구분	내용
간접수출의 장점	• 자사의 힘만으로는 개척이 불가능한 해외시장에 투자자본을 들이지 않으면서 진출 가능 • 경험이 풍부하고 전문성을 갖춘 수출업체를 이용함으로써 위험관리가 가능(제품을 중간상에게 판매하는 시점에서 소유권이 중간상에 이전되기 때문에 제조기업 자신은 클레임이나 환율변동에 따른 위험을 회피할 수 있음) • 대규모 무역상을 이용함으로써 해외시장정보획득 및 동 회사의 지명도도 활용 가능
간접수출의 단점	• 제조기업은 제품을 중간수출상에게 판매한 이후 수출마케팅에 대한 통제권을 상실하기 때문에 해외고객과의 접촉이 불가능하며, 그 결과 최종소비자의 욕구나 반응을 파악할 수가 없다. 따라서 적절한 대응책을 강구하기가 어렵고 자사제품에 대한 평판이 손상될 가능성이 있다. • 중간상은 여러 제조기업들의 갖가지 제품을 모두 취급하기 때문에 수출규모나 이익가능성이 적은 수출위탁분에 대해서는 관심을 소홀히 할 수 있다. 또 중간상들이 과도하게 경쟁을 하는 경우 제조기업이 피해를 입을 수도 있다. • 수출클레임이 발생하는 경우 중간수출상이 이를 제조기업에 불리하게 처리할 가능성이 있으며, 수출시장에 대한 제조기업의 정보부재로 수입감소를 초래할 수도 있다. • 제조기업이 계속해서 간접수출에만 의존하는 경우 해외시장으로부터 격리될 가능성이 있고, 보다 적극적인 국제경영활동을 수행하는 데 필요한 전문인력을 양성하기가 어렵다.

직접수출
기업이 직접 시장 및 고객 접촉, 시장조사, 물적유통, 수출서류 작성, 가격결정 등의 제반 수출 마케팅활동을 계획하고 수행하는 수출

2) 직접수출(direct exporting)

직접수출은 제조기업이 직접 시장 및 고객 접촉, 시장조사, 물적유통, 수출서류

작성, 가격결정 등의 제반 수출 마케팅활동을 계획하고 수행하는 수출을 의미한다. 직접수출은 간접수출보다 기업의 마케팅활동이 훨씬 더 발전된 단계이며 시장개입의 범위도 크게 확대된다.

단, 대규모시장에는 직접수출을 이용하고 소규모시장에는 간접수출을 이용하는 등 직접수출과 간접수출은 상호 보완적으로 이용하는 것이 일반적이다.

〈표 13-5〉 직접수출의 장 · 단점

직접수출의 장점	• 제조기업이 해외시장에 대한 마케팅활동을 직접 수행함으로써 통제를 강화하고, 제품라인에 대한 판매 노력을 집중시켜 판매를 증대시킬 수 있다. • 해외지점이나 거래처 등과의 직접적인 접촉을 통해 현지시장에 대한 최신 정보를 신속하고 정확하게 입수할 수 있고, 이를 통해 제품 및 가격적응 등 해외시장에 대한 마케팅 노력을 개선시킬 수 있다. • 등록상표나 특허, 기타 무형자산을 보호할 수 있고, 제품판매에 대한 사전 · 사후 서비스를 능률적으로 제공함으로써 신용도 고양 및 성과유지가 가능하다. • 중간상에 대한 수수료나 커미션을 절약함으로써 비용감소 및 이익증대에 도움이 된다.
직접수출의 단점	• 직접수출은 무역실무, 외국어, 해외시장 운영 등 무역업무 전반에 대한 전문적 지식과 경험을 필요로 한다. 따라서 이러한 전문지식을 갖추고 있지 못한 경우 직접수출이 실패할 가능성이 있다. • 직접수출에 따른 손실 및 클레임 등의 비용부담 가중으로 인해 위험이 증대되며, 이에 대처하기 위한 수출전문가의 육성 및 고용에 많은 비용이 소요된다. • 수출 마케팅활동을 직접 수행하기 때문에 초기 착수비용이 많이 소요되며, 특히 자사 상표의 지명도를 높이는 데 많은 비용이 소요되므로 직접수출의 초기 단계에서는 손실 가능성이 높다. • 대규모 무역상사를 이용하여 간접수출을 하는 경우보다 시장정보 획득이 훨씬 어렵고 비용도 많이 소요되며 위험부담도 높다.

(2) 이전관련

이전관련 방식은 로열티를 받으며 기술 등을 이전하는 방식이며, 이 방식은 기술이나 지적재산권과 관련된 산업에 많이 활용된다. 기계나 장비를 대여해주는 국제리스, 특허나 상표권, 기술, 경영능력 등의 무형자산을 일정한 기간 동안 사용하도록 부여하는 국제라이선싱, 라이선싱보다 더 장기적으로 광범위한 기술과 자원을 제공하지만 엄격히 직접적으로 통제를 받으며 상표나 브랜드를 사용할 수 있도록 하는 국제 프랜차이징이 있다. 또한 구매자에게 전체 운영설비를 건설해주고 경영기술을 전수하며 종업원 훈련도 시켜주는 턴키투자를 한 후, 이 후 일정기간 동안 대금을 지불받는 BOT(built-operate-transfer) 등이 있고, 하청(subcontracting 또는 계약생산)이나, 대응무역(counter-trade) 등이 있다.

하청방식(또는 계약생산)은 투자대상국의 저임금을 활용하는 수단으로 많이 애용되어 왔다. 해외에 원자재, 반제품이 되는 기술을 제공하여 생산하도록 하고, 이 완제품을 구매하는 방식이다. 나이키는 중국, 베트남, 태국, 인도네시아, 방글라데시에서 하청기업에 원자재와 기술을 제공한 후 생산과정을 통제하며 품질을 유지하고, 임가공료를 지불하고 있다. 21세기 초부터 무역장벽이 적어지고, 경쟁이 격화됨에 따라 비용절감을 위해 많은 다국적기업들이 OEM(original equipment manufacturing) 방식을 통해 자사 브랜드 제품을 국제적으로 하청생산하고 있다.

대응무역은 서로 다른 국가에 있는 판매자와 구매자가 대금결제 없이 또는 차액만 결제하며 상품을 교환하는 것이다. 이 대응무역은 전 세계 교역의 20%를 차지하고 있다고 추정된다.

1) 국제 라이선싱(licensing)

국제 라이선싱
기업이 보유하고 있는 특허, 기업비결, 노하우, 등록상표, 지식, 기술공정 등의 상업적 자산권을 사용할 수 있는 권리를 라이선시에게 제공하고 그 대가로 라이선시로부터 일정한 로열티를 수수하는 국제경영방식

기업(licensor)이 보유하고 있는 특허(patent), 기업비결(trade secret), 노하우(know-how), 등록상표(trade-mark), 지식(knowledge), 기술공정(technical process) 등의 상업적 자산권을 사용할 수 있는 권리를 라이선시(licensee)에게 제공하고 그 대가로 라이선시로부터 일정한 로열티를 수수하는 국제경영방식을 말한다.

〈표 13-6〉 라이선싱의 장 · 단점

라이선싱의 장점	• 현지시장진출에 따른 관세 등의 비용증대 및 수량제한과 같은 수입장벽을 우회할 수 있다. • 지분투자(equity investment)의 경우에 비해 정치적 위험이 낮고, 보다 적은 비용으로 해외시장에 신속히 침투할 수 있다. • 현지국의 수입제한 및 투자제한정책에 따라 기업의 현지진출이 완전히 배제되는 경우 라이선싱이 유일한 현지진출 방법이 되기도 한다 • 해외진출 제품이 서비스인 경우 서비스는 수출이 불가능하기 때문에 라이선싱이 훨씬 매력적인 방법이다. 또 제조기업의 제품을 현지시장의 요구에 부응하도록 적응이 필요한 경우 라이선싱이 유리하다. • 해외투자에 비해 정규적이고 안정적인 로열티를 수수할 수 있다. 라이선싱은 각종 자원부족 때문에 해외시장에 직접 개입할 수 없는 소규모 기업의 경우 해외시장에 가장 적게 개입하면서도 이익을 구가할 수 있는 방법이다.

라이선싱의 단점	• 기업이 기술이나 특허, 등록상표, 기업명 등과 같이 현지시장에 매력적인 자산권을 보유하고 있지 못한 경우 라이선싱을 이용할 수 없다. • 현지시장에서의 마케팅계획 및 제품생산 공정에 대한 라이선서의 통제력이 약화된다. • 라이선싱에 따른 수익은 수출이나 해외투자에 따른 수익보다 적다. • 현재의 라이선시가 장차 제3시장 및 국내시장에서 경쟁기업이 될 수 있다. • 라이선싱은 통상 라이선시에게 기술 및 등록상표에 대한 특정지역에서의 독점권(exclusive right)을 부여하기 때문에, 라이선서가 여타 진출방법을 이용하여 같은 지역에 진출하는 것이 불가능하다.

라이선서는 라이선시로부터 자기가 원하는 수준의 제품을 공급받기 위해 단순히 특허나 노하우 등의 상업적 자산권을 이전하는 데 그치지 않고 라이선시에게 상당한 정도의 기술도 지원해주는 것이 일반적이다. 이때 기술을 어느 정도로 지원해줄 것인가 하는 것은 관련 기술 및 공정의 복잡성 정도 그리고 기술, 경영, 마케팅 등과 관련된 라이선시의 능력에 따라 좌우된다.

라이선싱은 해외시장 침투에 그 기본 목적이 있으며, 이 방식은 높은 생산원가 때문에 제품을 국내에서 생산하는 것이 비효율적이거나 국내에서 생산하여 그것을 판매지역까지 운송하는 데 많은 운송비가 소요되는 경우, 또는 제품특성 면에서 장거리 운송이 불가능한 경우, 그리고 현지정부의 규제 때문에 현지생산이 불가능한 경우 등에 이용된다.

2) 국제 프랜차이징(franchising)

프랜차이징은 라이선싱의 한 형태로서 프랜차이저(franchisor)가 독립적인 프랜차이지(franchisee)에게 일정한 수수료(fee 또는 royalty)를 대가로 프랜차이지의 영업에 필수불가결한 자산인 등록상표(trademark) 등에 대한 사용권을 허가해주고 기업의 운영까지를 계속적으로 지원해주는 국제경영방식이다. 프랜차이지의 운영지원에는 장비 및 기구공급, 훈련 및 금융제공, 그리고 일반 경영지원 등이 포함된다. 프랜차이지는 프랜차이저의 등록상표를 이용하고 프랜차이저의 정책과 절차를 준수하는 한편 프랜차이저는 프랜차이지의 운영에 필요한 물품을 공급해주기도 한다.

> **국제 프랜차이징**
> 라이선싱의 한 형태로서 프랜차이저가 독립적인 프랜차이지에게 일정한 수수료를 대가로 프랜차이지의 영업에 필수불가결한 자산인 등록상표 등에 대한 사용권을 허가해주고 기업의 운영까지를 계속적으로 지원해주는 국제경영방식

예를 들어, 할리데이 인(Holiday Inn)은 프랜차이지에게 '할리데이 인'이라는 이름에 대한 성가(goodwill)를 사용하도록 허락하고 프랜차이지가 숙박업을 시작

할 수 있도록 모텔(motel) 위치에 대한 평가 등과 같은 운영에 필요한 지원을 제공한다. 그리고 프랜차이저인 할리데이 인은 프랜차이지에게 성공적인 사업이 될 수 있도록 예약서비스와 훈련 프로그램 등도 제공한다.

프랜차이징은 프랜차이저와 프랜차이지 모두가 독립성을 가지고 최종소비자에 이르는 재화 및 서비스의 일부를 각기 생산한다는 점에서 수직적 통합과 유사하다. 프랜차이징은 즉석식품, 자동차임대, 건설, 음료수, 호텔 및 모텔, 주유소 등의 산업에서 많이 이용되고 있다. 이러한 방식을 이용하고 있는 대표적인 예로서는 코카콜라(Coca Cola), 맥도날드(McDonald's), 캔터키 프라이드 치킨(Kenturcky Fried Chicken)등을 들 수 있다.

〈표 13-7〉 프랜차이징의 장 · 단점

프랜차이징의 장점	• 적은 비용으로 프렌차이저가 해외시장에 신속히 진출할 수 있다. • 표준화된 마케팅 방법을 이용하여 독특한 이미지를 형성할 수 있다. • 프랜차이지에게 높은 동기부여가 가능하다. • 정치적 위험이 낮다.
프랜차이징의 단점	• 프랜차이저의 이익이 제한적이다. • 프랜차이저가 프랜차이지의 운영을 완전히 통제할 수 없다. • 프랜차이지가 장차 경쟁기업이 될 수 있다. • 프랜차이징 계약에 대해 현지정부가 제약을 가할 수 있다.

3) 관리계약(management contract)

관리계약
일종의 합작투자 형태로서 양 파트너 간에 기업의 소유와 경영이 분리되어 한 파트너는 운영시설을 소유하고 다른 한 파트너는 경영을 담당하는 형태의 국제경영방식

관리계약이란 일종의 합작투자 형태로서 양 파트너 간에 기업의 소유와 경영이 분리되어, 한 파트너는 운영시설을 소유하고 다른 한 파트너는 경영을 담당하는 형태의 국제경영방식이다. 하지만 관리계약의 범주는 기업의 계속적인 운영에만 국한될 뿐 신규투자, 배당정책결정, 소유권정책 등과 같은 주요 문제에 대해서는 어떠한 권한도 부여되지 않는다. 관리계약은 주로 실제적인 합작투자 또는 턴키 프로젝트 등에 대한 보완책으로 이용된다.

경영을 담당하는 파트너는 관리적 노하우를 제공하는 대가로 합작업체 소유권의 일부 지분이나 로열티(royalty) 또는 관리대가(management fee)를 수수하게 된다. 관리계약은 특히 공공부문, 서비스산업, 식품가공, 천연자원 개발 등의 분야에서 쉽게 찾아볼 수 있다.

오늘날 많은 국가들이 전기, 가스, 상수도, 전화, 전신, 텔레비전 및 여타 공공

서비스 분야를 국영기업(state owned enterprise) 형태로 운영하는 경우가 많은데, 관리계약은 동 시설을 지속적으로 근대화시키는 데 전문인력이 필요한 정부의 경우에 이용된다. 그리고 관리계약은 해외투자 자산이 현지정부에 의해 몰수되었을 경우 현지인이 훈련될 때까지 초기 소유자가 그 운영을 감독하도록 위탁하거나, 공장설비를 판매한 기업이 그 사업체를 위탁경영하게 되는 경우, 그리고 기존 시설을 운영하는 것이 더 이상 불가능하여 기업이 사업방향을 전환하기 위해 일시적으로 해외기업에게 그 시설을 위탁경영해야 하는 경우 등에 이용되는 방법이다.

관리계약은 위험수준이 낮은 해외 현지시장 진출방법이지만, 협상에 많은 시간이 소요되고 희소 경영자원이 투입되면서도 그것이 장기적으로 지속될 수 없다는 점에서 만족스러운 해외진출 방법이라고는 할 수 없다. 또 수익이 정해진 기간 동안의 수수료(fee)에 국한된다는 단점이 있다.

4) 턴키프로젝트(turnkey project)

턴키 프로젝트는 일명 플랜트수출(plant export)이라고도 하는데, 이 방식은 기업이 외국으로부터 생산공장이나 석유시추시설 등과 같은 산업시스템을 발주받아 이를 설계, 건설하여 프로젝트를 완공한 다음 그 초기운영까지를 담당한 후 그것을 발주자에게 일괄 제공하는 방식이다. 한 단계 더 나아가 프로젝트의 발주자가 당해 프로젝트를 독자적으로 운영할 수 있도록 경영관리나 근로자 훈련 등의 서비스를 추가로 제공하는 방식도 있는데, 이를 턴키 플러스(turnkey plus)라고 한다.

턴키프로젝트
일명 플랜트수출이라고도 하는데, 이 방식은 기업이 외국으로부터 생산공장이나 석유시추시설 등과 같은 산업시스템을 발주받아 이를 설계, 건설하여 프로젝트를 완공한 다음 그 초기운영까지를 담당한 후 그것을 발주자에게 일괄 제공하는 방식

턴키 프로젝트는 프로젝트의 규모와 그 종합적인 특성 때문에 다른 형태의 해외진출방식으로는 적합하지 않다. 그리고 이러한 프로젝트들은 대규모 사업으로서 막대한 자본이 소요되기 때문에 그 이용은 몇몇 거대 기업에게만 한정되고 있다.

턴키 프로젝트는 각 프로젝트마다 각기 상이한 특성을 지니고 있고 그 내용도 서로 다르기 때문에 어떤 표준적인 계약을 이용할 수는 없으나 통상적으로 이 방식에서는 엔지니어링 기술과 노동 및 경영 관리기법이 복합적으로 이전되는 것이 일반적이다. 턴키 프로젝트를 제공하는 업체는 완성된 시설 전체를 제공하고 그 대가로 기계설비대금과 공장설계, 공정 노하우, 현지인 훈련 등에 대한 대가(fee)

를 지급받는다. 턴키 프로젝트는 건설 및 엔지니어링 능력이 부족한 개발도상국을 상대로 많이 이용되고 있다.

턴키 프로젝트는 복잡한 협상과정을 거쳐야 되고 대부분의 경우 현지국 정부와 계약이 이루어지기 때문에, 이와 관련하여 야기될지도 모르는 문제점들을 잘 해소시킬 수 있도록 계약을 효과적으로 체결하는 것이 무엇보다도 중요하다. 한편, 턴키 프로젝트는 국유화의 위험이 없으며 현지정부의 제약을 받지 않는다는 장점이 있다. 또 부품만을 판매하는 경쟁기업보다 경쟁적인 위치를 강화할 수 있고, 일단 턴키 프로젝트 형식으로 현지에 진출하면 부품을 계속적으로 판매할 수 있다는 장점이 있다.

5) 계약생산(contract manufacturing)

> **계약생산**
> 라이선싱과 직접투자 간의 절충 형태로서, 이 방식은 자기 기업이 제품을 직접 생산하여 현지에 수출하기보다 생산능력을 가지고 있는 현지기업으로 하여금 자기 기업이 요구하는 대로 제품을 생산하도록 하는 장기계약을 체결하고, 그 계약하에서 생산된 제품에 대한 마케팅은 자사가 독립적으로 책임을 지는 국제경영방식

계약생산은 라이선싱과 직접투자 간의 절충 형태로서, 이 방식은 자기 기업이 제품을 직접 생산하여 현지에 수출하기보다 생산능력을 가지고 있는 현지기업으로 하여금 자기 기업이 요구하는 대로 제품을 생산하도록 하는 장기계약을 체결하고, 그 계약하에서 생산된 제품에 대한 마케팅은 자사가 독립적으로 책임을 지는 국제경영방식이다.

계약생산을 위탁하는 기업은 자사가 요구하는 제품을 확보하기 위해 통상 현지기업에게 기술을 이전해주거나 또는 기술을 지원해주는 것이 일반적이다. 이때 기술이전 및 기술지원은 양 당사 기업 간의 별도의 라이선싱계약이나 기술지원계약에 따라 이루어진다. 계약생산은 통상 해외고객에게 자사가 제품을 직접 공급할 수 있는 생산 여력이 미치지 못하거나 현지시장이 협소하여 직접투자형태의 진출이 타당하지 않는 경우, 그리고 현지정부의 규제 등의 장벽 때문에 통상적인 유통경로를 통해서는 해외고객에게 제품을 공급할 수 없는 경우에 많이 이용된다.

계약생산은 직접투자형태의 진출에 비해 적은 자본과 경영자원으로 해외시장에 신속하게 진출할 수 있고 현지의 값싼 노동력이나 원자재를 이용할 수 있으며, 현지에서의 소유권 문제 등에 따른 충돌을 피할 수 있다는 장점이 있다. 또 마케팅 및 에프터 서비스에 대한 통제를 가능하게 해주기도 한다. 오늘날 흔히 볼 수 있는 OEM 방식도 일종의 계약생산이라고 할 수 있다. 한편, 계약생산은 위탁기업의 입장에서 보았을 때 적격한 현지 생산기업을 찾아내기가 어렵고, 또 찾아낼

수 있는 경우라고 할지라도 생산기술 및 질적 수준을 향상시키기 위해 막대한 기술지원을 제공해주어야 하는 등의 어려움이 따른다. 그리고 기술을 제공받은 기업이 장래의 경쟁기업이 될 수 있다는 위험도 내포하고 있다.

6) 전략적 제휴(strategic alliance)[9]

전략적 제휴는 합병과 외부시장거래(라이선싱 등) 간의 중간 형태로서 기술개발, 조달, 생산, 마케팅, 디자인, 엔지니어링, 유통 등의 분야에서 이루어지는 기업 간의 제휴관계를 의미한다. 전략적 제휴에 참여하는 기업들은 상호 대등한 입장에서 서로의 비교우위요소를 결합함으로써 전체적인 경쟁력제고를 도모한다.

전략적 제휴
합병과 외부시장거래 간의 중간형태로서 기술개발, 조달, 생산, 마케팅, 디자인, 엔지니어링, 유통 등의 분야에서 이루어지는 기업 간의 제휴관계

이러한 전략적 제휴는 항공기산업분야에서의 프랑스, 영국, 독일, 스페인 기업이 참여한 에어버스(Airbus) 사, 미국, 영국, 일본, 독일, 이탈리아 기업이 참여한 인터내셔널 에어로 엔진(International Aero Engines) 사 등의 경우에서 찾아볼 수 있다. 그 밖에도 네슬레가 자사의 아이스 티(iced tea), 네스카페 커피, 기타 다른 음료제품의 시장을 확대하기 위해 코카콜라와 전략적 제휴관계를 맺은 예, 그리고 GM이 플라스틱, 배터리, 트랜스미션, 전자, 환경 등의 분야에서 신기술을 개발하기 위해 포드, 클라이슬러와 협력관계를 맺은 예 등을 들 수 있다.

전략적 제휴는 참가 기업들이 사업을 공동 추진하되 경영의 독립성을 유지할 수 있으므로 위험분산과 안정적인 수익확보에 기여할 수 있고, 동시에 개별 기업의 노하우를 용이하게 관리할 수 있는 기업협력 형태라고 할 수 있다. 전통적 기업협력 형태인 합작투자가 주로 선·후진국기업 간 수직적 분업체계를 형성하기 위해 새로운 사업체를 설립하는 형태를 띠고 있는 데 반해, 전략적 제휴는 대부분 선진국 경쟁기업 간에 신규회사를 설립하지 않고 형성되는 것이 특징이다.

다국적기업 간의 전략적 제휴는 해외시장 개척을 통해 기업성장의 발판이 되었던 자국의 시장규모의 한계를 극복할 수 있고, 신제품개발에 필요한 연구개발비를 분담함으로써 비용을 절감할 수 있을 뿐만 아니라, 신시장 진입에 소요되는 비용절감, 제품생산 및 공정기술의 습득과 규모의 경제에 의한 생산비 절감, 조직

9) 전략적 제휴는 13장 3절에서 자세히 다룬다.

및 경영과 관련된 노하우의 습득, 불안정한 시장에서 영업활동을 전개함에 따라 수반되는 정치적 · 경제적 위험분산 등의 이점을 가지고 있다. 또 다국적기업 간 마케팅, 금융, 기술 및 생산참여를 통한 시장 확보, 자원 획득, 기술 습득, 그리고 용이한 자본조달 등의 이점도 가지고 있다. 그러나 장기적으로 많은 자원투입이 요구되고 의견조정에 따른 시간비용이 많이 소요될 뿐 아니라 의사결정이 지연되는 단점을 가지고 있다.

(3) 해외직접투자관련[10)]

해외직접투자방식
토지, 자산, 프로젝트 비즈니스의 소유권을 가지고 해외경영활동을 통제하는 방식. 해외직접투자방식에는 지사운영, 합작투자기업, 단독 자회사 설립, 현지통합 지주회사 설립의 4가지가 있다.

이 방식은 다른 방식과 달리 토지, 자산, 프로젝트 비즈니스의 소유권을 가지고 해외경영활동을 통제한다. 해외직접투자 방식에는 지사운영(branch offer), 합작투자기업(joint venture), 단독 자회사 설립(wholly-owned subsidiary), 현지통합 지주회사 설립(umbrella holding company)의 4가지가 있다.

지사운영은 목표국가에서 일정한 범위 내와 지역에서 비즈니스 활동을 할 수 있는 비교적 간단한 수단이다.

합작투자기업은 해외투자기업이 목표국가의 한 기업과 계약 또는 공동투자를 통해 업무, 비용, 수익의 할당 내용을 체결하고, 상호의 핵심역량을 투입하여 글로벌 경쟁을 이겨내려는 방식이다. 모토로라, 지멘스, 소니, GM 등 많은 다국적 기업들이 이 방식을 글로벌경영 전략의 핵심으로 채택하고 있다.

단독 자회사는 현지 회사의 인수 또는 신규 공장설립 등을 통해 100%의 지분을 목표국가에서 갖는 것으로, 전적인 경영통제권을 가진다. 하지만 위험부담이 크고 장기간 소용되는 방식이므로 보통은 다른 진출방식을 통해 목표국가에 진출하여 충분한 경험을 축적한 후에 취한다.

현지 통합 지주사 설립은 목표국가에 진출해 있는 지사, 합작기업, 단독 자회사를 통합하는 지주회사를 만드는 것이다. 이를 통해 현지에서의 나누어져 있던 투자조율, 현금관리, 마케팅, 구매, 제조, 교육훈련 등을 효과적으로 통합하며 수행하려는 것이다.

10) 해외직접투자 방식 중 M&A는 13장 4절에서 자세히 다룬다.

1) 단독투자 : 신설 (sole venture: new establishment)

직접투자형태의 해외진출은 기업이 관리, 기술, 마케팅, 재정상의 능력 및 기법을 자사 통제하의 기업형태로 국경을 넘어 현지시장에 이전시킨다는 점에서 전술한 여타 형태의 국제경영방식과 다른 특성을 가지고 있다. 그중에서도 단독투자는 의결권을 가지고 있는 주식의 95% 이상을 자기기업이 단독으로 소유하는 형태로 해외에 진출하는 방식으로서, 신설이나 취득 어떤 방법으로도 해외진출이 가능하다. 신설에 의한 해외진출은 기업이 해외에 새로운 기업을 설립하여 진출하는 방법이고, 취득에 의한 진출은 현지 기존 기업을 매입하여 진출하는 방법이다.

일반적으로 단독투자 형태의 해외시장 진출은 통상 기업이 강력한 독점적 우위를 소유하고 있는 경우나 제품 생산과정에서 모기업이 자회사에게 원자재를 공급한다든지 또는 그 반대의 관계가 성립되는 경우 등에 주로 활용된다.

단독투자가 특히 선호되는 경우를 보면 다음과 같다.

첫째, 청량음료나 화장품 등의 소비재제품에서 전형적으로 볼 수 있는 바와 같이 차별화된 제품에 대해 전 세계적으로 통일된 마케팅기법이 사용되는 경우, 둘째, 성숙기에 달한 제품에서 볼 수 있는 바와 같이 생산비 절감을 위해 범세계적인 시야에서 생산설비를 합리화하거나 집중화하는 것이 우선되는 경우, 셋째, 원료 및 자원생산에 대한 국제적 과점기업의 전략으로 활용되는 경우, 넷째, IBM과 같은 신제품개발지향형 기업의 전략 등이다.

GM이나 IBM 등은 이러한 단독투자 전략을 채택하여 완전소유를 지향하고 있는데, 기업이 합작투자를 하고자 하는 경우라 할지라도 다음과 같은 경우에는 부득이 단독투자를 고려하지 않을 수 없다.

첫째, 현지파트너의 능력이나 성실성이 결여된 경우, 둘째, 현지파트너의 주식이 제3자에게 양도될 것으로 우려되는 경우, 셋째, 현지파트너와 모기업 간에 이해가 대립되는 경우 등이다.

단독투자방식에 의한 기업의 해외진출은 제품이나 기술에 대한 보다 강력한 통제가 가능하고 자사의 경영방침을 독자적으로 운영할 수 있으며, 기술이나 노하우의 누출을 방지할 수 있다는 장점을 가지고 있다. 단독투자에 의한 진출은 제품판매 및 서비스분야 보다는 제조업분야에서 훨씬 쉽게 찾아볼 수 있다.

한편, 오늘날 대부분의 국가들은 단독투자에 의한 외국기업의 자국 내 진출을 원칙적으로 금지하는 경우가 많으나, 그렇다고 해서 완전소유 자회사 방식에 의한 진출이 전혀 불가능한 것은 아니다. 오히려 개발도상국의 경우 공업화가 급속히 진행됨에 따라 자국의 전략산업을 육성하고자 할 때, 그리고 고도의 기술이 필요한 수출대체산업으로 구조적인 전환을 하고자 하는 경우 등에는 100% 소유의 외국인투자라 할지라도 이를 받아들이고 있다. 개발도상국의 관점에서 100% 외국인직접투자는 때로 합작투자방식에서는 이용할 수 없는 수출시장 제공과 같은 이점을 제공받기도 하며, 피투자국의 목표에 따라서는 다른 대안보다도 더 유효하게 활용될 수도 있다.

2) 단독투자 : 취득(sole venture: acquisition)

기업이 신설(greenfield)과 취득(acquisition) 중 어떤 방식으로 해외에 진출할 것이냐 하는 것은 이 두 가지 대안에 따른 예상위험과 조정비용, 기업의 능력 및 전략, 현지국의 영향 등을 고려하여 결정하게 된다.

취득에 의한 기업의 해외진출은 기업이 신설이나 합작투자 형태로 진출하는 경우 직면할 수 있는 문제점을 상당 부분 보완해주는 대체방안으로서, 기업이 부족한 경영자원을 외부로부터 일시에 취득하여 단기간 내에 해외에 진출하고자 하는 경우에 이용되는 가장 적극적인 해외투자 방법의 하나이다. 신설방식에 의한 해외투자가 생산시설 설립 등으로 인해 장기간이 소요되는 데 반해, 취득에 의한 기업의 해외진출은 기존의 제품과 시장을 가진 기업을 취득하여 진출함으로써 현지시장에 즉각적으로 진출할 수 있고, 또 새로운 제품라인을 추가할 수 있으며 회수기간이 짧다는 장점을 가지고 있다.

또 취득방식을 이용하는 경우 해외 현지기업의 기술, 상표 및 기존 유통구조와 현지 관리자를 일거에 획득함으로써 진출기업의 경쟁력 강화는 물론, 현지시장에의 조기진입, 시장점유율의 유지, 마찰회피, 투자코스트의 절감 및 리스크(risk) 회피 등의 효과를 동시에 거둘 수 있다. 그 밖에 동종 산업 간의 국제경쟁에 있어서 자사의 경쟁력을 증대시켜주고 기업의 다국적화에 효율적인 수단으로 활용될 수 있다. 또 시너지 효과(synergy effect)는 물론이고 전략적으로도 신속한 수익증대와 지역 및 제품의 다각화를 가능하게 해준다.

따라서 기업의 국제화 과정에서 자사의 능력에 한계가 있거나 조속한 현지진출이 필요한 해외투자의 경우 취득방식의 이용이 증대되고 있으며, 동시에 점차 하나의 중요한 해외진출전략이 되어가고 있다.

하지만 취득방식에 의한 해외진출도 몇 가지 단점을 가지고 있다. 먼저, 취득방식에 의한 기업의 해외진출이 성공하기 위해서는 무엇보다도 최선의 우량기업을 엄선하는 것이 중요한데, 그 평가는 대단히 어려울 뿐만 아니라 많은 시간이 소요되며 그 기간 동안 기업의 성과와 이익이 제약을 받게 된다. 그리고 진출기업이 피취득기업의 새로운 제품라인에 대한 경험이 부족한 경우 실패할 가능성이 높다. 또 피취득기업을 자사 방식의 운영과 정책을 적응시키는 데에도 상당한 시간이 소요되며, 기존의 잘못된 노사관계나 손상된 기업성과도 동시에 따라올 수 있다. 그리고 취득방식에 의한 해외진출은 경제적 공헌도가 낮기 때문에 피투자국 정부로부터 우호적인 대우를 받기가 힘들다는 단점이 있다.

3) 합작투자 : 신설/취득(joint venture : new establishment/acquisition)

합작투자는 2개국 이상의 기업체, 개인 또는 정부기관이 영구적인 기반 아래 특정 기업체의 운영에 공동으로 참여하는 국제경영방식으로서 전체 참여자가 공동으로 소유권을 갖는다. 공동소유의 대상은 주식자본, 채무, 무형고정자산(특허권, 의장권, 상표권, 영업권), 경영노하우, 기술노하우, 유형고정자산(기계, 설비, 토지) 등에 이르기까지 다양하다. 합작투자는 합작에 참가하는 기업들이 소유권과 기업의 경영을 분담하며 자본, 기술 등 상대방 기업이 소유하고 있는 강점을 이용할 수 있고 위험을 분담한다는 점에서 상호이익적인 해외투자방식이다. 따라서 합작투자는 단독투자에 비해 자회사에 대한 통제보다는 오히려 현지파트너의 공헌을 필요로 하는 경우에 이용되는 방식이다.

합작투자는 신설방식으로 이루어질 수도 있고, 기존 현지기업의 일부 소유권을 취득하는 방식으로 이루어질 수도 있다. 다국적기업이 현격한 기술 격차를 이용하여 해외에 진출했던 1950~60년대에는 합작투자보다 단독투자 방식이 훨씬 많이 이용되었지만, 경쟁이 격화되고 신기술개발이 지연되는 등 독점적 우위의 확보가 어려워짐에 따라 합작투자가 선호되기 시작하였다. 또 합작투자의 이용 증대는 각국 간의 산업이 동질화되고, 개발도상국 정부가 외국 다국적기업에 대해 소유권에 대한 압력을 강화했기 때문에 나타난 결과로 해석할 수도 있다. 최근에는 100% 단독투자만을 고수해 왔던 미국기업이나 유럽기업 및 일본기업들도 점차 합작투자를 통한 해외진출을 많이 이용하고 있다.

개발도상국들은 외국기업이 단독투자로 자국에 진출하는 경우, 해외직접투자 자체가 일괄적(packaged)으로 이루어지게 되고, 이런 경우에는 훨씬 많은 비용이 소요되기 때문에 이것을 피할 수 있는 합작투자를 선호한다. 또 합작투자는 단독투자에 비해 현지의 통제를 현격히 강화할 수 있다는 장점을 가지고 있다. 개발도상국들은 때때로 외국기업의 단독투자를 금지하거나 제한하고 있기 때문에 현지진출 방식이 합작투자로만 국한되는 경우도 있다.

합작투자가 선호되는 경우를 살펴보면 다음과 같다.

첫째, 현지 정부의 제한 때문에 단독진출 방식을 이용할 수 없는 경우, 둘째, 자사가 필요로 하는 원료 및 자원을 현지파트너가 생산하고 있고, 동원료 및 자원을 입수하는 것이 현지진출을 위한 전제조건이 되는 경우, 셋째, 다각적인 제품라인을 취급하는 기업의 경우 현지 마케팅 노력이 요청될 때, 즉 제품라인별 판매채널을 자사가 현지에서 독자적으로 창출하기보다는 기존 채널을 이용하는 것이 이익적이고 효과적인 경우, 넷째, 해외사업운영에 필수불가결한 자본 및 경영능력 부족을 현지파트너와의 제휴에 의해 해결하고자 하는 경우, 다섯째, 해외사업 경험이 일천하거나 협상력(bargaining power)이 약한 경우 등이다.

외국기업은 합작투자방식을 이용함으로써 다음과 같은 전략적 이점을 활용할 수 있다.

첫째, 위험을 축소시킬 수 있다. 합작투자를 이용하는 경우 제품포트폴리오 다변화, 고정비 및 자본투자 축소, 해외시장에의 조기진입 그리고 조속한 대금회수 등의 장점이 있다.

둘째, 규모의 경제 및 합리화를 달성할 수 있다. 합작투자를 이용하면 대규모 생산에 따른 비용절감 효과와 각 파트너의 비교우위 활용에 따른 비용절감 효과를 거둘 수 있다.

셋째, 상호보완적인 기술 및 특허를 활용할 수 있다. 합작투자를 이용함으로써 기술상의 시너지 효과를 누릴 수 있으며 특허를 상호 교환할 수 있다.

넷째, 경쟁을 흡수하거나 차단시킬 수 있다. 합작투자를 이용하면 경쟁을 완화시킬 수 있고 제3기업의 비용 증대 및 시장점유율 축소가 가능하다

다섯째, 현지정부가 요구하는 투자 또는 무역장벽을 극복할 수 있다. 즉, 현지파트너가 있기 때문에 현지 영업활동에 대한 허가를 얻을 수 있고, 현지부품 사용 요구를 충족시켜줄 수 있다.

여섯째, 현지파트너의 노하우를 이용함으로써 초기의 국제적 확장을 꾀할 수 있다.

일곱째, 준수직적 통합이 가능하다. 합작투자를 이용하는 경우 원재료, 기술, 노동, 자본, 유통망 등에 대한 접근이 용이하고, 국제상의 허가를 획득할 수 있으며 상표인지에 따른 이익을 확보할 수 있다. 또 주요 구매자와의 연계관계를 수립할 수 있고 기존의 고정적 마케팅시설을 이용할 수 있다,

이상과 같이 합작투자는 단독투자에서와는 달리 본사와 자회사 간에 긴밀한 관계를 가질 수 없으며 일정한 간격을 두고 유지되는 것이 통례이다. 따라서 합작에 있어서는 최적의 선택이 가장 중요한 문제가 된다. 합작투자파트너의 선정은 시장개입의 정도나 재정능력, 기술능력, 마케팅능력 등을 기준으로 하되, 파트너에 대한 갖가지 정보를 다각적으로 분석하는 것이 필요하다. 현지파트너는 기본적으로 현지 사기업, 정부기관, 그리고 제3국으로부터의 파트너 등이 그 대상이 될 수 있다,

한편, 합작투자는 2개 이상의 기업이 관련되기 때문에 기업운영에 대한 갖가지 의사결정과정에서 충돌이 발생할 가능성이 있다. 그리고 기업의 지역책임 한계가 중복되거나 경험이 없는 분야의 경영활동에 개입하게 되는 경우도 있다. 또 취득한 기업의 자율성이 강한 경우 의사결정과정이나 기업의 운영방식을 변경하고자 할 때 파트너와의 충돌이 불가피하다.

생각하기 : 생산의 아웃소싱

<table>
<tr><th colspan="2"></th><th colspan="3">OEM</th><th colspan="3">ODM</th></tr>
<tr><td colspan="2">정의</td><td colspan="3">주문자상표부착생산 방식</td><td colspan="3">제조업자개발생산 방식</td></tr>
<tr><td colspan="2" rowspan="2">역할 분담</td><td>기술개발</td><td>생산(제작)</td><td>유통(판매)</td><td>기술개발</td><td>생산(제작)</td><td>유통(판매)</td></tr>
<tr><td>판매업체</td><td>제조업체</td><td>판매업체</td><td colspan="2">제조업체</td><td>판매업체</td></tr>
<tr><td colspan="2">제조업체의 역할</td><td colspan="3">주문자가 만들어준 설계도에 따라 단순 하청 생산</td><td colspan="3">주문자가 제품의 개념(콘셉트)만 제시하면 제조업체가 연구개발, 디자인, 설계, 생산까지 담당</td></tr>
<tr><td rowspan="2">장점</td><td>생산하는 기업 (공급원)</td><td colspan="3">1. 독자적 거래선 · 판매망이 확보되지 않은 상태에서 해외시장 확대가 용이
2. 공급하는 상대방(주문자)의 판매력을 이용하여 가득률을 높일 수 있음
3. 수출상대국의 상표를 이용함으로써 수입억제 여론을 완화시키는 효과
4. 일반적으로 장기공급계약을 맺기 때문에 수주물량의 안정적 확보가 가능
5. OEM 발주기업인 선진국 기업으로부터 기술료 부담 없이 선진기술 습득 가능
6. 수요자의 취향 및 제품변화의 추세 등 각종 정보를 수집하기가 용이</td><td colspan="3">1. 판매업자가 요구하는 기술을 자체 개발해서 납품하기 때문에
• 공급가 + 개발비 : OEM에 비해 부가가치가 높음
• 해외시장에 판매할 경우 개발 로열티를 받을 수 있음
2. 부품 구매 시 제조업체가 주도적으로 참여할 수 있어 원가를 낮추는 데도 도움이 됨
• 고부가가치형 생산체제로 평가받음
3. 주문자의 무리한 가격인하 요구 등에 쉽게 대처 가능
4. 향후 '자체 브랜드'를 가질 수 있는 기술력 축적 가능</td></tr>
<tr><td>공급을 받는 회사 (주문자)</td><td colspan="3">스스로 생산설비를 갖추지 않아도 되므로 생산비용이 절감</td><td colspan="3">유통에 핵심역량을 집중할 수 있음</td></tr>
<tr><td colspan="2">단점</td><td colspan="3">1. 수익성이나 수출채산성이 낮음 : 고유의 상표를 부착한 자기브랜드 상품보다 20~30% 저렴
2. 언제든지 여건이 맞지 않으면 주문자에 의해 수입선이 전환될 위험이 상존
3. 수주기업이 주체성을 잃어 국제적인 하청기업으로 전락할 소지가 있음</td><td colspan="3">1. 동일한 기술을 갖춘 제품을 두 곳 이상의 기업과 계약 체결 시 거래처 상실 위험
2. 생산규모에 비해 부가가치가 낮음
3. 대만과 중국이 생산기지로 급상승하면서 점차 경쟁력 상실</td></tr>
</table>

1. OEM(Original Equipment Manufacturing)

일반적으로는 '주문자상표부착생산 방식' 또는 '상대방상표에 의한 생산 방식'으로 번역되고 있다. OEM은 어떤 특정 제품의 원래 제조업체 또는 유통업체가 생산비용이 보다 저렴한 동종업체에 특정제품의 부품, 반제품 또는 완제품을 자사상표로 공급해줄 것을 주문하여 이루어진 생산 방식이다.

OEM은 기업경영전략의 한 형태로서 제조능력에서 우위를 가지는 기업과 판매능력에서 우위를 가진 기업이 제휴하여 경영효율화를 도모하기 위해 사용되고 있다. 물론 여기서 제조능력의 우위라 함은 제조기술면에서의 우위를 의미하는 것이 아니라 표준화된 기술하에서 저렴한 제조비용을 들여 생산할 수 있다는 것을 의미한다.

2. ODM(Original Development/Design Manufacturing)

'제조업자개발생산 방식', '제조업자설계생산 방식', '생산자주도 방식' 등으로 번역되는데 개발력을 갖춘 제조업체가 판매망을 갖춘 유통업체에 상품 또는 재화를 제공하는 생산 방식이다. 제조업체는 고객사와의 거래에서 제품생산력과 기술개발력을 바탕으로 주도적으로 참여해 유통업체에 제품을 공급하고, 유통업체에서는 자사의 콘셉트에 맞는 제품을 선택함으로써 유통에 핵심역량을 집중할 수 있게 한다는 것이다. 즉, 상품에는 주문자의 상표가 붙지만 제조업체가 독자적인 기술력과 노하우를 바탕으로 하여 상품기획에서 개발, 생산, 품질관리 및 출하에 이르기까지 전 과정에 대한 토탈 서비스를 실현하는 시스템이라고 할 수 있다.

3. EMS(Electronic Manufacturing Services)

대량생산시설 및 기술력을 갖춘 OEM 또는 ODM 업체가 설계에 따라 자신의 글로벌 생산설비를 이용해 전자제품 제조 및 납품에 관한 서비스를 일괄 제공하는 제조전문 서비스 산업을 말한다. EMS는 제품의 디자인(설계) 및 부품납품업체 결정권을 가지지 않는 점에서 자신의 디자인(설계)으로 제품을 제조하는 ODM과 구분된다.

ODM은 주문자가 요구하는 성능을 가지는 제품을 제작하라는 기준에 따라 자신이 디자인(설계)을 하고 스스로 부품업체를 선정해 제조하지만 EMS는 OEM의 기술자들이 설계한 도면과 실제 투입량 등을 넘겨받아 그에 따라 제조해 납품한다. 자신이 제조하는 제품에 대한 지적재산권을 보유하지 않는다는 점이 ODM과 EMS의 가장 큰 차이점이라 할 수 있다.

또한 EMS는 글로벌 생산 및 서비스 시설을 보유하면서 Supply-Chain 전반에 관한 서비스를 제공한다. EMS는 의료기기, 방위산업 등 다른 분야에도 관여하지만 컴퓨터, 휴대폰, 네트워크 장비, 반도체장비 등 전자통신분야의 OEM들에게서 주로 수요가 발생하면서 성장했다.

제3절 전략적 제휴의 개념과 유형

최근 글로벌경영 분야에서 나타난 사업방식 변화 중에서 대표적인 것으로 국제사업자 간 상호 협력 증대와 전략적 제휴(strategic alliances)의 추구이다. 국제전략적 제휴(internatinal strategic alliances)란 국적이 서로 다르면서 상호 경쟁관계에 있는 둘 또는 그 이상의 기업들이 일부 사업 또는 기능별 활동부문에서 일시적인 협력관계를 가지고 서로에게 도움이 되는 기술, 기법, 제품 등을 상호 제공하는 기업 간의 협력 방식으로서 이루어지는 제휴관계를 말한다.

전략적 제휴에서 가장 단순하고 단기적 성격이 강한 형태는 연구개발 컨소시엄 또는 기술제휴이며, 합작투자도 당사자들이 지분참여를 통해 협력관계를 구축하는 것이므로 넓은 의미의 전략적 제휴의 한 형태로 포함된다.

전략적 제휴는 종전에 비해 기업 간 협력의 빈도가 크게 증가하고 있고, 협력의 범위가 기존의 기술이전이나 지역시장 개척 등 제한된 입장에서 R&D나 범세계적 시장에서의 신사업 창출 등으로 확장되고 있으며, 협력의 형태도 창조적, 복합적, 비정형적 방식으로 변하고 있다. 특히 인텔 사와 마이크로소프트 사의 펜티엄칩에 대항하기 위한 IBM과 애플 사의 제휴, 미국의 GM과 일본의 도요타 사의 'NUMMY'라는 신차 개발 프로젝트의 공동수행 등의 예에서 알 수 있듯이, 상호협력의 주요 당사자들이 국제기업 경험이나 능력이 부족한 한계기업이 아니라 세계 정상 수준의 범세계적 기업으로 구성되어 있으며, 분야도 전자 및 통신에서 금융, 유통으로 날로 확산되고 있다.

1. 전략적 제휴의 개념

전략적 제휴라는 용어가 대두되기 전에도 글로벌화 과정에서 기업 간 협력(international coalition)은 제한적이나마 보편화되어 있었다. 구체적으로 경쟁관계에 있는 기업이 일부 사업 또는 기능별 부문에서 경쟁기업과 일시적인 협조관계를 갖는 전략적 제휴와 유사한 개념으로 국제기업협력이 있다. 이는 상이한 국가에 위치한 복수 기업들이 각자의 전략적인 목적을 달성하기 위해서 장기적인 연합의 형태로 협력하는 것으로 합작투자, 라이선싱 계약, 경영 계약 등이 포함된다.

국제기업협력의 주된 목적은 해외시장에 진입하기 위한 현지기업과 합작투자나 기업이 경쟁을 원하지 않는 지역으로의 기술이전 등을 의미하는 반면, 전략적 제휴는 세계시장에서 경쟁하기 위해 과거의 경쟁자들과 연계 모색한다는 점에서 국제 기업협력보다는 광범위하고 전략적인 성격이 강하다는 차이점이 있다.

전통적인 국제기업협력에 대비되는 개념으로서 전략적 제휴의 개념은 전략적 의도(strategic intent)와 전략적 형태(strategic form)의 2가지 기준에 의해 정의된다.

① 전략적 의도: 기존의 기업 협력과는 다른 협력 동기나 협력 범위, 그리고 협

력 당사자 관계 등에서 특별한 전략적 의도가 있는가를 중심으로 정의한다.

② 전략적 형태: 80년대 이후 보편화되고 있는 특정 형태의 기업 간 협력에 초점을 두고, 미국, EC, 일본의 세계 삼각지역(triad power) 내 복수의 사업 당사자 사이에서 나타나는 쌍방향 협력과 계약형 합작사업 등과 같은 비정형적 협력 형태만을 제시한다.

이러한 2가지 기준으로 전략적 제휴를 〈표 13-8〉과 같이 정의할 수 있으나, 2가지 기준을 어떻게 이해하고 적용하느냐에 따라서 전략적 제휴를 구분한다는 전제 아래 포괄적으로 전략적 의도와 형태면에서 전통적 기업 협력이 아닌 모든 국제기업 협력을 전략적 제휴로 이해하는 것이 바람직하다.

〈표 13-8〉 국제 전략적 제휴의 정의

		전통적 기업 협력	전략적 제휴
전략적 의도	협력 동기	국지 시장 / 제한적	범세계적 시장 / 포괄적
	협력자 관계	남북 관계 / 잠재 협력	기존 경쟁 / 제한 협력
	협력 영역	기술이전 / 단순영역	기술개발 / 특수영역
	참여자 수	소수(대개 2기업)	다수(3기업 이상)
전략적 형태	협력 형태	정형적 / 단위계약	비정형적 / 복합계약
	협력 분야	단위사업 / 제한적	복수사업 / 복합계약
	대상 기간	단기 / 일회성	탄력 적용 / 재협상
	대표형태	기술 라이선싱 합작투자	교차 라이선싱 계약방식 JV, 컨소시엄

2. 전략적 제휴의 분류

전략적 제휴의 분류
기술제휴, 조달제휴, 생산제휴, 판매제휴 등

어떤 기준이 적용되느냐에 의해 전략적 제휴의 형태와 내용은 다양하게 나타난다. 여러 학자들은 전략적 제휴를 정의하기 위해 제휴의 동기, 기간 범위, 내용 등 여러 가지 측면에서 정의하고 있으나, 통일된 하나의 기준으로 정의하지는 못하고 있다. 여러 가지 기준 중에서 구체적 협력 동기를 중심으로 살펴볼 때 기술제휴, 조달제휴, 판매제휴 등으로 크게 나눌 수 있다.

기술제휴란 기술의 공동개발과 상호교환 등을 의미하는데, 최근 들어 가장 보편화된 동기 유형이 되고 있으며, 조달 및 생산 제휴는 부품조달, 생산위탁, 복수공급(second sourcing) 등을 의미한다. 그리고 판매제휴는 공동브랜드 사용, 위탁 · 교육 판매, 공동규격 설정 등 판매영역의 협력과 시장배분 등 경쟁방식 조정을 통한 시장 영역 협력으로 나눌 수 있다.

〈표 13-9〉 전략적 제휴의 동기 및 유형

	목적	종류	특성
기술제휴	기술의 공동개발과 상호교환	공동 기술개발, 기술 도입 교환, 특허공유, 연구 참여	• 자사의 부족한 기술에 대해 다른 기업의 기술 특허, 노하우를 도입, 공유하여 기술력 격차 해소 • 신기술, 제품의 공동개발 추진(계약 또는 합작기업 형태), 생산, 판매 제휴로 발전하는 경우 많음
조달제휴	범세계적 조달 활동으로 비용절감 및 조달 원활화	생산 위탁수탁, 부품조달, 단순 외주가공	• 상대 기업에 대한 생산 위탁수탁을 통하여 생산비 절감, 자사 브랜드의 지배력 강화 • 전 세계적 차원에서 조달 활동 전개
생산제휴	생산비 절감 및 자사 브랜드의 시장 지배력 강화	공동생산, 생산 위탁수탁, OEM, 복수공급	• 각 사의 경영자원 등 상호 공급, 공동 생산 • OEM 및 생산 위탁수탁을 통하여 생산비 절감, 자사 브랜드의 지배력 강화 • 생산에서 판매단계까지 지속되는 경우 많음(주로 합작기업 형태)
판매제휴	상대국 시장 접근 및 판매 강화	공동브랜드, 위탁판매, 공동 규격 설정	• 판매 능력(경영노하우 등)을 활용, 자사 품목의 상호 공동판매 • 판매 지역이나 제품의 선택적 활용으로 크로스 마케팅(cross marketing)

3. 전략적 제휴의 현황과 추세

산업계의 기업 간 제휴활동이 활발하게 이루어지고 있지만 객관적 기준과 데이터에 의한 현황 및 추세 분석은 아직 미진한 실정이다. 그 이유로는 첫째, 학계나 업계에서 전략적 제휴의 명확한 정의나 유형에 대한 통일된 정립이 이루어지지 않았고, 둘째, 제휴와 관련된 많은 기업활동들이 대부분 기업의 대외비 사항이므로 구체적 객관적 통계 파악이 어렵고, 셋째, 국제적 공인기관에 의한 체계적 통계 집계나 조사 시도가 부족했기 때문이다. 이러한 한계점으로 인해 여러 학자들에 의해 이루어진 연구 결과를 종합하여 현황과 추세를 살펴보면 다음과 같다.

(1) 전략적 제휴의 특징

전략적 제휴의 전 세계적인 현황을 주요 사항 위주로 정리해보면 다음과 같은 몇 가지 특징을 알 수 있다.

> **전략적 제휴의 특징**
> 북미권, 유럽권, 아시아권(일본)의 글로벌 삼극체제를 중심으로 이루어지고, 지역적 · 기술적 · 제품별 중복이 없을수록 성공할 가능성이 높게 나타나며, 전략적 제휴가 산업 내 경쟁 선도기업 등 초대규모 기업들에 의해 주도되고 있고, 제휴 범위나 형태면에서도 점차 다양화되고 복잡화되어 가고 있다.

① 전략적 제휴는 1980년대 중반 이후 급증세를 보이며, 주로 북미권, 유럽권, 아시아권(일본)의 글로벌 삼극체제(global triad power)를 중심으로 이루어지고 있다.

② 전략적 제휴는 지역적, 기술적, 제품별 중복이 없을수록 성공할 가능성이 높게 나타난다. 즉, 중복이 없을수록 서로 이해관계의 갈등을 피할 수 있기에 두 기업 모두 성공을 위해 매진할 수 있다.

③ 기업 규모면에서 대부분의 전략적 제휴가 산업 내 경쟁 선도기업 등 초대규모 기업들에 의해 주도되고 있다. 즉, 강한 기업과의 제휴가 약한 기업과의 제휴보다 성과가 높게 나타나며, 이는 제휴의 근본적인 동기가 자신의 약점은 보완하고 자신의 강점은 더욱 높이는 데 있기 때문이다. 약자와의 제휴는 그 분야에서 핵심역량을 보유하지 못했기 때문에 성공 가능성이 낮게 나타난다.

④ 기능면에서 보면 1980년대 후반까지 공동 기술개발 및 확보가 가장 중요한 제휴 동기였으나 점차 마케팅 및 생산 활동 면에서의 제휴로 확산되고 있으며, 제휴 범위나 형태면에서도 점차 다양화 · 복잡화되어 가고 있다.

(2) 우리나라 기업의 전략적 제휴 특징

1990년대 들어 세계경제 질서 개편과 정부의 개방화, 국제화 정책에 힘입어 우리나라 기업들의 사업 패턴과는 달리 전략화 · 세계화되어 가고 있어, 과중한 투자 및 위험부담을 줄이고 국제경쟁력 확보를 위해 전략적 제휴를 본격적으로 추구하고 있다. 우리나라 기업들의 전략적 제휴의 특징으로 다음과 같이 4가지를 들 수 있다.

① 국제경쟁력 강화를 위해 국내외 사업활동 면에서의 협력을 목적으로 국내

대기업 간의 제휴 경향이 높아지고 있다. 국내 대기업 간 제휴는 최근의 국내시장 개방과 경기침체에 대한 대응 과정에서 국내 기업들끼리 산업 재산권 공유, 상호 부품 구매나 시스템 공동 운영 등을 통해 원가부담을 덜기 위해 사용되고 있다.

② 국내 대기업과 외국 다국적기업 간의 전략적 제휴도 반도체, 자동차 등 일부 산업이지만 점차 확산되고 있다.

③ 사양 산업을 중심으로 국내 대기업과 중소기업 간 협력에 의한 제3국 동반 진출이 늘고 있다. 중소기업의 유연성과 신기술 개발능력, 그리고 대기업의 자금력, 인적자원 등의 결합을 통해 해외진출 시 경쟁력 체제를 구축할 수 있는 점에서 동반 진출을 위한 전략적 제휴가 활발히 이루어지고 있다.

④ 엔고 및 선진국의 무역 압력 등으로 인해 그간 미진했던 한일 간의 전략적 제휴가 반도체, 전자, 자동차 등 첨단 분야에서 활발히 진행되고 있다.

제4절 글로벌 M&A

1. M&A의 개념

> M&A
> 대상 기업들이 하나로 합쳐서 단일회사가 되는 기업합병과 한 기업이 다른 기업의 자산 또는 주식의 취득을 통해 경영권을 획득하는 기업매수를 합친 개념

M&A는 대상 기업들이 하나로 합쳐서 단일회사가 되는 기업합병(Merger)과 한 기업이 다른 기업의 자산 또는 주식의 취득을 통해 경영권을 획득하는 기업매수(Acquisition)를 합친 개념이다. 이는 기업의 경영지배권의 변경으로만 이해하기보다는 사업구조와 경영지배권에 영향을 가져오는 일체의 재무적 변화를 수반한 경영행위로 정의할 수 있다.

기업매수는 협의적인 의미에서는 피매수기업이 독립된 회사로서 존재할 경우만을 지칭하나, 광의적인 의미에서는 두 개 이상의 회사가 법률상 하나의 법인격으로 되는 합병의 경우까지 포함하는 의미로도 사용된다.

합병도 실질적으로는 기업매수의 과정을 거쳐 이루어진다. M&A 또는 기업매수와 관련하여서 "독점규제 및 공정거래에 관한 법률"에서는 '기업결합'이라는 용

어를 사용하여 "다른 회사의 주식취득 또는 소유, 임원겸임, 합병, 영업의 양수, 새로운 회사설립에의 참여 등"을 포괄하는 의미로 사용되며 공정거래법에 의하여 기업결합의 일정한 제한을 두고 있다.

최근에는 M&A가 넓은 의미로 쓰이는데 기업합병, 기업매수와 금융적 관련을 맺는 합작관계 또는 전략적 제휴 등까지 포함시켜 M&A의 개념으로 보고 있다. 기업에 있어 M&A는 일종의 경영 전략적 측면이 있다. 기업은 대내외적인 경제 여건의 변화와 소속 산업에서의 치열한 경쟁에 대응하여 지속적으로 변화 · 적응하여야 하며 끊임없는 성장 · 발전을 도모하여야 한다. 하지만 기존 사업을 바탕으로 매출과 이익을 증대시키고 새로운 투자나 신규 사업을 통해 사업을 다각화하여 자산과 사업규모를 확장하는 데 한계가 있으므로 M&A를 통해 다른 기업의 주식과 자산을 인수 또는 합병하여 기업 규모를 팽창시키는 외적 경로를 통해 성장과 다변화를 추구하게 된다.

2. M&A의 순기능과 역기능

(1) M&A의 순기능

① M&A에 의하여 부정직하거나 무능한 경영진을 축출할 수 있다. 따라서 보다 정직하고 효율적으로 회사를 경영할 전문화된 경영진을 보충함으로써 경영 효율이 증대될 수 있는 기회가 마련될 수 있다.

② 경영에 참여하지 못하는 소액주주를 보호하는 측면이 있다.

③ 기업 규모의 확대와 관련 업종과의 유기적 결합으로 인하여 국가 경제적인 산업구조 촉진과 국제경쟁력 증대를 기대할 수 있다.

> **M&A의 순기능**
> 무능한 경영진 축출, 소액주주 보호, 산업구조 촉진과 국제경쟁력 증대 기대

(2) M&A의 역기능

① M&A가 비효율적인 경영진에게 별다른 영향을 주지 못하고 M&A 대상 기업의 선정은 경영진의 취약성보다는 재무적인 요인에 의하여 결정되는 경우가 많기 때문에 효용성에 의문이 있는 경우가 있다.

② 경영진이 회사의 장기적인 발전보다는 단기적인 성과에 의존하게 되고 다액의 현금을 보유한 회사가 M&A 대상이 되기 때문에 현금을 보유하지 않으려

> **M&A의 역기능**
> 효용성 문제, 단기적인 성과에 의존, 부채 증가

는 경향이 있다.

③ M&A로 인하여 인수자금의 조달로 인수회사의 부채가 증가하게 되고 오히려 불황에 대한 기업의 대처 능력과 대외 경쟁력이 약화되는 경우가 있다.

3. M&A의 주요 형태

(1) 합병

1) 합병의 의의

합병
2개 이상의 기업이 계약에 의해 하나의 기업으로 합쳐지는 것

합병이란 2개 이상의 기업이 계약에 의하여 하나의 기업으로 합쳐지는 것을 말한다.

2) 합병의 종류[11)]

① 흡수합병(merger): 당사회사 중에서 1회사가 존속하고 다른 회사는 소멸하며 그 사원 및 재산이 존속회사에 포괄적으로 승계되는 구조

② 신설합병(consolidation): 모든 당사회사가 소멸하고 새로이 신설회사를 설립하여 소멸회사의 사원 및 재산을 포괄적으로 승계시키는 구조

③ 간이합병: 소멸회사 총주주의 동의가 있거나 존속회사가 소멸회사 주식의 90% 이상을 소유한 경우에 소멸회사는 주주총회의 승인을 거치지 않고 이사회 승인만으로 합병이 가능

④ 소규모 합병: 일정한 소규모의 회사를 흡수 · 합병하는 경우 주주총회의 승인결의를 생략하고 이사회의 결의로 대신할 수 있도록 상법에서 정한 구조

11) 참고 사항으로 합병의 반대개념인 분할이 있다. 회사분할은 업종전문화를 통한 경쟁력의 강화, 판매의 촉진을 위한 영업부문의 전문화와 효율화, 불필요한 부실사업 부문의 분리, 경영의 위험부담에 대한 제한, 특정한 영업부문의 타기업과의 제휴, 지배구조개선을 위한 대기업의 정책적인 분할 등을 위하여 이루어진다. 분할의 종류에는 인적분할('분할법인'의 주주가 '분할신설법인'의 주식을 소유하는 형태)과 물적분할('분할법인'이 '분할신설법인'의 주식을 100% 소유하는 형태) 그리고 분할합병(인적분할 또는 물적분할을 동반한 M&A, 피합병법인의 영업재산 등 인수를 희망하는 것만을 분리하여 인수할 수 있다는 이점이 있음)이 있다.

(2) 인수 형태

1) 영업양수도

사실관계를 포함한 조직적 일체로서의 영업재산의 총체적, 포괄적 양수도를 말하며, 단순한 회사의 재산, 물건 또는 권리뿐만 아니라 영업상 비밀, 노하우, 종업원, 기술진, 판매망 및 거래선 등의 일체를 말한다.

2) 자산인수(asset acquisition)

기업재산의 전부 또는 일부를 개별적으로 이전받는 것이다.

3) 주식인수(stock acquisition)

주식의 매수를 통하여 다른 회사의 경영권을 획득하는 방법이다.

4) 주식스왑(stock swap)

자신이 보유하는 주식의 일부를 제휴회사의 주식과 맞교환하거나 투자유치의 수단으로 주식을 받는 것을 말한다.(포괄적 주식교환 등)

5) 우회상장(back door listing)

상장기업이 상장기업의 주식을 인수하여 경영권을 장악한 후 비상장기업을 합병함으로써 간접적으로 상장시키는 형태를 말한다.

6) 인수개발(acquisition & development)

기존 기업의 인수 후 신기술을 습득, 개발하여 기업을 변신시키는 기법, 즉 인수 후 개발하는 구조를 지칭한다.

7) P&A(purchase & assumption)

자산인수의 특수한 형태로, 자산과 부채를 인수, 매각하되 매도기업(판매기업)의 일부 자산과 부채를 분리하여 인수, 매각하는 것을 말한다.

4. M&A의 장 · 단점

〈표 13-10〉 신규 설립과 M&A의 비교

	신규 설립	M&A
장점	• 초기 사업의 입지선정 및 계획의 융통성 • 투자 금액 결정의 융통성 • 기업통제가 용이함 • 기존 기업이 지닌 문제점 제거	• 상업 착수까지의 시간 단축(시장에의 조기진입 가능) • 인력, 기술, 경영노하우의 흡수 • 상품, 브랜드, 영업망 확보, 시너지효과(기존 업계 진입 시 마찰회피와 시장에서의 시장지배력 확보 및 신규 시장진입으로 인한 위험을 최소화하여 이를 회피하는 기능) • 세제상 이점
단점	• 브랜드 및 영업 기반 구축에 상당 시간 소요 • 능력 있는 인력 채용 어려움 • 투자의 안전성 결여 및 기존 업체와의 마찰	• 막대한 인수자금 필요(M&A로 취득자산의 가치가 저하될 가능성) • 이질적인 문화의 조기해소 어려움(M&A 시 필요 인재의 유출, 종업원 상호 간의 인간관계 악화 및 조직의 능률 저하 가능성도 존재) • 절차의 복잡성과 재무구조 악화(M&A 소요자금의 외부차입으로 인한 기업의 재무구조 악화)

5. M&A의 동기

(1) 영업적 동기

M&A의 영업적 동기
시장지배력의 확대, 규모와 범위의 경제적 효과, 시장참여의 시간 단축

1) 시장지배력의 확대

동종업종끼리 수평적 결합을 통해서 기존 기업이 보유한 전문경영인, 고객관계, 판매망을 동시에 획득하여 시장구조를 독점화하여 시장점유율과 시장지배력을 강화, 확대함으로써 이익을 증대하는 것을 목적으로 한다.

2) 규모와 범위의 경제적 효과

동종기업 간의 M&A는 기업규모의 대형화로 일관된 생산설비 등 생산 · 판매와 관련되는 고정생산비와 유통경비 및 판매관리 등 각종 경비를 줄일 수 있는 경제적 효과를 획득할 수 있다.

3) 시장참여의 시간 단축

기술개발 속도의 가속화, 산업의 단명화 등에 따라서 신규 사업에 투자하는 것 보다 M&A를 통해서 신속히 시장에 진출함으로써 제품의 생산수명과 시장선점의 시간을 단축하는 것이 가능하다.

생각하기 : GM & 대우

상대적 약세인 소형차 부문의 강화

2000년대 초반까지 GM은 미국 시장에서 부동의 1위 자리를 차지하고 있었는데 포드가 이를 바짝 추적해오고 있었다. 1978년 48%에 달했던 GM의 미국시장 점유율은 점점 떨어지는 반면에 포드는 23%대를 꾸준히 유지하고 있었기 때문이다. 더욱이 2001년 1/4분기 매출액은 GM이 426억 2,000만 달러, 포드가 423억 6,000만 달러로 거의 격차가 나지 않았다. 따라서 GM은 미국시장 내 점유율을 높이기 위해선 GM의 주력 차종인 중 · 대형차 시장 외에 소형차 시장의 진입이 필요하였다. 즉, 대우자동차가 강세를 보인 소형차 라인을 인수함으로써 GM은 소형차 시장에 신속한 참여가 가능해졌다.

아시아시장 진출을 위한 교두보

GM은 아시아에서 일본에 이어 두 번째 시장규모를 갖고 있는 한국시장을 본격 공략하고, 더 나아가 중소형 차종의 아시아 · 유럽지역 수출을 통해 세계 1위 자리를 굳히기 위해 대우자동차를 인수하였다. 즉, GM은 GM대우를 향후 세계 최대의 시장이 될 아시아시장의 전초기지로 만들 구상을 하였다.

동유럽의 시장 점유율 확보

대우자동차는 세계경영을 지속적으로 수행함으로써 동유럽을 포함한 세계 여러 지역에 거점을 마련한 상태였기 때문에 동유럽에 별다른 거점을 마련하지 못한 GM에게는 큰 매력이었다.

M&A의 성과

• GM의 입장

첫째, GM이 대우자동차 인수를 통해 아시아시장에서 교두보를 마련하여, 향후 세계 최대 시장으로 꼽히는 아시아시장에서의 점유율 확보가 가능해졌다.

둘째, 대우자동차는 GM이나 포드 등 외국 업체들이 취약한 동유럽시장에서 높은 시장점유율을 확보하고 있었기 때문에 대우자동차를 인수하는 업체가 세계 최고의 자동차 생산업체라는 등식이 성립될 수 있었다. 이는 대우자동차를 인수한 GM에게는 큰 이점이 되었다.

셋째, GM은 대우자동차와의 차종과 부품 면에서 오랜 관계를 유지했기 때문에 최고의 호환성을 가지고 있어 충분한 시너지 효과를 확보할 수 있었다. 시장 확보 측면에서도 아시아시장에 약점을 가지고 있는 GM은 이 점에서 대우자동차의 인수에 가장 큰 의미를 두었다.

• **대우자동차의 입장**

GM대우의 탄생은 대우자동차가 생존의 길을 확보했다는 것과 동시에 국내 자동차 산업에서도 세계 최고의 자본력과 기술력을 자랑하는 GM의 등장으로 국내 자동차 산업을 한 단계 끌어올릴 수 있는 계기를 마련했다는 것에 큰 의의를 둘 수 있다. GM 본사는 GM대우의 성과에 대해 "대우자동차 인수는 GM의 인수합병 역사에서 대표적인 성공사례이다."라고 말했다. GM대우는 2005년에 전년 대비 2배 이상 늘어난 116만 대의 자동차를 판매했으며 2006년에는 4월까지의 판매량이 53% 늘어난 47만 6천 대를 기록, 기아차를 제치고 판매량 2위 업체로 부상했다. 또한 2005년 판매된 GM 자동차의 32%가 GM대우에서 생산한 것이며 지난해 판매량이 26% 늘어난 유럽 내 시보레 차량도 GM대우의 손을 거쳐 갔다. 또한 GM대우가 생산한 차량은 현재 GM의 국제 판매망을 통해 150개국에서 판매되고 있다. 한편으로는 '외국자본이 실패한 한국기업을 회생시킨 성공적인 사례'라고 평가되고 있다.

(2) 재무적 동기

M&A의 재무적 동기
자금조달 능력의 확대, 자본이득의 실현, 세금효과

1) 자금조달 능력의 확대

M&A를 통해 미래 현금흐름상의 분산효과로 인해 부도 또는 파산위험이 감소(재무상의 곤경비용 감소)하면, 즉 기업의 위험이 줄어들면 타인자본(부채)을 끌어들이기도 쉽기 때문에 기업의 전체적인 차입한도가 증가해 자금조달 능력이 확대된다.[12)]

2) 자본이득의 실현

상대적으로 저평가되고 자산을 적절히 이용하지 못하고 있는 기업을 인수한 후 정상화 절차를 밟아서 기업 가치를 증대시키다. 이에 따라 경영이 정상화되어 기업의 현금흐름을 증대시키므로 자본이득을 실현하거나 다시 매각함으로써 인수자는 큰 자본이득을 실현한다.

3) 세금효과

이월결손금에 대한 조세경감의 혜택이 있고 또 합병에 의한 이익승계가 허용된

12) 반면, 차입한도의 확대로 부채의 사용이 늘어나면 지급이자가 많아지므로 법인세 효과로 인한 재무 레버리지 효과로 재무 시너지가 발생할 수도 있다.

다면 과다한 이익을 낸 기업이 누적적자로 이월결손금이 많은 기업을 합병함으로써 세금효과를 볼 수 있다. 또 자본이득에 대한 세금이 없거나 낮은 경우, 기업을 처분하고자 하는 대주주의 입장에서는 M&A를 통해 보유주식을 매각함으로써 상속세, 증여세 등의 조세부담을 줄일 수 있다. 이러한 세금효과는 M&A의 2차적인 목적(부수적 목적)에 머문다.

생각하기 : 삼성 & 르노

- **삼성자동차의 인수합병 동기**

이미 포화상태에 달한 내수시장과 날로 어려워지는 자동차 수출 여건을 고려할 때 과잉경쟁을 유발하기 쉬운 완성차 조립업체의 난립은 바람직하지 않았다. 또한 IMF체제로 대표되는 긴축경제 시대에는 수익성 없는 대형 투자가 불가능하였고, 삼성자동차는 1995년 법인설립 이후 누적 적자액만 6,988억 원으로 설립 3년 만에 자본금(8,054억 원)을 거의 잠식할 만큼 1998년 제품매출액 5,884억 원에 매출원가(재료비, 노무비, 경비 등)는 6,523억 원으로 적자경영을 했다.

삼성 SM5 승용차 1대를 판매할 때마다 약 153만 원의 손해를 보았다. 비용절감, 투자계획 하향조정, 수출확대를 통한 신속한 위기탈출 강구책을 펼칠 수밖에 없었다. 삼성자동차는 포드나 GM, 르노와 같은 외국기업을 인수합병 대상으로 모색하였고 조속한 결단이 필요했다.

- **르노자동차의 인수합병 동기**

당시 아시아 2위 시장인 한국에 진입할 수 있는 동시에 앞으로 성장 가능성이 높은 국내시장에 진출함으로써 규모의 경제를 이루고, 또한 삼성이라는 한국에서는 높은 브랜드 인지도와 친숙함을 바탕으로 하는 회사명을 사용함으로써 한국 소비자들에게 외제차라는 인식을 줄여 다른 외제차보다 빠른 시장진입을 기대하였다.

한국시장의 10% 이상을 장악하는 동시에 닛산과 삼성을 향후 10년 동안 300만 대의 시장규모가 예상되는 중국시장 진출에 목적을 두었다. 즉, 삼성자동차 공장이 부산에 위치하고 있다는 것이 르노자동차에게 있어 큰 매력이었다.

(3) 경영전략적 동기

1) 수익성과 영속성 확보

시간을 다투는 현대사회에서 기업의 지속적인 성장과 개발을 위해서 기업의 내부자원만을 활용하여 이익을 창출하고 신규 사업이나 유망업종에 진출하는 내적 성장 전략은 한계가 있을 수 있다. 따라서 이러한 경우에는 다른 기업과의 결합을 통해 기업의 외부자원을 직접 인수·합병하는 외적 성장 전략을 추구하게 된다. M&A를 통한 외적 성장은 시간을 절약할 수 있고 경쟁력을 쉽게 확보할 수 있다

경영전략적 동기
수익성과 영속성 확보, 효율성의 극대화, 국제화의 추구, 첨단기술의 도입

는 장점을 가지고 있다.

2) 효율성의 극대화

기업의 효율성을 극대화하기 위해서는 전략적으로 중요하지 않고 수익성이 없는 사업부문을 처분할 필요가 있다. 또는 수익성은 있지만 장래 불리한 영업환경의 변화가 예상될 때에는 미리 적정가격으로 기업을 매각하면 기업의 주력 업종에 전력을 다할 수 있게 된다. 이와 같이 기업의 효율성을 꾀하기 위해서 M&A를 이용할 수 있다.

한편 경영자들이 무능하여 업계의 평균보다 낮은 이익을 올리고 있는 기업이나 활용 가능한 많은 자산을 가지고 있으면서도 그 자산을 충분히 활용하지 못하기 때문에 이익을 올리지 못하는 기업이 있을 수 있다. 이러한 경우에 M&A가 이루어지면 경영진이 새롭게 구성되면서 새로운 경영전략이나 재무전략을 구사하게 되면 더 많은 이익을 올릴 수 있다.

3) 국제화의 추구

현재의 경영환경은 국경이 없는 세계화시대로 접어들고 있다. 기술개발경쟁이 치열하고 제품의 라이프사이클이 짧아지는 추세에 있다는 것 또한 누구나 동의하고 있다. 이러한 경영환경에서 해외 거점을 마련하고 무역마찰을 피하기 위해서는 M&A를 통해 현지기업을 인수하면 해외시장에 쉽게 진출할 수 있다.

또한 환율변동에 따른 경영불안을 피하기 위해서도 현지기업의 인수 전략이 활용된다. 특히 M&A는 해외현지법인이나 합작투자보다 공장건설, 인재양성, 시장개척 등에 걸리는 시간과 비용을 단축시켜주는 장점이 있다.

4) 첨단기술의 도입

기술개발의 속도가 빨라짐에 따라 제품의 라이프사이클이 짧아지고 있기 때문에 기업이 독자적인 연구개발을 통해 시장에서 경쟁력을 유지하고 이익을 실현하기에는 막대한 비용과 시간이 소모된다. 이처럼 연구개발에 들어가는 막대한 비용과 시간을 절약하기 위해서 M&A가 일어날 수 있다. 이미 필요한 기술을 인수하는 것이 가장 효과적이면서 확실한 방법이 될 수 있다.

6. M&A에 수반되는 경영활동

(1) 기업확장

기업이 성장하는 방법에는 두 가지가 있다. 하나는 기업의 내부자원(internal resources)을 이용하여 기존 시장의 점유를 확대하거나 새로운 사업분야에 진출함으로써 기업의 규모를 확장하는 내적 성장(internal growth)이며, 또 다른 하나는 기업의 외부자원(external resources)인 다른 기업의 자산을 이용하는 외적 성장(external growth)이다. 외적 성장의 주요 수단이 M&A이며, 이러한 의미에서 M&A를 시간을 사는 전략이라고도 한다. 기업이 M&A를 통하여 사업을 확장하는 것은 그 방향에 따라 수평적 다각화, 수직적 다각화, 복합적 다각화로 분류할 수 있다.

M&A에 수반되는 경영활동
기업확장, 자본재편성, 다운사이징

(2) 자본재편성(recapitalization)

자본재편성은 기업가치의 극대화를 위하여 자본구조를 경영환경의 변화에 맞도록 재구성하는 것을 뜻한다. 차입경영으로 성장이 계속되고 금융시장의 사정도 좋을 때에는 타인자본의 사용에 의해서 사업을 확장시키는, 즉 차입에 의한 경영전략이 레버리지 효과를 가져와 기업의 이익을 극대화시킬 수 있지만, 저성장기에는 재무구조가 취약한 기업일수록 금융비용 부담이 가중되어 경영환경의 변화에 적응하기가 어렵게 된다.

경제 성장률의 둔화와 급변하는 대내외적 경영환경에 탄력적으로 대처하고 재무적 위험으로부터 기업을 보호하여 안정적인 성장을 하기 위해서는 조직의 군살을 빼는 것뿐만 아니라 자본구조에 있어서도 가능하면 부채비율을 낮출 필요가 있다. 이와 같이 자본구성에 있어서 부채에 대한 군살을 빼고 자기자본에 기초한 건실한 기업경영을 무차입경영이라 한다.

(3) 다운사이징(downsizing)

기업의 조직을 축소하는 것에는 내적 · 외적 방법이 있다. 내적으로는 기존 사업단위 내에서 조직개편으로 불필요한 임원이나 지원 부서를 축소하여 기업의 계층구조를 줄임으로써 중간관리층을 대폭 감소시켜 비용의 절감과 의사소통의 신속함을 도모하는 것이며, 이를 위한 조직개편 수단으로 팀 제도가 사용된다.

그리고 외적으로는 기업의 확장과는 달리 환경변화에 보다 탄력적으로 적응하기 위한 장기적 경영전략으로서 수익성이 없거나 비생산적인 사업단위를 제거하거나 분리하여 매각하고, 기존의 핵심적 사업부문에 전사적인 노력을 집중하는 것이다. 이와 같은 외적인 방법에 의한 기업의 축소를 기업분할(sell-offs)이라고 하는데, 이는 둘 이상의 기업이 하나로 합치는 합병에 반대되는 개념으로 분사화 또는 탈합병(demergers)이라 부르기도 한다. 다음과 같은 종류들이 있다.

1) 분리독립(split-offs)

하나의 기업에 여러 사업부문이 있는 경우에 특정 사업부문을 분리하여 독립시킴으로써 그 분리 독립된 기업이 경영에 대한 완전한 독자성을 가지고 해당 업종에서 전문화되어 기업의 경영효율성을 높일 수 있게 하는 것이다.

2) 분리정리(split-ups)

여러 가지 사업부문을 영위하고 있는 하나의 기업이 사업부문들에 대한 분리독립을 계속적으로 실행함으로써 결과적으로 모회사가 소멸되는 것이다. 분리정리는 인수해체(bust-up takeover)와는 구별되어야 하는데, 이는 복합적 대기업을 인수한 자가 그것을 사업부문별로 쪼개어 매각하는 과정에서 일어나는 현상이다.

3) 매각처분(divestitures)

기업의 전략상 불필요한 자산이나 사업부문을 제3자에게 매각하는 것을 말한다. 기업은 이 매각으로 발생하는 현금의 유입으로 장기적으로 성장 가능성이 있는 핵심 사업부문에 대한 투자를 증대할 수 있게 된다.

Tip

한계사업 정리

기업이 매각을 추진하는 사업부문이란 대개 시장점유율이 낮고 수익성 또한 저조하며, 제품수명주기 측면에서도 성수기 중 후반부인 하향 단계이거나 쇠퇴기에 속하는 경우가 많은데, 이런 상태의 사업분야를 한계사업이라고 한다. 당연히 그런 사업의 인수를 희망하는 기업은 없을 것이다. 특히 저성장기의 경우에는 더욱 그렇다. 구조조정을 목적으로 한 전략적 계획이 현실적으로 실효성이 있기 위해서는 매각 대상 사업의 선택에 있어서 매각 가능성과 그 대가에 관한 것도 고려되어야 한다. 국내기업 중 최근에 구조조정을 성공적으로 달성했다고 평가를 받고 있는 두산그룹의 경우, 시장점유와 수익성에 있어 탁월한 사업부문인 3M, 코카콜라 등을 매각함으로써 핵심사업에 대한 관리집중과 차입금 상환에 의한 금융비용의 감소로 그룹의 내실화를 기할 수 있었다.

생각하기 : 인수합병 절차

M&A의 추진절차는 매수자, 매도자, 거래규모, 거래동기, 거래형태 등에 따라 매우 다양하게 바뀔 수 있어 그 전형적인 절차를 정할 수는 없다. 여기서는 가장 일반적인 경우로서 현금매수에 의한 우호적인 주식매수의 거래 주선을 수행하는 M&A 주선기관의 입장에서 기업인수의 주요 절차를 살펴보기로 한다. 물론 이러한 경우의 절차라 하더라도 사안에 따라서는 절차의 순서가 바뀔 수도 있고 몇 가지 절차가 동시에 이루어질 수도 있으며 생략될 수도 있다.

단계	절차		내용
1단계	인수합병 팀의 구성	▶	• 인수합병의 전문가로 팀을 구성한다. • M&A 전문투자은행, 변호사, 회계사, 해당 사업부의 책임자를 포함한 팀을 구성한다.
2단계	전략적 검토	▶	• 인수대상기업을 검토한다. • 제품별, 지역별로의 시너지가 있는지 검토한다. • 인수대상기업이 매각할 의사가 있는지 살펴본다. • 왜 이 기업을 인수하며, 인수 시 얻을 수 있는 경영자원을 구체적으로 확인한다.
3단계	재무적인 기업가치의 평가	▶	• 구매자와 대상기업을 방문하는 실사를 벌인다. • 대상기업의 자산 가치를 객관적으로 평가한다. • 특히 영업권, 기술력에 대해서 구체적인 가치평가를 한다. • 대상기업의 감춰진 부조리나 회계상의 문제점, 각종 채무의무를 명확하게 밝혀낸다.
4단계	인수합병조건에 대한 협상	▶	• 구매자와 판매자가 기업자산의 평가에 대해 합의한다. • 구체적인 인수가격과 인수조건을 정한다.
5단계	인수결정 후 통합	▶	• 인수통합팀을 구성하여 구체적인 통합절차를 결정한다. • 실제적인 통합 과정을 시작한다.

① 매도자로부터의 매도상담: 기업을 소유하고 있는 대주주가 개인 또는 기업의 처한 상황에 따라 매도를 결심하고 주선기관과 매도를 상담하게 됨으로써 주선기관의 주선에 의한 M&A 절차가 개시된다.

② 매도용역제공계약 체결: 매도 사유의 건전성, 매도 규모, 업종, 매도자의 성향 등을 종합적으로 판단, 주선기관에서 매도를 추진할 수 있다고 판단되면 주선기관과 매도자 간에 매도에 관한 용역제공계약을 체결하여 본격적인 M&A 절차에 착수한다. 매도용역제공계약의 주요 내용에는 매도 의뢰인의 표시, 매도 대상 주식, 주선기관이 제공하게 될 용역의 종류, 수수료 산정방식, 보안유지의무, 계약기간 등이 포함된다.

③ 매도제안서 작성: 주선기관은 매도 대상 회사에 관한 기초자료 및 정보 등을 조사, 수집하여 매수 후보자에게 제공할 매도제안서를 작성한다. 매도제안서에는 회사개요(연혁, 기술수준, 자산내역) 등과 회사의 영업현황, 회사가 속해 있는 업종의 설명, 매도조건 등 매수자 입장에서 매수결정에 필요한 기본 정보가 포함되어야 한다.

④ 매수후보자 선정 및 접촉: 주선기관은 매도 대상 회사의 규모, 업종 또는 매도자의 의견 등을 종합적으로 고려하여 매도 대상 회사의 매수에 가장 적합하고 적극적이라고 판단되는 매수후보자를 선정하여 접촉한다. 매수후보자에게 매도제안서를 설명하기 전에 반드시 매도제안서를 받게 되는 매수후보자와 주선기관 간에 비밀유지의무확약서를 체결한다. 비밀유지의무확약서의 주요 내용에는 매도와 관련된 정보를 타인에게 누설하지 않겠다는 내용, 주선기관에서도 매수후보자가 매도회사의 매수를 검토하고 있다는 사실을 타인에게 누설하지 않겠다는 내용, 매수후보자는 매도자와 직접 접촉하지 않겠다는 내용 등이 포함된다.

⑤ 매수용역제공계약 체결 및 매수협상 개시: 매수후보자가 주선기관이 제공하는 매도제안서 및 추가자료 등을 검토한 후 본격적인 의지를 갖고 매수를 추진하기로 결정하게 되면 매수자와 주선기관 간에 매수에 관한 용역제공계약을 체결하여 매도자와 매수자가 주선기관과 함께 본격적인 매수협상 단계에 돌입한다. 매수용역제공계약의 주요 내용에는 주선기관을 통해서만 본 매수를 추진한다는 내용, 주선기관이 제공할 용역의 내용, 수수료 산정방식 등이 포함된다. 매도제안서 등을 검토한 매수자는 주선기관의 주선에 의하여 직접 공장, 사업장 등을 방문하게 되며 매도자와 함께 구체적인 매수구조, 조건 등에 대하여 협상한다.

⑥ 매수의향서 체결: 매수협상 결과 매수자가 매도 측이 제시한 매도조건을 어느 정도 수용하면서 매도 대상 기업을 매수할 가치가 충분히 있는 것으로 판단되는 때에는 매수 측은 매도 측에 매도 대상 기업을 매수할 의사가 있다는 것을 공식적으로 나타내는 문서인 매수의향서(letter of intent)를 작성하고 상호 기명날인한다. 매수의향서에는 매수의향뿐 아니라 지금까지의 협상을 통해 상호합의한 사항을 모두 포함시키기도 하며, 이럴 경우 이 매수의향서는 향후 매매계약서 초안으로서의 역할을 한다.

⑦ 매수 실사(due diligence): 매수 측은 매도 측과 매수의향서에서 합의된 실사 기준에 따라 매도 대상 회사를 일정기간 동안 직접 방문하여 회사의 재무상황, 영업현황 및 각종 법률관계 등을 실사하게 된다. 매수실사는 시간의 제약이 따르고, 매도 측의 협조에 한계가 있게 되므로 통상 실사전문가(M&A 전문가 또는 공인회계사, 변호사)를 활용하게 된다.

⑧ 정산 및 최종 매수협상: 실사 기준에 따라 실시된 매수실사 결과 정산해야 할 부분이 발생하게 되면 이미 매수의향서에서 합의된 정산 기준에 따라 정산하여 최종 매매가격을 확정한다. 그 밖에 매수실사 중 추가로 발견된 부분에 대한 협상, 가격지급 방법, 기타 합의해야 할 사항 등에 대하여 최종적으로 협상을 벌여 이들을 집약시킨 매매계약서를 작성하고 검토하여 최종 확정한다.

⑨ 매매계약의 체결: 앞서 최종 확정된 매매계약서에 매도자 및 매수자(필요시 주선기관이 입회인 자격으로)가 서명날인함으로써 본 기업매수의 법률행위가 효력을 발생한다.

⑩ 매매계약의 이행: 매매계약의 내용에 따라 대금지급, 경영권 이전 등 매수자, 매도자가 서로의 권리 및 의무를 이행하게 되며 경우에 따라서 감독기관에의 보고, 공시 등 관련되는 법적 사후관리도 하여야 하는 절차이다.

⑪ 사후관리: 사실상 매수자로서는 진정한 의미의 M&A 시작 단계이다.

생각하기 : 기업의 전략적 제휴의 성공과 실패 사례

1. 폭스바겐 자동차의 생산위험관리 성공 사례 : 제품포트폴리오

2009년 글로벌 자동차 시장 규모가 전년 대비 6% 이상 감소한 가운데 폭스바겐은 오히려 1.1% 증가하여 629만 대를 판매하였다. 여기에는 가격대별 제품포트폴리오를 구축하는 포트폴리오 전략이 숨어 있다. 일부 브랜드의 판매 감소를 다른 브랜드가 만회하여 불황충격을 완화하는 방법을 사용한 것으로, 공격적인 M&A를 통해 9개의 브랜드를 운영하면서도 각 브랜드의 가격대와 주력시장을 달리하여 내부 출혈경쟁을 사전에 방지하였다. 소형차 브랜드인 폭스바겐 승용차 판매가 증가(7.8%)하면서 아우디(−5.4%), 벤틀리(−28.0%) 등의 고급차 판매 감소를 만회하여 자동차 시장에서 안정적인 수익을 확보한 것이라 할 수 있다.

폭스바겐의 차종별 브랜드

소형차	폭스바겐 승용차(독일), 스코다(체코), 세아트(스페인)
고급차	아우디(독일), 벤틀리(영국)
슈퍼카	람보르기니(이탈리아), 부가티(프랑스)
상용차	스카니아(스웨덴), 폭스바겐 상용차(독일)

주: ( )는 해당 브랜드의 인수 이전 국적

폭스바겐은 이미 중국, 브라질 등 신흥시장에 조기 진출하여 현지화된 모델을 출시함으로써 신흥시장에서의 선도기업 지위를 누리고 있었다. 글로벌 자동차기업 중 가장 먼저 중국(1985년), 브라질(1953년)에 현지 생산 및 판매를 시작함으로써 선발자의 이점을 향유하면서 자국인 독일보다 중국에서의 판매가 더 많을 정도로 중국시장에서 호조를 보여 불황에도 높은 매출 증가세를 달성하는 현상이 만들어졌다.

2009년 상반기 중국시장 판매량이 65만 2,200대로 독일 판매량(63만 1,900대)을 처음으로 추월하였고, 2009년 불황 이후에도 지분인수를 통해 지역 포트폴리오를 강화하는 중이다. 특히 글로벌 플랫폼전략의 완성도를 극대화하기 위하여 각 지역의 생산공장의 품질관리 및 직원교육에 힘을 쏟고 있다.

2. 도요타 자동차의 생산위험관리 실패 사례 : 해외정부 및 여론과의 마찰

도요타 자동차의 위기 요인으로 여러 가지를 들 수 있으나 정부 및 언론과의 대응미숙으로 위험의 강도가 더 커진 것을 살펴본다. 2001년에 들어서면서 영업이익 10조 원을 기록하고, 2006년까지 20조 원 신화를 달성한 지 4년이 지난 지금, 도요타는 창사 이래 최대 적자, 최대 리콜의 위기를 맞이하였다. 가장 큰 원인은 바로 도요타의 최고 장점이자 전략이었던 품질주의에 이상이 생긴 것이다. 사실 이상 경보는 2006년부터 있었다.

리콜이 증가하고, 일본 빅 3중 도요타만이 2000년 이후 지속적으로 리콜 대수가 증가하였다. 특히 2004년, 2005년의 도요타 리콜 대수는 190만 대 전후로 연간 판매대수를 상회하는 사상 최악의 상황(2006년 3월 일본 내 리콜 193만 대, 신차판매 173만 대)이었다. 최고급 브랜드인 렉서스도 2006년 4월, 안전벨트 불량으로 연간 판매대수의 70%인 1만 1천 대를 리콜하기도 했다. 품질저하는 리콜사태뿐 아니라 인명피해까지 이어졌다.

외부문제뿐 아니라 도요타 내부 역시 문제가 발생하였는데 강도 높은 노동환경으로 인하여 기존 노동조합과는 별도인 제2노조가 발족한 것을 보면 알 수 있다. 이러한 현상은 '도요타에는 리콜이 존재하지 않는다'는 품질신화가 붕괴되고 있음을 보여주고 있다. 그 예로 2006년 6월 J. D. Power가 발표한 IQS에서의 대중차 부문에서 현대차는 3위였던 반면, 부동의 수위였던 도요타는 4위로 밀려났다.

도요타 리콜 관련 주요 내용

도요타 리콜사태 관련 주요 일지(2010년 기준)	
1월 21일	도요타, 미국에서 가속페달 결함으로 가롤라, 라브 등 8개 차종 230만 대 리콜, 북미 5개 공장 일부 조업 중단
1월 29일	도요타 전 세계에서 700만 대 이상 리콜 결정 혼다, 미국 등지에서 64만 대 수리 결정
1월 30일	푸조, 도요타와의 합작 생산차 약 10만 대 리콜 결정
2월 1일	도요타, 미국 내 리콜 대책(가속페달의 조기 교환 및 수리, 8일에 생산재개 등) 발표
2월 2일	도요타 차주들, 미국과 캐나다에서 결함방치로 인한 손해배상 청구 방침 도요타 부사장 사과, 도요타 1월 미 시장 판매 15% 감소
2월 3일	도요타 주가, 품질문제 장기화 우려로 대폭 하락 미 정부, 프리우스의 브레이크 결함조사에 착수
2월 4일	도요타 프리우스 신고접수 국내 77건, 미국 내 100건을 초과하여 올 1월부터 대응 중이었던 것으로 드러남. 도요타 1월에 프리우스의 브레이크 시스템 설계를 변경함에 따라 리콜 대상은 2009년 5~12월 생산차량에 한정. 미 운수성 장관, 도요타 자동차 타지 말 것을 권유, 곧바로 이 발언을 철회했음

(1) 과도한 글로벌화와 확장으로 인한 생산방식 해외 공장에 정착 실패

① 글로벌화 과속화로 인한 SCM의 문제점 : 과도한 아웃소싱

업계에서는 이번 도요타 사태의 근본 원인이 외부 SCM을 제대로 갖추지 못한 데 있다고 분석하고 있다. 도요타가 생산성과 품질을 챙기는 내부 SCM 역량은 매우 뛰어났지만 시장의 소리에 귀를 기울이고 수요에 판매와 생산이 함께 유연하게 대응하는 외부 SCM 역량의 한계가 발목을 잡았다는 것이다. 이러한 SCM에 한계가 노출된 이유 중 하나는 바로

도요타가 최근 몇 년간 해외시장에서 경쟁업체들을 따라잡기 위해 급속도로 대형화됐다는 점이다. 하루가 다르게 몸집을 키워나가면서 늘어나는 수요에 대응하기 위해서는 기존의 SCM 방식으로는 한계가 있었다는 것이다.

도요타는 세계시장에서 경쟁력을 갖추기 위해 생산비용을 우선적으로 절감하였다. 도요타는 원가절감을 위하여 해외생산제품의 아웃소싱 비중을 크게 늘렸는데, 그 결과 도요타의 아웃소싱 비중은 무려 60~70%에 이르렀다. 이는 제너럴모터스(GM)의 아웃소싱 비중이 30~40%에 불과한 것과 크게 비교되었다. 실제 이번에 급발진의 원인으로 지목된 가속페달도 도요타 자체 제작 부품이 아닌 미국 현지 부품업체인 CTS가 납품한 것이다. 이러한 무리한 글로벌화는 일본의 강점인 우수한 조직능력도 약화시켰다.

그 예로 모노즈쿠리의 글로벌화 과정에서 생산시설의 해외이전이 가속화되었고, 이는 본사와 글로벌 기지 간의 설계 – 제조 – 판매 등 각 부문의 단절현상을 초래함으로써 일본 기업의 최대 경쟁력인 우수한 조직능력의 약화를 가져왔다고 할 수 있다. 글로벌화의 진행은 방대해진 조직을 만들었고 도요타의 해외 공장이 본사에 의해 완벽하게 통제될 수 없도록 만들었다. 이처럼 늘어나는 아웃소싱 비용, 방대해진 조직 등은 도요타의 품질경영이 과거처럼 진행되는 것을 실질적으로 불가능하게 만들었다.

② 글로벌화 과속에 따른 새로운 SCM의 부재

공급망이란 최종소비자에게 필요한 상품이나 용역을 제공하기까지 관련된 상호 연관된 사업의 네트워크를 지칭한다. 설계에서부터 원료의 조달이나 보관, 제조공정, 완제품의 수송에 이르는 전 과정에 대한 관리가 바로 SCM이다. SCM의 주요 활동으로는 전략 수립, 전술 단위 계획 수립, 운영 관리 등을 들 수 있다.

전통적 개념의 개별 기업 단위를 넘어 여러 기업이 관련된 가치 사슬(value chain)의 전 과정을 경영하는 SCM은 궁극적으로 기업가치의 증대를 목적으로 하고 있다. 현대의 SCM은 세계화와 정보기술의 발달로 한 기업에서 생산의 모든 과정이 다 이루어지는 전통적 생산방식과 달리 설계, 생산, 운송의 과정이 각각 전문적으로 서로 다른 장소에서 일어나는 이른바 프랙탈(fractal) 생산으로 전개되었다. 따라서 SCM은 이제 단순한 아웃소싱의 단계를 넘어 소비자에 대한 기본적 서비스로 인식하여만 한다. 그렇기 때문에 생산의 각 영역마다 최고의 파트너를 두고 자신의 핵심경쟁력만을 유지함으로써 전체적으로 효율성과 제품의 품질을 높이는 것이 고객만족 극대화를 위한 최선의 방법이다.

그런데 도요타의 경우 공급망관리에서 고객(시장) – 도요타 – 협력사의 순환구조가 이루어지지 못했다. 이번 원인을 제공한 가속페달의 납품업자는 캐나다 온타리오에 있는 CTS 사이다. 이처럼 전략적인 SCM의 부재는 작은 부품 하나의 결함을 가져왔고, 이는 엄청난 기업가치의 하락을 경험하였던 것이다. 또한 도요타는 자사 차량에 결함이 있었고, 고객들이 품질에 불만이 있다는 것을 리콜을 하기 전에 이미 알고 있었다. 그럼에도 전면 리콜을 결정하기까지 고객들에게 그 손해를 고스란히 전달하려 하는 SCM 전략은 기업가치를 더욱 하락시켰다.

(2) 무리한 원가 절감으로 인한 품질저하

도요타는 저렴한 가격으로 최고의 품질을 자랑하는 자동차를 공급하는 회사로 유명하다. 이러한 브랜드 이미지는 글로벌시장을 장악하기 충분하였다. 하지만 시간이 흐를수록 자동차산업에도 변화가 왔으며, 도요타의 선점효과가 한국과 중국 등에 의해서 점점 잠식되어 가고 있었다. 특히 현대의 경우 도요타보다 더욱 저렴한 가격으로 시장을 공략하고 있었다. 이러한 해외시장의 변화에 의하여 가격경쟁이 불가피해졌고 이 과정에서 품질저하가 나타났다. 품질저하는 다음과 같은 세 가지 요인에 의하여 나타난다.

① 개발기간 단축에 따른 검증 기회 부족

차종 라인업 구성이 대폭 재검토되고 플랫폼의 통폐합이 진행되면서 부품의 공용화, 설계의 디지털화가 진행되었고, 이는 개발기간이 획기적으로 짧아지는 효과를 가져왔다. 그러나 개발기간 단축에 따라 시작 및 실험의 많은 부분들이 가상실험(virtual test)으로 대체되고 축소되면서 제조 과정에서 발생할 수 있는 품질문제를 해결할 수 있는 시간이 절대적으로 부족해져 품질저하로 직결되는 결과를 가져왔다.

② 원가절감

도요타 방식(Toyota Way)의 가장 큰 장점 중 하나는 높은 품질의 제품을 낮은 가격에 제공하는 것에 있다. 이것은 원가절감이라는 전략을 사용하는 것이었고 이는 품질저하로 나타났다. 1999년에 판매된 세계 전략 차인 비츠는 기존 베이스가 되는 스탈렛 대비 30%의 원가절감 목표가 제시되면서 원가절감의 실험장이 되었다. 도요타는 여기서 축적된 노하우를 기초로 2000년부터는 총원가의 30%를 삭감하고자 하는 대규모 원가절감활동인 CCC21을 시작하였다. 이러한 원가절감에 대한 압박은 원가절감을 위해 품질을 양보할 수밖에 없는 상황을 야기하였다.

③ 부품업체 외주에 따른 품질문제 발생

최근 산업 과정에서 설계부분 디지털화가 확산되고 있다. 그러나 일본 대학에서의 CAD 교육이 불충분하여 도요타의 설계자도 CAD를 제대로 구사할 수 없는 경우가 발생하였다. 그리하여 도요타는 외주를 줄 수밖에 없었고, 이로 인해 설계자와 도면을 읽는 사람이 부족해 문제가 발생했을 때 인식하지 못하는 경우가 생겨났다. 특히 계열부품사의 경우, 이와 같은 문제를 경험이 풍부한 고참 직원들이 해결해왔으나 이들이 서서히 현장을 떠나면서 문제발생의 소지가 더욱 높아졌다.

또한 도요타의 급속한 글로벌화 전개로 도요타의 현장은 만성적인 인원 부족 상태에 빠졌고, 부품업체에 대한 의존도는 더욱 높아져만 갔다. 최근에는 도요타가 직접해오던 하이브리드차 주요 부품 개발까지 부품업체에 외주하고 있다. 무엇보다 가장 큰 문제는 본질적으로 부품기술을 부품회사가 가지고 있어 자동차 메이커에는 관련 정보가 부족하다는 것이었다. 이러한 부품업체의 외주는 도요타의 품질을 근본적으로 저하시키는 원인이 되었다.

(3) TPS 시스템의 문제점

① JIT의 문제점

'도요타 방식'은 포드로 대표되던 기존 대량생산 방식에서 벗어나 제때 필요한 만큼만 생산하는 '저스트 인 타임(just in time)' 개념을 바탕으로 철저히 품질을 기본으로 하는 생산방식이다. '그때그때 필요한 만큼 생산해낸다'는 도요타의 적시생산방식(JIT)은 무재고 생산을 추구하였고, 품질을 최상으로 유지하면서 많은 제조기업들의 벤치마킹 대상이었다. 하지만 2007년 니카타 현 지진으로 부품업체들의 부품생산이 끊기자 '재고가 없던' 도요타가 10만 대 이상의 생산 손실을 보는 등 기하학적 손실을 입었다. 이듬해에는 사상 첫 영업적자를 기록했고 북미 시장 지배력에 빨간 불이 켜졌다. 급기야 도요타 북미 공장의 재고일수가 90일 수준으로 치달아 연말연시에 10일 이상 조업을 중단하기도 했다.

② 카이젠(改善)의 문제점 : 과도한 업무부담

도요타 방식은 개발이나 생산의 효율화를 추구하여 생산성이 최고 수준에 오른 반면, 현장의 부하가 높다는 것이 단점으로 꼽힌다. 과도한 현장부하는 다른 자동차 메이커에 비해 몸을 다쳐 장기입원 및 요양하고 있는 종업원이 압도적으로 많은 결과를 통해서도 알 수 있다. 또한 비정규직 비중이 늘어난 것도 품질저하의 원인이 되었다. 본사의 종업원이 늘어나지 않은 반면, 임시 종업원의 수는 최근 3년간 2배 이상으로 확대되었다. 문제는 이러한 상황은 2007년부터 본격화될 단카이 세대(1947~49년생)의 대규모 정년퇴직으로 더욱 가속화될 전망이다.

이러한 현장부하 증대로 인해 2006년 1월에는 기존 노조와는 별도의 제2노조가 발족하였고, 이들의 슬로건이 도요타에서의 노동환경 개선이었다. 도요타 방식은 생산 효율성의 증대라는 긍정적인 면을 가져왔다. 하지만 생산효율성 증대를 위해 과도한 업무 요구가 결국 품질저하를 가져왔고 사상 최악의 리콜사태가 일어났다.

참고문헌

권영철, 『국제경영』, 무역경영사, 2000.

문병준 외 5인, 『국제마케팅』, 비즈프레스, 2007.

박의범, 권종욱, 『세계화와 글로벌기업』, 두남, 2004.

배근성 외 4인 공저, 『글로벌 무역경영』, 비즈프레스, 2010.

장세진, 『글로벌경영 5판』, 박영사, 2009.

최해진, 『M&A와 기업구조조정전략』, 씨엔톡, 2010.

연습문제

1. 다국적기업에 대하여 설명하시오.
2. 기업의 다국적화 요인에 대하여 설명하시오.
3. 시장진입의 고려요인 중 지역선정에 대하여 설명하시오.
4. 시장진입의 고려요인 중 진입시기에 대하여 설명하시오.
5. 간접수출의 장단점에 대하여 설명하시오.
6. 직접수출의 장단점에 대하여 설명하시오.
7. 국제 라이선싱의 장단점에 대하여 설명하시오.
8. 전략적 제휴의 개념과 동기요인에 대하여 설명하시오.
9. M&A의 동기요인과 장단점을 설명하시오.
10. OEM과 ODM 그리고 EMS를 비교 설명하시오.

CHAPTER

14 글로벌 경영전략

INTRODUCTION TO INTERNATIONAL BUSINESS

CHAPTER 14

글로벌 경영전략

제1절 글로벌 경영전략의 개요

1. 글로벌 경영전략의 의의

> **글로벌 경영전략**
> 지역적 경영 상태를 고려하여 자원을 배분함으로써 기업의 목표를 극대화시키기 위한 계획

글로벌 경영전략이란 지역적 경영 상태를 고려하여 자원을 배분함으로써 기업의 목표를 극대화시키기 위한 계획을 말한다. 글로벌 경영전략은 다국적에 기초한 결과를 극대화하는 데 목적이 있다. 글로벌 경영전략을 수립하는 이유는 다음과 같다. 대부분의 상품시장과 요소시장이 한 나라의 국경을 초월하여 확장되어 있고, 경쟁도 한 나라의 시장에 국한되어 있지 않으므로 경쟁을 하기 위해서는 기업 전략이 국내외적인 위험과 기회를 포함시켜야 하기 때문이다.

2. 글로벌 경영전략의 기본 과제

> **글로벌 경영전략의 기본 과제**
> 규모의 경제, 표준화, 현지화, 글로벌 소싱 등

전 세계시장을 무대로 경쟁하고 있는 글로벌기업들은 세계적인 통합에 대한 압력과 함께 각 지역별로 현지화를 성공적으로 추진해야 한다는 상반된 압력에 직면하고 있다. 즉, 비용측면에서 경쟁우위를 갖기 위하여 한곳에 생산시설을 집중하고 규모의 경제를 이용하여 대량생산을 하여 낮은 비용으로 전 세계시장에 수출하는 방식의 전략을 추구해야 한다. 따라서 세계에서 가장 낮은 비용으로 생산할 수 있는 입지에 위치하여야 하고, 규모의 경제를 활용하기 위하여 전 세계 소

비자들의 수요가 동질적인 것으로 가정하고 표준화된 상품을 생산하여 판매해야 한다.

한편으로 글로벌기업은 각국의 서로 다른 지역적, 문화적 특성에 맞추어 차별화된 제품을 생산해야 한다. 또한 생산시설을 한 지역에 집중하게 되면 환율의 변동에 취약하기 때문에 생산기지를 세워 여러 곳으로 분산시킴으로써 환율변동에도 대비하고 보호무역장벽을 넘어서야 한다. 글로벌화의 요인에 대해서는 앞에서 많이 언급했으므로 현지화에 대한 압력을 살펴보도록 한다.

글로벌기업이 현지화해야 하는 필요성을 보면 먼저 환율변동으로 인해 국제경쟁력이 약해지는 것을 피하기 위해서이다. 아무리 소비자 수요가 동질화되고 무역장벽이 철폐되어 규모의 경제성이 중요하더라도 환율이 급변하는 경우에는 한 지역에 생산시설을 집중하여 규모의 경제를 활용하려는 단순한 글로벌경영방식은 위험한 전략이 된다. 따라서 글로벌기업들은 환위험을 피하기 위해서 적극적인 현지화 전략을 펴야 한다. 또한 각국 간에 무역분쟁이 발생할 가능성이 아직도 상당히 크기 때문에 해외 각지에 생산기지를 두는 현지화로 보호무역주의에 대한 근본적인 대책을 강구해야 한다.

더욱이 각국 간의 정치적, 문화적 환경의 차이는 글로벌기업들에게 현지화의 필요성을 더욱 절감하게 한다. 즉, 국가 간에 서로 다른 문화적 차이는 각국별로 다양한 소비자의 수요를 만족시키기를 요구하고 있으며, 이와 같은 소비자 욕구를 충족시키기 위해서 기업들은 적극적인 현지화전략을 취해야 한다.

3. 글로벌 경영전략의 수립

〈표 14-1〉 글로벌 경영전략의 수립 과정

① 전략수행기간의 설정	② 상품과 서비스 수요에 대한 나라별 예측
③ 기업의 경쟁상 우위 평가	④ 나라별 경쟁시장 상황 평가
⑤ 나라별 판매량 목표의 설정	⑥ 판매목표를 달성할 수 있는 국가의 우선순위 결정
⑦ 경제적인 생산국의 우선순위 결정	⑧ 하부구조에 대한 투자비용 견적
⑨ 적절한 로지스틱(logistics) 유형 평가	⑩ 컨트리 리스크(country risk)
⑪ 매년 추가 투자 일정 수립	⑫ 자금흐름과 현재 순가치의 계산
⑬ 투자의 한계 고려	⑭ 투자계획과 판매량 목표의 일치

(1) 전략수행기간의 설정

전략수행기간의 설정은 의사결정자가 선택할 수 있다. 투자가 경직화되는 경우는 단기계획이 유리하다. 반면에 전략을 장기간에 걸쳐 수행할 경우는 중간이윤이 불투명해지고 시장상황도 변동할 여지가 있으며 의사결정의 결과도 예측하기 어렵게 된다. 그러므로 일반적으로는 기간을 4년 내지 5년으로 설정한다.

(2) 시장수용의 판단

시장수용의 평가는 개별 시장에 대한 목표를 설정함으로써 시작되고 이러한 목표를 달성하기 위한 투자와 활동 무대를 결정함으로써 시행된다. 시장에 대한 목표 설정은 시장에 대한 수요와 경쟁을 예측하여야 하고 시장 성장에 대한 세련된 예측 기법이 필요하다. 어떠한 예측 기법을 사용하더라도 자료는 지난날의 실제 수요와 수요의 결정 요인이 포함되어야 하고 이것을 바탕으로 하여 장래의 수요를 판단한다.

(3) 경쟁력의 평가

전략의 핵심은 경쟁력이다. 세계적 전략은 경쟁 상대자보다 지속적인 경쟁상의 우위를 확보하도록 계획되어야 한다. 이 경우 계획은 경쟁이 없는 곳에 우선순위가 놓인다.

(4) 시장의 구분

시장수용의 판단과 경쟁력 평가가 이루어지면 그 다음 단계로서 가장 중요한 각 시장에 대한 침투 규칙을 결정해야 한다. 이러한 규칙은 판매량 목표에 따른 나라별 시장을 구분하는 것이다. 일단 시장이 구분되면 각 시장에 판매량이 할당된다. 이러한 목표는 시장의 특성과 그 시장에서 기업이 처한 현재 입장에 따라 다르다.

(5) 공급, 생산 및 투자지역의 선정

원자재로부터 소비자에게 인도하는 원자재의 공급 체계는 비용을 최소화하도록 해야 한다. 한편 시장에 접근을 규제하기 위한 현지국의 사정으로 인해 현지생산이나 라이선싱을 요구하는 시장도 있다.

(6) 컨트리 리스크(country risk)의 고려

현지국에 따라서는 외국인의 자산에 대한 강제수용(expropriation)이나 제한(restriction)을 하는 경우와 수익을 감소시키는 규제 조치를 취하는 경우가 있다. 경영전략 수립 과정에서 이러한 위험(risk)에 대한 고려가 있어야 한다.

(7) 자금흐름(cash flow)의 비교

세계 전략 수립 과정의 마지막은 컨트리 리스크를 감안하고 투자 전략을 고려한 자금흐름을 비교하는 것이다. 이 경우에 전 기간에 걸친 자금흐름의 현재가치가 가장 높은 계획이 채택된다.

4. 글로벌 전략의 선택

국내기업의 의미가 퇴색하고 있고 전 세계시장을 목표로 범세계적인 경쟁(global competition)이 보편화되고 있는 현재의 기업환경에서 범세계적 경쟁을 전개하고 있는 기업이 가치 활동의 배열과 조정을 통해 택할 수 있는 가능한 전략적 대안은 5가지로 나누어볼 수 있다.

글로벌 전략의 5가지 대안
저원가 전략, 차별화 전략, 집중화 전략, 보호시장 추구 전략, 현지국 시장 상황에의 적응 전략

(1) 범세계적 저원가 전략(global cost leadership)

제품의 차이나 원산지(country of origin)에 큰 비중을 두지 않는 고객을 대상으로 폭 넓은 제품라인의 판매와 시장 활동을 전개하는 전략으로 기업의 경쟁우위를 저원가를 바탕으로 한 가격경쟁에 둔다. 예를 들어, 일본의 도요타, 현대 중공업의 선박 건조 등이다.

(2) 범세계적 차별화 전략(global differentiation)

세계 곳곳에 여러 종류의 제품들을 판매하되 기술이나 품질 면에서 차별화를 이룩함으로써 더 높은 가격을 받도록 하는 전략이다. 예를 들어, IBM의 차별화

전략을 들 수 있다.

(3) 범세계적 집중화 전략(global focus)

특정 산업별로 세분화된 시장을 대상으로 범세계적 판매활동을 집중적으로 전개하는 전략이다. 예를 들어, 조선업에서의 특수 선박, 여객선 판매 등이다.

(4) 현지국의 보호시장(protected niche) 추구 전략

특정산업을 보호하기 위해 현지국 정부가 고율의 관세나 쿼터 및 국산 부품 사용 의무 등을 부과하면 기업의 독특한 시장 지위는 곧 현지 정부의 정책에 의해 형성되며, 이러한 시장을 추구하는 전략을 말한다.

(5) 현지국 시장 상황에의 적응 전략(market responsiveness)

산업이 범세계화되고 있지만 국가 간 차이에 따라 나타나는 여러 상황에 적응하는 전략으로서 기업이 이러한 전략을 사용하는 것은 범세계적 배열(configuration)과 조정(coordination)에 물리적, 기술적, 경제적 장애가 존재하기 때문이다. 예를 들어, 노르웨이 조선소의 쇄빙선 제작 등이다.

		지리적 영역	
		범세계적 전략	개별국가시장 침투전략
산업 세분화 영역	다수 세분시장	• 범세계적 저원가 전략 • 차별화 전략	• 보호시장 추구 전략
	소수 세분시장	• 범세계적 집중화 전략	• 현지국 적응 전략

[그림 14-1] 범세계적 산업의 전략 대안

5. 마이클포터의 글로벌 경영전략

마이클포터(Michael. E. Porter)는 투자수익률을 높이고 장기적으로 산업 내에서 자신의 위치를 지키며 경쟁 기업을 누르기 위한 본원적 전략(generic strategy)의 유형을 다음 3가지로 구분하였다.

<table>
<tr><td colspan="2"></td><td>제품의 특성들</td><td>원가우위</td></tr>
<tr><td rowspan="2">전략적 목표</td><td>산업 전체</td><td>차별화</td><td>저원가</td></tr>
<tr><td>산업의 특정 부문</td><td colspan="2">집중화</td></tr>
</table>

[그림 14-2] 세 가지 본원적 전략

(1) 원가우위 전략(low cost leading strategy)

저원가 전략의 우위는 경험 곡선의 개념을 기본 전제로 하여 특정기업에서 원가를 낮추기 위한 일련의 기능별 정책을 통해 산업 내에서 원가상의 우위를 달성하는 것이다. 원가상의 우위를 확보하기 위한 구체적인 방법으로는 적정규모의 설비, 건설, 경험에 의한 원가절감 추구, 원가와 총 경비에 대한 엄격한 통제, 기술개발, 서비스, 광고 등에 있어서 원가 최소화 등을 들 수 있다. 저원가 전략은 그 이전의 경쟁 형태가 다른 것이었거나, 경쟁 기업이 원가 최소화의 필요성을 인식하지 못하였거나 또는 이러한 준비가 갖추어지지 않은 사업에서 혁신을 일으킬 수 있다.

(2) 차별화 전략(differentiation strategy)

차별화 전략은 기업이 제공하는 제품이나 서비스를 차별화함으로써 산업 전반에 걸쳐서 그 기업이 독특하다고 인식될 수 있는 그 무엇을 창출하는 것이다. 차별화의 방법으로는 고객에 대한 서비스, 디자인, 상표 이미지와 기술 등 여러 가지 방법이 있을 수 있다. 그 이점으로는 고객에 대한 상표충성도(brand royalty)와 가격의 비탄력성으로 경쟁에 시달리지 않고 이윤을 증가시키므로, 낮은 원가체계를 반드시 갖지 않아도 된다는 것이다. 또한 경쟁 기업은 고객충성도 및 차별화된 기존 산업의 특성을 극복해야 하는 필요성 때문에 진입장벽이 높아진다.

(3) 집중화 전략(focus strategy)

집중화 전략은 특정 구매자 집단이나 제품라인의 일부분 또는 특정 지역을 집중적으로 공략하는 전략이다. 저원가 전략이나 차별화 전략이 산업체를 대상으로 한 전략임에 비하여 집중화 전략은 특정 시장에만 전략을 집중한다. 집중화 전략은 광범위하게 경쟁하는 경쟁 기업보다 좋은 전략 시장을 중점적으로 공략하는 것이 보다 효율적이고 효과적임을 전제로 한다.

6. 글로벌 경영전략의 우위원천

글로벌 경영전략의 우위원천
비용우위, 차별화 우위, 기술우위

20세기 초까지만 해도 무역 경쟁만이 국제 경쟁의 유일한 형태로 존재하였으나, 제2차 세계대전 이후 다국적기업이 등장하면서 과거와는 다른 경쟁 양상이 전개되었다. 이러한 기업환경 변화에 대한 성공적인 글로벌 경영전략 수립을 위한 원천을 경쟁우위(competitive advantage) 개념을 통해 설명하면, 경쟁우위는 기업 내에서 국제적 분업과 재정거래 활동(arbitrage activities)을 전개할 수 있을 경우에 얻어진다고 할 수 있다. 즉, 기업이 전 세계적인 관점에서 가치창출을 위한 기업활동을 배열하고, 조정함으로써 획득된다.

경쟁우위의 개념은 마이클 포터에 의해 도입되었다. 그는 기업이 수행하는 설계, 생산, 마케팅, 기타 지원활동 등이 사슬처럼 연결되어 수행됨으로써 기업의 가치창출이 이루어지는 가치사슬(value-chain)의 개념을 도입하였다. 즉, 가치사슬상의 각 가치활동의 범세계적인 배열과 조정을 통해 기업 내의 국제분업과 재정거래활동이 이루어지고 이를 통해 기업의 경쟁우위가 획득된다고 하였다.

과거에는 비교우위를 바탕으로 하는 무역경쟁이 이루어졌으나 비교우위는 기업이 가치창출을 위해 투입하는 여러 활동 중에서 생산이라는 특정 활동이 이루어지는 국가에 대해서만 설명을 하고 있다. 그러므로 시간이 경과함에 따라 다른 나라로 이전하기가 어려워질 가능성이 크다는 점에서 기업 특유의 우위인 경쟁우위의 개념을 통해 글로벌 경영전략을 수립해야 할 것이다. 경쟁우위를 얻을 수 있는 원천을 가치활동면에서 자세히 살펴보면 다음과 같다.

(1) 비용우위

기업의 원가우위는 가치 활동에 대한 비용 형태에 따라 결정되며, 원가 형태는 원가에 영향을 미치는 원가인자(cost driver)에 따라 변한다. 기업의 가치 활동에 영향을 미치는 주요 원가인자로는 규모의 경제, 학습, 생산, 능력의 이용 패턴, 연계 및 통합, 타이밍, 입지, 제도적 요인 등이 있다.

(2) 차별화 우위

차별화는 기업이 갖는 주요한 경쟁우위요소로 차별화의 정도에 따라 산업구조가 결정된다. 제품의 차별화를 기업이 이루기 위해서는 모든 활동이 동원되어야 하며, 총비용면에서 차지하는 원가가 아주 작은 가치 활동이라도 차별화에 큰 영향을 미칠 수 있다. 차별화의 주요 요인으로는 우수한 요원의 훈련, 독립적인 품질보증 장치, 신속하고 신뢰성 있는 수송 체계, 제조공정에 대한 적절한 공급 및 최적의 요소 투입, 우수한 경영정보시스템, 최고경영자의 판매지원 등 매우 다양하다.

(3) 기술우위

기술변화는 경쟁을 촉진하는 주요 요인으로 새로운 산업을 창출하거나 산업구조를 변화시키는 데 큰 영향을 미친다. 하지만 기술개발 자체가 기업의 수익성을 제고하는 것은 아니고 개발된 기술이 기업에 경쟁우위를 가져다주어야 한다.

마이클포터는 기업에 경쟁우위를 유발시키는 기술 변화의 바람직한 방향으로 기술적 변화가 원가를 낮추거나 차별화의 수준을 높이면서 기술적 우위가 지속될 때, 기업에 유리한 방향으로 원가요소를 변화시킬 때, 선도적인 시장진입전략의 우위를 제공할 때, 전반적인 산업구조를 변화시킬 때 등을 제시하고 있다.

생각하기 : 마이클포터의 경쟁관계분석

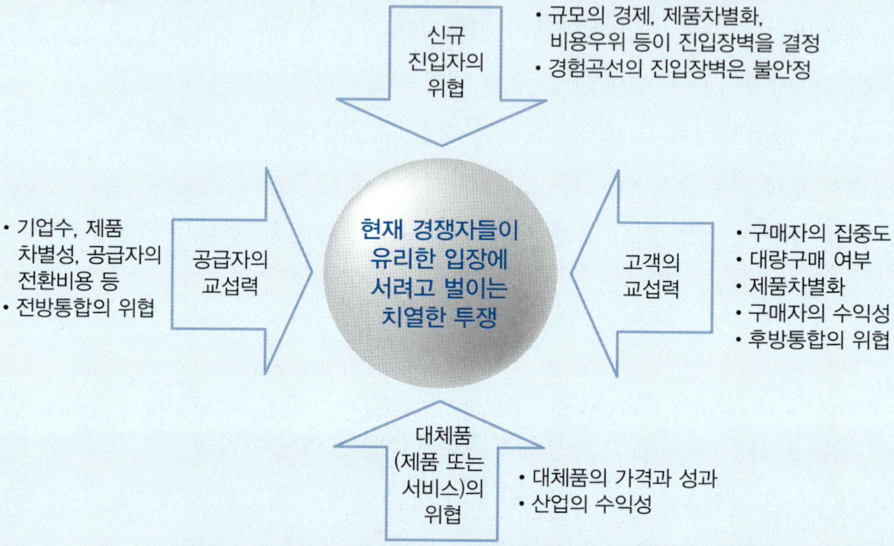

1. 신규진입자의 위협

특정 산업에 신규진입할 때에 기업은 엄청난 양의 자원, 새로운 능력 개발 등을 수반하여야 한다. 또한 현재 존재하는 진입장벽과 예상 가능한 경쟁세력의 대응에 따라 진입 위협의 심각성이 좌우된다.

① 규모의 경제: 규모의 경제로 인해 신규진입자에게 대규모 진입만 허용하거나 억지로 비용 불이익을 감수하도록 하여 진입을 포기하도록 한다. 유통, 금융 등 거의 모든 분야에서 장애물로 작용한다.

② 제품차별화: 신규진입자에게 브랜드 인지도는 대규모 자금이 충당되는 장벽이다. 따라서 광고, 고객 서비스, 제품차별화 등은 브랜드 인지도를 높이는 요소로서 큰 장벽으로 작용한다.

③ 요구 자본: 대대적인 광고나 R&D 경쟁에서 대규모 금융 자원 투자가 필요하다. 이것은 또 하나의 진입장벽이다. 거대자본이 필요한 특정 분야에서는 잠재진입자의 수를 제한한다.

④ 규모에 의한 비용 불이익: 탄탄한 기업은 경쟁자의 규모와 그로 인한 규모의 경제에 관계없이 경쟁자보다 비용우위가 있다(예를 들어 학습곡선 효과[1]). 이것은 때때로 특허로 보호되는 법적인 강제력을 갖기도 한다.

⑤ 유통채널에 대한 접근: 신규진입자는 자신의 제품과 서비스 유통을 보호해야 한다. 하지만 기존 경쟁자가 유통채널을 장악하고 있어 해당 산업으로의 진입은 힘들어질 수 있다. 따라서 신규진입자가 자신만의 유통망을 만드는 것도 하나의 방법이다.

⑥ 정부 정책: 정부는 허가 요건이나 원재료에 대한 접근 제한 등의 방법으로 신규 산업의 진입을 제한하거나 금지할 수 있다.

1) 학습곡선은 제조분야에서 널리 사용되는 개념이다. 즉, 신제품의 단위당 생산비용이 초기에는 보통 높지만, 시간이 경과함에 따라 전체적으로 프로세스가 더 효율적으로 수행되고 생산원가도 낮아진다는 것이다.

⑥ 정부 정책: 정부는 허가 요건이나 원재료에 대한 접근 제한 등의 방법으로 신규 산업의 진입을 제한하거나 금지할 수 있다.

2. 공급자와 고객(기업 및 소비자)의 교섭력

공급자는 구매상품이나 서비스의 값을 올리거나 질을 낮춤으로써 교섭력을 행사할 수 있다. 따라서 막강한 공급자는 비용상승을 가격에 전가하기 어려운 산업에서도 수익성을 낼 수 있다.

〈공급집단이 교섭력을 갖는 경우〉

① 소수 기업이 공급자 집단을 통제하고 판매 대상 산업에 집중하고 있는 경우(기업 수)

② 특정 산업에서 전방통합[2]의 위협이 있을 경우. 이는 구매하는 제품의 판매 조건을 개선하려는 산업의 능력에 대항할 수 있는 견제 수단을 제공한다. (전방통합의 위협)

③ 산업이 공급집단의 주고객이 아닌 경우

④ 제품이 유일무이하거나 차별성이 있거나 전환비용이 수반되도록 만든 경우(제품차별화, 공급자의 전환 비용 등)

⑤ 산업이 공급집단의 주 고객이 아닌 경우(산업의 중요도)

〈구매자집단이 교섭력을 갖는 경우〉

① 구매자집단이 집중되어 있거나 대량구매할 경우(구매자의 집중도, 대량구매 여부)

② 특정 산업에서 이들이 구매한 제품들이 표준화되어 차이가 없는 경우(제품차별화)

③ 특정 산업의 제품이 구매자가 요구하는 제품이나 서비스 질에 만족스럽지 않을 경우

④ 특정 산업 제품이 구매자의 돈을 절약하지 않을 경우

⑤ 특정 산업에서 구매한 제품이 구매자 제품의 부품이며 제품원가에서 차지하는 비중이 클 경우

⑥ 구매원가를 낮추기 위해서 상당한 심혈을 기울일 정도로 구매자의 수익성이 낮을 경우(구매자의 수익성)

⑦ 구매자가 그 산업 제품을 만들기 위해 후방통합[3]을 하려고 신빙성 있게 위협할 경우(후방통합의 위협)

3. 대체품의 위협

① 부과할 수 있는 최고가격을 책정함으로써 대체 상품이나 대체 서비스는 산업의 성장을 제한한다.

② 대체품이 제시하는 가격과 성과의 상쇄관계가 매력적일수록 그 산업의 잠재수익의 한계 또한 명확해진다.

③ 전략적으로 주목받을 만한 대체품은 산업제품으로 가격과 성과의 상쇄관계를 높이는 것, 높은 수익을 내는 산업분야에서 생산하는 것이다.

④ 대체품은 그 상품의 개발로 인해 산업 내 경쟁이 증가되고 가격인하 또는 성능개선을 유발할 때 시장에 빠르게 진입한다.

2) 가치사슬상의 하위활동분야로 진출함. 예를 들어, 제조업체가 유통업체를 인수함. 소비자 쪽의 통합

3) 가치사슬상의 상위활동분야로 진출함. 예를 들어, 제조업체가 원자재의 일부를 직접 생산함. 공급자 쪽으로의 통합

4. 치열한 포지셔닝 싸움(기존의 경쟁사들 사이의 경쟁 정도)

① 경쟁자가 다수이거나 규모와 힘이 거의 같은 경우
② 성장은 느리지만 팽창 지향적인 구성원이 시장점유율을 높이기 위해 치열하게 투쟁하는 산업
③ 규모 확장이 엄청난 생산량 증가를 몰고 올 경우[4)]
④ 퇴출장벽이 높은 경우
⑤ 성장은 느리지만 팽창 지향적인 구성원이 시장점유율을 높이기 위해 치열하게 투쟁하는 산업
⑥ 경쟁자의 전략, 창업 지원, 성격 등이 다양한 경우

제2절 국제마케팅 관리

1. 국제마케팅 관리의 개요

(1) 국제마케팅의 필요성

국제마케팅
국제적인 시장 개척을 위한 전략으로, 상품수출을 중심으로 하는 수출마케팅은 물론, 외국기업에 특허권 · 상표 및 기술적 지식 등의 사용을 허가해주는 사용허가 계약 또는 외국에서의 자사제품의 생산 판매체계를 확립하는 활동을 통칭

세계경제시장의 기업환경은 1995년 WTO 출범에 따른 새로운 무역질서의 대두와 세계경제의 지역적 블록화의 심화 및 금융질서의 변화 등으로 그 어느 때보다 다양하고 급격한 변화를 맞고 있다. 더욱이 미국을 비롯한 선진국가들은 WTO 체제 이후 세계 각국의 금융, 보험, 자본상품에 대한 시장개방 압력과 국내기업에 대한 보조금 및 국내산업에 대한 세제금융상의 지원을 철폐하도록 압력을 가하고 있다.

또한 지역주의를 중심으로 하는 EU, NAFTA, ASEAN과 같은 지역경제의 블록화가 심화되어 자국의 이익을 앞세우는 무역규제가 더욱 강화되고 있으며, 국제금융환경의 동태적 변화와 내수시장 위험 증가는 적극적인 수출과 해외투자를 중심으로 하는 국제마케팅을 요구하고 있다.

글로벌 시장에 진출한 많은 기업들은 본국에서 성공한 경영방식을 많이 사용하지만, 진출한 국가의 문화, 가치관, 라이프스타일 등에 맞춰 현지화하여 성공하는

4) 기업은 이와 같은 요소들과 공존해야 하지만 전략의 변화를 통해 문제를 개선시킬 수 있다.(예를 들어, 구매자의 전환비용 상승, 제품차별화 극대화)

글로벌기업들도 많다. 글로벌기업은 마케팅 4P, 즉 제품, 가격, 유통, 촉진 믹스를 통하여 다양한 전략적 대안을 취한다. 제품의 경우 비용상의 문제 및 해당 시장의 요구 수준에 따라 표준화와 현지화의 수준을 결정한다. 가격의 경우 고급제품은 주로 표준화를 시행하지만 해당 국가의 소득 수준이나 경쟁상황에 따라 현지화 정책을 시행한다. 유통 및 촉진의 경우 해당국가의 시장상황, 유통구조 그리고 비용문제 및 문화 성향에 영향을 받는다.

(2) 국제마케팅의 유형

국제마케팅은 한 국가 이상의 국경을 넘어 소비자 또는 사용자에 이르기까지의 상품 내지 서비스의 유통과정을 결정하는 기업활동의 수행이라고 할 수 있다. 국제마케팅은 각 기업의 대상 시장, 마케팅 대상 및 전략, 경쟁대상 및 형태 등에 따른 활동범위와 이윤지향, 시장확보, 고객지향, 통합적 관리추구 등의 마케팅의 목표 중 어느 부분에 집중하느냐에 따라 다양하게 구분된다.

국제마케팅 유형
수출마케팅, 해외마케팅, 다국적마케팅, 다지역마케팅, 글로벌마케팅

1) 수출마케팅

수출마케팅(export marketing)은 국내마케팅에서 국제마케팅으로 확장되는 첫 단계이다. 수출마케팅 분야는 기업이 국내시장 이외의 지역에 제품을 판매하고 하나의 시장(국가)에서 다른 시장(국가)으로 제품을 선적하는 것과 관련된 모든 마케팅활동을 포함하는 것이다. 마케팅 조사를 통하여 적정 시장/국가를 선정하고, 수출시장의 수요충족을 위하여 적절하게 제품을 변경하며, 제품의 마케팅이 가능한 적정 해외시장을 통하여 수출경로를 개발하는 등의 활동이 필요하다.

2) 해외마케팅

해외 마케팅(foreign marketing)은 수출마케팅의 다음 단계이다. 자국에서 생산된 제품을 단순히 수출만 하는 것이 아니라 합작투자, 국제라이선싱 등을 통해 현지에서 생산하거나 현지에서 판매하는 단계이다. 이는 기업이 현지시장의 내·외부에 있는 해외생산기지로부터 해외시장에 침투하는 경우로서, 해외 자회사의 현지마케팅에 초점을 맞춘다.

3) 다국적마케팅

다국적마케팅(multinational marketing)은 다국적기업이 복수의 해외시장을 대상으로 수행하는 마케팅활동으로 해외시장 개입이 많고 막대한 투자, 현지소비자의 특성에 보다 많이 적응하는 단계이다. 해외에서 광범위하게 자산을 확장하는 다국적기업들은 해외 국가/시장에서 현지기업과 동일하게 사업을 영위한다. 이로써 국가별 전략이 나타나는데 이를 다국가 전략이라고 하며, 다국적기업은 특정 개별국가의 현지시장에 맞는 수많은 개별전략들로 경쟁을 한다.

4) 다지역 마케팅

현지의 요구에 적응하는 개별 국가별 마케팅 전략에서 규모의 불경제가 존재하는 경우에는 개별국가보다는 보다 확장된 지역을 위한 전략이 부각된다. 다지역 마케팅(multiregional marketing) 전략은 지역국가들의 정치 · 경제적 통합에 대한 기업의 대응으로서 나타났다. 예를 들어, 유럽의 경제통합으로 인하여 많은 기업들이 유럽에서의 마케팅 활동 수행 시 다국가 전략에서 서유럽지역을 포괄적으로 다루는 범유럽 전략으로 전환하고 있다. 다지역 마케팅 전략을 고려하는 기업들은 효율성 증대를 목적으로 세계 모든 국가보다는 특정 지역에서의 사업활동을 결합하려고 한다.

5) 글로벌 마케팅

글로벌마케팅(global marketing)은 마케팅의 활동영역이 세계로 확산되는 상태이다. 전 세계를 하나의 동질적 시장으로 간주하고 표준화된 제품을 동일한 방법으로 제조 · 판매하는 글로벌기업의 마케팅활동으로 소비유형의 동질화 현상에 기인하여 표준화된 방법으로 접근한다.

일반적으로 국제마케팅은 수출마케팅, 해외마케팅, 다국적마케팅, 다지역마케팅, 글로벌마케팅을 모두 포함하는 개념이라고 할 수 있다. 즉, 해외시장진출과 관련된 모든 마케팅활동을 국제마케팅에 포함시킬 수 있다.

2. 국제마케팅 관리절차

(1) 국제마케팅 관리단계

1) 국제마케팅 계획

국제마케팅 계획은 국제마케팅 관리의 기초단계이다. 따라서 정확한 국제마케팅 계획이 수립되었을 때 국제마케팅 관리도 올바르게 수행할 수 있다.

2) 국제마케팅 조사

국제마케팅 조사는 제품, 가격, 판매경로, 판매촉진방법 등에 관한 조사로서 국제마케팅 정보시스템을 통해 이루어진다. 국제마케팅 조사는 정보의 수집, 분석, 기록의 단계를 거친다.

3) 국제마케팅 조직

국제마케팅 조직은 국제마케팅 관리자가 관리해야 할 관리체계이다. 국제마케팅 조직은 국제마케팅 계획을 합리적으로 수행하기 위한 관리수단이다.

4) 국제마케팅 통제

국제마케팅 통제는 국제마케팅 관리의 최종 단계이다. 목표를 달성하기 위하여 설정한 계획이 원안대로 수행될 수 있도록 계획과 결과와의 차이를 비교하며 수정하는 관리활동이다.

(2) 국제마케팅 전략 수립과정

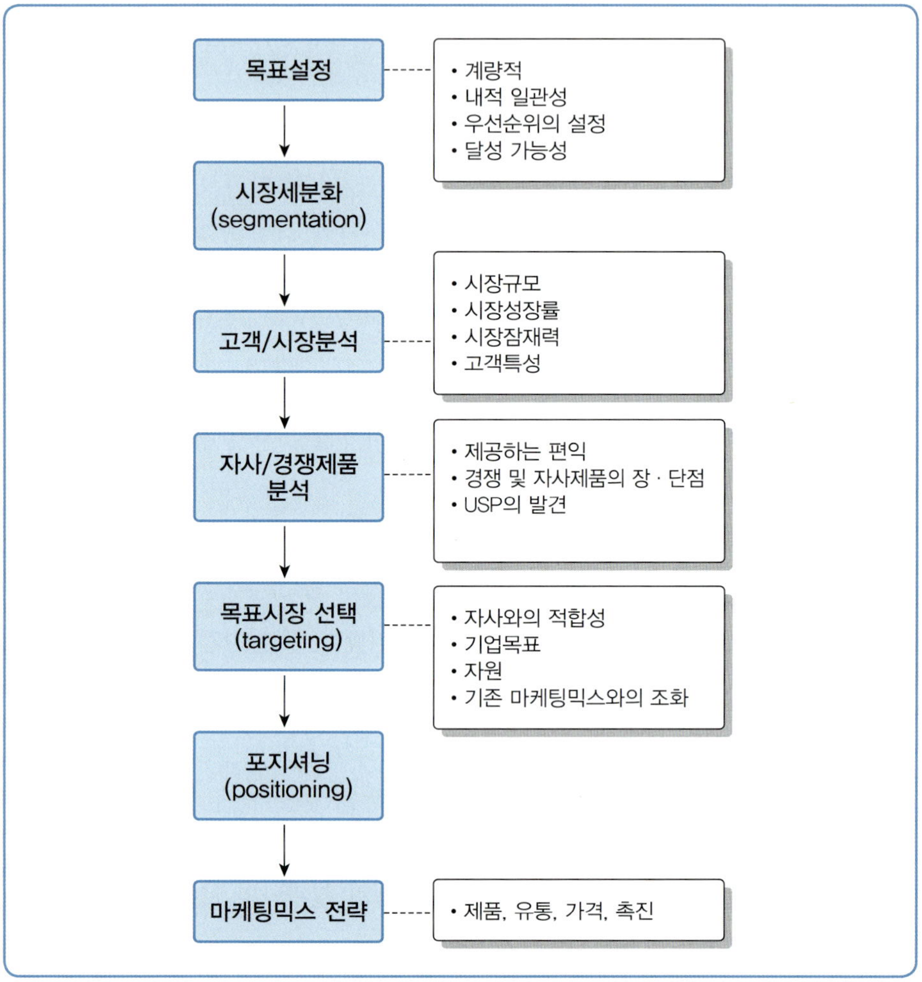

[그림 14-3] 국제마케팅 전략 수립 절차

국제마케팅 전략 수립은 기업의 미션(사명)과 목표를 수립하고 전사적 또는 사업부 수준의 전략을 수립한 후, 그 전략적 목표하에 일관성 있는 마케팅 목표를 세우는 것으로 시작된다. 마케팅 목표는 명확한 목표시장의 선택, 경쟁사의 철저한 분석과 함께 이루어지며, 이것들은 구체적인 마케팅 믹스(가격, 제품, 유통, 촉진)에 관한 계획을 결정한다.

마케팅 환경은 거시환경과 미시환경으로 나누어볼 수 있다. 법/정치, 사회, 문화, 경제와 같은 거시환경요소들을 분석해야 하며, 고객(시장), 경쟁 등 미시환경요소를 고려해야 한다. [그림 14-3]은 마케팅 전략의 수립과정과 과정별 고려사항을 요약한 것이다. 시장분석 결과를 토대로 어떤 시장을 선택할 것인가를 결정한다. 즉, 시장의 매력도, 고객의 특성을 파악하면서 목표시장을 정한다. 고객들은 어떠한 편익을 얻기 위해 제품을 구매하는지를 분석하고 제품의 특징이 무엇인지, 경쟁사와 구분되는 차이점이 무엇인지를 분석한 후, 해당 제품이 시장상황에 적합한지를 검토하여야 한다.

시장분석에서 고객 및 시장의 특성, 시장에서의 경쟁상황 등을 분석하고 제품의 특성을 고려하여 적합한 시장을 선택하고 그 시장에서 경쟁적 우위를 확보할 수 있는 포지셔닝을 결정한다. 포지셔닝을 정확히 하고 나면 포지셔닝을 성공적으로 실행할 수 있도록 마케팅 전략을 수립한다. 지금까지 설명한 마케팅 전략의 수립 절차를 잘 표현하는 용어가 STP이다. 이는 Segmentation, Targeting, Positioning의 약어로 시장세분화, 목표시장의 설정, 포지셔닝의 순서를 따라 마케팅 전략이 수립된다는 것을 나타낸다.

3. 국제마케팅믹스 전략

(1) 국제마케팅믹스의 표준화와 현지화

마케팅믹스란 기업이 목표시장에서 마케팅 목표를 달성하기 위해 사용하는 통제 가능한 마케팅 수단[5]의 집합으로 정의할 수 있다. 그러므로 글로벌기업이 해외시장 진출 시 활용할 수 있는 마케팅믹스의 표준화와 현지화 전략은 4P의 적절한 배합에 따라 다양한 전략적 대안이 가능해진다. 일반적으로 기업은 가능하면 여러 국가들을 대상으로 국제마케팅믹스를 표준화하려고 한다. 표준화는 생산과 촉진비용에 있어 규모의 경제, 국제간 통일된 이미지의 표현, 아이디어와 경험의 용이한 이전뿐만 아니라 해외자회사 간 원활한 조정과 통제 등과 같은 이점을 향유할 수 있다.

> **마케팅믹스**
> 기업이 목표시장에서 마케팅목표를 달성하기 위해 사용하는 통제 가능한 마케팅 수단(제품, 가격, 촉진, 유통)의 집합

그러나 국제마케팅믹스의 범세계적인 표준화 전략이 항상 실행 가능하고 바람

5) 통제가 가능한 마케팅 수단은 제품, 가격, 유통, 촉진을 말한다. 통제가 불가능한 요소는 정치, 법률, 문화적 환경 등을 말한다.

직한 것은 아니다. 규제에서부터 상이한 소비자의 기호까지 표준화의 이점을 상쇄시키는 비용도 무시할 수 없다. 따라서 현지시장의 환경 및 상황에 따라 국제마케팅믹스의 적절한 현지화 전략이 요구된다. 구체적으로 소비자의 반응패턴, 구매형태, 미디어선택, 생활방식, 조직구조에 있어 상이성과 각국별로 나타나는 소비자행동의 이질성은 마케팅 프로그램을 수정할 필요성을 제고시키고 있다. 전형적으로 기업이 목표로 하는 소비자의 범위가 넓으면 넓을수록 마케팅 프로그램을 현지시장에 맞게 수정하여 적응시켜야 한다. 또한 제품내용물 및 포장과 관련한 정부 또는 무역규제의 존재는 프로그램의 수정을 필요로 한다.

(2) 제품의 표준화와 현지화

1) 제품의 표준화

제품의 표준화
각국 시장의 환경 차이에 관계없이 동일화된 표준제품을 판매하는 것

각국 시장의 환경 차이에 관계없이 동일화된 표준제품을 판매하는 것을 말한다. 표준화는 크게 국내에서 판매하던 기존 제품을 그대로 글로벌시장에 가져가는 방법과 글로벌시장에 적합한 표준화된 제품을 개발하는 방법이 있다.

2) 제품의 현지화

제품의 현지화
현지시장의 기후, 사용 조건, 제품선호도 등의 차이가 존재할 경우 현지시장에 적합하게 수정 적응하는 것

현지시장의 기후, 사용 조건, 제품선호도 등의 차이가 존재할 경우 현지시장에 적합하게 수정 적응하는 것을 말한다.

3) 글로벌기업의 제품표준화 이유

① 규모의 경제 : 제품표준화의 최대 장점으로서 생산입지를 한곳에 집중함으로써 생산량이 증대하고, 단위당 비용이 감소하는 규모의 경제를 누릴 수 있다.

② R&D(연구개발)의 경제성 : 표준화된 제품을 글로벌시장에 판매할 경우 현지화에 비해 단위당 연구개발비가 낮아진다.

③ 마케팅의 효율화 : 표준화된 제품을 글로벌시장에 판매할 경우 현지화에 비해 훨씬 효율적인 마케팅활동이 가능하다.(예를 들어 이전효과)

④ 소비자의 상표 충성도 : 해외여행이 빈번한 소비자일 경우 소비자들의 상표 충성도를 최대한 활용할 수 있다.

4) 제품의 현지화가 필요한 이유

제품표준화의 장점에도 불구하고 제품의 현지화가 필요한 이유는 해외 시장 간의 차이 때문이다. 기후, 온도 등 사용 조건이 상이할 뿐만 아니라 구매력, 제품선호도, 경쟁 상황, 제품수명주기 등 시장 여건이 다르기 때문에 동일한 제품을 글로벌시장에서 판매하기가 사실상 어렵다.

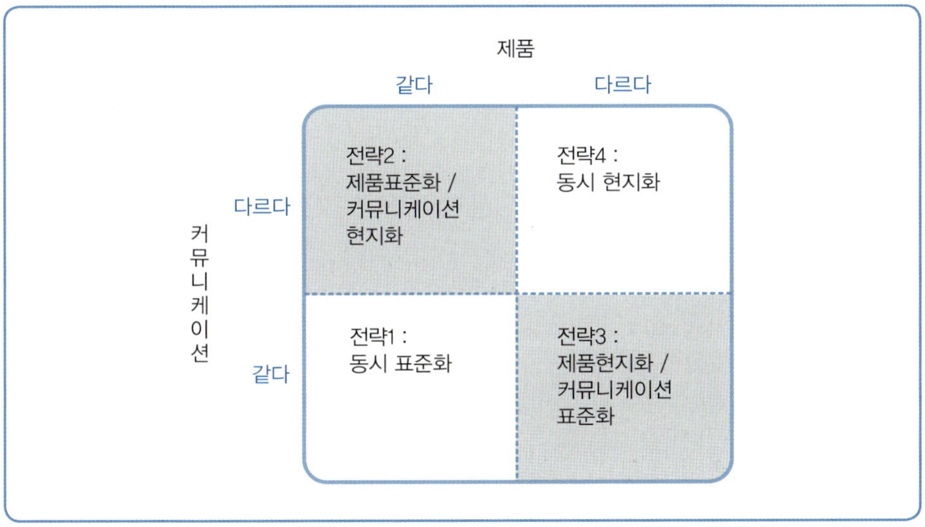

[그림 14-4] 제품의 표준화와 현지화

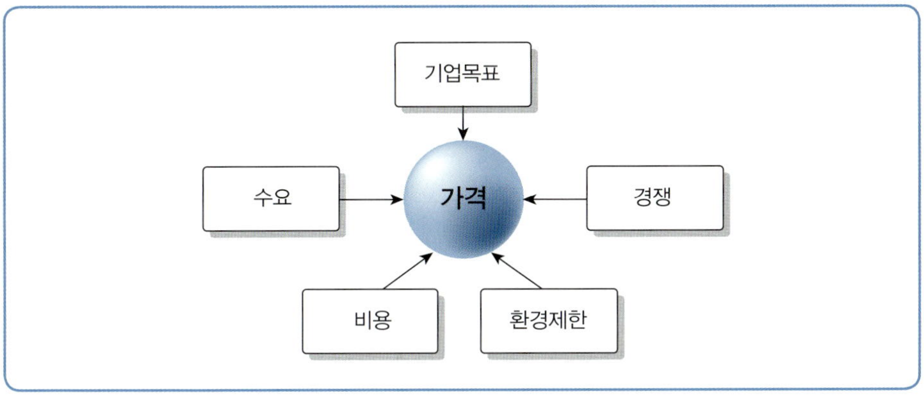

[그림 14-5] 글로벌 가격전략 영향 요인

(3) 가격의 표준화와 현지화

글로벌기업은 운송비, 수요 조건과 가격탄력성, 경쟁제품과 대체품의 가격, 관세 및 가격규제와 같은 요인으로 각국별로 가격현지화, 즉 차별화 정도를 결정한다. 예를 들어, 소득수준이 낮거나 경쟁이 치열할 경우 가격탄력성이 높은 국가에서는 가격을 낮게 책정하고, 가격탄력성이 낮은 국가에서는 가격을 높게 책정한다. 반면, BMW와 벤츠는 선진국, 후진국 모두 높은 가격의 동일한 가격 정책으로 고급 자동차라는 제품으로 포지셔닝하고 있다. 표준화된 가격정책의 일관성은 주로 가격이 비싼 고급 제품에 많이 나타난다.

Tip

- **시장침투전략(penetration pricing)**

  초기에는 저가전략, 시간이 흐름에 따라 단계적으로 가격을 높임
  효과 : 구전효과(word-of-mouth), 진입장벽 구축, 원가우위 확보, 산업의 표준
  문제점 : 가격품질연상(price-quality association)
  준거가격(reference price)이 낮아짐

- **스키밍 가격전략(skimming pricing)**

  초기에는 고가전략, 시간이 흐름에 따라 단계적으로 가격을 낮춤
  효과 : 유보 가격이 서로 다른 여러 세분시장을 단계적으로 공략하여 이익 극대화
  이상적 조건 : 프리미엄 가격을 지불할 세분시장이 존재, 제품수명주기 도입기
  문제점 : 미래 가격에 대한 기대심리

(4) 유통의 표준화와 현지화

유통구조는 마케팅믹스 중에도 가장 높은 수준의 현지화가 필요한 부분이다. 일반적으로 유통전략은 현지유통업자와 직접 교섭하고 조정하는 경우가 많아 현지 자회사에 권한을 위임한다. 예를 들어, 로만손은 해외진출 초기에 해외 유통상을 엄선하여 1국 1바이어 원칙을 세워 해당 현지국의 대표 유통상으로 지정하였으며, 이들에게 적극적으로 지원을 하였다. 이런 방법은 유통경로상의 혼선을 피하고 유통의 표준화를 통한 조정 및 통제가 용이하다.

유통의 현지화는 유통채널이나 유통구조의 국가 간의 차이에 따라 유통의 현지화가 필요한데 소비자의 쇼핑 패턴 또한 유통 현지화에 영향을 준다. 예를 들면,

미국 소비자는 한 번에 대량구매 경향이 있으며, 이에 따라 대형할인점이 일반화된 반면, 소규모 구매가 많이 일어나는 개발도상국의 경우 소규모 상점에서 구매가 주로 이루어진다. 일본의 경우 전통적으로 저축을 중요시하고 주택 또한 크기가 작은 편이다. 따라서 물건을 저장할 공간이 충분하지 않다. 식생활은 신선도가 중요한 채소, 생선 위주로 소비한다는 것 등을 감안하면 일회 대량구매보다는 동네 상점에서 조금씩 구매한다고 추론할 수 있다.

(5) 촉진의 표준화와 현지화

현재 마케팅믹스 활동 중 가장 중요하게 대두되고 있는 것이 제품의 특성을 소비자에게 전달하는 촉진활동이다. 글로벌기업이 세계화를 추진하는 중 직면하는 과제 중의 하나는 기업의 광고를 표준화하느냐 현지화하느냐의 선택이다. 광고 표준화는 현지화에 비해 여러 가지 장점이 있는데, 가장 큰 장점은 본국에서 제작된 광고를 수정하지 않고 전 세계에 동일한 광고를 하면 각국마다 다른 광고를 할 때 나타날 수 있는 비용상의 이점과 기업 이미지를 동일하게 유지할 수 있다는 점이다.

4. 글로벌 생산관리

생산관리란 소정의 제품이 소정의 가격, 품질, 수량, 기일 등에 맞추어 생산이 완료될 수 있도록 합리적으로 생산활동을 계획 · 조직 · 통제하는 것을 말한다. 국제생산관리란 국제적 차원에서 생산활동을 계획하고 조직하며 통제하는 모든 행위를 지칭한다. 이는 단순히 제품생산만을 의미하는 것이 아니라, 제품생산에 필요한 원료의 확보에서부터 생산된 제품을 해외시장에 공급할 때까지의 모든 과정과 관련된 활동을 말한다.

(1) 글로벌 생산관리의 목적과 과제

글로벌 생산관리의 목적은 지역의 생산자원의 비교우위를 효율적으로 활용하여 국제경쟁력을 제고시키고자 하는 것이다. 이 목적을 달성하기 위해서는 생산입지결정, 생산의 규모와 범위, 글로벌 소싱, 글로벌 로지스틱스 등의 과제를 적절히 관리해야 한다.

1) 해외생산 입지선정의 고려 요인

① 첫째 현지국의 정책 제도 : 현지 정부의 정책 및 제도는 투자기업에 중요한 영향을 미친다. 특히 아직도 사회주의 이념을 고수하고 있는 중국, 베트남, 북한, 쿠바 등은 기본적으로 자본가에 대한 적대감과 노동자 제일주의를 갖고 있어 저임금을 겨냥한 외국기업에게 우호적이지 않다.

② 둘째 현지국의 기술 요인 : 현지의 원자재 부품 등의 현지 가용성에 맞추어 기술수준이 결정되고 생산공정도 변경될 수 있다.

③ 현지국의 생산인력 문제 : 개도국은 공장의 생산계획, 통제기능을 담당할 생산관리 요원을 구하기 힘들고 작업자들에게 올바른 생산기술을 익혀주고 건전한 작업태도를 심어주기 어렵다.

④ 현지국의 관련 산업 문제 : 해외생산은 현지의 관련 산업에 크게 영향을 받는다. 글로벌기업이 개발도상국에서 현지생산을 할 경우 원 · 부자재 구매 문제와 생산 문제에 당면하면 높은 원가와 저질의 제품으로 적자 발생 가능성이 높아질 수 있다. 따라서 글로벌기업은 선진국에서의 생산활동과 다르게 자금과 기술 등을 개도국의 현지 공급 업체에게 지원하여, 이들의 공급력을 향상시켜 원자재 부품 등을 공급받는 경우가 많다.

2) 글로벌 소싱

소싱(sourcing)이란 생산에 필요한 원재료 및 물품을 유리한 가격으로 필요한 시기에 적당한 공급자로부터 합리적으로 구입하기 위한 구매관리활동을 말한다. 여기에서 소싱의 대상이 되는 투입물은 생산요소, 원자재, 부품 및 완제품, 인적자원 등이다.

글로벌 소싱(global sourcing)은 생산에 필요한 모든 자원과 기술 정보 등을 특정 국가나 지역에서 조달하는 것뿐만 아니라, 전 세계를 대상으로 최적의 자원 기술 등을 찾아내어 활용하는 것을 의미한다.

> **글로벌 소싱**
> 생산에 필요한 모든 자원과 기술 정보 등을 특정 국가나 지역에서 조달하는 것뿐만 아니라, 전 세계를 대상으로 최적의 자원 기술 등을 찾아내어 활용하는 것

3) 글로벌 분업생산

글로벌 분업생산이란 복수의 해외공장을 상호 연계시켜 보완적인 생산활동을

전개하는 것을 말한다. 글로벌 분업생산은 제품 간 분업과 공정 간 분업으로 구분할 수 있다. 예를 들어, 고급제품은 본국 또는 선진국에서 제조하고, 저가품은 후진국에서 담당하는 것을 제품 간 분업이라 하고, 공정 간 분업은 고급 기술이 필요한 제품은 본국 또는 선진국에서 담당하고, 표준화된 기술이 필요한 공정은 개발도상국 또는 후진국에서 담당하는 것이다.

4) 글로벌 로지스틱스

글로벌 환경에서 기업들이 경쟁자들과 경쟁을 하여 우위를 차지하고 유지하기 위해서는 글로벌 로지스틱스가 잘 구축되어야 한다. 이를 통해 기업은 더 저렴한 비용을 들여 소비자들에게 자사의 제품을 소비할 수 있고 소비자 만족을 더 높일 수 있다.

① 직송시스템(direct system) : 본사로부터 고객에게 직송되는 시스템

② 보관시스템(warehousing system) : 현지의 지사 또는 자회사가 창고를 운영하는 경우 대량의 상품을 위탁판매 조건으로 반입하여 현지에 비축해두고 비축판매를 하는 것

③ 다국간 시스템(multi country system) : 상품을 생산공장으로부터 거점지역에 입지한 물류센터로 수송하고, 그곳에서 다시 각국의 자회사창고 또는 고객에게 배송하는 시스템으로 생산공장에서 대량의 상품을 물류센터로 보내 비축해두고 각 지역별로 배분하는 시스템

생각하기 : 캐즘(Chasm)

캐즘이란 첨단기술제품 또는 혁신제품의 상품개발 과정에서, 소수의 혁신적 성향의 소비자들이 지배하는 초기시장(initiation market)에서 실용주의자들이 지배하는 주류시장(mainstream market)으로 이행하는 단계 사이에 일시적으로 수요가 정체하거나 후퇴하는 단절 현상을 말한다. 이는 혁신성을 중시하는 소비자가 중심이 되는 초기 시장과 실용성을 중시하는 소비자가 중심이 되는 주류시장 사이에 일시적으로 수요가 정체하거나 후퇴하는 단절현상이다.

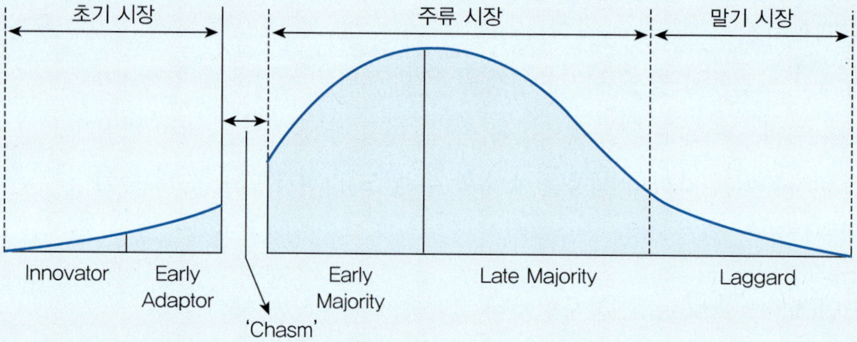

혁신제품에 대한 타깃별 5가지 유형의 소비자 구성원 및 특성

구분	특성
혁신수용자 (innovator)	• 기술 자체에 대한 높은 관심(기술 애호가) • 비싼 가격에 대한 지불 용의가 있음
선각수용자 (early adaptor)	• 신기술의 전략적 가치를 높이 평가(선각자) • 가격에 둔감한 편
전기 다수수용자 (early majority)	• 신기술 제품의 실용적 측면만을 중시(실용주의자) • 신기술이 완전제품(whole product)으로 숙성할 때까지 기다림
후기 다수수용자 (late majority)	• 전기 다수수용자를 인정하고 추종(보수주의자) • 유명 상표나 유명 업체를 중시하는 특성을 보임
지각수용자 (laggard)	• 첨단기술 분야에 도발적인 언동을 하거나 비평적임 • 잠재고객이라기보다 상존하는 비평가임

〈캐즘의 발생 원인〉

캐즘의 발생 원인은 혁신의 불연속성에서 해답을 찾아볼 수 있다. 불연속적인 혁신은 소비자들의 사용 방식이나 기존 인프라에 있어서 큰 변화를 요구한다. 따라서 캐즘은 선각수용자 집단과 실용주의자 집단 간 가치관의 근본적인 이질성 때문에 발생한다. 소비자집단은 그 행동과 태도에 따라 5개의 집단으로 구분된다. 각각의 집단은 서로 다른 시장을 형성한다.

첫 번째, 혁신자는 선각수용자와 함께 초기시장을 형성한다. 제품을 기준으로 혁신자가 자리 잡고 있는 곳이 발아기에 해당한다면 선각수용자는 유아기에 해당한다.

두 번째, 전기 다수수용자와 후기 다수수용자는 주류시장을 형성한다. 전기 다수수용자가 성장기를 차지한다면 후기 다수수용자는 성숙기를 차지한다.

세 번째, 지각수용자는 말기시장을 형성한다. 쇠퇴기에 해당되는 셈이다.

각각의 단계는 서로 부드럽게 연결되어 있지 않다. 발아기와 유아기 사이에는 간격이 존재한다. 유아기와 성장기 사이에도, 성장기와 성숙기 사이에도 그렇다. 그런데 각 간격 중에서 가장 문제가 되는 부분이 바로 유아기와 성장기 사이의 간격이다. 그 간격은 다른 간격에 비해 훨씬 크다. 유아기와 성장기, 초기시장과 주류시장 사이의 커다란 간격이 바로 캐즘이다.

초기시장에서 변화의 중개자 및 변화의 촉진자 역할을 하는 진보적 성향의 선각수용자들은 구식과 신식의 철저한 단절과 그로 인한 혁신을 통한 잠재적 이익과 응용성을 보고 구입한다. 실용성은 아직 없어도 앞으로 보편화되리라는 전망을 높이 사서 구입하는 것이다.

실용주의자인 전기 다수수용자들은 신뢰할 만한 자원과 예측 가능한 결과가 있는지 확인 후 구매하려고 한다. 또한 이들은 현재의 업무에서 생산성에 향상이 되는 상품을 구매하고자 하며 옛것과의 불연속성을 최소화하려고 하므로, 점진적인 개선을 원하고 급진적인 혁신을 원하지 않는다. 이런 전기 다수수용자들은 어떤 상품을 구매할 때 자기와 비슷한 실용주의자가 비슷한 상품을 구매하는지를 보고, 이를 참조하여 구매한다. 즉, 전기 다수수용자들은 혁신자나 선각수용자들이 구매한다고 해서 어떤 상품을 따라 구매하는 성향을 보이지 않는다.

따라서 신기술에 대해 잘 이해하고 신기술이 제공하는 편익을 누리고자 하는 열망이 강한 선각수용자 계층까지의 침투는 가능하더라도 시장의 다수를 구성하고 있는 실용적인 소비자들이 이를 받아들이는 데는 상당한 조정기간이 필요하다. 즉, 혁신의 불연속성과 이에 대한 조정메커니즘으로 인해 캐즘을 경험하게 된다.

제3절 R&D의 글로벌화

글로벌 R&D는 다국적기업의 본사에 통합조정시스템을 둔 채, 여러 국가에서 R&D 연구소와 연구개발 활동을 수행하는 것이다. 많은 다국적기업들이 경쟁우위를 확보하기 위해 자금과 기술, 인력을 글로벌 R&D에 투자하고 있다.

다국적 기업의 매출대비 R&D 투자비율은 전자, 제약, 화학, 의료장비 산업 등 많은 산업에서 지속적으로 증가하고 있으며, 다국적 제약기업들의 경우, 매출대비 R&D 지출이 1977년에는 4.7%이던 것이 2000년에는 14%에 달하고 있다. 따라서 이들 다국적 기업의 특허출원 수도 급격히 늘어났다.

R&D
OECD는 R&D를 '인간 · 문화 · 사회를 망라하는 지식의 축적분을 늘리고 그것을 새롭게 응용함으로써 활용성을 높이기 위해 체계적으로 이루어지는 창조적인 모든 활동'이라 정의

〈표 14-2〉 2000, 2001년 다국적 기업의 특허출원 현황

2001년 랭킹	회사명	특허 수	2000년 랭킹	특허 수
1	IBM	3,411	1	2,886
2	NEC	1,953	2	2,021
3	Canon	1,877	3	1,890
4	Micron	1,643	7	1,304
5	Samsung	1,450	4	1,441
6	Matsushita	1,440	11	1,137
7	Sony	1,363	6	1,385
8	Hitachi	1,271	13	1,036
9	Mitsubishi	1,184	14	1,010
10	Fujitsu	1,166	10	1,147

1. 글로벌 R&D 관리의 중요성

① 기술이 글로벌 경쟁의 주요 원천으로 인식된다. 국제적인 R&D는 전체적인 R&D 활동의 효율을 증대시킨다.

② 기술혁신의 성격이 달라졌다. 기술혁신은 전자와 통신, 정보산업기술의 통합에서 혁신이 일어나듯이 서로 다른 분야의 기술통합에서 종종 일어난다. 각 산업마다 국가들의 경쟁우위가 다르므로 R&D의 글로벌화가 필요하다.

③ 시간은 많은 산업에서 필수적인 경쟁요소이다. R&D 활동이 분산되어 경쟁기업보다 기술혁신과 적용의 시간을 단축시키고 가속화하여야 한다.

④ 네트워크와 정보교환시스템의 발전이 장거리 통신을 가능하게 해 각국의 R&D 활동을 조정 통합하는 비용이 줄어들었다. IBM, 필립스, 마쓰시타와 같은 다국적기업들은 그들의 R&D 네트워크를 지속적으로 확대해가고 있다. 이러한 글로벌 R&D를 통해 해외기업의 최첨단 기술을 접하고, 자신의 기술을 더욱 발전시키며, 현지시장에 맞춰 제품을 수정하는 등 다양한 활동을 효과적으로 하고 있다.

2. 글로벌 R&D 관리의 수익성

① 글로벌 R&D는 목표국가의 자원, 과학적 재능, 현지의 숙련된 인력을 활용할 수 있는 수단을 제공한다. 이스라엘의 경우 시장규모가 적은데도 불구하고 인구 대비 미국보다 두 배의 과학자를 보유하고 있다. IBM은 이스라엘의 기술자들을 활용하기 위해 현지에 R&D 센터를 두고 있다. 또한 각국 정부는 세금혜택, 저금리의 금융지원 등의 투자유인책을 통해 다국적기업의 R&D 센터 설립을 지원하고 있다.

② 글로벌 R&D는 회사의 경쟁력을 향상시킨다. 현지고객과의 인접성을 활용하여 신속하게 적절히 자사의 제품을 고객의 요구사항에 맞게 변형하여 성과를 거둘 수 있고, 그 국가에 투자의지를 보여줌으로써 다양한 혜택을 받을 수 있다. GM의 미시간에 있는 R&D 센터는 6개의 중국 대학들과 7개의 합작기업들에서 수행하는 R&D 활동을 통합 · 조정하고 있다.

③ 글로벌 R&D는 여러 국가와 지역에서의 R&D 인력의 연구개발 활동을 통해 보다 다양한 아이디어와 제품, 프로세스를 흡수하여 정보의 습득과 시너지 효과를 거둘 수 있다. 캐논의 경우, 중국 상하이에 기술센터, 영국 서레이에 쌍방향시스템, 미국 캘리포니아에 소프트웨어시스템, 호주 시드니에 화상기술시스템, 프랑스 랜에 정보통신시스템, 일본에 프로세스개발의 연구활동을 수행하는 센터를 갖고 있다. 이러한 분화되고 특화된 각 지역에서의 연구들은 통합되어 글로벌 R&D의 시너지 효과를 창출하고 있다.

3. 글로벌 R&D 관리의 전제 조건

① 해외 R&D의 효율적 운영에 필요한 최소한의 규모를 유지하는 것이다. 전문적 R&D 인력을 여러 나라에 충분히 배치하는 것이 어려울 수 있다. 본사가 보유하고 있는 우수한 인력을 여라 나라에 충분히 배치하는 것은 집중화된 연구활동보다 비효율을 가져올 수 있다. 또한 대상국 정부의 통제나 정치적 위험은 R&D 활동의 불확실성을 증가시킨다.

② R&D가 글로벌화됨에 따라 지적자산이 유출되어 회사에 심각한 위협을 줄

수 있다. 합작파트너의 존재, 허술한 특허 관련 법률, 연구인력의 타사 스카우트 등은 이러한 가능성을 증대시킨다. 미국의 맥도날드 더글라스 사와 보잉 사가 F-15 전투기와 보잉 767에 대해 일본기업과 합작하였을 때 이러한 기술유출의 위험을 경험하였다.

③ 글로벌 R&D는 불가피하게 통제 및 조정비용을 증가시킨다. 다국적기업들은 연구과제의 배분, 여러 연구센터 간의 정보교환, 지역에 맞는 제품개발 등에서 조정업무를 해야 한다. 분권화가 심할수록 거리가 서로 멀수록 비용은 증가하며, 조정과 통제의 부족은 중복연구를 초래할 수 있다. 한 기업의 글로벌 R&D 시스템은 기회를 활용하면서 기업의 필요를 충족시킬 수 있도록 효율적으로 조직화되어야 한다. 내부적으로는 R&D 기능이 세계적 R&D 네트워크의 조정과 통제를 지속적으로 수행해야 하며, 대외적으로는 대학, 연구단지, 그리고 경쟁자에 이르기까지 기술적 협력을 하여 첨단기술개발 경쟁에 뒤처지지 않도록 해야 한다.

4. 글로벌 R&D의 운영

해외 R&D 단위조직 구성은 해외 R&D 활동의 분권화 정도, 그 단위조직이 맡고 있는 지역적 범위에 따라 결정되며, R&D 센터들의 분산화는 인사관리, 자율권 부여, 글로벌 계획, 커뮤니케이션 등을 효율적으로 관리하는 데 있어 글로벌한 시각을 요구하고 있다.

(1) 인사관리

R&D 인력의 인사관리는 조직의 글로벌 R&D 니즈를 채워주도록 수행되어야 한다.

① 주요 인원의 선발은 해외 R&D 조직의 역할과 형태와 연결이 되어야 한다. 지역 고유의 기술개발을 하는 연구단위 조직에는 관리와 연구, 두 분야 모두 자질 있는 현지 인력을 배치해야 하고, 모기업으로부터 기술을 받아 개발하거나 글로벌한 연구를 하는 연구단위 조직에는 현지 인력보다는 자질 있는

외국인을 배치하는 것이 좋다.

② 인사정책은 현지 법률과 관습이 허용하는 한 세계적으로 표준화되어야 한다. 본국과 해외연구 조직 간 상호 활발한 정보교환과 접촉이 일어나므로 진급, 직위부여, 급여 등이 비슷해야 서로 동등한 파트너로서 인식되어 협력도 원활하게 된다.

③ 정기적이고 규칙적인 접촉과 상호방문이 필요하다. 3M의 경우 미국의 R&D와 일본의 기술진들이 정기적인 회의를 개최하며, 연구인력을 외국의 연구조직이나 생산공장에 파견하기도 한다.

(2) 자율권의 부여

R&D 단위조직의 의사결정 권한은 그 연구조직의 글로벌 R&D 네트워크 내에서의 역할에 따라 좌우된다. 특화된 독자적 연구개발을 위해서는 보다 큰 자율권을 주어야 한다. 각 단위조직은 기술의 현지적용과 신제품 개발응용에 집중하게 된다.

해외연구 조직의 자율성은 다국적기업의 전략적 니즈에 따른 글로벌 통합에 기여해야 하며, 기술개발 기술 적용, 기술 전파 각각의 목적에 맞게 상호 통합되어야 한다. 또한 해외 R&D 조직들을 관리함에 있어서, 자원의 배분은 글로벌 통합과 단위조직의 자율권의 균형을 이루는 데 중요한 수단이 된다.

(3) 글로벌 계획

글로벌 계획은 다각화된 해외 R&D 센터들과 다양한 개발 프로젝트들 사이에 효과적인 정보교환을 하는 데 기여한다. 계획과정에서 본사는 글로벌 R&D의 전략적 의도의 개요를 기획하여 해외의 각 연구개발센터에 전달한다. 또한 글로벌 계획은 해외연구 센터들의 상호 학습효과를 증진시키며, 글로벌 통합을 촉진한다. 한편 글로벌 계획은 기술전략과 경영전략의 연계를 도와준다. 기술전략이 수립되면 관련 영역에 대해 공동 작업이 이루어지며, 회사의 마케팅, 생산, 판매, R&D 전문가들의 참여로 구체적인 프로젝트 평가, 선정을 효율적으로 수행 가능하게 한다.

스위스 네슬레의 경우 본사의 R&D 센터는 여러 사업부와 협조하여 우선순위를 기획하며, 개발 예정인 제품에 대한 집중적인 정보교환을 통해 다양한 전략사업 부서들의 예산을 책정하고 각 전략사업단위의 장 · 단기 목표를 설정한다.

(4) 커뮤니케이션

해외 각국에 걸쳐 위치한 R&D 센터 네트워크는 상호 지리적 거리가 있으므로 이로 인한 커뮤니케이션의 장애는 생산성을 저하시킬 수 있다. 더구나 연구개발은 대부분 팀 단위로 이루어지고 있어 R&D 센터 간, R&D 센터와 마케팅, 제조, 구매 부서와의 효율적 상호정보교환이 대단히 중요하다.

해외 R&D 센터들이 연구개발 과제의 진행 상황을 문서로 작성하여 보고하도록 함으로써 전사적으로 관련 당사자들이 파악하도록 하는 것이 좋다. 네슬레의 경우 연구진행 상황을 매 6개월마다 관련 당사자들에게 유통시킨다. 화상회의, 전화회의, 이메일 등의 다양한 통신수단을 활용하면서도 가장 중요한 것은 직접적인 접촉을 통해 신뢰를 쌓고 정보교환을 하는 것이다. 본사의 R&D 스텝은 분산된 R&D 센터들을 통합시키는 역할을 종종 수행하며, 고객, 합작기업, 공급선 등에 대해 도움이 되는 정보를 주기도 한다.

미국의 존슨 앤 존슨 본사의 R&D 그룹은 해외 R&D 센터들을 방문하여 상호연계를 지원하고 공동 프로젝트의 아이디어를 발굴하며, 네슬레는 해외 R&D 센터를 방문하여 장기개발 프로젝트의 우선순위를 조정하고, 개인적인 신뢰를 강화하고, 능력 있는 인원을 발굴하기도 한다.

정보 네트워크를 통한 커뮤니케이션도 팀워크 향상에 필요하다. 회사 내 · 외부, 국내 및 해외에 걸쳐 대학, 외부 연구기관, 공급선, 고객 등이 참여한 네트워크를 구성하여 연구개발에 필요한 정보나 노하우를 수집하고, 상호 교류하기도 한다.

제4절 글로벌 조직관리

1. 글로벌 조직

(1) 글로벌 조직의 개념

조직이란 기업의 국제화 전략을 추구하는 데 중요한 부분을 점하고 있어, 전략의 성격에 따라 규모 · 체계 · 강도 등이 적절히 배합되어 결정되어야 한다. 조직은 기업의 국제화에 따라 구조가 변화되고, 기업의 장기목표와 제품, 시장특성 등에 맞도록 변화시켜야 한다. 권한과 책임, 정보의 전달, 감독 폭의 결정 등 개인적인 위치와 권력 관계의 변화도 고려하여 조심성 있게 변화되어야 한다.

글로벌조직
기업의 해외사업활동을 관리하기 위한 경영조직

국제경영활동의 주목적이 기업의 장기적 이윤을 극대화하는 데 있으므로, 조직은 국제경영의 환경변화에 부합되도록 적절하고 효율적인 구성이 되어야 한다. 그리하여 조직의 목표는 현지 자회사, 관련 회사, 합작회사 등 국외 사업장의 각각의 활동을 최대한 발휘하도록 함과 아울러 상호 유기적으로 결합하여 국제기업으로서 하나의 세계적 활동으로 통합 · 종합화하는 데 있다.

(2) 조직의 형태

딤자(W.A Dymsza)는 조직의 형태를 다음과 같은 다섯 가지 형태로 분류 설명한다.

1) 기능별 조직

기능별 조직이란 제품의 종류가 적고 생산 또는 판매지역의 범위가 좁을 때 취하는 형태이다. 이 조직은 사장 밑에 생산, 판매, 총무, 재무, 인사 등의 기능에 따라 부서가 나누어지는 형태이다.

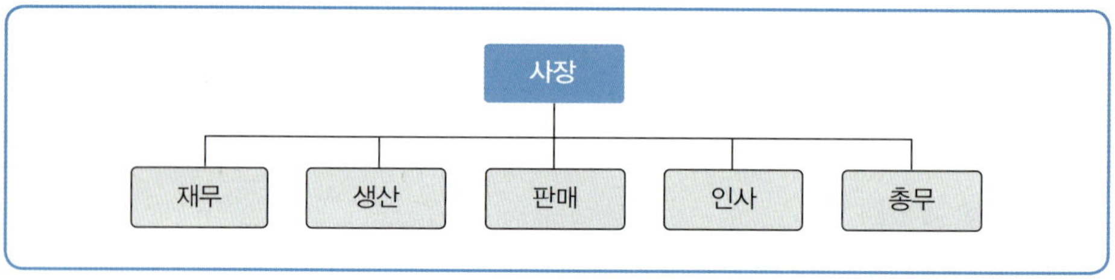

[그림 14-6] 기능별 조직

2) 제품별 조직

제품별 조직은 제품의 종류가 다양하고 성격, 기술 등의 차이가 많은 경우에 취하는 형태이다. 이 조직은 사장 밑에 제품별로 각각 하나의 사업 본부를 구성하고 그 부서 밑에 제품에 따라 기능이 통합되어 있는 형태이다.

해외의 자회사들은 경영활동 내용을 각각 자기가 속해 있는 제품사업본부에 보고한다. 같은 지역에 있는 두 개 이상의 자회사, 예를 들면 프랑스에 있는 계측기기 자회사와 교량건설 자회사가 각각 해당 제품사업본부에 보고한다. 존슨 앤 존슨, 웨스팅하우스 등의 회사가 이런 형태를 택하고 있으며, 우리나라의 일부 기업들도 이와 비슷한 형태의 조직으로 바뀌고 있다.

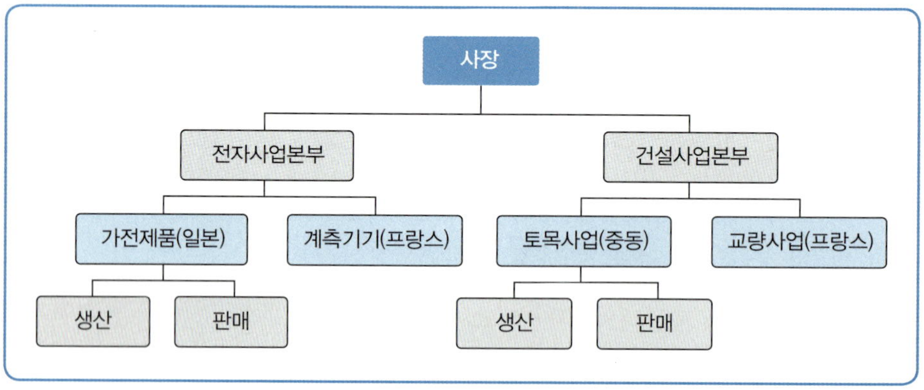

[그림 14-7] 제품별 조직

3) 지역별 조직

지역별 조직은 생산, 판매 등이 여러 지역에 있고 기업활동의 특성이 다양한 경우에 취하는 형태이다. 이 조직은 사장 밑에 지역별로 하나의 사업본부를 구성하고 그 부서 밑에 지역에 따라 기능이 통합되어 있는 형태이다.

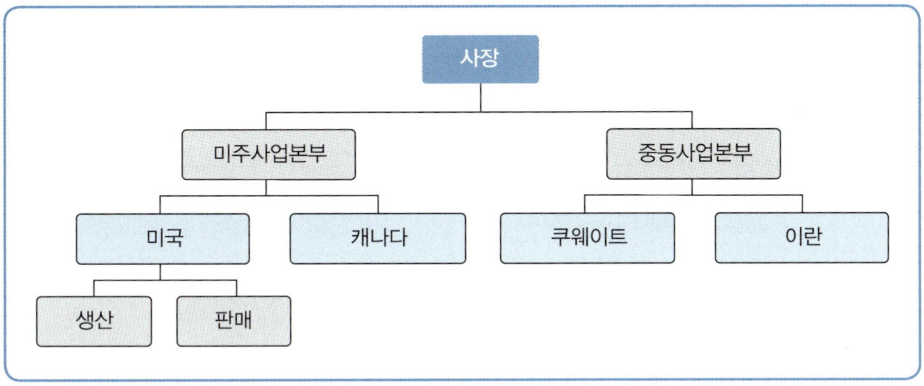

[그림 14-8] 지역별 조직

4) 국제사업부 조직

국제사업부 조직은 기업의 해외영업활동이 확대됨에 따라 기업 조직 내에 다른 제품사업부와 같이 하나의 독립된 사업단위로 운영하는 형태이다. 이 조직은 사장 밑에 국내사업부와 동급의 국제사업부를 구성하고 그 부서 밑에 제품에 따라 기능이 통합되어 있는 형태이다.

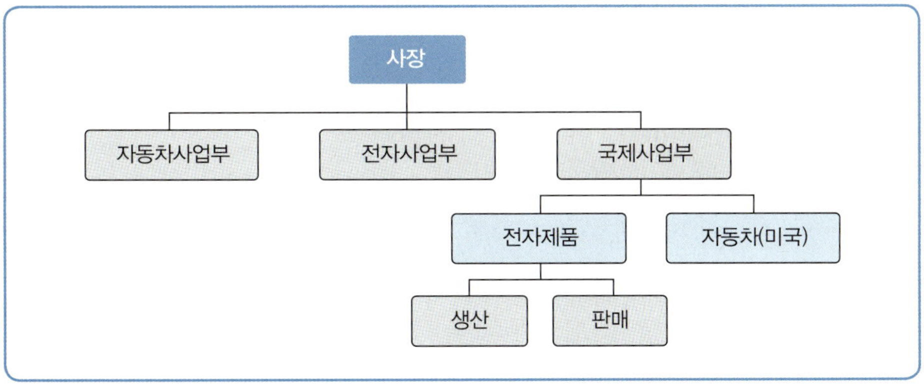

[그림 14-9] 국제사업부 조직

5) 매트릭스 조직

매트릭스 조직은 그리드 조직이라고도 하며, 제품별, 기능별, 지역별 조직이 다

차원적으로 중첩된 형태이다. 이 조직은 사장 밑에 경영자들이 기능, 제품, 지역을 결합한 여러 문제에 대해서 책임을 진다.

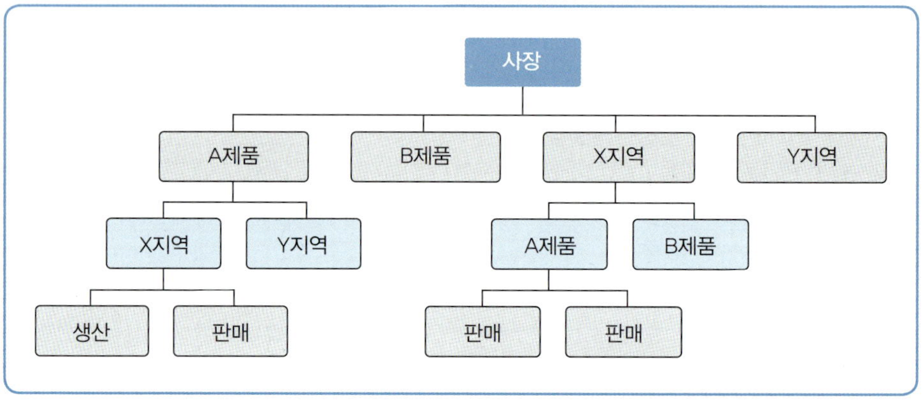

[그림 14-10] 매트릭스 조직

(3) 조직의 결정 요인

1) 국제경영의 장기적 목표

국제경영의 장기적 목표에 따라 조직의 형태도 달라지게 마련이다. 합작기업의 경우, 상대 기업과 해외사업에 대한 정기적 목표가 일치하는 것이 좋고, 어느 당사자도 소수 주주가 안 되도록 하는 것이 바람직하다.

2) 해외영업활동의 비중

기업 내에서 해외영업활동의 비중 또는 조직형태를 결정하는 주요 요인이 된다. 해외영업활동의 비중이 크면 제품별 조직이나 지역별 조직의 형태가 가능하고, 해외영업활동이 미미하면 국제사업부 조직의 형태가 가능하다.

3) 경영자의 능력과 질

기업 내에서 이용 가능한 인원수, 그 각각의 능력 및 기술은 경영활동에 따른 의사결정에 중요한 영향을 미치므로 사업수행을 위한 조직구성에도 중대한 영향을 미친다.

4) 제품의 폭과 넓이

제품계열이 다양한 국제기업의 경우는 제품별 조직구조가 바람직하다. 한편 소수의 유사한 제품들로 구성되어 상호의존성이 높은 경우에는 제품별 조직은 비효율적이다.

5) 현지 자회사의 환경

본국과 비슷한 환경의 지역에 자회사를 두고 있는 경우 표준화된 제품촉진이 가능하므로 지역별 조직 구조를 택하지 않는 것이 바람직하며, 본국과 다른 현지의 환경변화에 맞춘 기업활동이 중요한 경우는 지역별 조직구조가 바람직하다.

6) 경제블록

국제기업의 활동영역이 특정지역 경제 블록권에 해당되는 경우 이를 조직을 구성하는 데 고려하여야 한다. 이러한 경우는 무역장벽을 피하기 위해서 지역별 조직 구조를 택하여 운용하는 것이 바람직하다.

(4) 조직의 변천 과정

기업이 국제화 전략을 추진해나감에 따라 조직구조도 그 전략에 맞추어 변화시켜야 한다. 국제화단계를 〈표 14-3〉에서 보는 바와 같이 5단계로 나누어볼 수 있다.

〈표 14-3〉 조직의 변천 과정

국제화 단계	조직 형태	관점	책임자
소규모 수출	기능별 조직 (수출과)	국내 지향	과장
본격적 수출	기능별 조직 (수출부 또는 해외 영업부)	국내 → 해외 지향	부장
해외투자 시작	기능별 조직 → 제품별 조직 (국제사업부)	해외 지향	이사
해외투자 증가	지역별 조직 (해외사업부)	현지 지향	부사장
범세계적 활동	매트릭스 조직	세계 지향	해외 담당임원이 따로 없고 전사가 관련됨

① 1단계: 기업이 국내의 수출대행업자를 통한 간접수출이 주가 되는 경우 영업부서 내에 2~3명의 직원이 수출업무를 담당하면 되므로 특별히 조직의 변화는 생기지 않는다.

② 2단계: 본격적인 직접 수출이 되기 시작하면 국내영업부가 조직된다. 즉, 국내 마케팅 담당자가 지휘하는 조직체계를 갖추게 된다.

③ 3단계: 수출 규모가 매우 커져 기업 내에서 수출이 차지하는 비중이 높아지고 더 나아가 해외투자나 기술계약까지도 포함되며 해외영업부는 국제사업부로 변모한다. 그러나 기능별 조직의 범주를 벗어나지 못한다. 다만 여러 제품의 수출을 취급하는 종합무역상사의 경우는 제품별 조직의 형태를 갖는다.

④ 4단계: 해외사업의 규모가 더욱 커지고 기업 내에서의 위치도 점차 증대되어 해외사업부에서는 여러 참모조직이 보강되면서 해외사업본부가 조직된다. 이에 따라 각 지역을 단위로 한 독립부서가 형성되면 점차 조직 형태는 기능별 조직에서 지역별 조직으로 변하게 된다.

⑤ 5단계: 기업의 국제활동이 다각적으로 이루어져 자연히 기업은 범세계적인 안목을 갖게 되면서 조직도 세계 지향적인 구조를 형성한다. 즉, 전 세계에 걸쳐 제품과 지역 그리고 기능을 연결한 매트릭스 조직 형태가 나타난다. 이렇게 되면 특정지역이나 국가의 책임경영자만이 있게 된다.

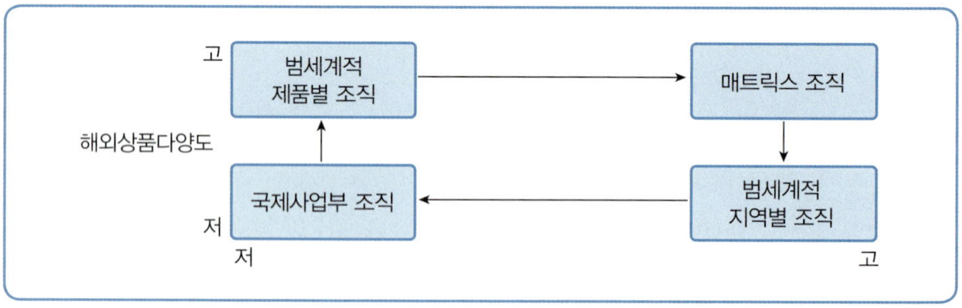

[그림 14-11] 해외시장 다변화 정도

2. 글로벌기업의 통제

(1) 통제의 의의

통제란 기업목표 또는 기업목표를 위해 수립된 계획이 의도대로 수행될 수 있도록 성과를 평가하고 수정하는 기능이라 할 수 있다. 통제는 경영계획 및 경영조직과 완전히 독립된 기능을 수행하는 것이 아니라 경영계획과 조직에 이어지는 유기적이면서도 연속적인 관리기능이라고 할 수 있다.

(2) 통제의 속성

① 국제기업들이 해외영업활동을 통제하기 위해 활용하는 통제의 기법은 국내영업활동을 통제하기 위해 활용하는 기법과 거의 비슷하다. 예컨대 본사의 국내운영에 활용하는 예산정책 및 재무기법을 해외운영에도 그대로 적용할 뿐만 아니라, 원래 국내운영을 평가하는 데 목적을 두고 개발한 통계적 통제방법과 통계적 표준을 거의 그대로 해외자회사들에게 부과하고 있다.

② 국제기업들은 목적을 두고 해외자회사들을 손익센터로 취급하는 경향이 있으며 평가기준으로서 이익과 투자회수를 강조하는 경향이 높아지고 있다.

③ 국제기업들은 재무통제를 대단히 강조하고 있다. 모기업의 해외자회사들이 기여하는 기업자원 중에서 가장 중요한 것이 자본이기 때문이다. 그들이 자본을 어떻게 활용하고 있는가를 파악하려는 자연적 성향이 크다.

④ 국제기업의 모기업의 최고경영층은 해운운영을 통제하는 데 훨씬 많이 개입하고 있다.

(3) 통제의 요건

① 통제절차와 기법은 해외자회사 사장이 이해할 수 있고 수락할 수 있는 것이라야 한다.

② 통제절차와 기법을 공식적으로 책정하는 데 해외자회사 사장들이 능동적으로 참여해야 한다.

③ 환경변수들이 변경되는 것에 맞추어 관리통제시스템 역시 변경되고 개선되어야 한다.

④ 해외자회사들의 실적을 평가할 때는 이익 등 재무기준과 비재무기준을 다같이 동시에 활용해야 하며, 해외자회사 사장이 통제권을 행사할 수 있는 분야의 실적만을 바탕으로 평가해야 한다.

⑤ 관리시스템은 해외자회사들의 계획에 편차가 생기는 즉시 또는 이전에 발견하는 시스템이어야 하고, 그에 따른 정보는 해당되는 모기업 경영자들과 해외자회사 사장들에게 즉시 보고되어야 한다. 본사 최고경영층은 해외자회사 사람들이 달성한 실제 실적과 그들에게 지급하는 보수를 직결시켜야 하며 뛰어난 실적에 대해서는 물질적으로 보상해주어야 한다.

(4) 통제의 과정

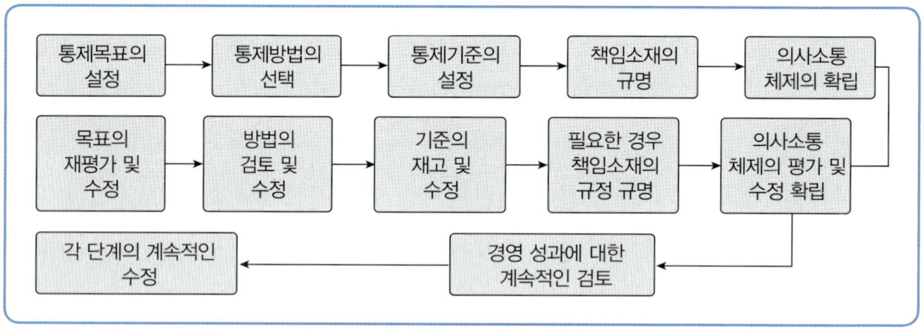

[그림 14-12] 통제의 과정

1) 통제목표의 설정

확실한 목표가 설정되어야 한다. 그렇게 해야 목표달성을 위해 필요한 자원과 기대되는 이익 등을 예측할 수 있다. 기업의 목표는 시장점유율, 매출액, 이익 등과 같이 구체적으로 수치로 표시할 수 있는 것뿐만 아니라 제품 인식도의 증대, 유통구조의 개발, 기업 이미지의 개선과 같은 질적인 것도 포함된다.

2) 통제방법의 선택

직접적 통제는 계약체결과 소유권 비율 등과 같은 직접적이고 적극적인 통제를 말하며, 간접적 통제는 현지국에서의 의사소통이나 경쟁에 의한 통제를 의미한다. 통제방법은 기업의 특성과 시장환경에 맞추어 선택해야 한다.

3) 통제기준의 설정

통제기준은 전반적인 재무 및 비용뿐만 아니라 현지국에서 영업활동이 잘 전개되고 있는지에 대해서도 구체적으로 설정해야 한다. 영업활동의 성과측정 기준은 이익, 매출액, 유통경로의 확립, 해외시장으로의 진출 등이며, 이러한 성과기준은 실제 성과와의 비교를 위해 이용할 수 있는 지표가 되기도 하며 통제의 기준으로 활용되기도 한다.

4) 책임소재의 규명

최고경영진에서 수행하게 될 조정의 단계에서 행해져야 하는데, 이 단계에서 각 부서 간의 기능과 권한의 한계를 명확하게 구분함으로써 부서 간의 책임회피를 막을 수 있다.

5) 의사소통체제의 확립

기업은 기술에 대한 정보교환, 경영관리자 간의 의사소통, 사원 상호 간의 의사소통, 소비자와의 의사소통을 원활하게 이루어야만 경영활동을 성공적으로 수행할 수 있다. 그러므로 기업은 전략적 차원에서 전사적인 의사소통체제를 확립하려고 노력한다. 특히 해외영업활동에서는 국가 간의 언어 등의 여러 환경 차이로 인해 의사소통이 어렵기 때문에 국제기업에 있어서의 정보수집과 전달체계는 영업활동영역 중에서 매우 중요한 분야이다.

6) 결과의 평가 및 수정

정치, 법률, 국민성, 소비자의 기호수준 등의 차이를 완전히 극복하기는 어렵지만 시행착오를 거치게 되면 보다 개선된 통제체제를 이룰 수 있다. 따라서 국제기업은 실제 영업활동에서 얻어진 결과를 당초의 경영목표와 비교하여 기대치에 미치지 못했으면 그 원인에 대해 철저히 분석해야 한다. 해외시장환경에 신축적으로 대응해 나가기 위해서는 탄력적인 통제체제를 구축하여 주기적으로 개선, 보완하는 것이 바람직하다.

(5) 통제의 결정 요인

1) 국내경영 관례

만약 한 기업의 국내경영활동이 효과적인 통제체제를 통해 성공한 경우, 이는 곧 그 기업이 국제경영 통제체제를 수립할 때 기준이 된다.

2) 의사소통체제

과학의 발달로 급속한 발전을 이룬 통신수단은 신속하고 정확하게 자료들을 세계 각지에 전달함으로써 국제기업의 범세계적인 경영활동을 가능하게 한다.

3) 지리적 거리

모기업과 해외자회사의 거리가 멀수록 해외자회사의 자치권이 강화된다. 모기업과 해외자회사 간의 지리적 거리 차이는 국제경영활동 통제에 영향을 미친다.

4) 환경

환경 차이가 클수록 현지 경영인에게 권한을 위임하기 때문에 해외자회사에 대한 통제가 약해진다. 반면 두 시장 간의 환경 차이가 적으면 해외자회사에 대한 모기업의 통제는 강해진다.

5) 정치안정

현지국의 정치가 불안하면 기업은 철수를 고려하며, 현지의 환경에 맞는 신속한 의사결정을 위해 해외자회사에 많은 권한을 위임하고, 정치적으로 안정되어 있으면 지속적인 운영과 통제를 위해 모기업에서 의사결정 권한을 행사하려 한다.

6) 해외자회사의 성과

해외자회사의 성과가 좋으면 모기업의 통제가 약하고, 경영성과가 나쁘면 모기업이 해외자회사의 경영에 적극적으로 개입한다. 즉, 목표와 성과의 차이가 심한 해외자회사에 차후에 문제가 재발되지 않도록 문제의 원인을 규명하여 바로잡고, 해외자회사의 경영활동에 통제력을 행사한다.

7) 국제경영활동의 규모

해외자회사의 규모에 따라 모기업의 통제 정도가 달라지는데, 해외자회사의 경영규모가 클 경우 모기업은 현지 시장담당 스태프를 두고 해외자회사에 대한 통제를 강화한다. 반면, 국제기업은 규모가 작은 해외자회사를 별로 중시하지 않기 때문에 해외자회사에 많은 권한을 위임한다.

결국, 국제기업은 지금까지 설명한 요인들을 범세계적 차원에서 고려하여 해외자회사에 대한 통제를 강화할 것인가 아니면 해외자회사에 권한을 위임할 것인가를 결정한다.

참고문헌

권영철, 『국제경영』, 무역경영사, 2000.

조동성, 『21세기를 위한 경영학』, 서울경제경영, 2005.

허영도, 『국제경영론』, 두남, 2008.

연습문제

1. 글로벌경영전략의 수립과정을 설명하시오.
2. 글로벌경영전략의 5가지 대안을 설명하시오.
3. 마이클포터의 경영전략의 3가지 유형을 설명하시오.
4. 마이클포터의 경쟁관계분석에서 고려하는 5가지 요인을 설명하시오.
5. 국제마케팅의 유형을 설명하시오.
6. 국제마케팅전략의 수립과정을 설명하시오.
7. 국제마케팅믹스의 표준화와 현지화의 필요성을 설명하시오.
8. 국제생산관리의 목적을 설명하시오.
9. 캐즘(Chasm) 현상을 설명하시고, 해결방안을 제시하시오.
10. R&D 관리의 중요성을 설명하시오.

CHAPTER

15 전시컨벤션 관리

CHAPTER 15

전시컨벤션 관리

제1절 전시컨벤션산업의 개요

1. 전시산업

(1) 전시산업의 정의 및 특성

1) 정의

> **전시회**
> 제품, 기술, 서비스를 특정 장소인 전문 전시장에서 일정기간 동안 판매, 홍보, 마케팅 활동을 하는 것. 유통업자, 무역업자, 소비자 관련 종사자 및 전문가, 일반인 등을 대상으로 해당 기업들이 정보를 교환하고 거래가 이루어지는 형태의 행사로서 경제적 목적을 달성하고자 하는 경제활동

전시회란 제품, 기술, 서비스를 특정 장소인 전문 전시장에서 일정기간 동안 판매, 홍보, 마케팅 활동을 하는 것을 말한다. 유통업자, 무역업자, 소비자 관련 종사자 및 전문가, 일반인 등을 대상으로 해당 기업들이 정보를 교환하고 거래가 이루어지는 형태의 행사로서 경제적 목적을 달성하고자 하는 경제활동이다. 즉, 전시시설을 건립 운영하거나 전시회 및 전시회에 관련된 국내외 행사를 기획 · 개최 · 운영하며, 이와 관련된 물품 및 장치를 제작 · 설치하거나 전시공간의 설계 · 디자인을 하고 이와 관련된 공사를 수행하는 전시회와 관련된 용역 등을 제공하는 산업을 뜻한다.

북미의 경우 전시회라는 용어는 Fair, Exhibition, Exposition 등 각 용어별로 서로 조금씩 다른 의미를 지니면서 사용되어 왔다. 국제전시경영협회(IAEM, International Association for Exhibition Management)에 따르면 전시회를 지칭하는 용어로 Exposition이라는 단어를 사용하면서, "전시회(Exposition)란 구

매자(buyer)와 판매자(seller)가 진열된 상품 및 서비스를 서로 간의 상호작용을 통해 현재 또는 미래의 시점에 구매할 수 있도록 개인이나 기업이 조성해주는 일시적이고 시간에 민감한 시장이다."라고 정의하고 있다.

여러 정의들을 살펴보면 전시회는 기업 간의 거래공간으로서 동시 접촉성을 띠며 시장진입의 매개 역할을 수행함과 동시에 신상품 발굴 역할을 하는 특징을 내포하고 있음을 알 수 있다.

2) 구분

전시회의 유형
무역전시회, 일반전시회, 무역일반전시회

전시회는 크게 3가지 종류로 나눌 수 있다.

첫째, 무역전시회(trade show)는 순수한 상거래와 무역을 목적으로 한 바이어, 업계 종사자 위주의 전시회를 말한다.

둘째, 일반전시회(consumer show, public show)는 일반인을 대상으로 한 제품소개, 홍보활동 위주의 전시회를 말한다.

마지막으로 무역일반전시회(mixed show)는 무역전시회와 일반전시회의 특성이 혼합된 전시회를 말한다.

3) 특징

전시회는 일종의 커뮤니케이션 매체라 할 수 있다. 즉, 참관객을 위한 환경을 조성하는 데 근간을 두는 커뮤니케이션 수단으로, 이러한 환경에는 도안(graphic), 사진(photography), 영상(visual), 문안(copy), 색상(color), 음향(sound), 동작(motion), 인적커뮤니케이션 및 심지어는 감각과 후각을 이용한 기술이 포함된다. 따라서 전시회가 효과적으로 활용된다면 기업의 전반적인 마케팅 프로그램의 종합체가 될 수 있는데, 전시부스(구조물 및 디자인), 판매원과 고객 간의 직접접촉, 제품 진열, 홍보자료 제공 등을 통해 현재고객 및 잠재고객에게 기업의 메시지를 전달하는 독특한 기회를 제공하기 때문이다.

무역전시회의 경우 참가자격이 해당 산업분야에 종사하는 사람들로 제한되기 때문에 전시회 방문객은 적격의 구매자들(구매결정에 영향력을 지닌 다수의 유망고객)로 이루어져 있다. 따라서 다른 방법으로는 몇 년이 걸려야 달성할 수 있는 많은 고객과의 접촉을 단기간 내에 할 수 있으며, 이를 통해 많은 계약이 이루어지기도 한다. 또한 전시회는 제품의 시험판매와 유통업체의 반응을 조사할 수 있는 좋은 기회를 제공하기도 한다. 이렇게 전시회만이 갖는 독특한 특성을 효과적으로 활용하기만 한다면 가장 경제적인 프로모션 수단이라고 할 수 있다.

(2) 전시회의 기능

> **전시회의 기능**
> 특정 구매집단에 대한 판매촉진 수단, 커뮤니케이션 기능, 마케팅믹스의 촉진

일반적인 산업시장에서 인적판매에 지출되는 비용은 전통적으로 마케팅 지출 비용에서 가장 큰 부분을 차지해 왔는데, 거의 모든 산업 분야에서 인적판매에 소요되는 지출은 마케팅 예산의 50% 정도이다. 따라서 광고와 마찬가지로 전시회 역시 인적판매활동의 보조수단으로 인식되어 왔다. 그러나 최근의 연구결과들은 기업의 판매촉진 수단으로서 전시회가 갖는 비중과 중요성이 날로 커지고 있음을 보여주고 있다. 전시회가 갖는 마케팅 기능을 세부적으로 살펴보면 다음과 같다

1) 판매기능: 특정 구매집단에 대한 판매촉진 수단

① 유망 잠재고객의 확인 및 새로운 시장 개척
② 기존 · 잠재고객, 핵심의사 결정권자의 접촉기회 확보
③ 제품 및 서비스 등에 관한 정보 전파
④ 실질적인 제품판매(현장판매)

2) 비판매기능: 커뮤니케이션(communication) 기능

① 기업 이미지 제고
② 경쟁기업 정보수집
③ 고객으로부터의 신제품평가 및 기능 보완의 기회
④ 신제품 테스트 및 조직원의 사기 진작

3) 마케팅믹스의 촉진(promotion)

최근 기업의 마케팅 수단으로서 전시회의 중요성이 증대되면서 독립된 촉진수단으로 분류하는 경향이 있다. 즉, 전시회도 프로모션의 일환으로 분류되면서 이를 모두 동시에 이루어야만 시너지효과가 일어난다는 것이다.

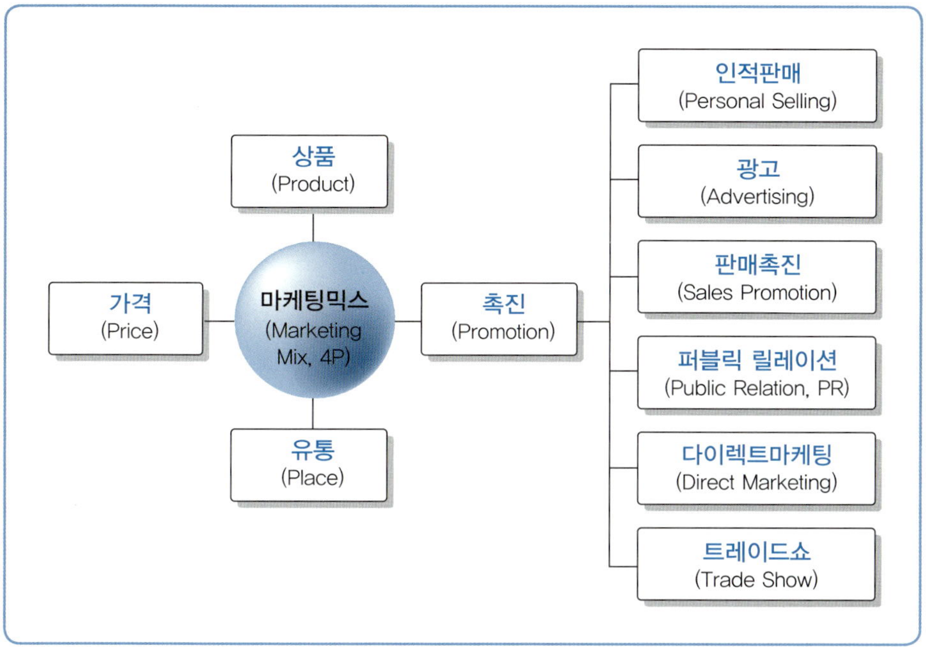

[그림 15-1] 촉진의 수단

출처: Kotler and Armstrong, *Principle of Marketing*, 2001.

2. 컨벤션산업

(1) 컨벤션산업의 정의 및 특성

1) 정의

컨벤션(convention)이란 사람이 어떤 목적을 가지고 모여서 사람을 중심으로 물자나 지식, 정보 등이 활발히 교류되는 장을 의미한다. 주로 회의 · 집회 · 대회 등의 의미를 지닌 용어로 사용되고 있으며, 회의의 주제 · 진행방법 · 참가인원 등에 따라 다양한 형태를 갖는다. 컨벤션은 국내뿐만 아니라 해외에서도 학술대회 · 전시회 · 공연 등이 수반되는 행사를 의미한다. 컨벤션에 대한 개념은 학자별, 기관별로 통일되어 있지 않고 국제회의와 혼용되고 있다. 최근 컨벤션이 여러 형태의 국제간의 모임을 의미하는 포괄적인 개념으로 받아들여지고 있다. 컨벤션의 정의를 다음과 같이 나누어볼 수 있다.

컨벤션
사람이 어떤 목적을 가지고 모이는 것으로 사람을 중심으로 물자나 지식, 정보 등이 활발히 교류되는 장(場)

① 어원적 정의: 컨벤션(convention)은 어원적으로 라틴어 'Cum(함께)'이라는 어근의 접두어와 'Venire(만나다)'라는 어근의 합성어로서, 컨벤션이란 회의나 모임을 위해 '함께 와서 모이고 참석하다'는 의미이다. 즉, 컨벤션이란 다수의 사람들이 특정한 활동을 하거나 협의하기 위해 한 장소에 모이는 회의(meeting)와 같은 의미라 할 수 있으며 전시회를 포함하는 좀 더 포괄적인 의미로 쓰이기도 한다.

아시아지역의 국가들은 광의의 의미에서 컨벤션산업을 MICE(Meeting, Incentive, Convention & Exhibition)산업이라 하여 회의뿐만 아니라 같은 범주에 속하는 각국 단체나 외국기업들의 해외개최 회의와 인센티브 관광 및 전시회, 박람회 등을 포함시키고 있다.

컨벤션은 좁은 의미로 기업 및 단체의 대회나 집회 및 모임을 주류로 한 국내회의(domestic meeting)를 의미하였다. 그러나 국제간의 교류의 증진으로 인하여 국제간회의(international meeting)를 포함하게 되었다. 즉, 컨벤션은 단순히 대규모회의라는 개념 정의에서 근래에는 시대, 환경, 인식 등의 변화에 따라 범위가 전시회, 박람회, 이벤트까지 포함하는 포괄적인 개념으로 쓰이고 있다.

② 사전적 정의: 사전적 정의로는 어떤 공통의 목적을 가진 사람의 모임, 사회단체 및 정당 회원 간의 회의, 사업 및 각종 무역에 관련된 모든 회의들과 정부 간에 이루어지는 모든 회의로 정의를 내리는데 대부분 많은 사업가 또는 전문 직업인이 참가하는 회의를 말한다.

③ 제도적 정의: 컨벤션의 제도적 정의로 한국관광공사는 '국제기구 본부에서 주최하거나 국내단체가 주관하는 회의 가운데 참가국 수 3개국 이상, 외국인 참가자 수 10명 이상, 회의기간이 1일 이상인 회의'라고 정의한다. 국제협회연합(UIA, Union of International Association)에서는 국제기구가 주최하거나 후원하는 회의 또는 국내단체가 주최하는 회의 가운데 '전체 참가자 수가 300명 이상이며 참가자 중 외국인이 40% 이상, 참가국 수 5개국 이상이 참가하는 회의로 그 기간은 3일 이상인 회의'로 정의한다. 세계국제회의전문협회(ICCA, International Congress & Convention & Visitor's Bureau)에서는 '정기적인 회의로서 최소 3개국 이상을 순회하면서 개최되고, 참가자 50명 이상인 회의'로 정의하고 있어, 컨벤션에 대한 기준은 국가

또는 국제기구마다 각각 다르다.

2) 특성

컨벤션산업의 특성은 관광산업과 유사한 특성을 갖고 있는데 일반적인 특성은 공공성, 영리성, 복합성, 전문성, 전체성 등이다.

컨벤션의 특성
공공성, 영리성, 복합성, 전문성, 전체성 등

① 공공성: 컨벤션산업은 국가 간의 모임과 만남을 대전제로 하여 정보를 공유하고 의사소통을 통해 공익적 기능을 수행한다. 만남을 통한 상호교류는 국가 간의 이해와 친선의 기초를 이루고 있기 때문에 세계평화에 기여하며, 여러 국가와의 교류를 통해 세계의 문화를 받아들일 수 있고 자국의 문화를 세계에 알릴 수도 있다. 이를 통해 개최국과 참가국의 교류는 세계화에 기여하게 된다. 이렇게 컨벤션산업은 상호교류를 통해 인류의 삶의 질을 향상시키는 공공성을 갖고 있다.

② 영리성: 컨벤션산업은 국가와 기업의 참여로 이루어진다. 컨벤션산업은 본질적으로 공공성을 갖고 있으나 기업의 이윤추구를 도외시할 수 없다. 공공성은 경제적인 이윤을 추구하는 것보다 사회적, 정치적, 문화적 등 여러 분야에 걸쳐 국가의 이익이 우선하는 총체적 목적 수행을 과제로 삼고 있다. 기업의 목적은 이윤추구에 있기 때문에 공공성과 더불어 영리성을 동시에 추구한다.

③ 복합성: 컨벤션산업은 국제회의 기획업체, 호텔, 여행사 등이 핵심적인 역할을 담당하고 있으며, 항공사, 쇼핑, 관광객, 시설업체 등이 복합적으로 운영되고 있다. 출판업, 공원, 박물관 등도 자체의 고유한 영업을 하면서도 컨벤션산업과 직접적, 간접적으로 관련을 맺고 있다. 따라서 컨벤션과 관련된 여러 분야의 다양한 업체들은 능률적이고 효과적인 업무를 수행하기 위해 상호 복합성을 갖는다.

④ 전문성: 컨벤션산업은 고도의 전문성을 필요로 한다. 복잡한 기획과정으로 인해 컨벤션을 유치하기 위해서는 종합적인 지식과 참가자의 문화적 특성과 요구를 충족시키기 위해 전문적인 지식이 필요하다.

⑤ 전체성: 컨벤션산업은 컨벤션을 유치함으로써 얻게 되는 경제적 파급효과뿐만 아니라 사회적, 문화적 효과 역시 크다. 개최국의 세계화 및 국제적 위상

을 높이는 효과가 경제적 이익만큼 중요하다.

(2) 컨벤션의 기능

컨벤션산업은 서비스산업으로서 고용을 창출하고 지역경제를 활성화시키며 외화획득과 세수증대를 가져오는 고부가가치산업일 뿐만 아니라, 개최지역을 국제적으로 알리게 되고 지역사회의 이미지 개선을 통해 지역발전에 순기능 역할을 한다. 세계화, 개방화 추세에 맞추어 지역 경쟁력을 갖추기 위해 컨벤션산업의 수요는 점차 증가하고 있으며, 그 규모도 점점 대형화와 전문성을 지니기 시작하였다. 세계 각국은 이러한 컨벤션의 중요성을 인식하여 국가적인 차원에서 유치 지원을 강화하고 있으며, 유치된 각종 행사가 원활하게 개최될 수 있는 대형 컨벤션센터의 건립과 환경조성에 적극 투자하고 있다.

최근의 컨벤션산업은 단순히 국제회의 개최를 넘어서 각종 전시회, 스포츠 행사, 문화예술 행사, 인센티브 관광과 함께 다양한 형태로 개최되고 있는 추세이므로 그 부가가치는 더욱 높아지고 있다. 이에 따라 미국, 유럽 등 선진국은 물론 일본, 홍콩 등 아시아국가에서도 관련법을 정비하고 경비보조, 세금감면, 컨벤션 도시 지정 등의 각종 지원책을 국가적 차원에서 마련하여 성공적으로 컨벤션을 유치하기 위한 전략을 세우고 있어, 컨벤션을 유치하기 위한 세계 각국 개최지들의 경쟁 또한 점점 치열해지고 있다. 따라서 컨벤션을 포함한 다양한 국제회의를 성공적으로 수행하기 위해 실질적으로 필요한 것들이 무엇인지에 관한 대책과 컨벤션을 유치하려는 효율적인 마케팅 전략에 대한 수립 노력이 지속적으로 필요하다.

3. 전시컨벤션산업의 역할 및 파급효과

(1) 전시컨벤션산업의 역할

전시컨벤션산업은 1차적으로 전시컨벤션센터의 운영과 관련된 설비 및 관련 산업, 전시사업에 파급효과를 가지며, 2차적으로 전시컨벤션 및 관련 활동이 이루어지는 공간과 직접적인 관련을 갖고 있는 호텔, 레스토랑 등의 산업에 파급효과를 미친다. 또한 전시컨벤션산업은 지역이나 도시 내의 관광산업과 이와 관련된 서비스산업의 활성화를 촉진시킨다.

전시컨벤션과 직접적으로 관련된 산업은 회의 및 전시기획사, 운송업, 숙박업, 식 · 음료업, 도소매업 등이며, 관련된 서비스 산업으로는 소프트웨어, 정보제공 서비스 산업, 디스플레이 산업, 디자인 산업, 경영컨설팅 산업, 기계설비 산업 등의 지식 관련 산업, 상품검사업 등이 있다. 이와 같은 측면을 고려해볼 때 전시컨벤션산업은 국가 전체의 산업 활성화 효과는 물론 지역경제 활성화에도 크게 기여하는 것으로 판단되며, 특히 국제회의 개최는 인근 지역의 관광산업에도 큰 영향을 미친다.

따라서 전시컨벤션산업은 관광객의 유입에 따른 지역의 관광산업과 관련 산업 활성화에 파급효과가 있으며, 지역발전을 도모하는 중요한 경제활동이기에 도시 서비스 산업 중의 하나로 볼 수 있다.

(2) 전시컨벤션산업의 파급효과

전시컨벤션산업의 파급효과
경제 효과, 관광산업 효과, 사회 · 문화 효과, 정치 효과, 환경 효과

전시컨벤션산업은 회의 및 전시회를 통한 기업홍보와 수출마케팅 수단으로 활용하여 중소기업의 국제화를 촉진시키고, 행사 주최자의 투자효율을 높이며, 지역경제를 활성화시키는 등 경제, 산업, 문화, 관광, 건설 등 다양한 부문에서 파급효과가 매우 큰 산업이다.

1) 경제 효과

컨벤션산업의 경제 효과는 직접적 경제 효과와 간접적 경제 효과로 구분할 수 있다. 직접적 경제 효과는 컨벤션 참가자 및 주최자가 지출하는 소비액이 미치는 경제승수 효과(multiplier effect)이고, 간접적 경제 효과는 세수증대 · 고용창출 · 생산유발 · 소득창출 효과 등으로 구분될 수 있다. 뿐만 아니라 컨벤션산업은 국가 간의 상호이해 부족에서 올 수 있는 통상마찰을 피할 수 있고, 최신 정보 · 기술의 교환을 통하여 선진국의 노하우를 직접 수용함으로써 관련 분야의 국제 경쟁력을 강화하는 등 산업 전반 및 지역경제에 미치는 파급효과가 크다.

2) 관광산업 효과

전시컨벤션 전 · 후 관광을 통하여 국내 또는 지역의 기존 문화관광 상품 및 신규 상품을 참가자들에게 소개하고 지역 고유의 문화, 전통, 풍습 등 지역문화를

제공할 수 있는 기회를 제공함으로써 지역 관광산업을 통한 지역경제 발전에 영향을 미친다. 또한 전시컨벤션 참가 외래객 대부분은 전시컨벤션 전 · 후의 숙박, 쇼핑, 관광과 같은 부수적인 활동에도 관심이 있기 때문에 이들의 소비지출이 지역경제를 활성화시킬 수 있다.

관광산업과 긴밀한 관계를 지니고 있는 국제회의의 활성화는 교통, 숙박, 식 · 음료, 관광 상품 등의 활성화로 이어질 뿐만 아니라, 컨벤션 참가자는 컨벤션에 참석하기 위하여 항공 등의 교통수단 이용 및 숙박과 식 · 음료 등을 해결하게 되므로 이는 곧 관광 관련 산업분야(호텔 및 외식산업)의 활성화로 이어질 수 있다. 컨벤션 참가자는 상대적으로 일반 관광객에 비하여 교육수준과 사회적 지위가 높다고 할 수 있으며, 이러한 참가자 구성은 보다 차별화된 관광상품의 기획과 서비스 향상이라는 측면에서 관광산업의 발전을 가져오게 된다. 관광상품에 대한 요구 또한 일반 관광객의 요구 수준보다 상회하는 것이 일반적이므로 이러한 요구에 부응하기 위하여 관광산업 공급자들은 보다 나은 관광상품의 기획과 서비스의 향상을 위해 노력하게 된다. 양질의 관광객 또는 참가자의 유입은 또한 다른 관광객의 활동에도 긍정적인 영향을 미치게 되어 전체적인 관광산업의 고급화 및 다양화를 통한 질적 향상을 가져올 수 있다.

성공적인 국제회의의 개최와 참가자의 만족은 특정 지역 또는 국가에 대한 인식의 향상과 함께 이미지 향상을 도모할 수 있으며, 컨벤션이 개최되었던 지역은 향후 관광 목적지로서 인식하게 되어 관광상품으로 개발하여 보다 많은 관광객의 유입과 재방문을 창출함으로써 관광산업에 기여할 수 있다.

3) 사회 · 문화 효과

컨벤션(국제회의)은 일정기간에 대규모의 외부 참가자가 유입되므로 이에 대한 사회 · 문화적 영향은 크다. 따라서 여러 국가에서 온 참가자들의 다양한 문화와 지역주민들의 문화가 사회적으로 함께 혼합됨으로써 상호 외부문화에 대한 긍정적 인식의 증대 및 지역주민 의식의 향상과 함께 선진화된 행동양식의 도입이 이루어질 수 있다. 또한 국내외로부터 많은 사람들이 모이기 때문에 회의에 직접 필요한 시설만이 아니라 회의 개최지로서의 쾌적하고 편리한 주변 환경이 조성되며, 전시컨벤션과 관련된 문화, 상업, 교통시설 등 각종 사회간접자본에 대한 투자를 증대시키고, 관계시설의 설비 및 정비를 촉진시킨다.

4) 정치 효과

국제적 전시컨벤션 개최로 인하여 해당 국가나 도시는 국제적 위상 부각과 지명도가 높아지는 동시에 이미지를 개선할 수 있는 좋은 기회를 갖게 된다. 통상적으로 수십 개국의 정상이나 각료 등 각 분야의 영향력 있는 고위 지도급 인사들이 참가하므로 국가홍보는 물론 미수교국 대표들과의 교류기반 확대 및 조성도 기대할 수 있다. 이에 따라 개최국의 국제적 지위 향상과 함께 민간 차원의 외교, 나아가서 국가 외교 차원에서도 다각적인 효과를 거둘 수 있다. 또한 국제기구 내에서의 지명도 제고와 주최 단체의 임원 피선에 의한 의사결정 참여 등 소속 기관에 대한 자국의 권익신장과 이익보호가 가능해진다.

5) 환경 효과

컨벤션산업은 자연자원에 의존이 심한 다른 관광상품에 비하여 환경에 대한 피해와 부정적인 영향을 극소화할 수 있는 관광상품이다. 컨벤션 참가자들의 활동이 주로 회의 개최시설에 집중되어 있기 때문에 일반 관광객과 같이 지역의 환경에 직접적으로 접촉하는 빈도나 강도는 제한된다. 컨벤션은 이에 대하여 지역에 대한 환경적 피해를 극소화하고 동시에 경제적 효과를 극대화하는 대안 관광상품의 일종으로 인식할 수 있다.

제2절 국내외 전시컨벤션산업 현황

1. 국내 전시컨벤션산업 현황

(1) 전시회 개최 현황

1) 국내 전시장 면적 및 개최 건수

국내 전시산업은 지난 10년간 양적인 측면에서는 어느 정도 성장하였으나, 질적인 측면에서는 주요 경쟁국에 비해 낙후되어 있다. 1991~2008년 기간 중 전시면적은 약 8.5배, 전시회 개최 건수는 약 6배 증가하는 등 외형 면에서는 성장하였으나, 국제적으로 경쟁력 있는 글로벌 브랜드 전시회, 전시전문인력 및 해외 바이어 수가 외국에 비해 부족한 것이 현실이다. 결국 "국내 전시회 인지도 저조 → 해외 바이어 저조 → 전시회 경쟁력 수준 저조 및 수익성 약화" 등 악순환이 반복되고 있다.

〈표 15-1〉 국내 전시장 가용면적 및 전시회 개최 건수 비교

구분	1991년	2007년	2008년
전시장 면적	20,736m^2	166,554m^2	177,490m^2
전시회 개최 건수	66회	354회	409회

출처 : 한국전시산업진흥회, "2008년 국내 전시산업통계", 2009.

2) 국제전시회 개최 건수

국내에서 개최된 국제전시회 개최 건수를 보면 2007년 354회에서 2008년 409회로 전년대비 16%의 성장률을 기록하였는데, 5년 전인 2004년 개최 건수 300회와 비교하면 성장률은 36%에 이른다. 주요 증가 원인은 2000년 이후 전시장 확장 및 신규 전시장 건립 등에 따른 전시장 가용면적의 대폭 증가와 함께 신규, 유사전시회 개최가 가속화되어 전시회 개최 건수가 크게 증가하였기 때문이다.

〈표 15-2〉 2001~2008년 국제전시회 개최 건수

연도	2001년	2002년	2003년	2004년	2005년	2006년	2007년	2008년
개최 건수	221	248	268	300	336	353	354	409
증가율(%)	67.4	12.2	8.1	11.9	12.0	5.1	0.3	15.5

출처 : 한국전시산업진흥회, "2008년 국내 전시산업 통계", 2009.

(2) 국내 컨벤션산업 현황

컨벤션산업은 고부가가치를 창출하는 신종 관광산업으로 부상하고 있으며, 향후 컨벤션시장이 더욱 확대될 것으로 전망됨에 따라 세계 각국은 컨벤션산업을 육성하기 위해 국가적인 차원에서 각종 지원 방안을 강구하고 있다. 국내적으로

도 2000년 ASEM 정상회의, 2001년 WTO 총회, 2002년 월드컵 및 부산아시안 게임 등 대형 국제회의와 국제행사가 연이어 개최되었으며, 2003년 세계지방자치단체연합회(IULA)총회, 2004년 PATA총회, 2010년 G20 정상회의 등 대형 국제회의 유치로 우리나라의 위상이 한층 널리 알려졌다.

2. 해외 전시컨벤션산업 현황

(1) 해외 전시산업 현황

1) 세계 전시회 개최 현황

전 세계적으로 매년 1만 5천 회 이상의 각종 전시회가 개최되고 있는데, 이 중 유럽이 5,820회, 북미가 4,578회이다. 유럽과 북미를 합치면 1만 398회로 세계 전체 전시회 개최 건수의 약 70%를 차지하고 있다. 아시아지역에서는 전 세계 전시회의 24.9%인 3,750회의 전시회가 매년 개최되고 있으며, 이 중 중국은 1,684회로 11.2%를 점유하고 있고, 우리나라는 261회로 1.7%의 점유율을 보이고 있다.

2) 세계 전시회 품목

품목별로는 스포츠 · 레저, 자동차 · 기계, 전기전자 · 정보통신, 의류 · 패션, 가구 · 가정용품, 건설 · 건축, 환경기술, 유통상거래, 식품 · 음료, 과학 · 기술, 선물 · 소비재 · 포장 등의 전시회가 주종을 이루고 있으며, 매년 새로운 산업분야의 전시회가 생겨나고 있다.

(2) 해외 컨벤션산업 현황

세계 컨벤션산업은 지속적인 성장세가 예상되고 있어 선 · 후진국을 막론하고 대부분의 국가와 도시들은 관광산업과 함께 컨벤션산업을 적극 육성 중에 있다. 국제회의연합 UIA(Union of International Associations, 2009)의 자료에 의하면, 2008년도에 전 세계적으로 개최된 국제회의는 총 11,085건으로 전년(10,318건)에 비해 7.43% 증가한 것으로 나타났다.

1) 대륙별 개최 현황

2008년 대륙별 개최 순위는 유럽, 아시아, 아메리카, 아프리카, 오세아니아 순으로, 유럽에서 개최된 국제회의는 총 5,846건으로 전체의 약 52.74%를 차지하여 전년(53.77%)에 비해 구성비가 다소 감소하였고, 아시아의 개최 건수는 전년 대비 17.06%가 증가한 2,402건으로 매년 지속적인 성장세를 보이고 있다.

2) 국가별 개최 현황

2008년 국가별 개최 건수 상위국은 미국이 1,079건(9.73%, 이 수치는 전체 회의 건수 대비 구성비임)으로 1위, 프랑스가 797건(7.19%)으로 2위를 차지하여, 세계 순위 1, 2위는 2002년 이후 변함이 없는 것으로 나타났다. 뒤를 이어 싱가포르가 637건(5.75%)으로 3위, 일본이 575건(5.19%)으로 4위를 차지하여, 세계 순위가 전년 대비 각각 1단계씩 상승함으로써 아시아의 2개 국가가 전년에 이어 세계 순위 5위 안에 포함되었다. 이 밖에 독일 440건(3.97%), 네덜란드 428건(3.86%), 이탈리아 413건(3.73%), 벨기에 383건(3.46%), 영국 349건(3.15%) 순으로 나타났다. 앞의 상위 10개국이 개최한 국제회의는 총 5,568건(50.23%)으로, 전 세계 국제회의 개최 건수의 약 과반수를 차지하고 있다.

국제회의 개최와 관련하여 최근 들어 주목할 만한 부분은 아시아지역의 꾸준한 성장세를 들 수 있다. 지난 5년간 아시아 지역의 국제회의 개최 건수는 1,366건에서 2,402건으로 75.84%의 급격한 성장을 보였고, 전체 국제회의에서 차지하는 구성 비율 또한 14.91%에서 21.67%로 점차 증가하고 있는 추세이다. 이 중에서 괄목할 만한 성장을 나타낸 나라는 싱가포르와 일본이다. 싱가포르는 2008년 637건의 국제회의를 개최, 전년도 466건 대비 36.70% 증가하였으며, 지난 5년간 308.33%의 성장률을 보였다. 일본의 경우 2008년 575건의 국제회의를 개최하고 전년도 대비(448건) 28.35% 성장하였으며, 지난 5년간 179.13%의 성장률을 보였다.

3) 아시아지역 개최 현황

국가별로는 2008년 국제회의 개최 건수가 큰 폭으로 상승한 싱가포르가 466건(26.52%), 일본이 575건(23.94%)으로 전년도에 이어 각각 1, 2위를 차지하였다. 한국 역시 293건을 개최하여 3위에 랭크되었으며, 중국은 216건을 개최하여 4위로 뒤를 이었다. 도시별 순위에서는 싱가포르가 637건(26.52%)으로 1위, 도쿄가 150건(6.24%)으로 2위를 차지하였고, 서울이 125건(5.20%)으로 3위, 베이징이 75건(3.12%)으로 4위를 차지하였다. 2008년도 역시 아시아지역 국제회의 주요 개최지로서 여전히 자리매김을 하고 있는 서울을 비롯하여, 부산이 60건 개최로 6위, 제주가 53건 개최로 8위를 차지하여 지방 국제회의 도시들이 성장세를 이어갔다.

참고문헌

김봉규, 『컨벤션산업론』, 기문사, 2006.

안경모, 이민재, 『컨벤션 경영론』, 백산출판사, 2006.

연습문제

1. 전시산업의 개념 및 특성에 대하여 설명하시오.

2. 전시회의 기능에 대하여 설명하시오.

3. 컨벤션산업의 개념 및 특성에 대하여 설명하시오.

4. 전시컨벤션산업의 파급효과에 대하여 설명하시오.

5. 국내 전시컨벤션산업의 활성화방안을 논하시오.

찾아보기

ㄴ

ㅇ

기타

저자약력

박정동
동경대학교 경영학박사
Harvard University John King Fairbank
Center for East Asian Research(교환교수)
KDI(한국개발연구원) 연구위원
민주평화통일자문회의 자문위원
캄보디아왕국 경제자문관(The Council of Ministers)
상해 복단대학교 국제교류학원 연구학자
한 · 중교류센터장

현) 인천대학교 무역학부 교수
지식경제부 중국전문가포럼 운영위원
대한민국 국회 한중포럼 자문위원
대통령자문 동북아경제중심 추진위원회 전문위원

함영진
인천대학교 경영학박사
재능대학교, 장안대학교, 경기과학기술대학교, 인천대학교 출강
인천대 동북아발전연구원 연구원
인천대학교 동북아물류 대학원 겸임교수

현) 한국능률협회 인증원 책임전문위원
현대 사이버교육원 교수
경기과학기술대학교 겸임교수

저자와의 협의에 의해
인지를 생략합니다.

국제 비즈니스 개론

박정동 · 함영진 지음

초 판 인 쇄 : 2013. 8. 23
초 판 발 행 : 2013. 8. 30
발 행 인 : 김 승 기
발 행 처 : 생능출판사
신 고 번 호 : 제406-2005-000002호
신 고 일 자 : 2005. 1. 21
I S B N : 978-89-7050-787-3

413-756
경기도 파주시 문발동 507-12 파주출판도시
대표전화 : (031)955-0761, FAX : (031)955-0768
홈페이지 : http://www.booksr.co.kr

정가 32,000원